国学经典 | 典藏版

春秋穀梁传
上

〔战国〕穀梁赤　撰

武黎嵩　注译

中州古籍出版社
·郑州·

图书在版编目（CIP）数据

春秋穀梁传 / 武黎嵩注译 . —郑州：中州古籍出版社，
2022. 12
（国学经典：典藏版）
ISBN 978-7-5738-0137-1

Ⅰ. ①春… Ⅱ. ①武… Ⅲ. ①中国历史 - 春秋时代 - 编年体 ②《春秋穀梁传》- 注释 ③《春秋穀梁传》- 译文 Ⅳ. ① K225.04

中国版本图书馆 CIP 数据核字（2021）第 276800 号

CHUNQIU GULIANG ZHUAN

春秋穀梁传

责任编辑	高雪薇
责任校对	苏晓园
装帧设计	曾晶晶
美术编辑	曾晶晶

出 版 社	中州古籍出版社（地址：郑州市郑东新区祥盛街 27 号 6 层 邮编：450016　电话：0371-65723280）
发行单位	河南省新华书店发行集团有限公司
承印单位	河南瑞之光印刷股份有限公司
开　　本	640 mm×960 mm　1/16
印　　张	53.75
字　　数	880 千字
印　　数	1—2000 册
版　　次	2022 年 12 月第 1 版
印　　次	2022 年 12 月第 1 次印刷
定　　价	135.00 元

本书如有印装质量问题，请联系出版社调换。

目　录

隐公

隐公元年 …………………………………………………… 1
隐公二年 …………………………………………………… 9
隐公三年 …………………………………………………… 16
隐公四年 …………………………………………………… 21
隐公五年 …………………………………………………… 26
隐公六年 …………………………………………………… 31
隐公七年 …………………………………………………… 33
隐公八年 …………………………………………………… 37
隐公九年 …………………………………………………… 43
隐公十年 …………………………………………………… 46
隐公十有一年 ……………………………………………… 49

桓公

桓公元年 …………………………………………………… 52
桓公二年 …………………………………………………… 57

桓公三年	63
桓公四年	68
桓公五年	70
桓公六年	74
桓公七年	77
桓公八年	78
桓公九年	82
桓公十年	84
桓公十有一年	86
桓公十有二年	89
桓公十有三年	92
桓公十有四年	94
桓公十有五年	98
桓公十有六年	102
桓公十有七年	103
桓公十有八年	106

庄公

庄公元年	110
庄公二年	116
庄公三年	119
庄公四年	123
庄公五年	126
庄公六年	128
庄公七年	131
庄公八年	134

庄公九年	137
庄公十年	141
庄公十有一年	146
庄公十有二年	147
庄公十有三年	149
庄公十有四年	152
庄公十有五年	153
庄公十有六年	155
庄公十有七年	157
庄公十有八年	159
庄公十有九年	162
庄公二十年	164
庄公二十有一年	165
庄公二十有二年	167
庄公二十有三年	170
庄公二十有四年	175
庄公二十有五年	180
庄公二十有六年	183
庄公二十有七年	185
庄公二十有八年	188
庄公二十有九年	193
庄公三十年	196
庄公三十有一年	199
庄公三十有二年	202

闵公

闵公元年	206

闵公二年 ……………………………………………… 209

僖公

僖公元年 ……………………………………………… 214
僖公二年 ……………………………………………… 220
僖公三年 ……………………………………………… 226
僖公四年 ……………………………………………… 229
僖公五年 ……………………………………………… 236
僖公六年 ……………………………………………… 242
僖公七年 ……………………………………………… 244
僖公八年 ……………………………………………… 247
僖公九年 ……………………………………………… 250
僖公十年 ……………………………………………… 255
僖公十有一年 ………………………………………… 260
僖公十有二年 ………………………………………… 262
僖公十有三年 ………………………………………… 263
僖公十有四年 ………………………………………… 265
僖公十有五年 ………………………………………… 268
僖公十有六年 ………………………………………… 274
僖公十有七年 ………………………………………… 277
僖公十有八年 ………………………………………… 280
僖公十有九年 ………………………………………… 283
僖公二十年 …………………………………………… 287
僖公二十有一年 ……………………………………… 289
僖公二十有二年 ……………………………………… 293
僖公二十有三年 ……………………………………… 296

僖公二十有四年	298
僖公二十有五年	300
僖公二十有六年	303
僖公二十有七年	308
僖公二十有八年	310
僖公二十有九年	320
僖公三十年	322
僖公三十有一年	325
僖公三十有二年	328
僖公三十有三年	330

文公

文公元年	336
文公二年	340
文公三年	346
文公四年	349
文公五年	351
文公六年	355
文公七年	360
文公八年	364
文公九年	367
文公十年	373
文公十有一年	375
文公十有二年	378
文公十有三年	381
文公十有四年	385

文公十有五年 ... 391
文公十有六年 ... 396
文公十有七年 ... 399
文公十有八年 ... 401

宣公

宣公元年 ... 406
宣公二年 ... 412
宣公三年 ... 415
宣公四年 ... 419
宣公五年 ... 421
宣公六年 ... 424
宣公七年 ... 425
宣公八年 ... 427
宣公九年 ... 433
宣公十年 ... 437
宣公十有一年 ... 442
宣公十有二年 ... 446
宣公十有三年 ... 448
宣公十有四年 ... 449
宣公十有五年 ... 451
宣公十有六年 ... 456
宣公十有七年 ... 458
宣公十有八年 ... 461

成公

成公元年 ... 465

成公二年	470
成公三年	476
成公四年	481
成公五年	483
成公六年	487
成公七年	490
成公八年	495
成公九年	499
成公十年	506
成公十有一年	508
成公十有二年	510
成公十有三年	512
成公十有四年	515
成公十有五年	518
成公十有六年	523
成公十有七年	530
成公十有八年	536

襄公

襄公元年	541
襄公二年	544
襄公三年	547
襄公四年	551
襄公五年	553
襄公六年	558
襄公七年	561

襄公八年 565
襄公九年 567
襄公十年 570
襄公十有一年 575
襄公十有二年 580
襄公十有三年 582
襄公十有四年 583
襄公十有五年 586
襄公十有六年 588
襄公十有七年 591
襄公十有八年 593
襄公十有九年 596
襄公二十年 601
襄公二十有一年 604
襄公二十有二年 607
襄公二十有三年 609
襄公二十有四年 613
襄公二十有五年 617
襄公二十有六年 621
襄公二十有七年 624
襄公二十有八年 628
襄公二十有九年 630
襄公三十年 635
襄公三十有一年 641

昭公

昭公元年 644

昭公二年	648
昭公三年	650
昭公四年	652
昭公五年	655
昭公六年	658
昭公七年	661
昭公八年	663
昭公九年	669
昭公十年	671
昭公十有一年	673
昭公十有二年	678
昭公十有三年	681
昭公十有四年	688
昭公十有五年	690
昭公十有六年	692
昭公十有七年	694
昭公十有八年	696
昭公十有九年	698
昭公二十年	700
昭公二十有一年	703
昭公二十有二年	705
昭公二十有三年	709
昭公二十有四年	714
昭公二十有五年	716
昭公二十有六年	720
昭公二十有七年	724

昭公二十有八年 ………………………………………… 726

昭公二十有九年 ………………………………………… 728

昭公三十年 ……………………………………………… 730

昭公三十有一年 ………………………………………… 732

昭公三十有二年 ………………………………………… 735

定公

定公元年 ………………………………………………… 738

定公二年 ………………………………………………… 746

定公三年 ………………………………………………… 748

定公四年 ………………………………………………… 750

定公五年 ………………………………………………… 758

定公六年 ………………………………………………… 760

定公七年 ………………………………………………… 762

定公八年 ………………………………………………… 765

定公九年 ………………………………………………… 770

定公十年 ………………………………………………… 772

定公十有一年 …………………………………………… 776

定公十有二年 …………………………………………… 778

定公十有三年 …………………………………………… 782

定公十有四年 …………………………………………… 785

定公十有五年 …………………………………………… 790

哀公

哀公元年 ………………………………………………… 795

哀公二年 ………………………………………………… 800

哀公三年	805
哀公四年	808
哀公五年	812
哀公六年	814
哀公七年	817
哀公八年	820
哀公九年	822
哀公十年	823
哀公十有一年	826
哀公十有二年	828
哀公十有三年	831
哀公十有四年	835

隐公

隐公元年

【经】元年，春，王正月。①

〖传〗虽无事，必举正月，谨始也。②公何以不言即位？③成公志也。焉成之？言君之不取为公也。④君之不取为公，何也？将以让桓也。⑤让桓正乎？曰：不正。⑥《春秋》成人之美，不成人之恶。隐不正而成之，何也？将以恶桓也。其恶桓，何也？隐将让而桓弑之，则桓恶矣；桓弑而隐让，则隐善矣。⑦善则其不正焉，何也？《春秋》贵义而不贵惠，信道而不信邪。⑧孝子扬父之美，不扬父之恶。先君之欲与桓，非正也，邪也。虽然，既胜其邪心以与隐矣。已探先君之邪志而遂以与桓，则是成父之恶也。⑨兄弟，天伦也。⑩为子受之父，为诸侯受之君。⑪已废天伦，而忘君父以行小惠，曰小道也。⑫若隐者，可谓轻千乘之国，蹈道则未也。⑬

[注释]

①鲁隐公元年，周平王四十九年，公元前722年。《春秋》用周正，以示

尊周。周历建子，以夏历之十一月为岁首，以周历正月至四月为春。杜预曰："凡人君即位，欲其体元以居正，故不言一年一月也。"

②每公即位之元年，则书正月，其余各年则无事不书正月。以示对开端的慎重。

③鲁隐公，姓姬名息姑，鲁惠公庶子，其母声子为惠公侧室。在位期间不言即位，不立世子，将以让君位与桓公。《周书·谥法》曰："隐拂不成曰隐。"范注："成隐让桓之志。"

④范注："言隐意不取为鲁君也。"

⑤鲁桓公，姓姬名允，鲁惠公嫡子，其母仲子为宋武公之女、惠公正室。

⑥正，《春秋繁露·竹林第三》云："正也者，正于天之为人性命也。"

⑦弑，以臣子杀君主曰弑。让，隐公将让君位与桓公。鲁惠公欲立嫡子桓公，而桓公年幼，故先立隐公为后，隐公自居为摄政，将让位与桓公，故即位之初，不言即位。鲁桓公未待隐公让位而弑隐公。

⑧《穀梁传》中，凡言《春秋》云云，皆《春秋》经之大义。

⑨先君，已故之君，即鲁惠公，姓姬名弗湟，又作"弗皇"。

⑩范注："兄先弟后，天之伦次。"

⑪范注："隐为世子，亲受命于惠公，为鲁君，已受之于天王矣。"

⑫范注："弟先于兄，是废天伦。私以国让，是忘君父。"

⑬千乘之国，四马一车为一乘，公侯之国赋千乘。孟子曰："好名之人能让千乘之国，苟其非近名者欤。"由此可知，《穀梁》义与《孟子》通。按，范注，晋人范宁《春秋穀梁传集解》也，此为《穀梁》所存最古、价值最高之完整注本。另有杨疏，为唐人杨士勋为范注所作之疏。

[译文]

【经】鲁隐公元年，春，周历正月。

〖传〗国君即位之年，虽无大事，也要记录正月，以示对开端的郑重。为何不称鲁隐公即位？是为了成全隐公的心愿。如何成全？是要表明鲁隐公不想谋求君位。隐公不想谋求君位，这是为何？是要将君位让给桓公。将君位让给桓公，是否合乎正道？答曰：不合乎正道。《春秋》大义成全他人的善念，不成就他人的恶念。既然隐公让位之念不合乎正道，为何还要成全他？是为了贬斥桓公。贬斥桓公，这是为何？隐公将要让位于桓公，桓公却将其杀害，可见桓公之恶；桓公弑君而隐公谦让，可见隐公之善。虽然善良，却不合乎正道，这是为何？《春秋》大义崇尚正道，不崇尚小惠；伸张道义，不伸张邪念。孝子应当宣扬父亲的美举，不能助长父亲的邪念。鲁惠公想把君位传给桓公，本是邪念，不合正道。尽管如此，惠公还是克制邪念，将君位传给隐公。隐公已经明悉亡父的邪念，却最终传位给桓公，成全了父亲之恶。兄弟之间的感情，长幼有序。作为儿子，君位继承于父亲；作为诸侯，君位受命于天子。隐公忘记了兄弟之间的长幼之序，忘记了侍奉君父的秩序伦理，以私恩小惠满足父亲和弟弟的邪念，这就叫作"小道"。如鲁隐公一般的国君，可谓是将千乘之国的君位看得很轻，至于大道公义，却还未能践行。

【经】三月，公及邾仪父盟于昧。①

〖传〗及者何？内为志焉尔。②仪，字也。父，犹傅也，男子之美称也。其不言邾子，何也？邾之上古微，未爵命于周也。③不日，其盟渝也。④昧，地名也。

[注释]

①邾，《公羊》作"邾娄"，即邹。曹姓，在今山东邹城市及周边一带。邾仪父，姓曹名克。昧，《左氏》作"蔑"，杜预注："蔑，姑蔑，鲁地。"

②内，本国，即鲁国。此段发明《穀梁》释"及"之通例，凡言"公及某盟"，皆是鲁国希望盟誓而别国从之。

③邾之上古微，邾为附庸之国，没有受到周王室的爵命。周之分封，或亲或贵，亲则同姓，贵则先王之后。曰公、曰侯、曰伯。未受周王室爵命的小国，为附庸之国或蛮夷之国，降大国一等，例称子、男。

④范注："日者，所以谨信，盟变，故不日。七年公伐邾是也。"不日，不书写日期。渝，改变。鲁史义法，内盟例日，鲁国主导的会盟照例要记载日

期。此处盟渝,即会盟这样重要的事情,竟然随意改期,故而不记载日期以示贬斥。《穀梁传》发明《春秋》大义,皆在日月之辞,故而阅读《传》时需留意它的诠释经典方式。

[译文]

【经】三月,鲁隐公与邾国的仪父在眛地会盟。

〖传〗"及"是何意?说明是鲁国的意愿。"仪",是字;"父",相当于"傅",是对男子的美称。经文为何不称其为邾子?这是因为上古之时邾国微弱,没有受到周王室的爵命。不记载日期,因为会盟日期有所变动。"眛",是地名。

【经】夏,五月,郑伯克段于鄢。①

〖传〗克者何?能也。何能也?能杀也。②何以不言杀?见段之有徒众也。段,郑伯弟也。何以知其为弟也?杀世子母弟目君,以其目君,知其为弟也。③段,弟也,而弗谓弟;公子也,而弗谓公子,贬之也。段失子弟之道矣,贱段而甚郑伯也。何甚乎郑伯?甚郑伯之处心积虑,成于杀也。④于鄢,远也,犹曰取之其母之怀中而杀之云尔,甚之也。⑤然则为郑伯者宜奈何?缓追逸贼,亲亲之道也。⑥

[注释]

①郑伯,郑庄公,姓姬,名寤生,其父郑武公,其母申侯之女武姜。段,郑武公与武姜之子,郑庄公同母弟,姓姬,名段,字共叔。封于郑国之京地,又称京城太叔。鄢,郑国之地,在今河南鄢陵西北。

②《尔雅》:"克,胜也。"又曰:"胜,杀,克也。"是亦同也。故《穀梁传》释克,兼能、杀两训。宋人孙复《春秋尊王发微》云:"克者,力胜之辞也。"仅得其一训而已。

③世子,承位之子。母弟,同母之弟。目君,称君也。《穀梁传》凡言目,皆恶事,犹斥言之。

④范注引雍曰:"段恃宠骄恣,强足当国。郑伯不能防闲以礼,教训以道,纵成其罪,终致大辟。处心积思,志欲杀弟。"按,雍,范雍也。范宁《春秋穀梁传序》曰:"(先君范汪)乃帅门生故吏、我兄弟子侄,研讲六籍,次及三传。"杨疏曰:"'兄弟子侄',即邵、凯、雍、泰之等是也。"

⑤郑伯纵容母弟段,以稔其恶,处心积虑,志欲杀弟。范注:"段奔走,乃至于鄢,去已远矣。郑伯犹追杀之。何以异于探其母怀中赤子而杀之乎?君杀大夫例不地,甚郑伯之杀弟,故谨其地。"

⑥范注:"君亲无将,将而必诛焉。此盖臣子之道,所犯在己,故可以申兄弟之恩。"缓,慢也。逸,逃也。亲亲,亲其所亲,《中庸》曰:"亲亲,则诸父昆弟不怨。"

[译文]

【经】夏,五月,郑庄公追杀其弟共叔段,至于鄢地。

〖传〗"克"是何意?是能够的意思。能够什么?能够诛杀。为何不直言诛杀?表明共叔段还有不少追随者。共叔段乃是郑庄公的同母之弟。何以知道他是郑庄公之弟?诛杀承位之子和同母之弟,故而直斥国君。因为文中以爵号直斥国君,所以知道共叔段为郑庄公的同母之弟。共叔段,是国君之弟,却不称弟;是国君之子,却不称公子。这是在贬斥他。共叔段没有遵循作为子、弟的道义。经文贬斥共叔段,又认为郑庄公太过分了。为什么会认为郑庄公更过分?更加责备郑庄公是因为他处心积虑,置同母之弟于死地,实在太过分了。鄢地,路途遥远,仿佛从母亲的怀里抢来婴儿将其杀死一般,实在是太过分了。然而郑庄公应当如何行事?缓步追击逃走的贼子,这才是亲近亲属的道义。

【经】秋,七月,天王使宰咺来归惠公仲子之赗。①

〖传〗母以子氏。②仲子者何?惠公之母、孝公之妾也。③礼,赗人之母则可,赗人之妾则不可。君子以其可辞受之。④其志,不及事也。⑤赗者,何也?乘马曰赗,衣衾曰襚,贝玉曰含,钱财曰赙。⑥

[注释]

①宰咺,天子之士也。宰,官职。咺,名。何休曰:"天子上士以名氏通,中士以官禄,下士略称人。"《周礼·天官冢宰·宰夫》:"凡邦之吊事,掌其戒令,与其币器财用。"按,何休,字邵公,东汉人,作《春秋公羊解诂》,今存;又作《公羊墨守》《左氏膏肓》《穀梁废疾》,佚,有辑本。

②范注:"妾不得体君,故以子为氏。平王新有幽王之乱,迁于成周,欲崇礼诸侯,仲子早卒,无由追赠,故因惠公之丧而来赠之。"

③仲子,鲁孝公之侧室、鲁惠公之母、鲁隐公之祖母。《公羊传》以仲子为鲁惠公之妻、鲁桓公之母。《左氏》同《公羊传》。《穀梁传》发明经文,认为"母以子氏",既云"惠公仲子",则知仲子为惠公之母,非惠公之妻。鲁文公九年《春秋》经文:"文九年,秦人来归僖公成风之禭。"以僖公冠其母成风之氏,故知此处仲子亦为惠公之母。

④君子,修《春秋》之君子也。可辞,合乎礼法之辞。礼,可"赗人之母",不可"赗人之妾"。

⑤志,书写。柯劭忞曰:"常事不书,若及事则不书矣。"按,柯劭忞,清人,作《春秋穀梁传注》十五卷,下称"柯注"。

⑥赗,以车马赠送丧家,用以助丧。孔广森引《杂记》:"诸侯相赗,以乘黄大辂。"《荀子·大略》曰:"货财曰赙,舆马曰赗,衣服曰禭,玩好曰赠,玉贝曰含。赙、赗,所以佐生也;赠、禭,所以送死也。"《仪礼·既夕礼》曰:"知死者赠,知生者赙。"刘向《说苑·修文》曰:"生而相与交通,故曰留宾。自天子至士,各有次,赠死不及柩尸,吊生不及悲哀,非礼也。故古者吉行五十里,奔丧百里,赠赙及事之谓时;时,礼之大者也。"《说苑·修文》曰:"《春秋》曰:'天王使宰咺来归惠公、仲子之赗。'赗者何?丧事有赗者,盖以乘马束帛。舆马曰赗,货财曰赙,衣被曰禭,口实曰啥,玩好曰赠。知生者赙、赗,知死者赠、禭。赠、禭所以送死也,赙、赗所以佐生也。舆马、束帛、货财、衣被、玩好,其数奈何?曰:天子乘马六匹;诸侯四匹;大夫三匹;元士二匹;下士一匹。天子束帛五匹,玄三、纁二,各五十尺;诸

侯玄三、纁二，各三十尺；大夫玄一、纁二，各三十尺；元士玄一、纁一，各二丈；下士彩缦各一匹；庶人布帛各一匹。天子之赗，乘马六四，乘车；诸侯四匹，乘舆；大夫曰参舆；元士、下士不用舆。天子文绣衣各一袭，到地；诸侯覆跗；大夫到踝；士到髀。天子唅实以珠，诸侯以玉；大夫以玑；士以贝；庶人以谷实。位尊、德厚及亲者，赗、赠、唅、襚厚。贫富亦有差。二、三、四、五之数，取之天地，而制奇偶，度人情而出节文，谓之有因，礼之大宗也。"

[译文]

【经】秋，七月，周平王派宰咺送来为惠公仲子助丧的车马。

〖传〗母亲以儿子的名号为氏。仲子是何人？是鲁惠公的母亲、鲁孝公的侧室。根据礼制，为别人母亲助丧是可行的，但为别人侧室助丧是不可行的。君子按照是否合乎礼制的解释言辞，来决定是否接受丧仪。记下此事，是因为没能赶上鲁惠公之母仲子的丧礼。"赗"是什么？用车马助丧叫作"赗"，用衣服助丧叫作"襚"，用贝类美玉助丧叫作"唅"，用钱财助丧叫作"赙"。

【经】九月，及宋人盟于宿。①

〖传〗及者何？内卑者也。②宋人，外卑者也。卑者之盟不日。③宿，邑名也。④

[注释]

①宋，子姓封国，殷商后裔。

②内，鲁国。卑者，柯劭忞以为凡非命大夫皆卑者。范注："卑者，谓非卿大夫也。"刘歆、贾逵《左氏》："《春秋》之序，三命以上乃书于经。"颖容以为再命称人，至刘敞则谓："三命以名氏通，再命名之，一命略称人。"

③范注："凡非卿大夫盟，信之与不，例不日。"

④宿，《传》意以为城邑之名，非封国。按，庄公十年三月宋人迁宿。

[译文]

【经】九月,与宋国人在宿地会盟。

〖传〗"及"指的是谁?是鲁国地位卑微的人。"宋人",是鲁国以外地位卑微的人。卑微之人会盟,照例不记载日期。"宿",是个城邑。

【经】冬,十有二月,祭伯来。①

〖传〗来者,来朝也。其弗谓朝,何也?寰内诸侯,非有天子之命,不得出会诸侯。不正其外交,故弗与朝也。②聘弓镞矢不出竟场,束脩之肉不行竟中。③有至尊者不贰之也。

[注释]

①祭伯,姬姓封君。

②朝,朝聘,天子与诸侯以及诸侯之间互相联络的礼仪。《礼记·王制》:"诸侯之于天子也,比年一小聘,三年一大聘,五年一朝。"郑玄注:"比年,每岁也。小聘,使大夫;大聘,使卿;朝,则君自行。然此大聘与朝,晋文霸时所制也。"寰内诸侯,天子王畿之内大夫有采邑,比于封君,称为寰内诸侯。尹更始曰:"天子以千里为寰,天子大夫受地视诸侯,故亦称诸侯。"

③聘弓镞矢,《尔雅》曰"金镞翦羽谓之镞",古者以弓矢相聘问。竟,同"境"。场,音"易",畔也。竟场,犹言疆畔。脩,脯也。每一脯为一梃,梃长一尺二寸,一梃谓之一梃,十梃谓之一束。

[译文]

【经】冬,十二月,祭伯前来朝见。

〖传〗"来",是前来朝见的意思。经文不用"朝",这是为何?京畿千里以内的封君,如果没有天子的命令,不可出境会见诸侯。祭伯私自外出会见诸侯,是不合正道的,故而不称"朝"。聘问所用的弓矢,不可出入边境;聘问所用的干肉,不可在境内流通。天子至尊之下,不可以有与之相冲的意志。

【经】公子益师卒。①

〖传〗大夫日卒，正也；②不日卒，恶也。③

[注释]

①公子，氏也，诸侯之子也。益师，名也，字众父。姓姬名益师，鲁孝公子，鲁惠公弟，鲁隐公、桓公之叔父。卒，大夫殁曰卒。

②日卒，书写死亡日期。《穀梁传》以为，《春秋》书写诸侯、卿、大夫死亡日期是常例，不书写是变例。范注："君之卿佐，是谓股肱。股肱或亏，何痛如之？故录其卒日以纪恩。"柯注："大夫受命于君谓之正，日卒者终于事君者也。"

③杨疏："益师之恶，《经》《传》无文，盖《春秋》之前有其事。"糜信曰："益师不能防微杜渐，使桓弑隐。若益师能以正道辅隐，则君无推国之意，桓无篡弑之情。所言亦无案据也。"按，糜信，三国人，《穀梁》"近十家"之一。范宁《春秋穀梁传序》曰："释《穀梁传》者虽近十家，皆肤浅末学，不经师匠。辞理典据，既无可观，又引《左氏》《公羊》以解此传，文义违反，斯害也已。"杨疏曰："'近十家'疏，魏晋以来注《穀梁》者，有尹更始、唐固、糜信、孔衍、江熙、程阐、徐仙民、徐邈、刘兆、胡讷之。"十家之中，范注杨疏唯引糜信、江熙、徐邈三家而已。

[译文]

【经】公子益师去世。

〖传〗记载大夫去世的日期，是合乎礼制的；不记载去世日期，以示对他的厌恶。

隐公二年

【经】二年，①春，公会戎于潜。②

〖传〗会者,外为主焉尔。③知者虑,义者行,仁者守。④有此三者,然后可以出会。会戎,危公也。⑤

[注释]

①鲁隐公二年,周平王五十年,公元前721年。

②《曲礼》:"诸侯相见于却地曰会。"范注:"会例时。"柯注:"道路往还不能限以月日,所谓以时决者。"戎,非华夏之国,曰戎、狄、蛮、夷。潜,《公羊》旧作"岑",《禹贡》《毛诗》作"潜",《韩诗》《史记》作"涔"。鲁地,在今山东济宁境内。

③柯注:"发书会之通例,彼定期我往会之。"故曰"外为主焉尔"。有会而后复盟者,有会而不盟者。

④知者,察安审危。义者,临事能断。仁者,众之所归,守必坚固。

⑤清人钟文烝《春秋穀梁经传补注》(下简称《补注》):"国有此三者之臣,或从君出,或留居国,然后君可会诸侯。"无此三者,不可以会,而况会戎乎。戎狄无礼乐之化,无信义之教,故以鲁公之行为危。远人不服,修文德以来之,可也。我往会之,不可也。故孔子曰:"有文事者,必有武备。"

[译文]

【经】鲁隐公二年,春,隐公前往潜地会见戎人。

〖传〗"会",表示盟会是由他国主持的。有智慧之人,审时度势;明道义之人,处事果断;行仁爱之人,能号召大众,守护疆土。只有拥有具备这三种美德的人,国君才可以外出赴会。"会戎",是为鲁隐公感到担忧。

【经】夏,五月,莒人入向。①
〖传〗入者,内弗受也。②向,我邑也。

[注释]

①莒,小国,己姓,或曰曹姓,在今山东莒县一带。向,鲁邑。《左氏》

以向为向国。范注:"入例时,恶甚则日,次恶则月,他皆放此。"

②柯注:"义不当受,凡得其地而不能有,谓之入。篡人之国谓之入,大夫据地以叛谓之入,大夫出奔归而作难谓之入,内夫人大恶其至也亦谓之入。皆义所不受者也。"言入,则之所入之国、之地,弗受之。

[译文]

【经】夏,五月,莒人攻入我向邑。

〖传〗"入",表示被攻占的一方不愿接受。向,是我国的一个城邑。

【经】无侅帅师入极。①

〖传〗入者,内弗受也。极,国也。②苟焉以入人为志者,人亦入之矣。③不称氏者,灭同姓,贬也。④

[注释]

①无侅,《公羊》《左氏》作"无骇",姬姓展氏,公子展之孙,鲁大夫。师,军也。柯注:"《传例》,灭中国日,卑国月,夷狄不日。极是卑国,灭宜书月,蒙上文。"由《春秋穀梁传例》(下简称《传例》)知,展无侅灭极,在五月。

②极,小国,姬姓,鲁之附庸,在今山东金乡一带。

③莒人入向,鲁师入极,两事对举。《补注》:"天道好还,贪兵必死,己所不欲,勿施于人,乃治国之要道,开篇设戒,余从同矣。《春秋》以一心正万心,《传》诸解《经》曰探邪志,曰处心积虑,曰以入人为志,此类皆卓绝于《左氏》《公羊》之外。"

④君子修《经》,大夫例称氏。《左氏》记无侅之官,鲁司空也,追命展氏。今经文不曰展氏,以其灭同姓之国,贬之。柯注:"诸侯灭同姓,名大夫,宜去氏。"

[译文]

【经】无侅率领鲁国军队攻入极国。

〖传〗"入",表示被攻占的一方不愿接受。"极",是国名。如果处心积虑以入侵他国为目的,就会招致别国的入侵。经文不记无骇之氏,因为他灭了同姓之国,以示对他的贬斥。

【经】秋,八月庚辰,公及戎盟于唐。①

[注释]

①《传例》:"及者,内为志焉尔。唐,鲁地。"言及,知此番会盟为鲁国主导。唐,鲁地,又作"棠",在今山东鱼台旧治东北约三十里,一说在今山东曹县一带。

[译文]

【经】秋,八月庚辰日,鲁隐公与戎人在唐地会盟。

【经】九月,纪履緰来逆女。①

〖传〗逆女,亲者也。使大夫,非正也。②以国氏者,为其来交接于我,故君子进之也。③

[注释]

①纪,国名,姜姓,故址在今山东寿光纪台镇。履緰,纪之大夫,《左氏》作"裂繻"。逆,迎也,迎亲之谓也。范注:"不亲逆则例月,重录之。亲迎则例时。"柯注:"外大夫来例时,以逆女,书月,谨之。"
②婚礼者,合二姓之好,重亲迎。《说苑》:"亲迎,礼也。其礼奈何?曰:'诸侯以屦二两加琮,大夫、庶人以屦二两加束脩二。'曰:'某国寡小君,使寡人奉不珍之琮,不珍之屦,礼夫人贞女。'夫人曰:'有幽室数辱之产,未谕傅母之教,得承执衣裳之事,敢不敬拜。'祝答拜。夫人受琮,取一两屦以履女,正笄,衣裳,而命之曰:'往矣,善事尔舅姑,以顺为宫室,无二尔心,无敢回也。'女拜,乃亲引其手,授夫乎户,夫引手出户。夫行,女从,拜辞父于堂,拜诸母于大门。夫先升舆执辔,女乃升舆,毂三转,然后夫下,先

行。"由是知，使大夫逆女，非正也。

③《传例》曰："当国以国氏，卑者以国氏，进大夫以国氏，国氏虽同而义各有当。"纪，小国，无大夫。其来交接于鲁国，称国以为履緰之氏，进之也。按，外大夫篡国而自立者，以国氏。《公羊》："《春秋》贵贱不嫌同号，美恶不嫌同辞。"《左氏》："舍族之例，或厌以尊君，或贬以著罪。"君子，修《春秋》之圣贤，汉代人信仰，《春秋》为孔子所修，为汉立法。

[译文]

【经】九月，纪国的履緰前来，为其国君迎娶鲁国宗室之女。

〖传〗迎娶宗室之女，国君照例要亲自前来。请大夫代替，是不合礼制的。以纪国的国号作为履緰之氏，是因为他能前来与我国交接，因此君子提升了他的地位。

【经】冬，十月，伯姬归于纪。①

〖传〗礼，妇人谓嫁曰归，反曰来归，从人者也。②妇人在家制于父，既嫁制于夫，夫死从长子。妇人不专行，必有从也。伯姬归于纪，此其如专行之辞，何也？曰非专行也。吾伯姬归于纪，故志之也。其不言使，何也？逆之道微，无足道焉尔。③

[注释]

①伯姬，鲁女也，以行第加姓称之。归，言出嫁适人也。何休曰："不称公子者，妇人外成，不得独系父母。"其言归何？据去父母国也。

②范注："嫁而曰归，明外属也。反曰来归，明从外至。"柯注："妇人谓嫁曰归。妇人生以父母为家，嫁以夫为家，故谓嫁曰归。明有二归之道。"何休又曰："书者，父母恩录之也。礼，男之将取，三日不举乐，思嗣亲也；女之将嫁，三夜不息烛，思相离也。内女归例月，恩录之。"

③妇人不得自专，必有从也。此言"伯姬归于纪"，似伯姬专行。不称使者，盖来迎亲逆女之人，微而不足道，故《经》不言也。范注："言君不亲迎，而大夫来逆，故曰微也。"

[译文]

【经】冬,十月,伯姬嫁往纪国。

〖传〗根据礼制,妇人出嫁叫作"归";为夫家所遣,叫作"来归",这是因为妇人要有所依靠之人。在家服从父亲管束,出嫁服从丈夫管束,丈夫去世则依靠长子。妇人不独断专行,必须有人安排其生活起居。"伯姬归于纪",《经》之文辞仿佛她可以自己决定自己的行动一般,这是为何?答曰,并非独断专行,而是我们伯姬嫁往纪国,故而要记录下来。经文没有提及纪国派来迎亲的使者,这是为何?纪侯不亲自来迎娶,失礼,而派来迎接伯姬的使者过于卑微,不足以记录下来。

【经】纪子伯、莒子盟于密。①

〖传〗或曰纪子伯、莒子而与之盟,或曰年同爵同,故纪子以伯先也。②

[注释]

①《左氏》:"冬,纪子帛、莒子盟于密,鲁故也。"伯,《左氏》作"帛",杜预以为裂繻(履繻)字子帛。赵匡引《竹书纪年》,同《左氏》。范注:"密,莒地。"按,前五月莒人入向,得罪于鲁。前九月纪履繻来逆鲁女,纪、鲁结婚姻。纪、莒会盟,纪为鲁结好莒以和解息民。

②或曰,《春秋》疑以存疑,有异说也。一说,纪、莒皆小国,纪子以莒子为伯,而与之盟。伯,长也。一说,纪子与莒子年齿相仿、爵位同列,纪子自以为伯而先,与莒子盟。由上两说可知,《穀梁》不以子伯为人名字。

[译文]

【经】纪国国君以莒国国君为主持,与之在密地会盟。

〖传〗有人说,是纪国国君以莒国国君为主持,而与之会盟。也有人说,是两人年龄相仿、爵位同列,故而纪国国君自己主持会盟。

【经】十有二月乙卯,夫人子氏薨。①

〚传〛夫人薨,不地。②夫人者,隐之妻也。卒而不书葬,夫人之义,从君者也。③

[注释]

①范注:"夫人薨例日。夫人曰薨,从夫称。"

②范注:"夫人无出竟之事,薨有常处。"故夫人之薨,不记其地。

③夫人子氏,《左氏》以为桓公之母,《公羊》以为隐公之母。《穀梁》知是隐公之妻者,以隐推让,据其为君而亦称公,故其妻亦称夫人也。夫既不葬,故其妻亦不葬,以《经》文上下符合,故为隐妻。而《左氏》桓未为君,其母称夫人,是乱嫡庶也。《公羊》以为隐母,则隐见为君,何以不书葬?若以让不书葬,何为书夫人子氏薨?故《穀梁》以为隐妻也。范注:"隐弑贼未讨,故不书葬。"

[译文]

【经】十二月乙卯日,夫人子氏辞世。

〚传〛夫人去世,照例不记载地点。"夫人"是鲁隐公之妻。去世却不记载下葬,是因为夫人的一切礼仪规制要服从国君。

【经】郑人伐卫。①

[注释]

①范注:"《传例》曰:'斩树木、壤宫室曰伐。伐例时。'"称人以伐,其人微者也,非卿非将,其众亦少,不得称师。卫,姬姓之国,都朝歌,在今河南淇县一带,后避戎迁都楚丘,在今河南滑县一带。

[译文]

【经】郑国人讨伐卫国。

隐公三年

【经】三年春，①王二月己巳，日有食之。②

〖传〗言日不言朔，食晦日也。③其日有食之，何也？吐者外壤，食者内壤；阙然不见其壤，有食之者也。有，内辞也。或，外辞也。④有食之者，内于日也。其不言食之者何也？⑤知其不可知，知也。

[注释]

①鲁隐公三年，周平王五十一年，公元前720年。

②古人重日食。范注引京房《京氏易传》曰："日者阳之精，人君之象。骄溢专明，为阴所侵，则有日有食之灾。不救，必有篡臣之萌。其救也，君怀谦虚，下贤受谏任德，日食之灾为消也。"《春秋》记日食三十六次，不记月食，盖月食其时已有术可推。

③朔，每月之首日。晦，每月之终日。古时记日例用年、月、朔日及日期。范注以为日食二月晦日。柯注引徐邈曰："己巳为二月晦，则三月不得有庚戌也。宣十年四月丙辰、十七年六月癸卯皆是前月之晦。则此己巳，正月晦也。冠以二月者，盖交食之正必在于朔，今虽未朔而食，著之此月，所以正其本。亦犹成十七年十月壬申而系之十一月也，取前月之日，而冠以后月，故不得称晦，以其不得称晦，知非二月晦也。"《补注》："日食必在朔，故一行曰：'日月合度谓之朔，无所取之，取之蚀也。'但当时日官日御失历，以为前月之晦，故君子书后月以正之。"吾国唐以前用平朔法，大月三十日，小月二十九日，大小间置，每十七月或十五月，连置大月，称频大月。平朔法简易，而常失天。自东汉刘洪《乾象历》、南朝宋何承天《元嘉历》建议用定朔法，以日月黄经相等为朔，以日月黄经相差一百八十度为望。按，徐邈，汉末曹魏时人，官至司空、光禄大夫。《晋书·范宁传》曰："初，宁以《春秋穀梁氏》

未有善释，遂沈思积年，为之集解。其义精审，为世所重。既而徐邈复为之注，世亦称之。"

④螪（shāng），鼠垤也。有，疑辞也，为内辞，其辞最微。《穀梁》庄十八年《传》曰："一有一亡曰有。"或，亦疑辞也，为外辞，其辞较著。《墨子》曰："或也者，不尽也。若然，不尽然"。

⑤杨疏："不言食之者，谓不书月食日。"

[译文]

【经】鲁隐公三年，春，周历二月己巳日，发生日食。

〖传〗记录日期，却未记录朔日，是因为这次日食发生在上月晦日。经文称"日有食之"，这是为何？吐出的东西在外，吞咽的东西在内。如今太阳缺损，不见其轮廓，仿佛是被吞咽进去一般。"有"，是内辞。"或"，是外辞。"有食之"，是就太阳内部而言。经文不写"食"日的是什么，是为何？知道什么是不可知的，便是智慧。

【经】三月庚戌，天王崩。①

〖传〗高曰崩，厚曰崩，尊曰崩。天子之崩以尊也。②其崩之何也？以其在民上，故崩之。其不名何也？大上故不名也。③

[注释]

①天王，周天子，此指周平王。据《史记》，周平王姓姬名宜臼，为周幽王之子。《春秋》记周天子之崩凡九，例日。志崩不志葬，《春秋》不记周天子之葬，见《穀梁传》庄公三年。

②何休云："崩，大毁坏之辞。薨，小毁坏之辞。卒，犹终也。"高而崩，若梁山崩。厚而崩，若沙鹿崩。尊而崩，若天王崩。

③范注："夫名者，所以相别尔，居人之大，在民之上，故无所名。"天子记崩，不书名。诸侯记薨、记葬，书名。

[译文]

【经】三月庚戌日，周平王逝世。

〖传〗高大之物倒下叫作"崩",厚实之物溃散叫作"崩",尊贵之人去世叫作"崩"。称周天子逝世为"崩",是因为他的尊贵。经文记为"崩",这是为何?因为他在民众之上,故而记为"崩"。不记逝世天子的名字,又是为何?因为他至尊无二,故而不记名字。

【经】夏,四月辛卯,尹氏卒。①

〖传〗尹氏者,何也?天子之大夫也。外大夫不卒,此何以卒之也?于天子之崩为鲁主,故隐而卒之。②

[注释]

①王子虎卒、刘卷卒不书日。范注云:"文三年王子虎卒不日,此日者,录其恩深也。"《左氏》作"君氏卒"。

②尹氏,周天子之大夫。《周礼·大行人》曰:"若有大丧,则诏相诸侯之礼。"周天子崩,尹氏时在职而诏鲁人之吊者。隐,犹痛也。按,《公羊传》于周尹氏、齐崔氏,皆发讥世卿之义,今本《穀梁传》无此义。《补注》曰:"《公羊》之书言母以子贵、言大夫不世及,国君九世犹可复仇之等,皆秦人之法、战国之论也。"

[译文]

【经】夏,四月辛卯日,尹氏去世。

〖传〗"尹氏"是何许人?是周天子的大夫。鲁国以外的大夫,照例不记载去世,这里为何要记载?因为在周天子的葬礼上,他是接待鲁国国君的主事之人,故而为其去世而感到悲痛,并予以记录。

【经】秋,武氏子来求赙。①

〖传〗武氏子者,何也?天子之大夫也。天子之大夫,其称武氏子,何也?未毕丧,孤未爵;未爵使之,非正也。其不言使,何也?无君也。②归死者曰赗,归生者曰赙。曰归之者,正也；求之者，非正也。周虽不求，鲁不可以不归；鲁虽不归，周不可以求之。求之为言，得不得未可知之辞也。交讥之。③

[注释]

①范注："王天使不正者月，今无君，不称使，故亦略而书时。"

②范注："平王之丧在殡。"天子之使者称使，据桓十五年《经》："天王使家父来求车称使。"平王崩，在殡未葬，桓王未即位，而使大夫来求财货，是为非正。《礼记·三年问》《荀子》皆曰，三年之丧，二十五月而毕。

③《仪礼·士丧礼》："知死者赠，知生者赙。"《荀子·大略》："货财曰赙，舆马曰赗，衣服曰襚，玩好曰赠，玉贝曰含。赙、赗，所以佐生也；赠、襚，所以送死也。送死不及柩尸，吊生不及悲哀，非礼也。故吉行五十，奔丧百里，赗赠及事，礼之大也。"范注："丧事无求而有赗赙。"

[译文]

【经】秋，武氏子前来求取为周天子治丧的财货。

〖传〗"武氏子"是何许人？是周天子的大夫。既然是天子的大夫，经文却称其为"武氏子"，这是为何？因为周平王去世，丧事还没有结束。新天子尚未即位，不能正式赐予爵命。尚未正式赐予爵命，却让他出使，是不合乎礼制的。经文不称其为使者，这是为何？是因为还没有国君。赠给死者助丧的财货叫作"赗"，赠给生者助丧的财货叫作"赙"。如果是赠送，是合乎礼制的；如果是求取，就不合乎礼制。周王室即使不来求取，鲁国作为诸侯，也不可以不赠送；即便鲁国不赠送，周王室也不能求取。"求"这种说法，表示鲁国是否送去财货尚不可知。《春秋》对于周、鲁的行径，均给予讥讽。

【经】八月庚辰，宋公和卒。①

〖传〗诸侯日卒，正也。②

[注释]

①宋公和,宋穆公是也,姓子名和,宋宣公之弟,在位九年。范注:"天子曰崩,诸侯曰薨,大夫曰卒,周之制也。《春秋》所称,曲存鲁史之义,内称公而书薨,所以自尊其君,则不得不略外诸侯书卒,以自异也。至于既葬,虽邾、许子男之君,皆称谥而言公,各顺臣子之辞,两通其义。"郑玄曰:"《礼·杂记上》曰:'君薨,赴于他国之君,曰寡君不禄,敢告于执事。'《曲礼下》曰:'寿考曰卒,短折曰不禄。'君薨,赴而云不禄者,臣子之于君父,虽有寿考,犹若短折,痛伤之至也。若赴称卒,是以寿终,无哀惜之心,非臣子之辞。邻国来赴,书以卒者,无老无幼,皆以成人之称,亦所以相尊敬。"

②范注:"正,谓承嫡。"《经》记诸侯之薨,例日,正也。

[译文]

【经】八月庚辰日,宋国国君子和去世。

〖传〗记载诸侯去世的日期,以示寿终正寝。

【经】冬,十有二月,齐侯、郑伯盟于石门。①

[注释]

①范注引《传例》曰:"外盟不日。"齐侯,齐僖公。郑伯,郑庄公。石门,齐地。

[译文]

【经】冬,十二月,齐僖公、郑庄公在石门会盟。

【经】癸未,葬宋缪公。
〖传〗日葬,故也;危不得葬也。①

[注释]

①范注:"天子七月而葬,诸侯五月而葬,大夫三月而葬。《传例》曰:'诸侯时葬,正也。月葬,故也。日者,忧危最甚,不得备礼葬也。他皆放

此。'"徐邈曰："文元年《传》曰'葬曰会'，言有天子诸侯之使，共赴会葬事故凡书葬，皆据我而言葬彼。所以不称宋葬缪公，而言葬宋缪公也。吊会之事，赗襚之命，此常事，无所书，故但记卒记葬，录鲁恩义之所及，则哀其丧而悯其终，亦可知矣。若存没隔绝，情礼不交，则卒葬无文。或有书卒不书葬，盖外虽赴卒而内不会葬。无其事则阙其文，史策之常也。《穀梁传》称：'变之不葬有三：弑君不葬，灭国不葬，失德不葬。'言夫子修《春秋》，所改旧史以示义者也。弑君之贼，天下所当同诛，而诸侯不能治，臣子不能讨，虽葬事是供，义何足算？亡国之君，丧事不成，则不应书葬。失德之主，无以守位，故没葬文。《传》于宋襄公著失民之咎，宋共公发非葬之问，言伯姬贤而不答，共公不能弘家人之礼。然则为君者，外之不足以全国，内之不足以正家，皆所谓失德而终，礼宜贬者也。于时诸国多失道，不可悉去其葬，故于二君示义，而大体明矣。"缪，同"穆"，既葬举谥。

[译文]

【经】癸未日，安葬宋穆公。

〖传〗记载下葬的日期，是因为有所变故；险些不能如期举行葬礼。

隐公四年

【经】四年，春，王二月，莒人伐杞，取牟娄。①

〖传〗《传》曰：言伐言取，所恶也。②诸侯相伐取地于是始，故谨而志之也。③

[注释]

①鲁隐公四年，周桓王元年，公元前719年。杞，姒姓，周封夏禹之后于杞，都雍丘，在今河南杞县一带。范注："《传例》曰：'取，易辞也。伐国不言围邑，言围邑皆有所见。伐国及取邑例时，此月者，盖为下戊申卫君完卒日

起也。凡例宜时而书月者，皆缘下事当日故也。日必继于月，故不得不书月。事实在先，故不得后录也。他皆放此。'"

②范注："称'《传》曰'者，穀梁子不亲受于师，而闻之于传者。"又注："既伐其国，又取其土，明伐不以罪，而贪其利。两书取伐，以彰其恶。"《补注》曰："简册所传非师说，则称'《传》曰'以别之。"《穀梁传》称"《传》曰"者凡十。

③杨疏："外取邑不志，今志之者，为入《春秋》以来，最是取地之始，故志之也。"《春秋》之义，谨始慎终，恶恶而著其始，善善而乐其终。

[译文]

【经】鲁隐公四年，春，周历二月，莒国人讨伐杞国，夺取杞国牟娄邑。

〖传〗《传》上说：既记载攻打，又记载夺取，以示君子对莒国行为的厌恶。诸侯之间相互征伐、夺取城邑，自此而始，故而经文记录下来以示郑重。

【经】戊申，卫祝吁弑其君完。①
〖传〗大夫弑其君以国氏者，嫌也②。弑而代之也。

[注释]

①范注："弑君日与不日，从其君正与不正之例也。"祝吁，卫公子，《左氏》《公羊》作"州吁"。完，姓姬名完，即卫桓公。

②范注："凡非正嫡，则谓之嫌。"钟文烝《补注》："凡传言嫌者，犹公羊言当国。"

[译文]

【经】二月戊申日，卫国的祝吁杀害卫国国君姬完。

〖传〗大夫杀害国君，以国号为氏来冠以他的名字，是因为他身为庶孽，揽权僭君。这是他弑君自立的说法。

22　春秋穀梁传

【经】夏，公及宋公遇于清。①

〖传〗及者，内为志焉尔。②遇者，志相得也。

[注释]

①范注："遇，例时。清，卫地。"宋公，宋殇公。

②范注："元年，与宋人盟于宿，故今复寻之。八年《传》曰：'不期而会曰遇。'今曰'内为志'，非不期也。然则遇有二义。"

[译文]

【经】夏，鲁隐公与宋殇公在清地相遇。

〖传〗"及"，说明是鲁国的意愿。"遇"，表示两国国君旨趣相投。

【经】宋公、陈侯、蔡人、卫人伐郑。①

[注释]

①陈侯，陈桓公，姓妫名鲍，周封虞舜之后胡公满为陈侯，都宛丘，在今河南周口市淮阳区一带。蔡，姬姓之国，周初封武王之弟叔度于蔡，因参与武庚禄父之乱，为周公所放，改封其子姬胡为君，号为蔡仲。称蔡人、卫人，是其君未参与作战。是时，宋穆公薨，殇公即位，公子冯出奔于郑。卫祝吁弑君自立，纠集宋、陈、蔡三国，兴兵伐郑，围郑东门，五日而还。《补注》曰："君将常文皆称君，皆不加言帅师者。"

[译文]

【经】宋国、陈国、蔡国、卫国讨伐郑国。

【经】秋，翚帅师会宋公、陈侯、蔡人、卫人，伐郑。

〖传〗翚者，何也？公子翚也。其不称公子，何也？贬之也。①何为贬之也？与于弑公，故贬也。②

[注释]

①公子翚，姓姬名翚字羽父，鲁国公子，参与谋害鲁隐公。杜预曰："外大夫贬皆称人，内大夫贬皆去族称名，记事之体。他国可言某人，而巳之卿佐不得言鲁人。"

②孔广森曰："翚贬之于始，仲遂贬之于终，皆言乎罪大恶极，足以贯其没世者也。"

[译文]

〖经〗秋，公子翚率领军队会见宋国国君、陈国国君、蔡国人、卫国人，讨伐郑国。

〖传〗"翚"，是何许人？是公子翚。经文不称其为公子翚，这是为何？以示对他的贬斥。为何要贬斥他？因为他参与谋害鲁隐公，故而终隐公一世都要予以贬斥。

【经】九月，卫人杀祝吁于濮。①

〖传〗称人以杀，杀有罪也。②祝吁之挈，失嫌也。③其月，谨之也。④于濮者，讥失贼也。⑤

[注释]

①范注："濮，陈地水名。"

②范注："有弑君之罪者，则举国之人皆欲杀之。"

③范注："不书氏族，提挈其名而道之也。"范则以为单挈不具足之辞。按，嫌与失嫌，范注以凡非正嫡谓之嫌。庄公八年《经》："齐无知弑其君诸儿。"《传》曰："大夫弑其君以国氏者，嫌也。弑而代之也。"庄公九年《经》："齐人杀无知。"《传》曰："无知之挈，失嫌也。称人以杀大夫，杀有罪也。"

④范注："讨贼例时也。卫人不能即讨祝吁，致令出入自恣，故谨其时月所在，以著臣子之缓慢也。"

⑤范注："讥其不即讨，乃令至濮。"

[译文]

【经】九月，卫国人在濮地杀死祝吁。

〖传〗经文以国人的名义杀死大夫，以示死者有罪。直呼祝吁的名字，避免后人疑虑正嫡之分。记载月份，是为了郑重起见。"于濮"，是在讥讽卫人险些让贼子逃脱。

【经】冬，十有二月，卫人立晋。①

〖传〗卫人者，众辞也。立者，不宜立者也。②晋之名，恶也。其称人以立之，何也？得众也。得众则是贤也，贤则其曰不宜立，何也？《春秋》之义，诸侯与正而不与贤也。③

[注释]

①范注："立、纳、入，皆篡也。大国篡例月，小国时。"晋，公子晋，姓姬名晋，卫桓公之弟，因乱出奔于邢。

②范注："嗣子有常位，故不言立。"

③雍曰："正，谓嫡长也。夫多贤不可以多君，无贤不可以无君。立君非以尚贤，所以明有统也；建储非以私亲，所以定名分。名分定则贤无乱长之阶，而自贤之祸塞矣；君无嬖幸之由，而私爱之道灭矣。"

[译文]

【经】冬，十二月，卫国人立公子晋为国君。

〖传〗"卫人"，是人数众多的说法。"立"，是不宜被拥立的意思。直呼公子晋的名字，以示对他的厌恶。经文却以国人的名义来拥立他，这是为何？因为他能得到众人的拥护。得到众人的拥护，便是贤德。既然贤德，却称其不宜被拥立，这是为何？《春秋》大义，诸侯应当传位于嫡长子，而非德行贤明之人。

隐公五年

【经】五年,①春,公观鱼于棠。②

〖传〗《传》曰:常事曰视,非常曰观。礼:尊不亲小事,卑不尸大功。鱼,卑者之事也。公观之,非正也。③

[注释]

①鲁隐公五年,周桓王二年,公元前718年。

②范注:"《传例》曰:公往时,正也。正,谓无危事耳。"观鱼,《左氏》作"矢鱼",《公羊》与此《传》同。

③尸,主也。刘向《说苑》:"周天子使家父毛伯求金于诸侯,春秋讥之;故天子好利则诸侯贪,诸侯贪则大夫鄙,大夫鄙则庶人盗。上之变下,犹风之靡草也。故为人君者,明贵德而贱利,以道下,下之为恶,尚不可止;今隐公贪利而身自渔,济上而行八佾,以此化于国人,国人安得不解于义?解于义而纵其欲,则灾害起而臣下僻矣!故其元年始书螟,言灾将起,国家将乱云尔。"

[译文]

【经】鲁隐公五年,春,鲁隐公在棠地观看捕鱼。

〖传〗《传》上说:常规行事叫作"视",不合常规行事叫作"观"。根据礼制,尊贵之人不亲自处理小事,卑微之人不能独享大功。捕鱼,是卑贱之人的事。国君亲自去看,不合乎礼制。

【经】夏,四月,葬卫桓公。

〖传〗月葬,故也。①

[注释]

①故,变故也。诸侯五月而葬。《春秋》记诸侯之葬,例用时,此书月,

故发传以明之。范注："有祝吁之难，故十五月乃葬。"

[译文]

【经】夏，四月，安葬卫桓公。

〖传〗仅记载下葬的月份，是因为有所变故。

【经】秋，卫师入郕。①

〖传〗入者，内弗受也。郕，国也。将卑师众曰师。②

[注释]

①郕，《公羊》作"盛"，姬姓之国。又以为是鲁国之城邑。
②范注："书其重者也。将卑，谓非卿。"

[译文]

【经】秋，卫国军队攻入郕国。

〖传〗"入"，表示被攻占的一方不愿接受。"郕"，周朝国名。将领卑微、军队众多，叫作"师"。

【经】九月，考仲子之宫。①

〖传〗考者，何也？考者，成之也，成之为夫人也。②礼，庶子为君，为其母筑宫，使公子主其祭也。于子祭，于孙止。③仲子者，惠公之母，隐孙而修之，非隐也。④

[注释]

①范注："失礼宗庙，功重者月，功轻者时。"杨疏："考者谓立其庙祭之，成为夫人也。此所以书之者，仲子，孝公之妾、惠公之母；惠公虽为君，其母唯当惠公之世得祭，至隐不合祭之，故书以见讥也。不言立者，不宜立。为庶母筑宫，得礼之变，但不合于隐之世祭之，故止讥其考，不讥立也。《公羊》《左氏》妾子为君，其母得同夫人之礼。今《穀梁》知不然者，《丧服记》

云：'公子为其母练冠麻麻衣縓缘，既葬，除之。'《传》曰：'何以不在五服之中也？君之所不服，子亦不敢服也。'郑玄云：'子，君之庶子。'是贵贱之序，嫡庶全别。安得庶子为君，即同嫡夫人乎？故穀梁子以为'于子祭，于孙止'。"

②范注："立其庙，世祭之，成夫人之礼。"

③范注："公当奉宗庙，故不得自主也。公子者，长子之弟及妾之子。"

④范注："非，责也。三年父丧毕，不于三年考者，又有天王崩。至此服竟乃修之。"《公羊》《左氏》皆以仲子为惠公夫人，隐公之嫡母，而桓公之生母。唯此《传》与他说不同。

[译文]

【经】九月，为仲子建成用以祭祀的庙。

〖传〗"考"是何意？"考"是建成的意思，就是建成符合夫人规格的祭祀场所。根据礼制，庶子被尊立为国君，要为他的母亲建立祭祀场所，让他的弟弟主持祭祀。儿子可以祭祀，孙子不得祭祀。"仲子"，是惠公的母亲，记载隐公作为孙子修建祖母的庙，以示对鲁隐公的责难。

【经】初献六羽。①

〖传〗初，始也。②穀梁子曰③："舞《夏》，天子八佾，诸公六佾，诸侯四佾。④初献六羽，始僭乐矣。⑤"尸子曰："舞《夏》，自天子至诸侯皆用八佾。初献六羽，始厉乐矣。"⑥

[注释]

①范注："羽，翟羽，舞者所执。献者，下奉上之辞，作之于庙，故言献。"《补注》："《公羊》《尔雅》《夏小正》《传》皆同训，犹后世著为令也。"

②范注："遂以为常。"

③范注："言穀梁子者，非受于师，自其意也。"

④范注："夏，大也。大，谓大雉。大雉，翟雉。佾之言列，八人为列，

又有八列，八八六十四人也。并执翟雉之羽而舞也。天子用八，象八风。诸公用六，降杀以两也。不言六佾者，言佾则干在其中，明妇人无武事，独奏文乐。"佾（yì），列也。诸公，《公羊》经义以为天子三公称公，王者之后称公，其余大国称侯，小国称伯、子、男。

⑤范注："下犯上谓之僭。"

⑥范注："言时诸侯僭侈皆用八佾，鲁于是能自减厉而始用六。穀梁子言其始僭，尸子言其始降。"《穀梁传》引"尸子"者二，《汉志》诸子略杂家有《尸子》二十篇，班固自注："名佼，鲁人，秦相商君师之。鞅死，佼逃入蜀。"《史记·孟子荀卿列传》曰："楚有尸子、长卢，世多有其书，故不论其《传》云。"

[译文]

【经】开始使用六列每列六人的乐舞祭祀。

〖传〗"初"，是开始的意思。穀梁子说："使用《夏》乐舞，天子是用八列每列八人，诸公是用六列每列六人，诸侯是用四列每列四人。鲁国开始用六列每列六人，诸侯僭越礼制自此而始。"尸子说："使用《夏》乐舞，自天子至于诸侯都用八列每列八人。鲁国开始用六列每列六人，开始降低了乐舞的规格。"

【经】邾人、郑人伐宋。①

[注释]

①范注："邾主兵，故序郑上。"

[译文]

【经】邾国人、郑国人讨伐宋国。

【经】螟。①

〖传〗虫灾也。甚则月，不甚则时。②

[注释]

①《尔雅·释虫》:"食苗心,螟。"《补注》:"刘歆说《五行传》:'螟为嬴虫之孽。'何休以为烦扰之应。"范注:"《礼·月令》曰:仲春行夏令,则虫螟为害。"

②范注:"甚则即尽,不及历月。"

[译文]

【经】螟虫成灾。

〖传〗是虫灾。虫灾严重,经文就记载月份;不严重,就仅记载季节。

【经】冬,十有二月辛巳,公子彄卒。①

〖传〗隐不爵命大夫。②其曰公子彄,何也?③先君之大夫也。④

[注释]

①《补注》:"公子彄,孝公子子臧,谥曰僖伯。"《左氏》载:"冬十二月辛巳,臧僖伯卒。公曰:'叔父有憾于寡人,寡人弗敢忘。'葬之加一等。"杜预曰:"大夫书卒不书葬。葬者,自其臣子事,非公家所及。"

②鲁隐公自居于摄,故无爵命之文。

③范注:"据八年无侅卒,不称公子。"《礼记·祭统》曰:"古者,明君爵有德而禄有功,必赐爵禄于大庙,示不敢专也。故祭之日,一献,君降立于阼阶之南,南乡,所命北面,史由君右,执策命之,再拜稽首。受书以归,而舍奠于其庙,此爵赏之施也。"鲁隐公自以为不当承宗庙,则不爵命大夫。

④范注:"隐不成为君,故不爵命大夫,公子不为大夫,则不言公子也。"杨疏:"公子益师亦是先君之大夫,而独言公子彄者,益师有罪而不日,故《传》略之。彄无罪而文详,故因见爵命之例,其实益师亦先君之大夫。"

[译文]

【经】冬,十二月辛巳日,公子彄去世。

〖传〗鲁隐公不爵命大夫。经文称其为"公子彄",这是为何?他是先代国君所爵命的大夫。

【经】宋人伐郑，围长葛。①
〖传〗伐国不言围邑，此其言围，何也？②久之也。③伐不逾时，战不逐奔，诛不填服。④苞人民、殴牛马曰侵；斩树木、坏宫室曰伐。⑤

[注释]

①范注："围例时。"长葛，郑邑。
②范注："伐国不言围邑，书其重也。"
③范注："宋以此冬围之，至六年冬乃取之。古者师出不逾时，重民之命，爱民之财，乃暴师经年，仅而后克，无仁隐之心，而有贪利之行，故围伐兼举以明之。"
④填，王念孙读为"（tiǎn）"，戮之也。
⑤《左氏》："有钟鼓曰伐，无曰侵。"《公羊传》："粗者曰侵，精者曰伐。"郑玄云："苞人民，殴牛马，兵去则可以归还，其为害轻。坏宫室，斩树木，则树木断不复生，宫室坏不自成，为毒害更重也。"苞，王念孙读为"（fú）"，俘取也。

[译文]

【经】宋国人讨伐郑国，包围了长葛。
〖传〗讨伐他国，照例不记载围攻城邑，经文记"围"，这是为何？因为此次战役太过漫长了。征伐他国不超过一个季度，交战之后不追击溃败的逃军，诛杀敌人时不杀已经降服的人。掳掠平民、驱赶牛马，这叫作"侵"；砍伐树木、破坏宫殿宗庙，这叫作"伐"。

隐公六年

【经】六年，①春，郑人来输平。

〖传〗输者,堕也。平之为言,以道成也。②来输平者,不果成也。③

[注释]

①鲁隐公六年,周桓王三年,公元前717年。
②输者,堕也,毁坏之也。《尔雅》:"平,成也。"《左氏》作"渝平",杜预曰:"和而不盟曰平。"
③范注:"春秋前鲁与郑平。四年翚与宋伐郑,故来绝鲁,坏前平也。"

[译文]

【经】鲁隐公六年,春,郑国人前来撕毁和约。
〖传〗"输",是破坏的意思。"平"这种说法,表示和约是因道义形成的。"来输平",表示最终未能以道义而成。

【经】夏,五月辛酉,公会齐侯,盟于艾。①

[注释]

①范注:"隐行皆不致者,明其当让也。"杨疏:"知非惰者,以隐让国贤君,不应终始俱惰,明为让不致也。"齐侯,齐僖公。艾,鲁地。

[译文]

【经】夏,五月辛酉日,鲁隐公会见齐僖公,在艾地举行盟会。

【经】秋,七月。①

[注释]

①范注:"无事书首月,不遗时也。他皆放此。"一季之内若无大事,便记下这一季节的首月。杨疏引《公羊》义:"然则《春秋》四时具,始得成年,若阙一时,不书首月,则是遗时也。"鲁隐公九年《传》云:"无事焉,

何以书？不遗时也。"

[译文]

【经】秋，七月。

【经】冬，宋人取长葛。①
〖传〗外取邑不志，此其志，何也？久之也。

[注释]

①范注："前年冬围，至今乃得之。上有伐郑围长葛，言长葛，则郑邑可知，故不系之郑。"

[译文]

【经】冬，宋国人夺取长葛邑。
〖传〗鲁国以外的诸侯相互夺取城邑，照例不做记载。这里却记了下来，这是为何？因为此次战役太过漫长了。

隐公七年

【经】七年，①春，王三月，叔姬归于纪。②
〖传〗其不言逆，何也？逆之道微，无足道焉尔。

[注释]

①鲁隐公七年，周桓王四年，公元前716年。
②伯姬于鲁隐公二年嫁于纪，叔姬为媵，待年鲁国，此年始去。范注："叔姬，伯姬之娣。至此归者，待年于父母之国，六年乃归。媵之为言送也，从也。不与嫡俱行，非礼也。亲逆例时，不亲逆例月。许慎曰：'侄娣年十五以上，能共事君子，可以往，二十而御。'《易》曰：'归妹愆期，迟归有待。'

《诗》云:'韩侯取妻,诸娣从之,祁祁如云。'娣必少于嫡,知未二十而往也。"

[译文]

【经】鲁隐公七年,春,周历三月,叔姬嫁往纪国。

〖传〗经文不用"逆"来记载纪国前来迎娶,这是为何?迎接伯姬的使者是大夫,礼节过于卑贱,不足以记录下来。

【经】滕侯卒。①

〖传〗滕侯无名。②少曰世子,长曰君,狄道也。其不正者名也。③

[注释]

①滕,姬姓,在今山东滕州市一带。

②范注:"自无名,非贬之。"

③范注:"戎狄之道,年少之时称曰世子,长立之号曰君,其非正长嫡然后有名尔。责滕侯用狄道也。"戎狄对于世子,尊称为世子,不称名。《公羊》于秦伯卒,以为秦用夷礼,匿嫡之名。

[译文]

【经】滕国国君去世。

〖传〗滕国国君本无名字。年少之时称其为"世子",成人之后称其为"君",这是夷狄的礼制。唯有嫡长子以外的公子才有名字。

【经】夏,城中丘。①

〖传〗城,为保民为之也。②民众城小则益城,益城无极。③凡城之志,皆讥也。④

[注释]

①范注:"城例时。"中丘,鲁地。

②范注:"建国立城邑有定所,高下大小,存乎王制。刺公不修勤德政,更造城以安民。"

③范注:"夫保民以德,不以城也。如民众而城小,辄益城,是无限极也。"《补注》:"益城者,旧有城而廓之,旧无城而营之,皆是也。"《周礼·考工记》云:"王宫门阿之制五雉,宫隅之制七雉,城隅之制九雉。门阿之制以为都城之制;宫隅之制以为诸侯之城制,是其高下也。"《左氏》云:"大都,不过参国之一;中,五之一;小,九之一。"《大雅·文王有声》:"筑城伊淢,作丰伊匹。匪棘其欲,遹追来孝。"言筑城为民,非急其所欲,与此《传》义相通。

④范注:"此发凡例,施之于城内邑。"《春秋》记载鲁国二十三次筑城,均讥。

[译文]

【经】夏,修筑中丘城。

〖传〗建城,是为了保护民众。民众众多、土地狭小,就需要扩建城邑。如此,扩建城邑将永无止境。故而,经文之中凡是记载筑城,都含有讥讽的意味。

【经】齐侯使其弟年来聘。①

〖传〗诸侯之尊,弟兄不得以属通。②其弟云者,以其来接于我,举其贵者也。③

[注释]

①范注:"聘例时。凡聘皆使卿执玉帛以相存问。"杨疏:"礼:小聘曰问,使大夫;大聘使卿。此既名见于《经》,明是卿也。"年,姓姜名年,字夷仲,齐僖公之弟。

②范注:"礼:非始封之君则臣诸父、昆弟,匹敌之称,人臣不可以敌君,故不得以属通,所以远别贵贱,尊君卑臣之义。"《补注》:"属,谓兄弟之秩次。"

③范注:"弟是臣之亲贵者,殊别于凡庶。"

[译文]

【经】齐僖公派他的弟弟夷仲年前来鲁国聘问。

〖传〗诸侯的地位尊贵,即便是兄弟,也不能以血缘关系互相称呼。这里称其为齐侯之弟,是因为他与我国交接,故而选取其身份尊贵的方面相称。

【经】秋,公伐邾。①

[注释]

①《左氏》以为,公伐邾,为宋报怨。前邾人、郑人伐宋。宋既伐郑,取长葛。今鲁又伐邾。

[译文]

【经】秋,鲁隐公讨伐邾国。

【经】冬,天王使凡伯来聘,戎伐凡伯于楚丘以归。①

〖传〗凡伯者,何也?天子之大夫也。国而曰伐,此一人而曰伐,何也?大天子之命也。②戎者,卫也。戎卫者,为其伐天子之使,贬而戎之也。楚丘,卫之邑也。③以归,犹愈乎执也。④

[注释]

①凡,氏。伯,字。周天子之上大夫也。楚丘,卫地,在今山东成武一带。

②范注:"伐一人而同一国,尊天子之命。"

③范注:"夫天子之使过诸侯,诸侯当候在疆场,膳宰致饩,司里授馆,犹惧不敬。今乃执天子之使,无礼莫大焉。昭十二年'晋伐鲜虞',《传》曰:'晋,狄之也。'今不曰卫伐凡伯,乃变卫为戎者,伐中国之罪轻,故称国以狄

晋。执天子之使罪重，故变卫以戎之。"杨疏引糜信云："不言夷狄，独言戎者，因卫有戎邑故也。"

④范注："以一人当一国，讳执，言以归。皆尊尊之正义，《春秋》之微旨。"《春秋繁露·精华篇》云："《春秋》慎辞，谨于名伦等物者也。是故小夷言伐而不得言战，大夷言战而不得言获，中国言获而不得言执，各有辞也。"

[译文]

【经】冬，周天王派凡伯前来鲁国聘问，戎人在楚丘袭击凡伯，将其带回国内。

〖传〗"凡伯"，是何许人？他是周天子的大夫。袭击侯国才能叫作"伐"，这里袭击一个人却叫作"伐"，这是为何？是为了尊重周天子的意志。"戎"，其实是卫国人。之所以把卫国人贬称为"戎人"，是因为他们袭击天子的使者，故而贬之为"戎"。"楚丘"，是卫国的城邑。将凡伯带回国内比将他逮住押送回国更厉害。

隐公八年

【经】八年，①春，宋公、卫侯遇于垂。②
〖传〗不期而会曰遇。遇者，志相得也。③

[注释]

①鲁隐公八年，周桓王五年，公元前715年。
②宋公，宋殇公。卫侯，卫宣公。垂，卫地，今山东曹县一带。《左氏》以为犬丘。《补注》引王夫之曰："宋地，汉之敬丘也。睢阳有稚水，字从'犬'，而音同'垂'。"
③《曲礼》："诸侯未及期相见曰遇，相见于邻地曰会。"隐公四年，"公及宋公遇于清"。《传》曰："遇者，志相得也。"《补注》："重发《传》者，嫌内外异故也。"按，重发《传》者，《传》文已前见，而今又再见，故谓之

"重发《传》"也。凡重发《传》者,皆是所发上下《传》文,事少异而义实同。榖梁子嫌人误而不依其例,故重发之。

[译文]

【经】鲁隐公八年,春,宋殇公、卫宣公在垂地相遇。

〖传〗没有事先约定的会晤叫作"遇"。"遇",表示两国国君旨趣相同。

【经】三月,郑伯使宛来归邴。①

〖传〗名宛,所以贬郑伯,恶与地也。②

[注释]

①范注:"凡有所归,例时。"邴,郑邑,《左氏》作"祊"。

②宛,郑大夫之名,不称氏,直斥其名。范注:"去其族,恶擅易天子邑。"

[译文]

【经】三月,郑庄公派宛前来交割邴邑。

〖传〗直呼宛的名字,是为了贬斥郑庄公,以示对他擅自交换天子土地行为的厌恶。

【经】庚寅,我入邴。①

〖传〗入者,内弗受也。②日入,恶入者也。邴者,郑伯所受命于天子,而祭泰山之邑也。③

[注释]

①徐邈曰:"入承郑归邴下,嫌内外文不别,故著'我'以明之。"

②杨疏:"重发《传》者,嫌易田与兵入异,故重发以明之。"

③诸侯春见天子曰朝,秋见曰觐。诸侯之贵者,朝觐有汤沐邑。范注:

"王室微弱,无复方岳之会。诸侯骄慢,亦废朝觐之事。故郑以汤沐之邑易鲁朝宿之田也。诸侯有大功盛德于王室者,京师有朝宿之邑,泰山有沐浴之邑,所以供祭祀也。鲁,周公之后;郑,宣王母弟,若此有赐邑,其余则否。"鲁、郑易田,各从本国所近之宜也。桓公元年,郑伯以璧假许田,即是以祊易者。

[译文]

【经】庚寅日,我国进入郎地。

〖传〗"入",表示被进入的一方不愿接受。记载进入的日期,以示对进入郎地之人的厌恶。郎地,是周天子赐予郑国国君,用于在天子祭祀泰山时朝觐落脚的汤沐邑。

【经】夏,六月己亥,蔡叔考父卒。①
〖传〗诸侯日卒,正也。②

[注释]

①蔡宣公,姓姬名考父,一名措夫。
②杨疏:"重发之者,宋公起例之始,蔡侯嫌爵异,故重发以明之。举此二者,足以包宿男,故宿男不复发《传》。"柯注:"三年,宋公和卒,已发《传》。复发《传》者,和弟受于兄,考父子受于父,皆正也。故发《传》以明之。"

[译文]

【经】夏,六月己亥日,蔡国国君姬考父去世。
〖传〗记载诸侯去世的日期,以示寿终正寝。

【经】辛亥,宿男卒。①
〖传〗宿,微国也。未能同盟,故男卒也。②

[注释]

①《补注》:"宿亦书日,则日正、不日不正之例,兼施于小国明矣。"

隐公 39

男，爵位。

②杨疏："杜预以元年盟于宿，宿亦与盟，则以宿为宿男之国。此《传》云未能同盟，则以彼宿为地名，与杜异也。"《补注》："据《杂记》赴辞曰：'寡君不禄。则诸侯赴于诸侯未必名。'赵匡所疑是也。凡不名者，盖皆因史之旧。"

[译文]

【经】辛亥日，宿国国君去世。

〖传〗宿国，是附庸之国。未能与我国同盟，故而在他去世时称其为"男"，并未记录他的名字。

【经】秋，七月庚午，宋公、齐侯、卫侯盟于瓦屋。①

〖传〗外盟不日，此其日，何也？诸侯之参盟于是始，故谨而日之也。②诰誓不及五帝，③盟诅不及三王，④交质子不及二伯。⑤

[注释]

①范注："宋序齐上，王爵也。"瓦屋，周地，确址待考，疑在今河南温县一带。

②范注："世道交丧，盟诅滋彰，非可以经世轨训，故存日以记恶，盖《春秋》之始也。"柯注："内盟日，外盟不日，责内详，责外略。"

③范注："五帝，谓黄帝、颛顼、帝喾、帝尧、帝舜也。诰誓，《尚书》六誓七诰是其遗文。五帝之世，道化淳备，不须诰誓而信自著。"杨疏："五帝虽有军旅会同，不须诰誓而信自著也。六誓者，即《尚书·甘誓》《汤誓》《牧誓》《泰誓》《费誓》《秦誓》也。七诰者，即《汤诰》《大诰》《康诰》《酒诰》《召诰》《洛诰》《康王之诰》是也。"

④范注："三王，谓夏、殷、周也。夏后有钧台之享，商汤有景亳之命，周武有盟津之会。众所归信，不盟诅也。"

⑤范注："二伯，谓齐桓、晋文。齐桓有召陵之师，晋文有践土之盟。诸侯率服，不质任也。"

[译文]

【经】秋,七月庚午日,宋殇公、齐僖公、卫宣公在瓦屋会盟。

〖传〗鲁国以外的诸侯举行会盟,照例不记载日期。这里却记载了日期,这是为何?三个诸侯国之间举行会盟,自此而始,故而记录日期以示郑重。五帝之时不发布训诫文告,三王之时没有盟约誓词,齐桓、晋文之时不交换人质。

【经】八月,葬蔡宣公。
〖传〗月葬,故也。①

[注释]

①《补注》:"重发《传》者,卫桓葬缓,此三月而葬速,嫌异故也。"柯注:"宣公子桓侯无子,季贤当立,桓侯立献舞,卒为楚所执。国以危乱。献舞子肸,遂背夏从楚。宣公月葬、桓侯日葬、献舞不书卒葬,见危乱之有渐也。宣公月葬,见桓侯失子道,骧先君之绪业,子之继父,自葬父始。故于其始事谨之。"

[译文]

【经】八月,安葬蔡宣公。
〖传〗记载下葬的月份,是因为有所变故。

【经】九月辛卯,公及莒人盟于包来。①
〖传〗可言公及人,不可言公及大夫。②

[注释]

①包来,宋邑,《左氏》作"浮来",在今山东沂源县东南,或以为在莒县西浮来山。

②范注:"称人,众辞。可言公及人,若举国之人皆盟也。不可言公及大

夫，如以大夫敌公故也。"实则鲁隐公与莒国执政大夫会盟。

[译文]

【经】九月辛卯日，鲁隐公与莒国人在包来会盟。

〖传〗可以记鲁国国君与某国人，不可以记鲁国国君与某国大夫（因为地位不等）。

【经】螟。①

[注释]

①柯注："蒙上月，灾甚，则月。"

[译文]

【经】螟虫成灾。

【经】冬，十有二月，无骇卒。①

〖传〗无骇之名，未有闻焉。或曰，隐不爵大夫也。或说曰，故贬之也。②

[注释]

①无骇，前"帅师入极"者，公子展之孙，鲁大夫。
②范注："未闻者，不知为是隐之不爵大夫，为是有罪贬去氏族。穀梁子不受之于师，故曰'未有闻焉'。"杨疏："若是不爵命大夫，二年《传》不得云贬。彼入极为贬去氏，则此亦为贬去氏，就二说之中，后或曰是也。公子益师卒，《传》曰：'不日，恶也。'则此不日亦恶可知矣。"

[译文]

【经】冬，十二月，无骇去世。

〖传〗为何直呼展无骇的名字，未曾听到先师的解说。有人说，是鲁隐公不曾爵命大夫，故而无骇没有命氏。有人说是为了贬斥他。

隐公九年

【经】九年,①春,天王使南季来聘。

〖传〗南氏,姓也。季,字也。②聘,问也。聘诸侯,非正也。③

[注释]

①鲁隐公九年,周桓王六年,公元前714年。

②范注:"南季,天子之上大夫。氏以为姓也。所以别姓者,《经》有'王季子来聘','祭伯来','王''祭'皆非姓也,嫌与同,故别之也。"又曰:"季云字者,明命为大夫,不以名通也。"

③范注:"《周礼》:'时聘以结诸侯之好,殷眺以除邦国之慝,间问以谕诸侯之志,归脤以交诸侯之福,贺庆以赞诸侯之喜,致禬以补诸侯之灾。'许慎曰:'礼,臣病,君亲问之,天子有下聘之义。'《传》曰:'聘诸侯非正。'宁所未详。"按,"宁所未详"者,范宁自谓不解《经》《传》之意也。

[译文]

【经】鲁隐公九年,春,周天王派南季前来聘问。

〖传〗"南",是以氏为姓。"季",是字。"聘",是聘问的意思。天子无事之时,派使者前来聘问诸侯,是不合乎礼制的。

【经】三月癸酉,大雨,震电。①

〖传〗震,雷也。电,霆也。②

[注释]

①周历三月,当夏历正月,不得震电,故谨书月日。

②《淮南子》："疾雷不及塞耳，疾霆不暇掩目。"震、雷，言其声也。电、霆，言其光也。

[译文]

【经】三月癸酉日，下大雨，雷鸣电闪。

〖传〗"震"，是打雷的意思。"电"，是霆光闪烁的意思。

【经】庚辰，大雨雪。

〖传〗志疏数也。①八日之间，再有大变，阴阳错行，故谨而日之也。②雨月志，正也。③

[注释]

①杨疏："谓灾有远近也。远者为疏，近者为数。"
②范注引刘向曰："雷未可以出，电未可以见。雷电既以出见，则雪不当复降，皆失节也。雷电，阳也；雨雪，阴也。雷出非其时者，是阳不能闭阴，阴气纵逸而将为害也。"杨疏："何休曰：'夏之正月，未可大雨震电，此阳气大失其节。犹隐公久居其位，不反于桓，失其宜也。''异发于九年者，阳数可以极，而不还国于桓之所致。'大雨雪者，'盛阴之气大怒，此桓将怒而弑隐公之象'。刘向之言，与何休意不甚异，但取变异之象少差耳。"
③范注："雨得其时，则月。"僖公三年，"六月，雨"。即此例也。

[译文]

【经】庚辰日，下大雪。

〖传〗这是在记录灾异之间相隔时间的远近。八日之内，发生两次大灾变，阴阳颠倒，故而经文记下日期以示郑重。记录雨雪，照例应该只需记下月份，这才是合乎义例的。

【经】侠卒。

〖传〗侠者，所侠也。①弗大夫者，隐不爵大夫也。②隐之不爵大夫，何也？曰：不成为君也。③

[注释]

①范注:"侠,名也。所,其氏。"杨疏:"徐邈引尹更始云:'所者,侠之氏。'今范亦云:'所,其氏。'则所者是侠之氏族,但未备爵命,故略名耳。糜信以为所非氏,所,谓斥也。"

②范注:"侠不命为大夫,故不氏。"

③范注:"明将立桓。"

[译文]

【经】侠去世。

〖传〗侠,就是所侠。不称其为大夫,是因为鲁隐公不曾爵命大夫。鲁隐公不曾爵命大夫,这是为何?答曰:隐公自居为摄政,不自居为国君。

【经】夏,城郎。①

[注释]

①郎,鲁邑。杨伯峻曰:"元年春,费伯已城郎,而今又城郎,盖鲁有两郎。费伯城者为旧鱼台县治东北八十里之郎,去鲁(曲阜)约二百里,为远。次年城者,盖鲁(曲阜)近郊之邑。"

[译文]

【经】夏,修筑郎城。

【经】秋,七月。

〖传〗无事焉,何以书?不遗时也。①

[注释]

①范注:"四时不具,不成年也。"

[译文]

【经】秋,七月。

〖传〗未有大事,为何要做记录?为了不遗漏四季时令。

【经】冬,公会齐侯于防。①

〖传〗会者,外为主焉尔。②

[注释]

①防,鲁地,在今山东费县一带。

②杨疏:"重发《传》者,嫌华戎异故也。"按,隐二年"春,公会戎于潜",鲁公会戎。

[译文]

【经】冬,鲁隐公在防地会见齐僖公。

〖传〗"会",表示盟会是由他国主持的。

隐公十年

【经】十年,①春,王二月,公会齐侯、郑伯于中丘。②

[注释]

①鲁隐公十年,周桓王七年,公元前713年。

②范注:"隐行自此皆月者,天告雷雨之异,以见篡弑之祸,而不知戒惧,反更数会,故危之。"

[译文]

【经】鲁隐公十年,春,周历二月,鲁隐公在中丘会见齐僖公、郑庄公。

【经】夏，翚帅师会齐人、郑人伐宋。①

[注释]

①范注："翚，隐之罪人也，故终隐之世贬之。"贬之，即去"公子"二字。

[译文]

【经】夏，翚率领军队会见齐国人、郑国人，讨伐宋国。

【经】六月壬戌，公败宋师于菅。①
〖传〗内不言战，举其大者也。②

[注释]
①范注："败例日与不日，皆与战同。"菅，宋地，在今山东单县北。
②范注："战然后败，故败大于战。"

[译文]

【经】六月壬戌日，鲁隐公在菅地击败宋国军队。
〖传〗对鲁国的战事，不记为交战，这是选取重要的方面而言。

【经】辛未，取郜。①辛巳，取防。②
〖传〗取邑不日，此其日，何也？不正其乘败人而深为利，取二邑，故谨而日之也。③

[注释]
①郜，宋邑，故都在今山东成武东南。
②防，宋邑，在今山东金乡一带。此为西防，上与齐侯会者为东防。
③范注："礼不重伤，战不逐北，公败宋师于菅，复取其二邑，贪利不

仁，故谨其日。"

[译文]

【经】辛未日，夺取郜邑。辛巳日，夺取防邑。

〖传〗夺取城邑，照例不记载日期，这里却记载了日期，这是为何？君子以为趁着击溃他国的机会而牟利，夺取两座城邑，是不合乎正道的，故而记录日期以示郑重。

【经】秋，宋人、卫人入郑。

[译文]

【经】秋，宋国人、卫国人攻入郑国。

【经】宋人、蔡人、卫人伐戴。郑伯伐取之。①
〖传〗不正其因人之力而易取之，故主其事也。②

[注释]

①戴，姬姓之国，郑之附庸之国。范注："凡书取国，皆灭也。变灭言取，明其易。"
②范注："三国伐戴，自足以制之，郑伯不能矜人之危，而反与共伐，故独书'郑伯伐取之'，以首其恶，其实四国共取之。"

[译文]

【经】宋国人、蔡国人、卫国人讨伐戴国。郑庄公将其攻下。

〖传〗君子以为郑庄公凭借他国之力，轻取戴国，是不合乎正道的，故而记其为罪魁祸首。

【经】冬，十月壬午，齐人、郑人入郕。
〖传〗入者，内弗受也。日入，恶入者也。①郕，国也。

［注释］

①《补注》："重发《传》者，前日入是易田，今是兵入。"

［译文］

【经】冬，十月壬午日，齐国人、郑国人攻入郕国。

〖传〗"入"，表示被攻占的一方不愿接受。记载攻入的日期，以示对攻方的厌恶。"郕"，周朝国名。

隐公十有一年

【经】十有一年，①春，滕侯、薛侯来朝。②

〖传〗天子无事，诸侯相朝，正也。③考礼修德，所以尊天子也。诸侯来朝，时，正也。④犆言，同时也。⑤累数，皆至也。⑥

［注释］

①鲁隐公十一年，周桓王八年，公元前712年。

②薛，任姓，其先奚仲为夏之车正，在今山东滕州市南。

③范注："事，谓巡守、崩葬、兵革之事。"

④范注："朝宜以时，故书时则正也。"杨疏："诸侯相朝，所以正班爵，奉王命，故云'考礼修德'也。"

⑤范注："犆言，谓别言也。若榖伯绥来朝，邓侯吾离来朝，同时来，不俱至。"犆，古同"特"，独也。

⑥范注："累数，总言之也。若滕侯、薛侯来朝，同时俱至。"

［译文］

【经】鲁隐公十一年，春，滕国国君、薛国国君前来朝见。

〖传〗王室没有大事之时，诸侯相互朝见，是合乎礼制的。考究礼制，修为德行，都是尊崇周天子的行为。诸侯前来朝见，记载季节，是合乎礼制的。若是经文分别记载，就是两个国君在一季之内先后到达。若是经文综合记载，就是两个国君同时到达。

【经】夏，五月，公会郑伯于时来。①

[注释]
①时来，郑地，在今河南郑州市北黄河南岸一带。

[译文]
【经】夏，五月，鲁隐公在时来会见郑庄公。

【经】秋，七月壬午，公及齐侯、郑伯入许。①

[注释]
①许，姜姓之国，在今河南许昌一带。

[译文]
【经】秋，七月壬午日，鲁隐公、齐僖公、郑庄公攻入许国。

【经】冬，十有一月壬辰，公薨。①
〖传〗公薨不地，故也。②隐之，不忍地也。③其不言葬何也？君弑，贼不讨，不书葬，以罪下也。④隐十年无正，隐不自正也。⑤元年有正，所以正隐也。⑥

[注释]
①《春秋》记鲁君殁曰薨，记他国之君殁曰卒。《补注》："内君薨皆不书名者，国所独尊，从大上之例。十二公唯庄见名，隐、闵不葬，并不见谥，故史家之学，别有世本谱谍之书矣。"《左氏》："羽父请杀桓公，将以求大宰。

公曰:'为其少故也,吾将授之矣。'使营菟裘,吾将老焉。羽父惧,反谮公于桓公而请弑之。公之为公子也,与郑人战于狐壤,止焉。郑人囚诸尹氏,赂尹氏而祷于其主钟巫,遂与尹氏归而立其主。十一月,公祭钟巫,齐于社圃,馆于寪氏。壬辰,羽父使贼弑公于寪氏,立桓公而讨寪氏,有死者。不书葬,不成丧也。"

②范注:"不地,不书路寝之比。"《补注》:"鲁史之法,备用王礼,王无弑时,史无书道。"

③范注:"隐,犹痛也。"何休曰:"不忍见其僵尸之处。"

④范注:"责臣子也。"《公羊》:"以为无臣子也。"《公羊》引子沈子曰:"葬,生者之事也。《春秋》君弑,贼不讨,不书葬,以为不系乎臣子也。"

⑤范注:"无正,谓不书正月。"

⑥范注:"明隐宜立。"

[译文]

【经】冬,十一月壬辰日,鲁隐公辞世。

〖传〗不记载鲁隐公辞世的地点,是因为有所变故。君子对此痛心不已,故而不忍记载国君逝世的地点。经文不记载下葬,这是为何?国君遇弑,乱臣贼子尚未得到惩罚,照例不记载下葬,以此责备臣子。隐公十年,经文没有书写正月,是因为鲁隐公不愿成为真正的国君。隐公元年,经文书写正月,以此说明鲁隐公的君位是合乎正道的。

桓公

桓公元年

【经】元年,①春,王正月。

〖传〗桓无王,其曰王,何也?谨始也。②其曰无王,何也?桓弟弑兄,臣弑君,天子不能定,诸侯不能救,百姓不能去,以为无王之道,遂可以至焉尔。元年有王,所以治桓也。③

[注释]

①鲁桓公元年,周桓王九年,公元前711年。鲁桓公姓姬名允,惠公之子,隐公之弟。《周书·谥法》:"辟土服远曰桓。"

②范注:"诸侯无专立之道,必受国于王。若桓初立,便以见治,故详其即位之始,以明王者之义。"杨疏:"徐邈云:'桓公篡立,不顾王命,王不能讨,故无王。又且桓公终始十八年,唯元年、二年、十年、十八年有王,自外皆无王,故《传》据以发问,而曰桓无王。'又范氏《例》云:'《春秋》上下无王者,凡一百有八。桓无王者,见不奉王法;余公无王者,为不书正月,不得书王。桓初即位,若已见治,故书王以示义。二年书王,痛与夷之卒,正宋督之弑,宜加诛也。十年有王,正曹伯之卒,使世子来朝,王法所宜治也。十

八年有王,取终始治桓也。'是解元年有王为谨始也,余年无王为不奉王法也。若然,桓为弑君而立,故十四年没其王。文、宣公亦篡位而立,不去王者,桓弑贤兄让国之主,害成立之君,宣篡未逾年之子,又无为臣之义,以轻重既异,故去王亦殊也。杜预注《左氏》桓十四年无王者,'失不班历'也。何休注《公羊》,意与《穀梁》同。唯解有王者别,云:'二年有王者,见始也。十年有王,数之终也。十八年有王,桓之终也。明终始有王,桓公无之耳。'"

③《孟子》:"世道衰微,邪说暴行有作,臣弑其君者有之,子弑其父者有之。孔子惧,作《春秋》。《春秋》,天子之事也;是故孔子曰:'知我者其惟《春秋》乎!罪我者其惟《春秋》乎!'又曰:'孔子成《春秋》而乱臣贼子惧。'"故君子以《春秋》当一王之法,以治乱臣贼子,即此《传》所谓:"元年有王,所以治桓也。"

[译文]

【经】鲁桓公元年,春,周历正月。

〖传〗终桓公一世,经文均不记"王",这里却记"王",这是为何?以示对开端的郑重。终桓公一世不记"王",这是为何?桓公作为弟弟,杀害了自己的兄长;作为臣子,杀害了自己的国君。天子无力约束,诸侯难以制止,百姓不能离去。凡此种种,皆是由于王道沦丧,才陷入这样的境地。之所以在鲁桓公元年处记"王",是为了以王道惩治桓公。

【经】公即位。①

〖传〗继故不言即位,正也。②继故不言即位之为正,何也?曰先君不以其道终,则子弟不忍即位也。③继故而言即位,则是与闻乎弑也。继故而言即位,是为与闻乎弑,何也?曰先君不以其道终,已正即位之道而即位,是无恩于先君也。④

[注释]

①杜预曰:"嗣子位定于初丧,而改元必须逾年者,继父之业,成父之

志，不忍有变于中年也。诸侯每首岁，必有礼于庙，诸遭丧继位者，因此而改元即位，百官以序，故国史亦书即位之事于策。"杨疏："天子初崩，嗣子定位，则诸侯亦当然也。其改元必须逾年者，孝子之情，不忍有变于中年也。然嗣子不忍变于中年，故嗣年即位。桓公既无恻痛之情，朝死夕忘，亦于逾年即位者，圣人立法，即位必待逾年，桓虽不仁，未可独当年即位。即位既是逾年，故史官从其实而书之。"

②范注："故，谓弑也。"

③范注："哀痛之至，故不忍行即位之礼。"

④范注："推其无恩，则知与弑也，此明统例耳。与弑尚然，况亲弑者。"

[译文]

【经】鲁桓公即位。

〖传〗继承被杀害的君主，经文不称"即位"，这是合乎礼制的。继承被杀害的君主不称"即位"，是合乎礼制的，这是为何？答曰：前代国君死于非命，儿子或弟弟应当不忍举行即位的仪式。继承死于非命的国君，又举行即位仪式，说明他参与杀害前代国君。继承死于非命的国君，又举行即位仪式，就是参与杀害前代国君，这是为何？答曰：前代国君死于非命，自己却举行即位仪式，可见于前代国君毫无情义。

【经】三月，公会郑伯于垂。①

〖传〗会者，外为主焉尔。②

[注释]

①会例时，范注："《传例》曰：往月，危往也。桓大恶之人，故会皆月以危之。"垂，卫地也，见前揭。

②范注："郑伯所以欲为此会者，为易田故。"杨疏："重发《传》者，嫌易田与直会异故也。"

[译文]

【经】三月,鲁桓公在垂地会见郑庄公。

〖传〗"会",表示盟会是由他国主持的。

【经】郑伯以璧假许田。

〖传〗假不言以,言以非假也。①非假而曰假,讳易地也。礼,天子在上,诸侯不得以地相与也。②无田则无许可知矣。不言许,不与许也。③许田者,鲁朝宿之邑也。邴者,郑伯之所受命,而祭泰山之邑也。用见鲁之不朝于周,而郑之不祭泰山也。④

[注释]

①范注:"实假则不应言以璧。"假,本义为借,此为交换之意。《春秋》记鲁隐公八年"三月,郑伯使宛来归邴。庚寅,我入邴"。至此,郑以邴地易鲁之许田。

②范注:"诸侯受地于天子,不得自专。"

③范注:"但言以璧假许而不继田,则许属郑也。今言'许田',明以许之田与郑,不与许邑也。诸侯有功,则赐田以禄之,若可以借人,此盖不欲以实言。"

④范注:"朝天子所宿之邑谓之朝宿。泰山非郑竟内,从天王巡守受命而祭也。擅相换易,则知朝祭并废。"杨疏:"《经》文无邴而《传》言之者,《经》讳易天子之地,故以璧假为文。若以地易地,不得云假,故《经》无邴文。《传》本鲁郑易田之由,不得不言邴也。"

[译文]

【经】郑庄公用玉璧来借许田。

〖传〗如果是借,就不会记用什么来借;如果记用什么来借,便不是借。分明不是借,却记为借,是隐讳两国交换封地的说法。根据礼制,周天子在上,诸侯不得擅自授受封地。没有许田,也就没有许邑，这是明白无误的。经文不记"许邑"，而记为"许田"，说明尚未将许邑交割给郑国。许田，是鲁国国君朝见周天子时起居的城邑。邴邑，是周天子赐予郑国国君，用于在天子祭祀泰山时朝觐落脚的汤沐邑。由此可见，鲁国不再朝觐天子，郑国也不再陪从天子祭祀泰山。

【经】夏，四月丁未，公及郑伯盟于越。①
〖传〗及者，内为志焉尔。越，盟地之名也。

[注释]
①越，卫地，在今山东曹县一带。按，郑归鲁邴邑，鲁假郑许田，本年三月郑庄公、鲁桓公会于垂，四月鲁桓公、郑庄公盟于越。鲁桓公内弑君兄，擅易天子之地，外深接诸侯，可谓大恶。

[译文]
【经】夏，四月丁未日，鲁桓公与郑庄公在越地会盟。
〖传〗"及"，说明是鲁国的意愿。"越"，是会盟所在的地名。

【经】秋，大水。①
〖传〗高下有水，灾，曰大水。②

[注释]
①范注："大水例时。"《礼记·月令》曰："季秋行夏令则其国大水。"
②张尚瑗曰："高下言田之高下。"《左氏》鲁吊宋曰："天作淫雨，害于粢盛。"

[译文]
【经】秋，发生大水灾。
〖传〗高处、平地都发生水灾，就叫作"大水"。

【经】冬，十月。

〖传〗无事焉，何以书？不遗时也。《春秋》编年，四时具而后为年。

[译文]

【经】冬，十月。

〖传〗未有大事，为何要做记录？为了不遗漏四季时令。《春秋》是编年体例，具备四季时令，方能成为一年。

桓公二年

【经】二年，①春，王正月戊申，宋督弑其君与夷。②

〖传〗桓无王，其曰王何也？正与夷之卒也。③

[注释]

①鲁桓公二年，周桓王十年，公元前710年。

②范注："宋督，宋之卑者，卑者以国氏。"《补注》："《左氏》称督为太宰，宋六卿无太宰，则太宰非卿，非命卿即非命大夫，皆为卑者，卑者宜称人。弑君杀大夫，非众辞皆不称人。不可不目言之，故从卑者以国氏之例也。"按，宋六卿者，右师、左师、司马、司徒、司城、司寇也。

③范注："诸侯之卒，天子所隐痛。奸逆之人，王法所宜诛，故书王以正之。"

[译文]

【经】鲁桓公二年，春，周历正月戊申日，宋国的华父督杀害宋国国君子与夷。

〖传〗终桓公一世，经文均不记"王"，这里却记"王"，这是为何？因为宋殇公遇弑，故而要以正道来惩治乱臣贼子。

【经】及其大夫孔父。^①

〖传〗孔父先死，其曰及何也？书尊及卑，《春秋》之义也。^②孔父之先死何也？督欲弑君而恐不立，于是乎先杀孔父，孔父闲也。^③何以知其先杀孔父也？曰：子既死，父不忍称其名；臣既死，君不忍称其名，以是知君之累之也。^④孔氏，父字，谥也。^⑤或曰：其不称名，盖为祖讳也。孔子故宋也。^⑥

[注释]

①孔父，姓子名嘉字孔父，微子启弟微仲之八世孙，宋之大夫。
②范注引邵曰："会盟言及，别内外也。尊卑言及，上下序也。"按，邵，范邵也，为范宁从弟。见隐元年"郑伯克段于鄢"注。
③范注："闲，谓扞御。"扞，同"捍"。
④范注："累，谓从也。"
⑤范注："孔父有死难之勋，故其君以字为谥。"
⑥《春秋》内大夫卒，书氏书名；外大夫不书卒。范注："孔子旧是宋人，孔父之玄孙。"杨疏："案《世本》，孔父嘉生木金父，木金父生祁父，其子奔鲁，为防叔，生伯夏，伯夏生叔梁纥，叔梁纥生仲尼，是孔父嘉为孔子六世祖。范云'玄孙'者，以玄者亲之极至，来孙、昆孙之等亦得通称之，亦如《左传》蒯聩祷文王称曾孙之类是也。"按，《公羊》三科九旨，其存三统，有新周、故宋、黜夏、王鲁之说，乃托古改制之说，与此《传》不同。

[译文]

【经】以及大夫孔父。

〖传〗孔父是先被杀害的，经文却记为"及"，这是为何？从尊贵的人书写到卑微的人，这是《春秋》的义例。孔父先被杀害，这是为何？华督意图杀害国君，恐怕不能成功，于是先杀死孔父，孔父是为保卫国君而死的。何以知道孔父是先被杀害的？答曰：儿子死后,父亲不忍称呼他的名字;臣子死后,国君不忍称呼他的名字。由此可知,国君是在孔父之后被害的。"孔"是氏,"父"是字,又是谥号。也有人说,经文之所以不记录孔父的名字,或许是为祖先避讳。孔子的祖先是宋人。

【经】滕子来朝。①

[注释]

①范注:"隐十一年称侯,今称子,盖时王所黜。"杨疏:"周公之制,爵有五等,所以拟其黜陟。今《传》无贬爵之文,明降爵非《春秋》之义。又且此时周德虽衰,尚为天下宗主,滕今降爵,明是时王所黜也。"

[译文]

【经】滕国国君前来朝见。

【经】三月,公会齐侯、陈侯、郑伯于稷,以成宋乱。①
〖传〗以者,内为志焉尔。公为志乎成是乱也。②此成矣,取不成事之辞而加之焉,于内之恶而君子无遗焉尔。③

[注释]

①稷,宋地也,在今河南商丘一带。是会,鲁桓公、齐僖公、陈桓公、郑庄公四国之君受宋之贿赂,释华督弑君之罪,成就宋国之内乱。下文郜鼎,即是宋贿鲁之物。

②范注:"欲会者,外也。欲受赂者,公也。"

③范注:"取不成事之辞,谓以成宋乱也。桓,奸逆之人,故极言其恶,无所遗漏也。"范注又引徐邈曰:"宋虽已乱,治之则治。治乱成不系此一会,若诸侯讨之,则有拨乱之功;不讨,则受成乱之责。辞岂虚加也哉?《春秋》虽为亲尊者讳,然亦不没其实,故纳鼎于庙,跻僖逆祀,及王室之乱,昭公之孙,皆指事而书。哀七年《传》所谓有一国之道者,有天下之道者也。君失社

稷，犹书而不隐，况今四国群会，非一人之过，以义致讥，轻於自己兆乱。以此方彼，无所多怪。"

[译文]

【经】三月，鲁桓公在稷地会见齐僖公、陈桓公、郑庄公，促成宋国内乱。

〖传〗"以"，说明是鲁国的意愿。鲁桓公有意促成宋国内乱。宋国之内乱已经成形，经文用"以"表示尚未成形的说法，仿佛是由鲁桓公促成的一般。对于鲁国之恶，君子在修订《春秋》之时不会遗漏任何一处。

【经】夏，四月，取郜大鼎于宋。① 戊申，纳于太庙。②

〖传〗桓内弑其君，外成人之乱，受赂而退，以事其祖，非礼也。其道以周公为弗受也。郜鼎者，郜之所为也。曰宋，取之宋也。③以是为讨之鼎也。④孔子曰："名从主人，物从中国。"故曰郜大鼎也。⑤

[注释]

①郜，姬姓诸侯国，故都在今山东成武东南。为宋所灭，故宋得有郜鼎彝之器。宋不义取之在先，鲁不义得之于后。

②范注："《传例》曰：纳者，内不受也。日之，明恶甚也。"太庙，周公之庙。

③范注："此鼎本郜国所作，宋后得之。"

④范注："讨宋乱而更受其赂鼎。"

⑤范注："主人，谓作鼎之主人也，故系之郜。物从中国，谓是大鼎。"

[译文]

【经】夏，四月，从宋国取来故郜国的大鼎。戊申日，将郜鼎安放在太庙。

〖传〗鲁桓公在内杀害国君隐公，在外促成宋国内乱，又接受宋国人的贿赂，以此祭祀祖先，不合乎礼制。周公绝不会接受他的祭祀。"郜鼎"，是郜国所制作。记"宋"，因为是从宋国取来的。故而它是征讨宋国内乱所得之鼎。孔子说："名字应当遵从最初制作的主人，器形应当遵从华夏正统的仪范。"故而称其为郜国大鼎。

【经】秋，七月，纪侯来朝。①

〖传〗朝时，此其月何也？②桓内弑其君，外成人之乱，于是为齐侯、陈侯、郑伯讨，数日以赂。③己即是事而朝之，恶之，故谨而月之也。④

[注释]

①范注："隐二年称子，今称侯，盖时王所进。"纪侯，《左氏》作"杞侯"。

②范注："据隐十一年春，滕侯、薛侯来朝，称时。"

③范注："桓既罪深责大，乃复为三国讨，数至日以责宋赂。"

④范注："己，纪也。桓与诸侯，校数功劳，以取宋赂，不知非之为非，贪愚之甚。纪不择其不肖而就朝之。"杨疏："桓虽不君，臣不得不臣，所以极言君父之恶，以示来世者，桓既罪深责大，若为隐讳，便是长无道之君，使纵以为暴，故《春秋》极其辞，以劝善惩恶也。"

[译文]

【经】秋，七月，纪国国君前来朝见。

〖传〗诸侯朝见，照例只记载季节，这里却记载月份，这是为何？鲁桓公在内杀害国君，在外促成他国的内乱，又联合齐僖公、陈桓公、郑庄公征讨宋国，限令宋国交出财物以为贿赂。经历过这些事情之后，纪国还来朝见桓公，君子对此表示厌恶，故而记下月份以示郑重。

【经】蔡侯、郑伯会于邓。①

[注释]

①邓,范注:"邓,某地。"杨疏:"某地,不知其国,故云某,后放此。"《公羊》以为邓国。杜预《释例》以为蔡地也。《左氏》曰:"始惧楚也。"

[译文]

【经】蔡桓侯、郑庄公在邓地举行会晤。

【经】九月,入杞。
〖传〗我入之也。①

[注释]

①范注:"不称主名,内之卑者。"

[译文]

【经】九月,攻入杞国。
〖传〗这是我国出兵攻入杞国。

【经】公及戎盟于唐。①

[注释]

①内盟例日,《补注》:"不日者,盖以桓既奸逆,又与戎盟,其事可恶,故略之欤?襄公十九年《传》曰:'不日,恶盟也。'"

[译文]

【经】鲁桓公与戎人在唐地会盟。

【经】冬,公至自唐。①
〖传〗桓无会,而其致,何也?远之也。②

[注释]

①范注:"告庙曰至。《传例》曰:'致君者,殆其往而喜其反。'此致君之意义也。离不言会,故以地致。"《补注》:引例在襄二十九年《传》:"告庙饮酒,策勋书劳,至之事也,《左氏》所据史例也。喜其反也,至之义也,《经》例也。《注》言'离不言会,故以地致'非也。离会不致,致者,皆危之,危之故以地致,例在定十年《传》。"

②范注:"桓会甚众,而曰无会,善无致会也。弑逆之罪,非可以致宗庙,而今致者,危其远会戎狄,喜其得反。"

[译文]

【经】冬,鲁桓公从唐地回国(举行告祭饮至的礼仪)。

〖传〗鲁桓公没有值得告祭宗庙的善举,这里却记载他告祭宗庙,这是为何?因为这次会盟路途遥远。

桓公三年

【经】三年①,春,正月,公会齐侯于嬴。②

[注释]

①鲁桓公三年,周桓王十一年,公元前709年。
②嬴,齐地,治所在今山东莱芜西北。

[译文]

【经】鲁桓公三年,春,正月,鲁桓公在嬴地会见齐僖公。

【经】夏,齐侯、卫侯胥命于蒲。①

〖传〗胥之为言,犹相也。相命而信谕,谨言而退,以是为近古也。②是必一人先,其以相言之,何也?不以齐侯命卫侯也。③

[注释]

①蒲，卫地，在今河南长垣一带。

②胥命，有约定而不盟誓。范注：“申约言以相达，不歃血而誓盟。古谓五帝时。”按，隐公八年《传》：“诰誓不及五帝，盟诅不及三王，交质子不及二伯。”

③范注引江熙曰：“夫相与亲比，非一人之德，是以同声相应，同气相求。齐、卫胥命，虽有先倡，倡和理均。若以齐命卫，则功归于齐；以卫命齐，则齐仅随从。言其相命，则泯然无际矣。”按，江熙，"近十家"之一，见隐元年"公子益师卒"注。

[译文]

【经】夏，齐僖公、卫宣公在蒲地达成约定。

〖传〗"胥"这种说法，相当于相互的意思。互为约定，并且理解彼此的诚意，郑重地交换意见，然后离开，君子以为这近于五帝之时的举动。凡是会晤，必定有一方先提出要求，经文却记为"相"，这是为何？是为了不让齐僖公命令卫宣公。

【经】六月，公会杞侯于郕。①

[注释]

①杞侯，《公羊》作"纪侯"。郕，鲁地。

[译文]

【经】六月，鲁桓公在郕地会见杞武公。

【经】秋，七月壬辰朔，日有食之，既。①

〖传〗言日言朔，食正朔也。②既者，尽也，有继之辞也。③

[注释]

①壬辰,《公羊》作"壬申",误也。
②范注:"朔日食也。"日食必发生在朔日,月食必发生在望日。
③范注:"尽而复生谓之既。"杨疏:"其日食或尽或不尽者,历家之说,以为交正在朔,则日食既,前后望月不食;交正在望,则月食既,前后朔日不食。"何休释"既"曰:"光明灭尽。"

[译文]

【经】秋,七月壬辰朔日,发生日全食。

〖传〗既记录日期,又记录朔日,以示这次日食发生在正朔。"既",是完全的意思,又是不久将重新出现的说法。

【经】公子翬如齐逆女。①

〖传〗逆女,亲者也。使大夫非正也。

[注释]

①公子翬,弑隐公者。范注:"翬称公子者,桓不以为罪人也。"

[译文]

【经】公子翬前往齐国,为其君迎娶齐国宗室之女。

〖传〗迎娶宗室之女,国君照例要亲自前来。请大夫代替,是不合礼制的。

【经】九月,齐侯送姜氏于讙。①

〖传〗礼,送女,父不下堂,母不出祭门,诸母兄弟不出阙门。②父戒之曰:"谨慎从尔舅之言。"母戒之曰:"谨慎从尔姑之言。"诸母般申之曰:"谨慎从尔父母之言。"③送女逾竟,④非礼也。

[注释]

①范注:"已去齐国,故不言女,未至于鲁,故不称夫人。讙,鲁地。月者,重录之。"讙,在今山东肥城市南。

②范注:"祢门,庙门也。阙,两观也,在祢门之外。"

③范注:"般,囊也,所以盛朝夕所须,以备舅姑之用。"《仪礼·士昏礼》:"庶母及门内施般,申之以父母之命。"般,又作"鞶"。杨疏引郑玄曰:"般,囊也。男子般革,妇人般丝,所以盛帨巾之属,为谨敬也。"

④竟,同"境"。

[译文]

【经】九月,齐僖公送夫人姜氏至于讙地。

〖传〗根据礼制,送宗室之女出嫁,父亲不下正厅,母亲不出家庙正门,庶母、兄弟不出宫阙。父亲告诫道:"谨小慎微,听从你公公的教诲。"母亲告诫道:"谨小慎微,听从你婆母的教诲。"庶母送她小丝袋,重申道:"谨小慎微,听从你父母的教诲。"送宗室之女出嫁,离开国境,不合乎礼制。

【经】公会齐侯于讙。

〖传〗无讥乎?①曰为礼也。齐侯来也,公之逆而会之,可也。②

[注释]

①范注:"齐侯送女逾竟,远至于讙,嫌会非礼之人,当有讥。"

②范注:"为亲逆之礼。"

[译文]

【经】鲁桓公在讙地会见齐僖公。

〖传〗这是否有讥讽的意味?答曰:这是为了遵奉亲自迎娶的礼制。齐僖公亲自送来,鲁桓公前往迎娶,并举行会晤,这是可行的。

【经】夫人姜氏至自齐。

〖传〗其不言翚之以来何也？公亲受之于齐侯也。① 子贡曰："冕而亲迎，不已重乎？"② 孔子曰："合二姓之好，以继万世之后，何谓已重乎？"

[注释]

① 范注："重在公。"
② 范注："冕，祭服。"

[译文]

【经】夫人姜氏从齐国来到鲁国，举行告祭饮至的礼仪。

〖传〗经文不称是公子翚迎来，这是为何？因为夫人是鲁桓公亲自从齐僖公处迎来的。子贡说："诸侯身穿祭服，亲自前去迎接，不太过隆重了吗？"孔子说："两个姓氏好和成为一家，以此延续子孙万代，怎么能说太过隆重？"

【经】冬，齐侯使其弟年来聘。

[译文]

【经】冬，齐僖公派他的弟弟夷仲年前来聘问。

【经】有年。①

〖传〗五谷皆熟，为有年也。

[注释]

① 范注："有年，例时。" 杨疏："凡书'有年'者，冬下五谷毕入，计用丰足，然后书之，不可系以日月，故例时也。宣十六年'冬，大有年'亦时，是其证也。"

桓公　67

[译文]

【经】丰收年。

〖传〗五谷丰收,这就叫作"有年"。

桓公四年

【经】四年,①春,正月,公狩于郎。②

〖传〗四时之田,皆为宗庙之事也。春曰田,③夏曰苗,④秋曰蒐,⑤冬曰狩。⑥四时之田用三焉,唯其所先得,一为干豆,⑦二为宾客,⑧三为充君之庖。⑨

[注释]

①鲁桓公四年,周桓王十二年,公元前708年。

②范注:"春而言狩,盖用冬狩之礼。蒐狩例时,而此月者,重公失礼也。庄四年冬,公及齐人狩于郜,《传》曰:'齐人者,齐侯也。其曰人何也?卑公之敌,所以卑公也。'然则言齐人者,所以人公,则讥已明矣。狩得其时,故不月。"杨疏:"《周礼》有四时之田,春蒐,夏苗,秋狝,冬狩,皆用夏之四仲之月。然周正月,则是夏之十一月,故《左氏》以此狩为得时。今范云'春而言狩,盖用冬狩之礼',以为失时者,盖周公未制礼之时,权用此法,故得时节不同,其名亦异。仲尼修《春秋》,改周之文,从殷之质,因以为《春秋》制也。故何休注《公羊》,亦云:'夏时不田,春秋制也。'范以春狩为失时,又云'蒐狩例时'者,昭八年'秋,蒐于红',又庄四年冬狩得其时,虽讥公而不月,是例时也。《左氏》《周礼》《尔雅》并云:'春曰蒐,夏曰苗,秋曰狝,冬曰狩。'《公羊》之文,则'春曰苗,秋曰蒐,冬曰狩'。此《传》之文,则'春曰田,夏曰苗,秋曰蒐,冬曰狩'。所以文不同者,《左氏》之文,是周公制礼之名;二《传》之文,或《春秋》取异代之法,或当天子诸侯别法。经典散亡,无以取正也。"按,四时田礼,《周官》《左氏》《尔雅》

所记相同，与此《传》名异。《公羊》一年三田，与诸经皆不同。

③范注："取兽于田。"

④范注："因为苗除害，故曰苗。"

⑤范注："蒐，择之，舍小取大。"蒐，同"搜"。

⑥范注："狩，围狩也。冬物毕成，获则取之，无所择。"

⑦范注："上杀中心，死速，干之以为豆实，可以祭祀。"杨疏引何休云："自左膘射之，达于右腢，中心，死疾，故干而豆之，以荐宗庙。豆，祭器名，状如镫。天子二十有六，诸公十有六，诸侯十有二，卿上大夫八，下大夫六，士三也。"

⑧范注："次杀射髀髂，死差迟。"杨疏引何休云："自左膘射之，达于右䏶，远心，死难，故为次杀。"《毛传》云："次杀者，射右耳本，次之。"

⑨范注："下杀中肠污泡，死最迟。先宗庙，次宾客，后庖厨，尊神敬客之义。"杨疏引何休云："自左髀射之，达于右䯚。"《毛传》云："左髀达于右䯚为下杀。"

[译文]

【经】四年，春，正月，鲁桓公在郎地狩猎。

〖传〗诸侯每年按照季节，举行四次田猎，都是为了宗庙祭祀的大事。春天狩猎叫作"田"，夏天狩猎叫作"苗"，秋天狩猎叫作"蒐"，冬天狩猎叫作"狩"。四季田猎之礼，获得的猎物有三种用途，"唯其所先得"，按照捕获的先后顺序来用，一是风干之后作为祭祀的贡品，二是用来招待宾客，三是用来充实宫室的厨房。

【经】夏，天王使宰渠伯纠来聘。①

[注释]

①范注："宰，官也。渠，氏也。天子下大夫，老故称字。"杨疏："何休之意，又以为伯仲叔季之字配采地及氏者，皆为上大夫，则祭伯、南季之类是也；兼名及字配官氏者，则为下大夫，即此宰渠伯纠、叔服之类是也。"又，

本年无秋冬二季,范注:"下无秋冬二时,宁所未详。"

[译文]

【经】夏,周天子派宰渠伯纠前来聘问。

桓公五年

【经】五年,①春,正月甲戌、己丑,陈侯鲍卒。②

〖传〗鲍卒,何为以二日卒之?《春秋》之义,信以传信,疑以传疑。③陈侯以甲戌之日出,己丑之日得,不知死之日,故举二日以包也。④

[注释]

①鲁桓公五年,周桓王十三年,公元前707年。

②陈桓公,姓妫名鲍,陈文公之子。据《左氏》,陈桓公庶弟公子佗,乘桓公病危,杀世子免。桓公卒,陈乱。据杜预推算,鲁桓公四年十二月廿一日甲戌,鲁桓公五年正月初六日己丑,疑有错简。杨疏:"《公羊》以为鲍之狂,故甲戌日亡,己丑日死。孔子疑之,故以二日卒之。此《传》之意,言陈侯辟病,以甲戌日出,己丑之日得之,不知死之日,故举二日以包之。《左氏》以为再赴,故两日并书。是三《传》异说。"

③范注:"明实录也。"

④范注:"国君独出,必辟病潜行。"

[译文]

【经】鲁桓公五年,春,正月甲戌日、己丑日,陈国国君妫鲍去世。

〖传〗为何妫鲍之死有两个日期?《春秋》大义说,用可信的词句记载可信的事实,用可疑的词句记载可疑的事实。甲戌日,陈桓公出走，己丑日，找到他的尸体，不知死在哪一日，故而记载两日，以此囊括他的死亡日期。

【经】夏，齐侯、郑伯如纪。①

[注释]

①范注："外相如不书，过我则书，例时。"

[译文]

【经】夏，齐僖公、郑庄公前往纪国。

【经】天王使任叔之子来聘。①

〖传〗任叔之子者，录父以使子也。②故微其君臣而著其父子，不正父在子代仕之辞也。③

[注释]

①范注："任叔，天子之大夫。"《公羊》《左氏》作"仍叔"。
②范注："录父使子，谓不氏名其人，称父言子也。"
③范注："君暗劣于上，臣苟进于下，盖参讥之。"周天子可使大夫聘，不得使大夫之子聘；任叔为天子大夫，不履行职务，令其子代使苟进；任叔之子，父在，而越俎代行父职。故范注以为参讥之。

[译文]

【经】周桓王派任叔的儿子前来聘问。

〖传〗"任叔之子"，记录父亲，以示派遣的是他的儿子。故而隐匿君臣之义，彰显父子之义，以示父亲健在、儿子就代理职务是不合正道的。

【经】葬陈桓公。

[译文]

【经】安葬陈桓公。

【经】城祝丘。①

[注释]

①范注:"讥公不修德政,恃城以安民。"杨疏:"城祝丘者,《左氏》之例,凡城邑,则有时与不时之例。此《传》则不然,但书之者,即是讥责。"按,隐公七年《传》:"凡城之志,皆讥也。"

[译文]

【经】修筑祝丘城。

【经】秋,蔡人、卫人、陈人从王伐郑。①
〖传〗举从者之辞也。②其举从者之辞何也?为天王讳伐郑也。郑,同姓之国也。在乎冀州,于是不服,为天子病矣。③

[注释]

①范注:"王亲自伐郑。"
②范注:"使若王命诸侯伐郑,书从王命者三国也。"
③范注:"郑,姬姓之国,冀州则近京师,亲近犹不能服,则疏远者可知。"杨疏:"盖冀州者,天下之中州,自唐虞及夏殷皆都焉。则冀州是天子之常居,以郑近王畿,故举冀州以为说,故邹衍著书云:'九州之内,名曰赤县。'赤县之畿,从冀州而起,故后王虽不都冀州,亦得以冀州言之。"王引之曰:"《士冠礼》注曰:'病,犹辱也。'故凡羞愧者皆曰病。"

[译文]

【经】秋,蔡国人、卫国人、陈国人跟随周桓王讨伐郑国。
〖传〗这是强调跟随周天子之人的说法。强调追随天子之人,这是为何?这是隐讳周天子讨伐郑国的说法。郑国,是周天子的同姓诸侯国。地处中原，如此亲近的侯国都不服从周天子的管束，故而为周天子而感到可耻。

【经】大雩。①

[注释]

①范注："雩者，旱祭请雨之名。《传例》曰：'雩，得雨曰雩，不得雨曰旱。月雩，正也。时雩，不正也。'《礼·月令》曰：'仲冬行夏令则其国乃旱。'"雩（yú），祭名。郑玄云："雩之言吁也，吁嗟以求雨。"何休云："祭言大雩，大旱可知也。君亲之南郊，以六事谢过自责。曰政不一与？民失职与？宫室荣与？妇谒盛与？苞苴行与？谗夫倡与？使童男女各八人舞而呼雩，故谓之雩。"

[译文]

【经】举行盛大的祈雨仪式。

【经】螽。①
〖传〗螽，虫灾也。甚则月，不甚则时。②

[注释]

①范注："蝗螣之属。《礼·月令》曰：'仲冬行春令，则虫螟为败。'"螽（zhōng），螽斯也，今俗谓之蝈蝈。

②杨疏："重发《传》者，《经》书时雩非正，故不月。螽灾与之同不月，嫌其甚而不月，故发以明之。"

[译文]

【经】螽虫成灾。

〖传〗"螽"，是虫灾。虫灾严重，经文就记载月份；不严重，就仅记载季节。

【经】冬，州公如曹。①

〖传〗外相如不书，此其书何也？过我也。②

[注释]

①州，姜姓之国，都淳于，在今山东安丘东北。曹，姬姓之国，武王之弟曹叔振铎之后，都陶丘，在今山东菏泽市定陶区一带。

②范注："过我，六年'寔来'是也。将有其末，故先录其本。"

[译文]

【经】冬，州国国君前往曹国。

〖传〗鲁国以外的诸侯相互来往，照例不作记载，这里却记录下来，这是为何？因为州国国君途经我国。

桓公六年

【经】六年，①春，正月，寔来。②

〖传〗寔来者，是来也。何谓是来？谓州公也。其谓之是来，何也？以其画我，故简言之也。诸侯不以过相朝也。③

[注释]

①鲁桓公六年，周桓王十四年，公元前706年。

②范注："来朝例时。月者，谨其无礼。"寔来，有人来。

③范注："画是相过，去朝远。"画，过也。

[译文]

【经】鲁桓公六年，春，正月，有人前来。

〖传〗"寔来"，就是这人前来。为何说这人前来？承接去年而言，是州国国君。经文记为这人前来，这是为何？因为他途经我国，故而仅作简略记载。诸侯之间不因途经他国而举行朝见之礼。

【经】夏,四月,公会纪侯于郕。①

[注释]

①纪侯,《左氏》作"杞侯"。郕,鲁地,《左氏》作"成",故址在今山东宁阳北,后为孟孙氏采邑。

[译文]

【经】夏,四月,鲁桓公在郕地会见纪国国君。

【经】秋,八月壬午,大阅。

〖传〗大阅者何?阅兵车也。①修教明谕,国道也。②平而修戎事,非正也。③其日,④以为崇武,故谨而日之。盖以观妇人也。⑤

[注释]

①范注:"阅为简练。"
②范注:"修先王之教,以明达于民,治国之道。"
③范注引邵曰:"礼因四时田猎,以习用戎事,存不忘亡,安不忘危之道。平,谓不因田猎,无事而修之。"
④范注:"蒐阅例时。"
⑤钟文烝《补注》:"观,示也。妇人,夫人也。"

[译文]

【经】秋,八月壬午日,举行盛大的阅兵礼仪。

〖传〗"大阅"是什么?是检阅兵车。修治政教,明晓谕令,这是治国之道。太平时期,忽然举行武备礼仪,这不合乎正道。经文记录日期,因为这次阅兵是为了炫耀武力,故而记录日期以示郑重。其实这次阅兵是给夫人姜氏看的。

【经】蔡人杀陈佗。①

〖传〗陈佗者,陈君也。其曰陈佗何也?匹夫行,故匹夫称之也。其匹夫行奈何?陈侯熹戏猎,淫猎于蔡,与蔡人争禽。②蔡人不知其是陈君也而杀之。何以知其是陈君也?两下相杀,不道。其不地,于蔡也。

[注释]

①陈佗,陈君妫佗,陈桓公之弟,杀桓公世子而自立。
②范注:"淫猎,谓自放恣,遗失徒众。"

[译文]

【经】蔡国人杀死陈国的妫佗。

〖传〗"陈佗",是陈国国君。经文称其为"陈佗",这是为何?他的举止与平民无二,故而以称呼平民的方式称呼他。如何行事,与平民无二?陈佗喜欢狩猎,多次前往蔡国狩猎,与蔡国人争夺飞禽。蔡国人不知其为陈国国君,将其杀死。何以知道他是陈国国君?两个在下者斗殴厮杀,《春秋》不作记载。没有记录被杀的地点,因为是在蔡国。

【经】九月丁卯,子同生。①
〖传〗疑,故志之。时曰:同乎人也。②

[注释]

①范注:"子同,桓公嫡子庄公。"杜预曰:"十二公唯子同是适夫人之长子,备用太子之礼,故史书之于策。"范注:"庄公母文姜,淫于齐襄,疑非公之子。"

②范注:"时人金曰,齐侯之子,同于他人。"《左氏》记桓公语曰:"是其生也,与吾同物,命之日同。"按,文姜以桓公三年来归,六年九月生公

子同。

[译文]

【经】九月丁卯日，公子同出生。

〖传〗因为怀疑不是鲁桓公的儿子，故而记录下来。时人都说：这个孩子与别人长相相似。

【经】冬，纪侯来朝。

[译文]

【经】冬，纪国国君前来朝见。

桓公七年

【经】七年，[1]春，二月己亥，焚咸丘。[2]
〖传〗其不言邾咸丘何也？[3]疾其以火攻也。[4]

[注释]

[1]鲁桓公七年，周桓王十五年，公元前705年。
[2]范注："日之，谨其恶。"杨疏："侵、伐、围例时，故知书日，谨其恶也。"咸丘，邾邑也，在今山东嘉祥西南。
[3]范注："据襄元年围宋彭城，言宋。"
[4]范注："不系于国者，欲使焚邑之罪与焚国同。"

[译文]

【经】鲁桓公七年，春，二月己亥日，火攻咸丘邑。

〖传〗经文不称其为"邾咸丘"，这是为何？因为君子痛恨鲁国以火攻城。

【经】夏，穀伯绥来朝。①邓侯吾离来朝。

〖传〗其名何也？②失国也。③失国则其以朝言之何也？④尝以诸侯与之接矣。虽失国，弗损吾异日也。⑤

[注释]

①穀，嬴姓诸侯。

②范注："据隐十一年滕、薛来朝，不名。"

③范注："《礼》：诸侯不生名，失地则名。"注用《曲礼》文："诸侯不生名，失地，名。灭同姓，名。"

④范注："据文十二年郕伯来奔，不名。"杨疏："哀十年'邾子益来奔'，昭二十三年'莒子庚舆来奔'，彼来奔书名，彰其失地，则与此穀、邓书名同，而范不据之。文十二年'郕伯来奔'，无名而反据之者，以邾、莒二国，更无所见，故依常书名言奔，表其失地，其郕伯与穀、邓别有所见，与常例违，故据之以相决。何则？郕伯不言名而云来奔，穀、邓书名而称朝，二者相反，故特据之。郕伯与鲁同姓，故不名以表其亲，言奔以明失国。穀、邓与鲁有好，故言名以彰失国，称朝以见和亲。但入春秋以来，虽无同好之事，盖春秋前有之。"

⑤范注："待之以初也。"又，本年无秋、冬二季，范注："下无秋、冬二时，宁所未详。"

[译文]

【经】夏，穀国国君嬴绥前来朝见，邓国国君曼吾离前来朝见。

〖传〗经文记录他们的名字，这是为何？因为他们失去了政权。既然已经失去政权，却仍记为朝见，这是为何？因为鲁国曾以诸侯之礼与其交接。如今虽然失去政权，鲁国也不应降低接待的礼节。

桓公八年

【经】八年，①春，正月己卯，烝。

〖传〗烝，冬事也。②春兴之，志不时也。③

[注释]

①鲁桓公八年，周桓王十六年，公元前704年。

②周有四时之祭，《诗·小雅》："禴祠烝尝，于公先王。"范注："春祭曰祠，荐尚韭卵。夏祭曰禴，荐尚麦鱼。秋祭曰尝，荐尚黍肫。冬祭曰烝，荐尚稻雁。无牲而祭曰荐，荐而加牲曰祭，礼各异也。失礼，祭祀例日。得礼者，时，定八年冬从祀先公是也。僖八年秋，七月，禘于大庙，月者，谨用致夫人耳。禘无违礼。"《王制》曰："天子诸侯宗庙之祭，春曰礿，夏曰禘，秋曰尝，冬曰烝。"郑玄注："此盖夏殷之祭名，周则改之，春曰祠，夏曰礿。"礿，同"禴"。四时祭皆常事也，例不书，今变时而烝，故书。

③周历建子，夏历建寅，周历正月当夏历十一月，《补注》以为，志不时，盖时祭之名亦不以夏制为准也。孔子曰："行夏之时。"《逸周书·周月》："至于敬授民时，巡狩烝享，犹自夏焉。"钟文烝曰："窃意周鲁之初悉如此，但后来渐有变更，遂一以周时为准。"

[译文]

【经】鲁桓公八年，春，正月己卯日，举行烝祭。

〖传〗烝祭，是在冬季举行的祭祀仪式。如今却在春季举行，不合时令，故而经文有所记录。

【经】天王使家父来聘。①

[注释]

①范注："家父，天子大夫。家，氏。父，字。"杨疏引何休云："中大夫，故不称伯仲。"

[译文]

【经】周天子派家父前来聘问。

【经】夏，五月丁丑，烝。

〖传〗烝，冬事也。春、夏兴之，黩祀也，志不敬也。①

[注释]

①《公羊》："亟则黩，黩则不敬。"《补注》引程子曰："既烝复烝者，必以前烝为不备也，其黩礼甚矣。"

[译文]

【经】夏，五月丁丑日，举行烝祭。

〖传〗烝祭，是在冬季举行的祭祀仪式，如今却在春季、夏季举行，是对神灵的亵渎。记录下来，足见国君对祭祀的不敬之心。

【经】秋，伐邾。

[译文]

【经】秋，讨伐邾国。

【经】冬十月，雨雪。①

[注释]

①范注："《礼·月令》曰：孟冬行秋令，则霜雪不时。"《补注》引何休曰："周十月、夏八月，未当雨雪，此阴气大盛，兵象也。"

[译文]

【经】冬，十月，下雪。

【经】祭公来，遂逆王后于纪。①

〖传〗其不言使焉，何也？②不正其以宗庙之大事即谋于我，故弗与使也。③遂，继事之辞也。其曰"遂逆王后"，故略之也。④

或曰：天子无外，王命之则成矣。⑤

[注释]

①范注："祭公，寰内诸侯，为天子三公者。亲逆例时，不亲逆例月，故《春秋左氏说》曰：'王者至尊无敌，无亲逆之礼。祭公逆王后，未至京师而称后，知天子不行而礼成也。'"又引郑君释之曰："大姒之家在郃之阳，在渭之涘，文王亲迎于渭，即天子亲迎之明文矣。天子虽尊，其于后犹夫妇。夫妇叛合，礼同一体，所谓无敌，岂施此哉！"《礼记·哀公问》曰："'冕而亲迎，不已重乎？'孔子愀然作色而对曰：'合二姓之好，以继先圣之后，以为天地宗庙社稷之主，君何谓已重焉？'"此言亲迎，继先圣之后，为天地宗庙社稷之主，非天子则谁乎？后，君也。《曲礼》："天子之妃曰后。"按，郑君者，郑玄是也。凡范注引"郑君释之"云云，皆出郑玄《释废疾》也。《后汉书·郑玄传》曰："时任城何休好公羊学，遂著《公羊墨守》《左氏膏肓》《穀梁废疾》；玄乃发《墨守》，针《膏肓》，起《废疾》。休见而叹曰：'康成入吾室，操吾矛，以伐我乎！'"

②范注："据四年天王使宰渠伯纠，称使。"

③范注："时天子命祭公就鲁，共卜择纪女可中后者，便逆之，不复反命。"

④据隐二年，"纪履緰来逆女"。何以不称"女"而略之以成婚之辞？范注："以其遂逆无礼，故不书逆女而曰王后。略谓不以礼称之。"杨疏："依范氏《略例》，凡有十九'遂'事，传亦有释之者，亦有不释者，此是例之首。又天子大夫嫌与诸侯臣异，故发'继事之辞'。"

⑤范注："四海之滨，莫非王臣，王命纪女为后，则已成王后，不如诸侯入国乃称夫人，或说是。"

[译文]

【经】祭公前来，于是在纪国为天子迎娶王后。

〖传〗经文不称其为周天子派来的使者，这是为何？周天子派人来与鲁国商量关乎宗庙社稷的大事，不合乎礼制，故而不称祭公为天子的使者。"遂"，是表示继续行事的说法。经文称"遂逆王后"，故而不以礼制称其为宗室之女,以示祭公的专擅行事。也有人说:周天子没有外事,天子一旦发号施令,事情便已定下,故而可以称其为王后。

桓公九年

【经】九年,①春,纪季姜归于京师。②
〖传〗为之中者,归之也。③

[注释]
①鲁桓公九年,周桓王十七年,公元前703年。
②范注:"季姜,桓王后,书字者,申父母之尊。姜,纪姓。"
③范注:"中,谓关与婚事。"何休曰:"明鲁为媒,当有送迎之礼。"是后凡是鲁国"为之中"而迎娶王后的,均写作"归"。

[译文]
【经】九年,春,纪国的季姜嫁往京师。
〖传〗鲁国是天子婚礼的媒妁,故而称其为"归之"。

【经】夏,四月。

[译文]
【经】夏,四月。

【经】秋,七月。

[译文]

【经】秋,七月。

【经】冬,曹伯使其世子射姑来朝。①

〖传〗朝不言使,言使非正也。使世子伉诸侯之礼而来朝,曹伯失正矣。诸侯相见曰朝,以待人父之道,待人之子,以内为失正矣。内失正,曹伯失正,世子可以已矣。则是放命也。② 尸子曰:"夫已多乎道。"③

[注释]

① 曹伯,曹桓公,姓姬名终生。世子射姑,曹庄公,姓姬名射姑。

② 范注:"父有争子,则身不陷于不义。射姑废曹伯之命可。"杨疏:"使世子朝言'非正'者,礼:诸侯世子誓于天子,摄其君则下其君一等,未誓则以皮帛继子男。此谓会同急趋王命者也。今曹伯或有疾朝,虽关朝鲁,未是急事,而使世子摄位来朝,故云非正也。《公羊》以为世子不合朝,惟《左氏》以为得行朝礼。"

③ 范注引邵曰:"已,止也。止曹伯使朝之命,则曹伯不陷非礼之愆,世子无苟从之咎,鲁无失正之讥。三者正则合道多矣。"《荀子》引《传》曰:"从道不从君,从义不从父。"

[译文]

【经】冬,曹桓公派世子射姑前来朝见。

〖传〗凡是朝见,不记派遣使者,记载使者,是不合礼制的。派遣世子以与诸侯对等的礼仪而来朝聘,曹桓公有违礼制。诸侯之间相互会晤,叫作"朝",用对待父亲的礼节对待儿子,鲁国也有违礼制。鲁国有违礼制,曹桓公有违礼制,曹国世子便可以拒绝前来,但又违抗父亲的意志。尸子说:"如果曹国世子中止本次朝见,各方就都合乎道义了。"

桓公十年

【经】十年,①春,王正月庚申,曹伯终生卒。
〖传〗桓无王,其曰王何也?正终生之卒也。②

[注释]

①鲁桓公十年,周桓王十八年,公元前702年。
②范注引徐幹曰:"与夷见弑,恐正卒不明,故复明之。"按,徐幹,"近十家"之一,见隐元年"公子益师卒"注。

[译文]

【经】鲁桓公十年,春,周历正月庚申日,曹国国君姬终生去世。
〖传〗终桓公一世,经文均不记"王",这里却记"王",这是为何?以示姬此生是寿终正寝的。

【经】夏,五月,葬曹桓公。

[译文]

【经】夏,五月,安葬曹桓公。

【经】秋,公会卫侯于桃丘,弗遇。①
〖传〗弗遇者,志不相得也。弗,内辞也。②

[注释]

①范注:"桓,弑逆之人,出则有危,故会皆月之。卫侯不来无危,故时。"杨疏:"遇者,志相得之名,故此弗遇,志不相得也。"桃丘,卫地。

②范注:"倡会者卫,鲁至桃丘而卫不来,故书'弗遇'以杀耻。"杨疏:"以经书'会',故知倡会者卫。托言卫侯不遇,则若卫侯不蒙鲁公之接,故云'杀耻'也。"

[译文]

【经】秋,鲁桓公在桃丘会见卫宣公,未能相遇。

〖传〗"弗遇",表示双方的旨趣互不相投。"弗",是隐讳鲁桓公被卫宣公拒绝会面的说法。

【经】冬,十有二月丙午,齐侯、卫侯、郑伯来,战于郎。①
〖传〗来战者,前定之战也。②内不言战,言战则败也。③不言其人,以吾败也。不言及者,为内讳也。④

[注释]

①范注:"结日列陈则日。《传例》曰:'不日,疑战也。'"
②范注:"先已结期战。"《补注》:"明从来盟之例。"
③范注:"两敌故言战,《春秋》不以外敌内,书'战'则败。"
④杨疏云:"不言其人者,谓不称公也。不言及者,谓不云及齐侯、卫侯、郑佰也。"据隐元年"公及邾仪父盟于眜",鲁公也。隐元年"及宋人盟于宿",鲁之微人也。

[译文]

【经】冬,十二月丙午日,齐僖公、卫宣公、郑庄公前来,在郎地交战。

〖传〗"来战",是事先约定的战争。对鲁国的战事,不记为交战,如果记为交战,就是战败。经文没有提及应战之人,是因为鲁国战败。没有提及鲁国与谁交战,是为鲁国隐讳。

桓公十有一年

【经】十有一年,①春,正月,齐人、卫人、郑人盟于恶曹。②

[注释]

①鲁桓公十一年,周桓王十九年,公元前701年。

②范注:"恶曹,地阙。"按,齐、卫、郑三国既败鲁师于郎,此复盟于恶曹。刘敞曰:"此非微者也。大夫之交盟于中国自此始,故贬之也。"

[译文]

【经】鲁桓公十一年,春,正月,齐国人、卫国人、郑国人在恶曹会盟。

【经】夏,五月癸未,郑伯寤生卒。

[译文]

【经】夏,五月癸未日,郑国国君姬寤生去世。

【经】秋,七月,葬郑庄公。①

[注释]

①范注:"庄公杀段,失德不葬,而书葬者,段不弟,于王法当讨,故不以杀亲亲贬之。"杨疏:"此据晋侯杀世子申生不言葬而发。"

[译文]

【经】秋,七月,安葬郑庄公。

【经】九月，宋人执郑祭仲。①

〖传〗宋人者，宋公也。其曰人何也？贬之也。②

[注释]

①范注："祭氏，仲名。执大夫，有罪者例时，无罪者月。此月者，为下盟。"杨疏："知仲名者，以仲立恶黜正，无善可褒，故知仲名也。"《补注》据《左氏》知祭仲，名足，字仲，亦称祭仲足。祭仲为郑国执政之大夫。

②宋公，宋庄公。范注："恶其执人权臣废嫡立庶。"郑庄公娶宋雍氏之女，生公子突。祭仲又为郑庄公娶邓曼，生公子忽。郑庄公殁，欲立公子忽。宋人执祭仲，迫其立公子突，此即下文"突归于郑"是也。

[译文]

【经】九月，宋国人擒获郑国的祭仲。

〖传〗"宋人"，就是宋庄公。经文称其为"人"，这是为何？以示对他的贬斥。

【经】突归于郑。①

〖传〗曰突，贱之也。曰归，易辞也。②祭仲易其事，权在祭仲也。③死君难，臣道也。今立恶，而黜正，恶祭仲也。

[注释]

①范注："突，郑厉公。昭公之弟，庄公之子。"

②范注："《传例》曰：'归为善，自某归次之。'此《传》：'曰归，易辞也。'然则'归'有二义，不皆善矣。突篡兄之位，制命权臣，则归无善。"

③范注："易辞，言废立在己。"

[译文]

【经】突回到郑国。

〖传〗经文直斥其为"突"，以示对他的轻蔑。称"归"，是表示轻易的意思。祭仲轻易地操控一国继嗣之大事，权柄掌控在祭仲手中。国君有危难之时，臣子为之而死，是臣子的道义。如今祭仲拥立不当继位的人，罢黜合乎正道的人，君子对祭仲表示厌恶。

【经】郑忽出奔卫。①
〖传〗郑忽者，世子忽也。其名，失国也。②

[注释]

①范注："忽，郑昭公。"

②范注："其名，谓去世子而但称忽。"杨疏："郑忽先君已葬而经不称世子者，《穀梁》之意，先君虽葬，而嗣子未逾年，亦宜称子。……虽则逾年，先君未葬，亦不得成君。……计郑忽父虽葬讫，仍未逾年，于例宜合称子，但范以忽十五年归国，称世子复归，故于此决其去世子而但称忽也。称谓与常例违者，此年书名，表其失国，十五年称世子，明其反正，故与常例不同。"

[译文]

【经】郑国的忽出奔卫国。

〖传〗"郑忽"，是世子姬忽。之所以直斥其名，是因为他失去了政权。

【经】柔会宋公、陈侯、蔡叔，盟于折。①
〖传〗柔者何？吾大夫之未命者也。②

[注释]

①宋公，宋庄公。陈侯，陈厉公。范注："蔡叔，蔡大夫名，未命，故不氏。"

②杨疏："重发《传》者，隐不成为君，不爵大夫，故侠卒不氏。今桓成为君，而有不命大夫，嫌有罪则故明之。"

[译文]

【经】柔会见宋庄公、陈厉公、蔡叔，在折地举行盟会。

〖传〗柔是谁？是我国尚未爵命的大夫。

【经】公会宋公于夫钟。①

[注释]

①夫钟，郕地，《公羊》作"夫童"。《左传地名补注》以为在今山东汶上县夫钟里。

[译文]

【经】鲁桓公在郕国会见宋庄公。

【经】冬，十有二月，公会宋公于阚。①

[注释]

①阚，鲁地。

[译文]

【经】冬，十二月，鲁桓公在阚地会见宋庄公。

桓公十有二年

【经】十有二年①，春，正月。

[注释]

①鲁桓公十二年，周桓王二十年，公元前700年。

[译文]

【经】鲁桓公十二年，春，正月。

【经】夏六月壬寅，公会纪侯、莒子，盟于曲池。①

[注释]

①纪侯,《左氏》作"杞侯"。曲池,鲁地,在今山东宁阳东北。

[译文]

【经】夏六月壬寅日,鲁桓公会见纪国国君、莒国国君,在曲池举行盟会。

【经】秋,七月丁亥,公会宋公、燕人盟于榖丘。①

[注释]

①榖丘,宋地,《左氏》作"句渎之丘",在今河南商丘一带。

[译文]

【经】秋,七月丁亥日,鲁桓公会见宋庄公、燕国人,在榖丘举行盟会。

【经】八月壬辰,陈侯跃卒。①

[注释]

①陈侯跃,陈厉公,姓妫名跃。

[译文]

【经】八月壬辰日,陈国国君妫跃去世。

【经】公会宋公于虚。①

[注释]

①虚,宋地,在今河南延津一带。

[译文]

【经】鲁桓公在虚地会见宋庄公。

【经】冬,十有一月,公会宋公于龟。①

[注释]

①龟,宋地,在今河南睢县一带。

[译文]

【经】冬,十一月,鲁桓公在龟地会见宋庄公。

【经】丙戌,公会郑伯,盟于武父。①

[注释]

①郑伯,郑厉公,即前之公子突。武父,郑地,在今山东东明一带。

[译文]

【经】丙戌日,鲁桓公会见郑厉公,在武父举行盟会。

【经】丙戌,卫侯晋卒。①
〖传〗再称日,决日,义也。②

[注释]

①卫侯晋,卫宣公,姓姬名晋。
②范注:"明二事皆当日也。晋不正非日卒者也。不正前见矣,隐四年卫人立晋是也,与齐小白义同。"杨疏:"'决日'者,谓二事决宜书日,故经两举日文也。月则不然,纵有两事合月,但举一月以包之。其有蒙日明者,则亦不两举。"《春秋》经国君凡言纳、言入、言立,皆篡也,非正常继位。

[译文]

【经】丙戌日,卫国国君姬晋去世。

〖传〗经文两次记载同一日期,是为了判别这一天不同事件的不同义理。

【经】十有二月,及郑师伐宋。丁未,战于宋。

〖传〗非与所与伐战也。不言与郑战,耻不和也。于伐与战,败也。内讳败,举其可道者也。①

[注释]

①非,责也。内言战,皆败。范注:"于伐宋而与郑战,内败也。战轻于败,战可道,而败不可道。"杨疏:"盖责与人同伐,反与之交战,是危之道,故经举战伐以责之。既责鲁,不显言与郑战者,讳不和也。"

[译文]

【经】十二月,与郑国军队讨伐宋国。丁未日,在宋国交战。

〖传〗这是在责备与共同讨伐宋国的郑国军队交战。不直接记与郑国军队交战,是为两个盟国之间交战而感到耻辱。讨伐宋国之时与郑国交战,鲁国战败。经文为鲁国战败隐讳,仅提及无关痛痒的内容。

桓公十有三年

【经】十有三年,①春,二月,公会纪侯、郑伯。己巳,及齐侯、宋公、卫侯、燕人战,齐师、宋师、卫师、燕师败绩。②

〖传〗其言及者,由内及之也。其曰战者,由外言之也。③战称人,败称师,重众也。其不地,于纪也。④

[注释]

①鲁桓公十三年，周桓王二十一年，公元前699年。

②齐侯，齐僖公。宋公，宋庄公。卫侯，卫惠公。此战卫宣公尚未葬，卫惠公亦未即位。范注引徐邈曰："僖九年《传》曰：'礼柩在堂上，孤无外事。'今卫宣未葬，而嗣子称侯以出，其失礼明矣。宋、陈称子而卫称侯，随其所以自称者而书之，得失自见矣。"

③范注："内不言战，言战则败。今鲁与纪、郑同讨，以有纪、郑，故可得言战。"

④何休注《公羊》曰："战鲁龙门，兵攻城池，耻之。"范注："《春秋》战无不地，即于纪战，无为不地也。"又引郑君释之曰："'纪'当为己，谓在鲁也，字之误耳。得在龙门，城下之战迫近，故不地。"王引之曰："六年《传》曰：'其不地，于蔡也。'蔡、纪皆国名，不得破纪为己，《传》凡目鲁皆曰我，或曰内，无言己者。"

[译文]

【经】鲁桓公十三年，春，二月，鲁桓公会见纪国国君、郑厉公。己巳日，与齐僖公、宋庄公、卫惠公、燕国人交战，齐国军队、宋国军队、卫国军队、燕国军队战败。

〖传〗经文用"及"这种说法，是"由内而外"从鲁国写到鲁国以外的诸侯。经文记"战"，则是"由外而内"从纪国、郑国等鲁国以外的诸侯说起。交战时记为燕国人，战败时记为燕国军队，以示对人数众多的重视。没有写明会晤和开战的地点，是在纪国。

【经】三月，葬卫宣公。

[译文]

【经】三月，安葬卫宣公。

【经】夏，大水。

[译文]

【经】夏,发生大水灾。

【经】秋,七月。

[译文]

【经】秋,七月。

【经】冬,十月。

[译文]

【经】冬,十月。

桓公十有四年

【经】十有四年,①春,正月,公会郑伯于曹。

[注释]

①鲁桓公十四年,周桓王二十二年,公元前698年。

[译文]

【经】鲁桓公十四年,春,正月,鲁桓公在曹国会见郑厉公。

【经】无冰。
〚传〛无冰,时燠也。①

[注释]

①范注："皆君不明去就，政治舒缓之所致。《五行传》曰：'视之不明，是谓不哲，厥咎舒，厥罚常燠。'"杨疏："徐邈曰：'无冰者，常阳之异，此夫人淫泆，阴为阳行之所致也。'何休注《公羊》亦然。今范云云，则非独为夫人也，盖为桓公暗于去就，不达是非，外不能结好邻国，内不能防制夫人，又成乱助篡，贪赂废祀，以火攻人，反与伐战。此等皆是不能去就，政教舒缓，故又引《五行传》曰：'视之不明，是谓不哲。'言人君愚暗，察视不明，是谓不昭哲也。其咎过在于舒缓，其天降谓罚，常在时燠也。"燠（yù），暖也。

[译文]

【经】没有结冰。

〖传〗没有结冰，因为时令温暖。

【经】夏，五。郑伯使其弟御来盟。①

〖传〗诸侯之尊，弟兄不得以属通。其弟云者，以其来我，举其贵者也。来盟，前定也。不日，前定之盟不日。②孔子曰："听远音者，闻其疾而不闻其舒；望远者，察其貌而不察其形。"立乎定、哀以指隐、桓，隐、桓之日远矣。夏五，《传》疑也。③

[注释]

①此处"夏，五"，盖史有阙文。御，《左氏》作"语"。

②范注："言信在前，非结于今。"

③疾，谓激扬之声。舒，谓徐缓之声。貌，外貌。形，容色。范注："孔子在于定、哀之世，而录隐、桓之事，故承阙文之疑，不书月，明皆实录。"

[译文]

【经】夏，五（有阙文）。郑厉公派他的弟弟姬御前来会盟。

〖传〗诸侯的地位尊贵，即便是兄弟，也不能以血缘关系互相称呼。这里称其为齐侯之弟，是因为他与我国交接，故而选取其身份尊贵的方面而言。"来盟"，表示这次盟会是事先商定的。不记载日期，是因为事先商定的盟会照例不记载日期。孔子说："听远方的声音，能听到激扬的声音，听不到徐缓的声音；观看远方的人，能看到他的外貌，看不清他的容色。"生在鲁定公、鲁哀公之时，记录鲁隐公、鲁桓公之事，鲁隐公、鲁桓公的时代已经比较遥远了。"夏五"，就只能照抄存疑了。

【经】秋，八月壬申，御廪灾。①乙亥，尝。

〖传〗御廪之灾不志，此其志何也？以为唯未易灾之余而尝可也，志，不敬也。②天子亲耕，以共粢盛；③王后亲蚕，以共祭服。④国非无良农工女也，以为人之所尽，事其祖祢，不若以己所自亲者也。⑤何用见其未易灾之余而尝也？曰：甸粟而内之三宫；三宫米而藏之御廪。⑥夫尝必有兼甸之事焉。⑦壬申御廪灾，乙亥尝，以为未易灾之余而尝也。⑧

[注释]

①范注："御廪，臧公所亲耕以奉粢盛之仓也。内灾例日。"

②郑嗣曰："唯以未易灾之余而尝然后可志也。用火焚之余以祭宗庙，非人子所以尽其心力，不敬之大也。"按，郑嗣，晋人也，作《春秋穀梁传郑氏说》，玉函山房辑之。

③范注："天子亲耕，其礼三推。黍稷曰粢，在器曰盛。"杨疏引《礼记·月令》天子于孟春之月，"乃择元辰，天子亲载耒耜，措之参保介之御间，帅三公九卿、诸侯、大夫躬耕帝藉。天子三推，公五推，卿诸侯九推"。

④范注："王后亲蚕，齐戒躬桑，夫人三缫，遂班三宫。朱绿玄黄，以为黼黻文章。服既成，君服以祀之。"

⑤范注引凯曰："夫治人之道莫急于礼。礼有五经，莫重于祭。祭者，非物自外至者也，由中出者，身致其诚信，然后可以交于神明，祭之道也。"按，凯，范凯也。见隐元年"郑伯克段于鄢"注。

⑥甸，甸师，掌田之官也。三宫，三夫人也。范注："宗庙之礼，君亲割，夫人亲舂。"

⑦杨疏："纳粟者甸师，而夫人亲舂，是兼之也。"

⑧范注引郑嗣曰："壬申、乙亥相去四日，言用日至少而功多，明未足及易而尝。"

[译文]

【经】秋，八月壬申日，储藏祭祀所用粮食的仓库发生火灾；乙亥日，举行尝祭。

〖传〗储藏祭祀所用粮食的仓库发生火灾，照例不做记载，这里却记录下来，这是为何？因为没有更换火灾烧剩的粮食，就用它来举行尝祭，记录下来，足见国君对祭祀的不敬之心。天子要亲自耕种，用以供给祭祀所需的谷物；王后要亲自养蚕，用以制作祭祀的礼服。国内并非没有优秀的农夫和织女，但竭尽全力祭祀祖先，再没有比用自己亲自出产的东西更好的了。如何知道没有更换火灾烧剩的粮食，就用它来举行尝祭？答曰：掌管农田的官员，将谷物送到夫人宫里；夫人将谷物舂成米，然后收藏在御廪。举行尝祭，必定会有国君收谷、夫人舂米之事。"壬申御廪灾，乙亥尝"（中间仅隔四天），由此可知没有更换火灾烧剩的粮食，就用它来举行尝祭。

【经】冬，十有二月丁巳，齐侯禄父卒。①

[注释]

①齐侯禄父，齐僖公，姓姜名禄父。

[译文]

【经】冬，十二月丁巳日，齐国国君姜禄父去世。

【经】宋人以齐人、蔡人、卫人、陈人伐郑。

〖传〗以者，不以者也。①民者，君之本也。使人以其死，非正也。②

[注释]
①范注："不以者，谓本非所得制，今得以之也。"
②范注："剌四国使宋专用其师，轻民命也。"

[译文]
【经】宋国人凭借齐国人、蔡国人、卫国人、陈国人讨伐郑国。
〖传〗"以"，是理应不得凭借的意思。民众，是国君的根本。驱使百姓去作战送死，是不合正道的。

桓公十有五年

【经】十有五年，①春，二月，天王使家父来求车。
〖传〗古者诸侯时献于天子，以其国之所有，故有辞让而无征求。求车，非礼也，求金甚矣。②

[注释]
①鲁桓公十五年，周桓王二十三年，公元前697年。
②范注："文九年，毛伯来求金。"《左氏》："天子不私求财。"

[译文]
【经】鲁桓公十五年，春，二月，周天王派家父前来求取车辆。
〖传〗古代诸侯按照时令向周天子贡献其国所出产的物品，故而天子唯有推辞谦让之事，没有征调索取之事。向诸侯国求取车辆，是不合礼制的。索取金钱，就更过分了。

【经】三月乙未，天王崩。

[译文]

【经】三月乙未日，周桓王逝世。

【经】夏，四月己巳，葬齐僖公。

[译文]

【经】夏，四月己巳日，安葬齐僖公。

【经】五月，郑伯突出奔蔡。
〖传〗讥夺正也。①

[注释]

①范注："礼：诸侯不生名。今名突，以讥之。"按，郑厉公因不满祭仲专擅，为祭氏所逐。

[译文]

【经】五月，郑厉公姬突出奔蔡国。
〖传〗这是在讥讽篡夺君位之人。

【经】郑世子忽复归于郑。①
〖传〗反正也。

[注释]

①世子忽，庄公嫡子，前为祭仲所迫，出奔卫，今归郑嗣位，是为郑昭公。

[译文]

【经】郑国的世子忽重新回到郑国。

〖传〗嫡子重新回到君位。

【经】许叔入于许。

〖传〗许叔,许之贵者也,莫宜乎许叔。其曰入何也?其归之道,非所以归也。①

[注释]

①范注:"《传例》曰:'大夫出奔反,以好曰归,以恶曰入。'"按,前许国为郑庄公所灭,今昭公复位,令许叔入许复治其国。范注引泰曰:"许国之贵,莫过许叔。叔之宜立,又无与二,而进无王命,退非父授,故不书曰归,同之恶入。"泰,范泰也,范宁之子。见隐元年"郑伯克段于鄢"注。

[译文]

【经】许叔进入许国。

〖传〗许叔,是许国地位尊贵的人,没有比许叔更为尊贵的了。经文称其为"入",这是为何?因为他回归许国的行为不被正道所许。

【经】公会齐侯于蒿。①

[注释]

①齐侯,齐襄公。蒿,《左氏》作"艾",《公羊》作"鄗"。

[译文]

【经】鲁桓公在蒿地会见齐襄公。

【经】邾人、牟人、葛人来朝。①

[注释]

①范注引何休曰:"桓公行恶而三人俱朝事之,三人为众,众足责,故夷狄之。"牟,在今山东济南莱芜区一带。葛,在今河南睢县一带,一说在今河南漯河郾城区一带。

[译文]

【经】邾国人、牟国人、葛国人前来朝见。

【经】秋,九月,郑伯突入于栎。①

[注释]

①范注:"突不正,书'入',明不当受。"栎,郑邑也。按,《传》曰:"入者,内弗受也。"又曰:"以恶曰入。"

[译文]

【经】秋,九月,郑厉公姬突进入栎邑。

【经】冬十有一月,公会宋公、卫侯、陈侯于袲,伐郑。①
〚传〛地而后伐,疑辞也,非其疑也。

[注释]

①袲(yí),宋地,在今安徽宿州一带。《公羊》作"侈"。

[译文]

【经】冬,十一月,鲁桓公在袲地会见宋庄公、卫惠公、陈庄公,讨伐郑国。

〚传〛先写地点,再写征伐之事,是用来表示军队犹豫不前的说法。君子责难这一犹豫不前的行为。

桓公十有六年

【经】十有六年,春,正月,公会宋公、蔡侯、卫侯于曹。①

[注释]

①鲁桓公十六年,周庄王元年,公元前696年。

[译文]

【经】鲁桓公十六年,春,正月,鲁桓公在曹国会见宋庄公、蔡桓公、卫惠公。

【经】夏,四月,公会宋公、卫侯、陈侯、蔡侯伐郑。①

[注释]

①范注:"'蔡'常在'卫'上,今序'陈'下,盖后至。"

[译文]

【经】夏,四月,鲁桓公会见宋庄公、卫惠公、陈庄公、蔡桓公,讨伐郑国。

【经】秋,七月,公至自伐郑。
〖传〗桓无会,其致何也?危之也。①

[注释]

①范注:"桓公再助篡伐正,危殆之甚。喜得全归,故致之。"

[译文]

【经】秋,七月,鲁桓公从讨伐郑国的战场上回国(举行告祭饮至的礼仪)。

〖传〗鲁桓公没有值得告祭宗庙的善举,这里却记载他告祭宗庙,这是为何?因为鲁桓公处于危难之中。

【经】冬,城向。

[译文]

【经】冬,修筑向城。

【经】十有一月,卫侯朔出奔齐。①
〖传〗朔之名,恶也。天子召而不往也。②

[注释]

①卫侯朔,卫惠公,姓姬名朔。卫惠公杀兄夺位,公子泄、公子职逐惠公而立公子黔牟。
②杨疏:"不云失地,而言恶者,以朔不奉王命,重于失地,故直云恶也。"

[译文]

【经】十一月,卫惠公姬朔出奔齐国。
〖传〗记下姬朔的名字,以示厌恶。周天子召见卫惠公,他却抗命不去。

桓公十有七年

【经】十有七年,①春,正月丙辰,公会齐侯、纪侯盟于黄。②

[注释]

①鲁桓公十七年,周庄王二年,公元前695年。

②黄,齐地,在今山东淄博市淄川区一带。

[译文]

【经】鲁桓公十七年,春,正月丙辰日,鲁桓公在黄地会见齐襄公、纪国国君。

【经】二月丙午,公及邾仪父盟于趡。①

[注释]

①趡(cuǐ),鲁地,在今山东泗水县、邹城市一带。

[译文]

【经】二月丙午日,鲁桓公与邾仪父在趡地举行会盟。

【经】夏,五月丙午,及齐师战于郎。①

〖传〗内讳败,举其可道者也。②不言其人,以吾败也。③不言及之者,为内讳也。④

[注释]

①郎,鲁地,《左氏》作"奚",在今山东滕州市一带。

②范注:"败耻大,战耻小。"

③范注:"言人,则微者败于微者,其耻又甚,故言'师'。"

④范注:"及当有人,公亲帅之,耻大不可言。"杨疏:"知非卿帅而言公者,《春秋》之义,唯为亲尊讳,不为卿讳。又《传》云'为内讳',则是公可知。"

[译文]

【经】夏,五月丙午日,与齐国军队在郎地交战。

〖传〗经文为鲁国战败隐讳,仅提及无关痛痒的内容。没有提及应战之人,是因为鲁国战败。没有提及鲁国与谁交战,是为鲁国隐讳。

【经】六月丁丑,蔡侯封人卒。①

[注释]
①蔡侯封人,蔡桓公,姓姬名封人。

[译文]
【经】六月丁丑日,蔡国国君姬封人去世。

【经】秋,八月,蔡季自陈归于蔡。①
〖传〗蔡季,蔡之贵者也。自陈,陈有奉焉尔。

[注释]
①蔡季,蔡哀公,姓姬名献舞字季,蔡桓公之弟。

[译文]
【经】秋,八月,蔡季从陈国回到蔡国。
〖传〗蔡季,是蔡国地位尊贵的人。"自陈",表示陈国对他回国有所援助。

【经】癸巳,葬蔡桓侯。①

[注释]
①范注引徐邈曰:"葬者臣子之事,故书葬皆以公配谥。此称侯,盖蔡臣子失礼,故即其所称以示过。"杨疏引何休曰:"蔡季贤而桓侯不能用,故抑之。"

[译文]

【经】癸巳日,安葬蔡桓侯。

【经】及宋人、卫人伐邾。①

[注释]

①及者,内卑者也,犹称人也。

[译文]

【经】与宋国人、卫国人讨伐邾国。

【经】冬,十月朔,日有食之。
〖传〗言朔不言日,食既朔也。①

[注释]

①范注:"既,尽也。尽朔一日,至明日乃食,是月二日食也。"按,前揭唐前吾国用平策法,偶失天。《春秋》记月日日食,不言朔,是日食发生在前月晦日;《春秋》记月朔日食,不言日期,是日食发生在本月二日。

[译文]

【经】冬,十月朔日,发生日食。
〖传〗记录朔日,却不记录日期,因为这次日食发生在朔日次日。

桓公十有八年

【经】十有八年,①春,王正月,公会齐侯于泺。②公与夫人姜氏遂如齐。③

〖传〗泺之会,不言及夫人何也?④以夫人之伉,弗称数也。⑤

[注释]

①鲁桓公十八年，周庄王三年，公元前694年。

②范注："此年书王，以王法终始治桓之事。"泺（luò），水名，发源于今山东济南西南，北流至泺口入古济水。

③范注："公本与夫人俱行至泺，公与齐侯行会礼，故先书会泺，既会而相随至齐，故曰遂。遂，继事之辞，他皆放此。"

④范注："据夫人实在，当言'公及夫人姜氏会齐侯于泺'。"

⑤范注："泺之会，夫人骄伉，不可言及，故舍而弗数。今书'遂如齐'，欲录其致变之由，故不可以不书。实骄伉而不制，故不言'及'。"

[译文]

【经】鲁桓公十八年，春，周历正月，鲁桓公在泺水旁会见齐襄公。鲁桓公与夫人姜氏又前往齐国。

〖传〗泺水旁的会晤，经文不提及夫人，这是为何？因为夫人行为骄纵，故而没有将其列入会晤之中。

【经】夏，四月丙子，公薨于齐。①

〖传〗其地，于外也。薨称公，举上也。②

[注释]

①范注："夫人与齐谋杀之，不书，讳也。鲁公薨，正与不正皆日，所以别内外也。"

②《春秋》经记外诸侯殁，皆曰某爵某卒；记鲁君殁，皆曰公薨。范注："公，五等之上。"杨疏："据隐、闵不地，故决之也。其外诸侯之卒皆不言公，尊内，故举五等之上也。"《公羊》经义"天子三公称公，王者之后称公，其余大国称侯，小国称伯、子、男"。诸侯国内，臣子尊其君，故举五等爵最高之爵称其君曰公。

[译文]

【经】夏，四月丙子日，鲁桓公在齐国辞世。

〖传〗经文记载地点,是因为鲁桓公死在国都之外。国君辞世后称其为"公",这是以最尊贵的爵位来称呼他。

【经】丁酉,公之丧至自齐。

[译文]
【经】丁酉日,鲁桓公的灵柩从齐国回国(举行告祭饮至的礼仪)。

【经】秋,七月。

[译文]
【经】秋,七月。

【经】冬,十有二月己丑,葬我君桓公。
〖传〗葬我君,接上下也。① 君弑,贼不讨,不书葬。此其言葬何也?② 不责逾国而讨于是也。③ 桓公葬而后举谥。谥所以成德也,于卒事乎加之矣。④ 知者虑,义者行,仁者守。有此三者备,然后可以会矣。⑤

[注释]
①范注:"言我君,举国上下之辞。"
②范注:"据隐公不书葬。"
③范注:"《礼》:君父之仇,不与共戴天。而曰'不责逾国而讨于是'者,时齐强大,非己所讨,君子即而恕之,以申臣子之恩。"杨疏:"不责其讨而讥其狩于郜者,齐鲁大小不敌,故恕而免之。公虽不能报,理当绝交,而与之同狩,故讥之也。"

④范注："谥者行之迹，所以表德。人之终卒，事毕于葬，故于葬定称号也。昔武王崩，周公制谥法，大行受大名，小行受小名，所以劝善而惩恶。《礼》：天子崩，称天命以谥之；诸侯薨，天子谥之；卿大夫卒，受谥于其君。"杨疏："以《左氏》无骇卒，羽父请谥于隐公，是大夫谥诸侯赐之。诸侯既上有王者，故知天子赐之。《礼记》云：'天子称天以诔之。'又《公羊》说天子谥于南郊，在天子上者唯天耳，故知称天命以谥。"

⑤范注："桓无此三者，而出会大国，所以见杀。"杨疏："复发《传》者，隐公表会戎之危，此明桓公见杀之事，故重发之也。"

[译文]

【经】冬，十二月己丑日，安葬我国国君鲁桓公。

〖传〗"葬我君"，显得鲁国君臣上下如为一体。国君遇弑，乱臣贼子尚未得到惩罚，照例不记载下葬。这里却记载下葬，这是为何？臣子不能跨越国境去征讨凶手，故而在此不作苛责。鲁桓公下葬之后，才能为他制定谥号。谥号用来彰显人一生的德行，故而要在下葬之后才能确定。有智慧之人，审时度势；明道义之人，处事果断；行仁爱之人（能号召大众），守护疆土。只有具备这三种美德的人，国君才可以外出赴会。

庄公

庄公元年

【经】元年,①春,王正月。

〖传〗继弑君,不言即位,正也。继弑君不言即位之为正何也?②曰:先君不以其道终,则子不忍即位也。

[注释]

①鲁庄公元年,周庄王四年,公元前693年。鲁庄公,姓姬名同,鲁桓公之子,母文姜。《周书·谥法》:"胜敌克壮曰庄。"

②范注:"据君不绝。"杨疏:"桓继弑即位,非正,故此言正以明之。"

[译文]

【经】鲁庄公元年,春,周历正月。

〖传〗继承被杀害的君主君位,经文不称"即位"是合乎礼制的。继承被杀害的君主君位,经文不称"即位",这是合乎礼制的,这是为何?答曰:前代国君死于非命,儿子应当不忍举行即位的仪式。

【经】三月，夫人孙于齐。①

〖传〗孙之为言，犹孙也。讳奔也。接练时录母之变，始人之也。②不言氏姓，贬之也。③人之于天也，以道受命；于人也，以言受命。④不若于道者，天绝之也；不若于言者，人绝之也。臣子大受命。⑤

[注释]

①范注："桓公夫人文姜也。"孙（xùn），遁也。

②范注："夫人初与桓俱如齐，今又书者，于练时感夫人不与祭，故始以人道录之。"杨疏："既以人道录之，又不言氏姓贬之者，公以练祭，感母不与，故以人道录之。但以妻杀夫，罪同至逆，不可不贬，故又以人道绝之，所以进退见法也。计桓公以十八年四月薨，至此年三月，未是练时，而云练祭感母不与者，至四月则当练，今方至练，故感之而思母。故何休云：'月者，起练祭左右。'是其意亦以四月为练也。"练，练祭，又谓之小祥，父母去世周年，祭者改换练冠、练衣。

③范注："哀姜有杀子之罪，轻，故僖元年曰：'夫人氏之丧至自齐。'去'姜'以贬之。文姜有杀夫之罪，重，故去姜氏以贬之。此轻重之差。"

④范注："臣子则受君父之命，妇受夫之命。"

⑤范注："言义得贬夫人。"杨疏："天之道，臣事君，子事父，妻事夫也。夫者妻之天，故曰：'人之于天也，以道受命。'谓事夫之道也。臣子之法，当受君父教令，故曰：'于人也，以言受命。不若于道者，天绝之也。'谓文姜杀夫，是不顺于道，故天当绝之。'不若于言者，人绝之也'，谓臣子不顺君父之命，则君父当绝之。'臣子大受命'，谓君父既绝天人，臣子受君父之命，故不得不贬也。……臣谓群下，子谓庄公，上受命于天，下受命于君，是大受命也。以其受君天之命，故臣子得贬退夫人也。"

[译文]

【经】三月，夫人避让至齐国。

〖传〗"孙"这种说法，相当于避让的意思。这是隐讳出奔的说法。举行练祭之时，庄公感到母亲的态度有所转变，故而以人道与之决裂。没有记录夫人的姓氏，以示对她的贬斥。人，对于上天而言，要依据道义承担责任；对于他人而言，要依据言语教诲承担责任。不依照道义行事，上天将与之决裂；不依照言语教诲行事，他人将与之决裂。臣下与儿子，要接受天命赋予他们所应承担的责任。

【经】夏，单伯逆王姬。①

〖传〗单伯者何？吾大夫之命乎天子者也。命大夫，故不名也。②其不言如何也？③其义不可受于京师也。其义不可受于京师何也？曰，躬君弑于齐，使之主婚姻，与齐为礼，其义固不可受也。④

[注释]

①单，姓也。伯，字。《左氏》以为王卿士。逆王姬，《左氏》作"送王姬"。

②范注："诸侯岁贡士于天子，天子亲命之。使还其国为大夫者不名，天子就其国命之者以名氏通也。"杨疏："知诸侯贡士于天子者，《传》称'国、高在'，又何休云'大国举三人，次国举二人，小国举一人'，是有贡士之法。今单伯，天子命大夫，故不名，知书名者，就国命之。"

③范注："据僖三十年，'公子遂如京师'，言如。"

④范注："《礼》尊卑不敌。天子嫁女于诸侯，必使同姓诸侯主之。鲁桓亲见杀于齐，若天子命使为主，则非礼大矣。《春秋》为尊者讳，故不可受之于京师。"杨疏："天子嫁女于诸侯，必使同姓诸侯主婚之意者，天子与诸侯尊卑不敌，若行君臣之礼，则废婚姻之好，若行婚姻之好，则废君臣之礼，故使诸侯主之。"

[译文]

【经】夏，单伯迎接周天子之女。

〖传〗单伯是何人？是我国接受周天子爵命的大夫。因为是周天子爵命的大夫,故而不记录名字。经文不记"如",这是为何?在道义上,不能前往京师迎接周天子之女。为何在道义上不能前往京师迎接周天子之女?答曰:我国国君被齐国杀害,如今却让我们主持周天子之女与齐襄公的婚姻,与齐襄公往来礼节,这在道义上是决不可接受的。

【经】秋,筑王姬之馆于外。

〖传〗筑,礼也。于外,非礼也。①筑之为礼,何也?主王姬者必自公门出。②于庙则已尊,于寝则已卑,为之筑,节矣。筑之外,变之正也。筑之外,变之为正,何也?仇雠之人,非所以接婚姻也。衰麻,非所以接弁冕也。③其不言齐侯之来逆,何也?不使齐侯得与吾为礼也。④

[注释]

①外,城外也。杨疏:"《左氏》以为筑于外,礼也。此云'非礼者',以主王姬者,必自公门出,今筑之于外,则是营卫不固,是轻王女,故云'非礼'。谓非正礼耳,于变礼则通也。"

②公门,朝之外门。范注:"主王姬者,当设几筵于宗庙,以俟迎者,故在公门之内筑王姬之馆。"

③范注:"亲迎服祭服者,重婚姻也。公时有桓之丧。"杨疏:"礼:称冕而亲迎,是服祭服也。弁冕者,连言之,《周礼》'弁师掌王之五冕',故《传》亦通言之。"

④杨疏:"二十四年'夏,公如齐逆女',《传》云:'亲迎,恒事也,不志。此其志,何也?不正其亲迎于齐也。'然则不言齐侯之来逆,乃是常事不录,而云'不使齐侯得与吾为礼也'者,《春秋》之例,得常不书。庄公亲逆,是礼而书,故知非其逆于齐也。今王姬嫁于齐,而使鲁为主,齐侯如鲁亲逆,当合书《经》。但齐是鲁仇,不使齐侯得与吾为礼,故不书之耳。旧解齐侯亲逆,不至京师,文王亲逆,不至于洽,则天子诸侯亲迎,皆不至妇家矣。

庄公 113

今恐不然。何者？此时王姬鲁主婚，故不至京师。《诗》称'亲迎于渭'者，为'造舟为梁'张本，焉知文王不至大姒之家？略举所疑，遗诸来哲。"

[译文]

【经】秋，在城外建造周天子之女的临时住所。

〖传〗建造周天子之女的临时住所，合乎礼制；建在城外，不合礼制。建造临时住所合乎礼制，这是为何？主持周天子之女婚姻的人，必定从宫殿的中门出来。如果将天子之女安置在诸侯的祖庙之中，则太过尊贵；如果将天子之女安置在诸侯的内宅之中，则太过怠慢。为她建造临时住所，正好合适。将临时住所建在城外，这是变乎礼制以求合乎时宜。将临时住所建在城外，是变乎礼制以求合乎时宜，这是为何？是因为与我国有杀害君父之仇的人，不可为其主持婚姻；我国国君身着丧服，不可与身着冠冕的齐襄公交接。经文不记齐襄公前来迎娶，这是为何？为了不让齐襄公与我国有礼节上的来往。

【经】冬，十月乙亥，陈侯林卒。①
〖传〗诸侯日卒，正也。②

[注释]

①陈侯林，陈庄公，姓妫名林。
②杨疏："重发之者，此共'锡命'相连，恐日月之为'锡命'而录，故《传》明之。"

[译文]

【经】冬，十月乙亥日，陈国国君妫林去世。
〖传〗记载诸侯去世的日期，以示寿终正寝。

【经】王使荣叔来锡桓公命。①
〖传〗礼有受命，无来锡命。锡命，非正也。②生服之，死行之,礼也。生不服,死追锡之,不正甚矣。③

[注释]

①范注:"《礼》有九锡:一曰舆马,二曰衣服,三曰乐则,四曰朱户,五曰纳陛,六曰虎贲,七曰弓矢,八曰铁钺,九曰秬鬯,皆所以褒德赏功也。德有厚薄,功有轻重,故命有多少。"杨疏:"'九锡'者,出《礼纬》文也。……《白虎通》云:'能安民者赐车马,能富民者赐衣服,能和民者赐乐则,民众多者赐朱户,能进善者赐纳陛,能退恶者赐虎贲,能诛有罪者赐铁钺,能征不显者赐弓矢,孝道备者赐秬鬯。'亦是有功特赐,不关九命之事也。旧说解九锡之名,一曰舆马,大辂、戎辂各一,玄马二也。二曰衣服,谓玄衮也。三曰乐则,谓轩县之乐也。四曰朱户,谓所居之室朱其户也。五曰纳陛,谓从中阶而升也。六曰虎贲,谓三百人也。七曰弓矢,彤旅之弓矢也。八曰铁钺,谓大柯斧,赐之专杀也。九曰秬鬯,谓赐秬鬯之酒,盛以圭瓒之中,以祭祀也。"荣叔,荣,氏。叔,字。范注:"天子之上大夫也。"

②范注:"赏人于朝,与士共之,当召而锡也。《周礼·大宗伯职》曰'王命诸侯则俟之',是来受命。"

③杨疏:"文公逾年而赐,成公八年乃赐,桓公死后追赐,三者异时,嫌不得相蒙,故并皆发传。此追命失礼最大,故以'甚'言之。"

[译文]

【经】周王派荣叔前来赐予鲁桓公爵命。

〖传〗根据礼制,只有诸侯前往京师接受周天子的爵命,没有周天子派人到诸侯国前来赐予爵命的。这样赐予爵命,是不合正道的。在世之时,诸侯享有周天子的爵命;去世之后,仍享有同样的待遇,这才合乎礼制。在世之时不能享有爵命,死后才追赐给他,这太不合乎礼制了。

【经】王姬归于齐。

〖传〗为之中者,归之也。①

[注释]

①杨疏:"十一年'王姬归于齐',《传》曰'过我也'。此云'为之中者归之',发《传》不同者,此王姬由鲁而嫁,故曰'为之中者'。彼王姬非鲁主婚,故直云'过我也'。"

[译文]

【经】周天子之女嫁到齐国。

〖传〗鲁国是天子婚礼的媒妁,故而称其为"归之"。

【经】齐师迁纪、郱鄑郚。

〖传〗纪,国也。郱鄑郚,国也。①或曰,迁纪于郱鄑郚。②

[注释]

①范注:"此国以三言为名。"范注以为郱鄑郚为一国之名。

②范注:"十年宋人迁宿,《传》曰:'迁,亡辞也。其不地,宿不复见矣。'齐师迁纪,四年复书'纪侯大去其国'者,纪侯贤,不与齐师之亡纪,故变文以见义。郱鄑郚之君,无纪侯之贤,故不复见,从常例也。若齐师迁纪于郱鄑郚,当言'于'以明之,又不应复书地,当如宋人迁宿,齐人迁阳。'或曰'之说,宁所未详。"

[译文]

【经】齐国军队灭纪国、郱鄑郚国。

〖传〗"纪",是一个国名。"郱鄑郚",也是一个国名。也有人说,齐国灭纪国,将民众迁往郱鄑郚。

庄公二年

【经】二年,①春,王二月,葬陈庄公。

[注释]

①鲁庄公二年,周庄王五年,公元前692年。

[译文]

【经】鲁庄公二年,春,周历二月,安葬陈庄公。

【经】夏,公子庆父帅师伐于餘丘。①

〖传〗国而曰伐。于餘丘,邾之邑也。其曰伐,何也?公子贵矣,师重矣。而敌人之邑,公子病矣。病公子,所以讥乎公也。其一曰,君在而重之也。②

[注释]

①庆父,名,字仲父,鲁桓公子。于餘丘,邾邑。
②范注:"邾君在此邑,故不继于邾,使若国。"杨疏:"言邑而称伐者,为君在重之,使若国然,故邑亦称伐,是上下不相违也。"

[译文]

【经】夏,公子庆父率领军队,讨伐于餘丘。

〖传〗讨伐诸侯国的都城才叫作"伐"。于餘丘,只是邾国的一个城邑,经文却记为"伐",这是为何?公子身份尊贵,军队人数众多。(如此兴师动众)却只是讨伐一个城邑,君子为公子的行为而感到耻辱。羞辱公子,实则是讥讽鲁庄公。也有一种说法:邾安公位于餘丘,故而用"伐"以示重视。

【经】秋,七月,齐王姬卒。

〖传〗为之主者,卒之也。①

[注释]

①范注:"主其嫁则有兄弟之恩,死则服之。服之,故书卒。《礼记》曰:

'齐告王姬之丧，鲁庄公为之大功。'"杨疏："何休云：'内女卒日，此不日者，恩实轻于内女。'案，成八年'冬，十月癸卯，杞叔姬卒'，书日。此不书日，是轻于内女也。"

[译文]

【经】秋，七月，齐国的周天子之女去世。

〖传〗鲁国曾为周天子之女主持婚姻，故而记录她的去世。

【经】冬，十有二月，夫人姜氏会齐侯于禚。①

〖传〗妇人既嫁不逾竟，逾竟非正也。妇人不言会，言会非正也。飨，甚矣。②

[注释]

①禚（zhuó），齐地，《公羊》作"郜"，在今山东济南长清区一带。

②竟，同"境"。范注："飨在四年。"飨（xiǎng），宴也。

[译文]

【经】冬，十二月，夫人姜氏在禚地会见齐襄公。

〖传〗妇人一旦出嫁，就不能离开夫家的国境，妇人越境不合乎礼制。对于妇人而言，不记录会晤一事，记录会晤便不合乎礼制。举行宴会就更过分了。

【经】乙酉，宋公冯卒。①

[注释]

①宋公冯，宋庄公，姓子名冯，宋穆公之子。

[译文]

【经】乙酉日，宋国国君子冯去世。

庄公三年

【经】三年,①春,王正月,溺会齐侯伐卫。②

〖传〗溺者,何也?公子溺也。其不称公子,何也?恶其会仇雠而伐同姓,故贬而名之也。③

[注释]

①鲁庄公三年,周庄王六年,公元前691年。
②范注引徐邈曰:"《传例》曰:'往月,危往也。'齐受天子罪人,为之兴师,而鲁与同,其理危也。"杨疏:"定八年传文。会例时,齐鲁党大是罪人,故书月以见危也。"溺,公子溺,《公羊》以为鲁未命之大夫。
③范注:"据二年'公子庆父帅师伐于馀丘',称公子。"

[译文]

【经】鲁庄公三年,春,周历正月,溺会见齐襄公,讨伐卫国。

〖传〗溺是何人?是公子溺。经文不称其为公子,这是为何?君子厌恶他与鲁国的仇敌会晤,又去讨伐同姓国家,故而贬斥之,并记录他的名字。

【经】夏,四月,葬宋庄公。
〖传〗月葬,故也。①

[注释]

①据前引范注:"天子七月而葬,诸侯五月而葬,大夫三月而葬。《传例》曰:'诸侯时葬,正也。月葬,故也。日者忧危最甚,不得备礼葬也。'"

[译文]

【经】夏,四月,安葬宋庄公。

〖传〗记载下葬的月份，是因为有所变故。

【经】五月，葬桓王。

〖传〗《传》曰：改葬也。①改葬之礼，缌，举下，缅也。②或曰，却尸以求诸侯。③天子志崩不志葬，必其时也。何必焉？举天下而葬一人，其义不疑也。志葬，故也，危不得葬也。曰，近不失崩，不志崩，失天下也。④独阴不生，独阳不生，独天不生，三合然后生。⑤故曰，母之子也可，天之子也可。尊者取尊称焉，卑者取卑称焉。⑥其曰王者，民之所归往也。

[注释]

①范注："若实改葬，当言改以明之。郊牛之口伤，改卜牛是也。《传》当以七年乃葬，故谓之改葬。"杨疏："《传》云'改葬'，而范违之者，以《经》不言'改'，故知非改葬也。《传》言'改'者，以见丧逾七年，已行吉礼，今始反服丧服，故谓之'改葬'。又《感精符》云：'恒星不见，夜中，星陨如雨，而王不惧，使荣叔改葬桓王家，奢丽大甚。'如谶之言，则改葬桓王在恒星不见之后，故范谓此时非改葬也。"

②缌，细麻布。范注："缌者五服最下，言举下缅上，从缌皆反其故服。因葬桓王，记改葬之礼。不谓改葬，桓王当服缌也。犹'晦，震夷伯之庙'，因明天子诸侯之制，不谓夷伯非鲁之大夫也。"又引江熙曰："葬称公，举五等之上，改葬礼缌，举五服之下，以丧缅藐远也。天子诸侯易服而葬，以为交于神明者，不可以纯凶，况其缅者乎？是故改葬之礼，其服唯轻。言缅，释所以缌也。"杨疏："五服者，案《丧服》有斩衰、齐衰、大功、小功、缌麻是也。改葬之礼，各从本服，但缌服者是五服之下，故《传》云，改葬之礼，缌者举下以缅上也。不谓改葬，桓王之时，唯服缌耳。蔡司徒者，谓蔡谋也。江熙以为改葬之礼，其服唯轻，故云'天子诸侯易服而葬'，以证唯缌耳。知'天子诸侯易服而葬'者，《檀弓》云：'弁绖葛而葬，与神交之道也。'郑玄云：'接神之道，不可以纯凶，天子诸侯，变服而葬，冠素弁，以葛为环绖。既虞，

卒哭，乃服受服也。'变服者，谓未葬以前服麻，葬则易之以葛也。"

③范注："停尸七年，以求诸侯会葬，非人情也。"杜预云："尸，未葬之通称。"

④范注："京师去鲁不远，赴告之命，可不逾旬而至。史不志崩，则乱可知。"

⑤范注引徐邈曰："古人称万物负阴而抱阳，冲气以为和。然则《传》所谓天，盖名其冲和之功，而神理所由也。会二气之和，极发挥之美者，不可以柔刚滞其用，不得以阴阳分其名，故归于冥极而谓之天。凡生类禀灵知于天，资形于二气，故又曰独天不生，必三合而形神生理具矣。"

⑥杨疏："凡物之生，皆资二气之和，禀上天之灵知，不可以柔刚滞其用，不得以阴阳分其名，故云'三合然后生也'。虽资三合，然终推功冥极，故云'天之子'也。托之人事故又曰父之子，母之子也。天则感生者众，言天足以兼父，不得云'父子'而曰'天子'，众人或知母而不知父，故云'母子'，亦不云'父子'也。众人亦禀天气而生，不云'天子'者，天子取尊称，故称'天子'，众人取卑称，故称'母子'也。《传》因论天子崩葬，故明其别称也。然则阴能成物，阳能生物，天能养物，而总云生者，凡万物初生，必须三气合，四时和，然后得生，不是独阳能生也。但既生之后，始分系三气耳。"

[译文]

【经】五月，安葬周桓王。

〖传〗《传》上说，这是改葬。改葬仪式上，服缌麻，是用丧礼之中最轻的丧服以示缅怀。也有人说，是长期停放周桓王的灵柩，等候诸侯共同前来会葬。对于周天子而言，记载逝世，就不再记载下葬了，因为必定会按时举行。为何为必定会按时举行？因为以天下之大，安葬至高无上的一人，从道理上说无须为之疑惑。经文记载周天子下葬，是因为发生了变故，险些不能如期举行葬礼。又说，鲁国距离京师很近，不会不知天子逝世。不记天子逝世，是因为周王室已经无法统驭天下。世间万物，只有阴无法生化，只有阳也无法生化，只有天也无法生化，三者相合才能生化。所以说，可以称一个人是母亲的儿子，也可以称一个人是上天的儿子。尊贵之人取用尊贵的称呼，卑贱之人取用卑贱的称呼。经文称周天子为王，因为他是天下民众归附向往之人。

【经】秋，纪季以酅入于齐。①
〖传〗酅，纪之邑也。入于齐者，以酅事齐也。入者，内弗受也。②

[注释]

①纪季，纪侯之弟。酅（xī），纪邑也，在今山东淄博市临淄区东北。
②范注引雍曰："纪国微弱，齐将吞并。纪季深睹存亡之机，大惧社稷之倾，故超然遐举，以酅事齐，庶胤嗣不泯，宗庙永存。《春秋》贤之，故褒之以字。齐受人之邑而灭人之国，故于义不可受也。"《补注》："《左氏》贾逵说以为，纪季不能兄弟同心以存国。乃背兄归仇，书以讥之。贾明于《穀梁》，此数语必《穀梁》家义也。"范注："重发之者，此齐不可受，嫌违例，故重发之。"

[译文]

【经】秋，纪季带着酅邑进入齐国。
〖传〗酅，是纪国的城邑。"入于齐"，就是用酅邑侍奉齐国的意思。"入"，表示被进入的一方不愿接受。

【经】冬，公次于郎。
〖传〗次，止也，有畏也。欲救纪而不能也。①

[注释]

①范注："畏齐。"郎，《左氏》作"滑"。

[译文]

【经】冬,鲁庄公在郎地驻扎。

〖传〗"次",是驻扎的意思,以示对齐国的畏惧。鲁庄公想要救援纪国却不敢前去。

庄公四年

【经】四年[①],春,王二月,夫人姜氏飨齐侯于祝丘。[②]

〖传〗飨,甚矣。[③]飨齐侯,所以病齐侯也。[④]

[注释]

①鲁庄公四年,周庄王七年,公元前690年。

②范注:"飨,食也,两君相见之礼。凡会书月,著时,事有危,虽于公发例,亦无所不关。"杨疏:"'飨,食也'者,烹大牢以饮宾,故云两君相见之礼。夫人与齐侯非礼飨食,故云'著时,事有危'。此与二年禚之会书月以著危,而五年'夏,夫人姜氏如齐师'不书月者,何休云:'再出书月重之,三出不月者,省文,从可知也。'"祝丘,鲁地。

③范注:"以非礼尤甚,故谨而月之。"

④《补注》:"病其为邻国夫人加以甚非正之事也。"

[译文]

【经】鲁庄公四年,春,周历二月,夫人姜氏在祝丘宴请齐襄公。

〖传〗举行宴会,就太过分了。"飨齐侯",是为了羞辱齐襄公。

【经】三月,纪伯姬卒。[①]

〖传〗外夫人不卒,此其言卒,何也?吾女也。适诸侯则尊同,以吾为之变,卒之也。[②]

[注释]

①范注:"隐二年履緰所逆者。内女卒例日,伯姬失国,略之,故月也。"

②范注:"礼:诸侯绝傍期,姑、姊、妹、女子子嫁于国君者,尊与己同,则为之服大功九月,变不服之例。然则适大夫者,不书卒。"

[译文]

【经】三月,纪国的伯姬去世。

〖传〗鲁国以外诸侯的夫人,照例不记载去世,这里却记载纪国的伯姬去世,这是为何?因为她是鲁国宗室之女。嫁往诸侯国为诸侯夫人,就与我国国君地位相等,故而我们变乎义例,记下她的去世。

【经】夏,齐侯、陈侯、郑伯遇于垂。①

[注释]

①《传例》曰:"不期而会曰遇。遇者,志相得也。"

[译文]

【经】夏,齐襄公、陈宣公、郑伯子婴在垂地相遇。

【经】纪侯大去其国。

〖传〗大去者,不遗一人之辞也。言民之从者,四年而后毕也。纪侯贤而齐侯灭之。不言灭而曰大去其国者,不使小人加乎君子。①

[注释]

①范注:"不曰灭,而曰大去其国,盖抑无道之强,以优有道之弱。若进止在已,非齐所得灭也。"引何休曰:"《春秋》楚世子商臣弑其君髡,其后灭江、六,不言大去。又大去者,于齐灭之不明,但知不使小人加乎君子,而不言灭,纵失襄公之恶,反为大去也。"又引郑君释之曰:"商臣弑其父,大恶

也,不得但为小人。江、六之君,又无纪侯得民之贤,不得变灭言大去也。元年冬'齐师迁纪',三年'纪季以酅入于齐',今'纪侯大去其国',是足起齐灭之矣。即以变灭言大去,为纵失襄公之恶,是乃《经》也,非《传》也。且《春秋》因事见义,舍此以灭人为罪者自多矣。"《补注》:"去,违也,离也。此灭而奔也,谓之大去,有奔事无奔文。"

[译文]

【经】纪国国君离开他的国家。

〖传〗"大去",是无人留在国内的说法。也就是说,民众跟随国君离开,四年之后,便无人留在国内。纪国国君德行贤明,齐襄公却灭亡了他的国家。经文不记灭国,而记为"大去其国",是为了不让小人凌驾于君子之上。

【经】六月乙丑,齐侯葬纪伯姬。

〖传〗外夫人不书葬,此其书葬,何也?吾女也。失国,故隐而葬之。①

[注释]

①范注:"隐,痛也。不日卒而日葬,闵纪之亡也。"杨疏:"知非为危者,纪国已灭而齐葬之,非复纪之臣子能葬,故知闵之,非为危也。又三十年'八月癸亥,葬纪叔姬'。《传》曰:'日葬,闵纪之亡也。'知此亦是闵之也。不于卒闵之者,葬者送终大事故也。"三月,伯姬卒;六月乙丑,齐人葬之。

[译文]

【经】六月乙丑日,齐襄公安葬纪国的伯姬。

〖传〗鲁国以外诸侯的夫人,照例不记载下葬,这里却记载下葬,这是为何?因为她是鲁国宗室之女。国家灭亡,故而君子为此感到悲痛,并记录她的下葬。

【经】秋,七月。

[译文]

【经】秋,七月。

【经】冬,公及齐人狩于郜。①

〖传〗齐人者,齐侯也。其曰人,何也?卑公之敌,所以卑公也。②何为卑公也?不复仇而怨不释,刺释怨也。

[注释]

①郜,齐地。《左氏》作"禚"。
②范注:"内无贬公之道。"不可贬斥公,故贬斥公之敌,以示讥讽。

[译文]

【经】冬,鲁庄公与齐国人在郜地狩猎。

〖传〗齐国人是何人?是齐襄公。经文却称其为齐国人,这是为何?经文在此贬抑鲁庄公的敌人,从而贬抑鲁庄公。为何要贬抑庄公?庄公尚未报杀父之仇,故而旧怨尚未消除,经文以此贬斥鲁庄公忘记了杀父之仇。

庄公五年

【经】五年,①春,王正月。

[注释]

①鲁庄公五年,周庄王八年,公元前689年。

[译文]

【经】鲁庄公五年,春,周历正月。

【经】夏，夫人姜氏如齐师。

〖传〗师而曰如，众也。① 妇人既嫁不逾竟，逾竟，非礼也。②

[注释]

①范注："言师众大如国，故可以言如。若言如齐侯，则不可。"

②杨疏："复发《传》者，嫌师与国异也。"按，庄二年文姜会齐侯。

[译文]

【经】夏，夫人姜氏前往齐国军队。

〖传〗记为前往军队，是因为军队人数众多。妇人一旦出嫁，就不能离开夫家的国境，妇人越境不合乎礼制。

【经】秋，郳黎来来朝。①

〖传〗郳，国也。黎来，微国之君，未爵命者也。

[注释]

①郳，曹姓小国，在今山东滕州市东一带。

[译文]

【经】秋，郳国国君曹黎来前来朝见。

〖传〗"郳"，是一个国名。黎来，是附庸之国的国君，没有接受周天子的爵命。

【经】冬，公会齐人、宋人、陈人、蔡人伐卫。①

〖传〗是齐侯、宋公也，其曰人，何也？人诸侯，所以人公也。其人公，何也？逆天王之命也。②

[注释]

①范注:"纳惠公朔。"按,前揭卫惠公姬朔杀兄夺位,公子泄、公子职逐惠公而立公子黔牟。今五国兴兵,伐卫欲纳朔。

②范注:"王不欲立朔也。"杨疏:"四国皆从贬,而独言齐、宋者,齐为兵主,宋是大国,则陈、蔡亦从也。"

[译文]

【经】冬,鲁庄公会见齐国人、宋国人、陈国人、蔡国人,讨伐卫国。

〖传〗这分明是齐襄公、宋闵公,经文却称其为"人",这是为何?称诸侯为某国人,就是为了称鲁庄公为鲁国人(以示贬斥)。经文贬斥称鲁庄公为鲁国人,这是为何?因为他违逆周天子的意志。

庄公六年

【经】六年,①春,王三月,王人子突救卫。②

〖传〗王人,卑者也。称名,贵之也。③善救卫也。④救者善,则伐者不正矣。

[注释]

①鲁庄公六年,周庄王九年,公元前688年。

②范注引徐邈曰:"诸侯不奉王命,朔遂得篡,王威屈辱,有危,故月也。救卫于义善,故重子突。功不立,故著其危。"杨疏:"日月之例见危者,唯施于内。今施之于外者,范答薄氏云:'王者安危,天下所系,故亦与内同也。'"三月,《穀梁》《公羊》皆同,《左氏》作"正月",周历三月当夏历五月,《左氏》多用夏历,当为五月误作正月。

③范注引徐干曰:"王人者,卑者之称也。当直称王人而已,今以其能奉天子之命,救卫而拒诸侯,故加名以贵之。僖八年'公会王人、齐侯',是卑

者之常称。"

④范注:"计王者有伐无救,而云善者,朔叛逆王命,天子废之,立其嗣子而遣师往救,有存诸侯之功,故曰善,不可以大平之法格之。"

[译文]

【经】鲁庄公六年,春,周历三月,周王室的人子突救援卫国。

〖传〗"王人",是地位卑微的人。记录他的名字,是对他的推崇。这是在褒扬救援卫国的行为。救援卫国既然合乎正道,那么讨伐卫国便不合乎正道。

【经】夏,六月,卫侯朔入于卫。

〖传〗其不言伐卫纳朔,何也?①不逆天王之命也。②入者,内弗受也。何用弗受也?为以王命绝之也。朔之名,恶也。朔入逆,则出顺矣。朔出入名,以王命绝之也。③

[注释]

①范注:"据九年'伐齐,纳纠'言纳。"《春秋》经国君凡言纳、言入、言立,皆篡也,非正常继位。

②范注:"不与诸侯得纳王之所绝。"

③杨疏:"朔出奔之时,《传》曰:'朔之名,恶也。'此云顺者,谓比之入国为顺。彼辟天子之召,仍是恶也,故称名耳。一解此当文自相比,朔入为逆,则出当为顺矣。"

[译文]

【经】夏,六月,卫国国君姬朔回到卫国。

〖传〗经文不称诸侯讨伐卫国、迫使卫国接纳姬朔,这是为何?因为不能违逆周天王的意志。"入",表示被进入的一方不愿接受。为何不接受姬朔?依据周天子的意志而与之决裂。记录姬朔这一名字,以示对他的厌恶。姬朔回国复位是违逆王命,唯有出奔才顺遂天子的意志。经文记录姬朔出奔和复位,都直斥其名,是依据周天子的意志而与之决裂。

【经】秋,公至自伐卫。

〖传〗恶事不致,此其致,何也?① 不致,则无用见公之恶事之成也。②

[注释]

①范注:"据襄九年,时有穆姜之丧,会诸侯伐郑,不致。"

②《补注》:"此之恶事,谓公与王人战也。战在伐后,不致则见伐观战。"

[译文]

【经】秋,鲁庄公从讨伐卫国的战场上回国(举行告祭饮至的礼仪)。

〖传〗凡是恶行,照例不记载告祭宗庙,这里却记载告祭宗庙,这是为何?不记载告祭宗庙,就无法彰显鲁庄公在外有讨伐卫国这一恶行有了结果。

【经】螟。

[译文]

【经】螟虫成灾。

【经】冬,齐人来归卫宝。

〖传〗以齐首之,分恶于齐也。使之如下齐而来我然,恶战则杀矣。①

[注释]

①范注:"若卫自归宝于齐,过齐然后与我,齐首其事,则我与王人战,罪差减。"来归卫宝,《穀梁》《公羊》同,《左氏》作"来归卫俘"。

[译文]

【经】冬,齐国人前来,送来在卫国获取的宝物。

〖传〗既然伐卫是齐国牵头的,就将罪责分予齐国的。就仿佛卫国人是向齐国人投降献宝,然后分给我国一般,那么我国发动战争的罪责就略微减轻一些。

庄公七年

【经】七年,①春,夫人姜氏会齐侯于防。②
〖传〗妇人不会,会,非正也。

[注释]

①鲁庄公七年,周庄王十年,公元前687年。
②防,鲁地,此为东防,在今山东费县东北。

[译文]

【经】鲁庄公七年,春,夫人姜氏在防地会见齐襄公。
〖传〗妇人不可举行会晤,举行会晤不合礼制。

【经】夏,四月辛卯,昔,恒星不见。
〖传〗恒星者,经星也。①日入至于星出谓之昔。不见者,可以见也。

[注释]

①范注:"经,常也,谓常列宿。"杨疏:"周之四月,夏之二月,常列宿者,谓南方七宿也。"

[译文]

【经】夏,四月辛卯日,傍晚,恒星不出现。

〖传〗"恒星",是恒常不变的星。从太阳落山,到恒星出现,叫作"昔"。"不见",表示理应可以看见。

【经】夜中,星陨如雨。①

〖传〗其陨也如雨,是夜中与?②《春秋》著以传著,疑以传疑。中之几也,而曰夜中,著焉尔。③何用见其中也?④失变而录其时,则夜中矣。⑤其不曰恒星之陨,何也?我知恒星之不见,而不知其陨也。我见其陨而接于地者,则是雨说也。⑥著于上,见于下,谓之雨;著于下,不见于上,谓之陨,岂雨说哉?⑦

[注释]

①范注:"如,而也,星既陨而复雨。"

②范注:"星既陨而雨,必晦暝,安知夜中乎?"

③范注:"几,微也。星既陨而雨,中微难知,而曰夜中,自以实著尔,非亿度而知。"亿度,臆测也。

④杨疏:"谓《经》以何事知其夜中者,以失星变之始,而录其已陨之时,揆度漏刻,则正当夜中矣。"

⑤范注:"失星变之始,而录其已陨之时,检录漏刻,以知夜中。"

⑥范注:"言我见从上来,接于下,然后可言雨星。今唯见在下,故曰陨星。"

⑦范注:"解《经》不得言雨星,而言陨星也。郑君曰:'众星列宿,诸侯之象。不见者,是诸侯弃天子礼义法度也。'刘向曰:'陨者象诸侯陨坠,失其所也。又中夜而陨者,象不终其性命,中道而落。'"

[译文]

【经】半夜，星星坠落，犹如下雨。

〖传〗星星坠落，如同雨一般，是在夜中时分吗？《春秋》经用明确的文字记录明确的事实，用不明确的文字记录可疑的事实。"中"，是细致的表述，经文称为"夜中"，便是明确的事实。如何知道是在夜中时分发生的？天象有所异变，未能察觉开始的时间，就要记录星星已经坠落的时间，故而记为夜中时分。经文不记为恒星陨落，这是为何？我们知道恒星不再出现，但是不知它是否从天上坠落。我们见到星星坠落，落到地面，这才用"雨"这种说法。显现在天上，而又出现在地面，叫作"雨"；显现于地面，却未出现在天上，叫作"陨"，怎么能用"雨"这种说法呢？

【经】秋，大水。
〖传〗高下有水灾，曰大水。①

[注释]

①杨疏："复发《传》者，嫌大水无麦、苗，异于常，故重发之。"

[译文]

【经】秋，发生大水灾。
〖传〗高处、平地都发生水灾，就叫作"大水"。

【经】无麦、苗。
〖传〗麦、苗同时也。①

[注释]

①范注："麦与黍稷之苗同时死。"

[译文]

【经】麦、黍稷之苗收成差。

〖传〗麦、黍稷之苗同时遭灾。

【经】冬，夫人姜氏会齐侯于榖。①
〖传〗妇人不会，会，非正也。②

[注释]

①榖，齐地，在今山东东阿一带。
②杨疏："再发《传》者，防是鲁地，榖是齐邑，故重发之。"

[译文]

【经】冬，夫人姜氏在榖地会见齐襄公。
〖传〗妇人不可举行会晤，举行会晤不合礼制。

庄公八年

【经】八年，①春，王正月，师次于郎，以俟陈人、蔡人。②
〖传〗次，止也。俟，待也。

[注释]

①鲁庄公八年，周庄王十一年，公元前686年。
②范注："时陈、蔡欲伐鲁，故出师以待之。"

[译文]

【经】鲁庄公八年，春，周历正月，鲁国军队在郎地驻扎，等待陈国人、蔡国人前来。
〖传〗"次"，是驻扎的意思。"俟"，是等待的意思。

【经】甲午，治兵。

〖传〗出曰治兵,习战也。入曰振旅,习战也。①治兵而陈、蔡不至矣。兵事以严终,②故曰善陈者不战,此之谓也。善为国者不师,③善师者不陈,④善陈者不战,⑤善战者不死,⑥善死者不亡。⑦

[注释]

①振,整也。旅,众也。杨疏:"此治兵振旅,皆云'习战'者,《周礼》仲秋教治兵,仲春教振旅,出入幼贱虽殊,同是教战之法,故此《传》二者皆以'习战'言之。《公羊》以'治兵'为'祠兵',亦云'其礼一也'。《周礼》仲秋教治兵,此非秋,亦云治兵者,《周礼》四时讲武,故各立别名,此据出师之事,故虽春亦得以治兵为名。"

②范注:"以严整终事,故敌人不至。"

③范注:"导之以德,齐之以礼。江熙曰:'邻国望我,欢若亲戚,何师之为?'"杨疏:"谓有明王时,导之以德,齐之以礼,不起军师,而四海宾服,则黄帝尧舜时是也。"

④范注:"师众素严,不须耀军列陈。江熙曰:'上兵伐谋,何乃至陈?'"杨疏:"若齐桓公伐楚,不设行陈而服罪也。"

⑤范注:"军陈严整,故望而畏之,莫敢战。"杨疏:"即此鲁能严整终事,而陈、蔡不至也。"

⑥范注:"投兵胜地,故无死者。江熙曰:'辟实攻虚则不死。'"杨疏:"若文王伐崇,因垒而崇自服也。"

⑦范注:"民尽其命,无奔背散亡者也。江熙曰:'见危授命,义存君亲,虽没犹存。'"杨疏:"若柏举之战,吴虽入楚,父老致死,还复楚国也。"

[译文]

【经】甲午日,整顿军队。

〖传〗在出战前操练,叫作"治兵",属于练兵;在还师后操练,叫作"振旅",也属于练兵。鲁国整顿军队,陈国人、蔡国人便不敢来犯。军容应当自始至终保持严整,所以都说善于布阵的人无须与敌交战，体现的便是这个道理。善于治国的人无须动用军队，善于治军的人无须排兵布阵，善于布阵的人无须与敌交战，善于作战的人不会损兵折将，即便身死人手，国家也不会灭亡。

【经】夏，师及齐师围郕，郕降于齐师。
〖传〗其曰降于齐师何？不使齐师加威于郕也。①

[注释]

①范注："郕，同姓之国，而与齐伐之，是用师之过也。故使若齐无武功而郕自降。"

[译文]

【经】夏，鲁国军队与齐国军队围攻郕国，郕国向齐国军队投降。
〖传〗经文为何要说"降于齐师"？为了不展现齐国军队向郕国施加的威势。

【经】秋，师还。
〖传〗还者，事未毕也，遁也。①

[注释]

①范注："郕已降而以未毕为文者，盖辟灭同姓之国，示不卒其事。"

[译文]

【经】秋，鲁国还师。
〖传〗"还"，表示战事尚未结束，鲁国就退师了。

【经】冬，十有一月癸未，齐无知弑其君诸儿。①
〖传〗大夫弑其君，以国氏者，嫌也，弑而代之也。

[注释]

①无知，公孙无知，齐庄公之孙，齐僖公之侄。诸儿，齐襄公，姓姜名诸儿，齐僖公之子。

[译文]

【经】冬，十一月癸未日，齐国的无知杀害齐国国君姜诸儿。

〖传〗大夫杀害国君，以国号为氏冠以他的名字，有揽权僭君的嫌疑。这是他弑君自立的说法。

庄公九年

【经】九年，①春，齐人杀无知。

〖传〗无知之挈，失嫌也。②称人以杀大夫，杀有罪也。

[注释]

①鲁庄公九年，周庄王十二年，公元前685年。

②杨疏："重发之者，月与不月，地与不地异，故重发之。"按，隐四年《经》曰："九月，卫人杀祝吁于濮。"且月且地。

[译文]

【经】鲁庄公九年，春，齐国人杀死无知。

〖传〗直呼公孙无知的名字，避免后人疑虑正嫡之分。经文以国人的名义杀死大夫，是因为死者有罪。

【经】公及齐大夫盟于暨。①

〖传〗公不及大夫。②大夫不名，无君也。③盟，纳子纠也。不日，其盟渝也。④当齐无君，制在公矣。当可纳而不纳，故恶内也。

[注释]

①暨,鲁地,《左氏》作"蔇"。

②范注:"《春秋》之义,内大夫可以会诸侯,公不可以盟外大夫,所以明尊卑、定内外也。今齐国无君,要当有任其盟者,故不得不以权通。"

③范注:"礼:君前臣名。齐无君,故大夫不名。"

④范注:"变盟立小白。"

[译文]

【经】鲁庄公与齐国的大夫在暨地会盟。

〖传〗鲁公不能与他国大夫举行会盟。不记载齐国大夫的名字,是因为齐国此时没有国君。会盟决定,鲁国送公子纠回齐国即位。不记载日期,是因为这一盟约未能实现。齐国没有国君,决定齐国国运的权柄就操控在鲁庄公手中。明明可以送公子纠回国即位,却没有付诸行动,故而君子对鲁庄公的犹疑不决表示厌恶。

【经】夏,公伐齐,纳纠。①

〖传〗当可纳而不纳,齐变而后伐。故乾时之战不讳败,恶内也。②

[注释]

①范注:"不言子纠而直云纠者,盟系在于鲁,故挚之也。《春秋》于内公子为大夫者,乃记其奔。子纠不为大夫,故不书其奔。郑忽既受命嗣位,是以书其出。然则重非嫡嗣,宫非大夫,皆事例所略,故许叔、蔡季、小白、重耳,通亦不书出。"杨疏曰:"下文'取子纠杀之'称子,此直云纠,故解其意,欲明系在鲁,故挚之。又解子纠不书出奔之意,言内公子为大夫者,乃记其奔,若闵二年'公子庆父出奔莒'是也。子纠不书出,是不为大夫也。"纠,《左氏》作"子纠"。

②范注引何休曰:"三年'溺会齐师伐卫',故贬而名之,四年'公及齐

人狩于郜',故卑之曰人。今亲纳仇子,反恶其晚,恩义相违,莫此之甚。"又引郑君释之曰:"于仇不复,则怨不释,而鲁释怨,屡会仇雠,一贬其臣,一卑其君,亦足以责鲁臣子,其余则同,不复讥也。至于伐齐纳纠讥,当可纳而不纳尔。此自正义,不相反也。"范注曰:"宁谓仇者,无时而可与通,纵纳之迟晚,又不能全保仇子,何足以恶内乎?然则乾时之战不讳败,齐人取子纠杀之,皆不迁其文,正书其事,内之大恶,不待贬绝,居然显矣。二十四年公如齐亲迎,亦其类也。恶内之言,传或失之。"杨疏曰:"范既不从《传》文,以为大恶。又庄公亲逆,未是大罪,而云'亦其类'者,以公忘父之仇,而援举兵动众,既不能强,为齐所败,是大恶也,鲁与齐为仇,而公娶其女,虽得亲迎之常,甚失结婚之义,故云'亦其类'也。"春秋荣复仇。

[译文]

【经】夏,鲁庄公讨伐齐国,护送公子纠回国即位。

《传》可以送公子纠回国即位之时,却不付诸行动,直到齐国发生变故,才讨伐齐国。故而君子并不讳言乾时之战鲁国战败,并对鲁庄公的坐失时机表示厌恶。

【经】齐小白入于齐。

《传》大夫出奔反,以好曰归①,以恶曰入。齐公孙无知弒襄公,公子纠、公子小白不能存,出亡。②齐人杀无知,而迎公子纠于鲁,公子小白不让公子纠,先入,又杀之于鲁。故曰齐小白入于齐,恶之也。

[注释]

①范注:"成十四年'卫孙林父自晋归于卫'是也。"

②范注:"子纠奔鲁,小白奔莒。"公孙,公子之子也。《春秋》凡言公孙者皆非姓氏。

[译文]

【经】齐国的公子小白进入齐国。

【传】大夫出奔后返回本国，合乎正道的叫作"归"，不合乎正道的叫作"入"。齐国的公孙无知杀害了齐襄公，公子纠、公子小白无法在齐国容身，于是出奔逃亡。齐国人杀死了公孙无知，想要从鲁国迎接公子纠回国即位，公子小白抢先在公子纠前进入齐国，又将公子纠杀死在鲁国。故而经文记作"齐小白入于齐"，以示对公子小白这一行为的厌恶。

【经】秋，七月丁酉，葬齐襄公。①

[注释]

①范注："诸公子争立，国乱，故危之。"按，月葬则危。

[译文]

【经】秋，七月丁酉日，安葬齐襄公。

【经】八月庚申，及齐师战于乾时，我师败绩。①

[注释]

①范注："不言及者主名，内之卑者。"时，时水，其支流遇旱则涸，故谓之乾时也。乾时，齐地，在今山东淄博市临淄区西南。

[译文]

【经】八月庚申日，与齐国军队在乾时交战，我国军队战败。

【经】九月，齐人取子纠杀之。①

〖传〗外不言取，②言取，病内也。取，易辞也，犹曰取其子纠而杀之云尔。③十室之邑，可以逃难；百室之邑，可以隐死。以千乘之鲁而不能存子纠，以公为病矣。

[注释]

①范注:"言子纠者,明其贵,宜为君。"《公羊传》曰:"其称子纠何?贵也。其贵奈何?宜为君也。"

②杨疏:"取是内取,故外不得言取。今云取者,恶内也。一解'外不言取'者,谓楚人杀徵舒、庆封,并不言取。此虽是何休之义,亦得通一家,故并录之。"

③范注:"犹言自齐之子纠,今取而杀之,言鲁不能救护也。"

[译文]

【经】九月,齐国人取走公子纠,将其杀死。

〖传〗对鲁国以外的诸侯而言,不能说"取",说"取"是为了羞辱鲁国。"取",是事情容易办到的说法,如同说齐国轻易地取走公子纠将其杀死一般。十户人家的城邑,就可以让人躲避祸端;百户人家的城邑,可以让人隐匿死罪。鲁国坐拥千乘战车,却没有公子纠的容身之所,鲁庄公实在是太可耻了。

【经】冬,浚洙。

〖传〗浚洙者,深洙也。著力不足也。①

[注释]

①范注:"畏齐难。"

[译文]

【经】冬,疏通洙水。

〖传〗"浚洙",是挖深洙水河道的意思。鲁国因军力不足而畏惧齐国。

庄公十年

【经】十年,①春,王正月,公败齐师于长勺。②

〖传〗不日,疑战也。③疑战而曰败,胜内也。④

[注释]

①鲁庄公十年,周庄王十三年,公元前684年。
②长勺,鲁地,在今山东济南市莱芜区东北。
③范注:"疑战者,言不克日而战,以诈相袭。"
④范注:"胜内,讳胜在内。"

[译文]

【经】鲁庄公十年,春,周历正月,鲁庄公在长勺击败齐国军队。

〖传〗不记载日期,是因为在交战中使用了诡谋。即便如此,仍记载为"败",因为获胜一方是鲁国。

【经】二月,公侵宋。①

〖传〗侵时,此其月,何也?乃深其怨于齐,又退侵宋以众其敌,恶之,故谨而月之。

[注释]

①杨疏:"旧说以为公与宿盟,宋方病宿,故公侵之。若此则是公之无恶,《传》何恶公也?公与宿盟,《经》无其事,为宿侵宋,《传》无其文,是旧说妄也。隐元年盟于宿,范以为地,是公不与宿盟也。但不知何为侵耳。"

[译文]

【经】二月,鲁庄公侵犯宋国。

〖传〗侵犯他国,照例仅记载季节,为何这里记载了月份?鲁庄公与齐国结怨已深,又在退兵的时候侵犯宋国,树敌太多,君子对此表示厌恶,故而记录月份以示郑重。

【经】三月,宋人迁宿。

〖传〗迁，亡辞也。① 其不地，宿不复见也。② 迁者，犹未失其国家以往者也。③

[注释]

①范注："为人所迁，则无复国家，故曰亡辞。闵二年'齐人迁阳'亦是也。"杨疏："《春秋》言迁有二种之例，一表亡辞者，此文是也；二见存亡国者，'邢迁于夷仪'是也。不于元年'迁纪'发《传》者，彼以纪侯贤，《经》变文以示义，非正，故不发之。'迁阳'不发，从此省文也。迁文三起例者，此是亡辞之始，邢是复国之初，许独自不月，故三发之也。范《略例》云：'凡迁有十，亡迁有三者，齐人迁阳，宋人迁宿，齐师迁纪是也。好迁有七者，邢迁夷仪，卫迁帝丘，蔡迁州来，许迁于叶，许迁于夷，许迁白羽，许迁容城是也。余迁皆月，许四迁不月者，以其小，略之如邑也。迁纪不月者，文承月下，蒙之可知也。'"

②范注："国亡不复见。《经》不言灭者，言灭则弑其君，灭其宗庙社稷，就而有之，不迁其民。"

③范注："谓自迁者，僖元年'邢迁于夷仪'，成十五年许迁于叶之类是也。彼二《传》曰'迁者，犹得其国家以往者也'，此《传》云'迁者，犹未失其国家以往'，互文也。"

[译文]

【经】三月，宋国人灭宿国，将其民众迁往他地。

〖传〗"迁"，是表示灭亡的言辞。不记载宿国迁去的地点，是因为宿国已经灭亡，不再见于记载。"迁"，就如同国家尚存，国都自行迁往某地一般。

【经】夏，六月，齐师、宋师次于郎。
〖传〗次，止也。畏我也。①

庄公　143

[注释]

①《补注》:"重发传者,嫌外内异也。"按,庄三年"公次于郎",内也。

[译文]

【经】夏,六月,齐国军队、宋国军队在郎地驻扎。

〖传〗"次",是驻扎的意思。齐国、宋国畏惧我国。

【经】公败宋师于乘丘。①

〖传〗不日,疑战也。疑战而曰败,胜内也。②

[注释]

①乘丘,鲁地,在今山东济宁市兖州区一带。
②《补注》:"重发传者,二师次而败一师,嫌有异也。"

[译文]

【经】鲁庄公在乘丘击败宋国军队。

〖传〗不记载日期,是因为在交战中使用了诡谋。即便如此,仍记载为"败",因为获胜一方是鲁国。

【经】秋,九月,荆败蔡师于莘,以蔡侯献武归。①

〖传〗荆者,楚也。何为谓之荆?狄之也。何为狄之?圣人立,必后至;天子弱,必先叛。故曰荆,狄之也。蔡侯何以名也?②绝之也。何为绝之?获也。中国不言败,③此其言败,何也?中国不言败,蔡侯其见获乎?其言败,何也?释蔡侯之获也。以归,犹愈乎执也。④

[注释]

①莘,蔡地,在今河南汝南一带。蔡侯献武,蔡哀侯,姓姬名献武,《公羊》《左氏》作"献舞"。

②范注:"据僖十五年秦'获晋侯',不名。"

③范注:"据宣十二年'晋荀林父帅师及楚子战于邲,晋师败绩',不言败晋师。"

④范注:"为中国讳见执,故言以归。"

[译文]

【经】秋,九月,荆州之国在莘地击败蔡国军队,俘虏蔡哀侯姬献武,带回国内。

〖传〗"荆",就是楚国。为何要称呼它为"荆"?是将它视作夷狄。为何要将它视作夷狄?圣人即位,楚国总是最后归附;天子微弱,楚国总是最先反叛。故而经文称其为"荆",是将它视作夷狄。为何要记载蔡侯的名字?因为要与蔡侯决裂。为何要决裂?因为他被夷狄所俘获。对华夏诸侯而言,不能明说败于夷狄,这里为何要明说?如果不明说华夏败于夷狄,又怎么知道蔡侯是被俘获的呢?为何要说败于夷狄?是为了解释蔡侯被俘。"以归",用词比"执"更为严重。

【经】冬,十月,齐师灭谭,谭子奔莒。①

[注释]

①范注:"桓十一年'郑忽出奔卫',《传》曰:'其名,失国也。'十六年'卫侯朔出奔齐',《传》曰:'朔之名恶也。'然则出奔书名有二义,谭子国灭不名,盖无罪也。凡书奔者,责不死社稷。不言出者,国灭无所出也。他皆放此。"杨疏:"礼言失地名,故郑忽失国而名也。《传》曰:'朔之名恶也。'是卫侯为恶而名,故云'有二义'。灭国无文,故《注》又云谭子无名,盖无罪也。虽无罪不名,以其不能死社稷,书奔,是讥也。"

[译文]

【经】冬,十月,齐国军队灭谭国,谭国国君出奔莒国。

庄公十有一年

【经】十有一年,^①春,王正月。

[注释]

①鲁庄公十一年,周庄王十四年,公元前683年。

[译文]

【经】鲁庄公十一年,春,周历正月。

【经】夏,五月戊寅,公败宋师于鄑。^①

〖传〗内事不言战,举其大者。其日,成败之也。^②宋万之获也。^③

[注释]

①鄑,鲁地。

②范注:"结日列陈,不以诈相袭,得败师之道,故曰成也。"

③宋万,《左氏》以为南宫长万也。南宫,氏;长,字;万,名。杨疏:"《传》言获宋万而《经》不书者,此时尚卑,故不书。反国为卿,始弑君,是故书之。虽书,以新升为卿,宋赐族,故《经》不言氏,《传》以为宋之卑者是也。"

[译文]

【经】夏,五月戊寅日,鲁庄公在鄑地击败宋国军队。

〖传〗对鲁国的战事,不记为交战,这是选取重要的方面而言。

记载日期（以示鲁国与敌约定日期，正面列阵，未用诡谋），符合击败敌军的正道。本次战役还俘获了宋国的南宫长万。

【经】秋，宋大水。
〖传〗外灾不书，此何以书？王者之后也。高下有水灾曰大水。①

[注释]

①杨疏："重发《传》者，嫌外灾与内异也。"按，桓元年、庄七年皆为内灾。

[译文]

【经】秋，宋国发生大水灾。
〖传〗发生在鲁国之外的灾情，照例不作记载，这里为何记载？因为宋国是殷商王者的后嗣。高处、平地都发生水灾，就叫作"大水"。

【经】冬，王姬归于齐。
〖传〗其志，过我也。

[译文]

【经】冬，周天子之女嫁到齐国。
〖传〗记载此事，是因为周天子之女途经鲁国。

庄公十有二年

【经】十有二年，①春，王三月，纪叔姬归于酅。②

〖传〗国而曰归,此邑也,其曰归,何也?吾女也。失国,喜得其所,故言归焉尔。③

[注释]

①鲁庄公十二年,周庄王十五年,公元前682年。
②酅,纪邑也。范注:"纪季所用入于齐者,纪国既灭,故归酅。"
③范注引江熙曰:"四年齐灭纪,不言灭而言大去者,义有所见尔,则国灭也。叔姬来归不书,非归宁,且非大归也。叔姬守节,积有年矣。纪季虽以酅入于齐,不敢怀贰。然襄公豺狼,未可暗信。桓公既立,德行方宣于天下,是以叔姬归于酅,鲁喜其女得申其志。"

[译文]

【经】鲁庄公十二年,春,周历三月,纪国的叔姬回到酅邑。

〖传〗只有前往国都才能称作"归",酅是城邑,为何能称作"归"?因为叔姬是鲁国宗室之女。叔姬在纪国灭亡后守节不移。如今回到纪国国君所在的酅邑,君子为此感到欣喜,故而记为"归"。

【经】夏,四月。

[译文]

【经】夏,四月。

【经】秋,八月甲午,宋万弑其君捷。①
〖传〗宋万,宋之卑者也。②卑者以国氏。及其大夫仇牧,以尊及卑也。仇牧,闲也。③

[注释]

①捷,宋闵公,姓子名捷,宋庄公之子。

②杨疏:"《传》言'宋之卑者',解不称氏之意,与宋督同,别于无知、祝吁也。"

③范注:"仇牧捍其君,故见杀也。桓二年《传》曰:'臣既死君,不忍称其名。'今仇牧书名,则知宋君先弑。"杨疏:"复发《传》者,孔父先君死,发传以明闲。此则后君死,故又发《传》。荀息虽同后死之例,但仇牧是卑者所杀,荀息为尊卿杀之,故又发《传》也。"

[译文]

【经】秋,八月甲午日,宋万杀害宋国国君子捷。

〖传〗宋万,是宋国地位卑微的人。对于卑微的人,就以国号为氏。先书写国君捷与他的大夫仇牧,是从尊贵的人书写到卑微的人。仇牧是为保卫国君而死的。

【经】冬,十月,宋万出奔陈。①

[注释]

①范注:"宋久不讨贼,致令得奔,故谨而月之。"杨疏:"无知八年冬弑君,九年春始被杀,而《经》不书月。此宋万八月弑君,十月出奔,而云'久不讨贼','故谨而月之'者,以祝吁书月,《传》云'谨之',则此书月,亦是谨之可知也。然则无知既经三月,齐人杀得之,故直书时,此宋人不能即讨,令得奔,故谨而月之。"

[译文]

【经】冬,十月,宋国的万出奔陈国。

庄公十有三年

【经】十有三年,①春,齐人、宋人、陈人、蔡人、邾人会于北杏。②

〖传〗是齐侯、宋公也。其曰人，何也？始疑之。何疑焉？桓非受命之伯也，将以事授之者也。③曰，可矣乎？未乎？④举人，众之辞也。⑤

[注释]

①鲁庄公十三年，周僖王元年，公元前681年。

②北杏，齐地。杨疏："郑《释废疾》数九会，则以柯之明年为始。范今数衣裳，则通言北杏之会。二说不同者，郑以孔子云'九合诸侯'，北杏之会，《经》无诸侯之文，故不数之；范以《传》文直云'衣裳之会'，不论诸侯多少，北杏《传》云'齐侯、宋公'也，故并以北杏数之。范亦以《传》云'衣裳之会十有一'，'兵车之会四'，故与郑不同。"按，"衣裳之会十有一""兵车之会四"者，详庄二十七年范注。

③范注："言诸侯将权时推齐侯使行伯事。"

④范注引邵曰："疑齐桓虽非受命之伯，诸侯推之，便可以为伯乎？未也？"

⑤范注："称人，言非王命，众授之以事。"

[译文]

【经】鲁庄公十三年，春，齐国人、宋国人、陈国人、蔡国人、邾国人在北杏举行会晤。

〖传〗明明是齐桓公、宋桓公，为何要称作"人"？因为君子开始疑惑。疑惑什么？齐桓公不是周天子授命的方伯，而是诸侯推举他，让他行使方伯的职权。这是合乎正道的，还是不合乎正道的呢？经文中将诸侯称作"人"，以示齐桓公并非周天子授命的，而是由各位诸侯推举的。

【经】夏，六月，齐人灭遂。①

〖传〗遂，国也。其不日，微国也。

[注释]

①遂,妫姓,在今山东宁阳西北。《左氏》昭三年曰:"箕伯、直柄、虞遂、伯戏,其相胡公、大姬已在齐矣。"昭八年曰:"自幕至于瞽瞍无违命,舜重之以明德,寘德于遂,遂世守之。"故知遂为虞舜之后。

[译文]

【经】夏,六月,齐国人灭遂国。

〖传〗遂,是国名。经文不记载日期,因为遂国是附庸之国。

【经】秋,七月。

[译文]

【经】秋,七月。

【经】冬,公会齐侯,盟于柯。①
〖传〗曹刿之盟也,信齐侯也。②桓盟虽内与,不日,信也。③

[注释]

①柯,齐地。

②范注:"曹刿之盟,《经》《传》无文,盖有信者也。《公羊传》曰:'要盟可犯,而桓公不欺。曹子可仇,而桓公不怨。桓公之信著于天下,自柯之盟始。'"

③范注:"公盟例日,外诸侯盟例不日,桓大信远著,故虽公与盟犹不日。"

[译文]

【经】冬,鲁庄公会见齐桓公,在柯地举行盟会。

〖传〗曹刿随鲁庄公参与了会盟,齐桓公在盟会上不欺不怨,信义卓著。虽然与齐桓公会盟的是我国,照例要记载日期,经文不记载日期，是因为齐桓公信义卓著。

庄公十有四年

【经】十有四年，①春，齐人、陈人、曹人伐宋。②

[注释]

①鲁庄公十四年，周僖王二年，公元前680年。
②杨疏："盖同《左氏》背北杏会故也。"

[译文]

【经】鲁庄公十四年，春，齐国人、陈国人、曹国人讨伐宋国。

【经】夏，单伯会伐宋。
〖传〗会，事之成也。①

[注释]

①范注："伐事已成，单伯乃至。"杨疏："此解《经》言会伐宋之意，以诸侯伐事已成，而单伯始至，故云会伐宋。"

[译文]

【经】夏，单伯会见讨伐宋国的诸侯。
〖传〗"会"，表示战事已经结束。

【经】秋，七月，荆入蔡。
〖传〗荆者，楚也。其曰荆，何也？州举之也。①州不如国，②国不如名③，名不如字④。

[注释]

①杨疏引糜信云:"楚子贪淫,为息妫灭蔡,故州举之。是取《左氏》之说,非也。十年《传》云:'圣人立,必后至,天子弱,必先叛,故曰荆,狄之也。'则此亦与彼同耳。"息妫,息夫人也。
②范注:"言荆不如言楚。"
③范注:"言楚不如言介葛庐。"
④范注:"言介葛庐不如言邾仪父。"

[译文]

【经】秋,七月,荆州之国攻入蔡国。

〚传〛"荆",就是楚国。为何要称其为"荆"?用州的名字来称呼它(以示对它的厌恶)。(如果要褒扬某国某人)称其为州,不如称其为国;称其为国,不如称某人之名;称某人之名,不如称某人之字。

【经】冬,单伯会齐侯、宋公、卫侯、郑伯于鄄。①
〚传〛复同会也。②

[注释]

①鄄音"绢",卫地,在今山东鄄城北旧城镇。
②范注:"诸侯欲推桓以为伯,故复同会于此以谋之。"

[译文]

【经】冬,单伯在鄄地会见齐桓公、宋桓公、卫惠公、郑厉公。
〚传〛诸侯再次共同举行会晤。

庄公十有五年

【经】十有五年,①春,齐侯、宋公、陈侯、卫侯、郑伯会于鄄。

〖传〗复同会也。②

[注释]

①鲁庄公十五年,周僖王三年,公元前679年。
②范注:"为欲推桓为伯,故复会于此。"杨疏:"重发《传》者,诸侯至此,方信齐桓,故更发之也。"

[译文]

【经】鲁庄公十五年,春,齐桓公、宋桓公、陈宣公、卫惠公、郑厉公在鄄地举行会晤。

〖传〗诸侯再次共同举行会晤。

【经】夏,夫人姜氏如齐。
〖传〗妇人既嫁不逾竟,逾竟,非礼也。①

[注释]

①杨疏:"重发之者,此非淫,恐异,故发《传》同之。"按,庄二年、庄五年文姜如齐皆淫。

[译文]

【经】夏,夫人姜氏前往齐国。
〖传〗妇人一旦出嫁,就不能离开夫家的国境,妇人越境不合乎礼制。

【经】秋,宋人、齐人、邾人伐郳。①

[注释]

①杨疏:"宋主兵,故序齐上也。班序上下,以国大小为次,夷狄在下,

征伐则以主兵为先，《春秋》之常也，他皆放此。"

[译文]

【经】秋，宋国人、齐国人、邾国人讨伐郳国。

【经】郑人侵宋。

[译文]

【经】郑国人侵犯宋国。

【经】冬，十月。

[译文]

【经】冬，十月。

庄公十有六年

【经】十有六年,①春，王正月。

[注释]

①鲁庄公十六年，周僖王四年，公元前678年。

[译文]

【经】鲁庄公十六年，春，周历正月。

【经】夏，宋人、齐人、卫人伐郑。

[译文]

【经】夏,宋国人、齐国人、卫国人讨伐郑国。

【经】秋,荆伐郑。①

[注释]

①荆,楚也。

[译文]

【经】秋,荆州之国讨伐郑国。

【经】冬,十有二月,会齐侯、宋公、陈侯、卫侯、郑伯、许男、曹伯、滑伯、滕子,同盟于幽。①

〖传〗同者,有同也,同尊周也。②不言公,外内寮一疑之也。③

[注释]

①滑,姬姓之国,在今河南洛阳市偃师区一带。幽,宋地,在今河南兰考。

②范注:"《公羊传》云:'同盟者何?同欲也。'《左传》云:'同盟于幽,郑成也。'此云同盟者,'同尊周也'。见三《传》意各异也。所谓同尊周也者,诸侯推桓为伯,使翼戴天子,即是尊周之事。"

③范注:"十三年春,会于北杏,诸侯俱疑齐桓非受命之伯,欲共以事推之可乎?今于此年,诸侯同共推桓,而鲁与齐仇,外内同一疑公可事齐不,会不书公,以著疑焉。同官为寮,谓诸侯也。至二十七年,同盟于幽,遂伯齐侯。"

[译文]

【经】冬,十二月,齐桓公、宋桓公、陈宣公、卫惠公、郑厉公、许穆公、曹庄公、滑国国君、滕国国君,共同在幽地会盟。

〖传〗"同",表示诸侯有相同的旨趣,想要共同尊奉周王室。经文不提及鲁庄公(以示齐鲁之间有世仇),远近诸侯都怀疑鲁庄公不会真心拥戴齐桓公。

【经】郕子克卒。①
〖传〗其曰子,进之也。②

[注释]
①郕子克,郕安公,姓曹名克。
②范注:"附齐而尊周室,王命进其爵。"

[译文]
【经】郕国国君曹克去世。
〖传〗经文称其为"子",是在提升他的爵位。

庄公十有七年

【经】十有七年,①春,齐人执郑詹。
〖传〗人者,众辞也。以人执,与之辞也。郑詹,郑之卑者。②卑者不志,此其志,何也?以其逃来志之也。逃来则何志焉?将有其末,不得不录其本也。③郑詹,郑之佞人也。

[注释]
①鲁庄公十七年,周僖王五年,公元前677年。
②范注:"与令得执。"杨疏:"称人者,众所欲之辞,故云与之,谓与齐得执也。知郑詹是郑之卑者,大夫卑者以国氏,今《经》直云郑詹,故知卑者

也。然则卑者可知而重发《传》者,嫌有罪去氏也。知非有罪去氏者,外大夫身有罪,例不去氏,即祭仲之类是也。宛所以去氏者,为贬郑伯也。"按,宛去氏者,隐八年"三月,郑伯使宛来归邴"是也。

③范注:"未谓逃来。"即下文"郑詹自齐逃来"。

[译文]

【经】鲁庄公十七年,春,齐国人擒获郑国的詹。

〖传〗"人",表示人数众多。经文用"人"这一说法来描述擒获郑詹的场景(是在褒扬此事)。郑詹,是郑国地位卑微的人。对地位卑微的人而言,经文照例不作记载,这里为何要记载?因为他窜逃到了鲁国,故而记下。逃到鲁国,为何就要记下?因为下文记有逃到鲁国的结果,就不能不记下起因。郑詹,是郑国一个巧言令色的人。

【经】夏,齐人歼于遂。①

〖传〗歼者,尽也。然则何为不言遂人尽齐人也?无遂之辞也。无遂则何为言遂?其犹存遂也。②存遂奈何?曰,齐人灭遂,使人戍之。遂之因氏饮戍者酒而杀之,齐人歼焉。此谓狎敌也。③

[注释]

①歼,尽也。
②范注:"以其能杀齐戍,故若遂之存。"
③狎,犹轻也。

[译文]

【经】夏,齐国人在遂国被歼灭。

〖传〗"歼",是被杀尽的意思。然而经文为何不记为"遂人尽齐人"呢?这是遂国已经灭亡的说法。既然遂国已经灭亡,又为何要提及遂呢?为了让人以为遂国尚存。为何要让人以为遂国尚存?答曰:

齐国人灭遂国后，派人驻守遂地。遂国的因氏请戍卒饮酒，趁机杀死他们，歼灭了驻守在遂国的齐国人。这就叫作轻敌。

【经】秋，郑詹自齐逃来。
〖传〗逃义曰逃。①

[注释]
①范注："齐称人以执，是执有罪也。执得其罪，故曰义也。今而逃之，是逃义也。"

[译文]
【经】秋，郑国的詹从齐国窜逃而来。
〖传〗逃避道义的制裁，叫作"逃"。

【经】冬，多麋。①

[注释]
①范注引京房《京氏易传》曰："废正作淫，为火不明，则国多麋。"杨疏："火不明者，谓五行与五事、五常相配，则视与礼同配南方。言火不明，犹言视与礼不明也。"

[译文]
【经】冬，麋鹿成群。

庄公十有八年

【经】十有八年，①春，王三月，日有食之。
〖传〗不言日，不言朔，夜食也。何以知其夜食也？曰，王者朝日。②故虽为天子，必有尊也；贵为诸侯，必有长也。故天子朝日，诸侯朝朔。

[注释]

①鲁庄公十八年，周惠王元年，公元前676年。

②范注："王制曰：天子玄冕而朝日于东门之外，故日始出而有亏伤之处，是以知其夜食也。"引何休曰："《春秋》不言月食日者，以其无形，故阙疑。其夜食何缘书乎？"又引郑君释之曰："一日一夜合为一日。今朔日日始出，其食亏伤之处未复，故知此自以夜食。夜食则亦属前月之晦，故穀梁子不以为疑。"杨疏："此是《礼记·玉藻》文，而云'王制'者，谓王者之法制，非谓《王制》之篇也。此鲁事而辄言天子朝日者，言王者朝日，所以显诸侯朝朔也。天子朝日于东门之外，服玄冕，其诸侯则《玉藻》云'皮弁以听朔于大庙'，与天子礼异。其礼虽异，皆早早行事，而昨夜有亏伤之处尚存，故知夜食也。徐邈云：'夜食则星无光。'张靖《策废疾》云：'立八尺之木，不见其影。'并与范意异也。"

[译文]

【经】鲁庄公十八年，春，周历三月，发生日食。

〖传〗不记录日期，不写明发生在朔日，说明这次日食发生在夜间。何以知道这次日食发生在夜间？答曰：周天子在日出时祭祀旭日。故而即便身为天子，也有所尊奉；即便贵为诸侯，也有方伯约束。故而天子在朔日祭祀旭日，诸侯在朔日祭祀祖庙。

【经】夏，公追戎于济西。

〖传〗其不言戎之伐我，何也？以公之追之，不使戎迩于我也。①于济西者，大之也。②何大焉？为公之追之也。③

[注释]

①迩，犹近也。范注："不使戎得逼近于我，故若入竟望风退走。"

②大之,杨树达《春秋大义述》云有二义也:一为褒美义,一为张大其辞义。然二义相通,皆悖乎义例而饰以文辞也。故以"夸大"译之。

③范注:"言戎远来至济西,必大有徒众,以公自追之,知其审然。"

[译文]

【经】夏,鲁庄公追击戎人,直至济水以西。

〖传〗经文不记戎人前来讨伐鲁国,这是为何?因为鲁庄公的追击使得戎人无法逼近鲁国。"于济西",是在夸大其词。为何要夸大其词?(戎人兴师动众)鲁庄公勇于亲自追击。

【经】秋,有蜮。①

〖传〗一有一亡曰有。蜮,射人者也。②

[注释]

①范注:"蜮,短狐也,盖含沙射人。"又引京房《京氏易传》曰:"忠臣进善,君不识,厥咎国生蜮。"杨疏:"《洪范五行传》云:'蜮如鳖,三足,生于南越。南越妇人多淫,故其地多蜮也。'"又引陆机《毛诗义疏》云:"蜮,短狐,一名射影。在江淮水中,人在岸上,影见水中,投人影则杀之,故曰射影。或谓含沙射人,入人皮肌,其疮如疥。"

②杨疏:"旧解'一有',南越所生是也;'一亡',鲁国无是也。今以为'一有一亡曰有'者,谓或有有时,或有无时,言不常也,故书曰有。若螟螽之类,是常有之物,不言有也。上十七年云'多麋'者,鲁之常兽,是岁偏多,故书多也。螟螽不言多者,螟螽是微细之物,不可以数言之,故不言多也。又每年常有,不得言有也。所以异于蜚蜮与麋也。"

[译文]

【经】秋,发生蜮灾。

〖传〗时有时无,叫作"有"。蜮,是一种含沙射人的动物。

【经】冬,十月。

[译文]

【经】冬,十月。

庄公十有九年

【经】十有九年,①春,王正月。

[注释]

①鲁庄公十九年,周惠王二年,公元前675年。

[译文]

【经】鲁庄公十九年,春,周历正月。

【经】夏,四月。

[译文]

【经】夏,四月。

【经】秋,公子结媵陈人之妇于鄄,遂及齐侯、宋公盟。①

〖传〗媵,浅事也,不志。此其志,何也?辟要盟也。②何以见其辟要盟也?媵,礼之轻者也;盟,国之重也。以轻事遂乎国重,无说。③其曰陈人之妇,略之也。④其不日,数渝,恶之也。⑤

[注释]

①媵(yìng),《尔雅》云:"送也。"齐侯,齐桓公。宋公,宋桓公。
②辟,同"避"。要,同"邀"。范注:"鲁实使公子结要二国之盟,欲自

托于大国,未审得盟与不,故以媵妇为名,得盟则盟,不则止,此行有辞也。"

③范注:"以轻遂重,无他异说,故知辟要盟耳。"

④范注:"但为遂事,假录媵事耳,故略言'陈人之妇',不处其主名。"

⑤杨疏:"数,疾也。谓秋共盟,冬而见伐,变盟之疾,故不书日以恶之也。或以为'数渝',为今冬伐我西鄙,明年齐又伐我,故云数,理亦通也。"

[译文]

【经】秋,公子结护送随嫁陈侯夫人的女子前往鄄地,于是与齐桓公、宋桓公会盟。

〖传〗送去媵女,是微不足道的小事,照例不做记录。这里却记录下来,这是为何?是避开邀请大国会盟的说法。何以见得是避开邀请大国会盟的说法?送去媵女,是礼仪中较轻的;会盟,是国家的大事。小事在前,大事在后,用"遂"字连接,本是说不通的。经文称"陈人之妇",是省略的说法。不记日期,是因为盟约多次改变,君子对此表示厌恶。

【经】夫人姜氏如莒。
〖传〗妇人既嫁不逾竟。逾竟,非正也。①

[注释]

①杨疏:"重发《传》者,嫌此适异国恐别,故发《传》以同之。"按,前者所适,仇雠之国也。

[译文]

【经】夫人姜氏前往莒国。

〖传〗妇人一旦出嫁就不能离开夫家的国境。妇人越境不合乎礼制。

【经】冬,齐人、宋人、陈人伐我西鄙。

〖传〗其曰鄙，远之也。其远之，何也？不以难迩我国也。

[译文]

【经】冬，齐国人、宋国人、陈国人讨伐我国西部边疆。

〖传〗经文记为边疆，表示三国远在鲁国国都之外。经文称三国远在鲁国国都之外，这是为何？以示危难尚未逼近我国。

庄公二十年

【经】二十年，①春，王二月，夫人姜氏如莒。②
〖传〗妇人既嫁不逾竟。逾竟，非正也。③

[注释]

①鲁庄公二十年，周惠王三年，公元前674年。
②范注："夫人比年如莒，过而不改，无礼尤甚，故谨而月之。"
③杨疏："重发《传》者，比再如莒，失礼之甚，故详之。"

[译文]

【经】鲁庄公二十年，春，周历二月，夫人姜氏前往莒国。
〖传〗妇人一旦出嫁就不能离开夫家的国境。妇人越境不合乎礼制。

【经】夏，齐大灾。
〖传〗其志，以甚也。①

[注释]

①范注："外灾不志。甚，谓灾及人也。外灾例时。"杨疏："《范例》云：

'灾有十二,内则书日,外则书时;国曰灾,邑曰火。'内则书日,新宫、御廪之类是也。其外则时者,则'宋大水''齐大灾'之等是也。昭十八年不书时,以四国同日故也。其外灾志者皆发《传》,故十一年'宋大水',《传》曰'王者之后也'。襄九年'宋灾',嫌火与水异,《传》曰'故宋也'。宣十六年'成周宣榭灾',《传》曰'以乐器所藏,目之也'。此书'齐大灾',《传》曰'其志,以甚也'。昭十八年'宋、卫、陈、郑灾',《传》曰'其志,以同日也'。其九年'陈火',《传》曰'闵陈而存之也'是也。"

[译文]

【经】夏,齐国发生大火灾。

〖传〗经文之所以记录,是因为比较严重。

【经】秋,七月。

[译文]

【经】秋,七月。

【经】冬,齐人伐我。①

[注释]

①伐我,《公羊》《左氏》作"伐戎"。

[译文]

【经】冬,齐国人讨伐我国。

庄公二十有一年

【经】二十有一年,①春,王正月。

[注释]

①鲁庄公二十一年,周惠王四年,公元前673年。

[译文]

【经】鲁庄公二十一年,春,周历正月。

【经】夏,五月辛酉,郑伯突卒。①

[注释]

①郑伯突,郑厉公,姓姬名突,郑庄公之子。

[译文]

【经】夏,五月辛酉日,郑国国君姬突去世。

【经】秋,七月戊戌,夫人姜氏薨。
〖传〗妇人弗目也。①

[注释]

①《穀梁》凡目皆恶。范注引郑嗣曰:"弗目谓不目言其地也。妇人无外事,居有常所,故薨不书地。僖元年《传》曰:'夫人薨,不地。'此言弗目,盖互辞尔。定九年'得宝玉、大弓',《传》曰:'弗目,羞也。'盖此类也。"杨疏:"隐二年'夫人子氏薨',著不地之例,此复发《传》者,嫌有罪去地,故发之也。不曰'夫人'而言'妇人'者,以文姜失夫人之道,故《经》书'薨',《传》以'妇人'言之。或是《经》无变文,盖《传》通言之,无异意也。"范注又引江熙曰:"文姜有弑公之逆,而弗目其罪。"

[译文]

【经】秋,七月戊戌日,夫人姜氏去世。
〖传〗妇人去世,照例不记载其去世地点。

【经】冬，十有二月，葬郑厉公。

[译文]

【经】冬，十二月，安葬郑厉公。

庄公二十有二年

【经】二十有二年，①春，王正月，肆大眚。

〖传〗肆，失也。眚，灾也。②灾，纪也。失，故也，③为嫌天子之葬也。④

[注释]

①鲁庄公二十二年，周惠王五年，公元前672年。

②眚（shěng），大赦也。范注："《易》称'赦过宥罪'，《书》称'眚灾肆赦'，《经》称'肆大眚'，皆放赦罪人，荡涤众故，有时而用之，非经国之常制。"

③范注："灾谓罪恶。纪，治理也。有罪当治理之，今失之者，以文姜之故。"

④范注："文姜罪应诛绝，诛绝之罪不葬。若不赦除众恶，而书葬者，嫌天子许之，明须赦而后得葬。"

[译文]

【经】鲁庄公二十二年春，周历正月，施行大赦。

〖传〗"肆"，是施行赦免。"眚"，是罪恶灾祸。凡是罪恶就要惩治。如今赦免，须有缘由。为了避免人们质疑天子葬礼之法，故施行大赦然后安葬文姜。

【经】癸丑,葬我小君文姜。

〚传〛小君,非君也。①其曰君,何也?以其为公配,可以言小君也。

[注释]

①范注:"不治其民。"《论语》曰:"邦君之妻,君称之曰夫人,夫人自称曰小童,邦人称之曰君夫人,称诸异邦曰寡小君。"《礼记·曲礼下》曰:"夫人自称于天子,曰老妇。自称于诸侯,曰寡小君。自称于其君,曰小童。自世妇以下,自称曰婢子。"

[译文]

【经】癸丑日,安葬我国夫人文姜。

〚传〛"小君",不是国君。经文称其为君,这是为何?因为她是桓公的夫人,可以称小君。

【经】陈人杀其公子御寇。①

〚传〛言公子而不言大夫,公子未命为大夫也。其曰公子,何也?公子之重视大夫,命以执公子。②

[注释]

①公子御寇,姓妫名御寇,陈宣公之子。

②视,比也,同也。范注:"大夫既命,得执公子之礼。一本大夫命以视公子。"

[译文]

【经】陈国人杀死他们的公子御寇。

〚传〛经文称公子而不称大夫,因为公子尚未册命为大夫。经文称其为公子,这是为何?公子的地位视同大夫,受到册命的大夫也可以享用公子的礼仪。

【经】夏,五月。①

[注释]

①按,夏首时为四月,范注:"以五月首时,宁所未详。"杨疏引何休云:"讥庄公娶仇女,不可以事先祖,犹五月不宜以首时。"杜预云:"庄公独称'夏,五月'者,疑谬误也。"

[译文]

【经】夏,五月。

【经】秋,七月丙申,及齐高傒盟于防。
〖传〗不言公,高傒伉也。①

[注释]

①范注:"书日,则公盟也。高傒骄伉,与公敌体,耻之,故不书公。"杨疏:"微者盟,例不日,'及宋人盟于宿'是也。此既书日,明公在可知。知非卿者,若卿则与高傒敌,何以直言及,故知非卿也。'公及莒人盟于包来',言公者,彼称人,是举国之辞,故可以言公。此若云'公及高傒',则高傒得敌公,故不言公也。'公会楚公子婴齐',不没公者,彼以前骄伉,后服罪,故不去公,以见别意也。"

[译文]

【经】秋,七月丙申日,与齐国的高傒在防地会盟。
〖传〗经文不记庄公,因为高傒与庄公伉礼。

【经】冬,公如齐纳币。
〖传〗纳币,大夫之事也。礼有纳采,①有问名,②有纳征,③有告期,④四者备,⑤而后娶,礼也。公之亲纳币,非礼也,故讥之。⑥

[注释]

①范注："采择女之德性也。其礼用雁为赘者，取顺阴阳往来。"
②范注："问女名而卜之，知吉凶也，其礼如纳采。"
③范注："征，成也，纳币以成婚。"
④范注："告迎期。"
⑤杨疏："《士婚礼》，下达之后，有纳采、问名、纳吉、纳征、请期、亲迎六礼。此《传》不云纳吉者，直举四者，足以讥公，故略纳吉不言之。或以为诸侯与士礼异者，非也。"
⑥范注："公母丧，未再期而图婚，《传》无讥文，但讥亲纳币者，丧婚不待贬绝而罪恶见。"

[译文]

【经】冬，鲁庄公前往齐国送订婚的聘礼。

〖传〗送订婚的聘礼，是大夫的职责。婚礼，有纳采、有问名、有纳征、有告期，这四项礼仪齐全之后迎娶，才合乎礼制。鲁庄公亲自送聘礼，不合乎礼制，故而记录下来以示讥讽。

庄公二十有三年

【经】二十有三年，①春，公至自齐。②

[注释]

①鲁庄公二十三年，周惠王六年，公元前671年。
②范注："二十七年《传》云'桓会不致'。此与下文'观社'皆书'公至自齐'者。《公羊传》云：'桓会不致，此"何以致？危之也"。'徐邈亦云：'不以礼行，故致以见危。'范此虽无注，下云：'公忽弃国政，比行犯礼，忧危甚矣。'则亦以二者为忧危致之也。若然，定八年《传》称'致月，危致也'，下《传》云'致月，有惧焉尔'，此若致以见危，所以不月者，以二者

皆非礼而行，不假书月，危惧可知，《传》以危而不月，嫌与例乖，故发《传》详之。或以为二者皆非礼之行，与好会异，故致之，非是见危，理亦通也。"

[译文]

【经】鲁庄公二十三年，春，鲁庄公从齐国回国（举行告祭饮至的礼仪）。

【经】祭叔来聘。①

〖传〗其不言使，何也？天子之内臣也。不正其外交，故不与使也。②

[注释]

①祭，氏。叔，名。范注："祭叔，天子寰内诸侯。"
②范注引何休曰："南季、宰渠伯纠、家父、宰周公来聘，皆称使，独于此夺之，何也？"又引郑君释之曰："诸称使者，是奉王命，其人无自来之意。今祭叔不一心于王，而欲外交，不得王命来，故去使以见之。"

[译文]

【经】祭叔前来聘问。

〖传〗经文不称为出使，这是为何？他是周天子王室的内大臣。天子之臣独立外出交接诸侯，是不正当的，故而不赞许他出使的行为。

【经】夏，公如齐观社。

〖传〗常事曰视，非常曰观。①观，无事之辞也。②以是为尸女也。③无事不出竟。

[注释]

①杨疏："复发《传》者，嫌观鱼、观社异，故发之也。"

庄公 171

②范注："言无朝会之事。"

③范注："尸，主也。主为女往尔，以观社为辞。"尸女，主持社祭之女子。《诗经·召南·采蘋》："谁其尸之，有齐季女。"

[译文]

【经】夏，鲁庄公前往齐国观看祭祀土神的仪式。

〖传〗常规行事叫作"视"，不合常规行事叫作"观"。"观"，是没有进行朝见会盟之事的说法。鲁庄公前往齐国是为了主持社祭的女子。国君没有朝见会盟之事，不得离开国境。

【经】公至自齐。

〖传〗公如，①往时，正也。②致月，故也。如，往月、致月，有惧焉尔。

[注释]

①范注："陈公行例。"

②范注："正谓无危惧也，皆放此。"

[译文]

【经】鲁庄公从齐国回国（举行告祭饮至的礼仪）。

〖传〗国君出行，记载出行的季节，是合乎礼制的。归国（举行告庙仪式），记下月份，是因为有所变故。若国君出行，不仅记载了出发月份，还记载了归来的月份，就表示其身处危难之中，值得担忧。

【经】荆人来聘。①

〖传〗善累而后进之。其曰人，何也？举道不待再。②

[注释]

①荆，楚也。

②范注:"明聘问之礼、朝宗之道,非夷狄之所能,故一举而进之。"杨疏:"不言楚人而云'荆人'者,《传》称'州不若国',楚既新进,若称国系人,嫌其大褒,故直举州称人言聘以进之。"

[译文]

【经】荆州之国的人前来聘问。

〚传〛累积善行,而后地位可以得到进升。经文称其为"人",这是为何?褒奖善行,不需要等他第二次行善。

【经】公及齐侯遇于榖。①

〚传〛及者,内为志焉尔。②遇者,志相得也。

[注释]

①榖,小榖,齐地,在今山东东阿县东南。

②杨疏:"重发《传》者,公为淫如齐,嫌异于常,故重发之。"

[译文]

【经】鲁庄公与齐桓公在榖地相遇。

〚传〛"及",说明是鲁国的意愿。"遇",表示两国国君旨趣相同。

【经】萧叔朝公。①

〚传〛微国之君,未爵命者。其不言来,于外也。②朝于庙,正也;于外,非正也。

[注释]

①萧,子姓小国,宋之附庸,故城在今安徽萧县一带。杨疏:"书名者,附庸常例。仪父称字,《传》言'贵之'。此《传》直云'微国',不言'贵之',则叔名也。重发《传》者,嫌名字异故也。"

②范注:"言于穀朝公也。"

[译文]

【经】萧叔朝见鲁庄公。

〖传〗附庸之国的国君,尚未得到周天子的爵命。经文不记"来",因为是在鲁国国都以外与鲁庄公举行朝见之礼。在祖庙举行朝见之礼,是合乎礼制的;在国都之外,不合乎礼制。

【经】秋,丹桓宫楹。①

〖传〗礼:天子、诸侯黝垩,大夫仓,士黈。丹楹,非礼也。②

[注释]

①桓宫,鲁桓公庙。楹,柱。
②黝,黑也。垩,白土。仓,同"苍",青色。黈,黄色。

[译文]

【经】秋,将鲁桓公庙的柱子涂成朱红色。

〖传〗根据礼制:天子、诸侯黑色、白土色,大夫青色,士土黄色。将柱子涂成朱红色,不合乎礼制。

【经】冬,十有一月,曹伯射姑卒。①

[注释]

①曹伯射姑,曹庄公,姓姬名射姑。范注:"射音'亦',本或作'亦'。"

[译文]

【经】冬,十一月,曹国国君姬射姑去世。

【经】十有二月甲寅，公会齐侯，盟于扈。①

[注释]

①扈，郑地，杜预以为在今河南原阳原武西北，王夫之以为在今山东观城内。范注："桓盟不日，此盟日者，前'公如齐观社'，《传》曰：'观，无事之辞。以是为尸女也。'公急弃国政，比行犯礼，忧危甚矣。霸主降心，亲与之盟，实有弘济之功，而鲁得免于罪。臣子所庆，莫重于此，时事所重，文亦宜详，故特谨日以著之。"杨疏："《公羊传》云：'桓盟不日，此何以日？危之也。'"

[译文]

【经】十二月甲寅日，鲁庄公会见齐桓公，在扈地举行会盟。

庄公二十有四年

【经】二十有四年，①春，王三月，刻桓宫桷。

〖传〗礼：天子之桷，斫之砻之，加密石焉。②诸侯之桷，斫之砻之。大夫斫之。士斫本。刻桷，非正也。夫人，所以崇宗庙也。取非礼与非正，而加之于宗庙，以饰夫人，非正也。③刻桓宫桷，丹桓宫楹，斥言桓宫，以恶庄也。④

[注释]

①鲁庄公二十四年，周惠王七年，公元前670年。

②范注："以细石磨之。"桷（jué），榱也；方曰桷，圆曰椽。斫（zhuó），削也。砻，磨也。

③范注："非礼谓娶仇女，非正谓刻桷丹楹也。本非宗庙之宜，故曰加，言将亲迎，欲为夫人饰，又非正也。"

④范注:"不言新宫而谓之桓宫,以桓见杀于齐,而饰其宗庙,以荣仇国之女,恶庄不子。"杨疏:"新宫,桓公之宫。以是祢宫,不忍斥之,故谓之新宫。今恶庄公不子,故斥言桓宫,以见非正也。"

[译文]

【经】鲁庄公二十四年,春,周历三月,雕刻鲁桓公庙的木椽。

〖传〗根据礼制,天子宗庙的椽木,砍削之后还要打磨,打磨之后要再用细石二次打磨。诸侯宗庙的椽木,砍削之后只需打磨。大夫的宗庙只需砍削。士人的庙只需削去枝杈。在椽木上雕刻,不合乎礼制。诸侯娶妻,是延续宗庙尊崇祖先。如果用不合乎礼制和不正当的方式修饰宗庙,用来迎娶夫人,不合乎正道。雕刻桓公庙椽木,将桓公庙楹柱涂成朱红色,经文直斥为桓公庙,以示对庄公的厌恶。

【经】葬曹庄公。

[译文]

【经】安葬曹庄公。

【经】夏,公如齐逆女。

〖传〗亲迎,恒事也,不志。①此其志,何也?不正其亲迎于齐也。②

[注释]

①杨疏:"文四年《传》云:'其不言公,何也?非成礼于齐也。'似不成礼于齐,即合志。而此云常事不志者,彼亦是非礼而书,就书之中更自别见。言逆妇既书于《经》,所以不云公者,为成礼于齐,故变文与庄公异也。"

②齐有弑父之仇,庄公犹与仇交接,逆其女为妇,故讥之。

[译文]

【经】夏,鲁庄公前往齐国迎娶齐国宗室之女。

〖传〗国君亲自迎娶,是常规行为,照例不作记载。这里却作记载,这是为何?鲁庄公亲自前往齐国迎娶,是不合乎正道的。

【经】秋,公至自齐。
〖传〗迎者,行见诸,舍见诸。①先至,非正也。

[注释]
①范注:"诸,之也。言瞻望夫人乘车。"
[译文]
【经】秋,鲁庄公从齐国回国(举行告祭饮至的礼仪)。
〖传〗迎亲不仅行走之时要能看见夫人的车,住宿之时也要能看见夫人的车。鲁庄公率先回国举行告庙之礼,不合乎正道。

【经】八月丁丑,夫人姜氏入。①
〖传〗入者,内弗受也。②日入,恶入者也。何用不受也?以宗庙弗受也。其以宗庙弗受,何也?娶仇人子弟,以荐舍于前,其义不可受也。③

[注释]
①哀姜也。
②杨疏:"重发《传》者,嫌夫人与他例异故也。"
③荐,进。舍,置。
[译文]
【经】八月丁丑日,夫人姜氏进入。
〖传〗"入",表示被进入的一方不愿接受。记载进入的日期,以示对进入鲁国之人的厌恶。为何不接受她?因为宗庙不接受。经文以为宗庙不接受,这是为何?娶杀父仇人之女,将她带到宗庙向先人行礼，在道义上不可接受。

【经】戊寅，大夫宗妇觌，用币。①

〖传〗觌，见也。礼：大夫不见夫人。不言及，不正其行妇道，故列数之也。男子之贽，羔、雁、雉、腒。②妇人之贽，枣、栗、锻修。③用币，非礼也。用者，不宜用者也。大夫，国体也，④而行妇道。恶之，故谨而日之也。

[注释]

①范注："宗妇，同宗大夫之妇。"杨疏："旧解不言见而言觌，觌者私事，大夫公然行之，故言觌以明其私也。见者，正也，故会于沙随，云'不见公'，《传》曰：'可以见公而不见，讥在诸侯也。'是觌与见别也。今以为不然者，三《传》之文，并不云觌、见事别，何得言私为觌，正为见乎？恐别有案据，遂存之，以示疑耳。"

②范注："贽，所以至者也。上大夫用羔，取其从群，帅而不党也。下大夫用雁，取其知时，飞翔有行列也。士冬用雉，夏用腒，取其耿介，交有时，别有伦也。腒，腊也。雉必用死，雉其不可生服也。夏用腒，备腐臭也。"腒，干雉也。《说文》云："北方谓鸟腊曰腒。"

③范注："枣取其早自矜庄，栗取其敬栗，锻修取断断自修整。"锻，脯也，锻而加姜桂曰修。

④范注："国体谓为君股肱。"

[译文]

【经】戊寅日，同姓大夫和妻子拜会君夫人，用玉、帛等作为礼物。

〖传〗"觌"，是会面的意思。根据礼制，大夫不必拜会君夫人。经文不用"及"字，以示大夫行妇人之礼不合正道，故而列出大夫、宗妇一一记述。男子初次见面赠送的礼物有：羔羊、大雁、野鸡和风干的鸟肉之类。妇人初次见面赠送的礼物有：红枣、栗子、腊肉之类。用玉、帛作为见面礼，不合乎礼制。"用"，是不应该用的意思。大夫，是国君的股肱之臣，却行妇人之礼。君子对此感到厌恶，故而记下日期以示郑重。

【经】大水。

[译文]

【经】发生大水灾。

【经】冬，戎侵曹，曹羁出奔陈。①

[注释]

①杨疏："《公羊》以为曹羁是曹大夫，三谏不从而去之也。杜预注《左传》，以为羁是曹之世子。此处虽无《传》，案下二十六年《传》意，则与《公羊》同也。"

[译文]

【经】冬，戎人侵犯曹国，曹国的羁出奔陈国。

【经】赤归于曹。郭公。
〖传〗赤盖郭公也，何为名也？礼：诸侯无外归之义。外归，非正也。①

[注释]

①范注引徐幹曰："郭公，郭国之君也，名赤。盖不能治其国，舍而归于曹。君为社稷之主，承宗庙之重，不能安之，而外归他国，故但书名，以罪而惩之。不直言赤，复云郭公者，恐不知赤者是谁，将若鲁之微者故也。以郭公著上者，则是诸侯失国之例，是无以见微之义。"

[译文]

【经】赤回到曹国。郭国国君。

〚传〛赤,大概就是郭国国君,为何直斥其名?根据礼制,诸侯没有回归外国的道义。回归外国是不合乎礼制的。

庄公二十有五年

【经】二十有五年,①春,陈侯使女叔来聘。②

〚传〛其不名,何也?③天子之命大夫也。④

[注释]

①鲁庄公二十五年,周惠王八年,公元前669年。
②女(rǔ),氏;叔,字。
③范注:"据成三年'晋侯使荀庚来聘'称名。"
④杨疏:"言'命大夫',即是单伯之等,故知叔是字。祭仲《传》无文释,故知仲是名也。"

[译文]

【经】鲁庄公二十五年,春,陈宣公派女叔前来聘问。

〚传〛经文不记载他的名字,这是为何?因为他是周天子爵命的大夫。

【经】夏,五月癸丑,卫侯朔卒。①

[注释]

①卫侯朔,卫惠公,姓姬名朔。范注:"惠公也,犯逆失德,故不书葬。"

[译文]

【经】夏,五月癸丑日,卫国国君姬朔去世。

【经】六月辛未，朔，日有食之。

〚传〛言日言朔，食正朔也。

[译文]

【经】六月辛未朔日，发生日食。

〚传〛既记录日期，又记录朔日，表示这次日食发生在正朔日。

【经】鼓，用牲于社。①

〚传〛鼓，礼也；用牲，非礼也。天子救日，置五麾，陈五兵、五鼓。②诸侯置三麾，陈三鼓、三兵。大夫击门，士击柝，言充其阳也。③

[注释]

①文十五年杨疏云："鼓当于朝，今用之于社。"可见击鼓亦在社中。

②麾，旌幡也。五麾者，杨疏引糜信云："各以方色之旌置之五处也。"五兵者，范注："五兵，矛、戟、钺、楯、弓矢。"杨疏引徐邈云："矛在东，戟在南，钺在西，楯在北，弓矢在中央。"五鼓者，杨疏引糜信、徐邈并云："东方青鼓，南方赤鼓，西方白鼓，北方黑鼓，中央黄鼓。"

③范注："凡有声皆阳事，以压阴气。"柝，两木相击。充，实也。

[译文]

【经】在社击鼓、宰杀祭牲。

〚传〛击鼓，是合乎礼制的；宰杀祭牲，是不合乎礼制的。周天子举行救日的仪式，理应安置五色旌旗，陈列五种兵器、五色鼓。诸侯安置三色旌旗，陈列三色鼓、三种兵器。大夫击打门扉，士击打木梆，都是为了充实阳气（压制阴气）。

庄公 181

【经】伯姬归于杞。

〚传〛其不言逆,何也?逆之道微①,无足道焉尔。

[注释]

①杨疏:"重发《传》者,纪伯姬释不称使之微,此解不言逆之微,故别发《传》。"

[译文]

【经】伯姬嫁到杞国。

〚传〛经文不记有人前来迎娶,这是为何?迎接伯姬的使者是大夫,礼节过于卑贱,不足以记录下来。

【经】秋,大水。鼓,用牲于社于门。①

〚传〛高下有水灾曰大水。既戒鼓而骇众,用牲可以已矣。救日以鼓兵,救水以鼓众。②

[注释]

①范注:"门,国门也。"

②杨疏:"重发之者,此有用牲之失,嫌异常水,故更发之。既戒鼓骇众者,谓既警戒击鼓,而骇动众人,则用牲可以已矣。知不合用牲者,用者不宜用,故知不合也。又云'救日以鼓兵'者,谓伐鼓以责阴,陈兵示御侮。'救水以鼓众'者,谓击鼓聚众也。皆所以发阳也。"

[译文]

【经】秋,发生大水灾。在社和国门击鼓、宰杀祭牲。

〚传〛高处、平地都发生水灾,就叫作"大水"。既然已经以击鼓警戒、骇动众人,就不必再宰杀祭牲。发生日食时击鼓是为了激励士兵,发生大水时击鼓是为了激励国众。

【经】冬,公子友如陈。

[译文]

【经】冬,公子友前往陈国。

庄公二十有六年

【经】二十有六年,①春,公伐戎。

[注释]

①鲁庄公二十六年,周惠王九年,公元前668年。

[译文]

【经】鲁庄公二十六年,春,鲁庄公讨伐戎人。

【经】夏,公至自伐戎。

[译文]

【经】夏,鲁庄公从讨伐戎人的战场上回国(举行告祭饮至的礼仪)。

【经】曹杀其大夫。

〖传〗言大夫而不称名姓,无命大夫也。无命大夫而曰大夫,贤也。为曹羁崇也。①

[注释]

①范注引徐邈曰:"于时微国衰陵,不能及礼。其大夫降班失位,下同于

士，故略称人，而《传》谓之'无命大夫'也。莒庆、莒挐、郑庶其、郑快，皆特以事书，非实能贵，故略名而已。楚虽荆蛮，渐自通于诸夏，故庄二十三年书'荆人来聘'，文九年又褒而书名。国转强大，书之益详。然当僖公、文公之世，楚犹未能自同于列国，故得臣及椒并略名。惟屈完来会诸侯，以殊礼成之。楚庄王之兴，为江汉盟主，与诸夏之君权行抗礼，其势强于当年，而事交于内外，故《春秋》书之，遂从中国之例。夫政俗隆替，存乎其人。三后之姓，日失其序，而诸国乘间，与之代兴，因详略之文，则可以见时事之实矣。秦爵，伯也。上据西周，班列中夏，故得称师，有大夫。其大夫当名氏，而文十二年秦术略名，盖于时晋主鲁盟，而秦方敌晋，则鲁之于秦，情好疏矣。礼以饰情，情疏则礼略，《春秋》所以略文乎。又吴札不书氏，以成尊于上也。宋之盟，叔孙豹不书氏，以著其能恭。此皆因事而为义。"

[译文]

【经】曹国杀死本国的大夫。

〖传〗经文称其为大夫，却不记载他的名字，以示他尚未得到周天子爵命。尚未得到天子的爵命，却仍然称他为大夫，因为他德行贤明。这是在推崇曹国的羁。

【经】秋，公会宋人、齐人伐徐。

[译文]

【经】秋，鲁庄公会见宋国人、齐国人，讨伐徐国。

【经】冬，十有二月癸亥，朔，日有食之。

[译文]

【经】冬，十二月癸亥朔日，发生日食。

庄公二十有七年

【经】二十有七年，①春，公会杞伯姬于洮。②

[注释]

①鲁庄公二十七年，周惠王十年，公元前667年。
②范注："伯姬，庄公女。"洮，鲁地，在今河南濮阳一带，一说在今山东鄄城西南。庄二十五年夏，伯姬归于杞。

[译文]

【经】鲁庄公二十七年，春，鲁庄公在洮地会见杞国的伯姬。

【经】夏，六月，公会齐侯、宋公、陈侯、郑伯，同盟于幽。

〖传〗同者，有同也，同尊周也。①于是而后授之诸侯也。其授之诸侯，何也？齐侯得众也。桓会不致，安之也。桓盟不日，信之也。信其信，仁其仁。②衣裳之会十有一，未尝有歃血之盟也，信厚也。③兵车之会四，未尝有大战也，爱民也。④

[注释]

①杨疏："同尊周也。复发《传》者，前同盟于幽，诸侯尚有疑者，今外内同心，推桓为伯，得专征伐之任，成九合之功，故《传》详其事也。"
②范注："谓诸侯信齐桓之信，仁齐桓之仁。下文未尝有歃血之盟，是其信也。未尝有大战，是其仁也。"
③范注："十三年会北杏，十四年会鄄，十五年又会鄄，十六年会幽，二十七年又会幽，僖元年会柽，二年会贯，三年会阳穀，五年会首戴，七年会宁

母，九年会葵丘。"

④范注："僖八年会洮，十三年会咸，十五年会牡丘，十六年会淮。于末年乃言之，不道侵蔡伐楚者，方书其盛，不道兵车也。此则以兵车会，而不用征伐。"

[译文]

【经】夏，六月，鲁庄公会见齐桓公、宋桓公、陈宣公、郑文公，共同在幽地会盟。

〖传〗"同"，表示诸侯有相同的旨趣，想要共同尊奉周王室。从此之后，诸侯方伯的职权就交到了齐桓公手上。诸侯方伯的职权交到齐桓公手上，这是为何？因为齐桓公获得了诸侯的拥戴。凡是鲁公参加齐桓公召开的盟会，经文都不记载告祭宗庙，因为齐桓公的盟会安如磐石；凡是鲁公参加齐桓公召开的盟会，经文都不记载日期，因为齐桓公的信义著于天下。诸侯都认可他的信义，敬佩他的仁心。一共举办过十一次友好会晤，没有一次需要歃血为盟，因为齐桓公信义卓著；一共组织过四次军事会盟，没有一次发生大战，因为齐桓公爱护百姓。

【经】秋，公子友如陈，葬原仲。①
〖传〗言葬不言卒，不葬者也。②不葬而曰葬，讳出奔也。③

[注释]

①原，氏。仲，字。范注："原仲，陈大夫。"
②范注："外大夫例不书卒。"杨疏："葬亦不书，止云例不书卒者，以内大夫书卒，尚不书葬，况外大夫卒亦不书，明不合书葬，故云外大夫例不书卒，欲见必不得书葬之意也。"
③范注："言季友辟内难而出，以葬原仲为辞。"杨疏："范知辟内难而出者，《公羊传》以夫人哀姜淫于二叔，此上《传》亦云子般卒，而公子庆父出奔，则庆父之衅，季子素知，季子出则殊其文，入则贵之，称季子，明其无

罪，故知辟难也。"

[译文]

【经】秋，公子友前往陈国，为原仲下葬。

〚传〛经文记载下葬，却不记载去世，因为如原仲一般的他国大夫照例不记载下葬。照例不记载下葬，经文却记"葬"，是隐讳公子友出奔的说法。

【经】冬，杞伯姬来。①

[注释]

①范注："归宁。"

[译文]

【经】冬，杞国的伯姬前来。

【经】莒庆来逆叔姬。①

〚传〛诸侯之嫁子于大夫，主大夫以与之。②来者，接内也。不正其接内，故不与夫妇之称也。③

[注释]

①范注："庆，名也，莒大夫也。叔姬，庄公女。《礼·檀弓记》曰：'陈庄子死，赴于鲁。鲁人欲勿哭，缪公召县子而问焉。县子曰："古之大夫，束脩之问不出竟，虽欲哭之，安得而哭之？今之大夫，交政于中国，虽欲勿哭，安得而勿哭？"'则大夫越竟逆女，非礼也。董仲舒曰：'大夫无束脩之馈，无诸侯之交，越竟逆女，纪罪之。'"
②范注："君不敌臣。"
③范注："接内，谓与君为礼也。夫妇之称，当言逆女。"

[译文]

【经】莒国的庆前来，为其君迎娶叔姬。

【传】诸侯将女儿下嫁给他国大夫，理应由本国大夫来主持婚事。"来"，表示莒庆在鲁国国内迎娶。君子以为他国夫人与鲁国国君相交接，在鲁国国内迎娶是不合礼制的，故而不以夫妇之称来记载。

【经】杞伯来朝。①

[注释]
①范注："杞称伯，盖时王所绌。"

[译文]
【经】杞惠公前来朝见。

【经】公会齐侯于城濮。①

[注释]
①城濮，卫地，在今山东鄄城西南临濮，一说在今河南开封陈留附近。

[译文]
【经】鲁庄公在城濮会见齐桓公。

庄公二十有八年

【经】二十有八年，①春，王三月甲寅，齐人伐卫，卫人及齐人战，卫人败绩。

【传】于伐与战，安战也？②战卫，战则是师也。其曰人，何也？微之也。何为微之也？今授之诸侯，而后有侵伐之事，故微之也。其人卫，何也？以其人齐，不可不人卫也。③卫小齐大，其以卫及之，何也？以其微之，可以言及也。其称人以败，何也？④不以师败于人也。⑤

[注释]

①鲁庄公二十八年，周惠王十一年，公元前666年。

②范注："问在何处战。"杨疏："谓于伐卫之时，国都相与交战，问在何处战也。战卫，谓在卫国之都也。知国都者，若在他所，则应云地。今不书地，故知国都耳。犹桓十三年战于龙门，为近不地，相似也。"按，文十五年"晋郤缺帅师伐蔡。戊申，入蔡"，杨疏曰："庄二十八年伐战两举者，初伐其竟内，战在国都，故亦两举之也。"

③范注："齐桓始受方伯之任，未能信著邻国，致有侵伐之事，贬师称人，以微之也。人不可以敌于师，师不可以与人战，故亦以卫师为人，卫非有罪。"

④杨疏："据桓十二年战称人，败称师，故发违例之问也。"

⑤范注："人轻而师重。"

[译文]

【经】鲁庄公二十八年，春，周历三月甲寅日，齐国人讨伐卫国，卫国人与齐国人交战，卫国军队战败。

【传】"伐"与"战"，是在哪里交战？是在卫国交战。交战双方应当是军队，经文却记为"人"，这是为何？因为对齐国有微词。为何会有微词？齐桓公才受到诸侯的拥戴，便发动侵略他国的战事，故而有微词。为何又称卫国为"人"？因为已经以"人"来称齐国，就不能不以"人"来称卫国。卫国弱小，齐国强大，经文却将卫国书写在齐国之前，这是为何？因为君子对齐国有微词，故而将卫国书写在齐国之前。经文记战败一方为"人"，这是为何？为了不让"师"被"人"击败（故而记卫国为"人"）。

【经】夏，四月丁未，邾子琐卒。①

[注释]

①郕子瑣，郕宪公。

[译文]

【经】夏，四月丁未日，郕国国君曹瑣去世。

【经】秋，荆伐郑。

〖传〗荆者，楚也。其曰荆，州举之也。①

[注释]

①杨疏："前书荆人来聘，聘是善事，故进之。今伐中国，不足可褒，故州举之也。"

[译文]

【经】秋，荆州之国讨伐郑国。

〖传〗"荆"，就是楚国。称其为"荆"，是以州的名义来称呼它。

【经】公会齐人、宋人救郑。

〖传〗善救郑也。

[译文]

【经】鲁庄公会见齐国人、宋国人，救援郑国。

〖传〗这是在褒扬鲁庄公救援郑国的行为。

【经】冬，筑微。①

〖传〗山林薮泽之利，所以与民共也。虞之，非正也。②

[注释]

①微,鲁邑,《左氏》作"郿",在今山东东平县内。范注:"微,《左氏》作'麋'。"当是古本。

②范注:"虞,典禽兽之官。言规固而筑之,又置官司以守之,是不与民共同利也。筑不志,凡志皆讥也,筑例时。"杨疏:"成十八年'筑鹿囿',此筑邑,并云'虞之,非正也'者。彼直筑囿以虞之,此筑邑置官司以虞之,囿、邑既殊,俱是虞之非正,故再起《传》例。《周礼》泽虞掌田猎之事,《左氏》'皮冠以招虞人',是虞人,典禽兽之官也。知'筑不志,凡志皆讥也'者,三十一年'筑台于秦',《传》曰:'君子危之,故谨而志之也。'知志则讥也。此年与三十一年'春,筑台于郎','秋,筑台于秦',皆不书月,是例时。"

[译文]

【经】冬,修筑微邑。

〖传〗山林湖泽中的物产,是用来与民众共同享用的。设置掌管山泽的虞官,不合乎正道。

【经】大无麦、禾。
〖传〗大者,有顾之辞也。①于无禾及无麦也。②

[注释]

①杨疏:"《经》言'大无麦、禾'者,谓一灾不书,待冬无禾,然后并录无麦,故《经》称大。而《传》云'有顾之辞'也,顾犹待也。徐邈云:'至冬无禾,于是顾录无麦。'其意亦谓待无禾,然后顾录无麦,故云大是也。庄七年'秋,大水','无麦、苗',此《经》不言大水者,彼《传》云:'麦、苗,同时也。'是麦与黍稷之苗,同时为水而死,故系大水言之。此至冬始书'大无麦、禾',则禾之死,未必由大水,故不系之。"

②范注:"一灾不书,于冬无禾,而后顾录无麦,故言大,明不收甚。"

[译文]

【经】麦、稻的收成极差。

〖传〗"大",是有所等待的说法。必须等稻子与麦子都没有收成的时候才能加以记载。

【经】臧孙辰告籴于齐。①

〖传〗国无三年之畜,曰国非其国也。一年不升,告籴诸侯。告,请也。籴,籴也。不正,故举臧孙辰以为私行也。②国无九年之畜曰不足,无六年之畜曰急,无三年之畜曰国非其国也。诸侯无粟,诸侯相归粟,正也。臧孙辰告籴于齐,告然后与之,言内之无外交也。古者税什一,③丰年补败,④不外求而上下皆足也。⑤虽累凶年,民弗病也。一年不艾而百姓饥,⑥君子非之。不言如,为内讳也。

[注释]

①臧孙辰,鲁大夫臧文仲。

②范注:"为内讳,故不称使,使若私行。"《春秋繁露·玉英篇》云:"故告籴于齐者,实庄公为之,而《春秋》诡其辞,以予臧孙辰。"

③详鲁宣公十五年初税亩之注。

④范注:"败谓凶年。"

⑤杨疏:"上谓君也,下谓民也。"

⑥艾,获也。

[译文]

【经】臧孙辰向齐国请求买粮。

〖传〗如果一个国家没有三年以上的粮食积蓄,它就不像一个国家。仅仅一年收成不好,鲁国就要向其他诸侯请求买粮。"告",是请求的意思。"籴",是买粮的意思。这个行为不合乎正道,故而仅记载臧孙辰,仿佛他是未受君命,私自前往齐国一般。一个国家如果没有九年以上的积蓄,叫作"不足";没有六年以上的积蓄,叫作

"急"；没有三年以上的积蓄，叫作"国非其国"。一国诸侯没有粮食，其他诸侯就要馈赠粮食给他，这是合乎正道的。臧孙辰向齐国请求买粮，直至提出请求之后，齐国才把粮食给他，说明鲁国平日不注重外交。古代税法收取十分之一，以丰年的盈余来弥补凶年的不足，如此便不必向他国求取，君臣上下都衣食富足，即使连年灾荒，国民也不会受难。如今一年收成不佳，百姓就饥肠辘辘，君子对此有所责难。经文不称臧孙辰前往齐国，是为鲁国隐讳的说法。

庄公二十有九年

【经】二十有九年，①春，新延厩。②

【传】延厩者，法厩也。③其言新，有故也。④有故则何为书也？古之君人者，必时视民之所勤。民勤于力，则功筑罕；民勤于财，则贡赋少；民勤于食，则百事废矣。⑤冬筑微，春新延厩，以其用民力为已悉矣。⑥

[注释]

①鲁庄公二十九年，周惠王十二年，公元前665年。

②杨疏："不言作者，僖二十年'新作南门'，《传》曰：'作，为也，有加其度也。'彼谓'加其度'，更增大之，故云作。此直改新，故不言作。"

③范注："《周礼》：'天子十二闲，马六种。邦国六闲，马四种。'每厩一闲。言'法厩'者，六闲之旧制也。"杨疏："《周官·校人》云：'辨六马之属。种马一物，戎马一物，齐马一物，道马一物，田马一物，驽马一物。'是也。郑云：'玉路驾种马，戎路驾戎马，金路驾齐马，象路驾道马，田路驾田马，驽马给官中之役。'是天子六种之马，分为左右厩，故十二闲也。彼又云：'邦国六闲，马四种。家四闲，马二种。'郑玄云：'诸侯齐马、道马、田马各

一闲，驽马则分为三。大夫则田马一闲，驽马分为三。'是天子十二闲，马六种。邦国六闲，马四种也。"

④范注："言改故而新之。"

⑤范注："凶荒杀礼。"

⑥悉，尽。

[译文]

【经】鲁庄公二十九年，春，翻新马厩。

〖传〗"延厩"，是诸侯合乎礼制的马厩。经文记为"新"，说明本来就有旧的马厩。既然有旧的马厩，那么为何还要记下？古代统治民众的君主，时常关心民间疾苦。国民为劳役所苦，就应当少兴土木；国民为财物所苦，就应当减少赋税；国民为粮食所苦，国家的所有事务就无法照常进行。冬天修筑微邑，春天又翻新国君的马厩，君子以为，鲁国对民力的榨取已经到达了顶点。

【经】夏，郑人侵许。

[译文]

【经】夏，郑国人侵犯许国。

【经】秋，有蜚。①

〖传〗一有一亡曰有。

[注释]

①蜚，蜚蠊，今谓之蟑螂。范注："《穀梁说》曰：'蜚者南方臭恶之气所生也，象君臣淫泆，有臭恶之行。'"

[译文]

【经】秋，蜚蠊成灾。

〖传〗时有时无，叫作"有"。

【经】冬，十有二月，纪叔姬卒。①

[注释]

①范注："纪国虽灭，叔姬执节守义，故系之纪，贤而录之。"杨疏："内女嫁于大夫，则不书卒，为媵亦如之，今既书卒，故知贤也。"

[译文]

【经】冬，十二月，纪国的叔姬去世。

【经】城诸及防。①
〖传〗可城也。②以大及小也。

[注释]

①诸、防皆鲁邑。诸，在今山东诸城一带。防，东防，在今山东费县一带。

②范注："《传例》曰：'凡城之志，皆讥。'今云'可'者，谓冬可用城，不妨农役耳，不谓作城无讥。"杨疏："《左氏》之例，城有时与不时。隐七年《传》云：'凡城之志，皆讥也。'此云'可城也'者，《传》以得土功之节者则讥之浅，失土功之时者责之深，故《传》云'可城也'，不谓此城无讥也。"凡言可处，但可而已，绝非全善之辞。

[译文]

【经】修筑诸城与防城。

〖传〗此时筑城是被允许的。在重要的农事之后，可以安排一些次要的事务。

庄公 195

庄公三十年

【经】三十年,①春,王正月。

[注释]

①鲁庄公三十年,周惠王十三年,公元前664年。

[译文]

【经】鲁庄公三十年,春,周历正月。

【经】夏,师次于成。①

〖传〗次,止也,有畏也。欲救鄣而不能也。不言公,耻不能救鄣也。②

[注释]

①成,桓六年之郕也。
②范注:"畏齐。"

[译文]

【经】夏,军队在成地驻扎。

〖传〗"次",是驻扎的意思,以示对齐国有所畏惧。鲁庄公想要救援鄣邑却不敢前去。不记鲁庄公,是为他无力救援鄣邑而感到羞耻。

【经】秋,七月,齐人降鄣。①

〖传〗降犹下也。鄣,纪之遗邑也。

[注释]

①郱,在今江苏连云港市赣榆区一带。

[译文]

【经】秋,七月,齐国人攻下郱邑。

〖传〗"降",相当于攻下的意思。郱,是纪国灭亡后残留的城邑。

【经】八月癸亥,葬纪叔姬。

〖传〗不日卒而日葬,闵纪之亡也。

[译文]

【经】八月癸亥日,安葬纪国的叔姬。

〖传〗经文不记叔姬去世的日期,却记下她下葬的日期(以示对纪国灭亡的哀悯)。

【经】九月庚午,朔,日有食之,鼓,用牲于社。①

[注释]

①范注:"救日用牲,既失之矣,非正阳之月,而又伐鼓,亦非礼。"

[译文]

【经】九月庚午,朔日,发生日食,在社击鼓、宰杀祭牲。

【经】冬,公及齐侯遇于鲁济。①

〖传〗及者,内为志焉尔。遇者,志相得也。②

[注释]

①济,水名。《禹贡》曰:"导沇水,东流为济,入于河,溢为荥;东出

于陶丘北，又东至于菏；又东北，会于汶，又北东入于海。"

②杨疏："重发《传》者，齐为伯者，嫌与诸侯异也。"按，伯，方伯也。前者鲁公所遇宋殇、卫宣，皆非方伯。

[译文]

【经】冬，鲁庄公与齐桓公在鲁国的济水边相遇。

〖传〗"及"，说明是鲁国的意愿。"遇"，表示两国国君旨趣相同。

【经】齐人伐山戎。

〖传〗齐人者，齐侯也。其曰人，何也？爱齐侯乎山戎也。①其爱之何也？桓内无因国，外无从诸侯，而越千里之险，北伐山戎，危之也。②则非之乎？善之也。③何善乎尔？燕，周之分子也，④贡职不至，山戎为之伐矣。⑤

[注释]

①范注："不以齐侯敌乎山戎，故称人。"
②范注："内无因缘山戎左右之国为内间者，外无诸侯，不烦役察国。"
③范注："远伐山戎虽危，勤王职贡则善。"
④范注："燕，周大保召康公之后，成王所封。分子，谓周之别子孙也。"杨疏："燕是召康公之后，成王所封者，《世家》文也。分者，别也。燕与周同姓，故知别子孙也。"
⑤范注："言由山戎为害，伐击燕，使之隔绝于周室。"

[译文]

【经】齐国人讨伐山戎。

〖传〗"齐人"，就是齐桓公。经文称其为"人"，这是为何？以示对身处山戎的齐桓公的爱戴。为何要爱戴齐桓公？齐桓公在内没有身处山戎左右的侯国接应，在外不劳烦跟随他的诸侯，便跋涉翻越千里险阻，北上讨伐山戎，实在是太危险了。那么君子是在责难他吗？

是在褒扬他啊。为何要褒扬他？燕国，是周王室旁支的子孙（如今受到山戎的侵扰），无法向周王室上贡述职，故而齐桓公要去讨伐山戎。

庄公三十有一年

【经】三十有一年，①春，筑台于郎。

[注释]

①鲁庄公三十一年，周惠王十四年，公元前663年。

[译文]

【经】鲁庄公三十一年，春，在郎地修筑高台。

【经】夏，四月，薛伯卒。①

[注释]

①薛伯，失考。

[译文]

【经】夏，四月，薛国国君去世。

【经】筑台于薛。①

[注释]

①薛，鲁地。鲁无筑台于他国之理。今不详所在。

[译文]

【经】在薛地修筑高台。

【经】六月,齐侯来献戎捷。①

〖传〗齐侯来献捷者,内齐侯也。不言使,内与同,不言使也。②献戎捷,军得曰捷。戎菽也。③

[注释]

①范注:"献,下奉上之辞也。《春秋》尊鲁,故曰献。"戎,菽也。捷,获也。杨疏虽云庄三十一年献戎捷似不以戎为豆,今但从范注旧解。

②范注引泰曰:"齐桓内救中国,外攘夷狄,亲倚之情,不以齐为异国,故不称使,若同一国也。"

③菽,豆。杨疏:"徐邈云:'齐还经鲁界,故使人献捷。不入国都而言来献,敬重霸主,亲而内之也。'糜信亦云:'言内齐侯者,解《经》称来之意也。'范虽不注,理亦合当然矣。僖二十一年'楚人使宜申来献捷',彼亦称来者,宜申止来乡鲁,接公行礼,故得称来,与齐侯异也。又云'不言使,内与同'者,谓内齐侯与同一国,故不称使也。'戎菽'也者,旧解谓顺《经》意而惜齐侯,故《传》依违其文,释之为菽。其实宋是中国,故捷不系国。戎是夷狄,故系之戎也。案《管子》云'出戎菽及冬葱,布之天下',则以戎为豆也。故徐邈云:'今之胡豆也。'旧解以为依违其文,恐失《传》旨。僖二十一年《传》云:'其不曰宋捷,何也?不与楚捷于宋也。'范云:'据庄三十一年"齐侯来献戎捷"。'据彼《传》及《注》意,则似不以戎为豆。今疑不敢正,故两载之。此书月,彼不书月者,徐邈云:'霸主服远之功重,故详而月之也。'一解齐侯此时克山戎,并得胡豆来,故《传》云'戎菽',谓克戎之菽,齐侯此时并得戎菽,于文亦僻也。"

[译文]

【经】六月,齐桓公前来进献讨伐山戎的战利品。

〖传〗经文记载齐桓公前来进献战利品,是将齐桓公视作自己人了。经文不称"使",是将齐桓公视作自己国家的人,故而不记为"使"。"献戎捷",战利品叫作"捷"。"戎"是胡豆的意思。

【经】秋,筑台于秦。①

〖传〗不正罢民三时,虞山林薮泽之利。且财尽则怨,力尽则忿。②君子危之,故谨而志之也。或曰,倚诸桓也。桓外无诸侯之变,内无国事,越千里之险,北伐山戎,为燕辟地。③鲁外无诸侯之变,内无国事,一年罢民三时,虞山林薮泽之利,恶内也。④

[注释]

①秦,鲁地,杨伯峻曰:"据《清一统志》,今山东省范县旧城(今范县已移治于旧县北之樱桃园)南三里古有秦亭。"

②忿,怨也,恚恨也。

③辟,开。

④范注:"讥公依倚齐桓,而与桓行异。"

[译文]

【经】秋,在秦地修筑高台。

〖传〗连续三个季节劳役百姓,垄断山林薮泽的利益,这是不符合正道的。况且百姓的财物用尽后就会埋怨,力气用尽后就会愤恨。君子认为这个状况很危险,因此记录下来以示郑重。有人说,这是为了与齐桓公对比。齐桓公国外没有诸侯发动事变,国内没有大事,跨越千里险阻,向北讨伐山戎,为燕国开辟疆域。鲁国在外没有诸侯发动事变,在内没有大事,一年之中连续三季劳役百姓,垄断山林薮泽的利益,这是表示对鲁国的厌恶。

【经】冬,不雨。

[译文]

【经】冬,无雨。

庄公三十有二年

【经】三十有二年,①春,城小穀。②

[注释]

①鲁庄公三十二年,周惠王十五年,公元前662年。
②小穀,鲁邑,一说即为穀邑。

[译文]

【经】鲁庄公三十二年,春,修筑小穀城。

【经】夏,宋公、齐侯遇于梁丘。①
〖传〗遇者,志相得也。②梁丘在曹、邾之间,去齐八百里,非不能从诸侯而往也。辞所遇,遇所不遇,大齐桓也。③

[注释]

①梁丘,宋邑,在今山东成武东北,与"在曹、邾之间,去齐八百里"合。
②范注:"重立《传》者,外与伯者遇,嫌异,故发之。"外,宋公也。鲁国之外皆曰外也。
③范注:"辞所遇,谓八百里间,诸侯必有愿从者而不之遇。所不遇,谓远遇宋公也。"

[译文]

【经】夏,宋桓公、齐桓公在梁丘相遇。
〖传〗"遇",表示两国国君旨趣相同。梁丘在曹国、邾国之间,距离齐国八百里,其间并非没有愿意跟随齐桓公一同前往梁丘的诸侯。齐桓公谢绝了其他想要与他会见的诸侯，远道而来会见宋桓公，经文以此表示对齐桓公的尊崇。

【经】 秋，七月癸巳，公子牙卒。①

[注释]

①范注："牙，庆父同母弟。"引何休曰："《传例》：'大夫不日卒，恶也。'牙与庆父共淫哀姜，谋杀子般，而日卒，何也？"又引郑君释之曰："牙，庄公母弟，不言弟，其恶已见，不待去日矣。"范注又云："《传例》：'诸侯之尊，弟兄不得以属通。'盖以礼，诸侯绝期，而臣诸父昆弟，称昆弟，则是申其私亲也。宣十七年'公弟叔肸卒'，《传》曰：'其日公弟叔肸，贤之也。'然则不称弟，自其常例耳。郑君之说，其所未详。"杨疏："'公子季友卒'，不称弟者，季子虽贤，兄已卒故也。"

[译文]

【经】秋，七月癸巳，公子牙去世。

【经】 八月癸亥，公薨于路寝。①

〖传〗路寝，正寝也。寝疾居正寝，正也。男子不绝于妇人之手，以齐终也。②

[注释]

①范注："公薨皆书其所，谨凶变。"唐人贾公彦《仪礼注疏》曰："云'适室，正寝之室也'者，若对天子诸侯谓之路寝，卿大夫士谓之适室，亦谓之适寝，故下记云'士处适寝'，总而言之，皆谓之正寝。是以庄三十二年秋八月，公薨于路寝，《公羊传》云：'路寝者何？正寝也。'《穀梁传》亦云：'路寝，正寝也。'言正寝者，对燕寝与侧室非正。案《丧大记》云：'君夫人卒于路寝，大夫世妇卒于适寝，内子未命，则死于下室，迁尸于寝，士之妻皆死于寝。'郑注云：'言死者必皆于正处也。'以此言之，妻皆与夫同处。若然，

天子崩亦于路寝，是以《顾命》成王崩，延康王于翼室。翼室，则路寝也。若非正寝，则失其所。是以僖三十三年冬十二月，'公薨于小寝'，《左氏传》云：'即安也。'是讥不得其正。"

②齐，絜也。杨疏："齐者斋絜之名，故记称斋之为言齐也。是齐、斋意同，或古者齐、斋同字，此《传》齐即读为斋，理亦通也。"

[译文]

【经】八月癸亥日，鲁庄公在路寝辞世。

〖传〗"路寝"，是诸侯宫殿的正室。诸侯卧病之时住在正寝，是合乎正道的。男子不能死在妇人的怀抱中，而应当高洁地死去。

【经】冬，十月乙未，子般卒。①

〖传〗子卒日，正也；②不日，故也。③有所见则日。④

[注释]

①范注："在丧，故称子。般，其名也。庄公大子，不书弑，讳也。"杨疏："《公羊传》云：'其称子般卒何也？君存称世子，君薨称子某，既葬称子，逾年称公。'范意亦与之同。但逾年虽在国称公，若未葬，亦不得称侯以接邻国。故桓十三年注云：'今卫宣未葬，而嗣子称侯以出，其失礼明矣。'是其事也。子般不书葬者，未逾年之君，例不书葬，故子野不书葬也。"

②范注："襄三十一年'秋，九月癸巳，子野卒'，是也。"

③范注："文十八年'冬，十月，子赤卒'，是也。"

④范注："闵公不书即位，是见继弑者也。故庆父弑子般，子般可以日卒，不待不日而显。"

[译文]

【经】冬，十月乙未日，子般去世。

〖传〗公子去世，经文记载日期是合乎礼制的；如果不记日期，就是有所变故。如有深意，也会记下日期。

【经】公子庆父如齐。①

〖传〗此奔也,其曰如,何也?②讳莫如深,深则隐。③苟有所见,莫如深也。④

[注释]

①杨疏:"牙与庆父同谋杀般,所以牙被杀,庆父得出奔者,《左氏》《公羊》皆以为牙欲废般立庆父,故季子鸩杀之。《穀梁》不见季子归鲁之文,亦无鸩牙之事,则叔牙被杀以不,不可知也。"
②范注:"据闵二年庆父奔莒,不言如。"
③范注:"深谓君弑贼奔。隐,痛之至也。故子般日卒,庆父如齐。"
④范注:"闵公不书即位,见子般之弑,庆公出奔。"

[译文]

【经】公子庆父前往齐国。

〖传〗明明是出奔,经文却记为"如",这是为何?没有比弑君出奔这类大事更能为鲁国隐讳的事,讳言弑君出奔,君子的哀痛之心便可想而知。如有深意,也没有比为弑君出奔隐讳更为适宜的事。

【经】狄伐邢。①

[注释]
①邢,姬姓,在今河北邢台西南。

[译文]
【经】狄人讨伐邢国。

闵公

闵公元年

【经】元年,①春,王正月。

〖传〗继弑君,不言即位,正也。②亲之非父也,③尊之非君也,④继之如君父也者,受国焉尔。

[注释]

①鲁闵公元年,周惠王十六年,公元前661年。鲁闵公,姬姓名开,鲁庄公之子。《周书·谥法》:"在国逢难曰闵。"《世本》作"启方",避汉景帝讳,故为开也。

②杨疏:"复发《传》者,以非父非君,嫌异,故发之。僖公又发之者,兄之后弟义异,故重发之。文公继正之始,故发《传》以明之。成公不发《传》者,蒙之可知,故不发也。襄昭发《传》者,昭公即位,承子野之卒,嫌其非正,故发《传》以明之。昭继子野,《传》言'继正',嫌襄公与之异,故亦发《传》。父子同有'继正'之文,所以相发明也。或以襄非嫡夫人之子,嫌非正,故发《传》。案襄四年'夫人姒氏薨',彼《注》云:'成公夫人,襄公母也。'明非为母贱而发《传》也。"

③范注:"兄也。"

④范注："未逾年也。"

[译文]

【经】鲁闵公元年，春，周历正月。

〖传〗继承被杀害的君主，经文不称"即位"，这是合乎礼制的。从血缘而言，公子般不是鲁闵公的父亲；从尊卑而言，公子般不是鲁闵公的君主。继承公子般，就像继承君主、父亲的君位一般，只是因为鲁闵公从他手上继承了鲁国。

【经】齐人救邢。
〖传〗善救邢也。①

[注释]

①范注："善齐桓得伯之道。"

[译文]

【经】齐国人救援邢国。
〖传〗这是在褒扬齐桓公救援邢国的行为。

【经】夏，六月辛酉，葬我君庄公。
〖传〗庄公葬而后举谥。谥，所以成德也，①于卒事乎加之矣。

[注释]

①杨疏："复发《传》者，桓公被杀，庄公好终，僖公葬缓，嫌异礼，故各发《传》以明之。"

[译文]

【经】夏，六月辛酉日，安葬我国国君鲁庄公。
〖传〗鲁庄公下葬之后，才能为他制定谥号。谥号用来彰显人一生的德行，故而要在下葬之后才能确定。

【经】秋，八月，公及齐侯盟于洛姑。①
〖传〗盟纳季子也。

[注释]

①洛姑，齐地，《左氏》作"落姑"，在今山东平阴境内，一说在博兴东北。

[译文]

【经】秋，八月，鲁闵公与齐桓公在洛姑会盟。
〖传〗会盟的内容是护送季子回到鲁国。

【经】季子来归。①
〖传〗其曰季子，贵之也。②其曰来归，喜之也。③

[注释]

①杨疏："《传》云'贵之也'者，不称公子者，公子是凡常之总号，季子忠贤，为国人所思，故称子，所以表其贤也。"
②范注："大夫称名氏，今曰子，是贵之也。子，男子之美称。"
③范注："大夫出使归不书，执然后致，不言归。国内之人不曰来，今言来者，明本欲遂去，同他国之人也。言归者，明实鲁人也。'喜之'者，季子贤大夫，以乱故出奔，国人思之，惧其遂去不反，今得其还，故皆喜曰：'季子来归。'"杨疏："此云'大夫出使归不书'，而宣十八年'归父还自晋'书者，彼《传》云'还者，事未毕也'，是还与归意异也。'执然后致，不言归'者，意如与姑是也。国内之人不言来，下文齐仲孙言来者，以其外之曰齐，故得言来也。"

[译文]

【经】季子回到鲁国。

〖传〗经文称公子友为"季子",是在推重他。经文记为"来归",是为此感到欣喜。

【经】冬,齐仲孙来。
〖传〗其曰齐仲孙,外之也。①其不目而曰仲孙,疏之也。②其言齐,以累桓也。③

[注释]
①齐仲孙,庆父也。《左氏》以为齐大夫。范注:"鲁绝之,故系之于齐。"
②范注:"'不目'谓不言公子庆父。"《穀梁》凡目皆恶。
③范注:"系仲孙于齐,言相容,赦有罪。"杨疏:"庆父鲁人而系之于齐,是外之也。齐桓容赦有罪,故系庆父于齐,是恶之也。"

[译文]
【经】冬,齐国的仲孙前来。
〖传〗经文称公子庆父为"齐仲孙",是将他视作外人。不称公子庆父,而称其为仲孙,以示与他的疏远。经文又以"齐"冠在"仲孙"之前,以示对齐桓公容纳此等罪人的责难。

闵公二年

【经】二年,①春,王正月,齐人迁阳。

[注释]
①鲁闵公二年,周惠王十七年,公元前660年。
[译文]
【经】鲁闵公二年,春,周历正月,齐国人灭阳国,将其民众迁

往他地。

【经】夏,五月乙酉,吉禘于庄公。①

〖传〗吉禘者,不吉者也。丧事未毕而举吉祭,故非之也。②

[注释]

①范注:"三年丧毕,致新死者之主于庙,庙之远主,当迁入大祖之庙,因是大祭,以审昭穆,谓之禘。庄公丧制未阕,时别立庙,庙成而吉祭,又不于大庙,故详书以示讥。"杨疏:"言'禘于庄公',即是庄公立宫。而不称宫者,庄公庙虽立讫,而公服未除,至此始二十二月,未满三年,故不得称宫也。此丧服未终,举吉以非之。文二年,亦丧服未终,而'大事于大庙',不言吉者,其讥已明,故不复云吉。言'大事'者,秋祫而物成,其祀大,故《传》云'大是事也,著祫、尝'是也。凡祭祀之礼,书者皆讥,故范《略例》云:'祭祀例有九,皆书月以示讥。'九者,谓桓有二烝一尝,总三也;闵吉禘,四也;僖禘大庙,五也;文著祫、尝,六也;宣公有事,七也;昭公禘武宫,八也;定公从祀,九也。知禘是三年丧毕之祭者,此庄公薨未二十二月,仍书吉以讥之,明三年丧毕,方得为也。知必于大庙者,《明堂位》曰'季夏六月,以禘礼祀周公于大庙'是也。其禘祀之月,王肃、杜预之徒皆以二十五月除丧,即得行禘祭。郑玄则以二十八月始服吉尝,即祫于大庙,明年春始禘于群庙。今范云三年丧毕,禘于大庙,必不得与郑明年春禘于群庙同。其除丧之月,或与郑合。故何休注《公羊》,亦以除丧在二十七月之后也。方者,未至之辞,此实二十二月而云方者,庄公以三十二年八月薨,至此年五月始满二十一月,未尽其月,为禘祭,故言方。或可讥其大速,以甚言之,故云方也。"

②范注:"庄公薨,至此方二十二月,丧未毕。"

[译文]

【经】夏,五月乙酉日,在鲁庄公庙中行吉禘之礼。

〖传〗"吉禘",实际上是不吉利的。三年之丧还没结束,就举行了吉禘大祭，故而君子责难这一行为。

【经】秋，八月辛丑，公薨。
〖传〗不地，故也。其不书葬，不以讨母葬子也。①

[注释]

①范注："凡君弑，贼讨则书葬，哀姜实被讨而不书葬者，不以讨母葬子。"

[译文]

【经】秋，八月辛丑日，鲁闵公辞世。
〖传〗不记载地点，是因为有所变故。经文不记鲁闵公下葬，是因为不能为了记载儿子下葬，就要征讨弑君的母亲。

【经】九月，夫人姜氏孙于邾。①
〖传〗孙之为言，犹孙也。讳奔也。

[注释]

①范注："哀姜与弑闵公，故出奔。"杨疏："重发《传》者，文姜杀夫，哀姜杀子，嫌异，故重发之。"

[译文]

【经】九月，夫人姜氏避让至邾国。
〖传〗"孙"这种说法，相当于避让的意思。这是隐讳出奔的说法。

【经】公子庆父出奔莒。
〖传〗其曰出，绝之也。庆父不复见矣。①

[注释]

①范注:"庆父弑子般,闵公不书弑,讳之。"杨疏:"宣十八年归父奔齐,范注云:'竟外,故不言出。'是竟内言出,理之常也。而云'绝之也'者,庆父前奔不言出,书曰'如齐',为之隐讳,是不绝其位之辞。今不讳言奔,明是绝其位也。又云'庆父不复见'者,明弑二君罪重,不宜复见,故特显之矣。"

[译文]

【经】公子庆父出奔莒国。

〖传〗经文记为"出",是要与他决裂。从此经文再也不记庆父了。

【经】冬,齐高子来盟。

〖传〗其曰来,喜之也。其曰高子,贵之也。盟立僖公也。不言使,何也?①不以齐侯使高子也。②

[注释]

①范注:"据桓十四年'郑伯使其弟御来盟',言使。"

②范注:"齐侯不讨庆父,使鲁重罹其祸,今若高子自来,非齐侯所得使也,犹屈完不称使也。"范注又引江熙曰:"鲁频弑君,僖公非正也。桓公遣高傒立僖公以存鲁,鲁人德之,不名其使以贵之。贵其使,则其主重矣。"杨疏:"来者,自外之常称,而云'喜之'者,时鲁二君见弑,诸侯无一助之者,而高子盟以存之,比之余使,情实过倍,故《传》序《经》之情,明与凡常之来有异也。云'不以齐侯使高子也'者,二说不同者,前说以齐侯不讨庆父,使鲁重遭其祸,不以齐侯使高子,故作自来之文,所以归美于高子。若楚人使屈完如师,能量敌强弱,遂与齐盟,故不言使,所以归功于屈完也。江熙之意,以君臣一体,好恶同之,使贵则主尊,故去使文,以表高子之贵。高子既贵,则桓公之重益彰,故不从前说也。"

[译文]

【经】冬,齐国的高子来会盟。

〖传〗经文记为"来",是为此感到欣喜。经文称其为"高子",以示对他的推重。会盟的内容是拥立僖公。经文不记为"使",这是为何?为了显得派遣高子前来会盟的不是齐桓公。

【经】十有二月,狄入卫。①

[注释]

①范注:"僖公二年城楚丘以封卫,则卫为狄所灭明矣。不言灭而言入者,《春秋》为贤者讳,齐桓公不能攘夷狄、救中国,故为之讳。"

[译文]

【经】十二月,狄人攻入卫国。

【经】郑弃其师。
〖传〗恶其长也,兼不反其众,则是弃其师也。①

[注释]

①范注:"长谓高克也。高克好利,不顾其君。文公恶而远之不能,使高克将兵御狄于竟。陈其师旅,翶翔河上,久而不召,众将离散。高克进之不以礼,文公退之不以道,危国亡师之本。"陈立《公羊义疏》云:"郑弃其师,与晋伐鲜虞、郑伐许同辞,明为狄郑之义。"

[译文]

【经】郑国抛弃了自己的军队。
〖传〗郑文公既厌恶这支军队的统帅,又不召回军众,这就是在抛弃自己的军队。

僖公

僖公元年

【经】元年,①春,王正月。

〖传〗继弑君不言即位,正也。

[注释]

①鲁僖公元年,周惠王十八年,公元前659年。鲁僖公,姓姬名申,鲁庄公之子、闵公庶兄。《周书·谥法》:"小心畏忌曰僖。"

[译文]

【经】鲁僖公元年,春,周历正月。

〖传〗继承被杀害的君主,经文不称"即位",这是合乎礼制的。

【经】齐师、宋师、曹师次于聂北,救邢。①

〖传〗救不言次,②言次非救也。③非救而曰救,何也?遂齐侯之意也。④是齐侯与?⑤齐侯也。何用见其是齐侯也?⑥曹无师。曹师者,曹伯也。⑦其不言曹伯,何也?以其不言齐侯,不可言曹伯也。其不言齐侯,何也?以其不足乎扬,不言齐侯也。⑧

[注释]

①次,止也。聂北,邢地。救,赴急之义。
②范注:"据庄六年'王人子突救卫',不言次。"
③范注:"今方停止,故知非救也。"
④范注:"录其本意。"
⑤范注:"怪其称师。"
⑥范注:"据《经》书'齐师'。"
⑦范注:"小国君将称君,卿将称人,不得称师,言师则是曹伯也。曹君不可在师下,故知是齐侯。"杨疏:"桓十三年《传》云'战称人,败称师,重众',是师者重辞。《周礼》'小国一军',军将虽命卿,小国之卿唯比大国之大夫,名氏不见,例当称人,故不得言师也。是知言师者,即国君也。然师是重辞,所以楚灭蔡,亦得称师。齐侯不足乎扬,亦称师者,凡师者大国则得称之,不论贬有轻重。《春秋》美恶不嫌同文,贬虽文同,轻重则自别。"
⑧范注:"救不及事,不足称扬。"

[译文]

【经】齐国军队、宋国军队、曹国军队在聂北驻扎,救援邢国。

〖传〗一旦救援,就不记为驻扎,记载驻扎,就说明没有救援。没有救援,却记为救援,这是为何?为了顺遂齐桓公的意图。是齐桓公吗?是齐桓公。何以见得"齐师"就是齐桓公?因为曹国在礼制上没有"师"这一编制。"曹师",就是曹昭公。经文却不记为曹昭公,这是为何?因为经文不称齐国军队为齐桓公,故而不得记为曹昭公。经文不记为齐桓公,这是为何?因为此事不足以称道,故而不记为齐桓公。

【经】夏,六月,邢迁于夷仪。①

〖传〗迁者,犹得其国家以往者也。其地,邢复见也。②

[注释]

①夷仪,邢地,故址在今山东聊城西南,《公羊》作"陈仪"。范注:"辟狄难。"杨疏:"以邢迁之,故知邢地。"

②范注:"非若宋人迁宿,灭不复见。"复见,复见于经。

[译文]

【经】夏,六月,邢国迁往夷仪。

〖传〗"迁",相当于国家尚存,国都自行迁往某地的意思。记载邢国迁去的地点,是因为邢国(并没有灭亡)仍继续在经文中出现。

【经】齐师、宋师、曹师城邢。

〖传〗是向之师也,使之如改事然,美齐侯之功也。①

[注释]

①范注:"是向聂北之师,当言遂,今复列三国者,美齐桓存亡国。"杨疏:"前言师者,贬齐侯也。若向之师,便是彰桓之罪,而云美其功者,《春秋》文同义异者,上下甚众。故齐侯前称师以见贬,书次以彰惰,今之城邢,国灭而复存,齐桓过而能改,君子善之,故重列三国,所以美其功也。"

[译文]

【经】齐国军队、宋国军队、曹国军队为邢国筑城。

〖传〗这分明是之前救援邢国的军队,经文却写得像一件新事一般,以示对齐桓公功绩的称颂。

【经】秋,七月戊辰,夫人姜氏薨于夷。①

〖传〗夫人薨不地。地,故也。

[注释]

①夫人姜氏,哀姜也。

[译文]

【经】秋,七月戊辰日,夫人姜氏在夷地辞世。

〖传〗夫人辞世照例不记载地点。这里记录地点,是因为发生了变故。

【经】齐人以归。

〖传〗不言以丧归,非以丧归也。加丧焉,讳以夫人归也。①其以归,薨之也。②

[注释]

①范注引泰曰:"齐人实以夫人归,杀之于夷。讳,故使若自行至夷,遇疾而薨,然后齐人以丧归也。归在薨前,而今在下,是加丧之文也。《经》不言'以丧归'者,以本非以丧归也。《传例》曰:'以者,不以者也。'微旨见矣。"

②范注:"以归然后杀之。"

[译文]

【经】齐国人将夫人姜氏带回国内。

〖传〗经文不记为"以丧归",因为确实不是扶柩而归。经文将"以归"记在夫人辞世之后(仿佛夫人已经辞世一般),这是隐讳齐国人带回夫人的说法。齐国人将夫人带回国内,并杀害了她。

【经】楚人伐郑。①

[注释]

①范注:"不以州言之者,以楚虽荆蛮,渐自通于诸夏,国转强大,与中国抗衡,故不复州举之。或以为言楚,所以驳郑,然则从此以后尽称楚,岂皆是驳郑乎?其说非也。何休云:'称楚人者,为僖公讳与夷狄交婚,故进之,

使若中国也。'《穀梁》无交婚之事，其言不可通于此也。杜预云：'荆始改号曰楚。'案庄十四年《传》云：'荆者何？州举之也。州不如国。'《注》云：'言荆不如言楚。'则亦与杜预异也。"

[译文]

【经】楚国人讨伐郑国。

【经】八月，公会齐侯、宋公、郑伯、曹伯、邾人于柽。①

[注释]

①柽，宋地，在今河南周口市淮阳区一带。

[译文]

【经】八月，鲁僖公在柽地会见齐桓公、宋桓公、郑文公、曹昭公、邾国人。

【经】九月，公败邾师于偃。①
〚传〛不日，疑战也。疑战而曰败，胜内也。

[注释]

①偃，邾地，在今山东费县南。杨疏："公所以败邾师者，此《传》无说。何休云：'公怨邾，以夫人与齐，故败之。'"

[译文]

【经】九月，鲁僖公在偃地击败邾国军队。
〚传〛不记载日期，是因为在交战中使用了诡谋。即便如此，仍记载为"败"，因为获胜一方是鲁国。

【经】冬，十月壬午，公子友帅师败莒师于丽，获莒挐。①
〚传〛莒无大夫，其曰莒挐，何也？②以吾获之目之也。内不言获,③此其言获,何也?④恶公子之绐。⑤绐者奈何?公子友谓莒挐曰:"吾二人不相说,士卒何罪?"屏左右而相搏。公子友处下。左右曰:"孟劳。"孟劳者,鲁之宝刀也。公子友以杀之。然则何以恶乎绐也?⑥曰,弃师之道也。⑦

[注释]

①丽,鲁地,《公羊》作"犁",《左氏》作"郦"。范注引《传例》曰:"获者,不与之辞。"

②范注:"据非大夫不书。"

③范注:"获者不与之辞,主善以内,故不言获。"

④范注:"据文十一年'叔孙得臣败狄于咸',不言获长狄。"

⑤绐,欺绐也。

⑥范注:"据得胜地。"

⑦范注引江熙曰:"《经》书'败莒师',而《传》云二人相搏,则师不战,何以得败?理自不通也。夫王赫斯怒,贵在爱整。子所慎三,战居其一。季友令德之人,岂当舍三军之整,佻身独斗,潜刃相害,以决胜负者哉?虽千载之事难明,然风味之所期,古犹今也,此又事之不然,《传》或失之。"杨疏:"《老子》云:'以正治国,以奇用兵。'季子知莒挐之可擒,弃文王之整旅,佻身独斗,潜刃相争,据礼虽乖,于权未爽,纵使理违,犹须申《传》,况《传》文不知,江生何以为非乎?又且季子无轻斗之事,《经》不应书获,《传》不须云'弃师之道'。既《经》《传》文符,而江熙妄难,范引其说,意亦同之,乃是范失,非《传》失之。又《经》书获,所以恶季子之绐。今江熙云,季子令德也,则是非独不信《传》,亦是不信《经》。"

[译文]

【经】冬,十月壬午日,公子友率领军队,在丽地击败莒国军队,俘获莒国的挐。

〖传〗莒国没有周天子爵命的大夫,经文却称其为"莒挐",这是为何?因为他被鲁国俘获,故而称其为大夫。对鲁国而言,不记为

"俘获"，这里却记为"俘获"，这是为何？这是因为君子厌恶公子友不守信义。如何不守信义？公子友对莒挐说："我们两人不满于彼此，可士兵们又有什么罪过呢？"二人屏退左右，开始肉搏。公子友处于下风。公子友的亲信说："快去取孟劳。"孟劳，是鲁国的一把宝刀。公子友借此杀死了莒挐。然而为何要厌恶他不守信义？因为他抛弃军队而孤身作战。

【经】十有二月丁巳，夫人氏之丧至自齐。

〖传〗其不言姜，以其杀二子，贬之也。① 或曰，为齐桓讳杀同姓也。②

[注释]

①范注："二子，子般、闵公。"

②杨疏："讨夫人于齐桓非是姑姊，即是妹侄，而直云同姓者，以夫人失母之道，杀子外奔，齐桓讨之，信得其罪，既疏而远之，托言同姓。"

[译文]

【经】十二月丁巳日，夫人氏的灵柩从齐国回来（举行告祭饮至的礼仪）。

〖传〗经文不称其为姜氏，因为她参与杀死两个儿子，以示对她的贬斥。也有人说，这是隐讳齐桓公杀死同姓之人的说法。

僖公二年

【经】二年，①春，王正月，城楚丘。

〖传〗楚丘者何？卫邑也。国而曰城，此邑也。其曰城，何也？②封卫也。③则其不言城卫，何也？卫未迁也。其不言卫之迁焉，何也？④不与齐侯专封也。⑤其言城之者，专辞也。故非天子不得专封诸侯。诸侯不得专封诸侯，虽通其仁，以义而不与也。⑥故曰：仁不胜道。⑦

[注释]

①鲁僖公二年，周惠王十九年，公元前658年。

②范注："据元年'齐师、宋师、曹师城邢'，邢，国也。"

③范注："闵二年'狄入卫'，遂灭。"

④范注："据元年'邢迁于夷仪'，言迁也。"

⑤《春秋繁露·楚庄王篇》云："春秋常于其嫌得者见其不得也。是故齐桓不予专地而封，晋文不予致王而朝，楚庄弗予专杀而讨。三者不得，则诸侯之得殆此矣。"按，此公羊义也。是《传》齐桓、晋文与之合，楚庄则与之不合。

⑥范注："存卫是桓之仁，故通令城楚丘。义不可以专封，故不言迁卫。"《春秋繁露·仁义法篇》云："春秋之所治，人与我也。所以治人与我者，仁与义也。以仁安人，以义正我。故仁之为言人也，义之为言我也。言名已别矣。是故春秋为仁义法，仁之法在爱人，不在爱我；义之法在正我，不在正人。我不自正，虽能正人，弗与为义；人不被其爱，虽厚自爱，不予为仁。……君子求仁义之别，以纪人我之间，然后辨乎内外之分，而著于顺逆之处也。是故内治反理以正身，据礼以劝福；外治推恩以广施，宽制以容众。"

⑦范注："仁谓存亡国，道谓上下之礼。"杨疏："楚丘何嫌非卫而《传》言者，以无迁卫之文，故发之也。《传》知是卫者，以《诗》云'作于楚宫'，故知之也。此云不言迁，不与齐侯专封。而元年城邢，美齐侯之功者，彼邢迁之后始城，则城者修旧之辞，非始立之称，故可以美于齐桓。今卫国已灭，始城楚丘而国未迁，《经》言先城，后言迁，则是齐桓城而迁之，故不与专封也。然城郑虎牢是邑，知楚丘非邑者，《诗》称'楚宫'，明知非邑也。"

[译文]

【经】鲁僖公二年，春，周历正月，修筑楚丘城。

【传】何为楚丘？是卫国的城邑。只有修筑诸侯的国都之时才用"城"；楚丘是城邑，经文却记为"城"，这是为何？因为是在重新分封卫国。那么经文不记为"城卫"，又是为何？因为卫国尚未迁都。经文不记载卫国迁都，又是为何？因为君子并不赞成齐桓公擅自分封诸侯。经文采用"城"这一说法，以示齐桓公的专擅。故而周天子以外，谁也不能擅自分封诸侯。诸侯不能擅自分封诸侯，虽然从仁德上而言，齐桓公的行为是可以理解的，但从义理上而言，君子却不敢苟同。所以说，仁德不能胜过道义。

【经】夏，五月辛巳，葬我小君哀姜。

[译文]

【经】夏，五月辛巳日，安葬我国夫人哀姜。

【经】虞师、晋师灭夏阳。

【传】非国而曰灭，重夏阳也。虞无师，其曰师，何也？以其先晋，不可以不言师也。①其先晋，何也？②为主乎灭夏阳也。夏阳者，虞、虢之塞邑也，灭夏阳而虞、虢举矣。③虞之为主乎灭夏阳，何也？晋献公欲伐虢。荀息曰："君何不以屈产之乘、垂棘之璧，而借道乎虞也？"④公曰："此晋国之宝也。如受吾币而不借吾道，则如之何？"荀息曰："此小国之所以事大国也。⑤彼不借吾道，必不敢受吾币。如受吾币而借吾道，则是我取之中府，而藏之外府；取之中厩，而置之外厩也。"公曰："宫之奇存焉，⑥必不使受之也。"荀息曰："宫之奇之为人也，达心而懦，又少长于君。达心则其言略，懦则不能强谏，少长于君，则君轻之。⑦且夫玩好在耳目之前，而患在一国之后，此中知以上乃能虑之。臣料虞君，中知以下也。⑧"公遂借道而伐虢。宫之奇谏曰:"晋国之使者,其辞卑而币重,必不便于虞。"虞公弗听,遂受其币而借之道。宫之奇谏曰:"语曰:'唇亡则齿寒。'⑨其斯之谓与!"挈其妻子以奔曹。献公亡虢,五年而后举虞。⑩荀息牵马操璧而前曰:"璧则犹是也,而马齿加长矣。"

[注释]

①范注:"人不得居师上,贵贱之序。"夏阳,《左氏》作"下阳"。杨疏:"此云'非国而曰灭,重夏阳也'。昭十三年'吴灭州来'亦言灭者,虞虢之灭,由于夏阳之亡;州来,楚之大都,而吴灭之,令楚国稍弱,入郢之兆,由灭州来所致,故并书灭。"杨疏又云:"小国无师,《传》三发之者,并是小国,不合言师。燕为败而重众,故得言师。曹言师者,明其是君也。虞言师者,表其先晋也。以其言师不同,各举备文耳。"

②范注:"据小不先大。"

③范注:"其地险要,故二国以为塞邑。"徐邈云:"举犹拔也。言晋灭夏阳,则虞、虢自此而拔也。"

④荀息,晋大夫。范注:"屈邑产骏马,垂棘出良璧。"何休曰:"屈产,出名马之地。乘,备驷也。"似以屈产为一地名。今从范注。

⑤范注:"此谓璧马之属。"杨疏:"玉有美恶,出处不同。周有蓝田,楚有和氏,宋有结绿,晋有垂棘,各是国之贵物,故云国之宝也。"

⑥宫之奇,虞之贤大夫。

⑦范注:"明达之人,言则举纲领要,不言提其耳,则愚者不悟。"少长于君,杨伯峻云:"少长于君可如林尧叟《句解》所云'宫之奇自少长养于公宫',亦可解为稍大于君。林解较长。"

⑧杨疏:"《论语》云:'中人以上,可以语上。'今虞君中知以下则近愚,故不能远虑也。"

⑨语,谚言也。

⑩杨疏:"谓僖五年也。"

[译文]

【经】虞国军队、晋国军队灭夏阳。

僖公　223

〖传〗夏阳明明不是一个国家，经文却记为"灭"，以示对夏阳的重视。虞国在礼制上没有"师"这个编制，经文却称其为"师"，这是为何？因为它排在晋国之前，不得不称其为"师"。虞国在晋国之前，又是为何？因为虞国是灭亡夏阳的首恶。夏阳，是虞国、虢国之间一座险塞的城邑，灭掉夏阳之后，攻破虞国和虢国便易如反掌。为何说虞国是灭亡夏阳的首恶？晋献公想要讨伐虢国，荀息说："您为何不以屈地出产的宝马、垂棘出产的美玉为诱饵，向虞国借道呢？"晋献公说："这些都是晋国的珍宝。如果虞国接受了贿赂，却不愿意借道给我，又该如何是好？"荀息说："这些都是小国用来侍奉大国的礼物罢了。虞国倘如不借道给我，必定不敢接受我们的贿赂。一旦虞国接受贿赂、借道于我，这些珍宝就像是我从宫内的府库运到宫外的府库，从宫内的马厩牵往宫外的马厩一般。"晋献公说："宫之奇在，必然不会让虞国国君接受。"荀息说："宫之奇为人通达事理，却软弱怯懦，又从小与国君一起长大。通达事理，则言语简略；软弱怯懦，则不能强谏；从小与国君一起长大，国君必定轻狎他。况且声色游乐近在眼前，忧患却远在国家灭亡之后，只有中才以上的人方能考虑到。我估计虞国君主，仅在中才以下罢了。"晋献公于是向虞国借道，希望讨伐虢国。宫之奇上谏道："晋国派来的使臣，言辞谦卑而礼物厚重，此事必定对虞国不利。"虞国国君不听，于是接受贿赂，借道给晋国。宫之奇上谏道："俗话说：'唇亡则齿寒。'说的就是这个吧。"之后便带着他的家属逃往曹国。晋献公灭虢国，五年之后便灭了虞国。荀息牵马持璧，上前说："玉璧仍是原来那块玉璧，宝马却老了不少啊。"

【经】秋，九月，齐侯、宋公、江人、黄人盟于贯。①

〖传〗贯之盟，不期而至者，江人、黄人也。江人、黄人者，远国之辞也。中国称齐、宋，远国称江、黄，以为诸侯皆来至也。②

[注释]

①贯,宋地。

②杨疏:"《公羊传》曰:'江人、黄人者何?远国之辞也。远国至矣,则中国曷为独言齐、宋至尔?大国言齐、宋,远国言江、黄,则以其余为莫敢不至也。'何休云:'晋、楚大于宋,不序晋、楚而言序宋者,时实晋、楚之君不至,但君子成人之美,故襃益以为遍至之辞,所以奖大霸功而勉盛德也。'事或然矣。鲁虽复非大,《春秋》以鲁为主,鲁若与会,必书公。但鲁亦不至,故不书之。或以为鲁公亦在,举大以包之,故不得以鲁为主耳。"

[译文]

【经】秋,九月,齐桓公、宋桓公、江国人、黄国人在贯地会盟。

〖传〗在贯地的盟会上,事先没有约定便前来的有江国人、黄国人。"江人""黄人",是对偏远国家的称呼。中原地区记载了齐国、宋国,偏远地区记载了江国、黄国,以示各国诸侯都前来会盟。

【经】冬,十月,不雨。
〖传〗不雨者,勤雨也。①

[注释]

①范注:"言不雨,是欲得雨之心勤也。明君之恤民。"

[译文]

【经】冬,十月,无雨。
〖传〗"不雨",表示国君迫切地期待下雨。

【经】楚人侵郑。

僖公 225

[译文]

【经】楚国人侵犯郑国。

僖公三年

【经】三年,①春,王正月,不雨。
〖传〗不雨者,勤雨也。

[注释]

①鲁僖公三年,周惠王二十年,公元前657年。

[译文]

【经】鲁僖公三年,春,周历正月,无雨。
〖传〗"不雨",表示国君迫切地期待下雨。

【经】夏,四月,不雨。①
〖传〗一时言不雨者,闵雨也。②闵雨者,有志乎民者也。

[注释]

①范注:"一时不雨,则书首月。不言旱,不为灾。"
②闵,忧也。范注:"《经》一时辄言不雨,忧民之至。"杨疏:"此《传》云'一时言不雨者',据文二年'自十二月不雨,至于秋七月'。彼《传》云:'历时而言不雨,文不忧雨也。'此僖公忧雨,故时时别书之。"

[译文]

【经】夏,四月,无雨。
〖传〗在一个季节的首月记载无雨,是因为僖公对此感到担忧。对此感到担忧,说明鲁僖公体恤民间疾苦。

【经】徐人取舒。①

[注释]

①舒,偃姓。杨伯峻云:"舒,据文十二年《传》孔疏引《世本》,有舒庸、舒蓼、舒鸠、舒龙、舒鲍、舒龚六名,恐皆同宗异国,统称之曰群舒,大致宗国在今安徽省舒城县,而散居于舒城县、庐江县至巢县一带。"

[译文]

【经】徐国人攻取舒国。

【经】六月,雨。
〖传〗雨云者,喜雨也。喜雨者,有志乎民者也。①

[注释]

①杨疏:"《春秋》上下时雨不书,非常乃录。今辄书六月,雨者,欲明僖公得雨则心喜故也。心喜,是于民情深,故特录之。"

[译文]

【经】六月,下雨。

〖传〗经文记载下雨,是因为僖公对此感到欣喜。对此感到欣喜,说明鲁僖公体恤民间疾苦。

【经】秋,齐侯、宋公、江人、黄人会于阳榖。①
〖传〗阳榖之会,桓公委端搢笏而朝诸侯,诸侯皆谕乎桓公之志。②

[注释]

①阳榖,齐地,在今山东阳谷一带。

②范注："所谓衣裳之会。"委，委貌之冠也。端，玄端之服。揩，插也。笏，以记事者也。杨疏："桓会多矣，独此言'委端揩笏'，'皆谕乎桓公之志'者，以此会最大，又以四教令于诸侯，其诸侯皆晓谕桓公之志，不须盟誓，故《传》详其事也。其四教者，《公羊传》云'无鄣谷，无贮粟，无易树子，无以妾为妻'是也。云'委端揩笏'者，谓会时服此服以朝诸侯也。谓'委端'者，《郊特牲》云：'委貌，周道也。章甫，殷道也。毋追，夏后氏之道也。'又《论语》云：'羔裘玄冠不以吊。'郑玄云：'玄冠，委貌，诸侯朝视之服。'是委者，委貌之冠也。《论语》又云：'端章甫，原为小相焉。'郑云：'端，玄端也。衣玄端，冠章甫，诸侯日视朝之服。'又《士冠礼》云：'主人玄冠朝服。'在朝君臣同服，是玄端诸侯视朝之服。王肃云：'端委者，玄端之衣，委貌之冠。'故范亦同之。谓之玄端者，其色玄，而制正幅无杀，故谓之玄端。桓公会诸侯，因使诸侯朝己，故服朝服也。笏者，《玉藻》云：'天子以球玉，诸侯以象，大夫以鱼须文竹，士竹本象可也。'其长短则天子三尺，诸侯以下二尺有六寸也。"

[译文]

【经】秋，齐桓公、宋桓公、江国人、黄国人在阳穀会晤。

〖传〗在阳穀举行的会晤中，齐桓公头戴礼帽、身着礼服、腰插束带、手持笏板，前来朝见诸侯，诸侯都知悉齐桓公的旨趣。

【经】冬，公子季友如齐莅盟。①

〖传〗莅者，位也。②其不日，前定也。不言及者，以国与之也。不言其人，亦以国与之也。③

[注释]

①范注引《传例》曰："莅，位也。内之前定之盟谓之莅，外之前定之盟谓之来。"

②范注："盟誓之言素定，今但往其位而盟。"

③杨疏："旧解此《传》是外内之通例，不据此一文而已。'不言及者，

以国与之也'，谓若外国之来盟，及鲁人往盟，《经》直举外来为文。不言及者，欲见以国与之也。故举国为主，即宣七年'卫侯使孙良夫来盟'，此'公子季友如齐莅盟'是也。'不言其人，亦以国与之也'者，谓不言来盟之类。《经》虽言及，而不书鲁之主名者，亦是举国与之，即成三年'丙午，及荀庚盟'是也。不言外及者，《经》无故也。糜信、徐邈并据当文解之，理亦通也。但据成三年《传》《注》，则不得以当文解之，故今从旧说耳。"

[译文]

【经】冬，公子季友前往齐国参与盟会。

〖传〗"莅"，是就位的意思。经文不记载日期，是因为这次盟会是事先商定的。经文不用"及"这种说法，因为公子友以鲁国上下的名义参与会盟。经文如果不记参与盟会的人，也是因为鲁国以一国上下的名义参与会盟。

【经】楚人伐郑。

[译文]

【经】楚国人讨伐郑国。

僖公四年

【经】四年，①春，王正月，公会齐侯、宋公、陈侯、卫侯、郑伯、许男、曹伯侵蔡。蔡溃。②

〖传〗溃之为言上下不相得也。③侵，浅事也。侵蔡而蔡溃，以桓公为知所侵也。④不土其地，不分其民，明正也。⑤

[注释]

①鲁僖公四年，周惠王二十一年，公元前656年。

②范注引《传例》曰:"侵时而此月,盖为溃。"
③范注:"君臣不和,而自溃散。"
④范注:"责得其罪,故裁侵而溃。"裁,同"才"。
⑤杨疏:"侵者拘人民,而谓之浅者,对伐为浅也。又《传》云'不分其民',是拘之而不取,亦是浅之义。此《传》本意言桓公不深暴于蔡,才侵之而即溃,故因发浅例。《左氏》:'无钟鼓曰侵。'此《传》称拘人民,或当掩其不备,亦未声钟鼓也。《论语》称'齐桓公正而不谲',指谓伐楚。此侵蔡亦言正者,伐楚是责正事大,故马、郑指之;其实侵蔡不土其地,不分其民,亦是正事,故《传》言正也。"

[译文]

【经】鲁僖公四年,春,周历正月,鲁僖公会见齐桓公、宋桓公、陈宣公、卫文公、郑文公、许穆公、曹昭公,侵犯蔡国。蔡国溃败。

〖传〗"溃"这种说法,表示蔡国君臣之间矛盾激化。侵犯,是小规模的战事。侵犯蔡国,蔡国便溃败,以示齐桓公讨伐的是有罪之国。既不占领蔡国的土地,又不掳掠蔡国的民众,说明齐桓公的征讨是合乎正道的。

【经】遂伐楚,次于陉。①
〖传〗遂,继事也。次,止也。②

[注释]

①范注:"楚强,齐欲绥之以德,故不速进而次于陉。"陉(xíng),楚地。
②杨疏:"次有二种,有所畏之次,即'齐师、宋师次于郎',《传》曰'畏我'是也。有非所畏之次,即此'次于陉',《传》曰'次,止也'是。"

[译文]

【经】于是讨伐楚国,在陉地驻扎。

〖传〗"遂",是继续行事的意思。"次",是驻扎的意思。

【经】夏,许男新臣卒。①

〖传〗诸侯死于国,不地;死于外,地。死于师,何为不地?②内桓师也。③

[注释]

①范注:"十四年'冬,蔡侯肸卒',《传》曰:'诸侯时卒,恶之也。'宣九年'辛酉,晋侯黑臀卒于扈',《传》曰:'其地,于外也。其日,未逾竟也。'然则新臣卒于楚,故不日耳,非恶也。"杨疏:"宋公和卒,《传》曰:'诸侯日卒,正也。'则日卒由正,不由善恶。蔡侯肸卒,《传》曰:'时卒,恶也。'则似不日卒由善恶,不由正者,凡诸侯虽则正卒,有恶者亦不得书日。成十五年'夏,六月,宋公固卒';僖二十四年'冬,晋侯夷吾卒';十四年'冬,蔡侯肸卒'是也。身既是庶,虽则无恶,亦不得书日,故《传》云'日卒,正也',明不日是不正。昭十四年'八月,莒子去疾卒';定十四年'夏五月,吴子光卒';襄十八年'冬十月,曹伯负刍卒'是也。日卒有二义,故传两明之。是诸侯正而无恶,纵在外在内卒书日,不正无恶则书月。但有大恶,不问正与不正皆时也。'宋共公卒'书月者,彼为葬日,表其违例,故不得书时也。虽例言之,则此许男新臣亦是不正也。故范直以'非恶'解之,不云正与不正。又昭二十三年'夏,六月,蔡侯东国卒于楚',范云'不日,在外也',则此新臣亦在外,故不书日。襄二十六年'八月,壬午,许男宁卒于楚',彼亦在外而书日,则宁是正可知也。然则庶子逾竟未逾竟,并皆不日,嫡子在外在内,并皆书日,则新臣由不正而不书日。《注》云'卒于楚,故不日'者,以新臣非直不正,又兼在外,传例云'其日,未逾竟',故顺传文书之。其实由正与不正,不论在外在内也。其襄公二十六年《传》《注》云'在外已显'者,彼宁实是正,《经》言'于楚',则在外之文已显,必不须去日,故亦顺《传》文言之。必知由正不正,不由在外在内者,宣九年范《注》云:'诸侯正卒则日,不正则不日。而云未逾竟者,恐后人谓操扈是国,故发《传》曰未逾竟是也。'知新臣无罪者,以薨于朝会,乃有王事之功,明无罪。或以

为许男新臣亦正也,但为卒于楚,故不日。'许男宁卒于楚'书日者,以'新臣卒'无'于楚'之文,故去日,以见在外而卒也。许男宁《经》有在外之文,故书日以明其正。'晋侯黑臀卒于扈',是正未逾竟,故亦书日,与许男异。故范以为'其日,未逾竟'者,表其非国,不释日与不日。范氏之《注》,上下多违,纵使两解,仍有僻谬,故并存之,以遗来哲。"

②范注:"据宣九年'晋侯黑臀卒于扈',地。"杨疏:"不据'曹伯负刍卒于师'者,师与地异。上云'伐楚,次于陉',则许男卒于陉可知。卒当有地,而不地,故《注》以地决之。曹伯围齐未退,即在师而卒,故云'卒于师',是师与地异,故不据曹伯也。"

③范注:"齐桓威德洽著,诸侯安之,虽卒于外,与其在国同。"

[译文]

【经】夏,许国国君姜新臣去世。

〖传〗诸侯死在国都之内,不记载地点;死在国都之外,便记载地点。这里许穆公死于军中,为何不记载地点?因为死在齐桓公军中,就如同死在自己国都之内一般。

【经】楚屈完来盟于师,盟于召陵。①

〖传〗楚无大夫,②其曰屈完,何也?以其来会桓,成之为大夫也。③其不言使,权在屈完也。④则是正乎?曰,非正也。⑤以其来会诸侯,重之也。⑥来者何?内桓师也。⑦于师,前定也。于召陵,得志乎桓公也。得志者,不得志也。⑧以桓公得志为仅矣。⑨屈完曰:"大国之以兵向楚,何也?"桓公曰:"昭王南征不反,菁茅之贡不至,故周室不祭。"⑩屈完曰:"菁茅之贡不至,则诺。昭王南征不反,我将问诸江。"⑪

[注释]

①召陵,楚地,旧说在今河南漯河市郾城区一带,然杨伯峻以为地望不合。范注:"屈完来如陉师盟,齐桓以其服义,为退一舍,次于召陵,而与

之盟。"

②范注:"无命卿也。"杨疏:"无大夫,凡有三等之例。曹无大夫者,本非微国,后削小耳。莒则是东夷,本微国也。楚则蛮夷大国,僭号称王,其卿不命于天子,故不同中国之例也。"

③范注:"尊齐桓,不欲令与卑者盟。"

④范注引邵曰:"齐桓威陵江汉,楚人大惧,未能量敌,遣屈完如师。完权事之宜,以义却齐,遂得与盟,以安竟内。功皆在完,故不言使。"

⑤范注:"臣无自专之道。"

⑥范注:"重其宗中国,归有道。"杨疏:"以其来会,重之也,谓完既不正,《经》无贬文者,重其会中国。"

⑦范注:"来者,内辞也。内桓师,故言来。"杨疏:"'来者何'也。谓据陈袁侨如会,不言来也。'内桓师也',谓来者乡内之辞,今内齐桓,为天下霸主,故亦言来也。"

⑧范注:"屈完来盟,桓公退于召陵,是屈完得其本志。屈完得志,则桓公不得志。"

⑨范注:"桓为霸主,以会诸侯,楚子不来,屈完受盟,令问诸江,辞又不顺,仅乃得志。言楚之难服。"

⑩菁茅,香草。范注:"所以缩酒,楚之职贡。"《尚书·禹贡》云:"苞匦菁茅。"《尚书》云:"菁以为菹,茅以缩酒。"

⑪范注:"问江边之民,有见之者不。此不服罪之言,故退于召陵而与之盟。屈完所以得志,桓公之不得志尔。"杨疏:"《吕氏春秋》云:'周昭王亲征荆蛮,反涉汉,梁败,陨于汉中,辛余靡振王北济。'高诱注引《左传》云:'昭王不复,君其问诸水滨。'则昭王没于汉,不得振王北济也。故旧说皆云,汉滨之人以胶胶船,船坏,昭王溺焉。则昭王没汉,此云问诸江边者。江汉,水之相近者,楚人不服罪,不指王之死处,而云问诸江也。"

[译文]

【经】楚国的屈完前来军中谈判会盟,在召陵订立盟约。

〖传〗楚国没有周天子爵命的大夫,经文却称其为屈完,这是为何?因为他来会见齐桓公,故而让他成为大夫。经文不用"使"这种说法，因为楚国会盟的权柄在屈完手上。那么这是合乎正道的吗？答曰：不合乎正道。因为他来会见诸侯，故而推崇他。经文为何用"来"这种说法？因为是将齐国军队当作鲁国自己人了。来军中，是之前商定的。在召陵，面对齐桓公，屈完达成了他的意图。屈完达成了他的意图，齐桓公却没有达成意图。桓公只达到了会盟与议和的目的。屈完说："你们大国以武力逼近楚国，这是为何？"齐桓公说："周昭王南下征讨，没有回来；贵国本应进贡的菁茅也没有上贡，周王室因此无法祭祀。"屈完说："没有上贡菁茅，关于此事，我们许诺重新进贡。至于周昭王南下征讨没有回去一事，我要去问一下汉江。"

【经】齐人执陈袁涛涂。①

〖传〗齐人者，齐侯也。其人之，何也？于是哆然外齐侯也。不正其逾国而执也。②

[注释]

①袁涛涂，陈大夫。《史记·齐太公世家》云："过陈，陈袁涛涂诈齐，令出东方，觉。"

②范注引江熙曰："逾国，谓逾陈而执陈大夫。主人之不敬客，由客之不先敬主人。哆然众有不服之心，故《春秋》因而讥之，所谓以万物为心也。庄十七年'齐人执郑詹'，《传》与其执者，詹奔在齐，因执之。"杨疏："《公羊》《左氏》皆以为涛涂误军道，故齐侯执之。此《传》与《注》竟无误军道之言，则以涛涂不敬齐命，故执之也。"又曰："谓陈之不敬，由齐之无礼，不能自责，反越国而执其臣，故不正其逾国而执也，贬以称人。不正，犹言不与也。正则人与之，不正则人不与，故谓不与为不正也。然'齐人执郑詹'，亦称人以执，《传》言'与之'。此称人以执，即云贬者。詹，郑之佞人，往至齐国，称人以执，则是众人欲执之。今涛涂不在齐国，又无实罪，齐侯执之，而云'齐人'，故知是贬也。桓十一年宋公执人权臣，令废嫡立庶，亦贬云'宋人'，是其类也。"

[译文]

【经】齐国人擒获陈国的袁涛涂。

〖传〗"齐人",就是齐桓公。经文称其为"人",这是为何?此事之后,诸侯纷然视齐桓公为外人。君子以为齐桓公越境捉人的行为不合乎正道。

【经】秋,及江人、黄人伐陈。
〖传〗不言其人及之者何?内师也。①

[注释]

①杨疏:"何嫌非内而发《传》者,以文承齐人执涛涂之下,即云'及江人、黄人伐陈',恐非鲁及,故云'内师也'。"

[译文]

【经】秋,与江国人、黄国人讨伐陈国。

〖传〗为何不记与江、黄二国讨伐陈国的人?因为是我国的军队。

【经】八月,公至自伐楚。

〖传〗有二事偶,则以后事致。后事小,则以先事致。其以伐楚致,大伐楚也。①

[注释]

①范注引郑君曰:"会为大事,伐为小事。今齐桓伐楚而后盟于召陵,公当致会;而致伐者,楚强莫能伐者,故以伐楚为大事。"杨疏:"知会大伐小者,伐虽国之大事,会盟有升坛揖让之仪,示威讲礼之制,奉之以牲玉,要之以神明,是其大事。故定四年公会诸侯侵楚,五月盟于皋鼬,下云'公至自会',是亦以会为大事也。今以楚强莫能伐之者,故特以伐为大事也。"

[译文]

【经】八月,鲁僖公从讨伐楚国的战场上回国(举行告祭饮至的礼仪)。

〖传〗如果两件事情同样重要,那么就以后一件事告祭。如果后一件事并不重要,那么就以前一件事告祭。经文记载以讨伐楚国告祭,以示对讨伐楚国的重视。

【经】葬许穆公。

[译文]

【经】安葬许穆公。

【经】冬,十有二月,公孙兹帅师会齐人、宋人、卫人、郑人、许人、曹人侵陈。①

[注释]

①公孙兹,《左氏》以为叔孙戴伯也。范注:"庄十年春'二月,公侵宋'。《传》曰:'侵时,此其月,何也?恶之,故谨而月之。'然则凡侵而月者,皆恶之。"杨疏:"此侵陈为恶者,陈之不敬,由齐之不敬陈也。齐桓宜自责,反执其臣,前事既非,今又致讨,故书月以见恶也。"

[译文]

【经】冬,十二月,公孙兹率领军队,会同齐国人、宋国人、卫国人、郑国人、许国人、曹国人一起侵犯陈国。

僖公五年

【经】五年,①春,晋侯杀其世子申生。
〖传〗目晋侯,斥杀,恶晋侯也。②

[注释]

①鲁僖公五年,周惠王二十二年,公元前655年。

②斥,指斥。《榖梁》凡目皆恶。杨疏:"《传》言此者,于郑段虽有目君之例,未辨目君之由,故于此明之。宋公杀其世子痤,虽不发《传》,从此可知。其杀公子,不目君者,皆罪贱之也。"

[译文]

【经】鲁僖公五年,春,晋献公杀死他的世子申生。

〖传〗直呼为"晋侯",贬斥他杀死世子的行为,以示对晋献公的厌恶。

【经】杞伯姬来朝其子。

〖传〗妇人既嫁不逾竟,逾竟,非正也。诸侯相见曰朝,伯姬为志乎朝其子也。伯姬为志乎朝其子,则是杞伯失夫之道矣。①诸侯相见曰朝,以待人父之道待人之子,非正也。故曰杞伯姬来朝其子,参讥也。②

[注释]

①范注引凯曰:"不能刑于寡妻。"

②范注:"参讥,谓伯姬、杞伯、鲁侯也。桓九年'曹伯使其世子射姑来朝',讥世子。此不讥者,明子随母行,年尚幼弱,未可责以人子之道。伯姬以庄二十五年夏嫁,至今十三年,则子幼可知。"杨疏:"并讥之者,伯姬托事而行,近于淫泆,失为妇之道。杞伯不能防其闺门,令妻至鲁,失为夫之宜。鲁待人之子,行待父之礼,失为主之度。故三事同讥之也。"

[译文]

【经】杞国的伯姬带着她的儿子前来朝见。

〖传〗妇人一旦出嫁,就不能离开夫家的国境,妇人越境不合乎礼制。诸侯之间相见,叫作"朝",伯姬想让自己的儿子前来朝见。

伯姬如果是自行带着她的儿子前来朝见，那么便是杞惠公没有尽到作为丈夫的职责。诸侯之间相见，叫作"朝"，以对待别人父亲的方式来对待别人儿子，是不合正道的。因此记载"杞伯姬来朝其子"，以示对伯姬、杞惠公、鲁僖公三人的讥讽。

【经】夏，公孙兹如牟。

[译文]

【经】夏，公孙兹前往牟国。

【经】公及齐侯、宋公、陈侯、卫侯、郑伯、许男、曹伯会王世子于首戴。①

〖传〗及以会，尊之也。② 何尊焉？王世子云者，唯王之贰也。云可以重之存焉，尊之也。何重焉？天子世子，世天下也。③

[注释]

①齐侯，齐桓公。宋公，宋桓公。陈侯，陈宣公。卫侯，卫文公。郑伯，郑文公。许男，许僖公。曹伯，曹昭公。首戴，卫地，《左氏》作"首止"，在今河南睢县东南。惠王之世子，姓姬名郑，后立为襄王。

②范注："言及诸侯，然后会王世子，不敢令世子与诸侯齐列。"

③杨疏："《士冠礼》云：'天子之元子犹士也，天下无生而贵者也。'此云'世天下也'者，彼见无生而贵者，又明有父在之故，今《传》以其特世父位，故云'世天下也'。"

[译文]

【经】鲁僖公与齐桓公、宋桓公、陈宣公、卫文公、郑文公、许僖公、曹昭公在首戴会见周天子的世子。

〖传〗"及"诸侯，以会见周天子的世子，以示对世子的尊重。为何要尊重他？所谓"王世子"，就是周天子的副手。这便是说，世子能够承担重任，故而要尊重他。什么重任？周天子的世子将会继承天下。

【经】秋，八月，诸侯盟于首戴。①

〖传〗无中事而复举诸侯，何也？尊王世子而不敢与盟也。尊则其不敢与盟，何也？盟者，不相信也，故谨信也。不敢以所不信而加之尊者。桓，诸侯也，不能朝天子，是不臣也。王世子，子也，块然受诸侯之尊己而立乎其位，是不子也。桓不臣，王世子不子，则其所善焉，何也？是则变之正也。②天子微，诸侯不享觐。桓控大国，扶小国，统诸侯，不能以朝天子，亦不敢致天王。尊王世子于首戴，乃所以尊天王之命也。世子含王命会齐桓，亦所以尊天王之命也。世子受之可乎？是亦变之正也。天子微，诸侯不享觐。世子受诸侯之尊己，而天王尊矣，世子受之可也。

[注释]

①范注："言诸侯者，前目而后凡，他皆放此。"前目，言前已列举诸侯，即"齐侯、宋公、陈侯、卫侯、郑伯、许男、曹伯"也；后凡，谓总括言之。省文也。

②范注："虽非礼之正，而合当时之宜。"杨疏："'无中事'者，谓中间无他事也。据平丘之会无中事，不重举诸侯，此则重举诸侯，故决之。"块然，安然也。

[译文]

【经】秋，八月，诸侯在首戴会盟。

〖传〗明明没有什么要事，却重新提及诸侯，这是为何？因为诸侯尊奉周天子的世子，却不敢与他会盟。尊奉世子，却不敢与他会盟，这是为何？会盟，是因为彼此之间没有信任，故而需要会盟，以示对信义的珍重。诸侯不敢对尊贵的人不予信任。齐桓公是诸侯，不去朝觐周天子，没有作为臣子的样子。周天子的世子，是天子的儿子，泰然接受诸侯对自己的尊奉，安居在尊贵的位置上，没有作为儿子的样子。齐桓公不像个臣子，世子不像个儿子，那么经文究竟在褒扬什么呢？是变乎礼制以求合乎时宜。周天子微弱，诸侯不去朝觐。齐桓公控制大国，扶持小国，统领诸侯国，却不敢前去朝觐，又不敢请周天王前来会盟。齐桓公在首戴尊奉周天子的世子，就是在尊奉周天王的意志。世子带着周天子的意志前来会见齐桓公，也是在尊奉周天王的意志。世子可以接受诸侯的尊奉吗？这也是变乎礼制以求合乎时宜。周天子微弱，诸侯不去朝觐。世子接受诸侯对自己的尊奉，周天王也因此而尊贵，故而世子接受尊奉也是可行的。

【经】郑伯逃归，不盟。
〖传〗以其去诸侯，故逃之也。①

[注释]

①范注："专己背众，故书逃，《传例》曰：'逃义曰逃。'"杨疏："庄十七年《传》文。"

[译文]

【经】郑文公遁逃回国，不参与会盟。
〖传〗因为他离开了各国诸侯，故而称之为"逃"。

【经】楚人灭弦，弦子奔黄。
〖传〗弦，国也。其不日，微国也。①

[注释]

①弦,在今河南潢川一带,一说在今河南光山西北。杨疏:"何嫌非国,《传》特言'弦,国也'。发之者,将明微国不书日,故辨之也。"

[译文]

【经】楚国人灭弦国,弦国国君出奔黄国。

〖传〗弦,是个国名。经文不记载日期,因为它是附庸之国。

【经】九月戊申,朔,日有食之。

[译文]

【经】九月戊申,朔日,发生日食。

【经】冬,晋人执虞公。①

〖传〗执不言所于地,缊于晋也。②其曰公,何也?③犹曰其下执之之辞也。④其犹下执之之辞,何也?晋命行乎虞民矣。⑤虞虢之相救,非相为赐也。今日亡虢,而明日亡虞矣。⑥

[注释]

①范注:"虞公贪璧马之宝,弃兄弟之亲,拒绝忠谏之口,不图社稷之危,故晋命行于虞,使下执上,虞同于晋,是以谓之'晋人执虞公'。"范注又引江熙曰:"《春秋》有州公、郭公、虞公,凡三公,非爵也。《传》以为下执之辞,尝试因此论之。五等诸侯,民皆称曰公,存有王爵之限,没则申其臣民之称。州公舍其国,故先书州公。郭公盗而归曹,故先名而后称郭公。夏阳亡则虞为灭国,故宜称虞公。三人殊而一致,三公舛而同归,生死齐称,盖《春秋》所贱。"

②范注:"时虞已包裹属于晋,故虽在虞,执而不书其处。"杨疏:"旧解云,执人例不书地,此云不地,缊于晋也者,凡执人不地者,亦以地理可明故也。若晋会诸侯于溴梁,执莒子、邾子,楚合诸侯于申,执徐子,皆因会而执

之，则在会可知，故不假言地。至如灭人之国，执人之君，则亦是就国可知也。《经》若书晋灭虞，则是言其地。今不书灭虞，即不举灭国之地，不谓执人当地也。所以不言灭虞者，晋命先行于虞，虞已属晋，故不得言之也。或以为'执不言所于地'，谓不书执虞公于虞也；'缊于晋也'，谓虞已苞裹属晋，故不得言也。理亦通耳也。"

③范注："据十九年'宋人执滕子婴齐'，不言公。"

④范注："臣民执其君，故称公。"

⑤范注："虞服于晋，故从晋命而执其君。"

⑥范注："言明日，喻其速。"

[译文]

【经】冬，晋国人擒获虞国国君。

【传】经文不记载擒获所发生的地点，是因为虞国已经并入晋国。经文称其为"公"，这是为何？就像虞君被臣下所擒获的说法一般。经文让虞君好像被臣下擒获，这是为何？晋国的命令已经在虞国施行了。虞国、虢国应当相互救援，而不是利用对方来牟利。今日灭虢国，明日就能灭掉虞国。

僖公六年

【经】六年，①春，王正月。

[注释]

①鲁僖公六年，周惠王二十三年，公元前654年。

[译文]

【经】鲁僖公六年，春，周历正月。

【经】夏，公会齐侯、宋公、陈侯、卫侯、曹伯伐郑，围新城。①

〖传〗伐国不言围邑，此其言围，何也？②病郑也，著郑伯之罪也。③

[注释]

①新城，在今河南新密市一带。

②范注："据元年'楚人伐郑'，不言围。"

③范注引泰曰："诸伐国而言围邑，《传》皆以为伐者之罪，而以此著郑伯之罪者，齐桓行霸，尊崇王室，绥合诸侯，翼戴世子。盟之美者，莫盛于此。而郑伯辟义逃归，违叛霸者，是以诸侯伐而围之，罪著于上，讨显于下，围伐之文虽同，而善恶之义有殊，亦犹桓盟不日以明信，而葵丘之盟日之以为美。"杨疏："罪著于上，而讨显于下者，谓前五年书郑伯会而逃归，是罪著于上也。今伐郑，又言围新城，是讨显于下也。围伐之文虽同，而善恶之义有殊，谓隐五年'宋人伐郑，围长葛'，此言齐侯伐郑，围新城，是围伐之文同也。彼《传》云伐国，不言围邑，此其言围，何也？久之也。此《传》曰伐国不言围邑，此其言围，何也？著郑伯之罪也。故知彼言围以恶宋，此言围以善齐，是善恶之义有殊也。知善齐者，《传》言著郑伯之罪，故知围者之善也。"

[译文]

【经】夏，鲁僖公会见齐桓公、宋桓公、陈宣公、卫文公、曹昭公讨伐郑国，围攻新城。

〖传〗讨伐他国，照例不记载围攻城邑，经文记"围"，这是为何？是为了羞辱郑国，以示郑文公的罪行昭著。

【经】秋，楚人围许，诸侯遂救许。①

〖传〗善救许也。②

[注释]

①范注:"伐郑之诸侯。"

②杨疏:"何嫌非善,而《传》言之者,以许是近楚小国,叛而即齐,嫌救之非善,故发之。"

[译文]

【经】秋,楚国人围攻许国,诸侯于是救援许国。

〖传〗这是在褒扬诸侯救援许国的行为。

【经】冬,公至自伐郑。

〖传〗其不以救许致,何也?大伐郑也。①

[注释]

①杨疏:"大之者,郑叛中国,外心事楚,成蛮夷之强,益华夏之弱,齐桓为伯,讨得其罪,郑人服从,遂使世子听命,是其大也。"

[译文]

【经】冬,鲁僖公从讨伐郑国的战场上回国(举行告祭饮至的礼仪)。

〖传〗经文不以救援许国告祭,这是为何?以示对讨伐郑国的重视。

僖公七年

【经】七年,①春,齐人伐郑。

[注释]

①鲁僖公七年,周惠王二十四年,公元前653年。

[译文]

【经】鲁僖公七年，春，齐国人讨伐郑国。

【经】夏，小邾子来朝。

[译文]

【经】夏，小邾国国君前来朝见。

【经】郑杀其大夫申侯。①
〖传〗称国以杀大夫，杀无罪也。②

[注释]

①申侯，《左氏》曰："初，申侯，申出也。"杨伯峻曰："《传》凡言某出者，皆谓某女所生。"又曰："申侯或本非申氏，或虽申氏而娶于申国，申国固姜姓，不背古人同姓不婚之礼。"

②杨疏："庄九年'齐人杀无知'，《传》曰'称人以杀'，'杀有罪也'。此云'称国以杀大夫，杀无罪也'，是称人、称国例异也。但《传》不说杀之状，无由知其事焉。准例言之，则是罪郑伯也。案《传例》：'失德不葬。'文公不书葬，则亦失德也。枉杀卿佐，是失德之传，未知郑伯更有失德，为当直由杀申侯，不可知也。"

[译文]

【经】郑国杀死了它的大夫申侯。
〖传〗经文以国家的名义杀死大夫，以示死者没有罪过。

【经】秋，七月，公会齐侯、宋公、陈世子款、郑世子华，盟于宁母。①
〖传〗衣裳之会也。②

[注释]

①宁母,在今山东鱼台境内。

②杨疏:"衣裳之会十有一,或释或不释。兵车之会四,《传》皆发之者,衣裳之会多,省文以相包;兵车之会少,故备举以见义。此是衣裳,后岁兵车,二文相近,故《传》因而别之也。"

[译文]

【经】秋,七月,鲁僖公会见齐桓公、宋桓公、陈国的世子款、郑国的世子华,在宁母会盟。

〖传〗是友好的会晤。

【经】曹伯班卒。①

[注释]

①曹伯班,曹昭公,姓姬名班。

[译文]

【经】曹国国君姬班去世。

【经】公子友如齐。

[译文]

【经】公子友前往齐国。

【经】冬,葬曹昭公。

[译文]

【经】冬,安葬曹昭公。

僖公八年

【经】八年,①春,王正月,公会王人、齐侯、宋公、卫侯、许男、曹伯、陈世子款盟于洮。②

〖传〗王人之先诸侯,何也?贵王命也。朝服虽敝,必加于上;弁冕虽旧,必加于首;周室虽衰,必先诸侯。兵车之会也。③

[注释]

①鲁僖公八年,周惠王二十五年,公元前652年。
②洮,曹地,在今山东鄄城一带。
③杨疏:"朝服者,天子则皮弁,诸侯则玄冠;衣则皮弁白布,玄冠缁衣素裳也。弁冕者,谓白鹿皮为弁,冕谓以木为干。衣之以布,上玄下纁,垂旒者也。"

[译文]

【经】鲁僖公八年,春,周历正月,鲁僖公会见周王室的人、齐桓公、宋桓公、卫文公、许僖公、曹共公、陈国的世子款,在洮地会盟。

〖传〗周王室的人先于诸侯,这是为何?为了表示天子意志的尊贵。礼服虽然破旧,必须穿在身上;礼帽虽然破旧,必须戴在头上;周王室虽然衰微,但王室必须列于诸侯之前。这是军事会盟。

【经】郑伯乞盟。

〖传〗以向之逃归乞之也。①乞者,重辞也,②重是盟也。③乞者,处其所而请与也。④盖汋之也。⑤

[注释]

①范注:"向谓五年逃首戴之盟,齐桓为兵车之会,于此乃震服,惧不得盟,故乞得与之。不录使者,使若郑伯自来,所以抑一人之恶,申众人之善。"

②范注:"人道贵让,故以乞为重。"杨疏:"文与乞师同,故为重辞也。"

③范注:"悔前逃归,故以重言。"

④范注:"言乞知不自来。"杨疏:"《经》言晋侯使郤锜来乞师,是亦不自来也。若然,何以不录使者,所以抑郑伯、申诸侯也。"

⑤范注:"汋血而与之。"汋,同"酌"。僖公九年葵丘之会,范注云"八年洮会云汋血与郑伯者,彼兵车之会故也",可知当是诸侯歃血,酌之以与郑文公,而非文公自取其血送之于洮。

[译文]

【经】郑文公乞求会盟。

〖传〗因为之前遁逃回国,故而乞求会盟。"乞",是表示重要的说法,以示对这次会盟的重视。"乞",是郑文公仍在国内,却提请参与会盟的意思。大概是诸侯酌取会盟之血送给郑文公同意他参与会盟。

【经】夏,狄伐晋。

[译文]

【经】夏,狄人讨伐晋国。

【经】秋,七月,禘于大庙,①用致夫人。②

〖传〗用者,不宜用者也。致者,不宜致者也。言夫人必以其氏姓。言夫人而不以氏姓,非夫人也,立妾之辞也,非正也。③夫人之,我可以不夫人之乎?夫人卒葬之,我可以不卒葬之乎?④一则以宗庙临之而后贬焉,⑤一则以外之弗夫人而见正焉。⑥

[注释]

①禘,三年大祭之名。大庙,太庙,周公之庙。范注:"《礼记·明堂位》曰:'季夏六月,以禘礼祀周公于大庙。'《杂记下》曰:'孟献子曰:"七月日至,可以有事于祖。"七月而禘,献子为之。'案,宣九年'仲孙蔑如京师',于是献子始见《经》,襄十九年卒,然则失礼非献子所始明矣。《杂记》之云,宁所未详。"杨疏:"范言此者,以《礼记》称'七月而禘,献子为之'。此时未有献子,亦七月而禘,故知失礼,非献子为始也。"

②范注:"刘向曰:'夫人,成风也。'致之于大庙,立之以为夫人。"杨疏:"《左氏》以夫人为哀姜,因禘祭而致之于庙。《公羊》以为僖公本取楚女为嫡,取齐女为媵,齐女先至,遂胁公,使立之为夫人,故因禘祭而见于庙。此《传》及《注》意,则以夫人为成风。致之者,谓致之于大庙,立之以为夫人。与二《传》违者,若《左氏》以夫人为哀姜,元年为齐所杀,何为今日乃致之?若《公羊》以为齐之媵女,则僖公是作颂贤君,纵为齐所胁,岂得以媵妾为夫人乎?明知二《传》非也。今《传》云,一则以宗庙临之而后贬焉,一则以外之弗夫人而见正焉。检《经》《传》之文符同,故知是成风也。"

③范注:"夫人者,正嫡之称,谓非崇妾之嘉号,以妾体君,则上下无别。虽尊其母,是卑其父,故曰非正也。礼:有君之母,非夫人者,又庶子为后,为其母缌。是妾不为夫体明矣。"杨疏:"仲子者,惠公之母。隐五年'考仲子之宫',而《经》《传》讥之是也。有君之母非夫人者,又庶子为后为其母缌者,《丧服》文也。"

④范注引郑嗣曰:"君以为夫人,君以夫人之礼卒葬之,主书者不得不以为夫人也。成风以文四年薨,五年葬,《传》终说其事。"

⑤范注:"臣无贬君之义,故于大庙去夫人氏姓,以明君之非正。"

⑥范注:"秦人来归僖公成风之襚,不言夫人。"

[译文]

【经】秋,七月,在太庙举行禘礼,用礼告祭夫人。

〖传〗"用",是不宜用礼的意思。"致",是不宜告祭的意思。提及夫人照例加上她的姓氏。如果提及夫人却没有加上姓氏,说明她不是夫人,而是身为妾,却被立为夫人的说法,这是不合乎正道的。国君将她作为夫人,臣子岂能不将她视作我国夫人?国君以夫人之礼为她下葬,臣子岂能不以夫人之礼为她下葬?故而既不在太庙面前称其为夫人,以示对她的贬斥;又记他国不称她为夫人,以示正道昭然。

【经】冬,十有二月丁未,天王崩。①

[注释]

①天王,周惠王,姓姬名阆。

[译文]

【经】冬,十二月丁未日,周惠王逝世。

僖公九年

【经】九年,①春,王三月丁丑,宋公御说卒。②

[注释]

①鲁僖公九年,周襄王元年,公元前651年。
②宋公御说,宋桓公,姓子名御说。

[译文]

【经】鲁僖公九年,春,周历三月丁丑日,宋国国君子御说去世。

【经】夏,公会宰周公、齐侯、宋子、卫侯、郑伯、许男、曹伯于葵丘。①

〖传〗天子之宰,通于四海。②宋其称子,何也?未葬之辞也。礼:柩在堂上,孤无外事。今背殡而出会,以宋子为无哀矣。③

[注释]

①宰,官。周,采地。宋子,宋襄公,姓子名兹父。葵丘,地名。范注:"天子三公不字。"

②范注:"宰,天官冢宰,兼为三公者。三公论道之官,无事于会盟。冢宰掌建邦之六典,以佐王治邦国,故曰通于四海。"杨疏:"《传》言'通于四海'者,解其与盟会之事也。若直为三公论道之官,则无事于会盟。以兼为冢宰,通于四海,为诸侯所尊,故得出会也。一解通于四海者,解其称官之意,与《注》乖,非也。论道之官者,《尚书·周官》云'论道经邦,燮理阴阳'是也。'掌建邦之六典'者,《大宰职》云'一曰治典、二曰教典、三曰礼典、四曰政典、五曰刑典、六曰事典'是也。《左氏》以宰周公为宰孔,此《传》盖亦然也。"

③范注:"攒木如椁,涂之曰殡。殷人殡于两楹之间,周人殡于西阶之上。宋,殷后也。"《礼记》云:"在堂曰尸,在棺曰柩。"杨疏:"称宋子,正也。而云无哀者,宋子非主伯所召,而自会诸侯。称子,嫌称子合正无讥,故《传》责其背殡也。晋襄背殡,贬之称人。此《经》不贬者,宋襄虽背殡出会,而子道不亏,于理虽合小讥,而文不可贬责。其晋襄上无王命所召,又非国事急重,而自为戎首,与敌交战,非直于理合责,于文亦当贬也。"杨疏:"《礼记·檀弓》云:'天子之殡也,菆涂龙輴以椁。'郑玄云:'菆木周龙輴,如椁,而涂之也。天子殡以輴车,画辕为龙也。'彼说天子之礼,故云龙輴,则诸侯亦设輴而不画龙,其用木攒之亦如椁,故范云'攒木如椁'也。"

[译文]

【经】夏,鲁僖公在葵丘会见宰周公、齐桓公、宋襄公(未逾年之君)、卫文公、郑文公、许僖公、曹共公。

〖传〗周天子的冢宰可以与四海之内的诸侯会见。经文称宋襄公为"子",这是为何?是先君尚未下葬的说法。根据礼制:先君的灵柩停在堂上时,国君不能外出参加各种事务。如今宋襄公不顾殡丧之事,外出参与会盟,君子认为宋襄公毫无哀痛之情。

【经】秋,七月乙酉,伯姬卒。

〖传〗内女也。未适人,不卒。①此何以卒也?许嫁,笄而字之,死则以成人之丧治之。②

[注释]

①杨疏:"明内女有书卒之义,故发首云内女也。若其不然,不嫌非内女也。范氏《别例》云:'内女卒葬例有六,葬有三,卒亦有三。卒者,此文一也;僖十六年鄫季姬二也;成八年杞叔姬三也。葬者,庄四年葬纪伯姬,三十年葬纪叔姬,襄三十年宋葬共姬是也。文十二年子叔姬不数之者,与此伯姬同是未适人,故总为一也。'"

②范注:"女子许嫁不为殇,死则以成人之丧治之,谓许嫁于诸侯,尊同,则服大功九月。吉笄,以象为之,刻镂其首以为饰,成人著之。"杨疏:"《丧服·大功章》云:'女子子之长殇。'《传》曰'何以大功?未成人也','年十九至十六为长殇,十五至十三为中殇,十一至八岁为下殇',七岁以下'为无服之殇'。于其服也,长殇、中殇降成人一等,下殇降成人二等。又《丧服传》曰:'大功之殇中从上,小功之殇中从下。'长殇、中殇总言之者,据大功以上也。其葬殇之礼,亦与成人有异,故《檀弓》云'周人以殷人之棺椁葬长殇,以夏后氏之墍周葬中殇、下殇,以有虞氏之瓦棺葬无服之殇'是也。女子许嫁而笄,犹男子之冠也,故以成人之丧治之。礼:诸侯绝期,故许嫁于诸侯,则服之;若嫁与大夫,则不服也。礼:姊妹与己之女,同服齐衰;若出嫁,则为之降至大功九月。礼意为降者,取受我而厚之。夫为之期,故我为之降。计此伯姬未至夫家。案《曾子问》云'娶女有吉日而女死','婿齐衰而吊,既葬除之'。然则其夫不为之尽礼,则皆不得为之降,当亦服齐衰期也。而范注云'服大功'者,据出嫁者言之,故云'大功',非谓此亦大功也。或

当女子在室，公不为之服，则卒之亦不书。今书之者，以其许嫁故也。夫虽不终服，公亦从出嫁之例降至大功也。吉笄以象为之者，《诗》云'象服是宜。'《毛传》云：'尊者所以为饰。'故知用象也。郑解象服与此异耳。《丧服》女子许嫁，服斩衰，用箭笄，齐衰则用榛笄。丧既无饰，故知吉笄有饰也。镂刻其首者，相传为然也。"

[译文]

【经】秋，七月乙酉日，伯姬去世。

〖传〗鲁国宗室之女尚未出嫁时去世，照例不作记载。这里为何记其去世？因为她已经与人订婚，举行过笄礼，取过字，死时便以成人的丧礼来操办。

【经】九月戊辰，诸侯盟于葵丘。①

〖传〗桓盟不日，此何以日？美之也。为见天子之禁，故备之也。②葵丘之会，陈牲而不杀，③读书加于牲上，壹明天子之禁。④曰：毋雍泉，⑤毋讫籴，⑥毋易树子，⑦毋以妾为妻，毋使妇人与国事。⑧

[注释]

①葵丘，在今河南民权东北。

②范注："何休以为即日为美，其不日皆为恶也。桓公之盟不日，皆为恶邪？庄十三年柯之盟，不日为信，至此日以为美，义相反也。"又引郑君释之曰："柯之盟不日，因始信之。自其后盟，以不日为平文。从阳穀巳来，至此葵丘之盟，皆令诸侯以天子之禁。桓德极而将衰，故备日以美之，自此不复盟矣。"杨疏："十五年盟于牡丘，而云不复盟矣者，以衣裳之会不复盟，彼是兵车故也。"

③范注："所谓无歃血之盟。郑君曰：'盟牲，诸侯用牛，大夫用豭。'"杨疏："陈牲不杀，则不得谓之盟，若不杀牲，又不得云读书加于牲上，而《传》云不杀者，桓公信义之极，见于此矣。虽盟而不歃血，谓之不杀。不杀

僖公 253

者,谓不如凡常之杀,杀而不用,直读书而加于牲上而已。"杨疏又云:"庄二十七年《传》云:'衣裳之会十有一,未尝有歃血之盟也。'信厚也,则衣裳之会皆不歃血。而此会独言之者,以此会桓德极盛,故详其事,实余盟亦不歃血耳。八年洮会云'汋血与郑伯'者,彼兵车之会故也。徐邈云:'陈牲者,不杀埋之,陈云诸侯而已。'加于牲上者,亦谓活牲,非死牲,理亦通也。此葵丘会为桓德盛,故书日以美之。又毋雍泉以下,是四教之事,而《论语》一匡天下,郑不据之;而指阳穀者,郑据《公羊》之文,故指阳穀。其实此会亦有四教,故上《注》云从阳穀已来,至此葵丘之盟,皆令诸侯以天子之禁是也。《注》又引郑君曰'盟牲,诸侯用牛,大夫用豭'者,《左传》云:'诸侯盟,谁执牛耳?'又曰:'郑伯使卒出豭。是其证也。'"

④范注:"壹犹专也。"
⑤范注:"专水利以障谷。"雍,塞也。
⑥范注:"讫,止也,谓贮粟。"
⑦范注:"树子,嫡子。"
⑧范注:"女正位于内。"

[译文]

【经】九月戊辰日,诸侯在葵丘会盟。

〖传〗凡是齐桓公召开的盟会,照例不记载日期,这里为何记载日期?是为了褒扬他。齐桓公能彰显周天子的禁令,故而详细地记载了日期。葵丘之会上,齐桓公陈列祭牲却不宰杀,宣读的盟书就放在祭牲之上,用于在会上专门陈明周天子的禁令。禁令说:"禁止雍塞河流,禁止囤积居奇,禁止擅自更换嫡子,禁止以妾为妻,禁止让妇人参与国政。"

【经】甲子,晋侯诡诸卒。①

[注释]

①晋侯诡诸,晋献公,姓姬名诡诸。范注:"枉杀世子申生,失德不葬。"

杨疏："宋桓亦不葬，至此言失德者，今献公枉杀申生，即是失德之例。宋桓无罪之状，故范不得言之也。《公羊》以为桓公不书葬者，为宋襄公背殡出会。不书葬，若非背殡然也？《穀梁》既讥宋子，即不是为讳，盖鲁不会故也。"

[译文]

【经】甲子日，晋国国君姬诡诸去世。

【经】冬，晋里克杀其君之子奚齐。①

〖传〗其君之子云者，国人不子也。国人不子，何也？不正其杀世子申生而立之也。②

[注释]

①奚齐，献公之子。未逾年，故作"其君之子"。杨疏："范云：'弑君日与不日，从其君正与不正。'今奚齐书时者，为未成君，且又不正故也。"

②范注："诸侯在丧称子，言国人不君之，故系于其君。"

[译文]

【经】冬，晋国的里克杀死晋献公的儿子奚齐。

〖传〗所谓"其君之子"，说明晋国人并不将奚齐视作国君。晋国人不将奚齐视作国君，这是为何？因为晋献公杀死世子申生，改立奚齐的行为是不合正道的。

僖公十年

【经】十年，①春，王正月，公如齐。②

[注释]

①鲁僖公十年，周襄王二年，公元前650年。

②杨疏:"何休云:'书月者,善公朝事齐,故月之。'朝既以时为正,书月何以为善?盖为下灭温书月也。"

[译文]
【经】鲁僖公十年,春,周历正月,鲁僖公前往齐国。

【经】狄灭温,温子奔卫。

[译文]
【经】狄人灭温国,温国国君出奔卫国。

【经】晋里克弑其君卓,① 及其大夫荀息。
〖传〗以尊及卑也。荀息闲也。②

[注释]
①卓,卓子也。下《传》曰:"晋献公伐虢,得丽姬,献公私之。有二子,长曰奚齐,稚曰卓子。"
②闲,桓二年范注曰:"谓扞御。"

[译文]
【经】晋国的里克杀害晋国国君姬卓,以及大夫荀息。
〖传〗要从尊贵的人书写到卑微的人。荀息,是为保卫国君而死的。

【经】夏,齐侯、许男伐北戎。

[译文]
【经】夏,齐桓公、许僖公讨伐北戎。

【经】晋杀其大夫里克。

〖传〗称国以杀,罪累上也。里克弑二君与一大夫,①其以累上之辞言之,何也?②其杀之不以其罪也。其杀之不以其罪,奈何?里克所为杀者,为重耳也。③夷吾曰:"是又将杀我乎?"故杀之不以其罪也。其为重耳杀奈何?晋献公伐虢,得丽姬,献公私之。有二子,长曰奚齐,稚曰卓子。丽姬欲为乱,④故谓君曰:"吾夜者梦夫人趋而来曰:'吾苦畏!'⑤胡不使大夫将卫士而卫冢乎?"公曰:"孰可使?"曰:"臣莫尊于世子,则世子可。"故君谓世子曰:"丽姬梦夫人趋而来曰:'吾苦畏!'女其将卫士而往卫冢乎?"世子曰:"敬诺。"筑宫,宫成。丽姬又曰:"吾夜者梦夫人趋而来曰:'吾苦饥!'世子之宫已成,则何为不使祠也?"故献公谓世子曰:"其祠!"世子祠。已祠,致福于君。君田而不在,丽姬以鸩为酒,⑥药脯以毒。献公田来,丽姬曰:"世子已祠,故致福于君。"君将食,丽姬跪曰:"食自外来者,不可不试也。"覆酒于地而地贲,⑦以脯与犬,犬死。丽姬下堂而啼呼曰:"天乎!天乎!国,子之国也,子何迟于为君?"君喟然叹曰:"吾与女未有过切,是何与我之深也?"⑧使人谓世子曰:"尔其图之。"世子之傅里克谓世子曰:"入自明。入自明则可以生,不入自明则不可以生。"世子曰:"吾君已老矣,已昏矣。吾若此而入自明,则丽姬必死。丽姬死,则吾君不安。所以使吾君不安者,吾不若自死。吾宁自杀以安吾君,以重耳为寄矣。⑨"刎脰而死。⑩故里克所为弑者,为重耳也。夷吾曰:"是又将杀我也。"

[注释]

①二君,奚齐、卓子。一大夫,荀息。

②范注:"据有罪。"

③范注:"杀奚齐、卓子者,欲以重耳为君。重耳,夷吾兄文公。"

④范注:"乱谓杀申生而立其子。"丽姬,此《传》以为伐虢所得,《左氏》以为伐丽戎所得。

⑤夫人,世子申生之母,号齐姜,前卒。时献公在晋都绛,齐姜庙在曲沃。

⑥鸩,以鸩鸟毛泡成的毒酒。

⑦贲,隆起也。

⑧范注:"吾与女未有过差切急。"杨疏:"公信丽姬,谓大子实将杀己,故喟然叹曰:'吾与汝为父子以来,未尝有过差切急,是何与我之深也。'虽不对大子发叹,而为此言也。"

⑨范注:"虑丽姬又谮重耳,故以托里克,使保全之。"

⑩脰(dòu),颈也。

[译文]

【经】晋国杀死它的大夫里克。

〖传〗经文以国家的名义杀死大夫,表示国君也有杀死大夫的罪行。里克杀死两任国君与一位大夫,经文却以国君有罪的说法来记载,这是为何?因为国君杀死里克,不以其罪行为由。国君杀死里克,却不以其罪行为由,又是为何?因为里克之所以杀害两任国君,是为了重耳。夷吾说:"又要来杀我了吧?"故而杀死里克,而不以其罪行为由。里克为了重耳而弑君,又是为何?晋献公讨伐虢国时,俘获了丽姬,晋献公很宠爱她。丽姬生了两个儿子,长子叫奚齐,幼子叫卓子。丽姬想要作乱,故而对晋献公说:"我夜里梦见夫人快步而来,说:'我因为恐惧而感到孤苦。'为何不派大夫率领卫士去看守夫人的坟墓?"晋献公说:"派谁去?"丽姬说:"大夫中没有比世子更尊贵的,应当派他去。"故而晋献公对世子说:"丽姬梦见夫人夜间快步而来,说她因为恐惧而感到孤苦,你可以率领卫士前去守卫她的坟墓吗?"世子说:"遵命。"晋献公修筑宫殿,宫殿竣工。丽姬又说:"我夜里梦见夫人快步而来,说:'我因为饥饿而感到贫苦。'世子的宫殿已经落成,为何不让他行祠礼呢?"故而晋献公对世子说:"去行祠礼。"世子于是去行祠礼。行毕,回来向晋献公进献。晋献公因为外出狩猎,不在宫中。丽姬将鸩毒掺入酒中,又将毒药掺在祭肉中。等到晋献公回来,丽姬说:"世子已行祠礼,故而向您进献。"晋献公正要进食,丽姬下跪说:"从外面来的酒食,不能不先试毒。"把酒倒在地上,地面隆起,把祭肉喂给狗吃,狗死。丽姬走下正厅啼哭大呼道:"天哪!天哪!这个国家迟早是世子的,世子为何还嫌得国太迟呢?"晋献公叹息着说:"我和你之间没有什么过节,为何要这么恨我啊?"派人对世子说:"你考虑一下吧。"世子的老师里克对世子说:"您快入宫为自己辩白。入宫为自己辩白,就能活着,如果不入宫为自己辩白,便只有一死了。"世子说:"我们的国君已经老了,已经不中用了。我如果入宫为自己辩白,那么丽姬必被诛杀。丽姬一死,国君便食不甘味。与其让国君食不甘味,还不如我自己被诛杀。我宁愿自杀让国君安心,重耳就拜托给您了。"世子刎颈自杀。故而里克是为了重耳而弑君。夷吾说:"又要来杀我了吧?"

【经】秋,七月。

[译文]

【经】秋,七月。

【经】冬,大雨雪。

[译文]

【经】冬,下大雪。

僖公十有一年

【经】十有一年,①春,晋杀其大夫丕郑父。

〖传〗称国以杀,罪累上也。②

[注释]

①鲁僖公十一年,周襄王三年,公元前649年。
②杨疏:"重发《传》者,此里克同党,恐异,故发之。"

[译文]

【经】鲁僖公十一年,春,晋国杀死它的大夫丕郑父。

〖传〗经文以国家的名义杀死大夫,表示国君也有杀死大夫的罪行。

【经】夏,公及夫人姜氏会齐侯于阳榖。

[译文]

【经】夏,鲁僖公与夫人姜氏在阳榖会见齐桓公。

【经】秋,八月,大雩。

〖传〗雩月,正也。雩,得雨曰雩,不得雨曰旱。①

[注释]

①范注:"礼,龙见而雩。常祀不书,书者皆以旱也。故得雨则喜,以月为正也;不得雨则书旱,明旱灾成。何休曰:'《公羊》书雩者,善人君应变求索,不雩则言旱,旱而不害物,言不雨也。就如《榖梁》,设本不雩,何以明

之？如以不雨明之，设旱而不害物，何以别乎？"又引郑君释之曰："雩者，夏祈谷实之礼也，旱亦用焉。得雨书雩，明雩有益。不得雨书旱，明旱灾成。后得雨，无及也。国君而遭旱，虽有不忧民事者，何乃废礼？本不雩祷哉！顾不能致精诚也。旱而不害物，故以久不雨别之。文二年、十三年，'自十有二月''自正月''不雨，至于秋七月'是也。《穀梁传》曰：'历时而言不雨，文不闵雨也。'以文不忧雨，故不如僖时书不雨。文所以不闵雨者，素无志于民，性退弱而不明，又见时久不雨而无灾耳。"杨疏："《穀梁》之例，若常祀之雩，则皆不书，书者，并是为旱也；若得雨则书雩，不得雨则书旱。就书之中，若八月、九月雩，则书月以见正，何者？八月、九月，其时穷，人力尽故也。定元年'九月，大雩'。《传》曰：'雩月，雩之正也。'此秋八月雩，《传》曰：'雩，月，正也。'是雨者雩者书月以见正。昭二十五年七月'大雩'亦书月者，以一月再雩，故月也。余月雩者，则书时，以见非正。则成七年'冬，大雩'，《传》曰：'雩不月而时，非之也。'冬无为雩也。又定元年《传》曰：'秋，大雩，非正也。冬，大雩，非正也。'是余月雩皆书时以见非正。其旱则例皆时，何者？旱必岁穷，非一月之事故也，则僖二十一年'夏，大旱'。《传》曰：'旱，时，正也。'宣七年'秋，大旱'，亦蒙例可知也。旧解八月雩，虽不得雨，亦不云旱也。若九月雩而不得雨，则书旱。《传》言得雨曰雩，指为八月也。不得雨曰旱，指为九月也。观《经》《传》上下，全无此意，其说非也。又僖二十一年'夏，大旱'，范引《传例》曰：'得雨曰雩，不得雨曰旱。'岂是九月雩不得雨，何为亦书旱也？"

[译文]

【经】秋，八月，举行盛大的祈雨仪式。

〖传〗八月举行雩祭，故记载月份是合乎礼制的。"雩"，祈雨成功叫作"雩"，祈雨失败叫作"旱"。

【经】冬，楚人伐黄。

[译文]

【经】冬，楚国人讨伐黄国。

僖公十有二年

【经】十有二年,①春,王正月庚午,日有食之。

[注释]

①鲁僖公十二年,周襄王四年,公元前648年。

[译文]

【经】鲁僖公十二年,春,周历正月庚午日,发生日食。

【经】夏,楚人灭黄。

〖传〗贯之盟,管仲曰:"江、黄远齐而近楚,楚,为利之国也。若伐而不能救,则无以宗诸侯矣。"①桓公不听,遂与之盟。管仲死,楚伐江灭黄,桓公不能救。故君子闵之也。②

[注释]

①范注:"宗诸侯,谓诸侯宗之。"
②范注:"闵其贪慕伯者以致灭。"杨疏:"案《史记》,管仲之卒在桓公四十一年,计桓公四十一年,当鲁僖十五年。而此云管仲死者,盖不取之《史记》之说。云闵之也者,闵其背楚致祸,归齐无福之意,是不解《经》也。"

[译文]

【经】夏,楚国人灭黄国。

〖传〗在贯地的盟会上,管仲曾说:"江国、黄国远离齐国而临近楚国,楚国是只知道追求利益的国家。如果楚国讨伐二国,齐国无法救援他们,那么就无法获得诸侯的拥戴了。"齐桓公不听,于是与二国盟誓。管仲死后,楚国讨伐江国、灭黄国,齐桓公无力救援。故而君子哀悯他们。

【经】秋，七月。

[译文]

【经】秋，七月。

【经】冬，十有二月丁丑，陈侯杵臼卒。①

[注释]
①陈侯杵臼，陈宣公，姓妫名杵臼。

[译文]

【经】冬，十二月丁丑日，陈国国君妫杵臼去世。

僖公十有三年

【经】十有三年，①春，狄侵卫。

[注释]
①鲁僖公十三年，周襄王五年，公元前647年。

[译文]

【经】鲁僖公十三年，春，狄人侵犯卫国。

【经】夏，四月，葬陈宣公。

[译文]

【经】夏，四月，安葬陈宣公。

【经】公会齐侯、宋公、陈侯、卫侯、郑伯、许男、曹伯于咸。①

〖传〗兵车之会也。

[注释]

①咸，卫地，在今河南濮阳一带。杨伯峻曰："与文十一年'败狄于咸'之为鲁地者恐为两地。"

[译文]

【经】鲁僖公在咸地会见齐桓公、宋襄公、陈穆公、卫文公、郑文公、许僖公、曹共公。

〖传〗是军事会盟。

【经】秋，九月，大雩。

[译文]

【经】秋，九月，举行盛大的祈雨仪式。

【经】冬，公子友如齐。

[译文]

【经】冬，公子友前往齐国。

僖公十有四年

【经】十有四年①,春,诸侯城缘陵。②

〖传〗其曰诸侯,散辞也。③聚而曰散,何也?④诸侯城,有散辞也。桓德衰矣。⑤

[注释]

①鲁僖公十四年,周襄王六年,公元前646年。

②缘陵,杞邑,在今山东昌乐一带。杨疏:"谓之城者,封杞也。不发非国之问者,从楚丘之例也。不言城杞及迁,亦从彼例也。《公羊》以为杞国为徐莒胁灭,故诸侯为之城。《左氏》以为淮夷病杞,故齐桓为之城。二《传》说城之所由虽殊,皆是为杞也。故范注亦云'缘陵,杞邑'。"

③范注:"直曰诸侯,无小大之序,是各自欲城,无总一之者,非伯者所制,故曰散辞。"

④范注:"据言诸侯城,则是聚。"

⑤范注:"言诸侯城,则非伯者之为可知也。齐桓德衰,所以散也。何休曰:'案先是盟,亦言诸侯,非散也。又《穀梁》美九年诸侯盟于葵丘,即散,何以美之邪?'"又引郑君释之曰:"九年,公会宰周公、齐侯、宋子、卫侯、郑伯、许男、曹伯于葵丘,九月戊辰,盟于葵丘。时诸侯初在会,未有归者,故可以不序。"今此十三年夏公会齐侯、宋公、陈侯、卫侯、郑伯、许男、曹伯于咸,而冬公子友如齐,此聘也。书聘,则会固前已归矣。今云诸侯城缘陵,而不序其人,明其散,桓德衰矣。葵丘之事,安得以难此?

[译文]

【经】鲁僖公十四年,春,诸侯修筑缘陵的城墙。

〖传〗经文称其为"诸侯",是零散的说法。明明聚在一起,却用表示零散的说法,这是为何?"诸侯城",便是诸侯散漫、不听调令的说法。齐桓公的德行开始衰败了。

【经】夏,六月,季姬及鄫子遇于防,使鄫子来朝。①

〖传〗遇者,同谋也。②来朝者,来请己也。③朝不言使,言使,非正也。以病鄫子也。

[注释]

①鄫,或作"鄫",姒姓,在今山东兰陵一带。范注:"遇例时,此非所宜遇,故谨而月之。"

②范注:"鲁女无故远会诸侯,遂得淫通,此亦事之不然。《左传》曰,鄫季姬来宁,公怒之,以鄫子不朝,遇于防,而使来朝。此近合人情。"杨疏:"《传例》曰:'遇者,志相得也。'今云同谋者,以淫通,与盟会异,故发《传》。又云'言使,非正'者,妇人使夫,异于君使世子,故重发非正之例也。"按,桓九年"曹伯使其世子射姑来朝"言使,《传》曰:"朝不言使,言使非正也。"

③范注:"使来朝,请己为妻。"

[译文]

【经】夏,六月,季姬与鄫国国君在防地相遇,派鄫国国君前来朝见。

〖传〗"遇",是旨趣相同的意思。"来朝",是来请求娶自己为妻。诸侯之间朝见,照例不用"使"这一说法,用"使",不合乎礼制。以此表示对鄫国国君的羞辱。

【经】秋,八月辛卯,沙鹿崩。①

〖传〗林属于山为鹿。沙,山名也。无崩道而崩,故志之也。其日,重其变也。②

[注释]

①沙,晋山。鹿,山足。隐三年所云"厚而崩"也。杨疏:"《公羊》以沙鹿为河上之邑。崩者,陷入地中。杜预注《左氏》以为山名。此《传》以鹿为山足。是三《传》说异也。"

②范注引刘向曰:"鹿在山下平地,臣象,阴位也。崩者,散落,背叛不事上之象。"杨疏:"决梁山崩,不日也。梁山崩,亦壅河,不书壅河者,举山崩为重故也。"

[译文]

【经】秋,八月辛卯日,沙山山脚崩落。

〖传〗树林与山相连的部分就是山脚。沙,是山名。山原本不会崩坏,如今无缘无故自行崩落,故而记录下来。经文记载日期,以示对此变故的重视。

【经】狄侵郑。

[译文]

【经】狄人侵犯郑国。

【经】冬,蔡侯肸卒。
〖传〗诸侯时卒,恶之也。①

[注释]

①蔡侯肸,蔡穆侯,姓姬名肸。杨疏:"糜信云:'蔡侯肸父哀侯,为楚所执,肸不附中国,而常事父雠,故恶之而不书日也。'案,蔡侯自僖以来,未与中国为会,则糜信之言是也。不书葬者,或是失德,或是鲁不会也。"

[译文]

【经】冬,蔡国国君姬肸去世。

〖传〗如果仅记载诸侯死时的季节,就是对他表示厌恶。

僖公十有五年

【经】十有五年,①春,王正月,公如齐。

[注释]

①鲁僖公十五年,周襄王七年,公元前645年。

[译文]

【经】鲁僖公十五年,春,周历正月,鲁僖公前往齐国。

【经】楚人伐徐。①

[注释]

①徐,在今安徽泗县一带。

[译文]

【经】楚国人讨伐徐国。

【经】三月,公会齐侯、宋公、陈侯、卫侯、郑伯、许男、曹伯,盟于牡丘。①

〖传〗兵车之会也。

[注释]

①牡丘,在今山东聊城市茌平区东。

[译文]

【经】三月,鲁僖公会见齐桓公、宋襄公、陈穆公、卫文公、郑文公、许僖公、曹共公,在牡丘会盟。

〖传〗是军事会盟。

【经】遂次于匡。①

〖传〗遂,继事也。次,止也,有畏也。②

[注释]

①匡,卫地,在今河南长垣一带。范注:"救徐也,时楚人伐徐。"
②范注:"畏楚。"杨疏:"复发《传》者,前次于陉,欲绥楚以德,今而畏楚,故别发之。"

[译文]

【经】又在匡地驻扎。

〖传〗"遂",是继续行事的意思。"次",是驻扎的意思,诸侯对楚国有所畏惧。

【经】公孙敖帅师及诸侯之大夫救徐。①

〖传〗善救徐也。②

[注释]

①公孙敖,庆父之子。范注:"诸侯既盟,次匡,皆遣大夫将兵救徐,故不复具列诸国。"前目而后凡也。
②杨疏:"徐叛楚即齐,旋为楚所败,嫌救非善,故发明之。"

[译文]

【经】公孙敖率领军队,与诸侯的大夫救援徐国。

〖传〗这是在褒扬救援徐国的行为。

【经】夏,五月,日有食之。①

[注释]

①范注:"夜食。"杨疏:"庄公十八年《传》云:'不言日,不言朔,夜食也。是以知之。'"

[译文]

【经】夏,五月,发生日食。

【经】秋,七月,齐师、曹师伐厉。①

[注释]

①厉,在今河南鹿邑一带,一说在湖北随州市随县一带。范注引徐邈曰:"案齐桓末年,用师及会,皆危之而月也。于时霸业已衰,勤王之诚替于内,震矜之容见于外,祸衅既兆,动接危理,故月。众国之君虽有失道,未足为一世兴衰。齐桓威摄群后,政行天下,其得失皆治乱所系,故《春秋》重而详之,录所善而著所危云尔。"杨疏:"何休以为葵丘之会,桓公震而矜之,叛者九国,此厉亦是叛者,故伐之。《左氏》以为厉是楚属国,故伐厉以救徐。今范载徐言云'震矜之容见于外',则与何休同也。录所善,九年,盟于葵丘,著日以极美是也。著所危者,此年书月以见衰,是著所危。"

[译文]

【经】秋,七月,齐国军队、曹国军队讨伐厉国。

【经】八月,螽。
〚传〛螽,虫灾也。甚则月,不甚则时。

[译文]

【经】八月,螽虫成灾。
〚传〛"螽",是虫灾。虫灾严重,经文就记载月份;不严重,就仅记载季节。

【经】九月，公至自会。①

[注释]

①范注："庄二十七年《传》曰：'相会不致，安之也。'而此致者，齐桓德衰，故危而致之。"杨疏："重发《传》者，嫌僖公忧民之重灾，不至于甚，故明之也。"

[译文]

【经】九月，鲁僖公从牡丘的盟会上回国（举行告祭饮至的礼仪）。

【经】季姬归于鄫。

[译文]

【经】季姬嫁到鄫国。

【经】己卯，晦，震夷伯之庙。①

〖传〗晦，冥也。②震，雷也。夷伯，鲁大夫也。因此以见天子至于士皆有庙。③天子七庙，④诸侯五，⑤大夫三，⑥士二。⑦故德厚者流光，德薄者流卑。⑧是以贵始，德之本也。始封必为祖。⑨

[注释]

①夷，谥；伯，字。《左氏》以为展氏之先祖也。

②晦，晦日也。冥，月暗无光也。成十六年"甲午晦"，杨疏曰："僖十五年'己卯晦，震夷伯之庙'，《传》曰：'晦，冥也。'则晦非常文。而云'遇晦'者，旧解以为僖十五年《传》曰'晦，冥也'者，谓月光尽而夜暗，不谓非晦日也。"

③范注："明夷伯之庙过制，故因此以言礼。"

④范注:"《祭法》曰:王立七庙,曰考庙、王考庙、皇考庙、显考庙、祖考庙;有二祧。远庙称祧。"杨疏:"郑据《礼记》说云:'夏五庙,则殷六庙,周七庙。'故《王制》云:'天子七庙,三昭三穆,与大祖之庙而七。'郑注云:'此周制。七者,大祖庙,及文武二祧,与亲庙四。大祖,谓后稷也。殷则六庙,契及汤,与二昭二穆也。夏则五庙,无大祖,禹与二昭二穆而已。'"

⑤范注:"曰考庙、王考庙、皇考庙、显考庙、祖考庙。"杨疏:"《王制》又云:'诸侯五庙,二昭二穆与大祖而五。'郑云:'大祖,始封之君。王者之后,则不为始封之君庙也。'"

⑥范注:"曰考庙、王考庙、皇考庙。"杨疏:"《王制》又云:'大夫三庙,一昭一穆与大祖之庙而三。'郑云:'大祖,别子始爵封者','虽非别子,始爵者亦然'。"

⑦范注:"曰考庙、王考庙。"杨疏:"《王制》又云:'士一庙,庶人祭于寝。'郑云:'谓诸侯中士下士名曰官师者,上士则二庙。寝,适寝也。'是礼与《传》文合也。"

⑧范注引雍曰:"德厚者位尊,道隆者爵重,故天子远及七世,士祭祖而已。"杨疏:"光犹远也,卑犹近也。天子德厚,故远及七庙,士之德薄,故近及二庙,因其贵贱有伦,故制为等级也。"

⑨范注:"若契为殷祖,弃为周祖。"杨疏:"始,谓受封之君,所以贵之者由是。'德之本也',言有大德,故受高位。高位由之而来,故始封之君,必为祖矣。祖,谓庙不毁也。"按,毁庙,文二年"作僖公主"。范注曰:"礼:亲过高祖则毁其庙,以次而迁,将纳新神,故示有所加。"何休《解诂》曰:"毁庙,谓亲过高祖,毁其庙,藏其主于大祖庙中。"《汉书·韦贤传》曰:"祖宗之庙,世世不毁,继祖以下,五庙而迭毁。"

[译文]

【经】己卯晦日,雷击夷伯的祭庙。

〖传〗"晦",是一月之末月暗无光的意思。"震",是雷击的意思。夷伯,是鲁国的大夫。可见自天子至于士,都有自己的宗庙。天子有七个庙,诸侯有五个庙,大夫有三个庙,士有两个庙。故而德行深厚的人流泽长远，德行浅薄的人流泽短浅。因此推重最先立德的始祖，这是德行的根本。最先接受分封的君主必有始祖庙。

【经】冬，宋人伐曹。

[译文]

【经】冬，宋国人讨伐曹国。

【经】楚人败徐于娄林。①
〖传〗夷狄相败，志也。②

[注释]

①娄林，徐地，在今安徽泗县一带。
②范注："夷狄相败，书文不具。今起祸乱之原，谨兵车之始，故《传》言此以明之。"

[译文]

【经】楚国人在娄林击败徐国。
〖传〗夷狄之间相斗，记录下来。

【经】十有一月壬戌，晋侯及秦伯战于韩。获晋侯。①
〖传〗韩之战，晋侯失民矣。以其民未败，而君获也。②

[注释]

①韩，晋地，在今山西芮城韩亭，一说在山西河津与万荣之间。范注："获者，不与之辞，诸侯非可相获。"
②杨疏："《传》有明例，《注》言之者，嫌晋侯失众与秦得获，故《注》显之，欲明亦不与秦获也。范《别例》云：'凡书获有七：谓莒挐一也，晋侯

二也，华元三也，蔡公子湿四也，陈夏啮五也，齐国书六也，麟七也。'于晋侯著失民之咎，于蔡公子湿彰公子之病，华元表得众之辞，莒挐显公子之绐，自余虽不发，从省文可知也。"

[译文]

【经】十一月壬戌日，晋惠公与秦穆公在韩地交战，晋惠公被擒。

〖传〗韩地的这场战役，晋惠公失去了民众的拥戴。因为晋国民众尚未败退，国君就已经被俘获了。

僖公十有六年

【经】十有六年，①春，王正月戊申，朔，陨石于宋五。②

〖传〗先陨而后石，何也？③陨而后石也。④于宋四竟之内曰宋。后数，散辞也，耳治也。⑤

[注释]

①鲁僖公十六年，周襄王八年，公元前644年。

②范注引刘向曰："石，阴类也。五，阳数也。象阴而阳行，将致队落。"队，坠也。杨疏引许慎《五经异义》载《穀梁》说云："陨石于宋五，象宋公德劣国小，阴类也。而欲行霸道，是阴而欲阳行也。其陨，将拘执之象也，是宋公欲以诸侯行天子道也。"杨疏又引郑玄云："六鹢俱飞，得诸侯之象也。其退，示其德行不进，以致败也。得诸侯，是阳行也。被执败，是阴行也。"

③范注："据庄七年'星陨如雨'，先言星，后言陨。"

④范注："既陨后，乃知是石。"

⑤范注："陨石，记闻也。闻其磌然，视之则石，察之则五。"杨疏："散辞也者，对下聚辞也。为言此石散在宋四竟之内，故后言其数，以散辞言之。鹢则聚在宋都之上，故先言其数，以聚辞言之。又云耳治也者，谓陨石先以耳闻，故言先言陨。鹢退先以目见，故先言数。是各以闻见先后为次。"

[译文]

【经】鲁僖公十六年，春，周历正月戊申，朔日，陨落的石头落在宋国内，有五块。

〖传〗先写"陨"，后写"石"，这是为何？因为先看到有物体陨落下来，后来才辨认出是石头。在宋国，因为石头落在宋国境内不同地方，故而统称为宋国。最后记录数字，是表示石头分散的说法。石头落下后才数，说明石头是分散而落，最先由耳朵听到落地声。

【经】是月，六鹢退飞，过宋都。①

〖传〗是月者，决不日而月也。②六鹢退飞过宋都，先数，聚辞也，目治也。③子曰："石，无知之物；鹢，微有知之物。石无知，故日之。④鹢，微有知之物，故月之。⑤君子之于物，无所苟而已。石、鹢且犹尽其辞，而况于人乎？故五石六鹢之辞不设，则王道不亢矣。⑥"民所聚曰都。

[注释]

①鹢，又作"鹢"。范注引刘向曰："鹢，阳也。六，阴数也。象阳而阴行，必衰退。"

②范注："是月，陨石之月。欲著石日鹢月，故言是月。若不言是月，则嫌与戊申同。"

③范注："六鹢退飞，记见也。视之则六，察之则鹢，徐而察之则退飞。"

④范注："石无知而陨，必天使之然，故详而日之。"

⑤范注："鹢或时自欲退飞耳，是以略而月之。"

⑥范注："不遗微细，故王道可举。"

[译文]

【经】这一月，六只鹢鸟倒退着飞，途经宋国国都。

〖传〗"是月"，表示与上一件事不发生在同一日，但在一月之内。六只鹢鸟退飞过宋都,先写数字,是表示鹢鸟聚在一起的说法,最先由眼睛看到。先生说:"石头,是没有智性的东西;鹢鸟,是稍有智性的东西。石头没有智性,故而记载日期。鹢鸟稍有智性,故而仅记载月份。君子对于事物,必须要一丝不苟才行。对于石头、鹢鸟,尚且要在言辞上郑重到极点,何况是对人呢?故而如果不记载五块石头、六只鹢鸟这类说法,王道就不能得到彰显了。"民众聚集的地方叫作"都"。

【经】三月壬申,公子季友卒。①

〖传〗大夫日卒,正也。②称公弟叔仲,贤也。大夫不言公子、公孙,疏之也。③

[注释]

①季友,桓公之子。

②杨疏:"《传》发之者,益师明其有罪。此则显其得正,故两明之也。"

③范注:"《传》因季友之贤,发起其例也。叔牙胗而称弟,季友不称弟称字,贤可知也。以兄先死,故不得称弟耳。'不言公子、公孙,疏之'者,谓仲遂、婴齐之等是也。又公孙兹发日卒之《传》者,以其名而不字,又非罪非贤,故重发之。仲遂非贤而称字者,彼既不言公子以疏之,唯宣公嘉之而称字,无嫌是贤故也。"

[译文]

【经】三月壬申日,公子季友去世。

〖传〗大夫去世,经文照例记载日期,这是合乎礼制的。如果称其为"公弟""叔""仲",表示此人德行贤明。如果不称大夫为"公子""公孙",就表示与此人的疏远。

【经】夏,四月丙申,缯季姬卒。

[译文]

【经】夏,四月丙申日,缯国的季姬去世。

【经】秋,七月甲子,公孙兹卒。
〖传〗大夫日卒,正也。

[译文]

【经】秋,七月甲子日,公孙兹去世。
〖传〗大夫去世,经文照例记载日期,这是合乎礼制的。

【经】冬,十有二月,公会齐侯、宋公、陈侯、卫侯、郑伯、许男、邢侯、曹伯于淮。①
〖传〗兵车之会也。

[注释]

①淮,晋地,在今江苏盱眙一带。

[译文]

【经】冬,十二月,鲁僖公在淮地会见齐桓公、宋襄公、陈穆公、卫文公、郑文公、许僖公、邢国国君、曹共公。
〖传〗是军事会盟。

僖公十有七年

【经】十有七年,①春,齐人、徐人伐英氏。②

[注释]

①鲁僖公十七年,周襄王九年,公元前643年。

②英氏,英国也,偃姓,楚之附庸。在今湖北英山县一带。据《左氏》,鲁僖公十五年,楚败徐于娄林,英氏助楚,故齐徐伐之。

[译文]

【经】鲁僖公十七年,春,齐国人、徐国人讨伐英氏国。

【经】夏,灭项。①

〖传〗孰灭之?桓公也。何以不言桓公也?②为贤者讳也。项,国也,不可灭而灭之乎?桓公知项之可灭也,③而不知己之不可以灭也。④既灭人之国矣,何贤乎?君子恶恶,疾其始;善善,乐其终。⑤桓公尝有存亡继绝之功,故君子为之讳也。⑥

[注释]

①项,姞姓之国,在今河南项城一带。此《传》以为齐灭之,《左氏》以为鲁灭之。

②范注:"据庄十年'齐师灭谭',称齐师。"

③范注:"知政昏乱,易可灭。"

④范注:"霸者,存恤邻国,抑强辅弱,义不可灭人之国。"

⑤范注:"绝其始,则得不终于恶。邵曰:'谓疾其初为恶之事,不终身疾之。'乐贤者终其行也。邵曰:'谓始有善事,则终身善之。'"杨疏:"言此者,解为齐桓讳灭项之意。恶恶疾其始,谓君子憎恶恶人,则疾其初始,何者?欲使恶入不得终于恶,故就其初始,即贬疾之也。善善乐其终,谓君子善其善人,乐使终其行也。以乐终其行,故虽有恶,亦为讳之。或齐虽灭项,亦不言齐灭也。邵解二事,并与范异。君子恶恶疾其始者,君子憎恶人有恶事,唯疾其初始为恶不终身疾也,言有恶则疾之,无恶则止也。善善乐其终者,君子嘉善人,则欲终身善之,见人一度有善,则终身不忘,故为齐桓讳灭项也。"

⑥范注引邵曰:"存亡谓存邢、卫,继绝谓立僖公,所以终其善。"

[译文]

【经】夏，灭项国。

〖传〗是谁灭的？是齐桓公。为何不提及齐桓公？为了替德行贤明的人隐讳。项，是一个国家，明明不可以灭国，如今为何要灭亡项国？齐桓公知道可以灭亡项国，却不知道不能由自己来灭亡项国。既然已经灭亡了别人的国家，经文又为何以为齐桓公是德行贤明的人？君子厌恶恶行，故而从一开始就痛恨作恶之人；君子喜爱善行，故而直到最后都称道行善之人。齐桓公曾经有存亡国、继绝世的功绩，故而君子为其隐讳。

【经】秋，夫人姜氏会齐侯于卞。①

[注释]

①卞，鲁地，在今山东泗水一带。

[译文]

【经】秋，夫人姜氏在卞地会见齐桓公。

【经】九月，公至自会。①

[注释]

①范注："桓会不致而今致会，桓公德衰，威信不著，陈列兵车，又以灭项。往会既非逾年乃反，故往还皆月以危之。"

[译文]

【经】九月，鲁僖公从淮地的会晤上回国（举行告祭饮至的礼仪）。

【经】冬，十有二月乙亥，齐侯小白卒。①

僖公　279

〖传〗此不正，其日之，何也？② 其不正前见矣。其不正之前见何也？以不正入虚国，故称嫌焉尔。③

[注释]
①齐侯小白，齐桓公，姓姜名小白。
②范注："据二十四年'晋侯夷吾卒'，不书日。"
③范注："庄九年'齐小白入于齐'，贬不称公子。虚国，谓齐无君。《传例》曰：'以国氏者，嫌也。'"

[译文]
【经】冬，十二月乙亥日，齐国国君姜小白去世。
〖传〗齐桓公得国不正，经文却记载了日期，这是为何？得国不正已经在前文中叙述过了。为什么说在前文已经叙述过了？他用不合正道的方式进入没有国君的国家，故而前文以国号作为氏冠以他的名字，以示他有篡位自立的嫌疑。

僖公十有八年

【经】十有八年，①春，王正月，宋公、曹伯、卫人、邾人伐齐。
〖传〗非伐丧也。②

[注释]
①鲁僖公十八年，周襄王十年，公元前642年。
②范注："伐丧无道，故谨而月之。"杨疏："侵伐书月唯施于内，今亦施之于外者，齐桓以安危所系，故书月以表之；宋襄欲继齐桓之业，故亦谨而月之。"

[译文]

【经】鲁僖公十八年,春,周历正月,宋襄公、曹共公、卫国人、邾国人讨伐齐国。

〖传〗君子责难讨伐发丧国家的行为。

【经】夏,师救齐。①

〖传〗善救齐也。

[注释]

①范注:"鲁师。"

[译文]

【经】夏,鲁国军队救援齐国。

〖传〗这是在褒扬鲁僖公救援齐国的行为。

【经】五月戊寅,宋师及齐师战于甗。①齐师败绩。

〖传〗战不言伐,客不言及。言及,恶宋也。②

[注释]

①甗(yǎn),齐地,在山东济南市一带。

②范注引何休曰:"战言及者,所以别客主直不直也。故文十二年,'晋人、秦人战于河曲',两不直,故不云及。今宋言及,明直在宋,非所以恶宋也。即言及为恶,是河曲之战为两善乎?又《穀梁》以河曲不言及,略之也,则自相反矣。"又引郑君释之曰:"及者,别异客主耳,不施于直与不直也。直不直,自在事而已。义兵则客直,宣十二年夏,'晋荀林父帅师及楚子战于邲,晋师败绩'是也。兵不义则主人直,庄二十八年春,'卫人及齐人战,卫人败绩'是也。今齐桓卒未葬,宋襄欲兴霸事而伐丧,于礼尤反,故反其文以宋及齐,即实以宋及齐,明直在宋。邲之战,直在楚,不以楚及晋何邪?秦晋战于河曲,不言及,疾其亟战争举兵,故略其先后。"杨疏:"《春秋》之例,战伐

僖公 281

不并举，此上有伐文，今又言战，是违常例也。又伐人者为客，受伐者为主，此言及齐师，是亦违常例也。故《传》释之以为恶宋也。"按，伐人者为客，受伐者为主，春秋恶伐人者而闵受伐者也。

[译文]

【经】五月戊寅日，宋国军队与齐国军队在甗地交战。齐国军队战败。

〚传〛既然是交战，上文就不能记为"伐"；讨伐他国军队，照例不用"及"。用"及"，以此表示对宋国的厌恶。

【经】狄救齐。
〚传〛善救齐也。①

[注释]

①杨疏："楚与上文鲁师救齐并为善者，此善狄能忧中国。上文与鲁昔与齐仇雠，恐救之非善，故并发善救之例也。"

[译文]

【经】狄人救援齐国。
〚传〛这是在褒扬救援齐国的行为。

【经】秋，八月丁亥，葬齐桓公。①

[注释]

①诸侯葬例时，日葬，危也。范注："竖刁、易牙争权，五公子争立，故危之。"

[译文]

【经】秋，八月丁亥日，安葬齐桓公。

【经】冬，邢人、狄人伐卫。

〖传〗狄，其称人，何也？善累而后进之。伐卫，所以救齐也。① 功近而德远矣。②

[注释]

①范注引何休曰："即伐卫救齐当两举，如伐楚救江矣。"又《传》以为江远楚近，故伐楚救江，今狄亦近卫而远齐，其事一也，义异何也？又引郑君释之曰："文三年冬，晋阳处父帅师伐楚救江，两举之者，以晋未有救江文，故明言之。今此春宋公、曹伯、卫人、邾人伐齐，夏狄救齐；冬，邢人、狄人伐卫，为其救齐可知，故省文耳。事同义又何异？"

②范注："伐卫，功近耳。夷狄而忧中国，其德远也。"

[译文]

【经】冬，邢国人、狄人讨伐卫国。

〖传〗经文称狄为"人"，这是为何？因为他们积善成德，故而要提升他们的地位。讨伐卫国，是为了救援齐国。他们的功绩虽然浅近，德行却能远播四方。

僖公十有九年

【经】十有九年，①春，王三月，宋人执滕子婴齐。②

[注释]

①鲁僖公十九年，周襄王十一年，公元前641年。

②滕子婴齐，滕宣公，姓姬名婴齐。杨疏："《传》法并不解称名之意，盖罪贱之也。"

[译文]

【经】鲁僖公十九年，春，周历三月，宋国人擒获滕宣公姬婴齐。

【经】夏，六月，宋公、曹人、邾人盟于曹南。①

[注释]
①曹南，曹之南鄙。宋公，《左氏》作"宋人"。

[译文]
【经】夏，六月，宋襄公、曹国人、邾国人在曹国南部边疆会盟。

【经】鄫子会盟于邾。

[译文]
【经】鄫国国君在邾国参与会盟。

【经】己酉，邾人执鄫子，用之。①
〖传〗微国之君，因邾以求与之盟。②人因己以求与之盟，己迎而执之，恶之，故谨而日之也。用之者，叩其鼻以衈社也。③

[注释]
①用之，用人祭祀。《左氏》："夏，宋公使邾文公用鄫子于次睢之社，欲以属东夷。司马子鱼曰：'古者六畜不相为用，小事不用大牲，而况敢用人乎？'"

②与，厕豫也。杨疏："言'会盟于邾'者，鄫是微国，欲因邾以求盟，故云'会盟'也。"

③范注："衈者，衅也，取鼻血以衅祭社器。"杨疏："此与昭公十一年'冬，十有一月丁酉，楚师灭蔡，执蔡世子友以归，用之'，皆恶其用人，故不据国之大小，同书日以见恶也。叩其鼻者，《论语》云：'以杖叩其胫。'则叩谓击也。"

[译文]

【经】己酉日,邾国人擒获缯国国君,用他祭祀。

〖传〗缯子是附庸之国的国君,向邾国请求会盟。别人向自己请求会盟,自己却迎上去将其擒获,君子对此表示厌恶,故而记载日期以示郑重。"用之",是击打缯国国君的鼻子,将鼻血涂在社的祭器上。

【经】秋,宋人围曹。

[译文]

【经】秋,宋国人围攻曹国。

【经】卫人伐邢。

[译文]

【经】卫国人讨伐邢国。

【经】冬,会陈人、蔡人、楚人、郑人盟于齐。①

[注释]

①范注:"会无主名,内卑者也。四国称人,外卑者也。"杜预曰:"地于齐,齐亦与盟。"

[译文]

【经】冬,鲁僖公会见陈国人、蔡国人、楚国人、郑国人,在齐国会盟。

【经】梁亡。①

〖传〗自亡也。湎于酒,淫于色,心昏,耳目塞。上无正长之治,大臣背叛,民为寇盗。梁亡,自亡也。如加力役焉,湎不足道也。②梁亡,郑弃其师,我无加损焉,正名而已矣。梁亡,出恶正也。③郑弃其师,恶其长也。④

[注释]

①《春秋繁露·王道篇》云:"梁内役民无已,其民不能堪。使民比地为伍,一家亡,五家杀刑。其民曰:'先亡者封,后亡者刑。'君者,将使民以孝于父母,顺于长老,守丘墓,承宗庙,世世祀其先;今求财不足,行罚如将不胜,杀戮如屠,仇雠其民,鱼烂而亡,国中尽空。《春秋》曰:'梁亡。亡者,自亡也,非人之亡也。'观乎梁亡,知枉法之穷。"《仁义法篇》云:"故王者爱及四夷,伯者爱及诸侯,安者爱及封内,危者爱及旁侧,亡者爱及独身。《春秋》不言伐梁而言梁亡,盖爱独及其身者也。"

②范注:"如使伐之而灭亡,则淫湎不足记也。使其自亡,然后其恶明。"杨疏:"《左氏》以为秦灭梁,恶其自取灭亡之故,不以秦灭为文。《公羊》以为鱼烂而亡,谓梁君隆刑峻法,百姓逃叛,而事等鱼烂,从中而去也。此《传》亦云大臣背叛,民为寇盗,则同《公羊》。梁国亦自亡也,又如加力役焉,湎不足道也,则梁之土地,必为人所取,盖同《左氏》'秦得之',但据自灭为文少异耳。"

③范注:"正谓政教。"杨疏:"仲尼修《春秋》,亦有改旧义以见褒贬者,亦有因史成文以示善恶者。其变之也,不葬有三:为齐桓讳灭项之类,是改旧也;其梁以自灭为文,郑弃其师之徒,是因史之文也。故《传》云我无加损焉,正名而已矣。"《补注》云:"此下皆夫子自述之言也。"又云:"其或在史旧文,已足见义,其名既正,不须加损,则此梁亡、郑弃其师之属是也。"

④范注:"长谓高克。"

[译文]

【经】梁国灭亡。

〖传〗这是自行灭亡。梁国国君沉湎于饮酒,浸淫于美色,内心昏聩，耳目闭塞。朝堂之上没有国君和大夫治理，大臣背叛国君，民众成为盗贼。梁国的灭亡，是自行灭亡的。如果被他国灭亡，那么国君的荒淫无度便无法体现了。"梁亡""郑弃其师"这两条记载，君子并没有做史料上的损益，仅是名实相符而已。"梁亡"一条，彰显梁国政教的混乱。"郑弃其师"一条，表示君子对军队统帅的厌恶。

僖公二十年

【经】二十年，①春，新作南门。

〖传〗作，为也，有加其度也。②言新，有故也，非作也。③南门者，法门也。④

[注释]

①鲁僖公二十年，周襄王十二年，公元前640年。
②范注："更加使大。"
③范注："责其改旧制。"
④范注："法门，谓天子诸侯皆南面而治，法令之所出入，故谓之法门。"

[译文]

【经】鲁僖公二十年，春，新修南门。

〖传〗"作"，是建的意思，就是扩大它的规模。经文记为"新"，表示原先就有旧的南门，并不是新建的。南门，是传达诸侯命令出入的门。

【经】夏，郜子来朝。

[译文]

【经】夏，郜国国君前来朝见。

【经】五月乙巳，西宫灾。

〖传〗谓之新宫，则近为祢宫。①以谥言之，则如疏之然。②以是为闵宫也。③

[注释]

①范注："言闵公非僖公之父，故不言新宫也。"近，附近。祢，父庙也。
②范注："故不言闵宫，而云西宫。"
③杨疏："《传》知之者，以若是祢宫，当言新宫，若是疏祖之宫，又须言谥，此在亲疏之间，故知是闵宫也。"

[译文]

【经】五月乙巳日，西宫发生火灾。

〖传〗如果称其为"新宫"，那么就接近于先父的庙。如果用谥号来称呼，那么就显得有些疏远。这是鲁闵公的庙。

【经】郑人入滑。

[译文]

【经】郑国人攻入滑国。

【经】秋，齐人、狄人盟于邢。

〖传〗邢为主焉尔。邢小，其为主，何也？其为主乎救齐。①

[注释]

①范注："十八年'邢人、狄人伐卫'以救齐是也。"杨疏："盟会地于国都者，国主虽与盟会，未知即能为主，桓十四年'公会郑伯于曹'，曹不为主是也。而《传》云邢为主焉尔，又辨其大小者，《传》以十八年'邢人、狄人

伐卫'以救齐，今又盟于邢，故知为主也。又云邢小者，以邢虽是小国，为主，能救齐，故归功于邢。不谓盟国都者，例能为主耳。"

[译文]

【经】秋，齐国人、狄人在邢国会盟。

〖传〗这次会盟由邢国主持。邢国是小国，由它来主持会盟，这是为何？因为是它带头救援齐国的。

【经】冬，楚人伐随。
〖传〗随，国也。①

[注释]
①杨疏："案《世本》随是国名，《经》又言伐，知非邑也。"

[译文]
【经】冬，楚国人讨伐随国。
〖传〗"随"，是一个国名。

僖公二十有一年

【经】二十有一年，①春，狄侵卫。

[注释]
①鲁僖公二十一年，周襄王十三年，公元前639年。

[译文]
【经】鲁僖公二十一年，春，狄人侵犯卫国。

【经】宋人、齐人、楚人盟于鹿上。①

[注释]

①鹿上，宋地，杨伯峻以为当从《续汉书·郡国志》，在今山东巨野西南、曹县东北。范注："宋为盟主，故序齐上。"

[译文]

【经】宋国人、齐国人、楚国人在鹿上会盟。

【经】夏，大旱。①
〖传〗旱时，正也。②

[注释]

①范注引《传例》曰："得雨曰雩，不得雨曰旱。"
②杨疏："旱必历时，非一月之事，故书时为正也。"

[译文]

【经】夏，大旱。
〖传〗发生旱情之时，经文仅记载季节，这是合乎礼制的。

【经】秋，宋公、楚子、陈侯、蔡侯、郑伯、许男、曹伯会于雩，①执宋公以伐宋。
〖传〗以，重辞也。②

[注释]

①雩，宋地，《左氏》作"盂"，《公羊》作"霍"，在今河南睢县一带。
②重襄公也。范注："《传例》曰：'以者，不以者也。'此《传》及定七年'齐人执卫行人北宫结，以侵卫'，《传》皆曰'以，重辞也'，然则'以'有二义矣。国之所重，故曰重辞。"杨疏："桓十四年'宋人以齐人、蔡人'云云'伐郑'，《传》曰：'以者，不以者也。'今《传》云：'以，重辞也。'

何知非是一事,而重不可以?范注云以有二义者,范以执宋公及执卫结,皆是国之所重。而《传》云以,重辞也,其微人从伐者,即云'以'者,不以者也。明二者意异,故云'以有二义'。"

[译文]

【经】秋,宋襄公、楚成王、陈穆公、蔡庄公、郑文公、许僖公、曹共公在雩地举行会晤,宋襄公被擒,楚成王带着他讨伐宋国。

〖传〗经文用"以"字,是表示重要的说法。

【经】冬,公伐邾。

[译文]

【经】冬,鲁僖公讨伐邾国。

【经】楚人使宜申来献捷。①

〖传〗捷,军得也。其不曰宋捷,何也?②不与楚捷于宋也。③

[注释]

①范注:"楚称人者,为执宋公贬。"杨疏:"知为执宋公贬者,以称使知是楚子使之,国君而称人,明为执宋公贬也。"

②范注:"据庄三十一年'齐侯来献戎捷'。"杨疏:"彼《传》云'戎,菽也',则与此宋捷绝不相当。而范引之者,彼虽以戎为菽,终是伐得之,故范引为证也。"

③范注:"不以夷狄捷中国。"

[译文]

【经】楚国人派宜申前来进献战利品。

〖传〗"捷",是战利品的意思。经文不记为"宋捷",这是为何?以示对楚国战胜宋国的不满。

【经】十有二月癸丑,公会诸侯盟于薄。①

〖传〗会者,外为主焉尔。

[注释]

①薄,宋邑,在今河南商丘之北。范注:"会雩之诸侯。"

[译文]

【经】十二月癸丑日,鲁僖公会见诸侯,在薄地举行会盟。

〖传〗"会",表示盟会是由他国主持的。

【经】释宋公。

〖传〗外释不志,此其志,何也?以公之与之盟目之也。不言楚,不与楚专释也。①

[注释]

①范注引何休曰:"《春秋》以执之为罪,不以释之为罪,责楚子专释,非其理也。《公羊》以为公会诸侯释之,故不复出楚耳。"又引郑君释之曰:"不与楚专释者,非以责之也。"范注又云:"《传》云:'外释不志,此其志何也?以公之与之盟目之也。'言公与诸侯盟而释宋公,公有功焉,与《公羊》义无违错。"杨疏:"重发之者,以释者是公,嫌会非是外为主,故发例以明之。"《穀梁》凡目皆恶。

[译文]

【经】释放宋襄公。

〖传〗对鲁国以外的侯国而言,不记载释放这件事,如今却记载了,这是为何?因为鲁僖公与诸侯会盟(这才让楚国释放宋襄公),故而记录下来。不提及楚国,以示对楚国擅自释放宋襄公的不满。

僖公二十有二年

【经】二十有二年,①春,公伐邾,取须句。②

[注释]
①鲁僖公二十二年,周襄王十四年,公元前638年。
②须句,风姓之国,太昊之后。《公羊》作"须朐"。

[译文]
【经】鲁僖公二十二年,春,鲁僖公讨伐邾国,攻取须句国。

【经】夏,宋公、卫侯、许男、滕子伐郑。

[译文]
【经】夏,宋襄公、卫文公、许僖公、滕国国君讨伐郑国。

【经】秋,八月丁未,及邾人战于升陉。①
〖传〗内讳败,举其可道者也。不言其人,以吾败也。不言及之者,为内讳也。②

[注释]
①升陉,鲁地,不详所在。
②杨疏:"不言其人,以吾败也,谓不言邾之主名也。不言及者,为内讳也,谓不言鲁之主名也。与桓十七年解异者,观《经》为说,不可执文也。"

[译文]
【经】秋,八月丁未日,与邾国人在升陉交战。

〖传〗经文为鲁国战败隐讳,仅提及无关痛痒的内容。不记载邾国的统帅,因为是鲁国战败。不记载"及"之前鲁国的统帅,是为鲁国隐讳。

【经】冬,十有一月己巳,朔,宋公及楚人战于泓。①宋师败绩。

〖传〗日事遇朔曰朔。《春秋》三十有四战,未有以尊败乎卑,以师败乎人者也。以尊败乎卑、以师败乎人,则骄其敌。襄公以师败乎人,而不骄其敌,何也?责之也。泓之战,以为复雩之耻也。②雩之耻,宋襄公有以自取之。伐齐之丧,执滕子,围曹,为雩之会,不顾其力之不足,而致楚成王,成王怒而执之。故曰:礼人而不答,则反其敬;爱人而不亲,则反其仁;治人而不治,则反其知。过而不改,又之,是谓之过。襄公之谓也。古者被甲婴胄,非以兴国也,则以征无道也。岂曰以报其耻哉!宋公与楚人战于泓水之上,司马子反曰:"楚众我少,鼓险而击之,胜无幸焉。"③襄公曰:"君子不推人危,不攻人厄,须其出。"④既出,旌乱于上,陈乱于下。子反曰:"楚众我少,击之,胜无幸焉。"襄公曰:"不鼓不成列,须其成列而后击之。"则众败而身伤焉,七月而死。⑤倍则攻,敌则战,少则守。人之所以为人者,言也。人而不能言,何以为人?言之所以为言也,信也。言而不信,何以为言?信之所以为信者,道也。信而不道,何以为道?道之贵者时,其行势也。⑥

[注释]

①泓,泓水,在今河南柘城一带。
②范注:"前年,宋公为楚所执。"
③范注:"若要而击之,必可破,非侥幸也。"杨疏:"以小敌大,恐其不

若,克之不名偒幸也。"子反,《左氏》作"子鱼"。

④范注:"须其出险。"

⑤范注引何休曰:"即宋公身伤,当言公不当言师,成十六年'楚子败绩'是也。又成十六年《传》曰:'不言师,君重于师也。'即成十六年是,二十二年虚言也。即二十二年是,十六年非也。"又引郑君释之曰:"《传》说楚子败绩,曰四体偏断,此则目也。此言君之目与手足有破断者,乃为败矣。今宋襄公身伤耳,当持鼓,军事无所害,而师犹败,故不言宋公败绩也。《传》所以言'则众败身伤焉'者,疾其信而不道,以取大辱。"杨疏:"此云七月而死,则是身伤。不云宋公败绩者,郑玄云非四体偏断,又非伤目,故依常例称师也。"

⑥范注引凯曰:"道有时,事有势,何贵于道?贵合于时。何贵于时?贵顺于势。宋公守匹夫之狷介,徒蒙耻于夷狄,焉识大通之方,至道之术哉!"杨疏:"老子至道之人,犹曰:'以政治国,以奇用兵。'今宋襄国弱于楚,而行敌战之礼,故《传》讥其师败身伤,《注》谓之不识至道之术也。"陆贾《新语·至德》云:"昔者,晋厉、齐庄、楚灵、宋襄乘大国之权,杖众民之威,军师横出,陵轹诸侯,外骄敌国,内刻百姓,邻国之仇结于外,群臣之怨积于内,而欲建金石之统,继不绝之世,岂不难哉?故宋襄死于泓之战,三君弑于臣之手,皆轻师尚威,以致于斯,故《春秋》重而书之,嗟叹而伤之。"量内外之力,势也;退修其德,以合诸侯,道也。若能得道多助,则"倍则攻"矣,此穀梁守正之旨也。

[译文]

【经】冬,十一月己巳,朔日,宋襄公与楚国人在泓地交战。宋国军队战败。

【传】应当记载日期的事情,如果正好是朔日,那么便记为"朔"。《春秋》一共有三十四场战役,从来没有尊贵的人败于卑贱的人、某国军队败于某国人的。尊贵的人败于卑贱的人、某国军队败于某国人,那么便是战败一方骄傲轻敌。宋襄公以宋国军队败于楚国人,且没有轻敌,为何而败?这是在责备他。在泓地与楚国交战时宋襄公想要一雪在雩地蒙受的耻辱。但宋襄公在雩地的耻辱,完全是他咎由自取。趁齐国发丧时讨伐齐国,擒获滕国国君,围攻曹国,召开雩地的会盟,又不顾自身实力不足,招致楚成王前来,楚成王一怒之下便将其擒获。所以说:礼待他人,他人却不答礼,就要反省自己是否诚敬;友爱他人,他人却不亲近,就要反省自己是否仁爱;整治他人,他人却不服从,就要反省自己是否明智。犯下过错却不改正,再犯一遍,这就叫作"过"。说的就是宋襄公啊。古人披甲戴胄,不是为了兴盛自己的国家,而是为了征讨不守正道的国家。怎么能说是为了一雪前耻呢?宋襄公与楚国人在泓水之上交战,担任司马一官的子反说:"楚国兵多,我国兵少,趁他们身处险境时擂鼓进攻,无须凭借运气便可将他们击破。"宋襄公说:"君子不在他人危难的时候推搡,不在他人困厄的时候进攻,必须要等到他们出击。"楚国出击后,上方旌旗杂乱,下面军阵混乱。子反说:"楚国兵多,我国兵少,此时进攻,无须凭借运气便可将他们击破。"宋襄公说:"敌军尚未击鼓、尚未排好阵势,必须等到他们排好阵势,才能出击。"于是宋国军队战败,宋襄公自己受伤,七个月后就死了。军力两倍于对方时,应当进攻;与对方匹敌时,应当作战;少于对方时,应当防守。人之所以为人,是因为他有言辞;人如果没有言辞,怎么能称得上是人?言辞之所以是言辞,是因为它讲究信义;言辞不讲究信义,怎么能称得上是言辞?信义之所以是信义,是因为它合乎正道;信义不合乎正道,怎么称得上是正道?正道的可贵之处就在于合乎时宜,时宜的可贵之处就在于顺应形势。

僖公二十有三年

【经】二十有三年,①春,齐侯伐宋,围闵。②

〖传〗伐国不言围邑,此其言围,何也?不正其以恶报恶也。③

[注释]

①鲁僖公二十三年，周襄王十五年，公元前637年。
②闵，宋邑，在今山东金乡东北。《左氏》作"缗"，二十五年楚围亦同。
③范注："前十八年宋伐齐之丧，是恶也。今齐乘胜而报，是以恶报恶也。"

[译文]

【经】鲁僖公二十三年，春，齐孝公讨伐宋国，围攻闵邑。

〖传〗讨伐他国，照例不记载围攻城邑，这里却记为"围"，这是为何？以示用恶行来报复恶行是不合乎正道的。

【经】夏，五月庚寅，宋公兹父卒。①

〖传〗兹父之不葬，何也？失民也。其失民何也？以其不教民战，则是弃其师也。为人君而弃其师，其民孰以为君哉！②

[注释]

①宋公兹父，宋襄公，姓子名兹父。
②范注引何休曰："所谓教民战者，习之也。《春秋》贵偏战而恶诈战，宋襄公所以败于泓者，守礼偏战也，非不教其民也。孔子曰：'君子去仁，恶乎成名？……造次必于是，颠沛必于是。'未有守正以败而恶之也。《公羊》以为不书葬为襄公讳，背殡出会，所以美其有承齐桓、尊周室之美志。"又引郑君释之曰："教民习战而不用，是亦不教也。诈战谓不期也。既期矣，当观敌为策，倍则攻，敌则战，少则守。今宋襄公于泓之战违之，又不用其臣之谋而败，故徒善不用贤良，不足以兴霸主之功，徒言不知权谲之谋，不足以交邻国、会远疆，故《易》讥鼎折足，《诗》刺不用良，此说善也。"

[译文]

【经】夏，五月庚寅日，宋国国君兹父去世。

【传】不记子兹父下葬,这是为何?因为他失去了民众的拥护。失去民众的拥护,这是为何?因为他用未经训练的民众作战,便是抛弃了他的军队。作为国君却抛弃了他的军队,民众又怎么会把他当成国君呢?

【经】秋,楚人伐陈。

[译文]
【经】秋,楚国人讨伐陈国。

【经】冬,十有一月,杞子卒。①

[注释]
①范注:"庄二十七年称伯,今称子,盖为时王所黜。"
[译文]
【经】冬,十一月,杞国国君去世。

僖公二十有四年

【经】二十有四年,①春,王正月。

[注释]
①鲁僖公二十四年,周襄王十六年,公元前636年。
[译文]
【经】鲁僖公二十四年,春,周历正月。

【经】夏,狄伐郑。

[译文]

【经】夏,狄人讨伐郑国。

【经】秋,七月。

[译文]

【经】秋,七月。

【经】冬,天王出居于郑。①
〖传〗天子无出,出,失天下也。②居者,居其所也。虽失天下,莫敢有也。③

[注释]

①天王,襄王也。范注:"天子以天下为家,故所在称居。"
②范注:"王者无外,言出则有外之辞。"又引江熙曰:"天子必巡守然后行,故河阳之守,全天王之行也。平王东迁,其诗不能复《雅》,而列为《国风》。襄王奔郑,不得全天王之行,则与诸侯不异,故书出也。夫子祖述尧舜,宪章文武,斯文是作,不以道假人。《传》言失天下,阙然如有未备。"
③范注引邵曰:"虽实出奔,而王者无外,王之所居,则成王畿,郑不敢有之以为国。"

[译文]

【经】冬,周天王外出,在郑国居住。
〖传〗周天子没有"出"这种说法,"出",便失去了天下。"居",是在他的领地内居住的意思。周天子虽然失去天下,郑国也不敢把天子居所视为郑国的领土。

【经】晋侯夷吾卒。①

[注释]

①晋侯夷吾，晋惠公，姓姬名夷吾。范注："《传》曰：'诸侯时卒，恶之。'出不葬，篡文公而立，失德。"

[译文]

【经】晋国国君姬夷吾去世。

僖公二十有五年

【经】二十有五年，①春，王正月丙午，卫侯毁灭邢。②
〖传〗毁之名，何也？③不正其伐本而灭同姓也。④

[注释]

①鲁僖公二十五年，周襄王十七年，公元前635年。
②卫侯毁，卫文公，姓姬名毁。
③范注："据宣十二年'楚子灭萧'不名。"
④范注："绝先祖支体尤重，故名以甚之。"杨疏："卫与邢同姬姓，今卫灭邢，则是绝先祖支体，故谓之伐本也。"

[译文]

【经】鲁僖公二十五年，春，周历正月丙午日，卫文公姬毁灭邢国。

〖传〗经文直呼姬毁的名字，这是为何？以示他讨伐先祖旁支、灭亡同姓之国的行为不合正道。

【经】夏，四月癸酉，卫侯毁卒。

[译文]

【经】夏,四月癸酉日,卫国国君姬毁去世。

【经】宋荡伯姬来逆妇。①
〖传〗妇人既嫁不逾竟。②宋荡伯姬来逆妇,非正也。其曰妇,何也?缘姑言之之辞也。③

[注释]
①范注:"伯姬,鲁女,为宋大夫荡氏妻也。自为其子来迎妇。"
②竟,同"境"。
③杨疏:"复发《传》者,嫌为求妇为礼,故发之。"

[译文]
【经】宋国的荡伯姬前来迎接新妇。
〖传〗妇人一旦出嫁,就不能离开夫家的国境。宋国的荡伯姬来迎接新妇,是不合正道的。经文称其为"妇",这是为何?这是以婆母对她的称呼而言。

【经】宋杀其大夫。
〖传〗其不称名姓,以其在祖之位,尊之也。①

[注释]
①范注引何休曰:"曹杀其大夫,亦不称名姓,岂可复以为祖乎?"又引郑君释之曰:"宋之大夫尽名姓。礼:公族有罪,刑于甸师氏,不与国人虑兄弟也,所以尊异之。孔子之祖孔父,累于宋殇公而死,今骨肉在其位而见杀,故尊之,隐而不忍称名氏。若罪大者,名之而已,使若异姓然,此乃祖之疏也。曹杀其大夫,自以无大夫,不称名氏耳。《春秋》辞同事异者甚多,隐去

即位以见让，庄去即位为继弑，是复可以比例非之乎。"

[译文]

【经】宋国杀死它的大夫。

〖传〗经文不记载死者的名字，因为死者在孔子先祖曾经担任的官职上，以示对先祖的尊重。

【经】秋，楚人围陈，纳顿子于顿。

〖传〗纳者，内弗受也。围，一事也；纳，一事也。而遂言之，①盖纳顿子者陈也。②

[注释]

①范注："怪其异事而辞相连，有似遂事之辞。"

②顿，姬姓，在今河南商水一带。范注："围陈，使纳顿子。"杨疏引何休《废疾》云："休以为即陈纳之当举陈，何以不言陈。"又引郑君释之曰："纳顿子固宜为楚也。穀梁子见《经》云：'楚人围陈，纳顿子于顿。'有似'晋阳处父伐楚救江'之文，故云盖陈也。"是郑意亦同范说，围陈使纳顿子也。

[译文]

【经】秋，楚国人围攻陈国，护送顿国国君回到顿国。

〖传〗"纳"，表示国家内部不愿意接受。"围"，是一件事情；"纳"，是另一件事情。如今经文却将其顺延在一起记载，护送顿国国君回国的，大概就是陈国吧。

【经】葬卫文公。

[译文]

【经】安葬卫文公。

【经】冬，十有二月癸亥，公会卫子、莒庆盟于洮。①

〖传〗莒无大夫，其曰莒庆，何也？以公之会目之也。②

[注释]

①洮，鲁地，与庄二十七年"公会杞伯姬于洮"者为一地。范注："卫称子，在丧。"

②范注："小国无大夫，以公与会，故进之。时有卫子，则无敌公之嫌。"春秋公不可与大夫盟。今序莒庆于卫子之下，故可以盟。

[译文]

【经】冬，十二月癸亥日，鲁僖公会见卫成公（未逾年之君）、莒国的庆，在洮地会盟。

〖传〗莒国没有周天子爵命的大夫，经文却记其为"莒庆"，这是为何？因为与鲁僖公会晤，故而将他视作大夫。

僖公二十有六年

【经】二十有六年，①春，王正月己未，公会莒子、卫宁速盟于向。②

〖传〗公不会大夫，其曰宁速，何也？以其随莒子，可以言会也。

[注释]

①鲁僖公二十六年，周襄王十八年，公元前634年。

②莒子，《左氏》以为莒兹丕公。杨伯峻云："兹丕为莒公之号。莒国之君无谥，而有号，文十八年有莒纪公，襄十六年及三十一有莒犁比公，昭十四年有莒著丘公，此外尚有莒郊公、莒共公，皆其生号。"成十四年范注云："徐

逸曰：《传》称莒虽夷狄犹中国也，言莒本中国，末世衰弱，遂行夷礼。葬皆称谥，而莒君无谥，谥以公配。"向，莒邑，在今山东莒县一带。

[译文]

【经】鲁僖公二十六年，春，周历正月己未日，鲁僖公会见莒兹丕公、卫国的宁速，在向地举行会盟。

〖传〗鲁公照例不与大夫会见，经文却记载宁速，这是为何？因为他跟随莒兹丕公前来，故而可以记为参与盟会。

【经】齐人侵我西鄙，公追齐师至巂，弗及。①

〖传〗人，微者也。侵，浅事也。公之追之，非正也。至巂，急辞也。②弗及者，弗与也。③可以及而不敢及也。④其侵也，曰人；其追也，曰师。以公之弗及，大之也。⑤弗及，内辞也。⑥

[注释]

①巂，齐地，在今山东东阿一带。《左氏》作"酅"。
②范注："以急辞言之，明不至巂。"杨疏："文承追齐师之下，即云至巂，是急辞也。据文与'公追戎于济西'异也。案庄十八年'公追戎于济西'，《传》称'不使戎迩于我也'，今举齐侵，是以难近国，而亦云大之也者，彼以戎有徒众，故大公所追，此以公之不及，故亦言大之也。然彼不言戎之伐我，此云'齐人侵我'者，彼是戎狄，不使之近我，似若望风退走然，此齐是中国侵，又浅事，故举之以见公追非正也。"
③范注："弗与战也。"
④范注："畏齐师。"
⑤范注："大之，谓变人言师。"
⑥范注："弗及者，若曰我自不及耳，非齐不可及。"

[译文]

【经】齐国人侵犯我国西部边疆，鲁僖公追击齐国军队直至巂地，未能追及。

〖传〗"人",是地位卑微的人。侵犯,是小规模的战事。鲁僖公亲自追击,是不合正道的。直至巂地,是表示行军急切的说法。未能追及,是不与其交战的意思。鲁僖公明明可以追及,却不敢追及。侵犯的一方叫作"人",追击的一方叫作"师"。因为鲁僖公未能追及,故而夸大为"师"。未能追及,(好像是鲁国自己不想追,而不是追不上。)是为鲁国隐讳的说法。

【经】夏,齐人伐我北鄙。

[译文]

【经】夏,齐国人讨伐我国北部边疆。

【经】卫人伐齐。公子遂如楚乞师。
〖传〗乞,重辞也。①何重焉?重人之死也,非所乞也。师出不必反,战不必胜,故重之也。

[注释]

①范注引雍曰:"人道施而不有,让而不取,故以乞为重。"杨疏:"此是乞师之始,故发《传》以明之。"

[译文]

【经】卫国人讨伐齐国。公子遂前往楚国乞求出兵。
〖传〗"乞",是表示重要的说法。什么事情那么重要?人的生死非常重要,因此君子责难公子遂乞求出兵的行为。凡是军队,出征不一定能够回来,作战不一定能够获胜,故而对此表示重视。

【经】秋,楚人灭夔,以夔子归。①
〖传〗夔,国也。不日,微国也。以归,犹愈乎执也。②

[注释]

①夔,芈姓,在今湖北秭归一带。

②微国,附庸之国也。杨疏:"灭国有三术,中国日,卑国月,夷狄时。此是夷狄之微国,故从时例。而《传》言微国也,以明之也。案戎伐凡伯以归,不言执者,尊天子之使,不与夷狄之执。今夷狄自相执,《经》言'以归',《传》云'犹愈乎执也'者,彼伐凡伯,使一人当一国,故变执言以归。诸侯相执以归者,例不得言执,故《传》云'以归,犹愈乎执也',明《经》止得言'以归'。"

[译文]

【经】秋,楚国人灭夔国,带着夔国国君回国。

〖传〗"夔",是一个国名。经文不记载日期,是因为它是附庸之国。"以归",用词比"执"更为严重。

【经】冬,楚人伐宋,围缗。

〖传〗伐国不言围邑,此其言围,何也?以吾用其师目其事也,非道用师也。①

[注释]

①范注:"楚人出师,为鲁伐齐,而中道以伐宋,故伐围兼书,所以责楚。"杨疏:"《传》解《经》,并言围伐之意也。言楚人为我伐齐,而中道更伐宋,故兼围伐目其事,所以责楚中道用师,非训为责也。"

[译文]

【经】冬,楚国人讨伐宋国,围攻缗邑。

〖传〗讨伐他国,照例不记载围攻城邑,这里却记为"围",这是为何?因为我国借用了楚国军队,楚国却在中途滥用兵力,故而记下此事以示责难。

【经】公以楚师伐齐，取穀。①

〖传〗以者，不以者也。民者，君之本也。使民以其死，非其正也。②

[注释]

①穀，齐地，在今山东东阿一带。

②范注引雍曰："兵不祥之器，不得已而用之，安有驱民于死地，以共假借之役乎？"杨疏："重发《传》者，彼据外，此据内，故重详之。"按，桓公十四年"宋人以齐人、蔡人、卫人、陈人伐郑"是外事。

[译文]

【经】鲁僖公借用楚国军队讨伐齐国，夺取穀地。

〖传〗"以"，是理应不得借用的意思。民众，是君主的根本所在。役使民众以致死亡，这是不合正道的。

【经】公至自伐齐。

〖传〗恶事不致，此其致之，何也？危之也。①

[注释]

①范注："以蛮夷之师伐邻近大国，招祸深怨，危亡之道。"杨疏："庄六年秋，'公至自伐卫'，《传》曰：'恶事不致，此其致，何也？不致，则无用见公恶事之成也。'与此文不同者，互文以起义，其实不异，彼明恶事之成，此亦明之，此云危之也，则彼亦危之可知也。"

[译文]

【经】鲁僖公从讨伐齐国的战场上回国（举行告祭饮至的礼仪）。

〖传〗恶行不能告祭于宗庙，这里却以此告祭宗庙，这是为何？因为鲁国正处于危难之中。

僖公　307

僖公二十有七年

【经】二十有七年,①春,杞子来朝。

[注释]

①鲁僖公二十七年,周襄王十九年,公元前633年。

[译文]

【经】鲁僖公二十七年,春,杞桓公前来朝见。

【经】夏,六月庚寅,齐侯昭卒。①

[注释]

①齐侯昭,齐孝公,姓姜名昭。

[译文]

【经】夏,六月庚寅日,齐国国君姜昭去世。

【经】秋,八月乙未,葬齐孝公。

[译文]

【经】秋,八月乙未日,安葬齐孝公。

【经】乙巳,公子遂帅师入杞。①

[注释]

①杞子来朝,用夷礼,故责其无礼。

[译文]

【经】乙巳日,公子遂率领军队攻入杞国。

【经】冬,楚人、陈侯、蔡侯、郑伯、许男围宋。

〖传〗楚人者,楚子也,其曰人,何也?人楚子,所以人诸侯也。其人诸侯,何也?不正其信夷狄而伐中国也。①

[注释]

①范注引何休曰:"哀元年'楚子、陈侯、随侯、许男围蔡',不称人,明不以此故也。"又引郑君释之曰:"时晋文为贤伯,故讥诸侯不从,而信夷狄也。哀元年时无贤伯,又何据而当贬之邪?"又曰:"定哀之世楚强盛,故诸侯不得不从耳。"江熙曰:"夫屈信理对,言信必有屈也,宋楚战于泓,宋以信义而败,未有阙也,楚复围之。我三人行必有我师,诸侯不能以义相师,反信楚之曲,屈宋之直,是义所不取,信曲屈直犹不可,况乃华夷乎?楚以亡义见贬,则诸侯之不从,不待贬而见也。然则四国信楚而屈宋,春秋屈其信而信其屈,贬楚子于兵首,则彼碌碌者以类见矣,故曰:'人楚子,所以人诸侯。'"杨疏:"郑云无贤伯、范言楚盛者,二者相接也,为当时无贤伯,楚又强盛,故诸侯不得不从也。案泓之战,《榖梁》意讥宋公。江熙云宋以信义而败,未有阙者,据宋不能量敌强弱,致师败身伤,故讥之。其于信义,实未有所阙,而楚复之,故贬楚子也。《公羊》以为称人者,为执宋公贬,故终僖之篇贬之。杜预解云,楚以微者告,并与《榖梁》异也。"

[译文]

【经】冬,楚国人、陈穆公、蔡庄公、郑文公、许僖公围攻宋国。

〖传〗"楚人",就是楚成王,经文却称其为"人",这是为何?视楚成王为"人",就是把其他诸侯也视成"人"。视其他诸侯为"人",这是为何?表示他们信任夷狄、讨伐华夏的行为是不合正道的。

【经】十有二月甲戌，公会诸侯盟于宋。①

[注释]

①范注："地以宋者，则宋得与盟，宋围解可知。"杨疏："《左氏》之意，公会诸侯盟于宋，宋不与盟。何休与范皆云：'地以宋，则宋得与盟。'二《传》以无晋救宋之文，故与《左氏》异也。"

[译文]

【经】十二月甲戌日，鲁僖公会见诸侯，在宋国举行会盟。

僖公二十有八年

【经】二十有八年，①春，晋侯侵曹。晋侯伐卫。
〘传〙再称晋侯，忌也。②

[注释]
①鲁僖公二十八年，周襄王二十年，公元前632年。
②范注引郑嗣曰："曹卫并有宿怨于晋，君子不念旧恶，故再称晋侯以刺之。"

[译文]
【经】鲁僖公二十八年，春，晋文公侵犯曹国。晋文公讨伐卫国。
〘传〙两次称呼晋文公，以示对他的厌恶。

【经】公子买戍卫，不卒戍，刺之。①
〘传〙先名后刺，杀有罪也。②公子启曰："不卒戍者，可以卒也。可以卒而不卒，讥在公子也，刺之可也。"③

[注释]

①范注:"刺,杀也。内讳杀大夫,故谓之刺。盖取《周礼》三刺之法。"言刺,如内所杀大夫皆服罪也。《周礼·小司寇》云:"以三刺断庶民狱讼之中:一曰讯群臣,二曰讯群吏,三曰讯万民。"

②成十六年"刺公子偃",《传》曰:"先刺后名,杀无罪也。"范注云:"僖二十八年'公子买戍卫,不卒戍,刺之',是有罪者,以先列其罪。"

③公子启,鲁大夫。

[译文]

【经】公子买戍守卫国,未能戍守到底,被杀。

〖传〗先记录名字,后记录受三刺之法,表示被杀者是有罪之人。公子启说:"未能戍守到底,说明本来可以坚持到底。本可以坚持到底,却不戍守到底,公子买就应被讥讽,被杀并不冤枉。"

【经】楚人救卫。

[译文]

【经】楚国人救援卫国。

【经】三月丙午,晋侯入曹,执曹伯,畀宋人。

〖传〗入者,内弗受也。①日入,恶入者也。以晋侯而斥执曹伯,恶晋侯也。②畀,与也。其曰人,何也?不以晋侯畀宋公也。③

[注释]

①杨疏:"前已有《传》,重发之者,以晋文初霸,嫌得入中国,故发《传》以明之。"

②范注:"恶其忌怨深。"

③范注:"畀,上与下之辞,故不以侯畀公。哀四年夏'晋人执戎蛮子赤归于楚',使楚子治其罪。今执曹伯,不言归于宋,而言与宋人者,是使宋公拘执之。"

[译文]

【经】三月丙午日,晋文公攻入曹国,擒获曹共公,交付给宋国人。

〖传〗"入",表示被攻占的一方不愿接受。记载攻入的日期,以示对攻方的厌恶。以"晋侯"来擒获曹共公,以示对晋文公的厌恶。"畀",是交付的意思。经文称宋国为"人",这是为何?为了显得晋文公所交付的不是宋成公。

【经】夏,四月己巳,晋侯、齐师、宋师、秦师,及楚人战于城濮,楚师败绩。

[译文]

【经】夏,四月己巳日,晋文公、齐国军队、宋国军队、秦国军队,与楚国人在城濮交战,楚国军队战败。

【经】楚杀其大夫得臣。①

[注释]

①得臣,不书氏。楚将子玉也,盖因城濮之败,为楚王所杀。

[译文]

【经】楚国杀死它的大夫得臣。

【经】卫侯出奔楚。

[译文]

【经】卫成公出奔楚国。

【经】五月癸丑,公会晋侯、齐侯、宋公、蔡侯、郑伯、卫子、莒子,盟于践土。①

〖传〗讳会天王也。②

[注释]

①践土,郑地,在今河南原阳西南、武陟东南。范注:"卫称子者,时卫侯出奔,国更立君,非王命所加,未成君,故曰子。"

②范注:"实会天王,而文不言天王,若诸侯自共盟然,是讳之也,所谓谲而不正。"按,《论语·宪问》:"晋文公谲而不正,齐桓公正而不谲。"

[译文]

【经】五月癸丑日,鲁僖公会见晋文公、齐孝公、宋成公、蔡庄公、郑文公、卫成公(未逾年之君)、莒桓公,在践土举行会盟。

〖传〗这是隐讳会见周天王的说法。

【经】陈侯如会。

〖传〗如会,外乎会也。于会受命也。①

[注释]

①范注:"外乎会,不及序也。受命于会,故书如会。"

[译文]

【经】陈穆公前往盟会。

〖传〗前往盟会,就是未能赶上班序的仪式。刚赶到盟会就接受了盟约。

【经】公朝于王所。

〚传〛朝不言所。言所者，非其所也。①

[注释]

①范注："非京师朝。"杨疏："公如京师，亦不言朝，直失不言所者，如即是内朝之常文，故直解不言所而已。如既是常文，此言朝者，以其非京师，故以违例言之。"

[译文]

【经】鲁僖公在周天子的行宫朝觐。

〚传〛诸侯朝觐天子，照例不记载处所。记载处所，说明周天子并非安居于京师。

【经】六月，卫侯郑自楚复归于卫。

〚传〛自楚，楚有奉焉尔。①复者，复中国也。②归者，归其所也。郑之名，失国也。③

[注释]

①杨疏："发《传》者，自楚，嫌与中国异也。"按，桓十七年"蔡季自陈归于蔡"，陈居中国。

②范注："中国，犹国中也。"昭三十年"春，王正月，公在乾侯"，杨疏云："然则此文中国，国中何为变中国者何？解，中国逾年不言在，亲倚之情，如国莫二，比之国中，不以言中非诸夏。"

③范注："重起失国之例者，以郑非大罪，故出奔不名，恶其借楚之力，故入名，以表失国，嫌出入异，故《传》发之。"

[译文]

【经】六月，卫成公姬郑从楚国重新回到卫国。

〚传〛"自楚"，表示楚国对他回国有所援助。"复"，表示重新回到国内。"归"，表示回到他的居所。称呼姬郑的名字，是因为他曾经失去政权。

【经】卫元咺出奔晋。①

[注释]

①卫元咺，杨伯峻曰："据《元和姓纂》，元咺其先食采邑于元，因以为氏。元，今河北省元氏县。"

[译文]

【经】卫国的元咺出奔晋国。

【经】陈侯款卒。①

[注释]

①陈侯款，陈穆公，姓妫名款。

[译文]

【经】陈国国君妫款去世。

【经】秋，杞伯姬来。①

[注释]

①范注："庄公女来归宁。"

[译文]

【经】秋，杞国的伯姬前来。

【经】公子遂如齐。①

[注释]

①范注："聘也。"

[译文]

【经】公子遂前往齐国。

【经】冬,公会晋侯、宋公、蔡侯、郑伯、陈子、莒子、邾子、秦人于温。①

〖传〗讳会天王也。②

[注释]

①范注:"陈称子,在丧也。"
②范注:"复致天子。"

[译文]

【经】冬,鲁僖公在温地会见晋文公、宋成公、蔡庄公、郑文公、陈共公(未逾年之君)、莒桓公、邾文公、秦国人。

〖传〗这是隐讳会见周天王的说法。

【经】天王守于河阳。①

〖传〗全天王之行也,②为若将守而遇诸侯之朝也。为天王讳也。水北为阳,山南为阳。温,河阳也。③

[注释]

①守,狩也。河阳,晋地,在今河南孟州市一带。
②范注:"时实晋文公召王。以臣召君,不可以训。因天子有巡守之礼,故以自行为文。"
③范注:"日之所昭曰阳。"

[译文]

【经】周天王在河阳狩猎。

〖传〗这是为了保全周天王出行的名誉,显得就像周天王将要巡狩，恰好遇到诸侯前来朝觐一般。这是在为周天王隐讳。河的北面是阳，山的南面是阳。温地，在黄河的北面。

【经】壬申，公朝于王所。

〖传〗朝于庙，礼也；于外，非礼也。①独公朝与？诸侯尽朝也。其日，以其再致天子，故谨而日之。主善以内，目恶以外。②言曰公朝，逆辞也，而尊天子。③会于温，言小诸侯。温，河北地，以河阳言之，大天子也。④日系于月，月系于时。壬申，公朝于王所，其不月，失其所系也。以为晋文公之行事，为已傎矣。⑤

[注释]

①范注："诸侯朝王，王必于宗庙受之者，盖欲尊祖祢共其荣。"

②范注："主善以内，谓公朝于王所。目恶以外，言再致天子。"《春秋繁露·楚庄王篇》云："春秋常于其嫌得者见其不得也。是故齐桓不予专地而封，晋文不予致王而朝，楚庄弗予专杀而讨。三者不得，则诸侯之得殆此矣。"

③范注引郑嗣曰："若公朝于庙，则当言公如京师，而今言公朝，是逆常之辞。虽逆常而曰公朝王所，是尊天子。"杨疏："公若朝于庙，当云如也。今逆常，故言朝也。朝虽逆常之辞，言公朝于王所，仍是敬王室之事，故云'而尊天子'。"

④范注："温、河阳同耳。小诸侯，故以一邑言之。尊天子，故以广大言之。"

⑤傎，同"颠"。范注："以臣召君，傎倒上下，日不系于月，犹诸侯不宗于天子。"

[译文]

【经】壬申日，鲁僖公在周天王的行宫朝觐。

〖传〗诸侯在周天子的宗庙里朝觐，是合乎礼制的；在宗庙外朝觐，是不合乎礼制的。只有鲁僖公一个人朝觐吗？诸侯都去朝觐了。

僖公 317

经文记载日期,是因为这是第二次招致周天子了,故而记录日期以示郑重。如果记录的是善行,那么就以鲁国为主;如果记录的是恶行,那么视为鲁国以外的诸侯所为。经文记为"公朝",是有悖常理的说法,这是在尊崇周天子。在温地会见,这是在贬抑诸侯。温,是黄河以北的某地,经文记为"河阳",以示对周天子的尊崇。日期从属于月份,月份从属于季节。"壬申,公朝于王所",经文不记载月份,日期就无所从属。君子以为晋文公的做法,已经颠倒上下了啊。

【经】晋人执卫侯,归之于京师。

〚传〛此入而执,其不言入,何也?不外王命于卫也。① 归之于京师,缓辞也,断在京师也。②

[注释]

① 范注:"入者自外来;伯者以王命讨卫,卫,王之土,故曰'不外王命'。"

② 杨疏:"据成十五年'晋侯执曹伯,归于京师',不言之。"按,成十五年"晋侯执曹伯,归于京师",《传》云:"不言'之',急辞也,断在晋侯也。"缓辞,与急辞相对。"归之于京师",缓辞,表示可以迟缓到京师再裁断;"归于京师",急辞,表示必须当机立断。

[译文]

【经】晋国人擒获卫成公,将他送入京师。

〚传〛这是先攻入卫国后再擒获卫成公,经文却不记载"入",这是为何?为了不把周天子的命令当成是外来的。"归之于京师",是宽缓的说法,卫成公的罪责应当在京师裁断。

【经】卫元咺自晋复归于卫。

〚传〛自晋,晋有奉焉尔。① 复者,复中国也。归者,归其所也。

[注释]

①杨疏:"又发《传》者,嫌霸者与凡诸侯异。"按,桓十七年"蔡季自陈归于蔡",本年"卫侯郑自楚复归于卫",陈、楚皆非霸主。

[译文]

【经】卫国的元咺从晋国重新回到卫国。

〖传〗"自晋",表示晋国对他回国有所援助。"复",表示重新回到国内。"归",表示回到他的居所。

【经】诸侯遂围许。①
〖传〗遂,继事也。②

[注释]

①范注:"会温诸侯。许比再会不至,故共围之。"
②范注:"继事,会于温而围许。"

[译文]

【经】诸侯于是围攻许国。
〖传〗"遂",是继续行事的意思。

【经】曹伯襄复归于曹。①
〖传〗复者,复中国也。天子免之,因与之会。其曰复,通王命也。②

[注释]

①范注:"三月为晋侯所执,今方归。"
②范注:"免之于宋,身未反国,因会于许,即从反国之辞通王命。"

[译文]

【经】曹共公姬襄重新回到曹国。

〖传〗"复",表示重新回到国内。周天子赦免了他,故而他能参与围攻许国的会盟。经文记为"复",是为了顺遂周天子的意志。

【经】遂会诸侯围许。
〖传〗遂,继事也。

[译文]

【经】于是会见诸侯,围攻许国。
〖传〗"遂",是继续行事的意思。

僖公二十有九年

【经】二十有九年,①春,介葛卢来。②
〖传〗介,国也。葛卢,微国之君未爵者也。其曰来,卑也。③

[注释]

①鲁僖公二十九年,周襄王二十一年,公元前631年。
②葛卢,介君之名也。
③介,国名。杨疏:"据庄五年'郳犁来来朝',亦未得爵命而称朝,此谓卑贱之,故直言来矣。襄十八年'白狄来'《注》云'不言朝者,不能行朝礼'是也。"

[译文]

【经】鲁僖公二十九年,春,介国的葛卢前来。

〖传〗"介",是一个国名。葛卢,是附庸之国的国君,没有得到周天子的爵命。经文记为"来",以示他的卑微。

【经】公至自围许。

[译文]

【经】鲁僖公从围攻许国的战场上回国(举行告祭饮至的礼仪)。

【经】夏,六月,公会王人、晋人、宋人、齐人、陈人、蔡人、秦人,盟于翟泉。①

[注释]

①翟泉,在今洛阳市东北汉魏故城东北隅。《公羊》作"狄泉"。杨疏:"《左氏》以为王人者王子虎,为下盟列国。晋人云云者,狐偃等,为上敌公侯,皆贬之称人。何休注《公羊》云,晋文德衰,故微者往会。今《穀梁》既无《传》《注》,或如何说,王人以下皆是微也。"

[译文]

【经】夏,六月,鲁僖公会见周天子的人、晋国人、宋国人、齐国人、陈国人、蔡国人、秦国人,在翟泉举行会盟。

【经】秋,大雨雹。①

[注释]

①范注:"雹者,阴胁阳、臣侵君之象。阳气之在水雨则温热,阴气薄而胁之,不相入,转而成雹。"

[译文]

【经】秋,下大冰雹。

【经】冬,介葛卢来。

[译文]

【经】冬,介国的葛卢前来。

僖公三十年

【经】三十年,①春,王正月。

[注释]

①鲁僖公三十年,周襄王二十二年,公元前630年。

[译文]

【经】鲁僖公三十年,春,周历正月。

【经】夏,狄侵齐。

[译文]

【经】夏,狄人侵犯齐国。

【经】秋,卫杀其大夫元咺。

〖传〗称国以杀,罪累上也,以是为讼君也。①卫侯在外,其以累上之辞言之,何也?待其杀而后入也。

[注释]

①范注:"元咺讼君之罪于伯者,君忌之,使人杀之而后入。案宣九年

'陈杀其大夫泄冶'，《传》曰：'称国以杀其大夫，杀无罪也。'此《传》曰：'称国以杀，罪累上也。'凡称国以杀大夫，或杀无罪，或罪累上，参互不同，略当近半。然则称国以杀有二义，泄冶忠贤而君杀之，是君无道也；卫侯虽有不德，臣无讼君之道，元咺之罪亦已重矣。然君子之道，譬之于射，失诸正鹄，反求诸身。卫侯不思致讼之怨，躬自厚之义，过而不改，而又怨忌，上下皆失，故曰罪累上。"杨疏："元咺讼君，则是臣之罪。复言累上者，以上下俱失，嫌卫杀无罪，故加累上之文也。卫侯得书复归者，复归非全善之辞，卫侯既委罪元咺，故得复归之称。"《补注》云："传意里克、丕郑父、元咺甯喜之属罪恶固不可掩，而《春秋》书之，专以罪君。大夫之罪，经所不论，罪累上与杀无罪，其例无异，特以里、丕之等，究不可云无罪，故谓之罪累上，非谓君子有所分别其间，同一称国之文，而有二义也。"

[译文]

【经】秋，卫国杀死它的大夫元咺。

〖传〗经文称以国家的名义杀死大夫，表示国君也有杀死大夫的罪行，（卫成公杀死元咺）是因为元咺的罪行是状告国君。卫成公在外，经文却以国君有罪的说法来记载，这是为何？因为卫成公等到元咺死后才进入卫国。

【经】及公子瑕。①
〖传〗公子瑕，累也，以尊及卑也。

[注释]

①公子瑕，卫侯郑出奔后行政，卫君瑕也。《史记·卫世家》曰："已而周为请晋文公，卒入之卫，而诛元咺，卫君瑕出奔。"与三《传》不同。

[译文]

【经】以及公子瑕。

〖传〗公子瑕是被牵连的，这是因为要从尊贵的人书写到卑微的人。

【经】卫侯郑归于卫。①

[注释]

①范注引徐邈曰:"凡出奔归月,执归不月者,齐则国更立主,若故君还入,必有战争祸害,所以谨其文。执者,罪名未定,其国犹追奉之,归无犯害,故例不月。"

[译文]

【经】卫成公姬郑回到卫国。

【经】晋人、秦人围郑。

[译文]

【经】晋国人、秦国人围攻郑国。

【经】介人侵萧。

[译文]

【经】介国人侵犯萧国。

【经】冬,天王使宰周公来聘。
〖传〗天子之宰,通于四海。①

[注释]

①杨疏:"复发《传》者,葵丘会也,此则聘也,嫌异,故重发之。"

[译文]

【经】冬,周天王派宰周公前来聘问。

〖传〗周天子的冢宰可以与四海之内的诸侯会见。

【经】公子遂如京师。遂如晋。
〖传〗以尊遂乎卑,此言不敢叛京师也。①

[注释]

①范注:"何休曰:'大夫无遂事。'案襄十二年,季孙宿救台,'遂入郓',恶季孙不受命而入也。如公子遂受命如晋,不当言遂。"又引郑君释之曰:"遂固受命如京师如晋,不专受命如周,《经》近上言'天王使宰周公来聘',故公子遂报焉,因聘于晋,尊周不敢使并命,使若公子遂自往然。即云公子遂如京师如晋,是同周于诸侯,叛而不尊天子也。《公羊传》有美恶不嫌同辞,何独不广之于此乎?"又曰:"《经》同而《传》异者甚众,此吾徒所以不及古人也。"杨疏:"《传》言此者,遂是继事之辞,以辞有善恶,故《传》分明别之也。"

[译文]

【经】公子遂前往京师。他又前往晋国。

〖传〗经文将会见卑者视作会见尊者的延续,这是在说鲁国不敢背叛京师。

僖公三十有一年

【经】三十有一年,①春,取济西田。②

[注释]

①鲁僖公三十一年,周襄王二十三年,公元前629年。
②济西田,曹田。

[译文]

【经】鲁僖公三十一年，春，夺取济水以西的田亩。

【经】公子遂如晋。

[译文]

【经】公子遂前往晋国。

【经】夏，四月，四卜郊，①不从，乃免牲，犹三望。②
〖传〗夏四月，不时也。③四卜，非礼也。④免牲者，为之缁衣熏裳。有司玄端，奉送至于南郊。免牛亦然。⑤乃者，亡乎人之辞也。⑥犹者，可以已之辞也。⑦

[注释]

①范注："谓之郊者，天人相与交接之意也。不言郊天者，不敢斥尊也。昔武王既崩，成王幼少，周公居摄，行天子事，制礼作乐，终致太平。周公薨，成王以王礼葬之，命鲁使郊，以彰周公之德，祭苍帝灵威仰，昊天上帝鲁不祭。"杨疏："范惟言天人相与交接，故谓之郊。字既从郊，或当亦在南郊，就阳位而祭也。昔武王既崩云云，《尚书》有其事。制礼作乐云云者，《礼记》文。祭苍帝灵威仰，昊天上帝鲁不祭者，是郑玄之说。郑以《春秋说元命包》云：'紫微为大帝，大微为天庭，五帝合明。'又《文耀钩》云：'苍帝春受制，其名灵威仰。赤帝夏受制，其名赤熛怒。黄帝受制王四季，其名含枢纽。白帝秋受制，其名白招炬。黑帝冬受制，其名汁光纪。是紫微宫者五方帝。'故郑以周与鲁夏正郊天者，祭青帝灵威仰之帝；冬至祭天于圆丘者，祭天皇大帝，鲁不得祭之。故范亦同之耳。然三王之郊，一用夏正，鲁不然者，以天子得冬至祭天皇大帝，故郊所感之帝皆以夏正为之，鲁不得冬至祭天，故转卜三正。从周正月至于三月，皆是郊之时也，月各一卜，故云三卜，礼也。四月非时，故云四卜，非礼也。《左氏》以为礼不卜常祀，郊既鲁之常祀，故一卜亦

为非礼。《公羊》以为天子不卜郊，鲁郊非常礼，故卜之；求吉之道不过三，故三卜，礼也，四卜，非礼也。是三《传》各异。其用牲也，何休以为郊天牛，角茧栗，三望之牛，角尺，其文出于《稽命征》。其祀也，郊祭则焚燎，山则升，水则沉。"

②范注引郑君曰："望者，祭山川之名也，谓海也、岱也、淮也。非其疆界则不祭。"又引《禹贡》曰："海、岱及淮惟徐州。徐，鲁地。"杨疏："《公羊》以为三望，泰山、河、海。贾逵、杜预之徒注《左氏》者，皆以为分野星、国中山川。今范同郑玄之说。取《禹贡》之文，以为淮、海、岱也。"

③范注："郊，春事也。"

④范注："郊，春事，四卜则入夏。"

⑤范注："玄端，黑衣，接神之道。玄纁者，天地之色也。南郊，天位，归之于阳也。'全曰牲，伤曰牛'，'牛有变而不郊，故卜免牛'。"按，范注所引者，哀元年"鼷鼠食郊牛角，改卜牛。夏，四月辛巳，郊"，《传》文也。

⑥范注："亡乎人，若曰无贤人也。"又引凯曰："其犹《易》称'窥其户，阒其无人'，《诗》云'巷无居人'，讥僖公不共，致天变。"

⑦范注："望，郊之细也。不郊，无望可也。已，止也。"

[译文]

【经】夏，四月，四次占卜郊祭的吉凶，不吉，就免去宰杀祭牲，仍然举行望祭。

〖传〗"夏，四月"，表示这次郊祭不合时令。四次占卜，是不合礼制的。免去宰杀祭牲，就是为它穿上黑色的上衣、红色的下裳。主管官吏身着黑色礼服，护送祭牲直至南面的郊外。免牛也是如此。"乃"，是没有贤能之人的说法。"犹"，是应当停止的说法。

【经】秋，七月。

[译文]

【经】秋，七月。

【经】冬，杞伯姬来求妇。

〖传〗妇人既嫁不逾竟。杞伯姬来求妇，非正也。①

[注释]

①杨疏："重发《传》者，嫌国君之妻异，故明之。"按，僖二十五年"宋荡伯姬来逆妇"，宋伯姬为宋大夫荡氏妻。

[译文]

【经】冬，杞国的伯姬前来求娶新妇。

〖传〗妇人一旦出嫁，就不能离开夫家的国境。杞国的伯姬前来求娶新妇，这是不合正道的。

【经】狄围卫。

[译文]

【经】狄人围攻卫国。

【经】十有二月，卫迁于帝丘。①

[注释]

①帝丘，卫地，在今河南濮阳一带。

[译文]

【经】十二月，卫国迁往帝丘。

僖公三十有二年

【经】三十有二年，①春，王正月。

[注释]

①鲁僖公三十二年，周襄王二十四年，公元前628年。

[译文]

【经】鲁僖公三十二年，春，周历正月。

【经】夏，四月己丑，郑伯捷卒。①

[注释]

①郑伯捷，郑文公，姓姬名捷。

[译文]

【经】夏，四月己丑日，郑国国君姬捷去世。

【经】卫人侵狄。

[译文]

【经】卫国人侵犯狄人。

【经】秋，卫人及狄盟。

[译文]

【经】秋，卫国人与狄人会盟。

【经】冬，十有二月己卯，晋侯重耳卒。①

[注释]

①晋侯重耳，晋文公，姓姬名重耳。范注："晋自庄公已前，不书于《春

秋》，又不言文公之入及郑忽之杀，何乎？徐邈通之曰：'案《诗序》及《纪年》《史记》，晋昭公之后，大乱五世。又郑忽之后，有子亹、子仪，且事出记《传》而《经》所无殊多，诚当有不告故不书者。诸侯有朝聘之礼，赴告之命，所以敦其交好，通其忧虞。若邻国相望而情志否隔，存亡祸福，不以相关，则它国之史，无由得书，故告命之事绝，则记注之文阙，此盖内外相与之常也。鲁政虽陵迟而典刑犹存，史策所录，不失常法，其文献之实足征，故孔子因而修之，事仍本史，而辞有损益，所以成详略之例，起褒贬之意。若夫可以寄微旨而通王道者，存乎精义穷理，不在记事少多，此盖修《春秋》之本旨。师资辩说，日用之常义，故穀梁子可不复发文，而体例自举矣。'"

[译文]

【经】冬，十二月己卯日，晋国国君姬重耳去世。

僖公三十有三年

【经】三十有三年，①春，王二月，秦人入滑。
〚传〛滑，国也。

[注释]
①鲁僖公三十三年，周襄王二十五年，公元前627年。

[译文]
【经】鲁僖公三十三年，春，周历二月，秦国人攻入滑国。
〚传〛"滑"，是一个国名。

【经】齐侯使国归父来聘。①

[注释]
①国，氏。归父，名。国庄子也。

[译文]

【经】齐昭公派国归父前来聘问。

【经】夏,四月辛巳,晋人及姜戎败秦师于殽。①

〖传〗不言战而言败,何也?狄秦也。其狄之,何也?秦越千里之险入虚国,②进不能守,退败其师,徒乱人子女之教,无男女之别。秦之为狄,自殽之战始也。③秦伯将袭郑,百里子与蹇叔子谏曰:"千里而袭人,未有不亡者也。"秦伯曰:"子之冢木已拱矣,何知?"④师行,百里子与蹇叔子送其子而戒之曰:"女死,必于殽之岩唫之下。⑤我将尸女于是。⑥"师行,百里子与蹇叔子随其子而哭之。秦伯怒曰:"何为哭吾师也?"二子曰:"非敢哭师也,哭吾子也。我老矣,彼不死则我死矣。"⑦晋人与姜戎要而击之殽,匹马倚轮无反者。⑧晋人者,晋子也。其曰人,何也?微之也。何为微之?不正其释殡而主乎战也。

[注释]

①姜戎,姜姓之戎,在晋之南鄙。殽(xiáo),晋地,在今河南洛宁一带。
②范注:"滑无备,故言虚国。"
③范注:"明秦本非夷狄。"杨疏:"旧解进不能守,谓入滑而去;退败其师,谓败于殽也;乱人子女,谓入滑之时,纵暴乱也。本或别进字者。"
④范注:"子之辈皆已老死矣。拱,合抱也。言其老无知。"
⑤范注:"其处险隘,一人可以要百人。"
⑥范注:"尸女者,收女尸。"
⑦范注:"畏秦伯怒,故云彼我要有死者。"
⑧范注:"倚轮,一只之轮。"

[译文]

【经】夏,四月辛巳日,晋国人与姜戎人在殽地击败秦国军队。

〖传〗经文不记载交战,却记载了击败,这是为何?这是将秦国视作夷狄。将秦国视作夷狄,这是为何?秦国跋涉翻越千里险阻,攻入毫无守备的国家,向前不能进守滑国,向后战败于殽地,只知施暴劫掠,搅乱他国子女的教化,毫无男女之间的分别。秦国成为夷狄,就是从殽之战开始的。秦穆公将要袭击郑国,百里奚与蹇叔上谏道:"行军千里袭击他国,从来没有不覆亡的。"秦穆公说:"你们坟上的树都长到可以合抱了,你们还知道些什么呢?"军队出征前,百里奚与蹇叔为他们的儿子送行,告诫他们说:"你一定会死在殽地的山崖之下,我会在那里为你收尸。"军队出征,百里奚与蹇叔一边紧随着他们的儿子,一边痛哭。秦穆公发怒,说:"为何要为我们的军队而哭?"二人说:"我们不敢为军队而哭,而是为自己的儿子痛哭啊。我们老了,就算他们不死在途中,(等到他们回来)我们也死了。"晋国人与姜戎人中途拦截秦国军队,在殽地出击,秦国连一匹马、一只轮子都未能逃出。"晋人",就是晋襄公。经文称其为"人",这是为何?是为了表示对他有所微词。为何要对他有所微词?因为君子以为他不顾殡丧之礼,一心想要伏击秦国的行为是不合正道的。

【经】癸巳,葬晋文公。
〖传〗日葬,危不得葬也。

[译文]

【经】癸巳日,安葬晋文公。
〖传〗记载下葬的日期,是因为险些不能如期举行葬礼。

【经】狄侵齐。

[译文]

【经】狄人侵犯齐国。

【经】公伐邾，取訾楼。①

[注释]

①訾楼，《公羊》作"丛"，《左氏》作"訾娄"。

[译文]

【经】鲁僖公讨伐邾国，夺取訾楼。

【经】秋，公子遂帅师伐邾。

[译文]

【经】秋，公子遂率领军队讨伐邾国。

【经】晋人败狄于箕。①

[注释]

①箕，晋地，在今山西蒲县一带，一说在今山西晋中市太谷区一带。

[译文]

【经】晋国人在箕地击败狄人。

【经】冬，十月，公如齐。十有二月，公至自齐。

[译文]

【经】冬，十月，鲁僖公前往齐国。十二月，鲁僖公从齐国回来（举行告祭饮至的礼仪）。

【经】乙巳，公薨于小寝。①

〖传〗小寝，非正也。②

[注释]
①范注："小寝，内寝。"详庄三十二年"公薨于路寝"注。
②范注："非路寝。"杨疏："《传》发此例者，以隐公不地，桓公非正，今僖公虽卒，而没于妇人之手，故发《传》以恶之也。"

[译文]
【经】乙巳日，鲁僖公在小寝辞世。
〖传〗死在小寝，是不合正道的。

【经】陨霜不杀草。①
〖传〗未可杀而杀，举重也。可杀而不杀，举轻也。②

[注释]
①范注引《京氏易传》曰："君假与臣权，陨霜不杀草。"
②范注："重，谓菽也。轻，谓草也。轻者不死，则重者不死可知。"

[译文]
【经】降霜，未能冻死草。
〖传〗本来不能杀死的却杀死了，就要选取重要的作物来说。本来能杀死的却未能杀死，就要选取无足轻重的杂草来说。

【经】李、梅实。①
〖传〗实之为言，犹实也。②

[注释]
①范注引京房《京氏易传》曰："从叛者兹谓不明，厥妖木冬实。"
②范注："实，子。"

[译文]

【经】李树、梅树结果。

〖传〗经文所记载的"实",就是果实。

【经】晋人、陈人、郑人伐许。

[译文]

【经】晋国人、陈国人、郑国人讨伐许国。

文公

文公元年

【经】元年,①春,王正月,公即位。
〖传〗继正即位,正也。②

[注释]

①鲁文公元年,周襄王二十六年,公元前626年。鲁文公,姓姬名兴,僖公子,《周书·谥法》:"慈惠爱民曰文。"

②范注:"继正,谓继正卒也。隐去即位以见让,桓书即位示安忍。庄、闵、僖不言即位,皆继弑。"

[译文]

【经】鲁文公元年,春,周历正月,文公即位。
〖传〗继承寿终正寝的国君,就书写即位,是合乎正道的。

【经】二月癸亥,日有食之。①

[注释]

①未言朔。

[译文]

【经】二月癸亥日,发生日食。

【经】天王使叔服来会葬。①
〖传〗葬曰会,其志,重天子之礼也。②

[注释]

①范注:"诸侯丧,天子使大夫会葬,礼也。传例曰:'天子大夫称字。'盖未受采邑,故不称氏。字者贵称,故可独达也。"杨疏:"范云传例者,非正例,推以知之。定十四年《传》曰:'天子之大夫不名。'隐七年'凡伯来聘',《传》曰:'凡伯者何也?天子之大夫也。'又九年'南季来聘',《传》曰:'南,氏姓也。季,字也。'是天子之大夫称字,据《传》文可知,故亦得云传例也。"

②范注:"言会,明非一人之辞。"杨疏:"五年,'毛伯来会葬','会葬之礼于鄙上'。此叔服来会葬,云'其志重天子之礼也'者,旧解以为叔服在葬前至,先乡鲁国,然后赴葬所。毛伯以丧服发后始来,先之竟上,然始至鲁国,故《传》释有异辞也。或当此释书之所由,故云重天子之礼也。彼解会葬之处,故云于鄙上。二者互言之,未必由先后至,理亦通也。"

[译文]

【经】周天王派叔服前来参与葬礼。
〖传〗经文记载参与葬礼为"会",以示对周天子这一礼节的重视。

【经】夏,四月丁巳,葬我君僖公。
〖传〗薨称公,举上也。葬我君,接上下也。僖公葬而后举谥。谥所以成德也,于卒事乎加之矣。①

文公 337

[注释]

①杨疏:"重发《传》者,桓不以礼终,僖则好卒,二者既异,故《传》详之。"

[译文]

【经】夏,四月丁巳日,安葬我国国君鲁僖公。

〖传〗国君辞世后称其为"公",这是以最尊贵的爵位来称呼他。"葬我君",显得鲁国君臣上下如为一体。鲁僖公下葬之后,才能为他制定谥号。谥号用来彰显人一生的德行,故而要在下葬之后才能确定。

【经】天王使毛伯来锡公命。①

〖传〗礼有受命,无来锡命。锡命,非正也。②

[注释]

①毛,采邑。伯,字也。范注:"天子上大夫也。"

②杨疏:"重发《传》者,桓则薨后见锡,此则即位见锡,嫌其得正,故《传》发之。"按,庄元年"王使荣叔来锡桓公命",《传》曰:"生不服,死追锡之,不正甚矣。"

[译文]

【经】周天王派毛伯前来赐予鲁文公爵命。

〖传〗根据礼制,只有诸侯前往京师接受周天子的爵命,没有周天子派人到诸侯国前来赐予爵命的。赐予爵命,是不合正道的。

【经】晋侯伐卫。

[译文]

【经】晋襄公讨伐卫国。

【经】叔孙得臣如京师。

[译文]
【经】叔孙得臣前往京师。

【经】卫人伐晋。

[译文]
【经】卫国人讨伐晋国。

【经】秋，公孙敖会晋侯于戚。①

[注释]
①戚，卫地，在今河南濮阳一带。范注："礼：卿不得会公侯。《春秋》尊鲁，内卿大夫可以会外诸侯。"杨疏："'内卿大夫可以会外诸侯'者，下二年《传》文。不于此发例者，伯者至尊，大夫不可以会，但《春秋》内鲁，故无讥文。以失礼深，《传》不可云得会。至于二年垂敛之会，则是凡常诸侯，礼虽不达，人情通许。故发内大夫可以会外诸侯之例。"

[译文]
【经】秋，公孙敖在戚地会见晋襄公。

【经】冬，十月丁未，楚世子商臣弑其君髡。①
〖传〗日髡之卒，所以谨商臣之弑也。夷狄不言正不正。②

[注释]
①范注引郑嗣曰："商臣，缪王也。髡，文王之子成王也。不言其父而言其君者，君之于世子，有父之亲，有君之尊，言世子所以明其亲也，言其君所

以明其尊也，商臣于尊亲尽矣。"按，缪，同"穆"。

②范注引徐幹曰："中国君卒，正者例日，篡立不正者不日，夷狄君卒，皆略而不日，所以殊夷夏也。今书日，谨识商臣之大逆尔，不以明髡正与不正。"杨疏："《传》言此者，以夷狄之弑有日与不日，嫌同中国，故分明别之。"

[译文]

【经】冬，十月丁未日，楚国的世子商臣杀害楚国国君髡。

〖传〗记载髡死亡的日期，是为了郑重地记录商臣的弑君之行。夷狄之国无所谓是否合乎正道。

【经】公孙敖如齐。

[译文]

【经】公孙敖前往齐国。

文公二年

【经】二年，①春，王二月甲子，晋侯及秦师战于彭衙。②秦师败绩。

[注释]

①鲁文公二年，周襄王二十七年，公元前625年。
②彭衙，秦地，在今陕西白水东北。

[译文]

【经】鲁文公二年，春，周历二月甲子日，晋襄公与秦国军队在彭衙交战。秦国军队战败。

【经】丁丑，作僖公主。

〖传〗作，为也，为僖公主也。① 立主，丧主于虞，② 吉主于练。③ 作僖公主，讥其后也。④ 作主坏庙有时日，于练焉坏庙。坏庙之道，易檐可也，改涂可也。⑤

[注释]

①范注："为僖公庙作主也。主，盖神之所冯依，其状正方，穿中央，达四方。天子长尺二寸，诸侯长一尺。"杨疏据糜信引卫次仲云："'宗庙主皆用栗，右主八寸，左主七寸，广厚三寸。若祭讫，则内于西壁慆中，去地一尺六寸。右主，谓父也；左主，谓母也。'何休、徐邈并与范注同，云天子尺二寸，诸侯一尺，状正方，穿中央，达四方，是与卫氏异也。其藏之也，《白虎通义》亦云藏之西壁，则纳之西壁中，或如卫说；去地高下，则无文以明之。何休又云：'谓之虞者，亲丧已入圹，皇皇无所见求，而虞事之。虞，犹安也。虞主用桑者，桑犹丧也。取其名与其粗粗，所以副孝子之心。'练主用栗者，谓既埋虞主于两阶之间，易用栗木为主，取其战栗，故用栗木为主。又引《士虞记》曰：'桑主不文，吉主皆刻而谥之。'盖为祫时别昭穆也。徐邈注《穀梁》尽与之同，范亦当不异也。"按，慆（tāo），一本作"陷"。《论语》曰："哀公问社于宰我。宰我对曰：'夏后氏以松，殷人以柏，周人以栗。曰：使民战栗。'子闻之曰：'成事不说，遂事不谏，既往不咎。'"

②范注："礼：平旦而葬，日中反而祭，谓之曰虞，其主用桑。"

③范注："期而小祥，其主月栗。"

④范注："僖公薨，至此已十五月。"杨疏："案庄公之丧已二十二月，仍讥其为吉祫，今方练而作主，犹是凶服，而曰吉主者，三年之丧，至二十五月犹未合全吉，故公子遂有纳币之讥。庄公丧制未二十五月而祫祭，故讥其为吉。此言吉者，比之虞主，故为吉也。此虽为练作之主，终入庙以辨昭穆，故《传》以吉言之。然作主在十三月，坏庙在三年丧终，而《传》连言之者，此主终入庙，入庙即易檐，以事相继，故连言之，非谓作主坏庙同时也。或以为练而作主之时，则易檐改涂，故此《传》云于练坏庙，于《传》文虽顺，旧

说不然，故不从之，直记异闻耳。"

⑤范注："礼：亲过高祖则毁其庙，以次而迁，将纳新神，故示有所加。"

[译文]

【经】丁丑日，制作鲁僖公的神主。

〖传〗"作"，是制作的意思，制作鲁僖公的神主。设立神主后，虞祭时用桑木制成的丧主，练祭时用栗木制成的吉主。"作僖公主"，这是在讥讽设立神主太晚了。制作神主、毁庙都有规定的时间，当在练祭之时毁庙。毁庙之礼规定，可以更换屋檐，可以重新涂饰。

【经】三月乙巳，及晋处父盟。①

〖传〗不言公，处父伉也，为公讳也。②何以知其与公盟？以其日也。何以不言公之如晋？所耻也。出不书，反不致也。③

[注释]

①范注："晋大夫阳处父。"杨疏："《经》不言阳，《注》知之者，以下有晋杀其大夫阳处父故也。"

②范注："讳公与大夫盟，去处父氏，公亲如晋，使若与甚君盟，如《经》言郪仪父矣。不书地者，公在晋也。庄二十二年'秋，七月丙申，及齐高傒盟于防'，不去高傒氏者，公不亲如齐，不与其君盟，于耻差降。"

③杨疏："《传》决不言公者，据隐公八年'九月辛卯，公及莒人盟于包来'，言公也。彼《传》云：'可言公及人，不可言公及大夫。'故此没公，彼存公也。庄二十二年'及齐高傒盟于防'，《传》曰：'不言公，高傒伉也。'彼已有《传》，此又重发者，高傒存氏，今处父去族嫌异，故重发之。《传》不于高傒发日以明公存者，二者理同，此又须辨公不言如晋意也，故就此亦发之，彼《注》云'书日，则公盟也'，是亦意同之事也。《传》又云出不书，反不致也者，以致者必有出，出者不必致，今出既不书，故反亦不致也。"

[译文]

【经】三月乙巳日，与晋国的处父会盟。

〖传〗经文不记载鲁文公,是因为处父在盟会上与之对敌,故而为鲁文公隐讳。何以知道他与鲁文公会盟?从经文记载日期上知道。为何不记载鲁文公前往晋国这件事?可耻啊。经文不记载鲁文公出境,回国后也不举行告祭饮至的礼仪。

【经】夏,六月,公孙敖会宋公、陈侯、郑伯、晋士縠,盟于垂敛。①

〖传〗内大夫可以会外诸侯。

[注释]

①垂敛,郑地,在今河南荥阳市东北。《左氏》作"垂陇"。

[译文]

【经】夏,六月,公孙敖会见宋成公、陈共公、郑穆公、晋国的士縠,在垂敛会盟。

〖传〗鲁国大夫可以会见他国的诸侯。

【经】自十有二月不雨,至于秋七月。①

〖传〗历时而言不雨,文不忧雨也。②不忧雨者,无志乎民也。③

[注释]

①范注:"建午之月,犹未为灾。"
②范注:"僖公忧民,历一时辄书不雨,今文公历四时乃书,是不勤雨也。"杨疏:"《传》发之者,以僖公忧民之情急,故备书之。今文公继父之业,无志于民,故略书之。以二者既异,故《传》分而别之。庄三十一年'冬,不雨',不发《传》者,以一时不雨轻故也。下十年、十三年意亦与此同,故省文不发之。"

文公 343

③范注:"无恤民志。"

[译文]

【经】从十二月起无雨,直到秋七月。

〖传〗经历了三个季节,才记载无雨,鲁文公不忧虑是否有雨。不忧虑是否有雨,是因为鲁文公没有体恤民情的旨趣。

【经】八月丁卯,大事于太庙,跻僖公。①

〖传〗大事者何?大是事也,著祫、尝。②祫祭者,毁庙之主,陈于太祖;未毁庙之主,皆升,合祭于太祖。③跻,升也,先亲而后祖也,逆祀也。④逆祀,则是无昭穆也。无昭穆,则是无祖也。无祖,则无天也。故曰:文无天。无天者,是无天而行也。⑤君子不以亲亲害尊尊,此《春秋》之义也。⑥

[注释]

①范注:"大事,祫也。时三年之丧未终,而吉祭于大庙,则其讥自明。"杨疏:"旧解范云其讥自明者,谓吉禘于庄公书吉,此大事于大庙不书吉者,以同未满三年,前已书吉,则此亦同讥,故云其讥自明。此解取杜预之意也。然杜云其讥已明,故得以吉禘并之,范云其讥自明,焉知远比吉禘!盖范意以丧制未终,不待讥责,其恶足显,故云自明也。禘祫之礼俱在庙序昭穆,所以为制异者,《公羊传》称'五年再殷祭',何休云:'谓三年祫,五年禘,禘所以异于祫者,禘则功臣皆祭也,祫则合食于大祖而已。'是何休意祫则三年,禘则五年也。范于闵二年《注》同杜预,以禘为三年之祭,必不得与何休同也。《公羊》云:'五年再殷祭。'禘既三年,盖祫则五年也。若然,祫在五年而云三年之丧未终者,据时三年未终而为祫祭,故以三年言之,不谓祫祭亦在三年也。或以为禘祫同三年,但禘在夏,祫在秋,直时异耳,于范《注》不妨,但与《公羊》'五年再殷祭'违也。何休又云:'天子特禘特祫,诸侯禘则不礿,祫则不尝,大夫有赐于君,然后祫其高祖。'然诸侯禘则不礿,或如何说,云大夫有祫,恐其不然。《公羊》亦以此大事于大庙为祫祭,杜解《左

氏》以大事为禘，与《穀梁》异。"

②祫，合也。尝，秋祭。

③范注："祫祭者，皆合祭诸庙已毁未毁者之主于大祖庙中，以昭缪为次序，父为昭，子为穆，昭南乡，缪北乡，孙从王父坐也。祭毕，则复还其庙。"按，缪，同"穆"。

④范注："旧说僖公闵公庶兄，故文公升僖公之主于闵公之上耳。僖公虽长，已为臣矣。闵公虽小，已为君矣。臣不可以先君，犹子不可以先父，故以昭穆父祖为喻。宁曰：即之于《传》，则无以知其然。若引《左氏》以释此《传》，则义虽有似，而于文不辨。高宗，殷之贤主，犹祭丰于祢，以致雊雉之变，然后率修常礼。文公慎倒祖考，固不足多怪矣。亲谓僖，祖谓庄。"

⑤范注："祖，人之始也。人之所仰，天也。"

⑥范注："尊卑有序，不可乱也。"杨疏："大是事也者，祫是祭之大者，故云大是事也。著祫尝者，谓以大事言之，著明是祫尝之祭也。尝连言者，祫必在秋，故连尝言之。然周之八月，夏之六月，而云著祫尝者，盖月却节前，已得立秋之节故也。先亲而后祖，亲谓僖公，祖谓闵公也。僖继闵而立，犹子之继父，故《传》以昭穆祖父为喻。此于《传》文不失，而范氏谓庄公为祖，其理非也。何者？若范云文公慎倒祖考，则是僖在于庄上，谓之夷狄犹自不然，况乎有道之邦，岂其若是？明范说非也。则无天也，谓天道先尊而后亲，今乱其上下，不仰法天也。此《春秋》之义也者，以嫌疑之间，须取圣证故也。"

[译文]

【经】八月丁卯日，在太庙举行祫祭，提升鲁僖公的神位。

〖传〗"大事"是什么？是为了夸大这件事，从而凸显这次祫祭兼尝祭的祭祀。祫祭，就是将属于毁庙之列的神主安放到太庙之中，而将未属于毁庙之列的神主依次上升，与太祖一起合祭。"跻"，是递升的意思，将父亲安放在祖先之前，这是颠倒庙次的祭祀。颠倒庙次，就是无视昭穆之别。无视昭穆之别，就是无视先祖。无视先祖，就是无视天道。所以说：鲁文公无视天道。无视天道，就是不按天道行事。君子不因为亲属之间的情感，就损害对尊者的崇敬，这是《春秋》所昭示的大义啊。

【经】冬，晋人、宋人、陈人、郑人伐秦。

[译文]

【经】冬，晋国人、宋国人、陈国人、郑国人讨伐秦国。

【经】公子遂如齐纳币。①

[注释]
①范注："丧制未毕而纳币，书非礼。"

[译文]
【经】公子遂前往齐国送订婚的聘礼。

文公三年

【经】三年，①春，王正月，叔孙得臣会晋人、宋人、陈人、卫人、郑人伐沈。②沈溃。③

[注释]
①鲁文公三年，周襄王二十八年，公元前624年。
②沈，国也，姬姓，在今安徽阜阳一带。
③范注："溃之为言上下不相得。"

[译文]
【经】三年，春，周历正月，叔孙得臣会见晋国人、宋国人、陈国人、卫国人、郑国人，讨伐沈国。沈国溃败。

【经】夏，五月，王子虎卒。

〖传〗叔服也。此不卒者也，①何以卒之？以其来会葬，我卒之也。②或曰，以其尝执重以守也。③

[注释]

①范注："外大夫不书卒。"

②范注："会葬在元年。"杨疏："重发之者，尹氏则以为鲁主，此为会葬，事异，故重发之。"按，隐三年"尹氏卒"，《传》曰："外大夫不卒，此何以卒之也？于天子之崩为鲁主，故隐而卒之。"

③范注："僖二十四年，'天王出居于郑'，叔服执重任以守国。"

[译文]

【经】夏，五月，王子虎去世。

〖传〗王子虎就是叔服。是照例不记载其去世的人，为何这里却记载了他去世？因为他曾来参与过鲁僖公的葬礼，故而把他当成自己人一般，记载他的去世。也有人说，因为他曾经担负过守卫京师的重任。

【经】秦人伐晋。

[译文]

【经】秦国人讨伐晋国。

【经】秋，楚人围江。

[译文]

【经】秋，楚国人围攻江国。

【经】雨螽于宋。

〖传〗外灾不志,此何以志也?①曰:灾甚也。其甚奈何?茅茨尽矣。②著于上见于下谓之雨。③

[注释]

①杨疏:"外灾不志,重发之者,志灾或为王者之后,或为甚而录之,故不得一例危之。"详庄二十年"齐大灾"注。

②茨,蒺藜。范注:"茅茨犹尽,则嘉谷可知。"徐邈曰:"禾稼既尽,又食屋之茅茨。"按,徐意与范注不同。

③杨疏:"《公羊》与《考异邮》皆云:'螽死而坠于地。'故何休云'螽犹众也,死而坠者,象宋群臣相残害也'云云,'上下异之云尔'。今《穀梁》直云:'茅茨尽矣。著于上见于下谓之雨',与谶违,是为短。郑玄云:'《穀梁》意亦以宋德薄,后将有祸故,故螽飞在上,坠地而死。言茅茨尽者,著甚之验,于谶何错之有乎?'是郑意以雨螽于宋,亦为将祸之应也。"按,《考异邮》,汉之纬书也。

[译文]

【经】宋国的螽虫如雨一般。

〖传〗发生在鲁国之外的灾情,照例不作记载,这里为何记载?答曰:"因为灾情严重。"如何严重?就连屋顶上的茅草、蒺藜都被螽虫吃完了。螽虫在上空成群,又在下方出现,这就叫作"雨"。

【经】冬,公如晋。

[译文]

【经】冬,鲁文公前往晋国。

【经】十有二月己巳,公及晋侯盟。

[译文]

【经】十二月己巳日,鲁文公与晋襄公会盟。

【经】晋阳处父帅师伐楚,救江。

〖传〗此伐楚,其言救江,何也?江远楚近,伐楚所以救江也。①

[注释]

①范注:"时楚人围江,晋师伐楚,楚国有难,则江围自解。"

[译文]

【经】晋国的阳处父率领军队讨伐楚国,救援江国。

〖传〗这是在讨伐楚国,经文却记为救援江国,这是为何?江国迢远,楚国邻近,讨伐楚国正是为了救援江国。

文公四年

【经】四年,①春,公至自晋。

[注释]

①鲁文公四年,周襄王二十九年,公元前623年。

[译文]

【经】鲁文公四年,春,鲁文公从晋国回国(举行告祭饮至的礼仪)。

【经】夏,逆妇姜于齐。

〖传〗其曰妇姜,为其礼成乎齐也。①其逆者谁也?亲逆而称妇,或者公与?何其速妇之也?②曰:公也。其不言公,何也?③非成礼于齐也。④曰妇,有姑之辞也。其不言氏,何也?贬之也。何为贬之也?夫人与有贬也。⑤

[注释]

①范注:"妇礼成于齐,故在齐便称妇。"
②范注引郑嗣曰:"皆问者之辞。问者以使大夫逆,例称女,而今称妇,为是公亲逆与?怪称妇速,故反覆推之。"
③范注:"据庄二十四年'公如齐逆女',言公。"
④范注:"非,责。"
⑤范注引邵曰:"夫人能以礼自防,则夫妇之礼不成于齐,故讥公而夫人与焉。"

[译文]

【经】夏,在齐国迎娶妇人姜氏。

〖传〗经文称其为"妇姜",是因为婚礼已在齐国举行了。是谁去迎娶她的呢?只有国君亲自迎娶,才能被称作"妇",难道是鲁文公前去迎娶的吗?为何这么快就称她为"妇"了呢?答曰:就是鲁文公前去迎娶的。经文却不记载鲁文公,这是为何?对在齐国举行婚礼表示责难。称其为"妇",是有婆母的说法。经文不记载她的氏,这是为何?以示贬斥。为何要贬斥她?因为在齐国举行婚礼,夫人也有责任,故而要贬斥她。

【经】狄侵齐。

[译文]

【经】狄人侵犯齐国。

【经】秋，楚人灭江。

[译文]

【经】秋，楚国人灭江国。

【经】晋侯伐秦。

[译文]

【经】晋襄公讨伐秦国。

【经】卫侯使甯俞来聘。

[译文]

【经】卫成公派甯俞前来聘问。

【经】冬，十有一月壬寅，夫人风氏薨。①

[注释]

①范注："僖公母，风姓。"

[译文]

【经】冬，十一月壬寅日，夫人风氏辞世。

文公五年

【经】五年，①春，王正月，王使荣叔归含且赗。②
〖传〗含，一事也；赗，一事也。兼归之，非正也。③其曰且，志兼也。其不言来，不周事之用也。④赗以早，⑤而含已晚。⑥

[注释]

①鲁文公五年，周襄王三十年，公元前622年。

②荣，采地。叔，字。含，口实也。范注："《礼记》曰：'饭用米贝，弗忍虚也。'诸侯含用玉。荣叔，天子之上大夫也。"杨疏："'饭用米贝，不忍虚也'，《礼记·檀弓》文。'诸侯含用玉'，《礼纬》文也。"

③范注："礼：含、赗、襚，各异人。"杨疏："知各异人者，《杂记》称诸侯之丧有赗者，有含者，有襚者，又此《传》云兼归之，非正也，明天子于诸侯含襚常各异使也。"

④范注引何休曰："四年'夫人风氏薨'，九年'秦人来归僖公、成风之襚'，最晚矣，何以言来？"又引郑君释之曰："秦自败于殽之后，与晋为仇，兵无休时，乃加免缪公之丧而来，君子原情不责晚。"

⑤范注："乘马曰赗，乘马所以助葬，成风未葬，故书早。"

⑥范注："已殡，故言晚。国有远近，皆令及事，理不通也。《礼·杂记》曰：'含者执璧将命，曰："寡君使某含。"相者入告。出曰："孤某须矣。"含者入，升堂致命，子拜稽颡。含者坐委于殡东南，有苇席，既葬蒲席。降，出，反位。'明君之于臣，有含赗之义，所以助丧尽恩，含不必用，示有其礼。"杨疏："旧解以为《传》与《杂记》违者，《传》言含赗，上关天子之于诸侯及夫人耳。《杂记》所云唯论诸侯自相于，不是天子施于诸侯之事，故彼既殡犹致含，此则责其晚也。何者？诸侯及夫人于天子生有朝觐之好，有疾则当告于天子，天子遣使问之，有丧则致含，无则止矣，故未殡以来，足以及事。今天子归赗太早，归含太晚，故讥之。其诸侯相于，有疾未必相告，比殡以来，道远者容其不至，故示其礼而已，不责其晚也，以事既有殊，讥亦有异。今恐不然，何者？范云'国有远近，皆令及事，理不通也'，则是《传》之不通，故引记文为证。何得云天子与诸侯礼异？是旧说妄耳。又云'明君之于臣'云云者，证君之于臣有赗含之义，不必皆用也。案郑《释废疾》云：'天子于二王后之丧，含为先，襚次之，赗次之，余诸侯，含之赗之，小君亦如之。于诸侯之臣，襚之，赗之。其诸侯相于，如天子于二王之后。于卿大

夫，如天子于诸侯。于士，如天子于诸侯之臣。京师去鲁千里，王室无事，三月乃含，故不言来以讥之。'是郑意亦以讥王含晚也。范前注引郑《释》，似将《传》为是，后注取彼《记》文，则以《传》非者，范以何休取'秦人来归僖公成风之禭'为难非类，故上注取郑《释》以排之，下注既以《传》为非，故引《杂记》之文为证，二注并不取郑君非王含晚之说，益明范云《传》为非也。"

[译文]

【经】鲁文公五年，春，周历正月，周天王派荣叔送来为丧礼助丧的玉石以及车马。

〖传〗送来玉石，是一件事情；送来车马，又是一件事情。二者一并送来，是不合礼制的。经文记为"且"，是为了记录荣叔将二者一并送来。经文不记载"来"，是因为二者都不合丧事的事宜，故而无法使用。车马送来得太早了，玉石送到却已经太晚了。

【经】三月辛亥，葬我小君成风。

[译文]

【经】三月辛亥日，安葬我国夫人成风。

【经】王使毛伯来会葬。①
〖传〗会葬之礼，于鄙上。②

[注释]

①杨疏："《左氏》《公羊》及徐邈本并云召伯，此本作毛伯，疑误也。"
②范注："从竟至墓，主为送葬来。"

[译文]

【经】周天王派毛伯前来参与葬礼。

〖传〗根据参与葬礼的礼制,来客要从边境直接前往墓地。

【经】夏,公孙敖如晋。

[译文]
【经】夏,公孙敖前往晋国。

【经】秦人入鄀。①

[注释]
①鄀(ruò),秦、楚之界一小国也,在今河南淅川县西南丹江左岸。
[译文]
【经】秦国人攻入鄀国。

【经】秋,楚人灭六。①

[注释]
①六,小国,在今安徽六安一带。
[译文]
【经】秋,楚国人灭六国。

【经】冬,十月甲申,许男业卒。①

[注释]
①许男业,许僖公,姓姜名业。
[译文]
【经】冬,十月甲申日,许国国君姜业去世。

文公六年

【经】六年,①春,葬许僖公。

[注释]

①鲁文公六年,周襄王三十一年,公元前621年。

[译文]

【经】鲁文公六年,春,安葬许僖公。

【经】夏,季孙行父如陈。①

[注释]

①范注:"行父,季友孙。"杨疏:"《世本》'季友生仲无佚,佚生行父'是也。"

[译文]

【经】夏,季孙行父前往陈国。

【经】秋,季孙行父如晋。

[译文]

【经】秋,季孙行父前往晋国。

【经】八月乙亥,晋侯驩卒。①

[注释]

①晋侯骥,晋襄公,姓姬名骥。

[译文]

【经】八月乙亥日,晋国国君姬骥去世。

【经】冬,十月,公子遂如晋。

[译文]

【经】冬,十月,公子遂前往晋国。

【经】葬晋襄公。

[译文]

【经】安葬晋襄公。

【经】晋杀其大夫阳处父。

〖传〗称国以杀,罪累上也。襄公已葬,其以累上之辞言之,何也?君漏言也。上泄则下闇,下闇则上聋。且闇且聋,无以相通。①夜姑杀者也。②夜姑之杀奈何?曰:晋将与狄战,使狐夜姑为将军,赵盾佐之。阳处父曰:"不可。古者君之使臣也,使仁者佐贤者,不使贤者佐仁者。今赵盾贤,夜姑仁,其不可乎?"③襄公曰:"诺。"谓夜姑曰:"吾始使盾佐女,今女佐盾矣。"④夜姑曰:"敬诺。"襄公死,处父主竟上事,⑤夜姑使人杀之,君漏言也。⑥故士造辟而言,诡辞而出,⑦曰:"用我则可,不用我则无乱其德。"⑧

[注释]

①范注:"臣闇不言,君无所闻,上下否塞。"杨疏:"徐邈解襄公已葬,谓《春秋》之例,君杀无罪之大夫,则是失德,不合书葬。今襄公书葬,则是无罪,而以累上之辞言之者,以襄公漏泄阳处父之言故也。旧解亦云襄公罪轻,故不追去葬文。今以为《传》云襄公已葬者,谓卒哭日久,葬在前,杀在后,是罪累不合及君,故起累上之问,非是释合书葬以否。"按,闇,同"瘖"。

②范注:"杀处父。"夜姑,《左氏》作"射姑"。

③范注引邵曰:"贤者多才也,战主于攻伐,仁者有恻隐之恩,不如多才者有权略。"

④范注:"称处父语以语之,故《传》曰漏言也。"

⑤范注:"待诸侯会葬,在鄙上。"

⑥范注:"亲杀者夜姑,而归罪于君,明由君言而杀之,罪在君也,故称君以杀。"杨疏:"两下相杀,不志乎《春秋》,今虽是射姑之杀,罪君漏言,故称国以杀。"

⑦范注:"辟,君也。诡辞而出,不以实告人。"

⑧范注:"此士对君言之辞。"

[译文]

【经】晋国杀死它的大夫阳处父。

〖传〗经文以国家的名义杀死大夫,表示国君也有杀死大夫的罪行。晋襄公已经下葬,经文却以国君有罪的说法来记载,这是为何?因为晋襄公泄露了阳处父的言辞。国君泄露言辞,大臣便会缄默不语;大臣缄默不语,国君便故步自封。一方缄默不语,一方故步自封,上下之间无法沟通。是狐夜姑杀死了阳处父。狐夜姑为何要杀他?答曰:晋国将要与狄人作战,派狐夜姑担任将军,赵盾辅佐他。阳处父说:"不可。古代君主派遣臣子,是让仁爱的人辅佐贤能的人,而不是让贤能的人辅佐仁爱的人。如今赵盾德行贤明,狐夜姑仁爱,这样的安排怕是不妥当吧?"晋襄公说:"对。"对狐夜姑说:"我之前让赵盾辅佐你，如今要你去辅佐他。"狐夜姑说："遵命。"晋襄公死后，阳处父主持安排在边境上的葬礼，狐夜姑派人将其刺杀，这都是因为国君泄露了阳处父的言辞。故而士㪅向国君进言后，不对他人以实告之，说："听从我的进言，那么再好不过；如果不听从我的进言，那么也不要败坏自己的德行。"

【经】晋狐夜姑出奔狄。

[译文]

【经】晋国的狐夜姑出奔狄人之地。

【经】闰月不告月，犹朝于庙。①

〖传〗不告月者何也？不告朔也。不告朔，则何为不言朔也？闰月者，附月之余日也，积分而成于月者也。②天子不以告朔，而丧事不数也。③犹之为言，可以已也。④

[注释]

①范注："礼：天子以十二月朔政班告于诸侯，诸侯受于祢庙，孝子尊事先君，不敢自专也。言朝者，缘生以事死，亲存，朝朝莫夕不敢泄鬼神，故事毕，感月始而朝之。"杨疏："《周礼》'太史班告朔于邦国'，郑玄云：'天子班于诸侯，诸侯藏之祖庙。至朔日朝于庙，告而受行之。'《论语》云：'子贡欲去告朔之饩羊。'是告朔用特羊言征。郑云'祖庙'，范言'祢庙'者，以无正文，各以意说，或祖或祢，通言之耳。何休亦云'藏于祖庙，使大夫南面奉天子命，君北面而受之'，是亦受政之事也。凡告朔之礼，因听视此月之政，故谓之视朔，谓之听朔也。其朝庙之礼，孝子缘生以事死，因告朔在庙，故感月始而亦享祭宗庙，故亦谓之朝享，其岁首谓之朝正也。据《玉藻》及《祭法》之文，则天子听朔于明堂，朝享自祖考以下五庙，诸侯则听朔于大庙，朝享自皇考以下三庙也。《公羊传》称：闰月'曷为不告朔？天无是月也。闰

月矣，何以谓之天无是月？是月非常月也'。此《传》云：'闰月者，附月之余日也'，'天子不以告朔而丧事不数'。《公羊》《穀梁》皆以为闰月不合告朔。《左氏传》云：'不告闰朔，弃时政也。何以为民主？'则闰月当告朔，与二《传》异也。案哀五年'闰月，葬齐景公'。《公羊传》意以为并闰，此《传》云'丧事不数也'者，闰月不告朔。二《传》虽同，其于丧事，数与不数，其意又异也。范氏《别例》云：'书不告朔有三，皆所以示讥耳。则此文，一也；公四不视朔，二也；襄二十九年，公在楚，三也。'公既在楚，则是不告朔，故亦以为一。《注》又云不敢泄鬼神，解生则朝朝莫夕，死则每月始朝之意也。"

②范注："一岁三百六十日，余六日，又有小月六，积五岁得六十日而再闰，积众月之余分以成此月。"杨疏："古今为历者，皆云周天有三百六十五度四分度之一，日之行天，一日一夜行一度，故谓一度为一日。一岁十二月，唯有三百六十日，是余五日四分日之一也。又月一大一小，则一年之间又有六日，并言之，则一岁有十二日，故积五岁得六十日。此皆大率而言，其实一年不得有十二日，范不如历法细计之，故云五岁得六十日也。"

③范注："闰是丛残之数，非月之正，故吉凶大事皆不用也。不数，所右也。"

④范注："郊然后三望，告朔然后朝庙，俱言犹，义相类也。既废其大，而行其细，故讥之。"杨疏："重发《传》者，前为三望发，此是朝庙，嫌异，故重明之。范例'犹'有五等，发《传》者三：僖三十一年'犹三望'，独发《传》者，据始也；宣三年不发《传》者，从例也；成七年亦不发《传》者，亦为从例可知也；此年发《传》者，朝与三望异也；宣八年发《传》者，嫌仲遂有罪，得不寝礼，又绎祭与朝庙礼异故也。"

[译文]

【经】闰月，不举行告月仪式，仍然朝拜宗庙。

〖传〗不举行告月仪式，这是为何？是因为不举行告朔仪式。不举行告朔仪式，那为何不称其为"朔"呢？闰月，是附带在某月后余下的天数，所累积而成的月份。周天子不在闰月举行告朔仪式，丧葬的礼制也不把闰月计算在内。"犹"这种说法，就是应当停止的意思。

文公七年

【经】七年，①春，公伐邾。三月甲戌，取须句。

〖传〗取邑不日，此其日何也？②不正其再取，故谨而日之也。③

[注释]

①鲁文公七年，周襄王三十二年，公元前620年。
②范注："据僖二十六年公'伐齐，取穀'，不日。"
③范注："僖二十二年，公已'伐邾，取须句'，过而不改，于此为甚，故录日以志之。"杨疏："哀元年'冬，仲孙何忌帅师伐邾'。二年'王二月，季孙斯'云云'帅师伐邾，取漷东田''及沂西田'。彼比年伐邾，而取两邑，《经》不书日。今僖之与文，父子异人，特言谨而日之者，以文公是不肖之君，缓主逆祀，取邑致讨，不得序列于诸侯，讥其过而不改，故录日以见恶。僖虽伐邾，才始一度，又是作颂贤君，故与文异也。"

[译文]

【经】鲁文公七年，春，鲁文公讨伐邾国。三月甲戌日，夺取须句。

〖传〗夺取城邑，照例不记载日期，这里却记载了日期，这是为何？君子以为两次夺取同一座城邑，是不合乎正道的，故而记录日期以示郑重。

【经】遂城郚。①
〖传〗遂，继事也。②

[注释]

①郚（wú），鲁邑，在今山东安丘市西南。
②范注："因伐邾之师。"

[译文]

【经】于是修筑郚城。

〖传〗"遂"，是继续行事的意思。

【经】夏，四月，宋公壬臣卒。①

[注释]

①宋公壬臣，宋成公，姓子名壬臣。壬臣或作王臣。

[译文]

【经】夏，四月，宋国国君子壬臣去世。

【经】宋人杀其大夫。
〖传〗称人以杀，诛有罪也。①

[注释]

①杨疏："《公羊》以为三世内娶，使若无大夫，故不书名。《左氏》以为无罪，故不书名。今此《传》直云'称人以杀，诛有罪也'，则谓此被杀者为有罪，故称人以杀，仍未解不称名所由。案僖二十五年'宋杀其大夫'，《传》曰：'其不称名姓，以其在祖之位，尊之也。'此《传》云'诛有罪也'，又《经》称宋人，则与彼异。盖成公壬臣新卒，昭公杵臼未即位，国内无君，故不称名氏，从未命大夫例，故八年郑《释废疾》亦以此为无君。若然，两下相杀，《春秋》不书，又不得言，其此书杀大夫而云无君者，以受命于嗣天子，是以言其孤未毕丧，故无名氏。八年书'司马，官也'者，彼虽实有君，而不重爪牙，无君人之度，故《经》书'司马'，《传》以'无君'释之。郑玄云，亦为上下俱失，罪臣以权宠逼君，故称人以杀。君以非理杀臣，故著言司马。

文公　361

不称名者，以其世在祖之位，尊亦与僖二十五年'宋杀其大夫'同，是其说也。"

[译文]

【经】宋国人杀死他们的大夫。

〖传〗经文以国人的名义杀死大夫，是因为死者有罪。

【经】戊子，晋人及秦人战于令狐。①

[注释]

①令狐，秦地，在今山西临猗一带。

[译文]

【经】戊子日，晋国人与秦国人在令狐交战。

【经】晋先蔑奔秦。①

〖传〗不言出，在外也。辍战而奔秦，以是为逃军也。②

[注释]

①先蔑，先轸之弟也。

②辍，止也。范注："为将而独奔，故曰逃军。"

[译文]

【经】晋国的先蔑出奔秦国。

〖传〗经文不记为"出"，是因为先蔑本来就在国外。先蔑放弃作战而出奔秦国，君子将这一行为视作叛逃军队。

【经】狄侵我西鄙。

[译文]

【经】狄人侵犯我国西部边疆。

【经】秋，八月，公会诸侯、晋大夫盟于扈。①

〖传〗其曰诸侯，略之也。②

[注释]

①扈，郑地，在今河南原阳原武西北。

②范注："晋侯新立，公始往会，晋侯不盟，大夫受盟。既以丧娶，又取二邑，为诸侯所贱，不得序于会，讳使若扈之盟，都不可知，故略之。"杨疏："旧说'使若扈之盟，都不可知'者，谓后十五年，亦不序诸侯，探解下文，故云'都'也。今以为范解诸侯不序之意，鲁讳其不与，故总言诸侯，似若扈之盟，诸侯都不可知，非是探解下文始称'都'也。"

[译文]

【经】秋，八月，鲁文公会同各国诸侯、晋国的大夫在扈地会盟。

〖传〗经文记其为"诸侯"，是简略的说法。

【经】冬，徐伐莒。

[译文]

【经】冬，徐国讨伐莒国。

【经】公孙敖如莒莅盟。

〖传〗莅，位也。其曰位，何也？前定也。其不日，前定之盟不日也。①

[注释]

①杨疏："重发《传》者，以徐伐莒而往莅盟，嫌非两国交盟之例，故明之。"

文公 363

[译文]

【经】公孙敖前往莒国参与盟会。

〖传〗"莅",是就位的意思。经文记为就位,这是为何?是因为这次盟会是事先商定的。经文不记载日期,是因为事先商定的盟会照例不记载日期。

文公八年

【经】八年,①春,王正月。

[注释]

①鲁文公八年,周襄王三十三年,公元前619年。

[译文]

【经】鲁文公八年,春,周历正月。

【经】夏,四月。

[译文]

【经】夏,四月。

【经】秋,八月戊申,天王崩。①

[注释]

①天王,周襄王,姓姬名郑。

[译文]

【经】秋,八月戊申日,周襄王逝世。

【经】冬，十月壬午，公子遂会晋赵盾盟于衡雍。①乙酉，公子遂会雒戎盟于暴。②

[注释]

①衡雍，郑地，在今河南原阳西南。杨疏："再称公子者，若下文直言遂，恐为继事之辞。两名不辨，故重言公子以详之。"

②暴，郑地，在今河南原阳之西。

[译文]

【经】冬，十月壬午日，公子遂会见晋国的赵盾，在衡雍会盟。乙酉日，公子遂会见雒水边的戎人，在暴地会盟。

【经】公孙敖如京师，①不至而复。丙戌，奔莒。

〖传〗不言所至，未如也。②未如则未复也。未如而曰如，不废君命也。③未复而曰复，不专君命也。④其如非如也，其复非复也。唯奔莒之为信，故谨而日之也。⑤

[注释]

①范注："吊周丧。"

②范注："若其已行，当如公子遂至黄乃复，今不言所至而直言复，知其实未如也。"

③范注引雍曰："受命而出，义无私留。书如京师，以显命行于下。不书所至，以表不去之罪。"

④范注："复者，事毕之辞。未如，故知其未复，加毕事之文者，言君命无辄专之道。"

⑤杨疏："襄二十三年'冬，十月乙亥，臧孙纥出奔邾'，《传》曰：'其日，正臧孙纥之出也。'范云：'正其有罪。'彼云'正其有罪'，则此亦正其有罪。两处发《传》者，此其如非如，其复非复，臧孙则实奔，嫌其意异，故

举二者以包其余。成十六年'冬，十月乙亥，叔孙侨如出奔齐'，亦同此例，故不复发之。若然，侨如亦是有罪，书日亦以包之。于彼《注》引徐邈云：'礼，大夫去，君埽其宗庙，不绝其祀，身虽出奔，而君遇之不失正，故详而日之，明有恩义也。'与此异者，书日之义有二种之意也：一为正罪，一为兼君恩。知者，以闵二年'公子庆父出奔莒'，文承九月之下而不书日，《传》称'庆父不复见矣'，明罪重合诛，故去日以见恩绝，则书日者有恩可知。以此推之，归父公子憖不书日之从例可知也。然归父有罪，非成公遂之者，归父杀嫡立庶，宜世不长，鲁人逐之，实得其罪，但恶成公遂父之使耳，不言归父无罪也。"

[译文]

【经】公孙敖前往京师，未能抵达便回国复命。丙戌日，出奔莒国。

〖传〗经文不记载抵达，是因为公孙敖根本就没有出发。没有出发，那么就不会回国复命。没有前往，经文却记为前往，以示不敢废弃君主的使命。没有复命，经文却记为复命，以示不敢专擅君主的使命。经文中的"如"，并非表示真的前往；经文中的"复"，并非表示真的复命。唯有出奔莒国是确实可信的，故而记录日期以示郑重。

【经】螽。

[译文]

【经】螽虫成灾。

【经】宋人杀其大夫司马。
〖传〗司马，官也。其以官称，无君之辞也。①

[注释]

①范注引何休曰："近上七年，'宋公壬臣卒'，'宋人杀其大夫'，不言

官。今此在三年中言官，义相违。"又引郑君释之曰："七年杀其大夫，此实无君也。今杀其司马，无人君之德耳。司马、司城，君之爪牙，守国之臣，乃杀其司马，奔其司城，无道之甚，故称官以见轻慢也。"又引《传例》曰："称人以杀，杀有罪也。此上下俱失之。"

[译文]

【经】宋国人杀死他们的大夫司马。

〖传〗司马，是一个官名。经文用官名来称呼他，是君主无德的说法。

【经】宋司城来奔。

〖传〗司城，官也。其以官称，无君之辞也。来奔者不言出，举其接我也。①

[注释]

①杨疏："重发《传》者，嫌奔杀异也。来奔不言出，发《传》于此者，以是来奔之始，故发之。子哀不发者，从此例可知。"

[译文]

【经】宋国的司城前来投奔。

〖传〗司城，是一个官名。经文用官名来称呼他，是表示君主无德的说法。前来投奔的人不记为"出"，仅就他与鲁国交往的方面而言。

文公九年

【经】九年，①春，毛伯来求金。

〖传〗求车犹可，求金甚矣。②

[注释]

①鲁文公九年,周顷王元年,公元前618年。

②范注引凯曰:"求俱不可,在丧尤甚。不称使者,天子当丧未君也。"杨疏:"求赗亦在丧,不言尤甚者,在丧有赗无金,故求赗比求金为轻;求车不在丧,又可于求赗,故《传》云求车犹可,凯云在丧求金尤甚。"

[译文]

【经】鲁文公九年,春,毛伯前来求取钱财。

〚传〛求取车马还算说得过去,求取钱财就太过分了。

【经】夫人姜氏如齐。①

[注释]

①范注:"归宁。"犹曰妇人省亲。

[译文]

【经】夫人姜氏前往齐国。

【经】二月,叔孙得臣如京师。①

〚传〛京,大也;师,众也。言周,必以众与大言之也。②

[注释]

①叔孙得臣,鲁大夫,叔牙之孙。

②范注:"不发于桓九年者,内之如京师始于此,故发之。季姜非鲁女,故彼处不发,虽略不发《传》,亦同此可知也。"

[译文]

【经】二月,叔孙得臣前往京师。

〚传〛"京",是大的意思;"师",是众多的意思。说到周王室,必定要用众多和宏大这样的言辞。

【经】辛丑，葬襄王。

〖传〗天子志崩不志葬。举天下而葬一人，其道不疑也。志葬，危不得葬也。①日之，甚矣。其不葬之辞也。②

[注释]

①范注："不得备礼葬。"杨疏："重发《传》者，桓王七年始葬，襄王则七月而葬，嫌异，故重发之也。"

②范注："王室微弱，诸侯无复往会葬。"杨疏："鲁不会葬，则无由得书。而云'王室微弱，诸侯无复往会葬'者，天子志崩不志葬，而又书日，是不葬之辞，故知诸侯无复往会葬也。其实鲁卿往会始书，若不会则不当书也。故《春秋》之世有十二王，志崩者有九，书葬者唯五耳。良由王室不赴，诸侯不会故也。志崩有九者，平王、桓王、惠王、襄王、匡王、定王、简王、灵王、景王是也。书葬有五者，桓王、襄王、匡王、简王、景王是也。其庄王、僖王、顷王三者不志崩，为不赴故也。然则天子不合书葬，鲁史书之者，欲见周室之衰，不得备礼而葬，因遣使往会则录之。若不遣使，则葬不明，故不录也。《传》称'不志葬'者，据治平之日正法言之也。"

[译文]

【经】辛丑日，安葬周襄王。

〖传〗对于周天子而言，记载逝世，就不再记载下葬了。因为以天下之大，安葬至高无上的一人，从道理上说无须为之疑惑。经文记载周天子下葬，是因为险些不能如期举行葬礼。记载日期，是因为时局过于危难。这是没有依礼安葬的说法。

【经】晋人杀其大夫先都。

[译文]

【经】晋国人杀死他们的大夫先都。

【经】三月,夫人姜氏至自齐。
〖传〗卑以尊致,病文公也。①

[注释]

①范注:"夫人行,例不致,乃以君礼致,刺公宠之过。"杨疏:"范氏例云:'夫人行有十二,例时,此致而书月者,盖以非礼而致,故书月以刺之,余不书月者,当条皆有义耳。'夫人行十二者:文姜七如齐、再如莒,是九也。夫人姜氏会齐侯于阳穀,十也。夫人姜氏会齐侯于卞,十一也。并数此夫人姜氏,是十二也。"又,杨疏引徐邈云:"卑以尊致,有文公娶齐大夫女为妻,故初逆姜氏,不称夫人,今致以夫人,礼与逆自违,故疾公也。"徐意与范注不同。

[译文]

【经】三月,夫人姜氏从齐国回来(举行告祭饮至的礼仪)。
〖传〗卑贱的人用尊贵的礼仪告祭宗庙,这是为了羞辱鲁文公。

【经】晋人杀其大夫士縠,及箕郑父。
〖传〗称人以杀,诛有罪也,郑父,累也。

[译文]

【经】晋国人杀死他们的大夫士縠,以及箕郑父。
〖传〗经文以国人的名义杀死大夫,是因为死者有罪,箕郑父是被牵连的。

【经】楚人伐郑。

[译文]

【经】楚国人讨伐郑国。

【经】公子遂会晋人、宋人、卫人、许人救郑。

[译文]

【经】公子遂会见晋国人、宋国人、卫国人、许国人,救援郑国。

【经】夏,狄侵齐。

[译文]

【经】夏,狄人侵犯齐国。

【经】秋,八月,曹伯襄卒。^①

[注释]

①曹伯襄,曹共公,姓姬名襄。

[译文]

【经】秋,八月,曹国国君姬襄去世。

【经】九月癸酉,地震。
〖传〗震,动也。地,不震者也,震,故谨而日之也。^①

[注释]

①范注引《穀梁说》曰:"大臣盛,将动有所变。"杨疏:"范例云'地震五,例日',故此亦日也。"又引何休、徐邈并云:"由公子遂阴为阳行,专政之所致。"

[译文]

【经】九月癸酉日，发生地震。

〘传〙"震"，是摇动的意思。"地"，是原本不应震动的物体，如今震动，故而记录下来以示郑重。

【经】冬，楚子使萩来聘。①
〘传〙楚无大夫，②其曰萩何也？以其来，我褒之也。③

[注释]
①萩，或作"菽"，《左氏》作"椒"。
②范注："无命卿。"
③杨疏："既褒之而书名。所以不称氏者，《公羊传》云'许夷狄者不一而足'，理或然也。"按，"许夷狄者不一而足"，言夷狄虽进，不可遽然待之以中国之礼。故萩书名而不书氏。

[译文]

【经】冬，楚穆王派萩前来聘问。

〘传〙楚国没有周天子爵命的大夫，经文却称其为"萩"，这是为何？因为他来聘问我国，故而褒扬他。

【经】秦人来归僖公、成风之襚。
〘传〙秦人弗夫人也，①即外之弗夫人而见正焉。②

[注释]
①范注："言秦人弗以成风为夫人，故不言夫人。"
②范注："见不以妾为妻之正。"

[译文]

【经】秦国人来送为鲁僖公和成风丧礼助丧的衣物。

〖传〗秦国人不把成风当作夫人看待,借他国不把成风当作夫人看待,彰显不能以妾为妻的正道。

【经】葬曹共公。①

[注释]

①共,同"恭"。

[译文]

【经】安葬曹共公。

文公十年

【经】十年,①春,王三月辛卯,臧孙辰卒。②

[注释]

①鲁文公十年,周顷王二年,公元前617年。
②臧孙辰,鲁大夫,臧僖伯曾孙。

[译文]

【经】鲁文公十年,春,周历三月辛卯日,臧孙辰去世。

【经】夏,秦伐晋。

[译文]

【经】夏,秦国讨伐晋国。

【经】楚杀其大夫宜申。①

[注释]

①范注:"僖四年《传》曰'楚无大夫',而今云杀其大夫者,楚本祝融之后,季连之胄也,而国近南蛮,遂渐其俗,故弃而夷之。今知内附中国,亦转强大,故进之。"

[译文]

【经】楚国杀死它的大夫宜申。

【经】自正月不雨,至于秋七月。

〖传〗历时而言不雨,文不闵雨也。不闵雨者,无志乎民也。

[译文]

【经】从正月起无雨,直到秋七月。

〖传〗经历了三个季节,才记载无雨,鲁文公不忧虑是否有雨。不忧虑是否有雨,是因为鲁文公不体恤民情。

【经】及苏子盟于女栗。①

[注释]

①苏子,周卿士。女栗,某地,不详所在。

[译文]

【经】与苏子在女栗会盟。

【经】冬,狄侵宋。

[译文]

【经】冬,狄人侵犯宋国。

【经】楚子、蔡侯次于厥貉。①

[注释]

①厥貉,在今河南项城市西南。

[译文]

【经】楚穆王、蔡庄公在厥貉驻扎。

文公十有一年

【经】十有一年,①春,楚子伐麇。②

[注释]

①鲁文公十一年,周顷王三年,公元前616年。

②麇,古麇国,在今湖北十堰市郧阳区一带。

[译文]

【经】鲁文公十一年,春,楚穆王讨伐麇国。

【经】夏,叔彭生会晋郤缺于承匡。①

[注释]

①承匡,宋地,在今河南商丘市睢阳区一带。

[译文]

【经】夏,叔彭生在承匡会见晋国的郤缺。

【经】秋,曹伯来朝。

[译文]

【经】秋,曹文公前来朝见。

【经】公子遂如宋。

[译文]

【经】公子遂前往宋国。

【经】狄侵齐。

[译文]

【经】狄人侵犯齐国。

【经】冬,十月甲午,叔孙得臣败狄于咸。①
〖传〗不言帅师而言败,何也?②直败一人之辞也。一人而曰败,何也?以众焉言之也。③《传》曰:"长狄也,④兄弟三人,佚宕中国,⑤瓦石不能害。⑥叔孙得臣,最善射者也。射其目,身横九亩。⑦断其首而载之,眉见于轼。⑧"然则何为不言获也?⑨曰:古者不重创,不禽二毛,故不言获,为内讳也。⑩其之齐者,王子成父杀之,则未知其之晋者也。⑪

[注释]

①咸,鲁地,在今山东巨野之南。
②范注:"据僖元年'公子友帅师败莒师于丽,获莒挐',称帅师。"杨

疏："公子友与莒挐战，唯二人相敌，亦是直败一人，彼言帅师，此不言者，季子与莒挐并将军众而行之，虽决胜负，以其俱有徒众，故《经》书帅师；今叔孙与鲁之众止敌一人，故但言败，不言帅师也。"

③范注："言其力足以敌众。"

④《史记·孔子世家》云："仲尼曰：'汪罔氏之君守封、禺之山，为釐姓。在虞、夏、商为汪罔，于周为长翟，今谓之大人。'"

⑤范注："佚犹更也。"

⑥范注："肌肤坚强，瓦石打擿，不能亏损。"擿，捶也。

⑦范注："广一步，长百步，为一亩。九亩，五丈四尺。"杨疏："《春秋考异邮》云：'兄弟三人各长百尺，别之国欲为君。'何休云：'长百尺。'范云：'五丈四尺者。谶纬之书，不可悉信。'以此《传》云身横九亩，故知是五丈四尺也。杜预注《左氏》云'三丈'，唯约《国语》仲尼称'僬侥长三尺'，大者不过数之十，非《经》正文，故范所不信。"

⑧范注："兵车之轼高三尺三寸。"杨疏："知者，《考工记》云，兵车之广'六尺有六寸'，又'以其广之半为之轼崇'，是轼高从上而下，去车版三尺三寸，横施一木，名之曰轼也。"

⑨范注："据莒挐言获。"

⑩范注："不重创，悯病也。不禽二毛，敬老也。仁者造次必于是，颠沛必于是，故为内讳也。既射其目，又断其首，为重创。鬓发白为二毛。"杨疏："或以《春秋》本自不应书《经》，何讳之有？《穀梁》以不重创为讳，其理非也。今知不然者，以长狄兄弟更害中国，祸害为深，得臣能立功于一时而标名于万代，其庸大矣。若其不讳，何以不书？且晋获潞子，尚书于《经》，鲁获长狄，弃而不录，详内略外之义，岂其然哉？知内讳之言为得其实也。"

⑪杨疏："《公羊传》云：'兄弟三人，一者之齐，一者之鲁，一者之晋。'何休云，之三国各欲为君，象周衰，礼义废。鲁成就周道之国，齐、晋霸者之后，此三国为后，欲见中国皆为夷狄之行。范虽不从何说，理亦无妨。"又曰："之鲁者，叔孙得臣杀之。之齐者，王子成父杀之。谓其之晋者，史传不记，未知杀者姓名是谁也。"

[译文]

【经】冬，十月甲午日，叔孙得臣在咸地击败狄人。

【传】经文不记载叔孙得臣率领军队,却记载了他击败狄人,这是为何?这是只击败一名敌人的说法。只击败一人,却记为"败",这是为何?因为他的力气能匹敌众人,故而用这种说法。《传》上说:"长狄有兄弟三人,在中原地区为非作歹,瓦片、石头无法伤害他们。叔孙得臣,是最擅长射箭的人。他射中其中一人的眼睛,倒下来横占了九亩。叔孙得臣便砍下他的首级载在车上,眉毛到了车前横木的高度。"那么为何不记为俘获?答曰:古人不击中敌人两次,不俘获头发斑白的老人,故而不记为俘获,这是为鲁国隐讳。兄弟三人中到齐国去的,被王子成父杀死,到晋国去的就不知被谁所杀了。

文公十有二年

【经】十有二年,①春,王正月,郕伯来奔。

[注释]

①鲁文公十二年,周顷王四年,公元前615年。

[译文]

【经】鲁文公十二年,春,周历正月,郕国国君前来投奔。

【经】杞伯来朝。①

[注释]

①范注:"僖二十七年称子,今称伯,盖时王所进。"

[译文]

【经】杞桓公前来朝见。

【经】二月庚子，子叔姬卒。

〖传〗其曰子叔姬，贵也，公之母姊妹也。①其一《传》曰：许嫁以卒之也。男子二十而冠，冠而列丈夫，三十而娶。女子十五而许嫁，二十而嫁。②

[注释]

①范注："同母姊妹。"杨疏引徐邈云："上《传》云子叔姬者，杞夫人见出，故不言杞。下《传》云许嫁者，言是别女，非杞叔姬也。理亦足通，未知范意然否？"

②范注："礼：二十而冠，冠而在丈夫之列。"又引谯周曰："国不可久无储贰，故天子诸侯十五而冠，十五而娶，娶必先冠，以夫妇之道，王教之本，不可以童子之道治之。礼：十五为成童，以次成人，欲人君之早有继体，故因以为节。《书》称'成王十五而冠'，著在《金縢》。《周礼·媒氏》曰：'令男三十而娶，女二十而嫁。'《内则》云：'女子十五而笄。'说曰：'许嫁也。'是故男自二十以及三十，女自十五以及二十，皆得以嫁娶，先是则速，后是则晚。凡人嫁娶，或以贤淑，或以方类，岂但年数而已？若必差十年乃为夫妇，是废贤淑方类，苟比年数而已，礼何为然哉？则三十而娶，二十而嫁，说嫁娶之限，盖不得复过此尔。故舜年三十无室，《书》称曰鳏。《周礼》云：女子年二十未有嫁者，'仲春之月，奔者不禁'。奔者，不待礼聘因媒请嫁而已矣。"又曰："礼为夫之姊妹服，长殇年十九至十六。如此，男不必三十而娶，女不必二十而嫁明矣。此又士大夫之礼。"

[译文]

【经】二月庚子日，子叔姬去世。

〖传〗经文称其为子叔姬，以示对她的推重，因为她是鲁文公的同母姊妹。有另一本《传》说：因为子叔姬已经许婚于人，故而记载她的去世。男子二十岁行冠礼，冠礼之后便列为丈夫，三十岁娶妻。女子十五岁许婚于人，二十岁出嫁。

【经】夏，楚人围巢。①

[注释]

①巢，古巢国，今安徽巢湖市东北五里有居巢故址。

[译文]

【经】夏，楚国人围攻巢国。

【经】秋，滕子来朝。

[译文]

【经】秋，滕昭公前来朝见。

【经】秦伯使术来聘。①

[注释]

①术，西乞术，秦大夫。

[译文]

【经】秦康公派西乞术前来聘问。

【经】冬，十有二月戊午，晋人、秦人战于河曲。①
〖传〗不言及，秦、晋之战已亟，故略之也。②

[注释]

①河曲，晋地，在今山西永济市蒲州镇南至芮城西风陵渡一带。

②亟，数也，多义。范注："夫战必有曲直，以一人主之，二国战斗数，曲直不可得详，故略之，不言晋人及秦人战。"杨疏："七年'战于令狐'，十年'秦伐晋'，此年又战河曲，是数也。"

[译文]

【经】冬,十二月戊午日,晋国人、秦国人在河曲交战。

〖传〗经文不用"及"这种说法,是因为秦国和晋国之间的战争过于频繁,故而仅简略记载。

【经】季孙行父帅师城诸及郓。①

〖传〗称帅师,言有难也。②

[注释]

①诸,鲁地,在今山东诸城一带。郓,鲁有两郓,此为东郓,在今山东沂水一带。

②杨疏:"凡城之志皆讥。今《传》云有难,则似无讥者。《传》本有难,不是解讥与不讥,直释其帅师之意耳。但此城得时,又畏莒争郓,书虽是讥,情义通许。故《传》以有难释之,不言讥之意也。"

[译文]

【经】季孙行父率领军队修筑诸城与郓城。

〖传〗经文用率领军队这种说法,表示时局处于危难之中。

文公十有三年

【经】十有三年,①春,王正月。

[注释]

①鲁文公十三年,周顷王五年,公元前614年。

[译文]

【经】鲁文公十三年,春,周历正月。

【经】夏，五月壬午，陈侯朔卒。①

[注释]

①陈侯朔，陈共公，姓妫名朔。

[译文]

【经】夏，五月壬午日，陈国国君妫朔去世。

【经】邾子籧篨卒。①

[注释]

①邾子籧篨，邾文公，姓曹名籧篨。

[译文]

【经】邾国国君曹籧篨去世。

【经】自正月不雨，至于秋七月。

[译文]

【经】从正月起无雨，直到秋七月。

【经】大室屋坏。①

〖传〗大室屋坏者，有坏道也，讥不修也。大室犹世室也。②周公曰大庙，③伯禽曰大室，群公曰宫。④礼：宗庙之事，君亲割，⑤夫人亲舂，⑥敬之至也。为社稷之主，而先君之庙坏，极称之，志不敬也。⑦

[注释]

①范注:"屋者,主于覆盖,明庙不都坏。"

②范注:"世世有是室,故言世室。"杨疏:"高者有崩道,下者有坏道,既言有坏道,而书之者,讥不修也。言鲁若缮修之,岂有败坏之理,故书以讥不敬也。成五年'梁山崩',《传》云'高者有崩道'。山有崩道,又不可缮修之物,而亦书之者,刺人君无德而致天灾,令山崩河壅,怪异之大,故亦书之。然山高称崩,屋下言坏,而序称礼坏乐崩,释云通言之者,以礼乐无高下之殊,故知通言之。"

③范注引《尔雅》曰:"室有东西厢曰庙。"

④范注引《尔雅》曰:"宫谓之室,室谓之宫。"又曰:"然则其实一也,盖尊伯禽而异其名。"

⑤范注:"割牲。"

⑥范注:"舂粢盛。"

⑦范注:"极称言屋坏,不复依违其文。"

[译文]

【经】祭祀鲁伯禽的宗庙屋顶崩坏。

【传】祭祀鲁伯禽的宗庙屋顶崩坏,这是有崩坏的原因的,以示对鲁国不修缮祖庙的讥讽。所谓大室,就是世代祖辈的宗庙。祭祀周公的庙叫作"大庙",祭祀伯禽的庙叫作"大室",祭祀世代鲁公的庙叫作"宫"。根据礼制,在宗庙中举行的祭事,需要君主亲自宰杀祭牲,夫人亲自舂用于祭祀的谷物,心中的诚敬达到了极点。鲁文公作为一国之君,祭祀先王的宗庙竟然崩坏,故而经文对此毫不避讳,是为了记下国君的不敬之心。

【经】冬,公如晋。

[译文]

【经】冬,鲁文公前往晋国。

【经】卫侯会公于沓。①

[注释]
①沓，今不详所在。

[译文]
【经】卫成公在沓地会见鲁文公。

【经】狄侵卫。

[译文]
【经】狄人侵犯卫国。

【经】十有二月己丑，公及晋侯盟，还自晋。
〖传〗还者，事未毕也。自晋，事毕也。①

[注释]
①杨疏："知自晋，是事毕者，以其与致文同，故知是事毕。《传》知还是事未毕者，以未至国都，而郑伯会公于棐，故知是未毕。《春秋》上下书还者有四，庄八年'秋，师还'，《传》曰：'遁也。'今自晋为事未毕而言，嫌不得如彼例，故复发《传》。宣十八年'归父还自晋'，嫌君臣异，故复发事未毕之文。襄十九年'晋士匄帅师侵齐，闻齐侯卒，乃还'，嫌外内异，故亦复发《传》云：'事未毕也。'还例有四，范《别例》云三者，盖直据内为三，不数外臣故也。"

[译文]
【经】十二月己丑日，鲁文公与晋灵公会盟，从晋国回国。
〖传〗"还"，表示事情尚未结束。"自晋"，表示事情已经结束。

【经】郑伯会公于棐。①

[注释]

①棐,郑地,在今河南新郑之东。

[译文]

【经】郑穆公在棐地会见鲁文公。

文公十有四年

【经】十有四年,①春,王正月,公至自晋。

[注释]

①鲁文公十四年,周顷王六年,公元前613年。

[译文]

【经】鲁文公十四年,春,周历正月,鲁文公从晋国回来(举行告祭饮至的礼仪)。

【经】邾人伐我南鄙。

[译文]

【经】邾国人讨伐我国南部边疆。

【经】叔彭生帅师伐邾。

[译文]

【经】叔彭生率领军队讨伐邾国。

【经】夏，五月乙亥，齐侯潘卒。①

[注释]

①齐侯潘，齐昭公，姓姜名潘。

[译文]

【经】夏，五月乙亥日，齐国国君姜潘去世。

【经】六月，公会宋公、陈侯、卫侯、郑伯、许伯、曹伯、晋赵盾。癸酉，同盟于新城。①

〖传〗同者，有同也，同外楚也。②

[注释]

①新城，宋地，在今河南商丘一带。

②杨疏："《春秋》书同盟非一，《传》或有释，亦有不释；就不释之内辞又不同。所以然者，庄公之世，二幽之盟，于时楚国未强，齐桓初霸，直取同尊周室而已，故《传》云'同尊周也'。及邵陵首止之后，楚不取与争，褒大齐桓，故不复言同。当文公时，楚人强盛，而中国畏之。今同盟详心外楚，不复直能尊周室而已，故《传》释之云'同外楚也'。'断道'书同，《传》云：'外楚也。'则'清丘'亦是外楚，故《传》省文也。举断道以包上下，则虫牢、马陵、蒲之与戚、柯陵、虚朾之类，亦是省文可知。同盟鸡泽复发《传》者，楚人转盛，中国外之弥甚，故更发之，则戏盟及京城重丘之等，亦其义也。平丘又重发外楚之文者，平丘以下，中国微弱，外楚之事尽于平丘。从此以后，不复能外，故发《传》以终之也。"按，邵陵者，僖四年召陵之盟也；首止者，僖五年首戴之盟也。断道，在宣十七年，发《传》。清丘之盟，在宣十二年；虫牢之盟，在成五年；马陵之盟，在成七年；蒲之盟，在成九年；戚之盟，在成十五年；柯陵之盟，在成十七年；虚朾之盟，在成十八年；戏之盟，在襄九年；京城之盟，在襄十九年；重丘之盟，在襄二十五年。皆不发

《传》。盖杨士勋以为僖公之后，凡中国诸侯盟者，皆是外楚。

[译文]

【经】六月，鲁文公会见宋昭公、陈灵公、卫成公、郑穆公、许昭公、曹文公和晋国的赵盾。癸酉日，共同在新城会盟。

〖传〗"同"，是有相同旨趣的意思，诸侯决定共同抵挡楚国。

【经】秋，七月，有星孛入于北斗。
〖传〗孛之为言犹茀也。其曰入北斗，斗有环域也。①

[注释]

①范注："据孛于大辰及东方皆不言入，此言入者，明斗有规郭，入其魁中也。"又引刘向曰："北斗贵星，人君之象也。茀星，乱臣之类，言邪乱之臣，将并弑其君。"《史记·天官书》曰："斗魁戴匡六星曰文昌宫：一曰上将，二曰次将，三曰贵相，四曰司命，五曰司中，六曰司禄。在斗魁中，贵人之牢。"

[译文]

【经】秋，七月，有彗星进入北斗斗魁之间。

〖传〗"孛"这种说法，相当于彗星的意思。经文称它进入北斗斗魁之间，是因为斗魁是一个环状的区域。

【经】公至自会。

[译文]

【经】鲁文公从会晤上回国（举行告祭饮至的礼仪）。

【经】晋人纳捷菑于邾，弗克纳。
〖传〗是郤克也，其曰人，何也？微之也。何为微之也？长毂五百乘，绵地千里，①过宋、郑、滕、薛，夐入千乘之国，欲变人之主。②至城下，然后知，何知之晚也！③弗克纳，未伐而曰弗克何也？弗克其义也。④捷菑，晋出也，貜且，齐出也。⑤貜且，正也；捷菑，不正也。

[注释]

①范注："长毂，兵车。四马曰乘，一乘，甲士三人，步卒七十二人，五百乘，合三万七千五百人。绵犹弥漫。"杨疏："不言贬之者，以非专恶之称，故《传》言微之而已。"

②范注："夐犹远也。变人之主，谓时邾已立貜且。邾，小国，而言千乘者，大邻克之事。"

③范注："征不庙算正其得失，劳而远涉，乃至城下。邾以义拒，然后方悟，贬之曰人，不亦宜乎？"算，同"算"。

④范注："非力不足，义不可胜。"

⑤范注："姊妹之子曰出。"

[译文]

【经】晋国人护送捷菑回到邾国，未能成功。

〖传〗这是郤克，经文却称其为"人"，这是为何？是对郤克有所微词。为何会有微词？郤克率领兵车五百乘，绵延千里，途经宋国、郑国、滕国、薛国，千里迢迢进入坐拥千乘兵车的邾国，想要更立他国的君主。直到抵达城墙之下，才自知理亏，怎么能这么后知后觉呢？"弗克纳"，没有讨伐就记为"弗克"，这是为何？这是没能在道义上取胜的意思。捷菑，是晋国宗室之女所生；貜且，是齐国宗室之女所生。貜且是嫡子，捷菑是庶子。

【经】九月甲申，公孙敖卒于齐。

〖传〗奔大夫不言卒，而言卒何也？①为受其丧，不可不卒也。其地，于外也。②

[注释]

①范注："据闵二年'公子庆父出奔莒'，后不言卒。"

②范注："成十七年'公孙婴齐卒于貍脤'，《传》曰：'其地，未逾竟。'宣八年'仲遂卒于垂'，垂，齐地。然则地或逾竟，或未逾竟。凡大夫卒在常所则不地，地者皆非其常所，随其所在而书其地耳，不孙于逾竟与不逾竟。"

[译文]

【经】九月甲申日，公孙敖在齐国去世。

〖传〗对于出奔他国的大夫，照例不记载去世，这里却记载了去世，这是为何？因为鲁国举行了他的丧礼，故而不能不记载去世。经文记载地点，表示他死在鲁国国都之外。

【经】齐公子商人弑其君舍。①

〖传〗舍未逾年，其曰君何也？成舍之为君，所以重商人之弑也。②商人其不以国氏何也？③不以嫌代嫌也。④舍之不日，何也？未成为君也。⑤

[注释]

①公子商人，齐懿公也，齐桓公之子。

②范注："舍不成君，则杀者非弑也。"

③范注："据隐四年，卫祝吁弑其君完，不言公子。"

④范注："《春秋》以正治不正，不以乱平乱。舍不宜立，有不正之嫌。商人专权，有当国之嫌，故不书国氏，明不以嫌相代。"杨疏："《左氏》以舍是昭公之子，夫人叔姬所生，而范云舍不宜立，有不正之嫌，以《传》云'不以嫌代嫌'，明知舍不正。又舍卒不日，亦是非正之验。"

⑤杨疏："《传例》：'凡弑君书日以明正，不系于成君。'若舍是庶，成君亦不合书日。而云未成君者，《春秋》不正见者，虽庶亦得书日，即齐侯小白、

郑伯突是也。今商人为不欲以嫌代嫌，故不去公子，则舍不正之嫌，前已著见。不正已见，例当书日，为未成君，故不日耳。"

[译文]

【经】齐国的公子商人杀害齐国国君姜舍。

〖传〗姜舍摄政尚在一年之内，经文却称其为国君，这是为何？称姜舍为国君，以示对公子商人弑君行为的重视。不以国号为氏，来冠以公子商人的名字，这是为何？为了不让弑君自立的公子商人取代得国不正的姜舍。姜舍被杀，经文却不记载日期，这是为何？因为他实际上并没有正式成为国君。

【经】宋子哀来奔。
〖传〗其曰子哀，失之也。①

[注释]

①范注："言失其氏族，不知何人。"杨疏："《经》言宋子哀，《传》云失之也者，旧解失之者，谓其未达称子之意。案范《注》云言失其族不知何人，则不得云失其称子之意。盖失之者，谓虽知子哀是宋之大夫，但不知是何族姓也。"

[译文]

【经】宋国的子哀前来投奔。
〖传〗经文所说的"子哀"，不知道是什么人。

【经】冬，单伯如齐。①

[注释]

①单伯，周之命大夫也。

[译文]

【经】冬，单伯前往齐国。

【经】齐人执单伯。

〖传〗私罪也。单伯淫于齐,齐人执之。

[译文]

【经】齐国人擒获单伯。

〖传〗单伯是因为私行获罪的。单伯在齐国淫乱,齐人便擒获了他。

【经】齐人执子叔姬。

〖传〗叔姬同罪也。①

[注释]

①杨疏:"叔姬既与单伯同罪,而《经》文异执者,单伯是天子命大夫,鲁人遣送叔姬,未至而与之淫。王则暗于取人之术,鲁则失于遣使之宜,故《经》不书叔姬归于齐。再举齐执之文者,使若异罪然,所以为讳也。明年,书'单伯至自齐',亦是讳之之事耳。《公羊》亦以为'不言齐人执单伯及子叔姬'者,'内辞也,使若异罪然'。《左氏》则云单伯天子大夫,为鲁'请叔姬',非《穀梁》意也。"

[译文]

【经】齐国人擒获子叔姬。

〖传〗子叔姬与单伯罪行相同。

文公十有五年

【经】十有五年,①春,季孙行父如晋。

[注释]

① 鲁文公十五年，周匡王元年，公元前612年。

[译文]

【经】鲁文公十五年，春，季孙行父前往晋国。

【经】三月，宋司马华孙来盟。①

〖传〗司马，官也。其以官称，无君之辞也。来盟者何？前定也。不言及者，以国与之也。②

[注释]

① 范注引泰曰："擅权专国，不君其君，缘其不臣，因曰无君。上司马、司城皆不名，而此独名者，以华孙奉使出盟，为好于我，故书官以见专，录名以存善。"杨疏："外大夫来盟书名，则是常事。而云录名以存善者，华孙擅权专国，理合变文，今得录名，即是同于常使。失常为恶，则得常是善，犹《左氏》称'公子翚如齐逆女，修先君之好，故曰公子'，亦其类也。华孙奉使不称使者，以其专，故《经》书官以表之。《传》云无君之辞也，既无君无臣，故不得使也。"

② 杨疏："重发《传》者，不称使，嫌异常故也。"

[译文]

【经】三月，宋国的司马华孙前来会盟。

〖传〗司马，是一个官名。经文用官名来称呼他，是表示君主无德的说法。"来盟"是什么意思？表示这次盟会是事先商定的。经文不用"及"这种说法，因为华孙是以宋国的名义参加会盟。

【经】夏，曹伯来朝。

[译文]

【经】夏,曹文公前来朝见。

【经】齐人归公孙敖之丧。

[译文]

【经】齐国人送公孙敖的灵柩回国。

【经】六月辛丑,朔,日有食之,鼓、用牲于社。①

[注释]

①杨疏:"庄二十五年《传》称'鼓,礼也'。鼓既是礼,所以书之者,鼓当于朝,今用之于社,鼓虽得礼,用之失处,故书也。若然,后亦鼓之于社,而云礼者,彼对用牲为非礼,故云'鼓,礼也'。其实用鼓亦非其处,若得其处,《经》不当书耳。"

[译文]

【经】六月辛丑,朔日,发生日食,在社击鼓、宰杀祭牲。

【经】单伯至自齐。
〖传〗大夫执则致,致则名。此其不名何也?①天子之命大夫也。

[注释]

①范注:"据昭十四年'意如至自晋',称名。"

[译文]

【经】单伯从齐国回国(举行告祭饮至的礼仪)。
〖传〗大夫一旦被擒获,应举行告祭饮至的礼仪,告祭就应当记

文公 393

录大夫的名字。经文却不记载名字,这是为何?因为他是周天子爵命的大夫。

【经】晋郤缺帅师伐蔡。戊申,入蔡。①

[注释]

①杨疏:"伐入两举者,伐而不即入,故两举之也。庄二十八年伐战两举者,初伐其竟内,战在国都,故亦两举之也。"

[译文]

【经】晋国的郤缺率领军队讨伐蔡国。戊申日,攻入蔡国。

【经】秋,齐人侵我西鄙。
〖传〗其曰鄙,远之也。其远之何也?不以难介我国也。①

[注释]

①范注:"介犹近也。"

[译文]

【经】秋,齐国人侵犯我国西部边疆。
〖传〗经文记为边疆,表示齐国人远在鲁国国都之外。经文为何称齐国人远在鲁国国都之外?以示危难尚未逼近齐国。

【经】季孙行父如晋。

[译文]

【经】季孙行父前往晋国。

【经】冬,十有一月,诸侯盟于扈。①

[注释]

①范注："诸侯皆会，而公独不与，故耻而略之。"杨疏："旧解公独不与者，谓七年扈之盟公不得与，故略言诸侯。此与十七年公虽与会，讳前不与，故亦略之。其意解公独不与，谓七年时也。今以为公独不与，正谓此年公在不与，故言公会诸侯。今此会盟，公全不往，故直言诸侯盟于扈而已，皆所以为讳也。"

[译文]

【经】冬，十一月，诸侯在扈地会盟。

【经】十有二月，齐人来归子叔姬。

〖传〗其曰子叔姬，贵之也。其言来归，何也？父母之于子，虽有罪，犹欲其免也。①

[注释]

①范注引凯曰："书来归，是见出之辞。有罪之人，犹与贵称，书之曰子者，盖父母之恩，欲免罪也。"杨疏："来归者，是彰罪之称。而云父母之于子欲其免也者，称子是尊贵之辞。虽云来归以贵辞言之，非是有罪之称，故云欲其免也。"

[译文]

【经】十二月，齐国人来送子叔姬回国。

〖传〗经文称其为"子叔姬"，以示对她的推重。经文为何用了"来归"这种说法？父母对于子女，即便子女有罪行，仍然想要赦免他。

【经】齐侯侵我西鄙。遂伐曹，入其郛。①

[注释]

①郛(fú),郭也。杨疏:"《公羊传》云:'郛者何?郭也。'此不发《传》者,《春秋》唯有此事而已,非例所及,故略之也。"

[译文]

【经】齐懿公侵犯我国西部边疆。于是讨伐曹国,攻入曹国国都的外城。

文公十有六年

【经】十有六年,^①春,季孙行父会齐侯于阳穀。齐侯弗及盟。

〖传〗弗及者,内辞也。行父失命矣,齐得内辞也。^②

[注释]

①鲁文公十六年,周匡王二年,公元前611年。
②范注:"行父出会失辞,义无可纳,故齐侯以正道拒而弗受,不盟由齐,故得内辞。"杨疏:"以行父失辞之故,为齐侯所非,外得其所拒,内失其志,《春秋》恶行父之失命,故得内辞也。"

[译文]

【经】鲁文公十六年,春,季孙行父在阳穀会见齐懿公。齐懿公未能赶上会盟。

〖传〗"弗及",是为鲁国隐讳的说法。季孙行父未能达成鲁文公的使命,经文让齐国承担了盟会未能如期举行的责任,是在为鲁国隐讳。

【经】夏,五月,公四不视朔。

〖传〗天子告朔于诸侯，诸侯受乎祢庙，礼也。① 公四不视朔，公不臣也。以公为厌政以甚矣。②

[注释]

①范注："每月，天子以朔政班于诸侯，诸侯受而纳之祢庙，告庙以羊。今公自二月不视朔，至于五月，是后视朔之礼遂废，故子贡欲去其羊。"按，《论语》曰："子贡欲去告朔之饩羊，子曰：'赐也，尔爱其羊，我爱其礼。'"杨疏："《三朝记》云：'周衰，天子不班朔于天下。'此云班朔者，彼据周末全不能班之。此时尚或班，或不班，故下《传》云：'以公为厌政以甚矣。'范云，天子班朔而公不视是也。知是二月不视朔至五月者，以《经》书五月，公四不视朔。若从五月以后数之，则公或视或不视，何得预言四不视朔。知从二月至五月为四也。又云是后视朔之礼遂废，而《经》直云公四不视朔者，《左氏》以为此独书公四不视朔者，以表公实有疾，非诈齐也。《公羊》为此公有疾犹可言，无疾则不可言。《穀梁》文虽不明，盖从此一讥之恶，足见其余不复讥也。"

②范注："天子班朔而公不视，是不臣。"

[译文]

【经】夏，五月，鲁文公四次不受周天子的朔政。

〖传〗周天子向诸侯告朔，诸侯在父庙接受周天子的朔政，这是合乎礼制的。鲁文公四次不受周天子的朔政，不像一个臣子的样子。君子以为鲁文公已经非常厌恶处理政事了。

【经】六月戊辰，公子遂及齐侯盟于师丘。①
〖传〗复行父之盟也。②

[注释]

①师丘，齐地，在今山东东阿境内，一说在山东淄博一带。《左氏》作"郪丘"，《公羊》作"犀丘"。

文公 397

②范注:"春,齐侯不与行父盟,故复使遂修之。"

[译文]

【经】六月戊辰日,公子遂与齐懿公在师丘会盟。

〖传〗重新举行季孙行父所怠慢的盟会。

【经】秋,八月辛未,夫人姜氏薨。①

[注释]

①夫人,姜氏,僖公夫人。

[译文]

【经】秋,八月辛未日,夫人姜氏辞世。

【经】毁泉台。

〖传〗丧不贰事,贰事,缓丧也。①以文为多失道矣。②自古为之,今毁之,不如勿处而已矣。③

[注释]

①范注:"丧事主哀而复毁泉台,是以丧为缓。"

②范注:"缓作主、跻僖公、四不视朔、毁泉台之类。"杨疏:"《春秋》为尊亲者讳,而举其多失道者,仲尼之修《春秋》,所以示法,有罪皆讳,何以见其褒贬?故桓公杀逆之主,罪无遗漏,亦其比也。至于书《经》,文不委曲,则亦是讳,何者?文实逆祀,而云跻僖;文从后多不视朔,直言四不视朔而已。文称毁泉台,则似嫌其奢泰,是亦臣子为尊亲讳之义也。然取二邑、大室屋坏、不与扈盟,亦是失道,《注》不言之者,云云之类,足以包之也。《公羊》以为泉台者,是庄公所筑郎台也。《左氏》与此《传》并不显言,或如《公羊》之说也。"

③范注:"若以夫人居之而薨者,但当莫处。"

[译文]

【经】拆毁泉台。

〖传〗国家有丧事时,不应当去做其他事务,去做其他事务就会耽搁丧事。君子以为鲁文公多有不合乎正道的举动。泉台是先祖修建的,如今将它拆毁,不如往后不再让人居住就可以了。

【经】楚人、秦人、巴人灭庸。①

[注释]

①庸,古庸国,在今湖北竹山西南。

[译文]

【经】楚国人、秦国人、巴国人灭庸国。

【经】冬,十有一月,宋人弑其君杵臼。①

[注释]

①杵臼,宋昭公,姓子名杵臼。范注引泰曰:"《传》称人者,众辞。众之所同,则君过可知。"泰又曰:"称国以弑其君,君恶甚矣。然则举国重于书人也。"

[译文]

【经】冬,十一月,宋国人杀害宋国国君杵臼。

文公十有七年

【经】十有七年,①春,晋人、卫人、陈人、郑人伐宋。②

[注释]

①鲁文公十七年,周匡王三年,公元前610年。

②范注:"卫序陈上,盖主会者降之。"

[译文]

【经】鲁文公十七年,春,晋国人、卫国人、陈国人、郑国人讨伐宋国。

【经】夏,四月癸亥,葬我小君声姜。

[译文]

【经】夏,四月癸亥日,安葬我国夫人声姜。

【经】齐侯伐我西鄙。

[译文]

【经】齐懿公讨伐我国西部边疆。

【经】六月癸未,公及齐侯盟于榖。

[译文]

【经】六月癸未日,鲁文公与齐懿公在榖地会盟。

【经】诸侯会于扈。①

[注释]

①范注:"言诸侯者,义与上十五年同。亦诸侯皆会,公独不与,耻而略之。"

[译文]

【经】诸侯在扈地举行会晤。

【经】秋,公至自穀。

[译文]

【经】秋,鲁文公从穀地回国(举行告祭饮至的礼仪)。

【经】冬,公子遂如齐。

[译文]

【经】冬,公子遂前往齐国。

文公十有八年

【经】十有八年,[①]春,王二月丁丑,公薨于台下。
〖传〗台下,非正也。[②]

[注释]

①鲁文公十八年,周匡王四年,公元前609年。
②杨疏:"非正与僖同。重发之者,僖是小寝,此则台下,嫌异,故发之。"

[译文]

【经】鲁文公十八年,春,周历二月丁丑日,鲁文公在高台之下辞世。
〖传〗在高台之下辞世,是不合正道的。

【经】秦伯罃卒。①

[注释]

①秦伯罃（yīng），秦康公，姓嬴名罃。

[译文]

【经】秦国国君嬴罃去世。

【经】夏，五月戊戌，齐人弑其君商人。①

[注释]

①商人，齐懿公，姓姜名商人。

[译文]

【经】夏，五月戊戌日，齐国人杀害齐国国君姜商人。

【经】六月癸酉，葬我君文公。

[译文]

【经】六月癸酉日，安葬我国国君鲁文公。

【经】秋，公子遂、叔孙得臣如齐。
〖传〗使举上客，而不称介。不正其同伦而相介，故列而数之也。①

[注释]

①范注："上客，耳主也。礼：大夫为卿介。遂与得臣俱为卿，是以同伦为副使，故两言之，明无差降。"杨疏："《聘礼》'卿出，以大夫为上介，士

为末介'是也。"

[译文]

【经】秋,公子遂、叔孙得臣前往齐国。

〖传〗使臣照例只需要列举正使,而不需要记载副使。经文以为公子遂、叔孙得臣二人地位相当,却有正副之分,不合乎礼制,故而将二人一并记录下来。

【经】冬,十月子卒。①
〖传〗子卒不日,故也。②

[注释]

①范注:"子赤也。诸侯在丧,既葬之称。"杨疏:"《公羊传》称君薨称子某,既葬称子,逾年称君。今子赤,文公既葬而云子卒,是既葬之称也。"子赤,文公之子,宣公嫡弟,为宣公所弑。未逾年,故称子。

②范注:"故,杀也。不称杀,讳也。"

[译文]

【经】冬,十月,新君去世。

〖传〗新君去世,经文却不记载日期,是因为发生了变故。

【经】夫人姜氏归于齐。

〖传〗恶宣公也。①有不待贬绝而罪恶见者,②有待贬绝而恶从之者。③侄娣者,不孤子之意也。④一人有子,三人缓带。⑤一曰就贤也。⑥

[注释]

①范注:"姜氏,子赤之母,其子被杀,故大归也。宣公亦文公之子,其母敬嬴,恶不奉姜氏。"敬嬴,宣八年"小君顷熊"也。

文公 403

②范注引泰曰:"直书姜氏之归,则宣公罪恶不贬而自见。"

③范注:"齐小白以国氏之类是也。"

④范注:"言其一人有子则共养。"

⑤范注:"共望其禄。"杨疏:"下文总言缓带者,欲见有子则喜乐之情均,贵贱之意等。今宣公为人君,不尊养姜氏,非缓带之谓也。缓带者,优游之称也。"

⑥范注:"若并有子,则就其贤,谓年同也。宣公不奉哀姜,非此之谓,故恶之。"杨疏:"宣以庶子篡立,非关就贤。"

[译文]

【经】夫人姜氏回到齐国。

〖传〗表示对鲁宣公的厌恶。经文中有无须贬斥痛绝,罪行邪恶就会自行显露的人(鲁宣公就是这样的人);有需要贬斥痛绝,邪恶才能有所揭露的人。之所以让侄女和妹妹随嫁作为媵妾,是为了共同抚养其中一人所生的儿女。一人有儿女,三人都感到欣慰。也有人说:(如果三人都有儿子)就选取其中最为贤明的一人。

【经】季孙行父如齐。①

[注释]

①季孙行父,季文子,季友之孙。

[译文]

【经】季孙行父前往齐国。

【经】莒弑其君庶其。①

[注释]

①范注引《传例》曰:"称国以弑其君,君恶甚矣。"杨疏:"《注》引《传例》者,嫌小国无大夫,例小称臣名,明弑逆事重,不从凡常大夫之例也。"

旧解称国者，谓恶于国人，并虐及卿大夫；称人者，谓失心于民庶也。此乃涉于贾逵之说，据十六年范注则似不然。"按，文十六年范注曰："称国以弑其君，君恶甚矣。然则举国重于书人也。"

[译文]

【经】莒国杀害莒国国君庶其。

宣公

宣公元年

【经】元年,①春,王正月,公即位。

〖传〗继故而言即位,与闻乎故也。②

[注释]

①鲁宣公元年,周匡王五年,公元前608年。鲁宣公,姓姬名倭,鲁文公之子,文公嫡子前遇弑之子赤庶兄,《周书·谥法》:"善问周达曰宣。"

②杨疏:"重发《传》者,桓公篡成君,宣公篡未逾年君,嫌异,故发之。"

[译文]

【经】鲁宣公元年,春,周历正月,鲁宣公即位。

〖传〗继承被杀害的国君,却称其为"即位",是因为鲁宣公参与了"弑君"的行动。

【经】公子遂如齐逆女。①

[注释]

①范注:"不讥丧娶者,不待贬绝,而罪恶自见。桓三年《传》曰:'逆女,亲者也。使大夫,非正也。'"杨疏:"引彼《传例》者,嫌讥丧娶,不责亲迎,故引《传例》以明之。"

[译文]

【经】公子遂前往齐国,为其君迎娶宗室之女。

【经】三月,遂以夫人妇姜至自齐。

【传】其不言氏,丧未毕,故略之也。①其曰妇,缘姑言之之辞也。②遂之挚,由上致之也。③

[注释]

①范注:"夫人不能以礼自固,故与有贬。"杨疏:"婚礼迟速,由于夫家,阳倡阴和,固是其理,而责夫人者,一礼不备,贞女不行,夫人姜氏,若其不行,公得无丧娶之讥,夫人无苟从之咎,故责之。"

②杨疏:"《传》重言此者,嫌丧娶辞略,并明不与陈人之妇同也。"

③范注:"上,谓宣公。"杨疏:"挚者,谓去氏族而直书名。徐邈以挚为举,非也。《左氏》以为遂不称公子者,'尊夫人也'。《公羊》以为遂不言公子者,'一事而再见',从省文。此《传》云'由上致之',是与二《传》异也。此《注》云'上谓宣公';昭公二十四年'婼至自晋',《注》云'上谓宗庙也'者,释有二家,其一云:'礼:夫人三月始见宗庙,遂与侨如之致,由君而已,故知上为宣公、成公也;婼彼执而反,理当告庙,故知上谓宗庙也。'又一释:'二者互文也。以相通见庙之时,君称臣之名以告宗庙,则二者皆当书名,故此云宣公,彼云宗庙,亦是昭公告之,可知此宣公亦是告宗庙明矣。'婼与意如俱为被执而致,《传》释有异辞者,意如诉公于晋,婼则无罪,故《传》不同也。此已发《传》,侨如又发之者,此丧娶,彼非丧娶,嫌异,故重明之。"

[译文]

【经】三月,公子遂带着夫人妇姜从齐国回国(举行告祭饮至的礼仪）。

〖传〗经文不记载她的氏，是因为丧事尚未结束，故而仅是简略记载。经文称其为"妇"，这是以婆母对她的称呼来说的。不称公子遂为公子，表明向宗庙告祭的是鲁宣公。

【经】夏，季孙行父如齐。

[译文]

【经】夏，季孙行父前往齐国。

【经】晋放其大夫胥甲父于卫。
〖传〗放，犹屏也。① 称国以放，放无罪也。②

[注释]

①屏，除。
②杨疏："范《别例》云：'放大夫凡有三：晋放胥甲父一，昭八年楚放公子昭二，哀二年蔡人于公孙猎三也。'此云称国以放，放无罪也，则称蔡人者，是放有罪也。若然，招杀世子偃师，则招亦有罪，不称楚人者，以上有楚师灭陈之文，故不复出楚人；又招有罪自明，故不待更称楚人也。"

[译文]

【经】晋国将它的大夫胥甲父流放至卫国。
〖传〗"放"，相当于摒弃的意思。经文以国家的名义来流放他，以示被流放的人没有罪过。

【经】公会齐侯于平州。①

[注释]

①平州，齐地，在今山东济南市莱芜区西。范注："离会故不致。"杨疏：

"不引《传例》者，此宣自应例恶，无所嫌疑故也。"

[译文]

【经】鲁宣公在平州会见齐惠公。

【经】公子遂如齐。

[译文]

【经】公子遂前往齐国。

【经】六月，齐人取济西田。
【传】内不言取，言取，授之也。以是为赂齐也。①

[注释]

①范注："宣公弑立，赂齐以自辅，耻赂之，故书齐取。"杨疏："昭二十五年'齐侯取郓'，《传》曰：'取，易辞也。'哀八年'齐人取讙及阐'，《传》曰：'恶内也。'所以三发《传》不同者，内不合言取，今言取，是违例之同，宜在于始。鲁人不得已而赂之，取虽是易而我难之，故直云授之。昭公，失国之君，忠臣喜公得邑，故以易辞言之。哀公犯齐陵郓，而反丧邑，易辞之也，《传》以明恶内之理未显，故《传》特言恶内，其实皆是易辞也。"

[译文]

【经】六月，齐国人夺取济水以西的田亩。
【传】对于鲁国来说，经文不用"取"这种说法，用"取"，表示济水以西的田亩是鲁国馈赠给齐国的。这是在向齐国行贿。

【经】秋，邾子来朝。

[译文]

【经】秋，邾定公前来朝见。

宣公 409

【经】楚子、郑人侵陈,遂侵宋。

〖传〗遂,继事也。

[译文]

【经】楚庄王、郑国人侵犯陈国,又侵犯宋国。

〖传〗"遂",是继续行事的意思。

【经】晋赵盾帅师救陈。

〖传〗善救陈也。①

[注释]

①杨疏:"何嫌非善而言善者?陈近楚,属晋,嫌救之非善,故《传》释之。又救之者为善,所以驳郑之过也。"

[译文]

【经】晋国的赵盾率领军队救援陈国。

〖传〗这是在褒扬赵盾救援陈国的行为。

【经】宋公、陈侯、卫侯、曹伯会晋师于棐林,伐郑。①

〖传〗列数诸侯而会晋赵盾,大赵盾之事也。②其曰师,何也?③以其大之也。④于棐林,地而后伐郑,疑辞也。此其地何?则著其美也。⑤

[注释]

①棐林,郑地,在今河南郑州东南。

②范注:"大其卫中国,攘夷狄。"

③范注:"据言会晋师,不言会晋赵盾。"

④范注:"以诸侯大赵盾之事,故言师。师者,众大之辞。"杨疏:"襄二年'晋师、宋师、卫宵殖侵郑'。《注》云:'不书晋宋之将,以慢其伐人之丧。'彼称师,言恶晋宋,此称师,云大之者,称师之义,不在一方,言师虽同,善恶有别,所谓《春秋》不嫌同文,此之谓也。齐救邢,恶不及事;楚子灭蔡,灭非其罪;晋宋伐丧,失葡萄之义,故皆贬之称师。今赵盾伐郑,以救陈宋,故《经》列数诸侯而殊大之,明称师者,以著善也。"按,齐救邢,在僖元年;楚子灭蔡,在昭十一年;晋宋伐丧,在襄二年。皆贬之称师。

⑤范注引泰曰:"夫救灾恤患,其道宜速,而方云会于棐林,然后伐郑,状似伐郑有疑,须会乃定。曰:非也,欲美赵盾之功,故详录其会地。"杨疏:"桓十五年'公会诸侯于袤,伐郑',《传》曰:'地而后伐,疑辞也。非其疑也。'此《传》既曰'疑辞也',又云则'著其美也'者,此文虽与会袤同,其理则异。何者?以其列数诸侯而会赵盾,则详其会地,亦善可知也。"

[译文]

【经】宋文公、陈灵公、卫成公、曹文公在棐林会见晋国军队,讨伐郑国。

〖传〗经文列举会见晋国的赵盾的诸侯,是为了夸大赵盾的战事。经文称其为"师",这是为何?是为了夸大此事。在"棐林",先写会晤地点,再写讨伐之事,是军队犹豫不前的说法。这里为何要记录会晤的地点?是为了彰显对赵盾此举的称颂。

【经】冬,晋赵穿帅师侵崇。

[译文]

【经】冬,晋国的赵穿率领军队侵犯崇国。

【经】晋人、宋人伐郑。
〖传〗伐郑,所以救宋也。①

[注释]

①范注:"时楚郑侵宋。"杨疏:"伐郑所以救宋,《经》不言'救宋'者,以上有楚子,郑人侵陈,遂侵宋之文。今云晋人、宋人伐郑,明救宋可知,故不言之也。知非救陈者,以救陈之文已见故,楚伐宋,宋得出而自救者,伐宋者不攻都城,故得出师助晋也。"

[译文]

【经】晋国人、宋国人讨伐郑国。

〖传〗讨伐郑国,是为了救援宋国。

宣公二年

【经】二年,①春,王二月壬子,宋华元帅师及郑公子归生帅师,战于大棘。②宋师败绩,获宋华元。

〖传〗获者,不与之辞也。③言尽其众,以救其将也。④以三军敌华元,华元虽获,不病矣。⑤

[注释]

①鲁宣公二年,周匡王六年,公元前607年。

②大棘,宋地,在今河南柘城西北。

③范注:"华元得众甚贤,故不与郑获之。"杨疏:"华元得众,故不与郑获之。然则晋侯失民,亦言获者,晋侯虽失众,诸侯无相获之道,故亦不与秦获也。徐邈云:'获是不与之辞,与者当称得也。故定九年"得宝玉、大弓"是也。'然则弓、玉与人不类,徐言非也。何休云:'华元系宋者,明耻辱及国。'案齐国书、陈夏啮皆系国,则是史之常辞,非有异文也。"

④范注:"先言败绩,而后言获,知华元得众心,军败而后见获。晋与秦战于韩,未言败绩而君已获,知晋侯不得众心明矣。"

⑤范注引何休曰:"书获,皆生获也。如欲不病华元,当有变文。"又引

郑君释之曰："将帅见获,师败可知,不当复书师败绩。此两书之者,明宋师惧华元见获,皆竭力以救之。无奈不胜敌耳。华元有贤行,得众如是,虽师败身获,适明其美,不伤贤行。今两书败获,非变文如何?"

[译文]

【经】鲁宣公二年,春,周历二月壬子日,宋国的华元率领军队,与郑国公子归生率领的军队,在大棘交战。宋国军队战败,宋国的华元被擒。

〖传〗"获",是不赞许郑国俘获华元的说法。表示宋国竭尽兵力与郑国作战,想救出他们的主将。三军上下都想救出华元,华元虽然被擒,经文也不羞辱他。

【经】秦师伐晋。

[译文]

【经】秦国军队讨伐晋国。

【经】夏,晋人、宋人、卫人、陈人侵郑。

[译文]

【经】夏,晋国人、宋国人、卫国人、陈国人侵犯郑国。

【经】秋,九月乙丑,晋赵盾弑其君夷皋。①

〖传〗穿弑也,②盾不弑,而曰盾弑,何也?以罪盾也。其以罪盾何也?曰:灵公朝诸大夫而暴弹之,③观其辟丸也。赵盾入谏,不听。出亡,至于郊。④赵穿弑公,而后反赵盾。史狐书贼曰:"赵盾弑公。"⑤盾曰:"天乎!天乎!予无罪。⑥孰为盾而忍弑其君者乎?⑦"史狐曰:"子为正卿,入谏不听,出亡不远君

弑，反不讨贼，则志同。志同则书重，非子而谁？"⑧故书之曰
"晋赵盾弑其君夷皋"者，过在下也。⑨曰：于盾也，见忠臣之
至；于许世子止，见孝子之至。⑩

[注释]

①夷皋，晋灵公，姓姬名夷皋。

②范注："穿，赵盾从父昆弟。"

③暴，残暴。

④范注："礼：三谏不听，则去，待放于竟三年。君赐之环，则还；赐之玦，则往。必三年者，古疑狱三年而后断，《易》曰'继用徽纆，示于丛棘，三岁不得凶'是也。自嫌有罪当诛，故三年不敢去。"

⑤史，国史，掌书记事。狐，其名。《左氏》曰："孔子曰：'董狐古之良史也，书法不隐。'"

⑥范注："告天，言己无弑君之罪。"

⑦范注："回已易他，谁作盾而当忍弑君者乎？"

⑧范注："志同穿也。盾是正卿，又贤，故言重。"

⑨范注引郑嗣曰："成十八年'晋弑其君州蒲'，《传》曰：'称国以弑其君，君恶甚矣。'然则称臣以弑，罪在臣下也。赵盾弑其君，不言罪而曰过者，言非盾亲弑，有不讨贼之过。"

⑩范注引邵曰："盾以亡不出竟，反不讨贼，受弑君之罪，忠不至故也。止以父病，不知尝药，受弑父之罪，孝不至故也。"杨疏："赵盾与许止加弑是同，而许君书葬，晋灵公不书葬者，许止失尝药之罪轻，故书葬以赦止。赵盾不讨贼之罪重，故不书晋侯葬，明盾罪不可原也。《春秋》必加弑于此二人者，所以见忠孝之至故也。忠孝不至，则加恶名，欲使忠臣睹之，不敢惜力，孝子见之，所以尽心，是将来之远防也。"

[译文]

【经】秋，九月乙丑日，晋国的赵盾杀害了晋国国君姬夷皋。

〖传〗明明是赵穿弑君，赵盾并没有弑君，经文却说是赵盾弑

君,这是为何?是为了归罪于赵盾。归罪于赵盾,又是为何?答曰:晋灵公在诸位大夫朝见他时,残暴地用弹弓击打他们,观看他们如何躲避弹丸来取乐。赵盾入朝上谏,晋灵公不听。赵盾出逃,直至晋国国都的郊外。赵穿杀害了晋灵公,然后请赵盾回国。太史董狐记录弑君的贼子,书作:"赵盾杀害了国君。"赵盾说:"天哪!天哪!我没有犯下弑君之罪。谁会认为赵盾是个忍心杀害国君的人呢?"太史董狐说:"你身为正卿,入朝上谏而国君不听,出逃不远而国君被杀,回国后又不声讨弑君的贼子,那么你们二人都有弑君的想法。想法相同,就记下地位更高的一人,不记你弑君,又该记谁呢?"故而记为"晋赵盾弑其君夷皋",以示过失在于臣子。所以说:在赵盾身上,能看到一个忠臣的极致;在许国世子姜止的身上,能看到一个孝子的极致。

【经】冬,十月乙亥,天王崩。①

[注释]

①天王,周匡王,姓姬名班。

[译文]

【经】冬,十月乙亥日,周匡王逝世。

宣公三年

【经】三年,①春,王正月,郊牛之口伤。②
〖传〗之口,缓辞也,伤自牛作也。③

[注释]

①鲁宣公三年,周定王元年,公元前606年。

②范注:"牛自伤口,非备灾之道不至也,故以缓辞言之。"

③杨疏:"此'之'为缓辞,则成七年不言'之'为急辞也。旧解范氏《别例》云言之凡三十五。范既总为例,则言'之'者,并是缓辞也。《传》于执卫侯云,言'之,缓辞也',则其余不发《传》,亦缓可知耳。公丧在外,逆之缓也;卫侯之弟专、秦伯之弟鍼等称'之'者,取其缓之得逃;吴败六国言'之'者,取其六国同役,而不急于军事也;杀奚齐称'之'者,缓于成君也;考仲子宫言'之'者,隐孙而修之缓也;日食言'之'者,不知之缓也。则自余并缓耳。理虽迁延,旧说既然,不可致诘,故今亦从之。"按,卫侯之弟专,在襄二十七年;秦伯之弟鍼,在昭元年;吴败六国,在昭二十三年;杀奚齐,在僖九年;考仲子宫,在隐五年;日食言"之",即"日有食之";云云。盖杨士勋以为凡言"之"者皆为缓辞也。

[译文]

【经】鲁宣公三年,春,周历正月,用于郊祭的牛口部受伤。

〖传〗"之口",是宽缓的说法,伤情是牛自行造成的。

【经】改卜牛,牛死,乃不郊。①

〖传〗事之变也。②乃者,亡乎人之辞也。③

[注释]

①杨疏:"《公羊传》称改卜者,'帝牲不吉,则引稷牲而卜之。其帝牲在于涤宫三月。于稷者,唯具视'其身体无灾而已,不特养于涤宫。又云郊'必以其祖配'者,'自内出者,无匹不行,自外至者,无主不止'。今改卜者,取于稷牛,则未审《传》意如何。以后稷配郊,必与《公羊》异也。不言免牛,而云不郊者,牛死,不行免牛之礼,故直言不郊也。"

②范注:"牛无故自伤其口,易牛改卜,复死,乃废郊礼,此事之变异。"

③范注:"讥宣公不恭,致天变。"杨疏:"重发《传》者,嫌牛死与卜郊

不从异也。"按，僖三十一年《经》云："夏，四月，四卜郊，不从，乃免牲，犹三望。"

[译文]

【经】占卜更换一头牛，另一头牛死了，就不再举行郊祭。

〖传〗这是祭事所发生的变故。"乃"，是没有贤能之人的说法。

【经】犹三望。

[译文]

【经】仍然举行望祭。

【经】葬匡王。

[译文]

【经】安葬周匡王。

【经】楚子伐陆浑戎。①

[注释]

①陆浑戎，姜戎一支，《左氏》僖二十二年《传》曰："秋，秦、晋迁陆浑之戎于伊川。"

[译文]

【经】楚庄王讨伐陆浑的戎人。

【经】夏，楚人侵郑。

[译文]

【经】夏，楚国人侵犯郑国。

【经】秋,赤狄侵齐。①

[注释]

①赤狄,《补注》曰:"以《左传》《国语》《吕氏春秋》及杜氏《后序》引《汲冢纪年》考之,庄三十二年狄伐邢、僖三十三年晋人败狄于箕,皆白狄也。闵二年狄入卫、僖二十四年狄伐郑、文七年狄侵我西鄙,皆赤狄也。"

[译文]

【经】秋,赤狄侵犯齐国。

【经】宋师围曹。

[译文]

【经】宋国军队围攻曹国。

【经】冬,十月丙戌,郑伯兰卒。①

[注释]

①郑伯兰,郑穆公,姓姬名兰。

[译文]

【经】冬,十月丙戌日,郑国国君姬兰去世。

【经】葬郑穆公。

[译文]

【经】安葬郑穆公。

宣公四年

【经】四年,①春,王正月,公及齐侯平莒及郯。②莒人不肯。

〖传〗及者,内为志焉尔。平者,成也。不肯者,可以肯也。③

[注释]

①鲁宣公四年,周定王二年,公元前605年。

②郯,国名,在今山东郯城一带。

③范注引凯曰:"君子不念旧恶,况为大国所和乎?"杨疏:"旧解以莒不肯平,公伐莒取向,莒人弥复怨郯,郯之与莒,方为怨恶,乃是成就乱事,故训之为成。《注》无此意,恐非也。"

[译文]

【经】鲁宣公四年,春,周历正月,鲁宣公与齐惠公调和莒国与郯国之间的争端。莒国人不愿平息。

〖传〗"及",说明是鲁国的意愿。"平",是平息的意思。"不肯",表示原本是可以平息的。

【经】公伐莒,取向。①

〖传〗伐犹可,取向,甚矣。②莒人辞不受治也。③伐莒,义兵也。④取向,非也,乘义而为利也。

[注释]

①向,莒邑,在今山东莒县一带。

②范注:"以义兵讨不平,未若不用兵,以义使平者也,故曰犹可也。"

杨疏："《传》称伐犹可，是非正与辞。《注》云义兵者，据其讨不直，故云义兵也。义兵之道不足，故《传》云犹可也。"

③范注："乘义取邑，所以不服。"《补注》："治，讨也。不受治，即上下不肯平也。"

④范注："讨不释怨。"

[译文]

【经】鲁宣公讨伐莒国，夺取向邑。

〖传〗讨伐莒国还算说得过去，夺取向邑就太过分了。莒国人拒绝而不接受调停。讨伐莒国，是为了伸张正义而发起的战事。夺取向邑，便不是出于义理，而是趁着伸张正义的机会，谋取本国的私利。

【经】秦伯稻卒。①

[注释]

①秦伯稻，秦共公，姓嬴名稻。

[译文]

【经】秦国国君嬴稻去世。

【经】夏，六月乙酉，郑公子归生弑其君夷。①

[注释]

①公子归生，郑文公之子。夷，郑灵公，姓姬名夷。

[译文]

【经】夏，六月乙酉日，郑国公子归生杀害郑国国君姬夷。

【经】赤狄侵齐。

[译文]

【经】赤狄侵犯齐国。

【经】秋,公如齐。公至自齐。

[译文]

【经】秋,鲁宣公前往齐国。鲁宣公从齐国回国(举行告祭饮至的礼仪)。

【经】冬,楚子伐郑。

[译文]

【经】冬,楚庄王讨伐郑国。

宣公五年

【经】五年,①春,公如齐。

[注释]

①鲁宣公五年,周定王三年,公元前604年。

[译文]

【经】鲁宣公五年,春,鲁宣公前往齐国。

【经】夏,公至自齐。

[译文]

【经】夏,鲁宣公从齐国回国(举行告祭饮至的礼仪)。

【经】秋,九月,齐高固来逆子叔姬。①

〖传〗诸侯之嫁子于大夫,主大夫以与之。②来者,接内也。不正其接内,故不与夫妇之称也。③

[注释]

①高固,齐大夫。子叔姬,《左氏》作"叔姬"。杨伯峻曰:"'子叔姬'为已嫁之称。此时叔姬尚未成婚,故不当有'子'字;下经'冬,齐高固及子叔姬来',其时则已成婚,故冠以'子'字,两者异时,故异称。《公羊》《榖梁》有'子'字者误。"

②范注:"婚礼:主人设几筵于庙,以待迎者,诸侯、大夫尊卑不敌,故使大夫为之主。"

③范注:"来者,谓高固。高固,齐之大夫,而今与君接婚姻之礼,故不言逆女。"杨疏:"莒庆已发《传》,今重发之者,莒庆,小国之大夫,高固,齐之尊卿,而取公之同母姊妹,嫌待之礼殊,故发《传》,明其不异也。"又引徐邈曰:"《传》言吾子,是宣公女也。理亦通尔。"按,庄二十七年"莒庆来逆叔姬",莒为小国。

[译文]

【经】秋,九月,齐国的高固前来迎娶子叔姬。

〖传〗诸侯将女儿下嫁给他国大夫,理应由本国大夫来主持婚事。"来",表示高固在鲁国与鲁国国君相交接。君子以为他国大夫与鲁国国君相交接是不合礼制的,故而不以夫妇之礼称呼他们。

【经】叔孙得臣卒。①

[注释]

①杨疏:"隐元年《传》曰:'大夫不日卒,恶也。'今叔孙得臣不日卒,亦恶可知矣。何休云:'知公子遂弑君,而匿情不言。'未审范意亦然以否。"

[译文]

【经】叔孙得臣去世。

【经】冬,齐高固及子叔姬来。
〖传〗及者,及吾子叔姬也。为使来者,不使得归之意也。①

[注释]

①范注:"高固受使来聘,而与妇俱归,故书'及'以明非礼。庄二十七年冬'杞伯姬来',僖二十八年秋'杞伯姬来',皆不言所及,是使得归之意。"杨疏:"桓十八年泺之会,去'及'为非礼,此书'及'为非礼者,公与夫人之行,须言'及'以别尊卑,故云'及'。夫人姜氏会齐侯于阳榖言'及',泺之会以夫人之伉不言'及',故知云'及'为非礼。今叔姬归宁,当以独来为文,高固奉命,宜云来聘,《经》总之言来,故知书'及'为非礼。"

[译文]

【经】冬,齐国的高固与子叔姬前来。
〖传〗"及",表示与鲁宣公的女儿叔姬。高固是齐国派来的使者,不能让他顺遂带着叔姬回国省亲的意图。

【经】楚人伐郑。

[译文]

【经】楚国人讨伐郑国。

宣公六年

【经】六年,①春,晋赵盾、卫孙免侵陈。

〖传〗此帅师也,其不言帅师,何也?②不正其败前事,故不与帅师也。③

[注释]

①鲁宣公六年,周定王四年,公元前603年。

②范注:"据元年'赵盾帅师救陈',言帅师也。"

③范注:"元年救,而今更侵之。"杨疏:"《传例》:'将卑师众曰师,将尊师少直言将。'成三年,'晋郤克、卫孙良夫伐墙咎如',彼非是败前事,亦不言帅师。此云不正其败前事故不与帅师者,凡常书,《经》自依将之尊卑、师之多少之例。赵盾元年称'帅师救陈',今直书名而已,明是恶败前事,故不与帅师也。郤克、良夫,前无帅师之文,故知从将尊师少例耳。"

[译文]

【经】鲁宣公六年,春,晋国的赵盾、卫国的孙免侵犯陈国。

〖传〗明明率领了军队,经文却不记载"帅师",这是为何?君子以为这败坏了之前救援陈国的功劳,不合乎正道,故而经文不记载"帅师"。

【经】夏,四月。

[译文]

【经】夏,四月。

【经】秋，八月，螽。

[译文]

【经】秋，八月，螽虫成灾。

【经】冬，十月。

[译文]

【经】冬，十月。

宣公七年

【经】七年，①春，卫侯使孙良夫来盟。②

〖传〗来盟，前定也。不言及者，以国与之。不言其人，亦以国与之。不日，前定之盟不日。③

[注释]

①鲁宣公七年，周定王五年，公元前602年。
②孙良夫，卫大夫。
③杨疏："此重发《传》者，宋华孙不称使，此则称使，嫌异，故重发之。言不日者，据成三年及荀庚盟有日，故发问也。"

[译文]

【经】鲁宣公七年，春，卫成公派孙良夫前来会盟。

〖传〗"来盟"，因为这次盟会是事先商定的。经文不用"及"这种说法，因为鲁国是以一国上下的名义参与会盟。经文不记载鲁国参与会盟的人，也是因为鲁国以一国上下的名义参与会盟。经文不记载日期，是因为事先商定的盟会照例不记载日期。

【经】夏，公会齐侯伐莱。①

[注释]
①莱，国名，在今山东龙口市一带，一说在今山东昌邑一带。

[译文]
【经】夏，鲁宣公会见齐惠公，讨伐莱国。

【经】秋，公至自伐莱。

[译文]
【经】秋，鲁宣公从讨伐莱国的战场上回国（举行告祭饮至的礼仪）。

【经】大旱。

[译文]
【经】大旱。

【经】冬，公会晋侯、宋公、卫侯、郑伯、曹伯于黑壤。①

[注释]
①黑壤，晋地，在今山西翼城一带。

[译文]
【经】冬，鲁宣公在黑壤会见晋成公、宋文公、卫成公、郑襄公、曹文公。

宣公八年

【经】八年,①春,公至自会。

[注释]

①鲁宣公八年,周定王六年,公元前601年。

[译文]

【经】鲁宣公八年,春,鲁宣公从会晤上回国(举行告祭饮至的礼仪)。

【经】夏,六月,公子遂如齐,至黄乃复。①
〖传〗乃者,亡乎人之辞也。②复者,事毕也,不专公命也。③

[注释]

①黄,齐地,在今山东淄博市淄川区一带。范注:"盖有疾而还。"杨疏:"以下有卒,故知有疾也。"

②范注:"郑嗣曰:'大夫受命而出,虽死以尸将事。'今遂以疾而还,失礼违命,故曰'亡乎人',言鲁使不得其人也。"杨疏:"重发《传》者,此乃复是事毕之文,其实未毕,嫌与他例异,故重明之。此云'乃者,亡乎人之辞也',定十五年《传》以为'急辞也'者,'乃'有二义故也。此鲁使不得其人,言'乃'以责之。公孙敖亦是失命,不言'乃'者,此以疾而反,有可责之理,故言'乃'复以讥之。敖弃命奔莒,元来未去,不足可责,非乃文所尽,故不言'乃'也。"

③范注:"遂以疾反,而加事毕之文者,是不使遂专命还。"

[译文]

【经】夏,六月,公子遂前往齐国,抵达黄地后就回国复命。

〖传〗"乃",是没有贤能之人的说法。"复",表示事情已经结束,表明公子遂不敢专擅,随意废弃鲁文公的使命。

【经】辛巳,有事于大庙。

[译文]

【经】辛巳日,在大庙举行祭祀仪式。

【经】仲遂卒于垂。①

〖传〗为若反命而后卒也。②此公子也,其曰仲,何也?疏之也。③何为疏之也?是不卒者也。④不疏,则无用见其不卒也。⑤则其卒之何也?⑥以讥乎宣也。其讥乎宣,何也?闻大夫之丧,则去乐、卒事。⑦

[注释]

①垂,齐地,在今山东平阴一带。范注:"祭于大庙之日,而知仲遂卒。"杨疏:"《注》言此者,解《经》仲遂之卒,系祭庙之意也。仲遂有罪,而亦书日者,宣公与遂同罪,犹定公不恶意如而书日也;或当辛巳自为祭庙,不为仲遂也。案公子翚当桓世无罪,则不去公子,仲遂非宣恶人,而去公子者,翚非桓罪人,故生存不去公子之号,仲遂于宣,虽则无罪,死者人之终,若不去公子,嫌其全无罪状,故去之。若然,何以不去日者?既替其尊号,则罪已明,故不假去日也。《传》称'公弟、叔仲,贤也',遂非贤,而称仲者,杜预云:'时君所加。'何休云:'称仲者,起婴齐所氏。'范虽不注,理未必然。盖以遂见疏而去公子,《经》不可单称遂卒,遂于后以仲为氏,故称仲遂卒也。然仲遂以罪见疏,即见罪恶之臣,而讥宣公不废绎者,宣公与遂同心,绎祭之时,则内舞去籥而为之,故所以讥也。"

②范注:"先书复后言卒,使若遂已反命于君,而后卒于垂。"

③范注:"僖十六年《传》曰:'大夫不言公子、公孙,疏之也。'"

④范注："遂与宣公共弑子赤。"
⑤范注："若书公子，则与正卒者同，故去公子以见之。"
⑥范注："据公子翚不书卒。"
⑦范注："去籥万，卒祭事，言今不然。"

[译文]

【经】仲遂在垂地去世。

〖传〗经文仿佛让公子遂先回国复命，再在垂地去世一般。这是公子，经文却称其为"仲遂"，这是为何？表示与他疏远。为何要表示与他疏远？（因为他参与杀害子赤的阴谋）本来不该记载他的去世。不表示与他疏远，就无法知道本不该记载他的去世。然而经文却记载了他的去世，这是为何？为了讥讽鲁宣公。讥讽鲁宣公，又是为何？鲁宣公听闻大夫去世，理应撤去乐舞、停止祭事。

【经】壬午，犹绎。①
〖传〗犹者，可以已之辞也。绎者，祭之旦日之享宾也。②

[注释]

①绎（yì），《尔雅》云："又祭也。"
②杨疏："旦日犹明日也。何休云：'绎者，继昨日事，但不灌地降神耳。天子诸侯曰绎，大夫曰宾尸，士曰宴尸。则天子以卿为之，诸侯则以大夫为之，卿大夫以孙为之。夏立尸，殷坐尸，周旅酬六尸，唯士宴尸，与先儒少异。'则范意或与何同也。案少牢馈食之礼，卿大夫当日宾尸，天子诸侯明日宾尸者，天子诸侯礼大，故异日为之，卿大夫以下礼小，故当日即行。其三代之名者，案《尔雅》云'夏曰复胙'，殷曰肜，周曰绎是也。谓之复胙者，复前日之礼也。谓之肜者，肜是不绝之意也。谓之绎者，绎陈昨日礼也。何休又云：'礼，大夫死，为废一时之祭。有事于庙而闻之者，去乐卒事，至卒事而闻之者，废绎。'今鲁不，以为讥。范意当亦然也。"

[译文]

【经】壬午日，仍然举行绎祭。

〖传〗"犹",是应当停止的说法。"绎",是祭祀次日招待宾客的仪式。

【经】万入,去籥。①
〖传〗以其为之变,讥之也。②

[注释]

①万,舞名。籥(yuè),管也。
②范注:"内舞去籥,恶其声闻,此为卿变于常礼,是知其不可而为之。"

[译文]

【经】使用万舞,撤去其中的管乐。
〖传〗鲁宣公以为这就能作为大夫去世的变礼,君子对此表示讥讽。

【经】戊子,夫人熊氏薨。①

[注释]

①熊氏,《左氏》作"嬴氏"。范注:"宣公妾母。"

[译文]

【经】戊子日,夫人熊氏去世。

【经】晋师、白狄伐秦。

[译文]

【经】晋国军队、白狄讨伐秦国。

【经】楚人灭舒鄝。①

[注释]

①舒,详见僖三年"徐人取舒"条。鄝(liǎo),又作"蓼",国名也。

[译文]

【经】楚国人灭舒鄝国。

【经】秋,七月甲子,日有食之,既。

[译文]

【经】秋,七月甲子日,发生日全食。

【经】冬,十月己丑,葬我小君顷熊。①雨,不克葬。
〖传〗葬既有日,不为雨止,礼也。雨,不克葬,丧不以制也。②

[注释]

①顷熊,《左氏》作"敬嬴"。范注:"文夫人姜氏大归于齐,故宣公立己妾母为夫人,君以夫人礼卒葬之,故主书者,不得不以为夫人,义与成风同。"杨疏:"哀姜有罪,故僖成其母为夫人。今姜氏子杀故身出,本自无罪,则顷熊成丧,不是同例。而云与成风同者,礼:妾子为君,其母不得称夫人,以二者俱非正礼,故云同耳,非谓意尽同也。《穀梁》以成风再贬,故曰妾子。虽为君,其母不得称夫人,则襄公以其母定姒为夫人亦非正明也。然成风再贬,自外不讥者,从一讥故也。案文十八年《注》云'宣母敬嬴',此云顷熊者,一人有两号故也。"

②范注引徐邈曰:"案《经》文是己丑之日葬,丧既出而遇雨,若未及己丑而却期,无为逆书此日葬。葬礼:丧事有进无退。又《士丧礼》有潦车载蓑笠。则人君之张设,固兼备矣。礼:先迁柩于庙,其明昧爽而引。既及葬日之晨,则祖行遣奠之礼设矣。故虽雨犹终事,不敢停柩久次。"杨疏:"旧解,案

宣公 431

礼庶人悬封，葬不为雨止，明天子诸侯不触雨而行可知也。《传》言不为雨止者，谓不得止葬事而更卜远日。'丧不以制也'者，谓不得临雨而制丧事，岂有诸侯执绋者五百人，安待触雨而行哉！是徐邈之说，理之不通。今案《传》文云'雨不克葬，丧不以制也'，是葬为雨止，丧事不以礼制也。上文云：'葬既有日，不为雨止，礼也。'明是雨止，则非礼可知，安得云《传》意葬为雨止乎！又且范引徐邈之注，不言其非，则是从徐说矣，何为述范义而违之哉！"

[译文]

【经】冬，十月己丑日，安葬我国夫人顷熊。因下雨，无法下葬。

〖传〗葬礼应当有既定的日期，不因为下雨而延期，这是礼制。因为下雨而无法下葬，即丧礼没有依照礼制来进行。

【经】庚寅，日中而克葬。
〖传〗而，缓辞也，足乎日之辞也。①

[注释]

①杨疏："言缓辞也者，此日中克葬，足乎日，故云缓也。定十五年，'日下稷，乃克葬'，故云：'乃，急辞也。'是二文相对为缓急，故《公羊传》云：'曷为或言而，或言乃？乃难乎而也。'是二文相对也。"

[译文]

【经】庚寅日，中午时分而能够下葬。
〖传〗"而"，是缓慢的说法，表示葬礼延迟正满一日。

【经】城平阳。

[译文]

【经】修筑平阳城。

【经】楚师伐陈。

[译文]

【经】楚国军队讨伐陈国。

宣公九年

【经】九年，①春，王正月，公如齐。②公至自齐。

[注释]

①鲁宣公九年，周定王七年，公元前600年。

②范注："有母之丧，而行朝会，非礼。"杨疏："非礼，《经》无异文者，《传例》云：'如往月，危往也。'此朝书月，即是非礼之异文也。"

[译文]

【经】鲁宣公九年，春，周历正月，鲁宣公前往齐国。鲁宣公从齐国回国（举行告祭饮至的礼仪）。

【经】夏，仲孙蔑如京师。①

[注释]

①仲孙蔑，孟献子。

[译文]

【经】夏，仲孙蔑前往京师。

【经】齐侯伐莱。

[译文]

【经】齐惠公讨伐莱国。

【经】秋,取根牟。①

[注释]

①根牟,在今山东莒县西南。杨疏:"《公羊传》曰:'根牟者何?邾娄之邑也。曷为不系乎邾娄?讳亟也。'谓母丧未期而取邑,故讳不系邾娄也。若言讳不系邾娄居母之丧,纵非邾邑,岂容无讳?或当如《左传》以根牟为国名也。"

[译文]

【经】秋,夺取根牟。

【经】八月,滕子卒。①

[注释]

①滕子,《左氏》以为滕昭公。诸侯卒例日,书名。

[译文]

【经】八月,滕国国君去世。

【经】九月,晋侯、宋公、卫侯、郑伯、曹伯会于扈。

[译文]

【经】九月,晋成公、宋文公、卫成公、郑襄公、曹文公在扈地举行会晤。

【经】晋荀林父帅师伐陈。①

[注释]

①荀林父,中行桓子,晋大夫。

[译文]

【经】晋国的荀林父率领军队讨伐陈国。

【经】辛酉,晋侯黑臀卒于扈。①

〖传〗其地,于外也。其日,未逾竟也。②

[注释]

①晋侯黑臀,晋成公,姓姬名黑臀。

②范注:"外,谓国都之外,诸侯卒于路寝则不地。《传例》曰:'诸侯正卒则日,不正则不日。'旧说逾竟亦不日,然则诸侯不正,而与未逾竟无以别之矣。案襄七年,'郑伯卒于操',此年'晋侯卒于扈',文正与襄二十六年'许男卒于楚'同,恐后人谓操、扈是国,故于疑似之际,每为发《传》,曰未逾竟也。"杨疏:"诸侯之国,皆以侵伐会盟见《经》,操、扈《经》既无文,而疑是国者,周有千八百诸侯,今盟会侵伐见《春秋》者不过数十而已,操、扈《传》若不发,焉知非国也?曲棘不释者,双名也,去国远矣,故不假释。邢鄐鄐以三言为名,故《传》释之为国也。晋侯黑臀不书葬者,旧解以为篡立故也,今案黑臀既书日卒,未必篡立,盖鲁不会,故不书也。"

[译文]

【经】辛酉日,晋国国君姬黑臀在扈地去世。

〖传〗经文记载地点,是因为晋成公死在国都之外。经文记载日期,是因为他没有离开国境。

【经】冬,十月癸酉,卫侯郑卒。①

宣公 435

[注释]

①卫侯郑,卫成公,姓姬名卫。

[译文]

【经】冬,十月癸酉日,卫国国君姬郑去世。

【经】宋人围滕。

[译文]

【经】宋国人围攻滕国。

【经】楚子伐郑。

[译文]

【经】楚庄王讨伐郑国。

【经】晋郤缺帅师救郑。

[译文]

【经】晋国的郤缺率领军队救援郑国。

【经】陈杀其大夫泄冶。①

〖传〗称国以杀其大夫,杀无罪也。泄冶之无罪如何?陈灵公通于夏徵舒之家,公孙宁、仪行父亦通其家。②或衣其衣,或衷其襦,③以相戏于朝。泄冶闻之,入谏曰:"使国人闻之,则犹可;使仁人闻之,则不可。"君愧于泄冶,不能用其言,而杀之。

[注释]

①泄冶,《左氏》作"洩冶"。

②公孙宁、仪行父,皆陈大夫。

③范注:"衷者,襦在衷也。"

[译文]

【经】陈国杀死它的大夫泄冶。

〖传〗经文以国家的名义杀死大夫,以示死者没有罪过。泄冶为何没有罪过?陈灵公与夏徵舒的母亲夏姬通奸,公孙宁、仪行父也与夏姬通奸。他们有的穿着夏姬的外衣,有的贴身穿着夏姬的短衣,在朝堂上相互嬉戏。泄冶听说后,入朝上谏道:"这样的举止如果让百姓听说,那也就罢了;如果让有仁德的人听说,就大事不好了。"国君虽然为泄冶的谏言感到羞愧,却不能听从,最终杀死了他。

宣公十年

【经】十年,①春,公如齐。公至自齐。

[注释]

①鲁宣公十年,周定王八年,公元前599年。

[译文]

【经】鲁宣公十年,春,鲁宣公前往齐国。鲁宣公从齐国回国(举行告祭饮至的礼仪)。

【经】齐人归我济西田。

〖传〗公娶齐,齐由以为兄弟反之。①不言来,公如齐受之也。②

[注释]

①范注:"齐由以婚族,故还鲁田。《尔雅·释亲》曰:'妇之党为婚兄弟。'"

②杨疏:"定十年,'齐人来归郓、讙、龟、阴之田'。言来也。"

[译文]

【经】齐国人归还我国济水以西的田亩。

〖传〗鲁宣公娶了齐国宗室之女,齐国因此将鲁国当成兄弟之国,将济水以西的田亩归还。经文不用"来"这种说法,是因为鲁宣公是在前往齐国时接受的。

【经】夏,四月丙辰,日有食之。

[译文]

【经】夏,四月丙辰日,发生日食。

【经】己巳,齐侯元卒。①

[注释]

①齐侯元,齐惠公,姓姜名元。范注:"《传例》曰:'言日不言朔,食晦日。'则此丙辰,晦之日也。己巳在晦日之下,五月之上,推寻义例,当是闰月矣。文六年《传》曰:'闰月者,附月之余日。'言闰承前月,而受其余日。故书闰月之日,系前月之下,盖史策常法,文有定例,闰有常体,无嫌不明,故不复每月发《传》。哀五年《公羊传》曰:'闰月不书,此何以书?'推此言之,则《春秋》固有在闰月而不冠以闰者矣。至于闰不告月,犹朝于庙,闰月葬齐景公,不正其闰,无以言其事,故书,见变礼。"杨疏:"闰月,所在无常,而言有常体者,闰是附月之余,文承前月,是无体之常,不谓所在有常。"

[译文]

【经】己巳日,齐国国君姜元去世。

【经】齐崔氏出奔卫。
〖传〗氏者,举族而出之之辞也。①

[注释]

①范注:"何休曰:'氏者,讥世卿也。'即称氏,为举族而出,尹氏卒,宁可复以为举族死乎?"又引郑君释之曰:"云举族死,是何妖问甚乎?'举族而出之之辞'者,固讥世卿也。崔杼以世卿专权,齐人恶其族,今出奔,既不欲其身反,又不欲国立其宗后,故孔子顺而书之曰'崔氏出奔卫',若其举族尽去之尔。"

[译文]

【经】齐国的崔氏出奔卫国。
〖传〗"氏",是一个宗族全部出奔的说法。

【经】公如齐。

[译文]

【经】鲁宣公前往齐国。

【经】五月,公至自齐。

[译文]

【经】五月,鲁宣公从齐国回国(举行告祭饮至的礼仪)。

【经】癸巳,陈夏徵舒弑其君平国。①

[注释]

①平国，陈灵公，姓妫名平国。

[译文]

【经】癸巳日，陈国的夏徵舒杀害陈国国君妫平国。

【经】六月，宋师伐滕。①

[注释]

①范注："月者，盖为下齐惠公葬速起。"杨疏："知非为宋师伐滕归父如齐，宋师伐滕，外事也，归父之聘，轻也，诸侯时葬，正也，月葬，故也，今上有齐逐崔氏之文，又非五月而葬，明书月者，为葬惠公也。"

[译文]

【经】六月，宋国军队讨伐滕国。

【经】公孙归父如齐。葬齐惠公。

[译文]

【经】公孙归父前往齐国。安葬齐惠公。

【经】晋人、宋人、卫人、曹人伐郑。

[译文]

【经】晋国人、宋国人、卫国人、曹国人讨伐郑国。

【经】秋，天王使王季子来聘。

〖传〗其曰王季，王子也。其曰子，尊之也。①聘，问也。

[注释]

①范注:"子者人之贵称。"杨疏:"《传》知称子是尊之也者,此言王季子,即是大子之母弟。子者,人之贵称,故称子为尊之也。叔服以庶子为大夫,故直称字而不系王也。卒称王子虎者,卒当称名,故系王言之。"

[译文]

【经】秋,周天王派王季子前来聘问。

〖传〗经文称其为"王季",是因为他是周天子的儿子。经文称其为"子",表示对他的尊重。"聘",是聘问的意思。

【经】公孙归父帅师伐邾,取绎。①

[注释]

①绎,邾邑。《左氏》文十三年《传》曰:"邾文公卜迁于绎。"杨伯峻曰:"邾迁都后,境内又另有绎邑,宣十年公孙归父帅师伐邾取绎,乃取其别邑,非取其国都。"

[译文]

【经】公孙归父率领军队讨伐邾国,夺取绎邑。

【经】大水。

[译文]

【经】发生大水灾。

【经】季孙行父如齐。

[译文]

【经】季孙行父前往齐国。

宣公　441

【经】冬，公孙归父如齐。

[译文]

【经】冬，公孙归父前往齐国。

【经】齐侯使国佐来聘。

[译文]

【经】齐顷公派国佐前来聘问。

【经】饥。

[译文]

【经】发生饥荒。

【经】楚子伐郑。

[译文]

【经】楚庄王讨伐郑国。

宣公十有一年

【经】十有一年，^①春，王正月。

[注释]

①鲁宣公十一年，周定王九年，公元前598年。

[译文]

【经】鲁宣公十一年，春，周历正月。

【经】夏，楚子、陈侯、郑伯盟于夷陵。①

[注释]

①夷陵，齐地，在今河南商丘市睢阳区一带。《公羊》《左氏》作"辰陵"。

[译文]

【经】夏，楚庄王、陈成公、郑襄公在夷陵会盟。

【经】公孙归父会齐人伐莒。

[译文]

【经】公孙归父会见齐国人，讨伐莒国。

【经】秋，晋侯会狄于欑函。①
〖传〗不言及，外狄也。②

[注释]

①欑函，狄地，今不详所在。
②范注："所以异之于诸夏。"杨疏："哀十三年'公会晋侯及吴子于黄池'，《注》云：'及者，书尊及卑也。'是言'及'所以外吴。何得此《传》云不言'及'，外狄者？黄池之会，欲同吾子于诸侯，故直云'及吴子'，不云'会吴'；此不言'及'，是外狄，故云'会狄'，不云'及狄'，是不言

宣公 443

'及'为外狄也。若不外，当云'晋侯及狄会于欑函'。然隐三年'齐侯、郑伯盟于石门'，不言'及'，同吴于诸夏而云'及吴子'者，不可全同中国，故言'及'，以别尊卑也。"

[译文]

【经】秋，晋景公在欑函会见狄人。

〖传〗经文不用"及"这种说法，表示将狄人视作外人。

【经】冬，十月，楚人杀陈夏徵舒。①

〖传〗此入而杀也，其不言入，何也？②外徵舒于陈也。其外徵舒于陈，何也？③明楚之讨有罪也。④

[注释]

①范注："变楚子言人者，弑君之贼，若曰人人所得杀也。其月，谨之。"杨疏："《经》直言'楚人'，知是楚子者，下云'楚子入陈'，明知此为讨贼，故变楚子言人也。'其月谨之'者，不能自讨，借楚之力，祸害必深，故书月为谨之。"

②范注："据入国乃得杀。"

③范注："据徵舒陈大夫，不应外。"

④范注引雍曰："《经》若书楚子入陈杀夏徵舒者，则入者内弗受，是无以表徵舒之悖逆，楚子之得正。"

[译文]

【经】冬，十月，楚国人杀死陈国的夏徵舒。

〖传〗攻入陈国国都后才杀死夏徵舒的，经文却不记载"入"，这是为何？为了将夏徵舒排除在陈国之外。将夏徵舒排除在陈国之外，又是为何？为了说明楚国是在征讨有罪之人。

【经】丁亥，楚子入陈。

〖传〗入者，内弗受也。日入，恶入者也。何用弗受也？不使夷狄为中国也。①

[注释]

①范注:"楚子入陈,纳淫乱之人,执国威柄,制其君臣,慎倒上下,错乱邪正,是以夷狄为中国。"杨疏:"上文美楚子入,今又恶之者,前为讨征舒,讨得其罪,故变文以美之,今为纳二子,失其所,故曰入以恶之。"

[译文]

【经】丁亥日,楚庄王进入陈国。

〖传〗"入",表示被进入的一方不愿接受。记载攻入的日期,以示对攻方的厌恶。为何要用不愿接受这个说法?为了不让夷狄成为华夏诸侯。

【经】纳公孙宁、仪行父于陈。

〖传〗纳者,内弗受也。辅人之不能民而讨,犹可。①入人之国,制人之上下,使不得其君臣之道,不可。②

[注释]

①范注:"雍曰:'辅相邻国,有不能治民者,而讨其罪人则可。'而曰犹可者,明邻国之君,无辅相之道。"杨疏:"糜信云:'二子不系陈者,以其淫乱,明绝之也。'或当上有入陈之文,下云于陈,故省文耳,无义例。"

②范注:"二人与昏淫,当绝,而楚强纳之,是制人之上下。"

[译文]

【经】接纳公孙宁、仪行父回到陈国。

〖传〗"纳",表示国家内部不愿意接受。辅佐他国不能治理民众的国君来征讨乱臣贼子,还算说得过去。攻入他国,操纵他国的君臣上下,让他们无法履行君臣之间的道义,这就太过分了。

宣公　445

宣公十有二年

【经】十有二年,①春,葬陈灵公。②

[注释]

①鲁宣公十二年,周定王十年,公元前597年。

②范注:"《传例》曰'失德不葬';'君弑,贼不讨不葬,以罪下也';'日卒,时葬,正也'。灵公淫夏姬,杀泄冶,臣子不能讨贼,逾三年然后葬,而日卒时葬,何邪?"又引泰曰:"楚已讨之矣,臣子虽欲讨之,无所讨也,故君子即而恕之,以申臣子之恩。称国以杀大夫,则灵公之恶不嫌不明,书葬以表讨贼,不言灵公无罪也。逾三年而后葬,则国乱居可知矣。非日月小有前却,则书时不嫌。"杨疏:"'失德不葬',昭十三年《传》文。'君弑,贼不讨不书葬,以罪下也',隐十一年《传》文。'日卒,时葬,正也',襄七年《传》文。案徵舒之弑灵公在十年五月,至此才二十一月,而《注》云逾三年者,诸侯五月而葬,今逾五月至三年,故曰逾也。非日月小有前却者,未五月谓之前,过五月谓之却,言葬有前却,则书月以见危。今三年始葬,非是小有前却,故书时不嫌也。"

[译文]

【经】鲁宣公十二年,春,安葬陈灵公。

【经】楚子围郑。

[译文]

【经】楚庄王围攻郑国。

【经】夏,六月乙卯,晋荀林父帅师及楚子战于邲。①晋师败绩。

〖传〗绩,功也;功,事也。日其事,败也。②

[注释]

①邲,郑地,在今河南荥阳市北。杨疏:"《公羊传》称,荀林父称名氏、先楚子者,恶林父也。若然,城濮之战后子玉,当是善子玉乎?徐邈云:'先林父者,内晋而外楚。'是也。"

②杨疏:"旧解此战事书日者,为败之故也。特于此发之者,二国兵众,不同小国之战,故特发之。徐邈云:'于此发《传》者,深闵中国大败于强楚也。今以日为语辞,理足通也。但旧解为日月之日,疑不敢质,故皆存耳。'"

[译文]

【经】夏,六月乙卯日,晋国的荀林父率领军队,与楚庄王在邲地交战。晋国军队战败。

〖传〗"绩",是"功"的意思;"功",是战事的意思。记载日期,是因为晋国在战事上失败了。

【经】秋,七月。

[译文]

【经】秋,七月。

【经】冬,十有二月戊寅,楚子灭萧。①

[注释]

①萧,宋之附庸,子姓之国,在今安徽萧县。楚灭萧,后复为宋邑。杨疏:"书日者,徐邈云:'萧君有贤德,故书日也。'何休云:'责楚灭人国,故书日。'若释善而从,则徐言与《传例》合也。"

[译文]

【经】冬,十二月戊寅日,楚庄王灭萧国。

【经】晋人、宋人、卫人、曹人同盟于清丘。①

[注释]

①清丘,卫地,在今河南濮阳东南。

[译文]

【经】晋国人、宋国人、卫国人、曹国人共同在清丘会盟。

【经】宋师伐陈。

[译文]

【经】宋国军队讨伐陈国。

【经】卫人救陈。①

[注释]

①杨疏:"不言善者,卫宋同盟外楚,今反救陈,不足可善,故《传》不释。"

[译文]

【经】卫国人救援陈国。

宣公十有三年

【经】十有三年,①春,齐师伐莒。②

[注释]

①鲁宣公十三年,周定王十一年,公元前596年。
②据《左氏》:"齐师伐莒,莒恃晋而不事齐故也。"

[译文]

【经】鲁宣公十三年,春,齐国军队讨伐莒国。

【经】夏,楚子伐宋。

[译文]

【经】夏,楚庄王讨伐宋国。

【经】秋,螽。

[译文]

【经】秋,螽虫成灾。

【经】冬,晋杀其大夫先縠。①

[注释]

①縠,《左氏》作"穀"。

[译文]

【经】冬,晋国杀死它的大夫先縠。

宣公十有四年

【经】十有四年,①春,卫杀其大夫孔达。

[注释]

①鲁宣公十四年，周定王十二年，公元前595年。

[译文]

【经】鲁宣公十四年，春，卫国杀死它的大夫孔达。

【经】夏，五月壬申，曹伯寿卒。①

[注释]

①曹伯寿，曹文公，姓姬名寿。

[译文]

【经】夏，五月壬申日，曹国国君姬寿去世。

【经】晋侯伐郑。

[译文]

【经】晋景公讨伐郑国。

【经】秋，九月，楚子围宋。①

[注释]

①杨疏："徐邈云：'围例时，此围久，故书月以恶之也。'何休亦然，范意或当不异也。"

[译文]

【经】秋，九月，楚庄王围攻宋国。

【经】葬曹文公。

[译文]

【经】安葬曹文公。

【经】冬,公孙归父会齐侯于穀。

[译文]

【经】冬,公孙归父在穀地会见齐顷公。

宣公十有五年

【经】十有五年,①春,公孙归父会楚子于宋。

[注释]
①鲁宣公十五年,周定王十三年,公元前594年。

[译文]

【经】鲁宣公十五年,春,公孙归父在宋国会见楚庄王。

【经】夏,五月,宋人及楚人平。
〖传〗平者,成也,善其量力而反义也。①人者,众辞也。平称众,上下欲之也。外平不道,以吾人之存焉道之也。②

[注释]
①范注:"各自知力,不能相制,反共和之义。"杨疏:"重发《传》者,嫌外内异也。"按,宣四年"公及齐侯平莒及郑"为内。
②范注:"吾人,谓大夫归父。"

[译文]

【经】夏,五月,宋国人与楚国人媾和。

〖传〗"平",是媾和的意思,表示对两国度量自己的实力,从而回归到正道上的褒扬。"人",是人数众多的说法。众人参与媾和,表示这是君臣上下共同的意图。鲁国以外的和约,照例不应当记载,这里是因为有鲁国人的参与,故而记录下来。

【经】六月癸卯,晋师灭赤狄潞氏,以潞子婴儿归。①

〖传〗灭国有三术:中国谨日,卑国月,夷狄不日。其日,潞子婴儿,贤也。②

[注释]

①潞子婴儿,杨伯峻曰:"《春秋》于当时所谓夷狄之国皆以'子'称之,杜《注》以'子'为爵,非。"

②范注:"术,犹道也。卑国,谓附庸之属。襄六年《传》曰:'中国日,卑国月,夷狄时。'此谓三术。"杨疏:"中国日者,谓卫灭邢之类是也。卑国月者,谓无骇入极,齐侯灭莱之类是也。夷狄不日者,楚灭江、黄,吴灭州来之类是也。此不云夷狄时而云不日者,方释潞子婴儿书日之意,故不云夷狄时也。夷狄不日,宜从下为文势。婴儿为贤,书日复称名者,书日以表其贤,书名以见灭国,所谓善恶两举也。"

[译文]

【经】六月癸卯日,晋国军队灭赤狄的潞氏国,俘虏了潞氏国国君婴儿,并将其带回国内。

〖传〗灭国有三种书写义例:所灭之国是华夏诸侯,记录日期以示郑重;所灭之国是附庸,记录月份;所灭之国是夷狄,就不记录日期。这里记载了日期,是因为潞氏国国君婴儿是个德行贤明的人。

【经】秦人伐晋。

[译文]

【经】秦国人讨伐晋国。

【经】王札子杀召伯、毛伯。①

〖传〗王札子者，当上之辞也。杀召伯、毛伯，不言其何也？②两下相杀也。两下相杀，不志乎《春秋》，此其志，何也？矫王命以杀之，非忿怒相杀也，故曰以王命杀也。③以王命杀，则何志焉？为天下主者，天也；继天者，君也；君之所存者，命也。为人臣而侵其君之命而用之，是不臣也；为人君而失其命，是不君也。君不君，臣不臣，此天下所以倾也。

[注释]

①王札子，周之命大夫也。
②范注："解《经》不言杀其大夫。"
③范注："以王命杀，谓言王札子杀召伯、毛伯，是知以王命而杀之。"

[译文]

【经】王札子杀死召伯、毛伯。

〖传〗"王札子"，是他身处上位的说法。杀死召伯、毛伯，不用"杀其大夫"这种说法，这是为何？因为这是臣子之间互相残杀。臣子之间互相残杀，照例应当不记录在《春秋》中，这里却记了下来，这是为何？因为王札子是矫制周天子的意志，从而杀死两位大夫的，并不是出于一时激愤而互相残杀。所以说是凭借周天子的意志杀的。既然是凭借周天子的意志，那么为何要记录下来呢？替天下黎民做主的，是天；顺应天命的，是国君；国君之所以能维系自己的权威，依赖的是命令。身为他人的臣子，却假托国君的意志用于私行，不像一个臣子的样子；作为他人的国君，却无法施行自己的命令，不像一个国君的样子。国君不像个国君,臣子不像个臣子,这就是天下之所以倾颓的原因。

【经】秋,螽。

[译文]

【经】秋,螽虫成灾。

【经】仲孙蔑会齐高固于无娄。①

[注释]

①无娄,杞邑,不详所在。《公羊》作"牟娄"。

[译文]

【经】仲孙蔑在无娄会见齐国的高固。

【经】初税亩。①

〖传〗初者,始也。古者什一,②藉而不税。③初税亩,非正也。古者三百步为里,名曰井田。井田者,九百亩,公田居一。④私田稼不善,则非吏;⑤公田稼不善,则非民。⑥初税亩者,非公之去公田而履亩,十取一也,以公之与民为已悉矣。⑦古者公田为居,⑧井灶葱韭尽取焉。⑨

[注释]

①税,赋也。

②什,十税一也。范注:"一夫一妇佃田百亩,以共五口,父母妻子也。又受田十亩,以为公田,公田在内,私田在外。此一夫一妇为耕百一十亩。"

③范注:"藉此公田而收其入,言不税民。"杨疏:"徐邈曰:'藉,借也。

谓借民力治公田，不税民之私也。'观范之《注》，以藉为赋藉，理亦通。从徐之言，义无妨也。"

④范注："出除公田八十亩，余八百二十亩。故井田之法，八家共一井，八百亩余二十亩，家各二亩半为庐舍。"

⑤范注："非，责也。吏，田畯也，言吏急民，使不得营私田。"畯（jùn），田大夫也。

⑥范注："民勤私也。"

⑦范注："悉谓尽其力。"杨疏："何休云：'宣公无恩信于民，民不肯尽力治公田，故公家履践案行，择其善亩谷最好者税取之，故曰履亩。'徐邈以为除去公田之外，又税私田之十一也。《传》称以公之与民为已悉矣，则徐言是也。"

⑧范注："八家共居。"

⑨范注："损其庐舍，家作一园，以种五菜，外种楸桑，以备养生送死。"杨疏引何休云："古者井田之法，一夫一妇受田百亩，身与父母妻子五口以为一户，公田十亩，又庐舍二亩半，凡为田一顷一十二亩半也。八家而有九顷，故曰井田庐舍在内，贵人也；公田次之，重公也；私田在外，贱私也。若五口之外，名曰余夫，余夫率受田二十五亩半。"

[译文]

【经】开始征收田赋。

〖传〗"初"，是开始的意思。古代实行什一税法，只让民众在公田上耕种，而不收取民众的私财。开始征收田赋，是不合乎正道的。古代三百步为一里，叫作"井田"。井田，就是占地九百亩，公田占据其中的八十亩。如果私田里的庄稼不好，就责难官吏；如果公田里的庄稼不好，就责难民众。"初税亩"，就是责难鲁宣公在公田之外，还要收取私田收成的十分之一，君子以为鲁宣公已经竭尽民力了。古代的公田为八户人家所共有，掘井、垒灶、种植葱韭都在公田上进行。

【经】冬，蝝生。①

〖传〗蝝非灾也。其曰蝝，非税亩之灾也。②

[注释]

①蝝（yuán），刘歆云："此蚍蜉子。"董仲舒云："螟子。"

②范注："凡《春秋》记灾，未有言生者。蝝之言缘也，缘宣公税亩，故生此灾以责之。非，责也。"若取"非"为"不是"义，则《传》文异义。今从范注。

[译文]

【经】冬，蝝虫孳生。

〖传〗蝝虫是用以责难国君的灾害。经文称其为"蝝"，表示是责难征收田赋一事的灾害。

【经】饥。

[译文]

【经】发生饥荒。

宣公十有六年

【经】十有六年，①春，王正月，晋人灭赤狄甲氏及留吁。②

[注释]

①鲁宣公十六年，周定王十四年，公元前593年。

②范注："甲氏留吁，赤狄别种。晋既灭潞氏，今又并尽其余邑也。灭夷狄时，贤婴儿，故灭其余邑犹月。"杨疏："《传例》：'灭夷狄时，婴儿以贤书

月。'故知余邑书月亦为贤也。甲氏、留吁非国，而云灭者，甲氏、留吁国之大邑，而晋尽有之，重其事，故云灭，若晋灭夏阳之类是也。留吁言及者，盖小于甲氏也。"

[译文]

【经】鲁宣公十六年，春，周历正月，晋国人灭赤狄的甲氏国与留吁国。

【经】夏，成周宣榭灾。①

〖传〗周灾，不志也。其曰宣榭，何也？以乐器之所藏目之也。②

[注释]

①成周，东周，今河南洛阳东郊白马寺之东。灾，《左氏》作"火"。范注："宣榭，宣王之榭。《尔雅》曰：'室有东西厢曰庙，无东西厢有室曰寝，无室曰榭。'《传例》曰：'国曰灾，邑曰火。'"杨疏："不言京师者，尔时成周非京师故也。《公羊传》云：'宣榭者何？宣宫之榭也。'故范注亦以为宣王之庙也。'无室曰榭'，《尔雅》止文。或以为《尔雅》无此文，唯云'土高曰台，有木谓之榭'，台上有木，即是屋也。《楚语》曰：'榭不过讲军实。'临观讲武，必是歇前，故云'无室曰榭'。"

②范注："移风易俗，莫善于乐，是故贵其器。"

[译文]

【经】夏，成周的周宣王之榭发生火灾。

〖传〗周王室发生灾情，照例不作记载。经文却记载了周宣王之榭，这是为何？因为它是储藏乐器的地方，故而记录下来。

【经】秋，郯伯姬来归。①

[注释]

①范注:"为夫家所遣。"

[译文]

【经】秋,郯国的伯姬回到鲁国。

【经】冬,大有年。

〖传〗五谷大熟为大有年。

[译文]

【经】冬,大丰收。

〖传〗五谷大丰收,这就叫作"大有年"。

宣公十有七年

【经】十有七年,①春,王正月庚子,许男锡我卒。②

[注释]

①鲁宣公十七年,周定王十五年,公元前592年。

②许男锡我,许昭公,姓姜名锡我。

[译文]

【经】鲁宣公十七年,春,周历正月庚子日,许国国君姜锡我去世。

【经】丁未,蔡侯申卒。①

[注释]

①蔡侯申,蔡文公,姓姬名申。

[译文]

【经】丁未日,蔡国国君姬申去世。

【经】夏,葬许昭公。

[译文]

【经】夏,安葬许昭公。

【经】葬蔡文公。

[译文]

【经】安葬蔡文公。

【经】六月癸卯,日有食之。

[译文]

【经】六月癸卯日,发生日食。

【经】己未,公会晋侯、卫侯、曹伯、邾子,同盟于断道。①
〖传〗同者,有同也,同外楚也。②

[注释]

①断道,晋地,在今河南济源西南一带。范注:"己未,亦闰月之日。"杨疏:"十年'夏,四月丙辰,日有食之。己巳,齐侯元卒',范以为丙辰晦之日也。己巳在晦日之下,五月之上,当是闰月可知。此文与彼正同,明亦闰月

之日也。"

②杨疏:"不于清丘发《传》者,清丘,鲁不会,故重举,所以包之也。"

[译文]

【经】己未日,鲁宣公会见晋景公、卫穆公、曹宣公、邾定公,共同在断道会盟。

〖传〗"同",是有相同旨趣的意思,诸侯决定共同抵挡楚国。

【经】秋,公至自会。

[译文]

【经】秋,鲁宣公从会晤上回国(举行告祭饮至的礼仪)。

【经】冬,十有一月壬午,公弟叔肸卒。①

〖传〗其曰公弟叔肸,贤之也。其贤之何也?宣弑而非之也。②非之,则胡为不去也?曰:兄弟也,何去而之?③与之财,则曰:"我足矣。"④织屦而食,⑤终身不食宣公之食。君子以是为通恩也,以取贵乎《春秋》。⑥

[注释]

①公弟叔肸,鲁宣公之弟也。

②范注:"宣公杀子赤,叔肸非责之。"

③范注:"言无所至。"

④范注:"宣公与之财物,则言自足以拒之。"

⑤范注:"织屦,卖以易食。"

⑥范注引泰曰:"宣公弑逆,故其禄不可受。兄弟无绝道,故虽非而不去。论情可以明亲亲,言义足以厉不轨,书曰公弟,不亦宜乎!"杨疏:"卫侯之弟鱄去君,《传》云合于《春秋》。此不去君,《传》亦取贵于《春秋》者,《易》称:'君子之道,或出或处,或默或语。'鱄以卫侯恶而难亲,恐罪及

己,故弃之而去,使君无杀臣之恶,兄无害弟之怨,故得合于《春秋》。此叔肸以君有大逆,不可受其禄食,又是孔怀之亲,不忍奋飞,使君臣之节两通,兄弟之情俱畅,故亦取贵于《春秋》。叔肸书字,鱄直称名者,叔肸内可以明亲亲,外足以厉不轨,比鱄也贤乎远矣,故贵之称字,鱄虽合于《春秋》,无大善可应,故直书名而已。"

[译文]

【经】冬,十一月壬午日,鲁宣公的母弟叔肸去世。

〖传〗经文称其为"公弟叔肸",因为君子以为他是个德行贤明的人。以为他是个德行贤明的人,这是为何?鲁宣公弑杀子赤,叔肸责难了他。既然已经责难了他,为何不离开鲁国呢?答曰:"他们是兄弟,离开了鲁宣公又能去哪里呢?"鲁宣公赠予他财物,他说:"我已经足够用了。"编织草鞋来换取衣食,终其一生都没有领取鲁宣公的俸禄。君子以为这是通达兄弟之间的恩义,故而在《春秋》中对他表示推重。

宣公十有八年

【经】十有八年,①春,晋侯、卫世子臧伐齐。②

[注释]

①鲁宣公十八年,周定王十六年,公元前591年。
②卫世子臧,卫穆公之子,后之卫定公是也。

[译文]

【经】鲁宣公十八年,春,晋景公、卫国的世子臧讨伐齐国。

【经】公伐杞。

[译文]

【经】鲁宣公讨伐杞国。

【经】夏,四月。

[译文]

【经】夏,四月。

【经】秋,七月,邾人戕缯子于缯。①
〖传〗戕犹残也,捄杀也。②

[注释]

①缯,或作"鄫"。

②戕,残也,贼也,犹杀也。捄,捶打也。范注:"捄谓捶打残贼而杀。地于缯,恶其臣子不能距难。"杨疏:"据'楚子虔诱蔡侯般杀之于申',不于国都也。"

[译文]

【经】秋,七月,邾国人在缯国虐杀缯国国君。
〖传〗"戕",相当于残杀的意思,是被捶打致死的。

【经】甲戌,楚子吕卒。①
〖传〗夷狄不卒,卒,少进也。卒而不日,日,少进也。日而不言正不正,简之也。②

[注释]

①楚子吕,楚庄王,姓芈名吕。吕,《公羊》《左氏》作"旅"。

②范注:"中国君日卒,正也。不日,不正也。今进夷狄,直举其日,而

不论正之与不正。"杨疏："夷狄不卒，据自此以前，吴楚君卒而不书。卒而不日，据襄十二年'秋，九月，吴子乘卒'言之也。简之也者，中国卒则日，不正乃不日，夷狄进之则日，不论正与不正，故云简之也。"

[译文]

【经】甲戌日，楚国国君芈吕去世。

〖传〗夷狄的国君去世，照例不作记载；记载去世，就是在稍微提升他的地位。即便记载去世，照例也不记载日期；记载日期，也是在稍微提升他的地位。记载日期，却不记载他是否寿终正寝，是为了简略起见。

【经】公孙归父如晋。

[译文]

【经】公孙归父前往晋国。

【经】冬，十月壬戌，公薨于路寝。
〖传〗正寝也。①

[注释]

①杨疏："重发《传》者，庄据始，故发之。宣公篡弑，有嫌成公承所嫌之下，故各发《传》也。"

[译文]

【经】冬，十月壬戌日，鲁宣公在路寝辞世。
〖传〗是诸侯宫殿的正室。

【经】归父还自晋。①
〖传〗还者，事未毕也。②自晋，事毕也。与人之子守其父之

宣公 463

殡。③捐殡而奔其父之使者,是以奔父也。④

[注释]

①杨疏:"执则致,归父非执而书其还者,为出奔张本也。直名不氏者,凡致者由上致之,故例。今不书归父之氏,明有致命之义也。"

②范注:"庄八年'秋,师还'是也。"

③范注:"人之子谓归父子也,言成公与归父子共守宣公殡。"

④捐,弃也。奔,犹逐也。范注:"言成公弃父之殡,逐父之使。使,谓归父也。父命未反,而已逐之,是与亲奔父无异。"

[译文]

【经】公孙归父从晋国回国。

〖传〗"还",是事情尚未结束的意思。"自晋",是事情已经结束的意思。鲁成公与归父的儿子,共同守卫鲁宣公的殡丧。如今放弃守卫殡丧,放逐父亲派去他国的使者,和放逐自己的父亲没有什么区别。

【经】至柽,遂奔齐。①

〖传〗遂,继事也。

[注释]

①范注引杜预曰:"柽,鲁竟外,故不言出。"柽,《左氏》作"笙"。

[译文]

【经】抵达柽地,于是出奔齐国。

〖传〗"遂",是继续行事的意思。

国学经典 | 典藏版

春秋穀梁传
下

〔战国〕穀梁赤　撰

武黎嵩　注译

中州古籍出版社
·郑州·

成公

成公元年

【经】元年,①春,王正月,公即位。

[注释]

①鲁成公元年,周定王十七年,公元前590年。鲁成公,姓姬名黑肱,鲁宣公之子,《周书·谥法》:"安民立政曰成。"

[译文]

【经】鲁成公元年,春,周历正月,鲁成公即位。

【经】二月辛酉,葬我君宣公。①

[译文]

【经】二月辛酉日,安葬我国国君鲁宣公。

【经】无冰。
〖传〗终时无冰则志。此未终时而言无冰,何也?①终无冰矣。加之寒之辞也。②

[注释]

①范注："言终寒时无冰，当志之耳。今方建丑之月，是寒时未终。"杨疏："徐邈、何休并云：'此年无冰者，由季孙行父专政之所致也。'桓十四年亦无冰，范云'政治舒缓之所致'，必不得与二说同也。又尔时季氏不专政，亦无冰，明徐、何之言不可用。"

②范注："周二月，建丑之月，夏之十二月也。此月既是常寒之月，于寒之中又加甚，常年过此无冰，终无复冰矣。"杨疏："终时无冰当志，谓终寒时无冰当志之也。此未终寒时，谓今建丑之月，是寒时未终，而言无冰何也？谓怪其书之意。终无冰矣，谓过此时无冰，则终无冰也。加之寒之辞也，谓于此月书者，以此月是常寒之月，加甚之辞。故糜信、徐邈亦云：'十二月最是寒盛之时，故特于此月书之是也。'余无冰不发，特于此月发之者，襄三十八年书'春，无冰'，则是一时无冰，书时，则是终寒时，故不发传。此在二月葬宣公之下，三月作丘甲之上，是未终时，故特发之。桓十四年'无冰'，在正月之下者，旧解正月自为公会郑伯，不为无冰也，或当月却而节前，则周之正月亦是常寒之月。"

[译文]

【经】没有结冰。

〖传〗终其一季没有结冰，才会记录下来。如今还未满一季，经文就记载没有结冰，这是为何？因为直到二月都没有结冰，故而以后更不可能结冰了。这是用以表示最为寒冷的说法。

【经】三月，作丘甲。①

〖传〗作，为也。丘为甲也。②丘甲，国之事也。丘作甲，非正也。丘作甲之为非正，何也？古者立国家，百官具，农工皆有职以事上。古者有四民：有士民，③有商民，④有农民，⑤有工民。⑥夫甲，非人人之所能为也。⑦丘作甲，非正也。

[注释]

①范注:"《周礼》:'九夫为井,四井为邑,四邑为丘。'丘十六井。甲,铠也。"杨疏:"何休云:'月者,重录之。'徐邈云:'甲有伎巧,非凡民能作,而强使作之,故书月以讥之。'范虽无《注》,或书月亦是讥。《公羊》说作丘甲,亦与此《传》同,唯《左氏传》以为讥重敛。"

②范注:"使一丘之民皆作甲。"杨疏:"后重发《传》者,文同事异,不可以一例该之故也。范《别例》云:'作例有六,直云作者三,云新作亦三也。云作三者,谓作丘甲,一也;作三军,二也;作僖公主,三也。云新作三者,谓新作南门,一也;新延厩,二也;新作雉门及两观,三也。言作者不必有新,言新则兼作也。'三者皆所以为讥,故《传》曰:'作,为也。'是有加其度也,言新有故是也。"

③范注:"学习道艺者。"

④范注:"通四方之货者。"

⑤范注:"播殖耕稼者。"

⑥范注:"巧心劳手以成器物者。"

⑦范注:"各有业也。"

[译文]

【经】三月,实施丘甲之法。

【传】"作",是制作的意思。让一丘以内的民众都制作甲胄。制作甲胄理应是国家的事务,如今却让一丘以内的民众制作,这是不合乎正道的。让一丘以内的民众制作甲胄是不合乎正道的,这是为何?古代立国,必须要设置完备的官制,农民、工匠都有用以侍奉君王的职业。古代有四种民众:有士民,有商民,有农民,有工民。甲胄,并非人人都能制作的。让一丘以内的民众制作甲胄,是不合乎正道的。

【经】夏,臧孙许及晋侯盟于赤棘。①

[注释]

①赤棘,晋地,不详所在。杨疏:"盟不日者,何休云:'谋结鞌之战不相负。所以不日者,执在三年,非此所得保也。'案隐元年眛之盟为七年伐邾,尚犹去日,何为二年即执,反云非此所以保乎?盖谋为鞌战,归我汶阳之田,至八年渝前约,故略之也。"

[译文]

【经】夏,臧孙许与晋景公在赤棘会盟。

【经】秋,王师败绩于贸戎。①

〖传〗不言战,莫之敢敌也。为尊者讳敌不讳败。②为亲者讳败不讳敌。③尊尊亲亲之义也。④然则孰败之?晋也。

[注释]

①贸戎,范注以为地名。《左氏》作"茅戎",以为戎名。杨疏:"《左氏》以为戎败之。《公羊》与此亦同,为晋败之。今《经》不云晋败之者,欲见王者无敌故也。不书月者,何休云:'深正之,使若不战。'范虽不解,盖不言晋败及战,故亦略其日月。"

②范注:"讳敌,使莫二也。不讳败,容有过否。"

③范注:"讳败,惜其毁折也。不讳敌,诸侯有列国。"

④范注:"尊则无敌,亲则保全,尊谓王,亲谓鲁。"

[译文]

【经】秋,周王室的军队在贸戎战败。

〖传〗经文不用交战这种说法,表示没有人敢于与周王室匹敌。为尊贵的人隐讳敌方,不隐讳战败。为有血缘的人隐讳战败,不隐讳敌方。这是崇敬尊者、亲近亲属的道义。那么是谁打败周王室的呢?是晋国。

【经】冬,十月。

〖传〗季孙行父秃,晋郤克眇,卫孙良夫跛,曹公子手偻,同时而聘于齐。齐使秃者御秃者,使眇者御眇者,使跛者御跛者,使偻者御偻者。①萧同侄子处台上而笑之。②闻于客,客不说而去。相与立胥间而语,移日不解。③齐人有知之者,曰:"齐之患,必自此始矣。"④

[注释]

①杨疏:"《左氏》以为跛。今云眇者,《公羊》无说,未知二《传》孰是。范明年《注》云'郤克跛'者,意从《左氏》故也。或以为误,跛当作眇。"

②萧,国也。同,姓也。侄子,字也。或谓齐顷公之母也。范宁以为齐顷公异父昆弟。范注:"其母更嫁齐惠公,生顷公。宣十二年,楚人灭萧,故随其母在齐。"

③胥间,门名。杨疏:"即《周礼》二十五家也。"

④范注:"穀梁子作《传》,皆释《经》以言义,未有无其文而横发《传》者。宁疑《经》'冬十月'下云'季孙行父如齐',脱此六字。"

[译文]

【经】冬,十月。

〖传〗季孙行父秃顶,晋国的郤克独眼,卫国的孙良夫足跛,曹国的公子手佝偻,同时前来齐国行聘问之礼。齐国派秃顶的人迎接季孙行父,派独眼的人迎接郤克,派足跛的人迎接孙良夫,派佝偻的人迎接公子手。萧同侄子站在高台之上嘲笑他们。笑声被前来聘问的宾客听见,他们很不高兴地离去了。宾客站在胥间门下交谈,过了好久都不散去。齐国人中有知道这件事的,说:"齐国将来的祸患,必定从这件事开始。"

成公二年

【经】二年,①春,齐侯伐我北鄙。

[注释]

①鲁成公二年,周定王十八年,公元前589年。

[译文]

【经】鲁成公二年,春,齐顷公讨伐我国北部边疆。

【经】夏,四月丙戌,卫孙良夫帅师及齐师战于新筑。①卫师败绩。

[注释]

①新筑,卫地,在今河北魏县一带。

[译文]

【经】夏,四月丙戌日,卫国的孙良夫率领军队,在新筑与齐国军队交战。卫国军队战败。

【经】六月癸酉,季孙行父、臧孙许、叔孙侨如、公孙婴齐帅师,会晋郤克、卫孙良夫、曹公子手,及齐侯战于鞌。齐师败绩。①

〖传〗其日,或曰日其战也,或曰日其悉也。②曹无大夫,③其曰公子,何也?以吾之四大夫在焉,举其贵者也。④

[注释]

①公子手,《左氏》作"公子首"。鞌,齐地,在今山东济南市西北。杨疏:"徐邈云:'四大夫不举重者,恶鲁猥遣四大夫用兵,亦以讥之也。'然则诸国用兵,亦应猥遣,何以不具书之,盖是用兵重事,故详内也。"

②范注:"悉,谓鲁四大夫时悉在战也。明二者皆当日。"杨疏:"案《传例》:'疑战不日,不疑战则例书日。'此《传》云日其战日其悉也者,岂使诈战,则鲁虽四大夫战,亦不得书,但《传》以此战不许,书事宜详,故因《经》书日,并见此意也。"

③杨疏:"复发《传》者,前为崇鹢,今为战,故重发之。《公羊》以为公子手何以书?忧内也。杜解《左氏》以为备于礼。并非《穀梁》意。"按,崇鹢,庄二十六年"曹杀其大夫",《传》曰:"为曹羁崇也。"

④范注:"不欲令内众大夫与外卑者共行战。"

[译文]

【经】六月癸酉日,季孙行父、臧孙许、叔孙侨如、公孙婴齐率领军队,会见晋国的郤克、卫国的孙良夫、曹国的公子手,与齐顷公在鞌地交战。齐国军队战败。

〖传〗经文记载日期,有人说是因为作战而记录日期,有人说是因为鲁国四位大夫都投入作战,故而记录日期。曹国没有周天子爵命的大夫,经文却称其为"公子",这是为何?因为我们鲁国四位大夫都在,故而选取尊贵的一方来说,为了让公子手能与四位大夫匹敌。

【经】秋,七月,齐侯使国佐如师。己酉,及国佐盟于爰娄。

〖传〗鞌,去国五百里;爰娄,去国五十里。①一战绵地五百里,焚雍门之茨,②侵车东至海。③君子闻之曰:"夫甚!"甚之辞焉。④齐有以取之也。齐之有以取之,何也?败卫师于新筑,侵我北鄙,敖郤献子,齐有以取之也。爰娄在师之外。⑤郤克曰:"反鲁、卫之侵地,以纪侯之甗来,⑥以萧同侄子之母为质,⑦使耕者皆东其亩，然后与子盟。"国佐曰："反鲁、卫之侵地，以纪侯之甗来，则诺。以萧同侄子之母为质，则是齐侯之母也。齐侯之母犹晋君之母也，晋君之母犹齐侯之母也。⑧使耕者尽东其亩，则是终土齐也。⑨不可，⑩请一战。一战不克，请再。再不克，请三。三不克，请四。四不克，请五。五不克，举国而授。"于是而与之盟。

[注释]

①爰娄，齐邑，在今山东淄博市临淄区之西。国，齐国国都也。杨疏："爰娄去齐五十里，今在师之外，明晋师已逼到其国。师，谓晋师也。齐为晋所败，兵临城下，然则败军之将，不可以语勇；惊弦之鸟，不可以应弓。所以更能五战者，齐是大国，邑竟，既宽，收拾余烬，足当诸国之师，故请以五也。"

②雍门，齐城门。茨，盖也。

③范注："侵车，侵伐之车，言时侵齐，过乃至海。"

④范注引郑嗣曰："君子闻战于鞌，乃盟于爰娄，焚雍门之茨，侵车至海，言因齐之败，逼之甚。"

⑤范注："言师已逼其国。"

⑥范注："甗，玉甑，齐灭纪，故得其宝。"甗（yǎn），上甑下鬲，所以蒸物也。

⑦范注："齐侯与侄子同母异父昆弟，不欲斥言齐侯之母，故言萧同侄子之母也。兼恣侄子笑。"

⑧范注："言尊同也。"

⑨范注引凯曰："利其戎车侵伐易，则是以齐为土。"

⑩范注："不可，谓若不许己言。"

[译文]

【经】秋，七月，齐顷公派遣国佐前往军中。己酉日，与国佐在爰娄会盟。

【传】鞌地,距离齐国国都五百里;爱娄,距离齐国国都五十里。一次战役绵延长达五百里,联军焚烧齐国雍门的房顶,征伐的车马向东直达海边。君子听说之后,说:"这做得太过分了!"但齐国也是咎由自取。齐国咎由自取,这是为何?齐国曾在新筑击败卫国军队,侵犯我们鲁国北部边疆,又侮辱郤克,真是咎由自取啊。爰娄就在联军营地之外。郤克说:"返还你们侵略鲁国、卫国所得的土地,献上纪国国君的玉甗,让萧同侄子的母亲作为人质,再让耕种的人将田垄都改为东西走向,这才能与你缔结盟约。"国佐说:"返还侵略鲁国、卫国所得的土地,献上纪国国君的玉甗,可以接受。让萧同侄子的母亲作为人质,可她就是齐国国君的母亲啊。齐国国君的母亲就相当于晋国国君的母亲,晋国国君的母亲就相当于齐国国君的母亲。让耕种的人将田垄都改为东西走向,这分明是想要占领齐国。这些条件都无法接受,请让我们再作战一次。一战不胜,就再战第二次。二战不胜,就再战第三次。三战不胜,就再战第四次。四战不胜,就再战第五次。五战不胜,我们就只能国灭身死了。"于是双方缔结了盟约。

【经】八月壬午,宋公鲍卒。①

[注释]

①宋公鲍,宋文公,姓子名鲍。

[译文]

【经】八月壬午日,宋国国君子鲍去世。

【经】庚寅,卫侯速卒。①

[注释]

①卫侯速,卫穆公,姓姬名速。

[译文]

【经】庚寅日,卫国国君姬遬去世。

【经】取汶阳田。①

[注释]

①汶阳,汶水之北,今隶属山东肥城东南。前齐侵鲁之地。

[译文]

【经】夺取汶水以北的田亩。

【经】冬,楚师、郑师侵卫。

[译文]

【经】冬,楚国军队、郑国军队侵犯卫国。

【经】十有一月,公会楚公子婴齐于蜀。①
〖传〗楚无大夫,其曰公子,何也?婴齐亢也。②

[注释]

①蜀,鲁地,在今山东泰安东南。
②范注引泰曰:"庄二十二年'丙申,及齐高傒盟'。文二年'乙巳,及晋处父盟'。《传》曰:'不言公,高傒、处父亢也。'此《传》会婴齐,书公以明亢,何乎?盖言高傒、处父亢礼敌公,书公则内耻也。婴齐初虽骄慢,终自降替,故于会则书公,以显婴齐之骄亢;于盟则称人,以表婴齐之服罪。然则向之骄,正足以表其无礼,不足以病公,则书公可也。"杨疏:"楚无大夫,重发之者,屈完当齐桓,名氏始见,非正例也。椒与宜申二者不见名氏,非大夫之例。今称公子,是贵于同大夫之文,故重发之。婴齐之亢,又重发者,高

侯则没公存氏，处父无氏称名，婴齐则前骄后让，三者皆异，故各发之。"

[译文]

【经】十一月，鲁成公在蜀地会见楚国的公子婴齐。

〖传〗楚国没有周天子爵命的大夫，经文却称其为公子，这是为何？因为公子婴齐在会晤时与鲁成公抗礼。

【经】丙申，公及楚人、秦人、宋人、陈人、卫人、郑人、齐人、曹人、邾人、薛人、鄫人盟于蜀。

〖传〗楚其称人，何也？①于是而后公得其所也。会与盟同月，则地会，不地盟；不同月，则地会，地盟。此其地会，地盟，何也？以公得其所，申其事也。②今之屈，向之骄也。

[注释]

①范注："怪楚向称公子，今称人。齐在郑下，盖时王所黜。"杨疏："知时王黜者，以秦、宋、陈、卫以下皆称人。称人则非卿，以其诸侯之大夫俱是微者，必不能自有升降，故知时王所黜。齐以傲敌之故，师败于鞌，兵临城下，微弱之极，天子因其势，故退之郑下，此乃一时之宜，非是常例也。知诸侯之大夫是微人者，《传》直怪婴齐称人，不论诸侯大夫，明知并是微者。"

②范注："公得其所，谓楚称人；申其事，谓地会地盟。"杨疏："同月，则地会，不地盟者，僖二十八年践土之盟，襄十六年溴梁之盟是也。不同月，则地会，地盟者，昭十三年平丘之盟，定四年皋鼬之盟是也。"

[译文]

【经】丙申日，鲁成公在蜀地与楚国人、秦国人、宋国人、陈国人、卫国人、郑国人、齐国人、曹国人、邾国人、薛国人、鄫国人会盟。

〖传〗经文称楚国为"人"，这是为何？自此之后，没有哪国的大夫敢与鲁成公抗礼，鲁成公的威严得到了维护。会晤如果与会盟在同一个月，就只记载会晤的地点，而不记载会盟的地点；如果不在同一个月内，既记载会晤的地点，又记载会盟的地点。这里却既记载了会晤的地点，又记载了会盟的地点，这是为何？因为鲁成公的威严得到了维护，故而特地强调这次盟会。楚国如今被称为"人"的屈辱，正是它过去的骄横所造成的。

成公三年

【经】三年，①春，王正月，公会晋侯、宋公、卫侯、曹伯伐郑。②

[注释]

①鲁成公三年，周定王十九年，公元前588年。

②范注："宋、卫未葬，而自同于正君，故书公侯以讥之。"杨疏："范意虽葬，未逾年，亦不得成君。虽逾年而未葬，亦不得成君。故云：'宋、卫未葬'，'书公侯以讥之'。逾年未葬，不得成君，此《注》是也。虽葬，未逾年，不得成君，即四年'郑伯伐许'，《注》云'丧未逾年，自同于正君，亦讥之'是也。"

[译文]

【经】鲁成公三年，春，周历正月，鲁成公会见晋景公、宋共公、卫定公、曹宣公，讨伐郑国。

【经】辛亥，葬卫穆公。

[译文]

【经】辛亥日，安葬卫穆公。

【经】二月，公至自伐郑。

[译文]

【经】二月，鲁成公从讨伐郑国的战场上回国（举行告祭饮至的礼仪）。

【经】甲子，新宫灾，三日哭。

〖传〗新宫者，祢宫也。①三日哭，哀也。其哀，礼也。②迫近不敢称谥，恭也。③其辞恭且哀，以成公为无讥矣。④

[注释]

①范注："谓宣公庙也。三年丧毕，宣公神主新入庙，故谓之新宫。"杨疏："何休云：'此象宣公篡位，当诛绝，不宜列之昭穆。成公结怨强齐，不得久承宗庙之象也。'范以天灾难知，非人所及，故不言之。"

②范注："宫庙，亲之神灵所凭居，而遇灾，故以哀哭为礼。"

③范注："迫近，言亲祢也。桓、僖远祖，则称谥。"杨疏："范不据丹桓宫者，《传》云迫近不敢称谥，言近则宜对远，故据桓、僖言之。其用桓宫，以庄公娶父之仇女，故特言桓宫，以讥庄之不子也。"

④杨疏："不称谥，明其恭。三日哭，著其哀。是成公为无讥矣。"

[译文]

【经】甲子日，父庙发生火灾，鲁成公痛哭三日。

〖传〗"新宫"，就是鲁成公的父庙。鲁成公痛哭三日，是出于哀恸。内心哀恸，是合乎礼制的。对于近祖而言，不敢用谥号来称呼，是出于恭敬。经文所用的言辞既恭敬又哀恸，并没有讥讽鲁成公的意思。

【经】乙亥，葬宋文公。

[译文]

【经】乙亥日,安葬宋文公。

【经】夏,公如晋。

[译文]

【经】夏,鲁成公前往晋国。

【经】郑公子去疾帅师伐许。

[译文]

【经】郑国的公子去疾率领军队讨伐许国。

【经】公至自晋。

[译文]

【经】鲁成公从晋国回国(举行告祭饮至的礼仪)。

【经】秋,叔孙侨如帅师围棘。①

[注释]

①棘,鲁邑,在今山东肥城市南。杨疏:"《公羊》《左氏》皆以棘为汶阳之田邑,此《传》无说,事或然也。"

[译文]

【经】秋,叔孙侨如率领军队围攻棘地。

【经】大雩。

[译文]

【经】举行盛大的祈雨仪式。

【经】晋郤克、卫孙良夫伐墙咎如。①

[注释]

①墙咎如,赤狄之一部。墙,《公羊》作"将",《左氏》作"廧"。

[译文]

【经】晋国的郤克、卫国的孙良夫讨伐墙咎如。

【经】冬,十有一月,晋侯使荀庚来聘。

[译文]

【经】冬,十一月,晋景公派荀庚前来聘问。

【经】卫侯使孙良夫来聘。丙午,及荀庚盟。丁未,及孙良夫盟。

〖传〗其日,公也。来聘而求盟,不言及者,以国与之也。不言其人,亦以国与之也。①不言求,两欲之也。

[注释]

①范注引徐邈曰:"不言'及',谓凡书'来盟'者也,若宣七年'卫孙良夫来盟'是也。以国与之,谓举国为主,故直书外来尔。此先聘而后盟,故不言'来盟',总言'及'而不复著其人,亦是举国之辞。"杨疏:"案《传例》:'前定之盟不日,后定之盟则日。'此云公也者,其实盟虽公在位,但为前定则不日,后定则日,此其日,公故也,则后定亦可知矣。但以上文聘既接

成公 479

公,下文及则公文未显,嫌不得再烦尊者,恐盟时无公,故《传》云公以释之。《传》又云不言'及'者,则宣七年'卫孙良夫来盟'是也。不言其人者,解此文不书内之名氏是也。又云'不言求,两欲之也'者,言求当直言求盟,如孙良夫是也。不言求者,此云来聘,又云'及盟'是也。何者?'来聘'是他求;言'及',我欲也。是两国同欲之文,非独求之称,故云'不言求,两欲之也'。若然,上文云'来聘'而求盟者,解二人本意来聘,只为求盟,为下不言求张本也。"

[译文]

【经】卫定公派孙良夫前来聘问。丙午日,与荀庚会盟。丁未日,与孙良夫会盟。

〖传〗经文记载日期,说明前去参与会盟的正是鲁成公。这是他国使臣前来聘问、请求会盟。宣七年"卫侯使孙良夫来盟"等几条中,经文不用"及"这种说法,因为鲁国以国家的名义参与会盟。如今,经文不记载鲁国参与会盟的人,也是因为鲁国以国家的名义参与会盟。不用"求"这种说法,因为这次盟约是双方都希望达成的。

【经】郑伐许。①

[注释]

①郑,夷狄之地也。范注:"郑从楚而伐卫之丧,又叛诸侯之盟,故狄之。"杨疏:"知伐卫之丧,又叛诸侯之盟,故狄之者,昭十二年'晋伐鲜虞',《传》曰:'不正其与夷狄交伐中国,故狄称之也。'定四年《传》云:'吴不称子,反其狄道也。'郑、卫同姓,不有吊临之恩而伐其丧,其为恶行,莫斯之甚,而亦直举国称之,明为夷狄之行也。叛诸侯之盟者,旧解以为上文背晋,为诸侯所伐是也。又其言伐丧者,前年'卫侯遽卒','楚师、郑师侵卫'是也。不于伐丧贬者,其罪不积,不足以成恶。郑既伐丧背盟,一年之中,再加兵于许,故于此夷狄之。"

[译文]

【经】郑国讨伐许国。

成公四年

【经】四年,①春,宋公使华元来聘。

[注释]

①鲁成公四年,周定王二十年,公元前587年。

[译文]

【经】鲁成公四年,春,宋共公派华元前来聘问。

【经】三月壬申,郑伯坚卒。①

[注释]

①郑伯坚,郑襄公,姓姬名坚。

[译文]

【经】三月壬申日,郑国国君姬坚去世。

【经】杞伯来朝。

[译文]

【经】杞桓公前来朝见。

【经】夏,四月甲寅,臧孙许卒。①

[注释]

①臧孙许,臧宣叔,臧文仲之子也。

[译文]

【经】夏,四月甲寅日,臧孙许去世。

【经】公如晋。

[译文]

【经】鲁成公前往晋国。

【经】葬郑襄公。

[译文]

【经】安葬郑襄公。

【经】秋,公至自晋。

[译文]

【经】秋,鲁成公从晋国回国(举行告祭饮至的礼仪)。

【经】冬,城郓。①

[注释]

①郓,《公羊》作"运",在今山东沂水东北。

[译文]

【经】冬,修筑郓城。

【经】郑伯伐许。①

[注释]

①范注:"丧未逾年,自同于正君,亦讥之。"杨疏:"《传》于宋襄起丧称之例,则诸侯亦同之可知,故上下《经》文,宋、卫、陈皆有子称,郑是伯爵,与侯同于七命,明在丧之称,或亦与侯同也。《左氏》之例,唯云公侯曰子,伯则不入于例,与此异也。"

[译文]

【经】郑悼公讨伐许国。

成公五年

【经】五年,①春,王正月,杞叔姬来归。
〖传〗妇人之义,嫁曰归,反曰来归。②

[注释]

①鲁成公五年,周定王二十一年,公元前586年。
②杨疏:"范氏云:'出女例凡三,齐人来归子叔姬,一也;郑伯姬来归,二也;此杞叔姬来归,三也。'又别引文十八年'夫人姜氏归于齐'为例者,出既是同,但内外为异,故并引之也。子叔姬淫而得罪,为齐所逐,故言齐人来归。今杞叔姬文既与之异,故并发《传》举其上下,郑伯姬亦足以相包,故不更发之。"按,齐人来归子叔姬,在文十五年;郑伯姬来归,在宣十六年。

[译文]

【经】鲁成公五年,春,周历正月,杞国的叔姬回到鲁国。
〖传〗妇人的礼制规定,出嫁叫作"归",为夫家所遣叫作"来归"。

【经】仲孙蔑如宋。

[译文]

【经】仲孙蔑前往宋国。

【经】夏,叔孙侨如会晋荀首于穀。

[译文]

【经】夏,叔孙侨如在穀地会见晋国的荀首。

【经】梁山崩。①

〖传〗不日,何也?②高者有崩道也。有崩道,则何以书也?曰:梁山崩,壅遏河三日不流。晋君召伯尊而问焉。伯尊来,遇辇者,辇者不辟,使车右下而鞭之。③辇者曰:"所以鞭我者,其取道远矣。"④伯尊下车而问焉,⑤曰:"子有闻乎?"对曰:"梁山崩,壅遏河三日不流。"伯尊曰:"君为此召我也,为之奈何?"辇者曰:"天有山,天崩之;天有河,天壅之。虽召伯尊,如之何?"伯尊由忠问焉。⑥辇者曰:"君亲素缟,帅群臣而哭之,既而祠焉,斯流矣。"⑦伯尊至,君问之曰:"梁山崩,壅遏河三日不流,为之奈何?"伯尊曰:"君亲素缟,帅群臣而哭之,既而祠焉,斯流矣。"孔子闻之曰:"伯尊其无绩乎,攘善也。"⑧

[注释]

①隐三年所云"高而崩"也。范注:"梁山,晋之望也。不言晋者,名山大泽不以封也。许慎曰:'山者阳位,君之象也。'象君权坏。"

②范注:"据僖十四年'秋,八月辛卯,沙鹿崩',书日。"

③伯尊,《左氏》作"伯宗"。范注:"凡车,将在左,御在中,有力之人在右,所以备非常。"

④范注:"所用鞭我之间,行道则可远。"

⑤范注:"以其言有理,知非凡人。"

⑥范注:"用忠诚之心问之。"

⑦范注:"素衣缟冠,凶服也。所以凶服者,山川,国之镇也,山崩川塞,示哀穷。"杨疏:"礼云素缟者,郑玄云:'黑经白纬谓之缟,缟冠素纯,以纯丧冠,故谓之素缟。是祥祭之冠也。'今《注》云'素衣缟冠',与郑异也。"

⑧绩,功也。辇,盗也。范注:"取辇者之言而行之,非己之功也。绩或作续,谓无继嗣。"杨疏:"旧说云,伯尊,晋之贤大夫。辇人,晋之隐士。今一遇吐诚,理难再得。伯尊不能荐之于晋侯,以救朝廷之急,反窃其语而晦其人,蔽贤罪深,故被戮绝嗣。子夏虽匿圣人之论,能播教于西河,令黑水之人钦其风,蒲阪之间爱其道,其罪先轻,故直丧明而已。然此之立说,恐非其理,何者?天道冥昧,非人所知,大圣立言,意在轨世,则伯尊之戮,未必由蔽贤人之言;卜商丧明,岂关匿圣人之论?徒争罪之轻重,妄说受罪浅深,据理言之,恐非圣贤之旨。何休以为'梁山崩,壅河三日不流','象诸侯失势,王道绝,故自是之后六十年之中,弑君十四,亡国三十二'。案此《传》说辇者之言,竟不论天子诸侯丧亡之事,则何休之言,未必通于此也。"

[译文]

【经】梁山崩落。

〖传〗经文不记载日期,这是为何?高大的山岭崩落,这是自然而然的。既然是自然的,那么为何要记录下来?答曰:梁山崩落,阻遏黄河,黄河三日之内无法流动。晋景公召见伯尊询问,伯尊途中遇到一个车夫,车夫没有避让伯尊的车马,伯尊就让自己车上的人下车鞭打他。车夫说:"鞭打我的这会儿时间里,你们早就可以走远了。"伯尊下车询问他,说:"你听说什么了吗?"车夫说:"梁山崩落,阻遏黄河,黄河三日之内无法流动。"伯尊说:"国君就是为了这件事召见我的,该怎么办呢?"车夫说:"梁山为天所有,是天让它崩落;黄河为天所有,是天让它阻遏。即便召见伯尊,又有什么用呢?"伯尊又诚心询问。车夫说:"让国君亲自穿上丧服,带领群臣痛哭,然后再举行祠祭,河水就能流通了。"伯尊到达宫中,国君问他:"梁山崩落,阻遏黄河,黄河三日之内无法流动,该怎么办呢?"伯尊说:"国君您亲自穿上丧服,带领群臣痛哭,然后再举行祠祭,河水就能流通了。"孔子听说之后,说:"伯尊真的没有什么功绩啊,只是窃取了车夫的嘉言罢了。"

【经】秋,大水。

[译文]

【经】秋,发生大水灾。

【经】冬,十一月己酉,天王崩。①

[注释]

①天王,周定王。

[译文]

【经】冬,十一月己酉日,周定王逝世。

【经】十有二月己丑,公会晋侯、齐侯、宋公、卫侯、郑伯、曹伯、邾子、杞伯,同盟于虫牢。①

[注释]

①虫牢,郑地,在今河南封丘北。

[译文]

【经】十二月己丑日,鲁成公会见晋景公、齐顷公、宋共公、卫定公、郑悼公、曹宣公、邾定公、杞桓公,共同在虫牢会盟。

成公六年

【经】六年,①春,王正月,公至自会。

[注释]

①鲁成公六年,周简王元年,公元前585年。

[译文]

【经】鲁成公六年,春,周历正月,鲁成公从会晤上回国(举行告祭饮至的礼仪)。

【经】二月辛巳,立武宫。①
〖传〗立者,不宜立也。

[注释]

①范注:"旧说曰,武公之宫庙毁已久矣,故《传》曰:'不宜立也。'《礼记·明堂位》曰:'鲁公之庙,文世室也。武公之庙,武世室也。'言世室则不毁也,则义与此违。"杨疏:"《礼记》称'世室',此《传》云'不宜立'者。《礼记》周末之书,以其庙不毁,故谓之世室。此以武公之庙毁来已久,今复立之,故云不宜立。范义与此违也。何休解《公羊》以为臧孙许伐齐有功,故立武宫。《左氏》以为季文子以鞌之功立武宫。据人虽别,同是伐齐。《穀梁》之意,亦以胜齐立武宫也。"

[译文]

【经】二月辛巳日,建立鲁武公的庙。
〖传〗"立",是不应当建立的意思。

【经】取鄟。①

〖传〗鄟，国也。

[注释]

①鄟（zhuān），国名，在今山东郯城东北。杨疏："隐十年'郑伯伐取之'，直注云：'凡书取国，皆灭也，变灭言取，明其易。'今不言灭鄟，是明鲁取之易也。又恶鄟不备也。凡书取之例，以内外皆有。外书取者，即徐人取舒是也。内书取者，即取鄟是也。其内被取邑亦为取，齐侯取郓是也。《公羊》以为鄟是邾之邑，与《穀梁》异。"

[译文]

【经】攻取鄟国。

〖传〗"鄟"，是一个国名。

【经】卫孙良夫帅师侵宋。

[译文]

【经】卫国的孙良夫率领军队侵犯宋国。

【经】夏，六月，邾子来朝。

[译文]

【经】夏，六月，邾定公前来朝见。

【经】公孙婴齐如晋。

[译文]

【经】公孙婴齐前往晋国。

【经】壬申，郑伯费卒。①

[注释]

①郑伯费，郑悼公，姓姬名费。杨疏："不书葬者，何休云：'楚伐郑丧，诸侯不能救，晋栾书又侵之，故去葬，使若非伐丧者，为中国讳也，在隐三年《注》。鲁不往会，则《经》亦不书，则悼公不书葬者，鲁不会也。'"

[译文]

【经】壬申日，郑国国君姬费去世。

【经】秋，仲孙蔑、叔孙侨如帅师侵宋。

[译文]

【经】秋，仲孙蔑、叔孙侨如率领军队侵犯宋国。

【经】楚公子婴齐帅师伐郑。

[译文]

【经】楚国的公子婴齐率领军队讨伐郑国。

【经】冬，季孙行父如晋。

[译文]

【经】冬，季孙行父前往晋国。

【经】晋栾书帅师救郑。

[译文]

【经】晋国的栾书率领军队救援郑国。

成公七年

【经】七年,①春,王正月,鼷鼠食郊牛角。②

〖传〗不言日,急辞也,过有司也。③郊牛日展觓角而知伤。展道尽矣,其所以备灾之道不尽也。④

[注释]

①鲁成公七年,周简王二年,公元前584年。

②范注:"不能免牛者,以方改卜郊,吉否未可知。"杨疏:"下《传》称免牲,不曰不郊,免牛亦然。此言免牛,则嫌似不郊,故云不言免牛者,以方改卜郊,未可知也。"

③范注:"辞中促急,不容日。"杨疏:"宣三年'郊牛之口伤',彼言之是缓辞,亦不云日。此《传》云'不言日,急辞也'者,案宣三年《传》言之,是牛自伤之缓,此言其是鼠食牛之缓。二者立文虽异,俱是缓辞,则辞间容日,亦是缓辞。《传》云'不言日,急辞也',此已发例,则定十五年、哀元年之类,不言日者,并是急辞也。缓辞不言日者,言之既是缓辞可知。故不须更书日以见缓也。"

④范注:"有司展察牛而即知伤,是展察之道尽,不能防灾御患,致使牛伤,故不书日,以显有司之过。觓,球球然角貌。"杨疏:"展,省察也。言日日皆省察牛之觓角,而则知伤,是省察之道尽矣。展道虽尽,不能防灾御患,致使牛伤,长其所以备灾之道不尽,是故不言日以责有司也。牛角云觓者,《诗》称'兕觥其觓',又曰'有觓其角'是也。"

[译文]

【经】鲁成公七年,春,周历正月,鼷鼠啃食用于郊祭之牛的角。

〖传〗经文不记载日期,这是急切的说法,以示对主管官吏的责备。官吏每日尽职检查用于郊祭之牛弯曲的角,知道牛受伤了。勤于检查的职责已经尽到了,而防备鼠灾的职责却没有尽到。

【经】改卜牛,鼷鼠又食其角。

〖传〗又,有继之辞也。①其,缓辞也,曰亡乎人矣。非人之所能也,所以免有司之过也。②

[注释]

①范注:"前已食,故曰继。"
②范注:"至此复食,乃知国无贤君,天灾之尔,非有司之过也,故言其以赦之。"杨疏:"解《经》上文云鼷鼠食郊牛角,不言'其',此文云'又食其角',乃变言'其',故释之云'其,缓辞也'曰亡乎人矣。亡,无也。至此郊牛复食,乃知国无贤君,非人所不能也。谓国无贤君之故,为上天之所灾,非人力所能禁,所以免有司之过也。谓《经》言'其'者,所以赦有司也。"

[译文]

【经】更换一头牛占卜,鼷鼠又啃食了它的角。

〖传〗"又",是继续的意思。"其",是宽缓的说法,以示没有贤能之人。这不是人力所能阻止的,故而赦免主管官吏的过错。

【经】乃免牛。

〖传〗乃者,亡乎人之辞也。免牲者,为之缁衣纁裳,有司玄端,奉送至于南郊。免牛亦然。免牲不曰不郊,免牛亦然。①

[注释]

①范注:"郊者用牲,今言免牲,则不郊显矣。若言免牛,亦不郊。而

《经》复书不郊者,盖为三望起尔,言时既不郊而犹三望,明失礼。"杨疏:"重发《传》者,此再食乃免牛,嫌与他例别,故重发之。僖三十二年'夏,四月,四卜郊,不从,乃免牲,犹三望',彼不云不郊,此既云免牛,又云不郊者,彼免牲与三望同时,故略去不郊之文。此春免牛,夏乃三望,故备言之。"

[译文]

【经】就免去宰杀牛。

〖传〗"乃",是没有贤能之人的说法。免去宰杀祭牲,就是为它穿上黑色的上衣、浅红色的下裳,主管官吏身着黑色礼服,护送祭牲直至南面的郊外。免牛也是如此。既然免去宰杀祭牲,那么经文就没必要再记"不郊"。

【经】吴伐郯。

[译文]

【经】吴国讨伐郯国。

【经】夏,五月,曹伯来朝。

[译文]

【经】夏,五月,曹宣公前来朝见。

【经】不郊,犹三望。

[译文]

【经】不举行郊祭,仍然举行望祭。

【经】秋,楚公子婴齐帅师伐郑。

[译文]

【经】秋,楚国的公子婴齐率领军队讨伐郑国。

【经】公会晋侯、齐侯、宋公、卫侯、曹伯、莒子、邾子、杞伯,救郑。

[译文]

【经】鲁成公会见晋景公、齐顷公、宋共公、卫定公、曹宣公、莒渠丘公、邾定公、杞桓公,救援郑国。

【经】八月戊辰,同盟于马陵。①

[注释]

①马陵,古地名。春秋魏地,在今河北大名东南;一说在今山东莘县西南;一说在今河南范县西南;一说在今山东郯城南。

[译文]

【经】八月戊辰日,共同在马陵会盟。

【经】公至自会。

[译文]

【经】鲁成公从会晤之地回到鲁国(举行告祭饮至的礼仪)。

【经】吴入州来。①

[注释]

①州来，楚地，在今安徽凤台一带。

[译文]

【经】吴国攻入州来。

【经】冬，大雩。

〖传〗雩不月而时，非之也。冬无为雩也。①

[注释]

①杨疏："《传例》云：'月雩，正也。时雩，非正也。'非正者，其时未穷，人力未尽，毛泽已竭，不雩则不及事，故月以明之，则《经》书秋八月雩、九月雩是也。既过此节，秋不书旱，则冬无为雩也，故郑《释废疾》去冬及春夏。案《春秋说考异邮》，三时唯有祷礼，无雩祭之事，唯四月龙星见，始有常雩耳，故因载其祷请山川辞云：'方今天旱，野无生稼，寡人当死，百姓何依？不敢烦民请命，原抚万民，以身塞无状。'是郑意亦以不须雩，唯有祷请而已。"按，定公元年"九月，大雩"，《传》曰："月之为雩之正，何也？其时穷，人力尽，然后雩，雩之正也。何谓其时穷、人力尽？是月不雨，则无及矣；是年不艾，则无食矣，是谓其时穷、人力尽也。"

[译文]

【经】冬，举行盛大的祈雨仪式。

〖传〗不记载祈雨仪式的月份，却记载季节，这是在责难鲁成公。冬季不能举行祈雨仪式。

【经】卫孙林父出奔晋。

[译文]

【经】卫国的孙林父出奔晋国。

成公八年

【经】八年,①春,晋侯使韩穿来言汶阳之田,归之于齐。②
〖传〗于齐,缓辞也。不使尽我也。③

[注释]

①鲁成公八年,周简王三年,公元前583年。
②范注:"晋为盟主,齐还事晋,故使鲁还二年齐所反之田。"杨疏:"《公羊》以为齐侯败窜之后,七年不饮酒,不食肉。晋侯高其德,遂反其所取侵地。此虽无《传》,齐顷是中平之主,安能以一败之后,七年不饮酒食肉乎?故以为晋为盟主,齐还事晋,故使鲁还二年齐所反之田。杜预解《左氏》,其意亦然。"
③范注:"若曰为之请归,不使晋制命于我。"杨疏:"僖二十八年,'晋人执卫侯,归之于京师',《传》以言'之'为'缓辞也'。今言'归之于齐'为缓辞者,之,缓辞,自是常例;'于齐'之理未明,故特释之。辞虽不同,亦是缓也。此以缓辞言之者,讳不使制命于我也。"

[译文]

【经】鲁成公八年,春,晋景公派韩穿前来游说,请求将汶水之北的田亩归还给齐国。

〖传〗"于齐",是宽缓的说法。为了显得晋国没有命令我国一般。

【经】晋栾书帅师侵蔡。①

[注释]

①栾书,栾武子,栾枝之孙。

[译文]

【经】晋国的栾书率领军队侵犯蔡国。

【经】公孙婴齐如莒。

[译文]

【经】公孙婴齐前往莒国。

【经】宋公使华元来聘。

[译文]

【经】宋共公派华元前来聘问。

【经】夏,宋公使公孙寿来纳币。①

[注释]

①范注:"婚礼不称主人,宋公无主婚者,自命之,故称使。纳币不书,书者,贤伯姬,故尽其事。"杨疏:"《公羊》以为婚礼不称主人,宋公无主婚者,辞穷自命之,故公孙寿来纳币称使。纪侯有母,履緰受纪侯之母命,妇人之命不通,故不称使。案隐二年《传》云:'其不言使,何也?逆之道微,无足道焉尔。'据彼《传》文以'逆者微,无足道焉尔',故不言使,则与《公羊》异。观此《注》意,云宋公无主婚者,自命之,故称使,明为母命之,则不称使,似与《公羊》同。而与《传》违者,范以纪侯之与宋公皆是无母,宜并称主人。但纳币是卿之事,故称宋公使也,逆女是君之事,使大夫非正,故履緰不称使。今此《注》云'婚礼不称主人',亦据诸侯母在者言之。又且履緰不称使,大率言之,亦是不称主人之事,故《注》言之耳。纳币不书,其《经》之所书者三:庄公以非礼书,一也;公子遂以丧录,二也;此为贤伯姬,三也。范知为贤伯姬者,《公羊传》云:'纳币不书,此何以书?录伯姬也。'

是为贤而录也。"按，纳币所书者三，庄二十二年"公如齐纳币"、文二年"公子遂如齐纳币"，此年是也。

[译文]

【经】夏，宋共公派公孙寿前来送订婚的聘礼。

【经】晋杀其大夫赵同、赵括。①

[注释]

①赵同、赵括，皆赵盾之弟也。

[译文]

【经】晋国杀死了自己的大夫赵同、赵括。

【经】秋，七月，天子使召伯来锡公命。
〖传〗礼有受命，无来锡命。锡命，非正也。曰天子，何也？曰见一称也。①

[注释]

①范注："天王、天子，王者之通称。自此以上，未有言天子者，今言天子，是更见一称。"杨疏："王既是四大之重，宜表异号，莫若系天，以众人卑故，称母子，贵者取贵称，故谓之天子。入《春秋》以来，唯取仁义之称，未表系天子之尊，故曰更见一称也。《公羊传》云：'其称天子何？元年春王正月，正也。'其余皆通矣。何休云：'德合于元者称皇，德合于天者称帝，仁义合者称王。'又云：'王者，取天下归往也。天子者，爵称也。圣人受命，皆天所生，故谓之天子。或言王，或言天子，皆相通也。'唯贾逵云：'畿内称王，诸夏称天王，夷狄称天子。'其理非也。"按，天王、天子、王，所谓天人三称也。庄元年"王使荣叔来锡桓公命"，称王；文元年"天王使毛伯来锡公命"，称天王。桓公弑隐，得国不正，故称王以治之；文公继正即位，兼得王道、子道，故称天王以锡命。成公虽继宣公之位，然宣公为庶兄、弑子赤，故成公得

成公 497

子道而未得王道，故称天子以锡命也。

[译文]

【经】秋，七月，周天子派召伯前来赐予鲁成公爵命。

〖传〗根据礼制，只有诸侯前往京师接受周天子的爵命，没有周天子派人到诸侯国前来赐予爵命的。赐予爵命，是不合正道的。经文称其为"天子"，这是为何？答曰：展示除了"天王""王"以外的第三种称呼。

【经】冬，十月癸卯，杞叔姬卒。①

[注释]

①范注引杜预曰："前五年来归者，女既适人，虽见出弃，犹以成人之礼书之，终为杞伯所葬，故称杞叔姬。"

[译文]

【经】冬，十月癸卯日，杞国的叔姬去世。

【经】晋侯使士燮来聘。

[译文]

【经】晋景公派士燮前来聘问。

【经】叔孙侨如会晋士燮、齐人、邾人伐郯。

[译文]

【经】叔孙侨如会见晋国的士燮、齐国人、邾国人，讨伐郯国。

【经】卫人来媵。①

〖传〗媵，浅事也，不志。此其志何也？以伯姬之不得其所，故尽其事也。②

[注释]

①范注："杜预曰：'古者诸侯娶嫡夫人，及左右媵，各有侄娣，皆同姓之国。国三人，凡九女，所以广继嗣。'鲁将嫁伯姬于宋，故卫来媵。"杨疏："《公羊》以为媵不合书，其书者，贤伯姬也。《左氏》虽无其说，盖以来至于鲁，然后与嫡行，故书之。此《传》之意，以伯姬为灾而死，闵之，故书其事。是言三《传》意小异也。"

②范注："不得其所，谓灾死也。江熙曰：'共公之葬由伯姬，则共公是失德者也。伤伯姬贤而嫁不得其所。'"杨疏："江熙以不得其所，为共公失德，文无所据。范引之者，《传》异闻也。"

[译文]

【经】卫国人送来媵女。

〖传〗送来媵女，是微不足道的小事，照例不作记录。这里却记录下来，这是为何？因为伯姬未能死得其所，故而将与她有关的事都记录下来。

成公九年

【经】九年，①春，王正月，杞伯来逆叔姬之丧以归。
〖传〗《传》曰："夫无逆出妻之丧而为之也。"②

[注释]

①鲁成公九年，周简王四年，公元前582年。
②杨疏："《公羊》以为鲁胁杞，使逆其丧。《左氏》以为鲁人请之，故杞

伯来逆。此《传》不说归之所由，要叔姬免犯七出之怨，反归父母之国，恩以绝矣。杞伯今复逆出妻之丧，而违礼伤教，言其不合为而为之，是以书而记之以见非。《传》曰'夫无逆出妻之丧为之'，言其不合为而为之也。徐邈云：'为，犹葬也。'言夫无逆出妻之丧，而葬理亦通矣。"

[译文]

【经】鲁成公九年，春，周历正月，杞桓公前来迎接叔姬的灵柩，带回国内。

〖传〗《传》上说："丈夫不应迎接被休妻子的灵柩，如今却做了这件事。"

【经】公会晋侯、齐侯、宋公、卫侯、郑伯、曹伯、莒子、杞伯，同盟于蒲。①

[注释]
①蒲，卫地，在今河南长垣一带。

[译文]

【经】鲁成公会见晋景公、齐顷公、宋共公、卫定公、郑成公、曹宣公、莒渠丘公、杞桓公，共同在蒲地会盟。

【经】公至自会。

[译文]

【经】鲁成公从盟会上回国（举行告祭饮至的礼仪）。

【经】二月，伯姬归于宋。①

[注释]
①范注："逆者非卿，故不书。"

[译文]

【经】二月，伯姬嫁到宋国。

【经】夏，季孙行父如宋致女。

〖传〗致者，不致者也。妇人在家制于父，既嫁制于夫。如宋致女，是以我尽之也。①不正，故不与内称也。②逆者微，故致女。详其事，贤伯姬也。

[注释]

①范注："刺已嫁而犹以父制尽之。"
②范注："内称，谓称使。"杨疏："案《经》内大夫出国，例言'如'，不言'使'，此'季孙行父如宋'，即是内称，而云'不与'者，凡内卿出外，直言'如'某者即是使，又即是内称。今行父称君之命，以在家之道制出嫁之女，虽言'如'以为内称，言'致女'是见其不与也。僖三年'公子友如齐莅盟'，彼亦言'如'；又云'莅盟'者，若直言'如'，则嫌是单聘，故更须言盟也。莅盟既更须言盟也，莅盟则致女亦须言之。云'不与内称'者，莅盟是礼，致女非礼，故不合言也。若然，《传》曰：'逆者微，故致女。详其事，贤伯姬也。'据《传》文，似致女得正，而云'不正，故不与内称'者，礼：诸侯亲逆，则不须致女，今以宋逆者微，故致女，具《传》解其致女之意也；云'不正，故不与内称也'，其以在家之道制出嫁之女也。此《传》之意，因解宋公不亲逆，并见致女之不正。又云'贤伯姬'者，以上下文详，皆云'贤伯姬'，则此云致女亦兼贤伯姬也。若其不为贤伯姬，则致女虽正，亦不书也。"

[译文]

【经】夏，季孙行父前往宋国看望女儿。

〖传〗"致"，是不应当前去看望的意思。妇人在家时受父亲约束，出嫁后受丈夫约束。前往宋国看望女儿，是将父亲对女儿的约束贯彻到夫家之内。这是不合正道的，故而不用鲁国大夫衔命出使的文辞来书写。宋国前来迎接伯姬的人地位卑微,季孙行父因此前去劝说女儿。详细记载这件事情,是因为伯姬德行贤明。

【经】晋人来媵。

〖传〗媵,浅事也,不志。此其志,何也?以伯姬之不得其所,故尽其事也。

[译文]

【经】晋国人送来媵女。

〖传〗送来媵女,是微不足道的小事,照例不作记录。这里却记录下来,这是为何?因为伯姬未能死得其所,故而将与她有关的事都记录下来。

【经】秋,七月丙子,齐侯无野卒。①

[注释]

①齐侯无野,齐顷公,姓姜名无野。

[译文]

【经】秋,七月丙子日,齐国国君姜无野去世。

【经】晋人执郑伯。

[译文]

【经】晋国人擒获郑成公。

【经】晋栾书帅师伐郑。

〖传〗不言战,以郑伯也。①为尊者讳耻,②为贤者讳过,③为亲者讳疾。④

[注释]

①范注："栾书以郑伯伐郑，君臣无战道。"

②范注："不使臣敌君，王师败绩于贸戎是也。"

③范注："为齐桓讳灭项是也。"

④范注："雍曰：'栾书以郑伯伐郑，不言战是也。'郑，兄弟之国，故谓之亲，君臣交兵，病莫大焉，故为之讳。"杨疏："《春秋》讳有四事，一曰为尊者讳耻，二曰为鲁讳败，三曰为贤者讳过，四曰为同姓讳疾。此不言鲁者，因亲者讳疾，则又亦包鲁可知，故不言也。圣人有作，亲疏一也。今乃以同姓为别者，《春秋》之意因亲疏，故仲尼书《经》，内外有别。既内外别，则亲疏尊卑见矣。"

[译文]

【经】晋国的栾书率领军队讨伐郑国。

〖传〗不记载交战，是因为晋国随军带有郑成公。为尊贵的人隐讳耻辱，为贤明的人隐讳过失，为亲近的人隐讳疾病。

【经】冬，十有一月，葬齐顷公。

[译文]

【经】冬，十一月，安葬齐顷公。

【经】楚公子婴齐帅师伐莒。

[译文]

【经】楚国的公子婴齐率领军队讨伐莒国。

【经】庚申，莒溃。

〖传〗其日，莒虽夷狄，犹中国也。①大夫溃莒而之楚，是以知其上为事也。②恶之，故谨而日之也。③

[注释]

①范注："莒虽有夷狄之行，犹是中国。"

②范注："臣以叛君为事，明君臣无道。"杨疏："范《别例》云：'凡溃者有四，发《传》有三。'僖四年蔡溃，《传》曰：'溃之为言，上下不相得也。'此'莒溃'，《传》曰：'大夫溃莒而之楚。'二者虽同，是不相得，与君臣不和自溃散少异，故亦发《传》。昭二十九年'郓溃'，彼郓是邑，与国殊，故重发《传》。一解郓不伐而自溃，与常例异，故重发之。文三年'沈溃'不发者，从例可知也。"

③范注："溃例月，甚之，故日。"杨疏："《传》上云犹中国也，故日；下文言'恶之，故谨而日之也'。若使莒非中国，虽恶不得日也。以溃例月，为恶故日，是以云'谨而日之'。范知例月者，僖四年'春，王正月，公会齐侯'云云，'侵蔡。蔡溃'，文三年'春，王正月，叔孙得臣会晋人'云云，'伐沈。沈溃'，是例月。今此莒帅众民叛君从楚，故变文书日以见恶。"

[译文]

【经】庚申日，莒国溃败。

〖传〗经文记载日期，是因为莒国虽然有夷狄之行，却仍然是华夏之国。莒国大夫在莒国溃败后投奔楚国，可见莒国臣子背叛国君为常事。君子对此表示厌恶，故而记录日期以示郑重。

【经】楚人入郓。①

[注释]

①郓，东郓，莒邑，在今山东沂水县北。杨疏："鲁虽有郓，此郓非鲁也，盖从《左氏》为莒邑，大都以名通，故不系莒。或以为昭元年取郓，范云

鲁邑，此不系莒，则鲁邑可知，理亦通也。"

[译文]

【经】楚国人攻入郓邑。

【经】秦人、白狄伐晋。

[译文]

【经】秦国人、白狄讨伐晋国。

【经】郑人围许。

[译文]

【经】郑国人围攻许国。

【经】城中城。
〖传〗城中城者，非外民也。①

[注释]

①范注："讥公不务德政，恃城以自固，不复能卫其人民。"杨疏："庄二十九年冬，'城诸及防'，《传》曰：'可城也。'今云非外民也者，凡城之志皆讥，就讥之中，间隙之月少耳，故云可城，乃非全善之文。此亦冬城，嫌同而无讥，故发《传》明之。旧解以为有难而修城，则不讥之，若文十二年'季孙行父城诸及郓'是也。此涉《左氏》之说。案《穀梁传》凡城之志皆讥，安得有备难之事？若备难无讥，则《经》本不应书之，《经》既书之，明讥例同。或以为'城诸及防'是十一月，故《传》发'可城'之文。今此城是十二月，故发'外民'之《传》。虽同是讥，事有优劣，故发《传》以异之。"

[译文]

【经】修筑内城的城墙。

【传】"城中城",是为了责难鲁成公拒民于外的行为。

成公十年

【经】十年,①春,卫侯之弟黑背帅师侵郑。②

[注释]

①鲁成公十年,周简王五年,公元前581年。

②杨疏:"范答薄氏驳云:'诸侯之尊,弟兄不得以属通,有贤行则书弟。'今黑背书弟者,明亦有贤行故也。陈侯之弟黄,卫侯之弟专,秦伯之弟鍼,《传》无贤行,所以皆云弟者,隐七年'齐侯使其弟年来聘',《传》曰:'其弟云者,以其来接于我,举其贵者也。'是接我者例称弟。襄二十年'陈侯之弟光出奔楚',昭元年'秦伯之弟鍼出奔晋',《传》皆曰:'亲而奔之,恶也。'襄二十七年'卫侯之弟专出奔晋',《传》云:'其曰弟何也?专有是信者。'三者无罪,故称弟以恶兄。襄三十年'天王杀其弟佞夫',《传》曰:'甚之也。'称弟以恶王也。昭八年'陈侯之弟招杀陈世子偃师',《传》曰:'其弟亡者,亲之也。'亲而杀之,恶也。是恶而称弟也。宣十七年'公弟叔肸卒',《传》曰:'其曰公弟叔肸,贤之也。'庄三十二年'公子牙卒',无贤行而不称弟,明称弟皆贤也。自然黄、专之非,直罪兄,必兼有贤行。叔肸以贤称弟,《传》有贤行明文。则黑背称弟,自然亦有贤行。故范准例言之,称弟之例有四意,齐侯之弟年来聘,郑伯使其弟御来盟,为接我称弟;卫侯之弟专,为罪兄称弟;陈侯之弟招,恶之称弟;叔肸及卫侯之弟黑背,为贤称弟。是有四也。"

[译文]

【经】鲁成公十年,春,卫定公的弟弟姬黑背率领军队侵犯郑国。

【经】夏,四月,五卜郊。不从,乃不郊。

〖传〗夏四月,不时也。①五卜,强也。乃者,亡乎人之辞也。②

[注释]

①范注:"郊时极于二月。"
②杨疏:"重发《传》者,嫌五卜与四卜异故也。"

[译文]

【经】夏,四月,五次占卜郊祭的吉凶。不吉,就不再举行郊祭。

〖传〗夏四月的这次郊祭不合时令。五次占卜,就太勉强了。"乃",是没有贤能之人的说法。

【经】五月,公会晋侯、齐侯、宋公、卫侯、曹伯伐郑。①

[注释]

①晋侯,为晋厉公。《左氏》云:"晋侯有疾,五月,晋立大子州蒲以为君,而会诸侯伐郑。"

[译文]

【经】五月,鲁成公会见晋厉公、齐灵公、宋共公、卫定公、曹宣公,讨伐郑国。

【经】齐人来媵。①

[注释]

①范注:"媵,伯姬也。异姓来媵,非礼。"杨疏:"何休以为异姓亦得媵。故郑《箴膏肓》难之云:'天子云备百姓,博异气。诸侯直云备酒浆,何得有异姓在其中?'是亦以异姓不合媵也。此媵不发《传》者,上详其事,见同姓之得礼,异姓非礼可知,故省文。"

[译文]

【经】齐国人送来媵女。

【经】丙午,晋侯獳卒。①

[注释]

①晋侯獳,晋景公,姓姬名獳。杨疏:"何休云:'不书葬,为杀大夫赵同等。'范虽不解,或当鲁不会也。"

[译文]

【经】丙午日,晋国国君姬獳去世。

【经】秋,七月,公如晋。

[译文]

【经】秋,七月,鲁成公前往晋国。

【经】冬,十月。

[译文]

【经】冬,十月。

成公十有一年

【经】十有一年,①春,王三月,公至自晋。

[注释]

①鲁成公十一年,周简王六年,公元前580年。

[译文]

【经】鲁成公十一年,春,周历三月,鲁成公从晋国回国(举行告祭饮至的礼仪)。

【经】晋侯使郤犨来聘。①

[注释]

①郤犨(chōu),魏武子,又称魏犨。《公羊》作"郤州"。

[译文]

【经】晋厉公派郤犨前来聘问。

【经】己丑,及郤犨盟。①

[注释]

①杨疏:"书日者,公亲在,又非前定之盟故也。又不云公者,取举国与之也。"按,成三年"丁未,及孙良夫盟",《传》曰:"不言其人,亦以国与之也。"范注:"以国与之,谓举国为主,故直书外来尔。"

[译文]

【经】己丑日,与郤犨会盟。

【经】夏,季孙行父如晋。

[译文]

【经】夏,季孙行父前往晋国。

【经】秋，叔孙侨如如齐。

[译文]

【经】秋，叔孙侨如前往齐国。

【经】冬，十月。

[译文]

【经】冬，十月。

成公十有二年

【经】十有二年，①春，周公出奔晋。②

〖传〗周有入无出。③其曰出，上下一见之也。④言其上下之道无以存也。上虽失之，下孰敢有之？今上下皆失之矣。⑤

[注释]

①鲁成公十二年，周简王七年，公元前579年。

②周公，姓姬名楚。

③范注引郑嗣曰："王者无外，故无出也。宗庙宫室有定所，或即位失其常处，反常书入，内宗庙也。昭二十六年'天王入于成周'是。"

④范注引郑嗣曰："上，谓僖二十四年'天王出居于郑'；下，谓今周公出奔，上下皆一见之。"

⑤范注："上虽有不君之失，臣下莫敢效不臣之过。今复云周公之出，则上下皆自失矣。君而不君，臣而不臣，是无以存于世，言周之所以衰。"杨疏："有入无出，《注》意直据天子，今不云王而云周者，以《经》虽无王臣入文，

至于王臣出，亦是讥限，故言周以总之。范以王者出入之文俱有，故《注》直言王以当之。案僖二十四年《传》云：'虽失天下，莫敢有也。'谓王虽出郑，不敢有之以为国也。此云上虽失之，下孰敢有之，谓上虽有不君之失，臣下谁敢于效为之。观《经》立说，故二处不同也。今上下皆失之矣，谓王既书出居于郑，今复云周公出奔晋，是上下皆有失也。《公羊》以为书出者，周公'自其私土而出也'。《左氏》以为书出者，已复之，'周公自出'。并与《穀梁》异也。"

[译文]

【经】鲁成公十二年，春，周公出奔晋国。

〖传〗对周王室的人而言，只有"入"这种说法，没有"出"这种说法。经文用"出"这种说法，君臣都显现出来了。表示君臣上下之间的义理已经荡然无存。国君即便有所失德，哪位臣子又敢不尽到作为臣子的道义呢？如今君臣上下都有所失德了。

【经】夏，公会晋侯、卫侯于琐泽。①

[注释]

①琐泽，在今河北大名县东。《公羊》作"沙泽"。

[译文]

【经】夏，鲁成公在琐泽会见晋厉公、卫定公。

【经】秋，晋人败狄于交刚。①
〖传〗中国与夷狄不言战，皆曰败之。②夷狄不日。③

[注释]

①交刚，不详所在。
②范注："不使夷狄敌中国。"
③杨疏："不于箕役发《传》者，以再败狄师甚之，故发于此。"

[译文]

【经】秋，晋国人在交刚击败夷狄人。

〖传〗华夏诸侯与夷狄之国交战，经文照例不记为"战"，都用"败之"。夷狄之国战败，照例不记载日期。

【经】冬，十月。

[译文]

【经】冬，十月。

成公十有三年

【经】十有三年，①春，晋侯使郤锜来乞师。
〖传〗乞，重辞也。古之人重师，故以乞言之也。②

[注释]

①鲁成公十三年，周简王八年，公元前578年。
②杨疏："重发《传》者，公子遂内之始，此外之初，故发之也。古之人重师，故以'乞'言之也者，古人以师之为重，故以重辞言之。古者，旧以为穀梁子后代人远者举当时之事，亦以古言之。徐邈以为引古以刺今耳。"

[译文]

【经】鲁成公十三年，春，晋厉公派郤锜前来乞求出兵。
〖传〗"乞"，是表示重要的说法。古代的人重视军队，故而用"乞"这种说法。

【经】三月，公如京师。

〖传〗公如京师不月。月，非如也。^①非如而曰如，不叛京师也。^②

[注释]

①范注："时实会晋伐秦，过京师也。公行出竟，有危则月，朝聘京师，理无危惧，故不月。"

②范注："因其过朝，故正其文，若使本自往。"杨疏："僖二十八年'五月癸丑，公会晋侯'云云，'盟于践土'，'陈侯如会'，'公朝于王所'，彼日月并书。'公朝于王所'，虽文承'五月癸丑'之下，彼之日月自为盟，不为朝也。'壬申，公朝于王所'，书日，此意取自不系月，犹诸侯不宗于天王，朝会无危，则例时。今公以伐秦过京师，非真朝，故书月以见意。"

[译文]

【经】三月，鲁成公前往京师。

〖传〗鲁公前往京师，照例不记载月份。记载月份，表示实际上并非专程前往京师。并非专程前往京师，却记为前往京师，以示鲁国不敢背叛京师。

【经】夏，五月，公自京师，遂会晋侯、宋公、卫侯、郑伯、曹伯、邾人、滕人伐秦。

〖传〗言受命不敢叛周也。^①

[注释]

①范注："使若既朝王，而王命已使伐秦。叛周，谓专征伐。"杨疏："'公子遂如京师。遂如晋'，《传》云：'不叛天子。'此文重发《传》者，嫌君臣异例也。"按，"公子遂如京师"在僖三十年，《传》曰："此言不敢叛京师也。"

[译文]

【经】夏，五月，鲁成公从京师回来之后便会见晋厉公、宋共公、卫定公、郑成公、曹宣公、邾国人、滕国人一同讨伐秦国。

〖传〗这是在表示鲁成公敬受王命,不敢背叛周王室。

【经】曹伯庐卒于师。①
〖传〗《传》曰:闵之也。公、大夫在师曰师,在会曰会。②

[注释]

①曹伯庐,曹宣公,姓姬名庐。

②杨疏:"诸侯或从会,或从伐,皆闵其在外而死,故云卒于师于会也。卒于师,则此曹伯庐,襄十八年曹伯负刍是也;卒于会者,则定四年杞伯成卒于会是也。僖四年,许男新臣亦卒于师,不言于师者,彼以内桓师,虽卒于外,以若在国然,故不书于师。然则大夫之卒,例所不书,而与公同例,云'在师曰师,在会曰会'者,旧解以为《春秋》缘大夫之心,则知书君之卒,于师则言师,于会则言会,非谓外大夫书卒于师。若然,《传》当云大夫也,公不得云大夫,且《经》无其事,《传》因类发例者,其数不少,即日食云外壤,饥云馑康之等是也。彼《经》无其事,《传》得因类引之,此虽无《经》,何以为不得?又会大夫单伯之徒亦书会诸侯,若使卒于师,固当书之,但无卒于师卒于会者耳。故知公大夫在师曰师,谓公及大夫二者皆然也。徐邈之《注》,亦以为公及大夫所会诸侯在师言师,在会言会,明为旧解非也。"

[译文]

【经】曹宣公姬庐在军中去世。

〖传〗《传》上说:这是在哀悯他。诸侯、大夫如果在军中去世,就记为"卒于师";如果在会晤中去世,就记为"卒于会"。

【经】秋,七月,公至自伐秦。

[译文]

【经】秋,七月,鲁成公从讨伐秦国的战场上回国(举行告祭饮至的礼仪)。

【经】冬，葬曹宣公。
〖传〗葬时，正也。①

[注释]

①杨疏："嫌卒于师，失正葬，故重发之。葬正则是无危。不日卒者，盖非嫡子为君故也。又僖四年《注》云：'新臣卒于楚，故不日耳。'则此不日者，或当为卒于秦故也。若然，襄二十六年'壬午，许男宁卒于楚'，《注》云：'许男卒于楚，则在外已显矣。日卒，明其正。'二《注》不同者，以无正文，二理俱通，故为两解。或亦新臣非嫡子，不须两解，理足可通耳。"

[译文]

【经】冬，安葬曹宣公。
〖传〗经文记载下葬的季节，以示葬礼是合乎礼制的。

成公十有四年

【经】十有四年，①春，王正月，莒子朱卒。②

[注释]

①鲁成公十四年，周简王九年，公元前577年。
②莒子朱，莒渠丘公，姓己名朱。范注引徐邈曰："《传》称'莒虽夷狄犹中国也'，言莒本中国，末世衰弱，遂行夷礼。葬皆称谥，而莒君无谥，谥以公配。而吴楚称王，所以终《春秋》亦不得书葬。"杨疏："莒子朱者，莒渠丘公。今不书葬者，莒行夷礼，则是失德。又葬须称谥，莒夷无谥，故不书葬也。不日卒者，何休云：'入《春秋》以来，至此始书卒，故略之不日。或当既行夷礼，不得同中国，故不日；或当非正卒。无文可明之。'"按，"莒君

无谥"者，详僖二十六年"公会莒子、卫宁速盟于向"注。

[译文]

【经】鲁成公十四年，春，周历正月，莒国国君己朱去世。

【经】夏，卫孙林父自晋归于卫。

[译文]

【经】夏，卫国的孙林父从晋国回到卫国。

【经】秋，叔孙侨如如齐逆女。①

[注释]

①范注："泰曰：'亲迎例时，大夫逆，皆谨月以讥之。下云九月，侨如以夫人妇姜氏至自齐，一事不二讥，故此可以不月也。'宣元年'公子遂如齐逆女'，亦以时逆而月致，义与此同。"杨疏："案宣'元年春，王正月，公即位，公子遂如齐逆女'，彼文承正月之下，即与此别。而云同者，彼虽文承正月之下，正月自为即位发文，非是为遂逆女。若逆女，既蒙上月，则不夫人至不须云月。案此比例，知彼亦当时也。"

[译文]

【经】秋，叔孙侨如前往齐国，为其君迎娶齐国宗室之女。

【经】郑公子喜帅师伐许。

[译文]

【经】郑国的公子喜率领军队讨伐许国。

【经】九月，侨如以夫人妇姜氏至自齐。

〖传〗大夫不以夫人,以夫人,非正也,刺不亲迎也。侨如之挈,由上致之也。①

[注释]

①范注:"'公子翚如齐逆女',《传》曰:'不言翚之来,何见于公也?'然则夫人见于君,宜言以夫人至。而曰非正者,逆女,亲者也,使大夫,非正也,非正而以夫人至,故刺之。彼以先接于公,故无至文。此使大夫有讥,则翚之被责,居然显矣。不发于宣公逆女,于此发之者,宣公以丧娶,故略夫人而不氏,一事不二讥,故省其文。成公非丧娶而不亲迎,嫌其无罪,故《传》明之。庄公亲逆,《传》亦讥之者,以娶仇人之女而事宗庙故也。由上致之者,宣元年《注》云:'上谓宣公,则谓成公也。'"

[译文]

【经】九月,侨如带夫人妇姜氏从齐国回国(举行告祭饮至的礼仪)。

〖传〗大夫不能带着夫人,带着夫人回国,是不合礼制的,表示对鲁成公不亲自迎接的讽刺。经文专称叔孙侨如的名,表明向宗庙告祭的是鲁成公。

【经】冬,十月庚寅,卫侯臧卒。①

[注释]

①卫侯臧,卫定公,姓姬名臧。

[译文]

【经】冬,十月庚寅日,卫国国君姬臧去世。

【经】秦伯卒。①

[注释]

①秦伯，秦桓公，《春秋》失其名。

[译文]

【经】秦国国君去世。

成公十有五年

【经】十有五年，^①春，王二月，葬卫定公。

[注释]

①鲁成公十五年，周简王十年，公元前576年。

[译文]

【经】鲁成公十五年，春，周历二月，安葬卫定公。

【经】三月乙巳，仲婴齐卒。
〖传〗此公孙也。其曰仲，何也？①子由父疏之也。②

[注释]

①范注："此盖仲遂之子，据实公孙。"

②范注引雍曰："父有弑君之罪，故不得言公子，父不言公子，则子不得称公孙，是见疏之罪由父故。"杨疏："宣十八年，'公孙归父如晋'，归父亦襄仲之子，何以不疏者？卒则身之终。今婴齐之卒，当继于父，父既被疏，故子亦当略。归父则奉命出使使奔之，故具名氏以恩录也。归父还不氏者，以明由上也。《公羊》以为仲婴齐何以不称公孙，以归父既是兄，公孙婴齐为归父后，为人后者则为之子，故不称公孙，与《穀梁》异。"

[译文]

【经】三月乙巳日，仲婴齐去世。

〖传〗婴齐是公孙。经文却称其为"仲",这是为何?儿子因为父亲的弑君之罪而予以疏远。

【经】癸丑,公会晋侯、卫侯、郑伯、曹伯、宋世子成、齐国佐、邾人同盟于戚。①

[注释]

①国佐,国武子,国归父之子。

[译文]

【经】癸丑日,鲁成公会见晋厉公、卫献公、郑成公、曹成公、宋国的世子成、齐国的国佐、邾国人共同在戚地会盟。

【经】晋侯执曹伯,归于京师。

〖传〗以晋侯而斥执曹伯,恶晋侯也。①不言"之",急辞也,断在晋侯也。②

[注释]

①范注:"僖二十八年,'晋人执卫侯,归之于京师',此伯讨之文也。今以侯执伯,明执之不以其罪。"杨疏:"重发者,此执归于京师,嫌晋之无罪,故明之。卫侯有罪,故称人言执,又归之京师,令天子决之,是伯讨之文也。又且此《传》云,'以晋侯而斥执曹伯,恶晋侯也',称侯以执为恶,明称人以执是伯讨也。若然,定元年'晋人执宋仲幾',《传》曰:'此大夫,其曰人,何也?微之也。何为微之?不正其执人于尊者之所也,不与大失之得伯讨也。'彼又称人非伯讨者,彼仲幾虽则逆命,当归于王之有司。今晋大夫执人于尊者之侧,故地于京师以见尊,称人以见微,是不与大夫之伯讨也。伯讨宜施诸侯,大夫则不得也。《左氏》以为曹伯杀大子而自立,《公羊》之意,曹伯篡喜时,据二《传》之文则是有罪。范云不以其罪者,范以曹伯言执,云恶晋侯,曹伯之入,云归为善。据此二文言之,明执之不以其罪,不得以《公

羊》《左氏》为难。"

②范注："明晋之私。"

[译文]

【经】晋厉公擒获曹成公，送到京师。

〖传〗以"晋侯"来擒获曹成公，以示对晋厉公的厌恶。不用"归之于"，是急切的说法，以示晋厉公的独断专行。

【经】公至自会。

[译文]

【经】鲁成公从会晤上回国（举行告祭饮至的礼仪）。

【经】夏，六月，宋公固卒。①

[注释]

①宋公固，宋共公，姓子名固。

[译文]

【经】夏，六月，宋国国君子固去世。

【经】楚子伐郑。

[译文]

【经】楚共王讨伐郑国。

【经】秋，八月庚辰，葬宋共公。

〖传〗月卒，日葬，非葬者也。①此其言葬，何也？以其葬共姬，不可不葬共公也。葬共姬，则其不可不葬共公，何也？夫人之义，不逾君也，为贤者崇也。②

[注释]

①范注："宋共公正立，卒当书日，葬无甚危，则当录月，今反常违例，故知不葬者也。然则共公之不宜书葬，昏乱故。"杨疏："葬书时，正也。《注》不以时决而以月决之者，以葬书时最为正，书月有故，书日危不得葬，今共公月犹不得，明不葬可知，故不以时决之。然共公失德，所以不全去葬文者，为伯姬书葬，故不得不存共公之葬。但书日以表失德，且不全去葬文，嫌是鲁之不会，无以明其失德也。"

②范注："贤崇伯姬，故书共公葬。"

[译文]

【经】秋，八月庚辰日，安葬宋共公。

〖传〗去世时记载月份，下葬时记载日期，表示是不应当记载下葬的。经文却记载了下葬，这是为何？因为后文记载了共姬下葬，故而不能不记载宋共公下葬。记载共姬下葬，就不能不记载宋共公下葬，又是为何？夫人所用的礼节不能逾越国君，以示对共姬德行贤明的尊崇。

【经】宋华元出奔晋。宋华元自晋归于宋。①

[注释]

①华元，宋大夫，华督曾孙。

[译文]

【经】宋国的华元出奔晋国。宋国的华元从晋国回到宋国。

【经】宋杀其大夫山。①

[注释]

①杨疏:"《左氏》以为背其族,何休注《公羊》以为谮华元,贬之,《穀梁》无说,不知所从。"

[译文]

【经】宋国杀死它的大夫山。

【经】宋鱼石出奔楚。①

[注释]

①鱼,氏;石,名。子反曾孙。

[译文]

【经】宋国的鱼石出奔楚国。

【经】冬,十有一月,叔孙侨如会晋士燮、齐高无咎、宋华元、卫孙林父、郑公子鳅、邾人,会吴于钟离。①

〖传〗会又会,外之也。②

[注释]

①钟离,在今安徽凤阳东北临淮关。

②范注:"两书会,殊外夷狄。"杨疏:"重发《传》者,欑函,表中国之辞,钟离,明内外之称,故两发之。"

[译文]

【经】冬,十一月,叔孙侨如会见晋国的士燮、齐国的高无咎、宋国的华元、卫国的孙林父、郑国的公子鳅、邾国人,一同在钟离会见吴国。

〖传〗在会晤之外另记一次会晤,以示不将吴国当作华夏诸侯看待。

【经】许迁于叶。①

〖传〗迁者,犹得其国家以往者也。其地,许复见也。

[注释]

①叶,在今河南叶县一带。

[译文]

【经】许国迁往叶地。

〖传〗"迁",相当于国家尚存,国都自行迁往某地的意思。记载许国迁去的地点,是因为许国并没有灭亡。

成公十有六年

【经】十有六年,①春,王正月,雨,木冰。②

〖传〗雨而木冰也,③志异也。《传》曰:"根枝折。"

[注释]

①鲁成公十六年,周简王十一年,公元前575年。

②范注:"雨木冰者,木介甲胄,兵之象。"杨疏:"刘向云:'冰者阴之盛,木者少阳,卿大夫之象。'此是人将有害,则阴气胁木,木先寒,得雨而冰也。是时叔孙侨如出奔,公子偃诛死。一曰,时晋执季孙行父,执公,此执辱之异也。徐邈云:'五行以木为介。介,甲也。木者少阳之精,幼君大臣之象。冰者凝阴,兵之象。今冰胁木,君臣将见执之异。根枝折者,象祸害速至也。'或曰木冰比木介,介者甲也,兵之象也。是岁有鄢陵之战,楚子伤目而败。《注》云'兵之象',则或说是也。"

③范注:"雨著木成冰。"

[译文]

【经】鲁成公十六年,春,周历正月,下雨,树木结冰。

〖传〗雨落在树木上,结成冰,这是在记录异象。《传》上说:"树木的根枝都折断了。"

【经】夏,四月辛未,滕子卒。①

[注释]

①滕子,滕文公。

[译文]

【经】夏,四月辛未日,滕国国君去世。

【经】郑公孙喜帅师侵宋。

[译文]

【经】郑国的公孙喜率领军队侵犯宋国。

【经】六月丙寅,朔,日有食之。

[译文]

【经】六月丙寅,朔日,发生日食。

【经】晋侯使栾黡来乞师。①

[注释]

①栾黡,栾书之子。范注:"将与郑楚战。"

[译文]

【经】晋厉公派栾黡前来乞求出兵。

【经】甲午，晦，晋侯及楚子、郑伯战于鄢陵。①楚子、郑师败绩。

〖传〗日事，遇晦曰晦。四体偏断曰败。此其败则目也。②楚不言师，君重于师也。

[注释]

①鄢陵，郑地，在今河南鄢陵西北。
②范注："此言败者，目伤故。"杨疏："僖十五年'己卯晦，震夷伯之庙'，《传》曰：'晦，冥也。'则晦非常文。而云'遇晦'者，旧解以为僖十五年《传》曰'晦，冥也'者，谓月光尽而夜暗，不谓非晦日也。今以为震夷伯之庙云'晦'者，如《公羊》书日为冥。自余称'晦'者，是月尽日也。既云'日事，遇晦'，何以日食不书晦者？日食既言日，虽不言晦，可以知省文也。"

[译文]

【经】甲午晦日，晋厉公与楚共王、郑成公在鄢陵交战。楚共王、郑国军队战败。

〖传〗理应记载日期的事情，如果正好是一月之末，那么就记为晦日。某人身体受到损害，就称为"败"。这里称楚共王战败，是因为伤了眼睛。楚国不称军队战败，是因为国君比军队更为重要。

【经】楚杀其大夫公子侧。①

[注释]

①公子侧，楚庄王之弟，盖因败绩于鄢陵而死。

[译文]

【经】楚国杀死它的大夫公子侧。

【经】秋,公会晋侯、齐侯、卫侯、宋华元、邾人于沙随。①不见公。

〖传〗不见公者,可以见公也。可以见公而不见公,讥在诸侯也。②

[注释]

①沙随,宋地,在今河南宁陵县北。
②杨疏:"不见公者,是晋侯之意,诸侯既无解释之者,即是同不与公相见,故以诸侯总之。"

[译文]

【经】秋,鲁成公在沙随会见晋厉公、齐灵公、卫献公、宋国的华元、邾国人,但诸侯拒绝会见鲁成公。

〖传〗"不见公",是理应会见鲁成公的意思。理应会见鲁成公却不会见,所讥讽的是各国诸侯。

【经】公至自会。

[译文]

【经】鲁成公从会晤上回国(举行告祭饮至的礼仪)。

【经】公会尹子、晋侯、齐国佐、邾人伐郑。①

[注释]

①范注:"尹子,王卿士,子爵。"

[译文]

【经】鲁成公会见尹子、晋厉公、齐国的国佐、邾国人,一同讨伐郑国。

【经】曹伯归自京师。

〖传〗不言所归,归之善者也。出入不名,以为不失其国也。归为善,^①自某归次之。^②

[注释]

①范注:"谓直言归而不言其国,即曹伯归自京师,不言于曹是。"
②范注:"若蔡季自陈归于蔡,卫侯郑自楚复归于卫是也。"杨疏:"凡诸侯有罪失国,出书名者,即昭三年'北燕伯款出奔齐'是也。入书名,即僖二十八年卫侯郑、曹伯襄是也。今曹伯被执,以其无罪,故出入不名,见其不失国也。《传》详发于此者,以归文与常例异,故分别之。"

[译文]

【经】曹成公从京师返回。

〖传〗经文不记载曹成公返回到哪里,以示对他的褒扬。出入曹国,都不称呼他的名字,表示他尚未失去政权。如果经文记为"某归自某",便在褒扬他;如果记为"某自某归于某",就是稍逊一筹。

【经】九月,晋人执季孙行父,舍之于苕丘。^①

〖传〗执者不舍,^②而舍,公所也。^③执者致,^④而不致,公在也。^⑤何其执而辞也?^⑥犹存公也。^⑦存意公亦存也?^⑧公存也。^⑨

[注释]

①苕丘,晋地,《公羊》作"招丘"。范注:"行父,鲁执政卿,其身执则危及国,故谨而月之,录所忧也。"

成公 527

②范注:"据昭二十三年'晋人执我行人叔孙婼'不言舍。"

③范注:"今言舍者,以公在苕丘故也。公在苕丘而言舍者,明不得致也。若既不致,复不言舍,则无以见其舍。"

④范注:"据昭二十四年'婼至自晋'。"

⑤范注:"在,在苕丘也。见舍于苕丘,还国则与公俱。不得致者,重在公。"

⑥范注:"问何故书执季孙行父而言舍之,复不致之辞邪?"

⑦范注:"时行父虽为晋所执,犹欲存公之所在,故不致行父,又言舍之,皆所以见公在苕丘。"

⑧范注:"问存舍之不致之意,便可知公所在乎?"

⑨范注:"但存此二事,即知公在苕丘。"杨疏:"《经》称'执季孙行父,舍之于苕丘',故《传》称'执者不舍',是据叔孙婼而发问也。'而舍,公所也'者,谓言所舍故也。'公所'者,即苕丘是也。'执者致'者,谓昭二十四年'婼至自晋'是也。'而不致,公在也'者,谓今季孙归而不书至者,公在故也;以其与公同归,重在公,故不致也。'何其执而辞也',谓问《经》意何其书'执'不以'致'为辞也。'犹存公也',谓为晋所执,心欲存公所在,故不致行父,又言舍之也。'存意,公亦存焉',谓又问《经》意,直存舍之不致之意,则便可知公所在乎?'公存也'者,答上问意,但存此二事,即知公在也。'公存'者,谓在苕丘也。旧解《注》言二事,'舍'是一事也,'于苕丘'是二事,今以为乘上《注》意,则二事者,谓'舍于苕丘'及'不致焉'二事。"

[译文]

【经】九月,晋国人擒获季孙行父,在苕丘释放。

〖传〗对擒获某人而言,照例不记载释放。如今记载释放,是因为鲁成公身在苕丘。大夫被释放后,照例要告祭宗庙,如今不记载告祭宗庙,是因为鲁成公身在苕丘。大夫被擒获后,为何要用这些说法?都是因为鲁成公身在苕丘。用了这些说法,就可以知道鲁成公身在苕丘吗?可以知道他在苕丘。

【经】冬，十月乙亥，叔孙侨如出奔齐。①

[注释]

①范注引徐邈曰："案襄二十三年'臧孙纥出奔齐'，《传》曰：'其日，正臧纥之出也。'礼：大夫去君，扫其宗庙，不绝其祀。身虽出奔，而君遇之不失正，故详而日之，明有恩义也。"杨疏："侨如为君遇之，不失所，书日。臧纥则正其有罪而书日。二者不同，范引之者，欲明二者不异。臧孙云'正其有罪'，亦兼为君遇之不失所书日，侨如言君有恩而书日，亦兼正其罪可知，是互以相包，故引之。"

[译文]

【经】冬，十月乙亥日，叔孙侨如出奔齐国。

【经】十有二月乙丑，季孙行父及晋郤犨盟于扈。

[译文]

【经】十二月乙丑日，季孙行父与晋国的郤犨在扈地会盟。

【经】公至自会。①

[注释]

①范注："无二事，会则致会，伐则致伐。上无会事，当言'至自伐郑'，而言'至自会'，宁所未详。郑君曰：'伐而致会，于伐事不成。'"按，成十七年"秋，公至自会"，《传》曰："不曰至自伐郑也，公不周乎伐郑也。何以知公之不周乎伐郑？以其以会致也。"

[译文]

【经】鲁成公从会晤之处回到鲁国（举行告祭饮至的礼仪）。

【经】乙酉，刺公子偃。

〖传〗大夫日卒，正也。先刺后名，杀无罪也。①

[注释]

①范注："僖二十八年，'公子买戍卫，不卒戍，刺之'，是有罪者，以先列其罪。"杨疏："徐邈云：'偃为侨如所谮，故云无罪。'《左氏》云：'为姜氏所立。'二者未知孰是。"

[译文]

【经】乙酉日，杀公子偃。

〖传〗大夫去世，经文照例记载日期，这是合乎礼制的。经文先记刺礼，后记名字，以示死者没有罪过。

成公十有七年

【经】十有七年，①春，卫北宫括帅师侵郑。

[注释]

①鲁成公十七年，周简王十二年，公元前574年。

[译文]

【经】鲁成公十七年，春，卫国的北宫括率领军队侵犯郑国。

【经】夏，公会尹子、单子、晋侯、齐侯、宋公、卫侯、曹伯、邾人伐郑。①

[注释]

①尹子、单子，皆王卿士也。

[译文]

【经】夏,鲁成公会见尹子、单子、晋厉公、齐灵公、宋平公、卫献公、曹成公、邾国人,讨伐郑国。

【经】六月乙酉,同盟于柯陵。①
〖传〗柯陵之盟,谋复伐郑也。

[注释]
①柯陵,郑地,在今河南许昌南。

[译文]
【经】六月乙酉日,共同在柯陵会盟。
〖传〗柯陵的这次会盟上,各国诸侯谋划再次讨伐郑国。

【经】秋,公至自会。
〖传〗不曰至自伐郑也,公不周乎伐郑也。①何以知公之不周乎伐郑?以其以会致也。何以知其盟复伐郑也?以其后会之人尽盟者也。②不周乎伐郑,则何为日也?③言公之不背柯陵之盟也。④

[注释]
①范注:"周,信也。公逼诸侯为此盟尔,意不欲更伐郑。"
②范注:"后会,谓冬公会单子等是。"
③范注:"据无伐郑意而强盟,盟不由忠,不当日也。"
④范注:"舍己从人,遂伐郑。"杨疏:"定四年,诸侯侵楚,'盟于皋鼬',言'公至自会'者,《经》之常也。今《传》起违例之问者,定四年楚弱,而为诸侯所侵,侵讫而盟,故以盟为大事,故云'至自会'。郑自柯陵战后,不助中国,二年之间,三度兴兵,以伐为重盟为轻,故决其不以伐郑致,僖四年《传》云:'大伐楚也。'不以会致而以伐致,是其事也。案后会齐侯

成公 531

不出，而云后会之人尽盟者也，以今时身在，后遣大夫从师，故亦得云'后会之人尽盟'。"

[译文]

【经】秋，鲁成公从会晤之处回国（举行告祭饮至的礼仪）。

〖传〗经文不称从讨伐郑国的战场上回国，以示鲁成公没有讨伐郑国的意图。何以知道鲁成公没有讨伐郑国的意图？从他以会晤来告祭宗庙便可知道。何以知道那次盟约的内容是再次讨伐郑国？因为鲁成公讨伐郑国时所会见的人，都参与了这次盟会。没有讨伐郑国的意图，为何要记载盟会的日期？表示鲁成公没有背弃在柯陵立下的盟誓。

【经】齐高无咎出奔莒。

[译文]

【经】齐国的高无咎出奔莒国。

【经】九月辛丑，用郊。

〖传〗夏之始可以承春，以秋之末承春之始，盖不可矣。①九月用郊，用者，不宜用也。宫室不设，不可以祭；衣服不修，不可以祭；车马器械不备，不可以祭；有司一人不备其职，不可以祭。祭者，荐其时也，荐其敬也，荐其美也，非享味也。②

[注释]

①范注："郊，春事也。僖三十一年'夏，四月，四卜郊，不从'，《传》曰：'四月，不时。'今言可者，方明秋末之不可，故以是为犹可也。"

②杨疏："论用郊而陈宫室者，礼有五经，莫重于祭。祭之盛者，莫大于郊。《传》意欲见严父然后至其天，家国备然后祭享，故具说宫室、祭服、车

马、官司之等，明神非徒享味而已，何得九月始用郊乎？徐邈云：'宫室谓郊之齐宫，衣服、车马亦谓郊之所用，言一事阙，则不可祭。'何得九月用郊，理不通也。"

[译文]

【经】九月辛丑日，举行郊祭。

〖传〗夏季之初，可以承办春季的事，如今已经是秋季之末，再来承办春季之初的事，是不被允许的。在九月举行郊祭，"用"，就是不宜举行的意思。宫室如果没有布置好，不可以举行郊祭；衣服如果没有裁剪好，不可以举行郊祭；车马、祭器如果没有准备好，不可以举行郊祭；主管官吏如果有一人不称职，不可以举行郊祭。祭祀，是用来向神灵供奉时鲜，向神灵供奉诚敬，向神灵供奉盛美，不仅仅是让神灵享用美味而已。

【经】晋侯使荀罃来乞师。①

[注释]

①范注："将伐郑。"杨疏："范《别例》云：'乞师例有三。'三者不释，从例可知也。乞例六者，乞师五，乞盟一，并之为六。乞师五者，公子遂、晋郤锜、栾黡、荀罃、士鲂是也。乞盟一者，郑伯是也。"

[译文]

【经】晋厉公派荀罃前来乞求出兵。

【经】冬，公会单子、晋侯、宋公、卫侯、曹伯、齐人、邾人伐郑。

〖传〗言公不背柯陵之盟也。

[译文]

【经】冬，鲁成公会见单子、晋厉公、宋平公、卫献公、曹成公、

成公 533

齐国人、邾国人，讨伐郑国。

〖传〗表示鲁成公没有背弃在柯陵立下的盟誓。

【经】十有一月，公至自伐郑。

[译文]

【经】十一月，鲁成公从讨伐郑国的战场上回国（举行告祭饮至的礼仪）。

【经】壬申，公孙婴齐卒于貍脤。①

〖传〗十一月无壬申，壬申，乃十月也。致公而后录，臣子之义也。其地，未逾竟也。②

[注释]

①貍脤，鲁地，不详所在。《公羊》作"貍轸"，《左氏》作"貍脤"。
②范注："婴齐实以十月壬申日卒，而公以十一月还，先致公而后录其卒，故壬申在十一月下也。婴齐从公伐郑，致公然后伐郑之事毕，须公事毕，然后书臣卒，先君后臣之义也。"杨疏："《公羊》之意，以为臣待君命，然后卒大夫，此云致公而后录其卒，是与《公羊》异。杜预解《左氏》，以为日误，又与二《传》不同也。"

[译文]

【经】壬申日，公孙婴齐在貍脤去世。

〖传〗十一月没有壬申日，壬申日应当在十月。先记鲁成公告祭宗庙，后记臣子的去世，"先君后臣"是臣子应尽的道义。经文记载地点，是因为公孙婴齐没有离开国境。

【经】十有二月丁巳，朔，日有食之。

[译文]

【经】十二月丁巳,朔日,发生日食。

【经】邾子貜且卒。①

[注释]

①邾子貜且,邾定公,姓曹名貜且。

[译文]

【经】邾国国君曹貜且去世。

【经】晋杀其大夫郤锜、郤犨、郤至。
〖传〗自祸于是起矣。①

[注释]

①范注:"厉公见杀之祸。"

[译文]

【经】晋国杀死它的大夫郤锜、郤犨、郤至。
〖传〗内乱正是自此而起的啊。

【经】楚人灭舒庸。①

[注释]

①舒庸,详见僖三年"徐人取舒"条。

[译文]

【经】楚国人灭舒庸国。

成公 535

成公十有八年

【经】十有八年,①春,王正月,晋杀其大夫胥童。庚申,晋弑其君州蒲。

〖传〗称国以弑其君,君恶甚矣。②

[注释]

①鲁成公十八年,周简王十三年,公元前573年。
②范注:"于此发《传》者,以州蒲二年之间杀四大夫,故于此发恶例也。"

[译文]

【经】鲁成公十八年,春,周历正月,晋国杀死它的大夫胥童。庚申日,晋国杀害它的国君姬州蒲。

〖传〗经文以国家的名义杀害国君,表示国君已经恶贯满盈了。

【经】齐杀其大夫国佐。

[译文]

【经】齐国杀死它的大夫国佐。

【经】公如晋。

[译文]

【经】鲁成公前往晋国。

【经】夏，楚子、郑伯伐宋。

[译文]

【经】夏，楚共王、郑成公讨伐宋国。

【经】宋鱼石复入于彭城。①

[注释]

①彭城，宋邑，在今江苏徐州。范注："鱼石十五年奔楚，《经》称复入者，明前奔时，入彭城以叛也，今楚取彭城以封鱼石，故言复入。"杨疏："晋栾盈亦书复入者，以栾盈先入曲沃，后复入晋，故亦云复入也。后入曲沃，不云复入者，兵败奔曲沃，即既前文已云复入于晋，故直云入曲沃。旧解以为初入国都，后入曲沃，言复入。若然，何不云复入曲沃，而云复入于晋？"

[译文]

【经】宋国的鱼石重新进入彭城。

【经】公至自晋。

[译文]

【经】鲁成公从晋国回国（举行告祭饮至的礼仪）。

【经】晋侯使士匄来聘。①

[注释]

①士匄，士燮之子。匄（gài），又作"丐"。

[译文]

【经】晋悼公派士匄前来聘问。

【经】秋,杞伯来朝。

[译文]

【经】秋,杞桓公前来朝见。

【经】八月,邾子来朝。

[译文]

【经】八月,邾宣公前来朝见。

【经】筑鹿囿。①

〖传〗筑不志,此其志,何也?山林薮泽之利,所以与民共也。虞之,非正也。

[注释]

①鹿,地名。范注:"筑墙为鹿地之苑。"杨疏:"范知非为鹿筑囿,而以鹿为地名者,案郎囿既是地名,则此鹿亦当是地名,徐邈、何休皆云地名。天子囿方百里,公侯十里,伯方七里,子男方五里。言鲁先有囿,今复筑之,故书以示讥。则郎及蛇泉,亦是讥也。案《毛诗传》云:'囿者,天子百里,诸侯三十里。'与徐、何二说别者,《诗传》盖据《孟子》称文王囿七十里,寡人三十里,故约之为天子,诸侯三十里耳。未审徐、何二家据何为说也。"

[译文]

【经】在鹿地修筑苑囿。

〖传〗修筑照例不作记录,这里却记了下来,这是为何?山林湖泽中的物产,是用来与民众共同享用的。安置掌管山泽的虞官,是不合乎正道的。

【经】己丑，公薨于路寝。
〖传〗路寝，正也。男子不绝妇人之手，以齐终也。

[译文]

【经】己丑日，鲁成公在路寝辞世。

〖传〗死在路寝，是合乎正道的。男子不能死在妇人的怀抱中，而应当高洁地死去。

【经】冬，楚人、郑人侵宋。

[译文]

【经】冬，楚国人、郑国人侵犯宋国。

【经】晋侯使士鲂来乞师。①

[注释]

①士鲂（fáng），士燮之弟。

[译文]

【经】晋悼公派士鲂前来乞求出兵。

【经】十有二月，仲孙蔑会晋侯、宋公、卫侯、邾子、齐崔杼，同盟于虚朾。①

[注释]

①虚朾，在今河南睢县一带，一说在今山东泗水一带。杨疏："此虚朾之盟不日者，何休云：'公薨，丧，盟略之，故不日。'事或然也。"

[译文]

【经】十二月,仲孙蔑会见晋悼公、宋平公、卫献公、邾宣公、齐国的崔杼,共同在虚打会盟。

【经】丁未,葬我君成公。

[译文]

【经】丁未日,安葬我国国君鲁成公。

襄公

襄公元年

【经】元年,①春,王正月,公即位。

〖传〗继正即位,正也。②

[注释]

①鲁襄公元年,周简王十四年,公元前572年。鲁襄公,姓姬名午,鲁成公之子,定姒所生,《周书·谥法》:"因事有功曰襄。"

②杨疏:"襄是定姒之子,嫌非正,故重明之。"

[译文]

【经】鲁襄公元年,春,周历正月,鲁襄公即位。

〖传〗继承寿终正寝的国君的君位,就书写即位,是合乎正道的。

【经】仲孙蔑会晋栾黡、宋华元、卫甯殖、曹人、莒人、邾人、滕人、薛人,围宋彭城。①

〖传〗系彭城于宋者,不与鱼石,正也。②

[注释]

①晋栾黡,即栾桓子。卫甯殖,即甯惠子。

②范注:"鱼石得罪于宋,成十五年奔楚,十八年复入于彭城。然则彭城已属鱼石,今犹系宋者,崇君抑叛臣也。"杨疏:"哀三年齐、卫围戚,《传》曰:'不系戚于卫者,子不有父也。'鱼石人臣而取君之邑,邑以系国为正,故言:'系彭城于宋,不与鱼石正也。'若不系宋,则似与之为父子,君意异,系不有殊。《公羊传》曰:'曷为系之于宋?不与诸侯专封也。'《左氏》云:'今楚取彭城以封鱼石。'是鱼石为楚所封,则三《传》不异其说,彭城系宋则异也。何者?《公羊》意彭城系宋,不与楚封。此《传》意彭城系宋,不与鱼石,是其异也。《左氏》以为不成叛人,又云'谓之宋志',是又与二《传》意不同也。"

[译文]

【经】仲孙蔑会见晋国的栾黡、宋国的华元、卫国的甯殖、曹国人、莒国人、邾国人、滕国人、薛国人,一同围攻宋国的彭城。

【传】经书将彭城列于宋国名下,以示对鱼石的贬斥,这是合乎正道的。

【经】夏,晋韩厥帅师伐郑。①

[注释]

①韩厥,晋卿,即韩献子,《公羊》作"韩屈"。

[译文]

【经】夏,晋国的韩厥率领军队讨伐郑国。

【经】仲孙蔑会齐崔杼、曹人、邾人、杞人次于鄫。①

[注释]

①鄫,郑地,《公羊》作"合",在今河南柘城县北。

[译文]

【经】仲孙蔑会见齐国的崔杼、曹国人、邾国人、杞国人在鄫地驻扎。

【经】秋,楚公子壬夫帅师侵宋。①

[注释]

①是役,楚侵宋以救郑,取宋之吕、留二邑。郑子然以伐宋,取犬丘。公子壬夫,字子辛。

[译文]

【经】秋,楚国的公子壬夫率领军队侵犯宋国。

【经】九月辛酉,天王崩。①

[注释]

①天王,周简王,名夷,在位十四年。

[译文]

【经】九月辛酉日,周简王逝世。

【经】邾子来朝。

[译文]

【经】邾宣公前来朝见。

【经】冬,卫侯使公孙剽来聘。晋侯使荀罃来聘。①

[注释]

①范注:"冬者,十月初也。王崩,赴未至,皆未闻丧,故各得行朝聘之礼。"杨疏:"《周礼》:'诸侯之邦交,岁相问,殷相聘,世相朝。'又《左传》云:'凡诸侯即位,小国朝之,大国聘焉。'此年公新即位,故各行朝聘礼也。知'王崩,赴未至'者,礼,诸侯为天子斩衰,若其闻丧,岂天子以九月崩,当月即郱子来朝,冬初即晋、卫来聘,鲁是有礼之国,焉得受之?明知赴未至,故各得行朝聘之礼也。犹如襄二十九年,吴子餘祭五月所弑,赴未至鲁,故季札以六月致鲁,仍行聘事,亦此类也。若然,《经》书九月'天王崩'者,赴虽在十月之末,告以九月崩耳。知王崩,诸侯不得行朝聘之礼者,《曾子问》云:'诸侯相见,揖让入门,不得终礼,废者几?孔子曰:"六。天子崩、大庙火、日食、后夫人之丧、雨沾服、失容,则废。"'是天子崩,不得行朝聘也。"

[译文]

【经】冬,卫献公派公孙剽前来聘问。晋悼公派荀罃前来聘问。

襄公二年

【经】二年,①春,王正月,葬简王。

[注释]

①鲁襄公二年,周灵王元年,公元前571年。

[译文]

【经】鲁襄公二年,春,周历正月,安葬周简王。

【经】郑师伐宋。

[译文]

【经】郑国军队讨伐宋国。

【经】夏,五月庚寅,夫人姜氏薨。①

[注释]

①夫人姜氏,齐姜,襄公之母。

[译文]

【经】夏,五月庚寅日,夫人姜氏辞世。

【经】六月庚辰,郑伯睔卒。①

[注释]

①郑伯睔 gùn,郑成公,姓姬,名睔。

[译文]

【经】六月庚辰日,郑国国君姬睔去世。

【经】晋师、宋师、卫甯殖侵郑。
〖传〗其曰卫甯殖,如是而称于前事也。①

[注释]

①范注:"初卫侯速卒,郑人侵之,故举甯殖之报,以明称于前事。不书晋、宋之将,以慢其伐人之丧。"杨疏:"依例,将尊师少称将,将卑师众称师。《传》知称于前而书名者,三人同有伐丧之罪,或名或师,明知称师者罪重,称名者罪轻。又成二年郑人侵卫之丧,今甯殖独称名氏,故知称其前事也。"

[译文]

【经】晋悼公、宋国军队、卫国的甯殖侵犯郑国。

【传】经文称其为"卫甯殖",是因为郑国曾趁卫国发丧之际侵犯卫国(因此对甯殖伐郑丧的行为责备较轻)。

【经】秋,七月,仲孙蔑会晋荀罃、宋华元、卫孙林父、曹人、邾人于戚。

[译文]

【经】秋,七月,仲孙蔑在戚地会见晋国的荀罃、宋国的华元、卫国的孙林父、曹国人、邾国人。

【经】己丑,葬我小君齐姜。①

[注释]

①范注:"齐,谥。"杨疏:"葬皆举谥。又《谥法》'执心克壮曰齐',故知是谥。"

[译文]

【经】己丑日,安葬我国夫人齐姜。

【经】叔孙豹如宋。

[译文]

【经】叔孙豹前往宋国。

【经】冬,仲孙蔑会晋荀罃、齐崔杼、宋华元、卫孙林父、曹人、邾人、滕人、薛人、小邾人于戚,遂城虎牢。①

【传】若言中国焉,内郑也。②

[注释]

①虎牢,郑邑,在今河南荥阳市汜水镇西。

②范注:"郑服罪,内之,故为之城。不系虎牢于郑者,如中国之邑也。僖二年'城楚丘',《传》曰:'楚丘者何?丘之邑。国曰城,此邑也。其曰城何?封卫也。'然则非鲁邑,皆不言城。中国,犹国中也。"

[译文]

【经】冬,仲孙蔑在戚地会见晋国的荀䓨、齐国的崔杼、宋国的华元、卫国的孙林父、曹国人、邾国人、滕国人、薛国人、小邾国人,于是修筑虎牢城。

〖传〗这里仿佛将位于郑国的虎牢说成鲁国的城邑一般,是将郑国视作自己人的说法。

【经】楚杀其大夫公子申。①

[注释]

①公子申,楚右司马。

[译文]

【经】楚国杀死它的大夫公子申。

襄公三年

【经】三年,①春,楚公子婴齐帅师伐吴。②

[注释]

①鲁襄公三年,周灵王二年,公元前570年。

②公子婴齐,即子重,楚庄王之弟,楚令尹。

襄公 547

[译文]

【经】鲁襄公三年,春,楚国的公子婴齐率领军队讨伐吴国。

【经】公如晋。

[译文]

【经】鲁襄公前往晋国。

【经】夏,四月壬戌,公及晋侯盟于长樗。①

[注释]

①长樗(chū),晋地,在晋都附近。范注:"晋侯出其国都,与公盟于外地。"杨疏:"范知出国都与公盟者,上言'如晋',下言'公至自晋',不言长樗,故知之也。"

[译文]

【经】夏,四月壬戌日,鲁襄公与晋悼公在长樗会盟。

【经】公至自晋。

[译文]

【经】鲁襄公从晋国回国(举行告祭饮至的礼仪)。

【经】六月,公会单子、晋侯、宋公、卫侯、郑伯、莒子、邾子、齐世子光。己未,同盟于鸡泽。①

〖传〗同者,有同也,同外楚也。

[注释]

①鸡泽，在今河北鸡泽。

[译文]

【经】六月，鲁襄公会见单子、晋悼公、宋平公、卫献公、郑僖公、莒犁比公、邾宣公、齐国的世子光。己未日，共同在鸡泽会盟。

〖传〗"同"，是有相同旨趣的意思，诸侯决定共同抵挡楚国。

【经】陈侯使袁侨如会。①

〖传〗如会，外乎会也。②于会受命也。

[注释]

①袁侨，陈大夫也，袁涛涂四世孙。

②范注："外乎会者，明本非会内也。诸侯已会，乃至耳。"杨疏："庄十四年'单伯会伐宋'，《传》云：'会事之成也。'僖二十八年'陈侯如会'，《传》曰：'外乎会也。'是二文互以相通也。会伐宋，伐事已成，单伯乃至，则践土亦会事已成，陈侯乃至也。陈侯言外乎会，明伐宋时，亦外乎会也。三处发传者，单伯内大夫，陈侯是诸侯，袁侨为君使，嫌有异，故重发之。"

[译文]

【经】陈成公派袁侨前往盟会。

〖传〗前往盟会，就是未能赶上班序的仪式。刚赶到盟会就接受了盟约。

【经】戊寅，叔孙豹及诸侯之大夫，及陈袁侨盟。

〖传〗及，以及与之也。①诸侯以为可与则与之；不可与则释之。诸侯盟，又大夫相与私盟，是大夫张也。故鸡泽之会，诸侯始失正矣。大夫执国权。曰袁侨，异之也。②

[注释]

①范注:"诸侯在会,而大夫又盟,是大夫执国之权,亢君之礼。陈君不会,袁侨受使来盟。袁侨之盟,得其义也。通言叔孙豹及诸侯之大夫,则无以表袁侨之得礼,故再言及,明独与袁侨,不与诸侯之大夫。"

②范注:"释不但总言及诸侯之大夫,而复别言袁侨者,是异袁侨之得礼。"杨疏:"《传》解《经》所以再言及者,以及与之也,谓与袁侨,故言及以殊之。《公羊》以为重言及者,为其与袁侨盟也。其意言诸侯大夫所以为盟者,为与袁侨盟也,与《穀梁传》异也。礼,君不敌臣。陈遣大夫赴会,诸侯大夫与之为盟,则是贵贱之宜。而云大夫强者,陈侯远慕中国,使大夫诣会受盟,诸侯虽则盟罢,当须更与结好。又尊卑不敌者,谓独会公侯,今既与诸侯众在,何以得称不敌?陈侯不在,故与袁侨得盟。诸侯大夫,君在私盟,故谓之强也。案十六年'大夫不臣也',则不系诸侯。此云诸侯之大夫,而谓之强者,此虽对君私盟,慢君之意缓,至十六年,积习已久,不臣之情极,故不系诸侯。此亦应为君之命,而谓之私者,对君盟,非臣事,故谓之私。"按,杨疏之"强"者,《传》文之"张"也。

[译文]

【经】戊寅日,叔孙豹与各国诸侯的大夫,与陈国的袁侨会盟。

〖传〗"及",是用"及"这种说法来表示对袁侨的赞许。诸侯以为能与陈国大夫袁侨盟誓,就与他盟誓;不能盟誓,也就罢了。诸侯之间会盟,大夫又私自互相会盟,这是出于大夫的骄矜。故而鸡泽的会晤,是诸侯丧失政权的开端。大夫把持国家的权柄。经文单独提及袁侨,是将他与其他大夫加以区别。

【经】秋,公至自晋。

[译文]

【经】秋,鲁襄公从晋国回国(举行告祭饮至的礼仪)。

【经】冬，晋荀䓨帅师伐许。①

[注释]

①许国未参加鸡泽之会，又背诸夏而从楚，故晋使荀䓨伐之。

[译文]

【经】冬，晋国的荀䓨率领军队讨伐许国。

襄公四年

【经】四年，①春，王三月己酉，陈侯午卒。②

[注释]

①鲁襄公四年，周灵王三年，公元前569年。
②陈侯午，陈成公，姓妫名午。

[译文]

【经】鲁襄公四年，春，周历三月己酉日，陈国国君妫午去世。

【经】夏，叔孙豹如晋。①

[注释]

①前晋智武子来聘，故叔孙豹如晋以朝。

[译文]

【经】夏，叔孙豹前往晋国。

【经】秋，七月戊子，夫人姒氏薨。①

[注释]

①范注:"成公夫人,襄公母也。姒,杞姓。"杨疏:"《公羊》以为'弋氏',何休云'莒女'。此与《左氏》并为'姒氏',范及杜预皆云'杞女',是与《公羊》异也。《传》妾子为君,其母不得称夫人。今薨葬备文者,君与夫人礼成之,臣民不可以妄礼遇之,故亦得称夫人,今仍非礼也。"

[译文]

【经】秋,七月戊子日,夫人姒氏辞世。

【经】葬陈成公。

[译文]

【经】安葬陈成公。

【经】八月辛亥,葬我小君定姒。①

[注释]

①范注:"定,谥。"

[译文]

【经】八月辛亥日,安葬我国夫人定姒。

【经】冬,公如晋。

[译文]

【经】冬,鲁襄公前往晋国。

【经】陈人围顿。

[译文]

【经】陈国人围攻顿国。

襄公五年

【经】五年,①春,公至自晋。

[注释]

①鲁襄公五年,周灵王四年,公元前568年。

[译文]

【经】鲁襄公五年,春,鲁襄公从晋国回国(举行告祭饮至的礼仪)。

【经】夏,郑伯使公子发来聘。①

[注释]

①郑伯,郑僖公。公子发,郑穆公庶子。

[译文]

【经】夏,郑僖公派公子发前来聘问。

【经】叔孙豹、缯世子巫如晋。①
〖传〗外不言如,而言如,为我事往也。②

[注释]

①缯,《公羊》《左氏》作"鄫"。
②范注:"外相如不书,为鲁事往,故同于内。"杨疏:"《公羊》以缯世

子巫是缯之前夫人莒女所生，其巫之母，即是鲁襄公同母姊妹。缯更娶后夫人于莒，而无子。有女还于莒为夫人，生公子。但缯子爱后之夫人，故立其外孙莒之公子，故叔孙豹与世子巫如晋讼之。此《传》直云'为我事往也'，不知更为何事。故徐邈注此，取《左氏》为说，云'为我事往'者，谓请缯于晋，以助己出赋也。今范云'外相如不书，为鲁事往，故同于内'也。下文灭缯，此《传》亦同《公羊》，取外孙为嗣，则此之如晋同《公羊》，理亦无损。但巫纵与曾同是莒之外孙，《传》不得云为我事往也。况又上四年范《注》云：'姒氏，襄公母，杞姓也。'则襄公母非莒女也。若同《左氏》，则于《传》文为顺，未审范意如何。或当范虽从《公羊》外孙为嗣，此明如晋非为外孙。"

[译文]

【经】叔孙豹、缯国的世子巫前往晋国。

〖传〗对鲁国以外的诸侯而言，不能说"如"，说"如"，因为是为鲁国之事而前往的。

【经】仲孙蔑、卫孙林父会吴于善稻。①
〖传〗吴谓善伊、谓稻缓。号从中国，名从主人。②

[注释]

①善稻，吴地，在今江苏盱眙东北，《左氏》作"善道"。
②范注："夷狄所号地形及物类，当从中国言之，以教殊俗，故不言伊缓，而言善稻。人名当从其本俗言。"杨疏："重发此文者，邾之与宋，俱是中国，嫌此鲁、卫会吴善稻。善稻，吴地，嫌从夷号，故重发之。大原，晋地，接狄之竟，名曰大卤，恐从狄名，故更发其例。蚡泉，鲁地，莒从夷俗，但狄人谓蚡泉为矢胎，莒不得与真夷狄同，故亦须发例也。'名从主人'者，越为於越，《左氏》云'寿梦之鼎'是也。"

[译文]

【经】仲孙蔑、卫国的孙林父在善稻会见吴国。
〖传〗吴人将"善"读作"伊"，将"稻"读作"缓"。如果是地名，随华夏称呼；如果是人名，随主人称呼。

【经】秋，大雩。

[译文]

【经】秋，举行盛大的祈雨仪式。

【经】楚杀其大夫公子壬夫。①

[注释]

①公子壬夫，即子辛，楚令尹。

[译文]

【经】楚国杀死它的大夫公子壬夫。

【经】公会晋侯、宋公、陈侯、卫侯、郑伯、曹伯、莒子、邾子、滕子、薛伯、齐世子光、吴人、鄫人于戚。①

[注释]

①范注："鄫以外甥为子，曾夷狄之不若，故序吴下，所以不复殊外吴者，以其数会中国故。"杨疏："鄫夷狄之不若，自当序吴下。鄫在吴下，即得殊吴。所以云'数会中国'者，若鄫夷狄不若，吴不数会中国，纵使抑鄫，不可称人进班也。今以其数行进之，故序云会进之。故序鄫于下，以表夷狄之不若；进吴于上，以显其数会中国也。"

[译文]

【经】鲁襄公在戚地会见晋悼公、宋平公、陈哀公、卫献公、郑僖公、曹成公、莒犁比公、邾宣公、滕成公、薛献公、齐国的世子光、吴国人、鄫国人。

【经】公至自会。

[译文]

【经】鲁襄公从会晤上回国（举行告祭饮至的礼仪）。

【经】冬，戍陈。
〖传〗内辞也。①

[注释]

①范注："不言诸侯，是鲁戍之。"杨疏："此戍陈，《公羊》以为诸侯虽至，不可得而序，故独言我也。杜预以为戚会，受晋命戍陈，诸侯各自遣戍，不复告鲁，故不书也。观范《注》，似鲁独自戍之。案检上下，则于理不得。何者？定五年'归粟于蔡'，《传》云：'专辞也。'彼专辞即与此内辞不异，彼《传》归粟，更云诸侯归之，则此戍陈亦是诸侯同戍。襄三十年澶渊救灾，具列诸国。故定五年归粟，不复历序诸侯，则此亦以救陈之文，具列诸侯，故于戍之文，独言鲁戍也。彼《传》云'义迩也'，不足具列，则此亦以其事可知，故《经》文不序。范云鲁者，解《经》之独立文也。"

[译文]

【经】冬，戍守陈国。
〖传〗说的是我们鲁国。

【经】楚公子贞帅师伐陈。①

[注释]

①公子贞，即子囊，楚令尹。

[译文]

【经】楚国的公子贞率领军队讨伐陈国。

【经】公会晋侯、宋公、卫侯、郑伯、曹伯、莒子、邾子、滕子、薛伯、齐世子光救陈。①

[注释]
①世子光,齐灵公之子,后之齐庄公是也。

[译文]
【经】鲁襄公会见晋悼公、宋平公、卫献公、郑僖公、曹成公、莒犁比公、邾宣公、滕成公、薛献公、齐国的世子光一起救援陈国。

【经】十有二月,公至自救陈。
〖传〗善救陈也。①

[注释]
①范注:"楚人伐陈,公能救中国而攘夷狄,故善之。善之谓以救陈致。"杨疏:"于公之至下言之者,《春秋》主善以内,故书公至下重发。"

[译文]
【经】十二月,鲁襄公从救援陈国的战场上回国(举行告祭饮至的礼仪)。
〖传〗这是在褒扬鲁襄公救援陈国的行为。

【经】辛未,季孙行父卒。①

[注释]
①季孙行父,季文子,鲁国执政卿大夫,鲁桓公曾孙、公子季友之孙。

[译文]
【经】辛未日,季孙行父去世。

襄公六年

【经】六年,①春,王三月壬午,杞伯姑容卒。②

[注释]

①鲁襄公六年,周灵王五年,公元前567年。
②杞伯姑容,杞桓公,姓姒,名姑容。

[译文]

【经】鲁襄公六年,春,周历三月壬午日,杞国国君姒姑容去世。

【经】夏,宋华弱来奔。①

[注释]

①华弱,宋司马,为乐辔所逐。

[译文]

【经】夏,宋国的华弱前来投奔。

【经】秋,葬杞桓公。

[译文]

【经】秋,安葬杞桓公。

【经】滕子来朝。①

[注释]

①滕子,滕成公。

[译文]

【经】滕成公前来朝见。

【经】莒人灭鄫。①

〖传〗非灭也。②中国日,卑国月,夷狄时。③鄫,中国也,而时,非灭也。家有既亡,国有既灭。④灭而不自知,由别之而不别也。⑤莒人灭鄫,非灭也。非立异姓以莅祭祀,灭亡之道也。⑥

[注释]

①范注:"莒是鄫甥,立以为后,非其族类,神不歆其祀,故言灭。"
②范注:"非以兵灭。"
③卑国者,附庸之国也,未受天子爵命者也。此谓灭国三术也。
④既,尽也。范注:"灭犹亡,亡犹灭,家立异姓为后,则亡;国立异姓为嗣,则灭。"
⑤范注:"鄫不达灭亡之义,故国灭而不知。"
⑥范注:"莅音'利',又音'类'。"杨疏:"重发《传》者,非兵灭,故重明之,由别之不别也。言鄫所以灭者,立嗣须分别同姓,而鄫不别也。旧解云:'别,犹识也。'言鄫君唯识知国须立后,不能分别异姓之不得。"杨疏所谓"重发《传》"者,盖《传》文数称"非灭也",非复发他年之《传》也。

[译文]

【经】莒国人灭鄫国。

〖传〗鄫国不是被武力所灭。灭国之时,如果是华夏之国,照例记载日期;附庸之国,照例记载月份;夷狄之国,照例记载季节。鄫国是华夏之国,却只记载季节,因为不是被武力所灭。家有名存实亡的,国也有名存实亡的。国家灭亡,自己却不知道,这是因为立嗣应当分别是否同姓，缯国国君并没有分别。莒国人灭缯国，并不是依靠武力。经文是在责难缯国拥立异姓之君，作为其祭祀宗庙之主，这是称其灭亡的原因。

【经】冬，叔孙豹如邾。①

[注释]

①聘邾也。

[译文]

【经】冬，叔孙豹前往邾国。

【经】季孙宿如晋。①

[注释]

①宿，季孙行父之子。

[译文]

【经】季孙宿前往晋国。

【经】十有二月，齐侯灭莱。①

[注释]

①杨疏："《左氏》以为齐迁莱子于郳，故不书出奔。《公羊》以为莱子出奔，不如死也，死不书，举灭为重。此无《传》，未知所从。"

[译文]

【经】十二月，齐灵公灭莱国。

襄公七年

【经】七年,①春,郯子来朝。②

[注释]

①鲁襄公七年,周灵王六年,公元前566年。
②郯,古国,少昊之后,在今山东郯城一带。

[译文]

【经】鲁襄公七年,春,郯国国君前来朝见。

【经】夏,四月,三卜郊,不从,乃免牲。
〖传〗夏四月,不时也。三卜,礼也。乃者,亡乎人之辞也。①

[注释]

①杨疏:"三卜是礼,而书之者,为三卜不从,及四月不时故也。'乃者,亡乎人之辞也',复发《传》者,嫌三卜礼不当,责无人也。"按,僖三十一年四卜,成十年五卜。

[译文]

【经】夏,四月,三次占卜郊祭的吉凶,不吉,就免去宰杀祭牲。
〖传〗"夏,四月",表示这次郊祭不合时令。三次占卜,是合乎礼制的。"乃",是没有贤能之人的说法。

【经】小邾子来朝。①

[注释]

①小邾子,《左氏》以为小邾穆公也。

[译文]

【经】小邾穆公前来朝见。

【经】城费。①

[注释]

①费,古邑名。春秋鲁地。在今山东费县西北,季氏之采邑也。

[译文]

【经】修筑费邑。

【经】秋,季孙宿如卫。

[译文]

【经】秋,季孙宿前往卫国。

【经】八月,螽。

[译文]

【经】八月,螽虫成灾。

【经】冬,十月,卫侯使孙林父来聘。壬戌,及孙林父盟。①

[注释]

①卫侯,卫献公。前季孙宿如卫,故卫侯使孙林父来聘,遂与鲁盟。

[译文]

【经】冬,十月,卫献公派孙林父前来聘问。壬戌日,与孙林父会盟。

【经】楚公子贞帅师围陈。

[译文]

【经】楚国公子贞率领军队围攻陈国。

【经】十有二月,公会晋侯、宋公、陈侯、卫侯、曹伯、莒子、邾子于鄬。①

[注释]

①鄬(wéi),郑地,在今河南鲁山一带。《左氏》以是会诸侯为救陈也。

[译文]

【经】十二月,鲁襄公在鄬地会见晋悼公、宋平公、陈哀公、卫献公、曹成公、莒犁比公、邾宣公。

【经】郑伯髡原如会,①未见诸侯。丙戌,卒于操。②
〖传〗未见诸侯,其曰如会,何也?致其志也。礼:诸侯不生名,此其生名,何也?卒之名也。卒之名,则何为加之如会之上?见以如会卒也。其见以如会卒,何也?郑伯将会中国,其臣欲从楚。不胜其臣,弑而死。其不言弑,何也?不使夷狄之民加乎中国之君也。③其地,于外也。其日,未逾竟也。日卒时葬,正也。④

[注释]

①郑伯髡原，郑僖公，姓姬名髡原。

②操，郑地，在今河南新郑、鲁山之间。《左氏》作"鄵"。

③夷狄之民，郑臣也。范注引邵曰："以其臣欲从楚，故谓夷狄之民。不欲使夷狄之臣得弑中国之君，故去弑而言卒，使若止卒然。"

④杨疏："葬在八年，比处发之者，以郑伯被弑而同正卒。既同正卒，宜云正葬，故连言也。重发正卒之《传》者，今被弑而同正卒，嫌与他例异，故明之也。"

[译文]

【经】郑僖公姬髡原前往会晤，并没有见到诸侯。丙戌日，在操地去世。

〖传〗没有见到诸侯，经文却称其前往会晤，这是为何？为了顺遂他的意图。根据礼制，诸侯在世时不直呼其名，这里却于在世之时直呼其名，这是为何？这是在他去世后才直呼其名。去世后才能直呼其名，那么为何要在"如会"时提及？为了显示是因为前往会晤而死的。因为前往会晤而死，又是为何？郑僖公想要会见华夏诸侯，他的臣子却想要交好楚国。国君无法驾驭臣子，被臣子杀害而死。经文不记载弑君，这是为何？为了不让夷狄的民众杀害华夏的国君。经文记载地点，表示他死在郑国国都之外。经文记载日期，是因为他没有离开国境。记载诸侯去世的日期、下葬的月份，这是合乎礼制的。

【经】陈侯逃归。

〖传〗以其去诸侯，故逃之也。①

[注释]

①范注："郑伯欲从中国而罹其凶祸，诸侯莫有讨心，于是惧而去之。背华即夷，故书逃以抑之。"

[译文]

【经】陈哀公遁逃回国。

〖传〗因为他离开了各国诸侯,故而称之为"逃"。

襄公八年

【经】八年,①春,王正月,公如晋。②

[注释]

①鲁襄公八年,周灵王七年,公元前565年。
②杨疏:"《传例》:'往月,危往也。'今书正月者,以郑伯归晋受祸,陈侯畏楚逃归,明晋之不足可恃,而公往朝,危之道,故书月也。"

[译文]

【经】鲁襄公八年,春,周历正月,鲁襄公前往晋国。

【经】夏,葬郑僖公。

[译文]

【经】夏,安葬郑僖公。

【经】郑人侵蔡,获蔡公子湿。①
〖传〗人,微者也。侵,浅事也。而获公子,公子病矣。②

[注释]

①公子湿,又作"隰",《左氏》作"燮"。范注:"侵者,所以服不义,无相获之道。获者,不与之辞。"

②杨疏："《公羊》以为侵而言获者，适得其意，谓值其无备，故获得之。此云'公子病矣'，谓侵是浅事，所以得公子者，由公子病弱矣。徐邈云：'公子病，不任为将帅，故获之。'"按，《穀梁》言病，皆足羞之谓也，杨疏非也。

[译文]

【经】郑国人侵犯蔡国，擒获蔡国的公子湿。

〖传〗人，是地位卑微的人。侵犯，是小规模的战事。经文又称擒获公子，是在羞辱他。

【经】季孙宿会晋侯、郑伯、齐人、宋人、卫人、邾人于邢丘。①

〖传〗见鲁之失正也。公在而大夫会也。②

[注释]

①邢丘，晋地，在今河南温县一带。
②杨疏："以公在晋，未及告公，大夫为会，故云'失正也'。"

[译文]

【经】季孙宿在邢丘会见晋悼公、郑简公、齐国人、宋国人、卫国人、邾国人。

〖传〗用以显示鲁国不依正道行事。鲁公尚在，却让大夫会见诸侯。

【经】公至自晋。

[译文]

【经】鲁襄公从晋国回国（举行告祭饮至的礼仪）。

【经】莒人伐我东鄙。

[译文]

【经】莒国人讨伐我国东部边疆。

【经】秋，九月，大雩。

[译文]

【经】秋，九月，举行盛大的祈雨仪式。

【经】冬，楚公子贞帅师伐郑。①

[注释]

①公子贞，即子囊，楚令尹。

[译文]

【经】冬，楚国公子贞率领军队讨伐郑国。

【经】晋侯使士匄来聘。①

[注释]

①士匄来聘，盖晋侯将会诸侯而伐郑也。

[译文]

【经】晋悼公派士匄前来聘问。

襄公九年

【经】九年，①春，宋灾。

〖传〗外灾不志，此其志，何也？故宋也。②

[注释]

①鲁襄公九年，周灵王八年，公元前564年。

②范注："故犹先也，孔子之先，宋人。"杨疏："《公羊》以为'大者曰灾'。何休云'大者谓正寝、社稷、宗庙、朝廷也'，小者非宗庙社稷也。又曰'内何以不言火，甚之也'者。何休云'《春秋》以内为天下法，故虽小有火，如大灾'。又云'外灾不书，此何书？为王者之后记灾也'。此《传》直云'故宋也'。徐邈云：'《春秋》王鲁，以周公为王后，以宋为故也。是亦以为王者之后记灾也。'今范独云'孔子之先，宋人'，故记其灾，以黜周王鲁，乃是《公羊》之说。今徐乃取以解《穀梁》，故范不从之。"

[译文]

【经】鲁襄公九年，春，宋国遇灾。

〖传〗发生在鲁国之外的灾情，照例不作记载，这里却作记载，这是为何？是因为孔子的先人是宋国人。

【经】夏，季孙宿如晋。

[译文]

【经】夏，季孙宿前往晋国。

【经】五月辛酉，夫人姜氏薨。①

[注释]

①夫人姜氏，宣公夫人、襄公祖母是也。范注："成公母。"

[译文]

【经】五月辛酉日，夫人姜氏辞世。

【经】秋，八月癸未，葬我小君穆姜。

[译文]

【经】秋，八月癸未日，安葬我国夫人穆姜。

【经】冬，公会晋侯、宋公、卫侯、曹伯、莒子、邾子、滕子、薛伯、杞伯、小邾子、齐世子光伐郑。十有二月己亥，同盟于戏。①

〖传〗不异言郑，善得郑也。不致，耻不能据郑也。②

[注释]

①戏，郑地，在今河南登封一带。
②范注："戏盟还而楚伐郑，故耻不能终有郑。"杨疏："旧解以伐郑之文在上，即同盟于戏，明郑在可知，故不异言也。善得郑也，言郑服心同盟，故以为善，既善得郑，则是无耻。所以不致者，耻不能据郑也，谓既盟之后，楚即伐郑，耻不能终据之，故不致也。又一解，不异言郑，谓会伐无郑伯之文，今不序，是不异言也。所以不异言者，善得郑也，嘉其服心受盟，比之旧同好然，故不异言也。既善得郑，又以为耻者，当时郑虽受盟，楚即伐郑，诸侯不能终据郑，故以为耻也。"

[译文]

【经】冬，鲁襄公会同晋悼公、宋平公、卫献公、曹成公、莒犁比公、邾悼公、滕成公、薛献公、杞孝公、小邾穆公、齐国太子光讨伐郑国。十二月己亥日，共同在戏地会盟。

〖传〗经文不特地记载郑国在会盟之列，是在褒扬诸侯驯服郑国的行为。不记载鲁襄公告祭宗庙，是为最终不能平定郑国而感到耻辱。

襄公 569

【经】楚子伐郑。①

[注释]

①楚子,楚共王,名审。

[译文]

【经】楚共王讨伐郑国。

襄公十年

【经】十年,①春,公会晋侯、宋公、卫侯、曹伯、莒子、邾子、滕子、薛伯、杞伯、小邾子、齐世子光会吴于柤。②

〚传〛会,又会,外之也。③

[注释]

①鲁襄公十年,周灵王九年,公元前563年。
②柤,楚地,在今江苏市西北。
③范注:"五年会于戚,不殊会,今殊会吴者,复夷狄故。"杨疏:"重发《传》者,五年戚会不殊吴,今殊之,故复发《传》。旧解戚之会抑缩进吴,故不得殊会,今宜当复夷狄,故会以外之。或以为戚会,以吴行进,故不殊之,今在后,更为夷狄之行,故外之。"

[译文]

【经】鲁襄公十年,春,鲁襄公会见晋悼公、宋平公、卫献公、曹成公、莒犁比公、邾宣公、滕成公、薛献公、杞孝公、小邾穆公、齐国的世子光,在柤地和吴国会盟。

〚传〛在会晤之外另记一次会晤,以示不将吴国当作华夏诸侯看待。

【经】夏，五月甲午，遂灭傅阳。①

〖传〗遂，直遂也。其曰遂何？不以中国从夷狄也。②

[注释]

①傅阳，古国，妘姓，在今山东峄县一带，《公羊》《左氏》作"偪阳"。

②范注："言时实吴会诸侯灭傅阳，耻以中国之君从夷狄之主，故加甲午，使若改日诸侯自灭傅阳。灭卑国月，此日，盖为遂耳。"杨疏："《传》言'遂，直遂也'者，是继事之辞，不须云日。今加甲午，始云遂灭，与凡遂异，故《传》言之。傅阳卑国，例当书月，此《经》言日，故范云'盖为遂耳'。为遂者，欲见不使中国之君从夷狄之主也。"

[译文]

【经】夏，五月甲午日，成功灭傅阳国。

〖传〗"遂"，是直截了当的意思。经文为何要用"遂"这种说法呢？为了不让华夏诸侯附在夷狄之国后面。

【经】公至自会。

〖传〗会夷狄不致，恶事不致，①此其致何也？②存中国也。③中国有善事，则并焉。④无善事则异之，存之也。⑤汲郑伯，⑥逃归陈侯，⑦致柤之会，存中国也。

[注释]

①范注："夷狄不致，耻与同。恶事不致，耻有恶。"

②范注："会吴，会夷狄也。灭傅阳，恶事也。据不应致。"

③范注："以中国之君，从夷狄之主，而灭人之邑也，此即夷狄尔，是无中国也。故加甲午，使若改日诸侯自灭傅阳尔，不以诸侯从夷狄也。灭中国虽恶事，自诸侯之一眚尔。从夷狄而灭人，则中国不复存矣。"杨疏："僖二十六年'公至自伐齐'，《传》曰：'恶事不致，此其致之，何也？危之也。'彼亦

是以蛮夷伐中国，《传》总释之。今分别两言之者，当以直会夷狄、直为恶事，二者俱不致会。夷狄不致者，成二年蜀之盟是也。恶事不致者，桓二年稷之会是也。今公从夷狄为柤之会，又灭傅阳，二事皆恶，故《传》两举之。彼公以楚师伐齐唯是一事，故总释耳。《传》于此见存中国之文者，鸡泽之会，诸侯失政，从此之后，日益陵迟，又会夷狄之人以灭中国，恶事之甚，故书公至以存之。僖二十六年《传》云危之，此云存之者，彼向来陵迟，故直云危之。公此时微弱之甚，故云'存中国也'。"

④范注："若中国有善事，则不复言会诸侯，改日遂灭傅阳。如僖四年诸侯'侵蔡、蔡溃'，'遂伐楚'，是并焉。"

⑤范注："诸侯会吴于柤，甲午，遂灭傅阳，是则若会与遂异人。"

⑥汲，犹引也。范注："郑伯髡原为臣所弑，而不书弑，此引而致于善事。"

⑦范注："鄢之会，陈侯不会，以其为楚，故言逃归。"

[译文]

【经】鲁襄公从会晤上回国（举行告祭饮至的礼仪）。

〖传〗会见夷狄之国不记告祭于宗庙，罪恶之事也不记告祭于宗庙，这里却记告祭宗庙，这是为何？为了存留华夏诸侯，不使其沦为夷狄。华夏诸侯行善事，就一并称呼为诸侯。不行善事，就分开记述，用以存留华夏诸侯。经文所载，郑伯髡被臣子杀害却不记为弑君，陈哀公遁逃楚国，以柤地的会晤告祭宗庙，都是为了存留华夏诸侯。

【经】楚子贞、郑公孙辄帅师伐宋。①

[注释]

①楚子贞，当为公子贞，或有脱简。

[译文]

【经】楚国的子贞、郑国的公孙辄率领军队讨伐宋国。

【经】晋师伐秦。①

[译文]

【经】晋国军队讨伐秦国。

【经】秋,莒人伐我东鄙。①

[译文]

【经】秋,莒国人讨伐我国东部边疆。

【经】公会晋侯、宋公、卫侯、曹伯、莒子、邾子、齐世子光、滕子、薛伯、杞伯、小邾子伐郑。①

[注释]

①范注:"齐世子光序滕薛之上,盖骄蹇。"

[译文]

【经】鲁襄公会见晋悼公、宋平公、卫献公、曹成公、莒犁比公、邾宣公、齐国的世子光、滕成公、薛献公、杞孝公、小邾穆公一同讨伐郑国。

【经】冬,盗杀郑公子斐、公子发、公孙辄。①
〖传〗称盗以杀大夫,弗以上下道,恶上也。②

[注释]

①公子斐,《左氏》作"騑"。
②范注:"两下相杀,不志乎《春秋》,恶郑伯不能修政刑,致盗杀大夫

襄公 573

也。以上下道，当言郑人杀其大夫。"杨疏："哀四年《传》云：'微杀大夫，谓之盗。'而曰上下道者，以微杀大夫，即是两下相杀。两下相杀，不志乎《春秋》，恶郑伯不能修政刑，以致盗杀大夫。则哀十三年'盗杀陈夏区夫'，昭二十年'盗杀卫侯之兄辄'，亦是恶其君以致盗也。两下相杀，既不入于例，故云不以上下道。其以上下道者，当云郑人杀其大夫也。然文六年狐射姑杀阳处父，《经》改两下相杀之文'晋杀其大夫阳处父'，是谓君国杀之之辞也，则上下之道亦称国。而独决其不称人者，称国以杀大夫有二例，以二例不定，故不得专为上下道。称人杀，是诛有罪之文。有罪无二例，故得决之。于此发例者，盗杀大夫，初起于此故也。"

[译文]

【经】冬，盗贼杀死郑国的公子斐、公子发、公孙辄。

〖传〗经文以盗贼的名义杀死大夫，而不用在下者杀死在上者的说法（以国人的名义杀死大夫），以示对郑简公的厌恶。

【经】戍郑虎牢。①

〖传〗其曰郑虎牢，决郑乎虎牢也。②

[注释]

①范注："不称其人，则鲁戍也，犹戍陈。"

②范注："二年，郑去楚而从中国，故城虎牢。不言郑，使与中国无异。自尔已来，数反覆，无从善之意，故系之于郑，决绝而弃外。"杨疏："《注》言此者，解其决郑之意。九年郑与诸侯同盟，其年楚子伐郑，郑从楚。此年又与楚公子贞伐宋，是其数反覆也。今诸侯则戍郑，当见其无从善之心，故不得内之，以明当决绝之。若不决绝之，当如上二年直云'城虎牢'，不系之郑也。"

[译文]

【经】戍守郑国的虎牢。

〖传〗经文称其为"郑虎牢"，在虎牢上加上"郑"，以示华夏诸侯应当与郑国决裂。

【经】楚公子贞帅师救郑。

[译文]

【经】楚国的公子贞率领军队救援郑国。

【经】公至自伐郑。

[译文]

【经】鲁襄公从讨伐郑国的战场上回国（举行告祭饮至的礼仪）。

襄公十有一年

【经】十有一年，①春，王正月，作三军。②

〖传〗作，为也。古者天子六师，诸侯一军。作三军，非正也。③

[注释]

①鲁襄公十一年，周灵王十年，公元前562年。
②三军，上、中、下三军。
③范注："《周礼》《司马法》曰：'万有二千五百人为军。王六军，大国三军，次国二军，小国一军，其将皆命卿。二千五百人为师。'然则此言天子六师，凡万有五千人；大国三军，则三万七千五百人。诸侯制逾天子，非义也。总云诸侯一军，又非制也。昭五年《经》曰'舍中军'，《传》曰：'贵复正也。'然则鲁有二军，今云'作三军'，增置中军尔。鲁为次国，于此为明。"

[译文]

【经】鲁襄公十一年,春,周历正月,建置三军。

〖传〗"作",是制作的意思。古代天子坐拥六师,诸侯坐拥一军。建置三军,是不合礼制的。

【经】夏,四月,四卜郊,不从,乃不郊。
〖传〗夏四月,不时也。四卜,非礼也。①

[注释]

①杨疏:"上三卜为礼,而非时。此卜违礼,而礼亦非时,故重发《传》。不言免牲者,不行免牲之礼,故但言不郊耳。"

[译文]

【经】夏,四月,四次占卜郊祭的吉凶,不吉,就不再举行郊祭。

〖传〗"夏,四月",表示这次郊祭不合时令。四次占卜,是不合礼制的。

【经】郑公孙舍之帅师侵宋。①

[注释]
①公孙舍之,字子展,郑大夫,公孙喜之子。
[译文]
【经】郑国的公孙舍之率领军队侵犯宋国。

【经】公会晋侯、宋公、卫侯、曹伯、齐世子光、莒子、邾子、滕子、薛伯、杞伯、小邾子伐郑。

[译文]

【经】鲁襄公会见晋悼公、宋平公、卫献公、曹成公、齐国的世子光、莒犁比公、邾宣公、滕成公、薛献公、杞孝公、小邾穆公一同讨伐郑国。

【经】秋，七月己未，同盟于京城北。①

[注释]

①京城北，郑地，在今河南荥阳市一带。京城，《左氏》作"亳城"。范注："盟，谋更共伐郑。"

[译文]

【经】秋，七月己未日，共同在京城北部盟誓。

【经】公至自伐郑。

〖传〗不以后致，盟后复伐郑也。①

[注释]

①范注："《传例》曰：'已伐而盟。复伐者，则以伐致。盟不复伐者，则以会致。'此言不以后致，谓会在伐后。"杨疏："成十七年'夏，公会尹子'云云'伐郑'，'乙酉，同盟于柯陵'，与此正同。彼云'公至自会'，此云'公至自伐郑'，致文不同者，案彼伐郑同盟于柯陵，为公不同于伐郑，以会事为大，故以会致；此时郑从楚，楚强，诸侯畏之，故以伐为大事。又盟后重更伐郑，故以伐致也。"

[译文]

【经】鲁襄公从讨伐郑国的战场上回国（举行告祭饮至的礼仪）。

〖传〗不以同盟之事告祭宗庙，是因为在会盟之后又讨伐了郑国。

【经】楚子、郑伯伐宋。①

[译文]

【经】楚共王、郑简公讨伐宋国。

【经】公会晋侯、宋公、卫侯、曹伯、齐世子光、莒子、邾子、滕子、薛伯、杞伯、小邾子伐郑，会于萧鱼。①

[注释]

①萧鱼，郑地，在今河南许昌一带。

[译文]

【经】鲁襄公会同晋悼公、宋平公、卫献公、曹成公、齐国的世子光、莒犁比公、邾宣公、滕成公、薛献公、杞孝公、小邾穆公讨伐郑国，在萧鱼举行会晤。

【经】公至自会。
〖传〗伐而后会，不以伐郑致，得郑伯之辞也。①

[注释]

①范注："郑与会而服中国，喜之，故以会致。"杨疏："僖四年《传》云：'二事偶，则以后事致。'此云'公至自会'，正是其当。而云'不以伐郑致'者，以郑从楚，伐之尤难，故当以伐为大事，但以喜郑与会，故以会致之。"

[译文]

【经】鲁襄公从会晤上回国（举行告祭饮至的礼仪）。

〖传〗先记讨伐郑国，后记举行会晤，又不以讨伐郑国告祭宗庙，这是使郑简公心服的说法。

【经】楚人执郑行人良霄。①

〖传〗行人者,挈国之辞也。

[注释]

①良霄,即伯有,郑大夫公孙辄之子。范注:"行人,是传国之辞命者。"杨疏:"行人之文有六,《传》之所以发者三也。昭公八年'楚人执陈行人于徵师',《传》曰:'称人以执大夫,执有罪也。称行人,怨接于上也。'襄十有八年'晋执卫行人石买',《传》曰:'称行人,怨接于上也。'此云'楚人执郑行人良霄',《传》曰:'挈国之辞也。'徵师云'称人,执有罪',则此挈国之辞,而被囚执,亦是有罪也。石买云'称行人,怨接于上',则良霄亦然也,是其文亦相通也。《传》举三者,则定六年'晋人执宋行人乐祁',七年'齐人执卫行人北宫结',昭二十三年'晋人执我行人叔孙婼'亦然也。是称人以执有罪,石买称行人,怨接于上,明君之与臣,两举失之也。执大夫称人,又有二义。庄十七年'齐人执郑詹',《传》曰:'人者,众辞也。以人执,与之辞也。'僖四年'齐人执陈袁涛涂',《传》曰:'齐人者,齐侯也。不正其逾国而执也。'桓十一年'宋人执郑祭仲',《传》曰:'宋人者,宋公也。其曰人何也?贬之也。'是有二也。案《经》例,执大夫皆称人而执,未有称公侯者。而云贬宋公齐侯何也?斯有旨矣。然执大夫得其罪,例当称人。《经》因事以明义,若彼执者有罪,则称人以见罪;若执人者有罪,亦称人以见恶。齐侯为逾国而执,宋公命人逐君,故贬之也,称人以明不正也。纵使例执得其罪,未有称公侯之文,其齐宋二君,亦当贬从称人之限,故《经》虽同常文,《传》则分而别之,所谓善恶不嫌同辞,不可以一概求之矣。祭仲不称行人,旧解私罪不称行人,或当非行人故也。"

[译文]

【经】楚国人擒获郑国的行人良霄。

〖传〗"行人",是传达一国辞命的使者。

【经】冬，秦人伐晋。①

[注释]

①秦人伐晋，以救郑也。

[译文]

【经】冬，秦国人讨伐晋国。

襄公十有二年

【经】十有二年，①春，王三月，莒人伐我东鄙，围邰。②
《传》伐国不言围邑，举重也。③取邑不书围，安足书也？④

[注释]

①鲁襄公十二年，周灵王十一年，公元前561年。
②邰，《左氏》作"台"，在今山东费县一带。范注："盖攻守之害深，故以危录其月。"
③范注："伐国重，围邑轻，举重可以包轻。"
④范注："不足书而今书，盖为下事起。"

[译文]

【经】鲁襄公十二年，春，周历三月，莒国人讨伐我国东部边疆，围攻邰邑。

《传》讨伐他国，照例不记载围攻城邑，这是选取重要的方面来说。夺取城邑便不书写围攻，有什么值得书写的呢？（这是为下面季孙宿救邰一事张本。）

【经】季孙宿帅师救邰，遂入郓。①

〖传〗遂,继事也。受命而救鄫,不受命而入郓,恶季孙宿也。

[注释]

①郓,莒邑,在今山东郓城一带。

[译文]

【经】季孙宿率领军队救援鄫邑,于是攻入郓邑。

〖传〗"遂",是继续行事的意思。季孙宿接受君命,救援鄫邑,却未受君命便擅自攻入郓邑,故而君子对他表示厌恶。

【经】夏,晋侯使士鲂来聘。①

[注释]

①士鲂,《公羊》作"士彭"。

[译文]

【经】夏,晋悼公派士鲂前来聘问。

【经】秋,九月,吴子乘卒。①

[注释]

①吴子乘,吴王寿梦。

[译文]

【经】秋,九月,吴国国君姬乘去世。

【经】冬,楚公子贞帅师侵宋。

[译文]

【经】冬,楚国的公子贞率领军队侵犯宋国。

【经】公如晋。

[译文]

【经】鲁襄公前往晋国。

襄公十有三年

【经】十有三年,①春,公至自晋。

[注释]

①鲁襄公十三年,周灵王十二年,公元前560年。

[译文]

【经】鲁襄公十三年,春,鲁襄公从晋国回国(举行告祭饮至的礼仪)。

【经】夏,取邿。①

[注释]

①邿(shī),古国名,在今山东济宁市东南。《公羊》作"诗"。杨疏:"《公羊》以邿为邾娄之邑。此《传》虽无说,盖从《左氏》为国也。"

[译文]

【经】夏,攻取邿国。

【经】秋，九月庚辰，楚子审卒。①

[注释]

①楚子审，楚共王，姓芈名审。

[译文]

【经】秋，九月庚辰日，楚共王芈审去世。

【经】冬，城防。

[译文]

【经】冬，修筑防城。

襄公十有四年

【经】十有四年，①春，王正月，季孙宿、叔老会晋士匄、齐人、宋人、卫人、郑公孙虿、曹人、莒人、邾人、滕人、薛人、杞人、小邾人会吴于向。②

[注释]

①鲁襄公十四年，周灵王十三年，公元前559年。

②虿，《公羊》作"噧"。向，郑地，在今河南尉氏西南。杨疏："何休云'月者，刺诸侯委任大夫'，'三年之后，君若赘疣然'，故月之。范虽不注，或以二卿远会蛮夷，危之，故月。从何说，理亦通耳。"

[译文]

【经】鲁襄公十四年，春，周历正月，季孙宿、叔老会见晋国的士匄、齐国人、宋国人、卫国人、郑国的公孙虿、曹国人、莒国人、邾国人、滕国人、薛国人、杞国人、小邾国人，在向地会见吴国。

【经】二月乙未，朔，日有食之。

[译文]

【经】二月乙未，朔日，发生日食。

【经】夏，四月，叔孙豹会晋荀偃、齐人、宋人、卫北宫括、郑公孙虿、曹人、莒人、邾人、滕人、薛人、杞人、小邾人伐秦。

[译文]

【经】夏，四月，叔孙豹会同晋国的荀偃、齐国人、宋国人、卫国的北宫括、郑国的公孙虿、曹国人、莒国人、邾国人、滕国人、薛国人、杞国人、小邾国人讨伐秦国。

【经】己未，卫侯出奔齐。①

[注释]

①范注："诸侯出奔例月，衍结怨于民，自弃于位，君弑而归，与知逆谋，故出入皆日，以著其恶。"杨疏："桓十五年'五月，郑伯突出奔蔡'，十六年'十有一月，卫侯朔出奔齐'，又十一年'郑忽出奔卫'，亦文承九月之下，是例月也。若然，昭三年'冬，北燕伯款出奔齐'，二十一年'冬，蔡侯东出奔楚'而书时者，彼蔡侯东时，为公如晋，不当月，故时也；其北燕伯时，自为大雨雹，故亦略其月，文或当时，与月同，唯书日有异也。然此书日以著卫侯之恶，则昭二十五年'九月乙亥，公孙于齐'，亦是明公之恶也。或可详内，不可以外例准之。然'卫侯朔出奔齐'，《传》曰：'朔之名，恶也。

天子召而不往。'彼亦恶而书名。则北燕伯、蔡侯之徒，亦是书名以见恶也。今卫侯以恶甚而书日，所以不名者，'郑忽出奔卫'，《传》曰：'其名，失国也。'卫侯虽则恶甚，以其不失国，故不名以得国，入书名以明恶也。曹伯负刍无罪，故出入不名，则卫侯郑入书名者，亦恶可知也。然卫侯朔亦得国，而出书名者，以天子绝之故也。则蔡侯东、北燕伯款，亦为失国而名也。郑忽，桓十五年称'世子忽复归于郑'，亦是得国而书名者，以其微弱罪贱之，故《传》曰'其名失国'，以后虽入国，不能自安，故亦与失国同也。又忽是世子，与君少异，故彼《注》云其名，谓去世子而但称忽是也。公孙于齐不名者，为内讳也。一解以卫侯不名者，出奔书日，以见罪恶甚，故不复名也，理亦通耳。"

[译文]

【经】己未日，卫献公出奔齐国。

【经】莒人侵我东鄙。

[译文]

【经】莒国人侵犯我国东部边疆。

【经】秋，楚公子贞帅师伐吴。

[译文]

【经】秋，楚国的公子贞率领军队讨伐吴国。

【经】冬，季孙宿会晋士匄、宋华阅、卫孙林父、郑公孙虿、莒人、邾人于戚。

[译文]

【经】冬，季孙宿在戚地会见晋国的士匄、宋国的华阅、卫国的孙林父、郑国的公孙虿、莒国人、邾国人。

襄公十有五年

【经】十有五年,①春,宋公使向戌来聘。②

[注释]

①鲁襄公十五年,周灵王十四年,公元前558年。
②向戌,宋左师,宋桓公曾孙,食采邑于合,又称合左师。

[译文]

【经】鲁襄公十五年,春,宋平公派向戌前来聘问。

【经】二月己亥,及向戌盟于刘。①

[注释]

①刘,鲁地,在今河南偃师市南。

[译文]

【经】二月己亥日,在刘地与向戌会盟。

【经】刘夏逆王后于齐。①
〖传〗过我,故志之也。

[注释]

①范注:"刘,采地。夏,名。书名,则非卿也。天子无外,所命则成,故不言逆女。"杨疏:"《公羊》以刘夏为天子下大夫,今范云非卿,则亦以为下大夫也。此时王者,案《世本》《本纪》当顷王也。"

[译文]

【经】刘夏在齐国为其君迎娶王后。

〖传〗王后途经鲁国,故而记载这件事情。

【经】夏,齐侯伐我北鄙,围成。公救成,至遇。①

[注释]

①遇,鲁地,在今山东曲阜、宁阳之间。范注:"至遇而齐师已退也。"

[译文]

【经】夏,齐灵公讨伐我国北部边疆,围攻成邑。鲁襄公救援成邑,直至遇地。

【经】季孙宿、叔孙豹帅师城成郛。①

[注释]

①郛(fú),郭也。

[译文]

【经】季孙宿、叔孙豹率领军队修筑成邑的外郭。

【经】秋,八月丁巳,日有食之。

[译文]

【经】秋,八月丁巳日,发生日食。

【经】邾人伐我南鄙。

[译文]

【经】邾国人讨伐我国南部边疆。

【经】冬,十有一月癸亥,晋侯周卒。①

[注释]

①晋侯周,晋悼公,姓姬名周。

[译文]

【经】冬,十一月癸亥日,晋国国君姬周去世。

襄公十有六年

【经】十有六年,①春,王正月,葬晋悼公。

[注释]

①鲁襄公十六年,周灵王十五年,公元前557年。

[译文]

【经】鲁襄公十有六年,春,周历正月,安葬晋悼公。

【经】三月,公会晋侯、宋公、卫侯、郑伯、曹伯、莒子、邾子、薛伯、杞伯、小邾子于溴梁。①戊寅,大夫盟。

〖传〗溴梁之会,诸侯失正矣。诸侯会,而曰大夫盟,正在大夫也。诸侯在,而不曰诸侯之大夫,大夫不臣也。②

[注释]

①溴(jú)梁,溴水之梁,在今河南济源西北部。

②齐侯使高厚如会，故诸侯大夫盟。

[译文]

【经】三月，鲁襄公在溴水之堤上会见晋平公、宋平公、卫殇公、郑简公、曹成公、莒犁比公、邾宣公、薛献公、杞孝公、小邾穆公。戊寅日，大夫会盟。

〖传〗在溴水之堤的会晤上，各国诸侯丧失了政权。诸侯之间举行会见，又记载大夫会盟，说明政权已经在大夫手中。各国诸侯尚在，经文却不称大夫为"诸侯之大夫"，说明各国大夫已经不像当臣子的样子。

【经】晋人执莒子、邾子以归。①

[注释]

①杨疏："诸侯不得私相治，执人以归，非礼明矣。"莒子，莒犁比公。邾子，邾宣公。

[译文]

【经】晋国人擒获莒犁比公、邾宣公，带回国内。

【经】齐侯伐我北鄙。①

[注释]

①齐侯，齐灵公。

[译文]

【经】齐灵公讨伐我国北部边疆。

【经】夏，公至自会。

[译文]

【经】夏,鲁襄公从会晤上回国(举行告祭饮至的礼仪)。

【经】五月甲子,地震。

[译文]

【经】五月甲子日,发生地震。

【经】叔老会郑伯、晋荀偃、卫甯殖、宋人伐许。①

[注释]

①郑伯,郑简公。

[译文]

【经】叔老会见郑简公、晋国的荀偃、卫国的甯殖、宋国人,讨伐许国。

【经】秋,齐侯伐我北鄙,围成。

[译文]

【经】秋,齐灵公讨伐我国北部边疆,围攻成邑。

【经】大雩。

[译文]

【经】举行盛大的祈雨仪式。

【经】冬,叔孙豹如晋。①

[注释]

①齐屡侵鲁，故遣叔孙豹如晋告诸侯之伯。

[译文]

【经】冬，叔孙豹前往晋国。

襄公十有七年

【经】十有七年，①春，王二月庚午，邾子瞷卒。②

[注释]

①鲁襄公十七年，周灵王十六年，公元前556年。

②邾子瞷，邾宣公。瞷（xián），《左氏》作"牼"。

[译文]

【经】鲁襄公十七年，春，周历二月庚午日，邾国国君曹瞷去世。

【经】宋人伐陈。①

[注释]

①是役宋人俘陈司徒卬。

[译文]

【经】宋国人讨伐陈国。

【经】夏，卫石买帅师伐曹。①

[注释]

①石买,石共子,卫大夫,石稷之子。

[译文]

【经】夏,卫国的石买率领军队讨伐曹国。

【经】秋,齐侯伐我北鄙,围桃。①

[注释]

①桃,鲁地,在今山东汶上县东北,《公羊》作"洮"。

[译文]

【经】秋,齐灵公讨伐我国北部边疆,围攻桃邑。

【经】齐高厚帅师伐我北鄙,围防。

[译文]

【经】齐国的高厚率领军队讨伐我国北部边疆,围攻防邑。

【经】九月,大雩。①

[注释]

①杨疏:"前年大雩不月,此月者,僖十一年《传》曰:'雩,月正也。'是九月八月雩得正也,故月。前年雩不正,时也。"

[译文]

【经】九月,举行盛大的祈雨仪式。

【经】宋华臣出奔陈。①

[注释]

①华臣,华阅之弟。

[译文]

【经】宋国的华臣出奔陈国。

【经】冬,邾人伐我南鄙。①

[注释]

①《左氏》曰:"为齐故也。"

[译文]

【经】冬,邾国人讨伐我国南部边疆。

襄公十有八年

【经】十有八年,①春,白狄来。②

[注释]

①鲁襄公十八年,周灵王十七年,公元前555年。

②范注:"不言朝,不能行朝礼。"

[译文]

【经】鲁襄公十八年,春,白狄前来。

【经】夏,晋人执卫行人石买。

〖传〗称行人,怨接于上也。①

[注释]

①范注:"怨其君而执其使,称行人,明使人尔,罪在上也。"杨疏:"称人以执,是执有罪。范云明使人者,谓称行人者,明罪在君上,故云明使人,非谓称行人以罪晋也。重发《传》者,楚是夷狄,嫌晋之主盟当异,故重明之。"

[译文]

【经】夏,晋国人擒获卫国的行人石买。

〖传〗经文称其为行人,表示这是因为晋、卫二国国君结怨(而不是因为石买的私行)。

【经】秋,齐侯伐我北鄙。

[译文]

【经】秋,齐灵公讨伐我国北部边疆。

【经】冬,十月,公会晋侯、宋公、卫侯、郑伯、曹伯、莒子、邾子、滕子、薛伯、杞伯、小邾子同围齐。

〖传〗非围而曰围,①齐有大焉,亦有病焉。②非大而足同与?③诸侯同罪之也,亦病矣。④

[注释]

①范注:"据实伐。"
②范注:"齐若无罪,诸侯岂得同病之乎?"
③范注:"齐非大国,诸侯岂足同共围之与?"
④范注:"诸侯同罪大国,是不量力,必为大国所仇,则亦病矣。"杨疏:"知非围者,以十九年《经》云'至自伐齐',不以围致故也。《传》言'非围而曰围'者,解《经》不以实言之意。'齐有大焉,亦有病焉',谓《经》称同围之意。齐虽有事,大国焉,亦有罪恶焉。病犹罪恶也,谓数伐鲁。以数伐

鲁，又复国大，故称同围之耳。'非大而足同与'，覆上'齐有大焉'，'诸侯同罪'之意也，谓齐若非大国，何须诸侯同罪之也。'亦病矣'，谓齐是大国，诸侯共同罪之，必为大国所仇，是取祸之道，故云亦罪恶矣，言诸侯与齐同有罪恶也。"

[译文]

【经】冬，十月，鲁襄公会见晋平公、宋平公、卫殇公、郑简公、曹成公、莒犁比公、邾悼公、滕成公、薛献公、杞孝公、小邾穆公，共同围攻齐国。

〖传〗明明没有围攻齐国，经文却记为"围"，因为齐国是大国，又有罪。齐国如果不是大国，怎会需要诸侯共同围攻呢？诸侯共同问罪于齐国，也是不明智的。

【经】曹伯负刍卒于师。①
〖传〗闵之也。②

[注释]

①曹伯负刍，曹成公，姓姬名负刍。

②杨疏："僖四年'许男新臣卒'，彼内桓师，故不地。知言卒于师者，皆闵之也。"

[译文]

【经】曹国国君姬负刍在军中去世。

〖传〗这是在哀悯他。

【经】楚公子午帅师伐郑。①

[注释]

①公子午，子庚，楚令尹。

[译文]

【经】楚国的公子午率领军队讨伐郑国。

襄公十有九年

【经】十有九年,①春,王正月,诸侯盟于祝柯。②

[注释]

①鲁襄公十九年,周灵王十八年,公元前554年。
②范注:"前年同围齐之诸侯也。"祝柯,齐地,在今山东济南市长清区西南,《左氏》作"都扬",《公羊》作"祝阿"。

[译文]

【经】鲁襄公十九年,春,周历正月,诸侯在祝柯会盟。

【经】晋人执邾子。①

[注释]

①邾屡侵鲁,故晋为鲁执邾子。

[译文]

【经】晋国人擒获邾悼公。

【经】公至自伐齐。

〖传〗《春秋》之义,已伐而盟,复伐者,则以伐致。①盟不复伐者,则以会致。②祝柯之盟,盟复伐齐与?③曰,非也。④然则何为以伐致也?曰,与人同事,或执其君,或取其地。⑤

[注释]

①范注:"京城北之类是。"

②范注:"会于萧鱼之类是。"

③范注:"怪不以会致。"

④范注:"不复伐齐。"

⑤范注:"同与邾围齐,而晋执其君,鲁取其地,此与盟后后伐无异。"杨疏:"据此《传》文,事实在邾,不关于齐。而以伐齐致者,以明实伐齐,盟后又或执其君,或取其地,与盟后复伐无异,故托事以见意,罪晋执君,恶鲁取地。若其实不伐齐,亦不得以伐致也。"

[译文]

【经】鲁襄公从讨伐齐国的战场上回国(举行告祭饮至的礼仪)。

〖传〗《春秋》大义以为,讨伐他国后缔盟,之后再次讨伐此国,那么就以讨伐此国告祭宗庙。如果缔盟之后不再讨伐此国,那么就以会晤告祭宗庙。在祝柯的盟会上,诸侯定下再次讨伐齐国的盟誓了吗?答曰:没有。那么为何要以讨伐他国告祭宗庙?答曰:诸侯与邾国共同举事,然而晋国擒获了邾国国君,鲁国夺取了邾国的土地。

【经】取邾田,自漷水。①

〖传〗轧辞也。②其不日,恶盟也。③

[注释]

①范注:"以漷水为界。"漷水,泗水支脉。

②范注:"轧,委曲随漷水,言取邾田之多。"杨疏:"《公羊》以为漷水移入邾界,鲁随而有之。今云'轧辞'者,轧谓委曲。《经》言'自漷水'者,委曲之辞也。一解轧辞者,轧谓委曲,言取邾田委曲随漷水为界之辞,言其多也。"

③杨疏:"谓执君取地。"

[译文]

【经】夺取邾国的田亩,以漷水为界。

〖传〗这是沿漷水蜿蜒为界的说法。经文不记载日期,以示对祝柯之盟的厌恶。

【经】季孙宿如晋。

[译文]

【经】季孙宿前往晋国。

【经】葬曹成公。

[译文]

【经】安葬曹成公。

【经】夏,卫孙林父帅师伐齐。[1]

[注释]

①齐新为诸侯所败,卫乘机报其侵扰之仇。

[译文]

【经】夏,卫国的孙林父率领军队讨伐齐国。

【经】秋,七月辛卯,齐侯环卒。[1]

[注释]

①齐侯环,齐灵公,姓姜名环。

[译文]

【经】秋，七月辛卯日，齐国国君姜环去世。

【经】晋士匄帅师侵齐，至榖。闻齐侯卒，乃还。

〖传〗还者，事未毕之辞也。①受命而诛，生死无所加其怒，不伐丧，善之也。善之，则何为未毕也？君不尸小事，臣不专大名。善则称君，过则称己，则民作让矣。士匄外专君命，故非之也。然则为士匄者宜奈何？宜埠帷而归命乎介。②

[注释]

①杨疏："重发《传》者，嫌内外异也。何休《废疾》难此云：'君子不求备于一人，□□□士匄不伐丧，纯善矣。'何以复责其专大功也？郑玄释之曰：'士匄不伐丧则善矣。然于善则称君，礼仍未备，故言乃还，不言乃复，作未毕之辞。'还者致辞，复者反命。如郑之言，亦是讥士匄不复命也。然如郑意，以乃还为恶，乃复为善，则公子遂至黄乃复，又为恶之者，彼以遂违君命而反，故加毕事之文，欲见臣不专公命，与此意少异。此既善不伐丧，复为事毕之辞，则是纯善士匄，故以未毕之辞言之。"

②介，副使也。范注："除地为埠，于埠张帷，反命于介，介归告君，君命乃还，不敢专也。"

[译文]

【经】晋国的士匄率领军队侵犯齐国，直至榖地。听闻齐灵公去世，就还师回国。

〖传〗"还"，是事情尚未结束的说法。士匄接受君命行杀伐之事，敌方无论生死都无法增加他的怒意，又不讨伐出丧之国，是值得褒扬的。既然是在褒扬他，那么为何要用"事情尚未结束"这个说法呢？国君不主理小事，臣子不专擅善名。遇到善事就归之于国君，遇到过失就归罪于自己，那么民众就会兴起谦让的风气。士匄在国外专擅国君的意志，故而对他表示责难。那么士匄应该如何行事？应该扫除地面、安置帷帐，向副使诚敬地归还君命。

【经】八月丙辰，仲孙蔑卒。

[译文]

【经】八月丙辰日，仲孙蔑去世。

【经】齐杀其大夫高厚。①

[注释]

①高厚，为崔杼所杀。

[译文]

【经】齐国杀死它的大夫高厚。

【经】郑杀其大夫公子嘉。①

[注释]

①公子嘉，子孔，《公羊》作"公子喜"，为大夫子展、子西等所杀。

[译文]

【经】郑国杀死它的大夫公子嘉。

【经】冬，葬齐灵公。

[译文]

【经】冬，安葬齐灵公。

【经】城西郛。

[译文]

【经】修筑国都西面的外郭。

【经】叔孙豹会晋士匄于柯。①

[注释]

①柯,某地,在今河南内黄一带。

[译文]

【经】叔孙豹在柯地会见晋国的士匄。

【经】城武城。①

[注释]

①武城,鲁邑,在今山东嘉祥一带。城武城,以备齐也。

[译文]

【经】修筑武城邑。

襄公二十年

【经】二十年,①春,王正月辛亥,仲孙速会莒人盟于向。②

[注释]

①鲁襄公二十年,周灵王十九年,公元前553年。

②向,莒邑,在今山东莒县一带。

[译文]

【经】鲁襄公二十年,春,周历正月辛亥日,仲孙速会见莒国人,在向地会盟。

【经】夏,六月庚申,公会晋侯、齐侯、宋公、卫侯、郑伯、曹伯、莒子、邾子、滕子、薛伯、杞伯、小邾子盟于澶渊。①

[注释]
①澶渊,卫地,在今河南濮阳一带。

[译文]

【经】夏,六月庚申日,鲁襄公会见晋平公、齐庄公、宋平公、卫殇公、郑简公、曹武公、莒犁比公、邾悼公、滕成公、薛献公、杞孝公、小邾穆公,在澶渊会盟。

【经】秋,公至自会。

[译文]

【经】秋,鲁襄公从会晤上回国(举行告祭饮至的礼仪)。

【经】仲孙速帅师伐邾。

[译文]

【经】仲孙速率领军队讨伐邾国。

【经】蔡杀其大夫公子湿。①

[注释]

①公子湿，蔡大夫，蔡庄公之子，《公羊》作"公子燮"。

[译文]

【经】蔡国杀死它的大夫公子湿。

【经】蔡公子履出奔楚。①

[注释]

①公子履，公子湿之母弟。

[译文]

【经】蔡国的公子履出奔楚国。

【经】陈侯之弟光出奔楚。①

〖传〗诸侯之尊，弟兄不得以属通。其弟云者，亲之也。亲而奔之，恶也。②

[注释]

①光，《左氏》作"黄"。

②范注："显书弟，明其亲也。亲而奔逐之，所以恶陈侯。"杨疏："知非恶光者，以《传例》：'归为善，自某归次之。'以二十三年云光自楚归于陈，又且专之称弟罪卫侯，则光称弟罪陈侯也。故郑《释废疾》亦云恶陈侯也。"

[译文]

【经】陈哀公的弟弟妫光出奔楚国。

〖传〗诸侯的地位尊贵，即便是兄弟，也不能以血缘关系互相称呼。经文称其为弟，表示妫光因为血缘关系而受陈哀公亲近。身受亲近却出奔他国，君子对此表示厌恶。

襄公　603

【经】叔老如齐。①

[注释]

①叔老,鲁大夫,公弟叔肸之孙。

[译文]

【经】叔老前往齐国。

【经】冬,十月丙辰,朔,日有食之。

[译文]

【经】冬,十月丙辰,朔日,发生日食。

【经】季孙宿如宋。

[译文]

【经】季孙宿前往宋国。

襄公二十有一年

【经】二十有一年,①春,王正月,公如晋。

[注释]

①鲁襄公二十一年,周灵王二十年,公元前552年。

[译文]

【经】鲁襄公二十一年,春,周历正月,鲁襄公前往晋国。

【经】邾庶其以漆、闾丘来奔。①

〖传〗以者,不以者也。②来奔者不言出,举其接我者也。漆闾丘不言及,小大敌也。

[注释]

①庶其,邾大夫。漆,邾邑。闾丘,邾邑。二邑皆在今山东邹城市一带。庶其以二邑来奔,季孙宿妻以襄公之姑。

②范注引凯曰:"人臣无专禄以邑叛之道。"杨疏:"重发《传》者,此非用兵之以。故昭五年'莒牟夷以牟娄及防兹来奔',《传》曰:'及防兹,以大及小也。'是小大不敌,故当言及。今不言及,为小大敌故也。"按,桓十四年"宋人以齐人、蔡人、卫人、陈人伐郑",僖二十六年"公以楚师伐齐,取穀",皆征伐之事也。

[译文]

【经】邾国的庶其带着漆邑、闾丘邑前来投奔。

〖传〗"以",是理应不得携邑来奔的意思。前来投奔的人不记为"出",是就他与鲁国交往的方面而言。漆邑、闾丘邑之间不用"及",是因为二者大小相当。

【经】夏,公至自晋。

[译文]

【经】夏,鲁襄公从晋国回到鲁国,举行告祭饮至的礼仪。

【经】秋,晋栾盈出奔楚。①

[注释]

①栾盈,栾怀子,晋公族大夫,为范宣子所逐。

[译文]

【经】秋,晋国的大夫栾盈出奔楚国。

【经】九月庚戌,朔,日有食之。

[译文]

【经】九月庚戌,朔日,发生日食。

【经】冬,十月庚辰,朔,日有食之。①

[注释]

①杨疏:"此年与二十四年,皆频月日食。据今历无有频食之理,但古或有之。故《汉书·高祖本纪》亦有频食。"按,频月日食,两月接连发生日食。《高祖本纪》云:"(汉)三年冬十月……甲戌晦,日有食之。十一月癸卯晦,日有食之。"此条《经》文应为错简,或为鲁襄公二十六年"冬,十月庚辰朔,日有食之"。

[译文]

【经】冬,十月庚辰,朔日,发生日食。

【经】曹伯来朝。①

[注释]

①曹伯,曹武公。

[译文]

【经】曹武公前来朝见。

【经】公会晋侯、齐侯、宋公、卫侯、郑伯、曹伯、莒子、邾子于商任。①

[注释]

①商任，某地，在今河南安阳一带，一说在今河北省邢台市任泽区。

[译文]

【经】鲁襄公在商任会见晋平公、齐庄公、宋平公、卫殇公、郑简公、曹武公、莒犁比公、邾悼公。

【经】庚子，孔子生。①

[注释]

①孔子，名丘，字仲尼。《史记·孔子世家》云："鲁襄公二十二年，孔子生。"《史记索隐》云："《公羊传》：'襄公二十一年十有一月庚子，孔子生。'今以为二十二年，盖以周正十一月属明年，故误也。后序孔子卒，云七十二岁，每少一岁也。"杨疏云："仲尼以此年生，故传因而录之。《史记世家》云襄公二十二年生者，马迁之言，与经典不同者非一，故与此《传》异年耳。"

[译文]

【经】庚子日，孔子出生。

襄公二十有二年

【经】二十有二年，①春，王正月，公至自会。②

[注释]

①鲁襄公二十二年，周灵王二十一年，公元前551年。

②杨疏："此与二十一年'公如晋'皆月者，依《传例》：'月者有危。'《传》不记危之事，未可知也。何休云：'善公能事大国。'案下沙随会公至不月，则何说非。"

[译文]

【经】鲁襄公二十二年，春，周历正月，鲁襄公从会晤上回国（举行告祭饮至的礼仪）。

【经】夏，四月。

[译文]

【经】夏，四月。

【经】秋，七月辛酉，叔老卒。

[译文]

【经】秋，七月辛酉日，叔老去世。

【经】冬，公会晋侯、齐侯、宋公、卫侯、郑伯、曹伯、莒子、邾子、滕子、薛伯、杞伯、小邾子于沙随。①

[注释]

①沙随，宋地，在今河南宁陵一带。

[译文]

【经】冬，鲁襄公在沙随会见晋平公、齐庄公、宋平公、卫殇公、郑简公、曹武公、莒犁比公、邾悼公、滕成公、薛献公、杞孝公、小邾穆公。

【经】公至自会。

[译文]

【经】鲁襄公从会晤上回国（举行告祭饮至的礼仪）。

【经】楚杀其大夫公子追舒。①

[注释]

①公子追舒，即子南，楚令尹。

[译文]

【经】楚国杀死它的大夫公子追舒。

襄公二十有三年

【经】二十有三年，①春，王二月癸酉，朔，日有食之。

[注释]

①鲁襄公二十三年，周灵王二十二年，公元前550年。

[译文]

【经】鲁襄公二十三年，春，周历二月癸酉，朔日，发生日食。

【经】三月己巳，杞伯匄卒。①

[注释]

①杞伯匄，杞孝公，姓姒名匄。

[译文]

【经】三月己巳日，杞国国君姒匄去世。

【经】夏，邾畀我来奔。①

[注释]

①畀我，邾国大夫，《公羊》作"鼻我"。

[译文]

【经】夏，邾国的畀我前来投奔。

【经】葬杞孝公。

[译文]

【经】安葬杞孝公。

【经】陈杀其大夫庆虎及庆寅。
〖传〗称国以杀，罪累上也。及庆寅，庆寅累也。

[译文]

【经】陈国杀死它的大夫庆虎和庆寅。
〖传〗经文以国家的名义杀死大夫，表示国君也有杀死大夫的罪行。"及庆寅"，表示庆寅是被牵连的。

【经】陈侯之弟光自楚归于陈。①

[注释]

①范注："光反称弟言归，无罪明矣。"

[译文]

【经】陈哀公的弟弟妫光从楚国回到陈国。

【经】晋栾盈复入于晋,入于曲沃。①

[注释]

①曲沃,晋地,晋之别都,在今山西闻喜东北,晋昭侯封其叔父成师于此。成十八年"宋鱼石复入彭城",杨疏曰:"晋栾盈亦书'复入'者,以栾盈先入曲沃,后复入晋,故亦云'复入'也。"

[译文]

【经】晋国的栾盈再次进入晋国,在曲沃进入。

【经】秋,齐侯伐卫,遂伐晋。

[译文]

【经】秋,齐庄公讨伐卫国,又讨伐晋国。

【经】八月,叔孙豹帅师救晋,次于雍渝。①
〖传〗言救后次,非救也。②

[注释]

①雍渝,晋地,《左氏》作"雍榆",在今河南滑县西北。
②范注:"恶其不遂君命而专止次,故先通君命而后言次,尊君抑臣之义。郑嗣曰:'次,止也。凡先书救而后言次,皆非救也。'僖元年'齐师、宋师、曹师次于聂北,救邢',此师本欲止聂北,遥为之援尔,随其本意而书,故先言次而后言救。豹本受君命救晋,中道不能,故先言救而后言次。若郑伯未见诸侯,而曰如会,致其本意。"杨疏:"后言次为非救,则以僖元年先言次

即是救。彼《传》亦云非救者，其实言次，则并是非救，但《传》各随其本意而释之，郑嗣言之详矣。"杨树达《春秋大义述》云："君行则先次而后救，臣行则先救而后次。"

[译文]

【经】八月，叔孙豹率领军队救援晋国，在雍渝驻扎。

〖传〗先记救援他国，后记驻扎，表明叔孙豹不是真心想要救援晋国。

【经】己卯，仲孙速卒。

[译文]

【经】己卯日，仲孙速去世。

【经】冬，十月乙亥，臧孙纥出奔邾。①

〖传〗其日，正臧孙纥之出也。② 蘧伯玉曰："不以道事其君者，其出乎？"③

[注释]

①臧孙纥，鲁司寇。
②范注："正其有罪。"
③范注："必不见容。"蘧伯玉，名瑗，卫大夫。

[译文]

【经】冬，十月乙亥日，臧孙纥出奔邾国。

〖传〗经文记载日期，是为了证实臧孙纥出奔是有罪的。蘧伯玉说："不能用道术来侍奉君主的人，恐怕只能出奔他国了吧？"

【经】晋人杀栾盈。

〖传〗恶之,弗有也。①

[注释]

①范注:"不言杀其大夫,是不有之以为大夫。"

[译文]

【经】晋国人杀死栾盈。

〖传〗君子因为厌恶栾盈,故而不将其称为大夫。

【经】齐侯袭莒。①

[注释]

①范注:"轻行掩其不备曰袭。"

[译文]

【经】齐庄公袭击莒国。

襄公二十有四年

【经】二十有四年,①春,叔孙豹如晋。

[注释]

①鲁襄公二十四年,周灵王二十三年,公元前549年。

[译文]

【经】鲁襄公二十四年,春,叔孙豹前往晋国。

【经】仲孙羯帅师侵齐。①

[注释]

①仲孙羯,孟孝伯,仲孙速之子。

[译文]

【经】仲孙羯率领军队侵犯齐国。

【经】夏,楚子伐吴。①

[注释]

①楚子,楚康王。

[译文]

【经】夏,楚康王讨伐吴国。

【经】秋,七月甲子,朔,日有食之,既。①

[注释]

①既,日全食或月全食。

[译文]

【经】秋,七月甲子,朔日,发生日全食。

【经】齐崔杼帅师伐莒。

[译文]

【经】齐国的崔杼率领军队讨伐莒国。

【经】大水。

[译文]

【经】发生大水灾。

【经】八月癸巳,朔,日有食之。

[译文]

【经】八月癸巳,朔日,发生日食。

【经】公会晋侯、宋公、卫侯、郑伯、曹伯、莒子、邾子、滕子、薛伯、杞伯、小邾子于夷仪。

[译文]

【经】鲁襄公在夷仪会见晋平公、宋平公、卫殇公、郑简公、曹武公、莒犁比公、邾悼公、滕成公、薛献公、杞文公、小邾穆公。

【经】冬,楚子、蔡侯、陈侯、许男伐郑。

[译文]

【经】冬,楚康王、蔡景公、陈哀公、许灵公讨伐郑国。

【经】公至自会。

[译文]

【经】鲁襄公从会晤上回国(举行告祭饮至的礼仪)。

【经】陈鍼宜咎出奔楚。①

[注释]

①鍼（zhēn）宜咎，陈大夫。

[译文]

【经】陈国的鍼宜咎出奔楚国。

【经】叔孙豹如京师。

[译文]

【经】叔孙豹前往京师。

【经】大饥。

〖传〗五谷不升为大饥。①一谷不升谓之嗛，②二谷不升谓之饥，三谷不升谓之馑，四谷不升谓之康，③五谷不升谓之大侵。④大侵之礼，君食不兼味，台榭不涂，⑤弛侯，廷道不除，⑥百官布而不制，⑦鬼神祷而不祀。⑧此大侵之礼也。

[注释]

①范注："升，成也。"
②范注："嗛（qiǎn），不足貌。"
③范注："康，虚。"
④范注："侵，伤。"杨疏："'二谷不升谓之饥'，今《经》云'大饥'，故《传》云'五谷不升'也。谓之嗛，谓之康，嗛是不足之貌，康是虚荒之名。'五谷不升谓之大侵'，又谓之大饥者，以《经》云'大饥'，是《传》文顺《经》言之。《经》所云'大饥'者，谓五谷不熟也。其实大侵者，大饥之异名，通而言之，正是一物也，《传》欲分析五种之名，故异言之耳。徐邈云：'有死者曰大饥，无死者曰大饿。'何休云：'有死曰大饿，无死曰饥。'并以意言之，与《榖梁》异也。"
⑤范注："涂，垩饰。"

⑥范注:"弛,废也。侯,射侯也。废侯不燕射,廷内道路不修除。"杨疏:"凡大射为祭择士,宾射则接宾而射,燕则因欢燕而为射。既国大饥,君不宜燕乐,故《注》举燕射言之,其实尚不祭鬼神,亦不应有大射宾射之礼,故《传》以弛侯总之。或以为燕射一侯,礼最省,故举之以明余者亦不为之耳,理亦通之。"

⑦范注:"官职修列,不可阙废,不更有造作。"

⑧范注引《周书》曰:"大荒有祷无祀。"

[译文]

【经】发生大饥荒。

【传】五谷都不丰收叫作"大饥"。一种谷物不丰收叫作"嗛",两种谷物不丰收叫作"饥",三种谷物不丰收叫作"馑",四种谷物不丰收叫作"康",五谷都不丰收叫作"大侵"。在大侵之年应该施行的礼仪有,国君不吃两道以上菜肴,亭台楼榭不用白垩粉刷墙。取消射礼,不整修宫廷内的道路。百官之位不作减损,也不增设。向鬼神只祈祷而不祭祀。这就是大侵之年应该施行的礼仪。

襄公二十有五年

【经】二十有五年,①春,齐崔杼帅师伐我北鄙。

[注释]

①鲁襄公二十五年,周灵王二十四年,公元前548年。

[译文]

【经】鲁襄公二十五年,春,齐国的崔杼率领军队讨伐我国北部边疆。

【经】夏，五月乙亥，齐崔杼弑其君光。①

〖传〗庄公失言，淫于崔氏。②

[注释]

①光，齐庄公，姓姜名光。

②崔氏，崔杼之妻棠姜。范注："放言将淫崔氏，为此见弑也。邵曰：'淫，过也。言庄公言语失漏，有过于崔子，而崔子弑之。故《传》载其致弑之由，以明崔杼之罪甚。'"杨疏："失言谓放言，谓放言将淫崔氏。邵解云谓言语失漏，有过于崔氏。范两载之者，贵异说耳。"

[译文]

【经】夏，五月乙亥日，齐国的崔杼杀害齐国国君姜光。

〖传〗齐庄公有所失言，泄露了他与崔杼之妻淫乱的事。

【经】公会晋侯、宋公、卫侯、郑伯、曹伯、莒子、邾子、滕子、薛伯、杞伯、小邾子于夷仪。

[译文]

【经】鲁襄公在夷仪会见晋平公、宋平公、卫殇公、郑简公、曹武公、莒犁比公、邾悼公、滕成公、薛献公、杞文公、小邾穆公。

【经】六月壬子，郑公孙舍之帅师入陈。①

[注释]

①公孙舍之，字子展，郑大夫。

[译文]

【经】六月壬子日，郑国的公孙舍之率领军队攻入陈国。

【经】秋,八月己巳,诸侯同盟于重丘。①

[注释]

①重丘,齐地,在今山东聊城茌平区一带。范注:"会夷仪之诸侯也。"

[译文]

【经】秋,八月己巳日,诸侯共同在重丘会盟。

【经】公至自会。

[译文]

【经】鲁襄公从会晤上回国,举行告祭饮至的礼仪。

【经】卫侯入于夷仪。①

[注释]

①卫侯,卫献公。范注:"夷仪本邢地,卫灭邢而为卫地。"

[译文]

【经】卫献公进入夷仪。

【经】楚屈建帅师灭舒鸠。①

[注释]

①屈建,楚令尹。舒鸠,在今安徽舒城一带。详见僖三年"徐人取舒"条。

[译文]

【经】楚国的屈建率领军队灭舒鸠国。

【经】冬，郑公孙夏帅师伐陈。①

[注释]

①公孙夏，字子西，郑大夫。

[译文]

【经】冬，郑国的公孙夏率领军队讨伐陈国。

【经】十有二月，吴子谒伐楚，门于巢，卒。①

〖传〗以伐楚之事，门于巢，卒也。②于巢者，外乎楚也。③门于巢，乃伐楚也。④诸侯不生名，取卒之名，加之伐楚之上者，见以伐楚卒也。其见以伐楚卒何也？⑤古者大国过小邑，小邑必饰城而请罪，礼也。⑥吴子谒伐楚，至巢，入其门，门人射吴子，有矢创，反舍而卒。古者虽有文事，必有武备。非巢之不饰城而请罪，非吴子之自轻也。⑦

[注释]

①吴子谒，名谒，字诸樊，《左氏》作"吴子遏"。巢，偃姓之国，一说子姓之国，舒人一支，在今安徽巢湖市一带。

②范注："所以攻巢之门者，为其伐楚之事故也。然则伐楚经巢。"

③范注："若但言伐楚卒而不言于巢者，则卒在楚也。言于巢，则不在楚。"

④范注："先攻巢，然后楚乃可得伐。"杨疏："旧解巢，楚竟上之小国，有表里之援，故先攻之，然后楚可得伐。以为楚邑非也。徐邈亦云'巢，偃姓之国'是也。"

⑤范注："据伐楚恶事，无缘致本意。"杨疏："重发《传》者，与失国生名异故也。"

⑥范注："饰城者，修守备。请罪，问所以为阙，致师之意。"

⑦非，责也。

[译文]

【经】十二月，吴国国君姬谒讨伐楚国，攻打巢国的城门，并在那里去世。

〖传〗因为讨伐楚国的战事，姬谒才去攻打巢国的城门，并在那里去世。"于巢"，是在楚国之外。攻打巢国的城门，就是在讨伐楚国。诸侯在世时不直呼其名，将去世后才能直呼的名字在"伐楚"时提及，可见姬谒是因为讨伐楚国而去世的。可见姬谒是因为讨伐楚国而去世，这是为何？古代大国途经小邑，小邑必定整备城防、询问自己的罪过，这是合乎礼制的。吴国国君姬谒讨伐楚国，直至巢国，进入巢国的城门，守备城门的卫士射中吴国国君，致使他身负箭伤，回到军营中就去世了。古代国家虽然有文教之事，也必定有武备之事。君子这是在责难巢国不遵循整备城防、询问自己的罪过的礼仪，又责难吴国国君轻视自己的性命。

襄公二十有六年

【经】二十有六年，①春，王二月辛卯，卫甯喜弑其君剽。②
〖传〗此不正，其日何也？殖也立之，喜也君之，正也。③

[注释]

①鲁襄公二十六年，周灵王二十五年，公元前547年。

②甯喜，甯悼子，甯殖之子，卫大夫。剽，卫殇公，姓姬名剽。孙林父、甯殖逐卫献公而立卫殇公，甯殖临殁嘱其子反献公，故甯喜弑其君剽。

③范注："父立以为君，则子宜君之，以明正也。"杨疏："知剽不正者，以元年称公孙见《经》故也。"

[译文]

【经】鲁襄公二十六年，春，周历二月辛卯日，卫国的甯喜杀害卫国国君姬剽。

〖传〗弑君是不合乎正道的（杀害得国不正的国君照例不书写日期），为何这里却记录了日期？其父甯殖拥立姬剽，甯喜便以姬剽为国君，这才是合乎正道的。

【经】卫孙林父入于戚，以叛。

[译文]

【经】卫国的孙林父进入戚地，借此发动叛乱。

【经】甲午，卫侯衎复归于卫。
〖传〗日归，见知弑也。①

[注释]

①范注："书喜弑君，衎可言归，衎实与弑，故录日以见之。书日所以知其与弑者，言辛卯弑君，甲午便归，是待弑而入，故得速也。"杨疏："衎既与弑，不言入以恶之者，《传例》归为善，复归则居其两端，故《传》复者复中国，归者归其所。今喜既弑君，衎可言归，但以与弑，故从平文云复归。书名，因以见恶耳。不言入，以明归罪于甯喜也。"

[译文]

【经】甲午日，卫献公姬衎重新回到卫国。
〖传〗经文记载回国的日期，可见卫献公早就知道弑君之事。

【经】夏，晋侯使荀吴来聘。①

[注释]

①荀吴，中行穆子，晋大夫。

[译文]

【经】夏,晋平公派荀吴前来聘问。

【经】公会晋人、郑良霄、宋人、曹人于澶渊。①

[注释]

①晋人,赵武子。宋人,向戌。

[译文]

【经】鲁襄公在澶渊会见晋国人、郑国的良霄、宋国人、曹国人。

【经】秋,宋公杀其世子痤。①

[注释]

①世子痤,《公羊》《左氏》作"世子痤"。

[译文]

【经】秋,宋平公杀死他的世子痤。

【经】晋人执卫甯喜。

[译文]

【经】晋国人擒获卫国的甯喜。

【经】八月壬午,许男甯卒于楚。①

[注释]

①许男甯,许灵公,姓姜名甯。范注:"宣九年九月'辛酉,晋侯黑臀卒于扈',《传》曰:'其日,未逾竟也。'此乃在楚,何以日邪?隐三年'八月

庚辰，宋公和卒'，《传》曰：'日卒，正也。'许男卒于楚，则在外已显，日卒，明其正。"杨疏："案薄氏驰云：'此自发例于大国，不明于小国。其小国或详或略，许男书日，必正也。'范答云：'《春秋》称世子国有非正，周之襄王，晋之恭子，曹伯射姑，亦是其例。貜且之卒，谓于日食之下，何以知其不日？'然则范之此答，据何文得知？又周之襄王与恭子何以为别？又薄氏之驳不问射姑，而范答探意大过者，案《左氏》襄王是惠后之子，明襄王是嫡也。故文八年书：'八月戊申，天王崩。'恭世子是献公烝父妾而生，僖五年被杀不日，故虽世子仍非嫡也。薄氏之意，见射姑称世子，而卒不称日，故驳云发例于大国，小国自从详略，故范以射姑非正答之。据陈侯款，僖七年宁母之会，亦言世子，至僖二十八年，书卒之上亦不日，明称世子亦有非正也。捷菑既贬，则貜且是正，故知貜且之卒，蒙上日食之文可知。襄王正，恭子不正，而亦引以为例者，欲明襄王正而称世子，申生不正亦称世子。据此言之，明有不正而称世子者。"按，恭子，恭世子，晋公子申生也。烝，纳父妾也。

[译文]

【经】八月壬午日，许国国君姜甯在楚国去世。

【经】冬，楚子、蔡侯、陈侯伐郑。

[译文]

【经】冬，楚康王、蔡景公、陈哀公讨伐郑国。

【经】葬许灵公。

[译文]

【经】安葬许灵公。

襄公二十有七年

【经】二十有七年，[①]春，齐侯使庆封来聘。[②]

[注释]

①鲁襄公二十七年,周灵王二十六年,公元前546年。

②齐侯,齐景公。

[译文]

【经】鲁襄公二十七年,春,齐景公派庆封前来聘问。

【经】夏,叔孙豹会晋赵武、楚屈建、蔡公孙归生、卫石恶、陈孔奂、郑良霄、许人、曹人于宋。①

[注释]

①孔奂,《公羊》作"孔爱"。

[译文]

【经】夏,叔孙豹在宋国会见晋国的赵武、楚国的屈建、蔡国的公孙归生、卫国的石恶、陈国的孔奂、郑国的良霄、许国人、曹国人。

【经】卫杀其大夫甯喜。

〖传〗称国以杀,罪累上也。甯喜弑君,其以累上之辞言之,何也?尝为大夫,与之涉公事矣。①甯喜由君弑君,而不以弑君之罪罪之者,恶献公也。②

[注释]

①范注引郑嗣曰:"若献公以喜有弑君之罪而杀之,则不宜既入以为大夫,而得杀之,明以他故。"

②范注引郑嗣曰:"书甯喜弑其君,则喜之罪不嫌不明。今若不言喜之无罪而死,则献公之恶不彰。"

[译文]

【经】卫国杀死它的大夫宁喜。

〖传〗经文以国家的名义杀死大夫，表示国君也有杀死大夫的罪行。宁喜犯了弑君之罪，经文却以国君有罪的说法来记载，这是为何？因为宁喜在献公复位之后已经身为大夫，参与到政事的处理之中。宁喜是为了献公而杀死殇公的，经文却不用弑君的罪名来归罪于他，以示对献公的厌恶。

【经】卫侯之弟专出奔晋。①

〖传〗专，喜之徒也。专之为喜之徒，何也？己虽急纳其兄，与人之臣谋弑其君，是亦弑君者也。专其曰弟，何也？②专有是信者。③君赂不入乎喜而杀喜，是君不直乎喜也，故出奔晋。织绚邯郸，终身不言卫。④专之去，合乎《春秋》。⑤

[注释]

①专，《左氏》作"鱄"。

②范注："据称弟则无罪。"

③范注："言君本使专与喜为约，纳君许以宠赂。今反杀之，献公使专失信，故称弟，见献公之恶也。"

④范注："耻失信。"杨疏引糜信云："绚者著履之头，即《周礼》绚缘及纯是也。"

⑤范注引何休曰："宁喜本弑君之家，献公过而杀之，小负也。专以君之小负自绝，非大义也。何以合乎《春秋》？"又引郑君释之曰："宁喜虽弑君之家，本专与约纳献公尔。公由喜得入，已与喜以君臣从事矣。《春秋》拨乱重盟约，今献公背之，而杀忠于己者，是献公恶而难亲也。献公既恶而难亲，专又与喜为党，惧祸将及，君子见几而作，不俟终日。微子去纣，孔子以为上仁。专之去卫，其心若此，合于《春秋》，不亦宜乎？"

[译文]

【经】卫献公的弟弟姬专出奔晋国。

〖传〗姬专,是甯喜的同党。为何说姬专是甯喜的同党?尽管姬专是出于自己急于接纳兄长即位的心情,但与别人的臣子谋杀他的国君,也算是犯有弑君之罪的人。经文称姬专为弟,这是为何?姬专是有信义的人。此前,献公通过姬专贿赂甯喜,如今财物还没到他手上,就先杀死了甯喜。献公对甯喜不守信义,故而姬专出奔晋国。在邯郸依靠编织草鞋来维持生计,终其一生再不谈及卫国。姬专出奔,是合乎《春秋》大义的。

【经】秋,七月辛巳,豹及诸侯之大夫盟于宋。①

〖传〗溴梁之会,诸侯在而不曰诸侯之大夫,大夫不臣也,晋赵武耻之。豹云者,恭也。②诸侯不在而曰诸侯之大夫,大夫臣也。其臣恭也,晋赵武为之会也。③

[注释]

①豹,叔孙豹,叔孙穆子也。
②范注:"不举姓氏。"
③杨疏:"豹云能恭,独言赵武耻之者,赵武耻溴梁之会大夫不臣,故合师诸侯大夫为恭,故归功赵武也。《传》言'豹云者',据前称氏,后直名也。"

[译文]

【经】秋,七月辛巳日,豹与各国诸侯的大夫在宋国会盟。

〖传〗在溴梁的会晤上,诸侯尚在,却不记为"诸侯之大夫",以示各国大夫不像个臣子的样子,晋国的赵武为此感到耻辱。经文称叔孙豹为"豹",表示他的恭敬。诸侯不在会上,经文却记为"诸侯之大夫",以示各国大夫有个臣子的样子。各国臣子能够恭敬,是因为晋国的赵武在主持会晤。

【经】冬，十有二月乙亥，朔，日有食之。

[译文]

【经】冬，十二月乙亥，朔日，发生日食。

襄公二十有八年

【经】二十有八年,①春，无冰。

[注释]

①鲁襄公二十八年，周灵王二十七年，公元前545年。

[译文]

【经】鲁襄公二十八年，春，没有结冰。

【经】夏，卫石恶出奔晋。①

[注释]

①石恶，卫大夫。卫杀宵喜，而石恶哭之。

[译文]

【经】夏，卫国的石恶出奔晋国。

【经】邾子来朝。

[译文]

【经】邾悼公前来朝见。

【经】秋,八月,大雩。

[译文]

【经】秋,八月,举行盛大的祈雨仪式。

【经】仲孙羯如晋。

[译文]

【经】仲孙羯前往晋国。

【经】冬,齐庆封来奔。①

[注释]

①庆封为齐栾氏、高氏、陈氏、鲍氏所逐。

[译文]

【经】冬,齐国的庆封前来投奔。

【经】十有一月,公如楚。①

[注释]

①杨疏:"书月者,何休云:'危公朝夷狄。'案下二十九年'公至自楚',《传》云:'喜之也。'则何说是耳。"

[译文]

【经】十一月,鲁襄公前往楚国。

【经】十有二月甲寅,天王崩。①

[注释]

①天王,周灵王,姓姬名泄心。

[译文]

【经】十二月甲寅日,周灵王逝世。

【经】乙未,楚子昭卒。①

[注释]

①楚子昭,楚康王,姓芈名昭。

[译文]

【经】乙未日,楚国国君芈昭去世。

襄公二十有九年

【经】二十有九年,①春,王正月,公在楚。
〘传〙闵公也。②

[注释]

①鲁襄公二十九年,周景王元年,公元前544年。
②范注:"闵公为楚所制,故存录。"

[译文]

【经】鲁襄公二十九年,春,周历正月,鲁襄公在楚国。
〘传〙这是在哀悯鲁襄公。

【经】夏，五月，公至自楚。

〖传〗喜之也。致君者，殆其往，^①而喜其反，此致君之意义也。^②

[注释]

①殆，危。

②杨疏："于此发之者，以公远之荆蛮，故《传》特发之，明中国亦同也。"

[译文]

【经】夏，五月，鲁襄公从楚国回国（举行告祭饮至的礼仪）。

〖传〗君子为此感到欣喜。以国君回国告祭宗庙，是在为其出行担忧，而为其返回欣喜，这就是以国君回国告祭宗庙的意义。

【经】庚午，卫侯衎卒。^①

[注释]

①卫侯衎，卫献公，姓姬名衎。

[译文]

【经】庚午日，卫国国君姬衎去世。

【经】阍弒吴子餘祭。^①

〖传〗阍，门者也，寺人也。不称名姓，阍不得齐于人。不称其君，阍不得君其君也。礼：君不使无耻，不近刑人，^②不狎敌，不迩怨。^③贱人非所贵也，^④贵人非所刑也，^⑤刑人非所近也。^⑥举至贱而加之吴子，吴子近刑人也。阍弒吴子餘祭，仇之也。^⑦

[注释]

①阍（hūn），守门人也。杨疏："禀二仪之气，须五常之性备，然后为人。阍者，亏刑绝嗣，无阴阳之会，故不复齐于人。以主门晨昏开阎谓之阍，以是奄竖之属，故又谓之寺人也。"

②范注："无耻，不知臧否。"

③杨疏："为人君之道，外不得狎敌，内不得近怨。何者？吴谒以狎敌蒙祸，餘祭以迩怨害身，故不可狎敌近怨也。"按，吴谒者，吴王诸樊也。襄二十五年"十有二月，吴子谒伐楚，门于巢，卒"，《传》曰："非吴子之自轻也。"

④范注："卑贱之人，无高德者，不可卒贵。"

⑤杨疏："刑不上大夫，故不可刑之。"

⑥杨疏："刑罪之人，不可信近之。今吴子以奄人为阍，是近之也。"

⑦范注："怨仇餘祭，故弑之。"杨疏："国君不仇匹夫，犯罪则诛之，故知是阍怨也。"

[译文]

【经】门房杀害吴国国君餘祭。

〖传〗"阍"，就是门房，即阍人。不称呼他的名字，是因为阍人不能与常人等同。不称餘祭为"其君"，是因为阍人不配将国君当作自己的君主。根据礼制，国君不能派遣无耻之人行使他国，不接近受刑之人，不亲近敌人，不接近仇怨。卑贱的人是不能推重的，尊贵的人是不能施刑的，受刑的人是不能亲近的。经文将最为卑贱的人记在吴国国君之上，表明吴国国君亲近了受刑之人。门房杀害吴王餘祭，是出于仇恨。

【经】仲孙羯会晋荀盈、齐高止、宋华定、卫世叔仪、郑公孙段、曹人、莒人、邾人、滕人、薛人、小邾人城杞。①

〖传〗古者天子封诸侯，其地足以容其民，其民足以满城以自守也。杞危而不能自守，故诸侯之大夫，相帅以城之。此变之正也。②

[注释]

①荀盈,智悼子,荀罃之孙。高止,高子容也。华定,宋司徒也。世叔仪,太叔文子也。公孙段,郑穆公之孙。

②范注:"诸侯微弱,政由大夫,大夫能同恤灾危,故曰变之正。"杨疏:"诸侯恤灾救危是正,今大夫为之,故云变之正也。"

[译文]

【经】仲孙羯会见晋国的荀盈、齐国的高止、宋国的华定、卫国的世叔仪、郑国的公孙段、曹国人、莒国人、邾国人、滕国人、薛国人、小邾国人,为杞国修建城墙。

〖传〗古代天子分封诸侯,只是让他的土地足以容纳他的民众,他的民众足以充斥城池自我据守。杞国处于危难之中,不足以自我据守,故而各国诸侯的大夫相与率领军队前来修建城墙。虽变乎礼制,却合乎正道。

【经】晋侯使士鞅来聘。①

[注释]

①士鞅,范献子。

[译文]

【经】晋平公派士鞅前来聘问。

【经】杞子来盟。①

[注释]

①范注:"杞复称子,盖时王所黜。"

[译文]

【经】杞文公前来会盟。

【经】吴子使札来聘。①

〖传〗吴其称子何也？善使延陵季子，故进之也。身贤，贤也。使贤，亦贤也。延陵季子之贤，尊君也。②其名，成尊于上也。③

[注释]

①札，季札，餘祭之弟也。范注引杜预曰："吴子餘祭既遣札聘上国而后死，札以六月到鲁，未闻丧也。不称公子，其礼未同于上国。"

②范注："以季札之贤，吴子得进称子，是尊名也。"

③范注："《春秋》贤者不名，而札名者，许夷狄不一而足，唯成吴之尊称。直称吴，则不得有大夫。"

[译文]

【经】吴国国君派季札前来聘问。

〖传〗经文称吴国国君为"子"，这是为何？为了褒扬他派遣延陵季子的行为，故而提升他的爵位。国君自身贤明，当然是贤君。能派遣贤明的使臣，也是贤君。延陵季子的贤明之处，在于尊重国君。经文记载他的名字，是为了成就他对国君的尊重。

【经】秋，七月，葬卫献公。

[译文]

【经】秋，七月，安葬卫献公。

【经】齐高止出奔北燕。

〖传〗其曰北燕，从史文也。①

[注释]

①范注："南燕姞姓，在郑、卫之间。北燕姬姓，在晋之北，史曰北燕。据时然，故不改也。《传》所言，解时但有言燕者。"杨疏："《传》言从史文者，以时有直言燕者，故仲尼从史文也。"

[译文]

【经】齐国的高止出奔北燕国。

〖传〗经文称其为北燕国，是在依从史书上的文辞。

【经】冬，仲孙羯如晋。

[译文]

【经】冬，仲孙羯前往晋国。

襄公三十年

【经】三十年，①春，王正月，楚子使薳罢来聘。②

[注释]

①鲁襄公三十年，周景王二年，公元前543年。

②楚子，郏敖也，姓熊名员，楚康王之子。范注："聘例时，此聘月之，何也？泰曰：桓二年'宋督杀其君与夷'，《传》曰书'王以正与夷之卒'。然则善有所明，皆须王以正之。书王必上系于春，下统于月。此书王以治蔡般弑父之罪尔，非以录薳罢之聘。"

[译文]

【经】鲁襄公三十年，春，周历正月，楚国国君派薳罢前来聘问。

【经】夏，四月，蔡世子般弑其君固。①

〖传〗其不日，子夺父政，是谓夷之。②

[注释]

①固，蔡景公，姓姬名固。

②范注："比之夷弑，故不日也。'丁未，楚世子商臣杀其父'，《传》曰：'日髡之卒，所以谨商臣之弑也。'楚公子比弑其君，《传》曰：'不日，比不弑。'般弑不日，而曰夷之，何也？徐幹曰：'凡中国君正卒，皆书日以录之。夷狄君卒，皆不日以略之，所以别中国与夷狄。夷狄弑君而日者，闵其为恶之甚，谨而录之。中国君卒例日，不以弑与夷弑也。至于卒而不日者，乃所以略之，与夷狄同例。'"杨疏："何休《废疾》云：'蔡世子班弑其君固，不日，谓之夷。楚世子商臣弑其君髡，何以反书日邪？'郑玄释之曰：'商臣杀父日之，嫌夷狄无礼，罪轻也。今蔡中国，而又弑父，故不日之。若夷狄不足责，然《公羊》有若不疾乃疾之，推以况此，则无怪然。'此《注》之意，与郑君《释废疾》大旨同也，但解商臣之弑书日少异耳。何者？郑云'嫌夷狄无礼，罪轻，故日'。徐幹云'闵其为恶之甚，故日'。是少异也。昭十九年'夏，五月戊辰，许世子止弑其君买'，《传》云：'日弑，正卒也。'与此异者，彼以实不弑君而书日，故与此异也。"

[译文]

【经】夏，四月，蔡国的世子般杀害蔡国国君姬固。

〖传〗经文不记载日期，是因为儿子夺取父亲的君位，这就叫作夷狄之行。

【经】五月甲午，宋灾，伯姬卒。①

〖传〗取卒之日，加之灾上者，见以灾卒也。其见以灾卒奈何？伯姬之舍失火，左右曰："夫人少辟火乎？"伯姬曰："妇人之义，傅母不在，宵不下堂。"②左右又曰："夫人少辟火乎？"伯姬曰："妇人之义，保母不在，宵不下堂。"遂逮乎火而死。③妇人以贞为行者也，伯姬之妇道尽矣。详其事，贤伯姬也。④

[注释]

①伯姬，鲁宣公之女，适宋共公，又称共姬。宋共公殁后，伯姬孀居三十余年。

②宵，夜也。

③逮，及也。

④杨疏："外灾例时。今伯姬之卒，故进日在上，以明灾死也，伯姬之妇道尽矣。为共公卒虽日久，姬能守灾死之贞，谓之妇道尽矣。"前者成八年"宋公使公孙寿来纳币""卫人来媵"，成九年"季孙行父如宋致女"，皆详其事以贤伯姬也。

[译文]

【经】五月甲午日，宋国发生火灾，伯姬去世。

〖传〗将伯姬去世的日期冠在火灾之前，可见伯姬是因为火灾而丧生的。伯姬是如何因为火灾而丧生的？伯姬的馆舍失火，左右说："夫人请稍微避一下火吧？"伯姬说："妇人应该遵循的道义是，礼仪之师不在的时候，半夜不能走下正厅。"左右又说："夫人请稍微避一下火吧？"伯姬说："妇人应该遵循的道义是，起居之师不在的时候，半夜不能走下正厅。"于是遇火而死。妇人应当以贞节作为自己的准则，伯姬所遵循的妇人之道已经达到极致了啊。详细记录这件事，是为了表现伯姬的德行贤明。

【经】天王杀其弟佞夫。①

〖传〗《传》曰：诸侯且不首恶，况于天子乎？君无忍亲之义，天子诸侯所亲者，唯长子母弟耳。天王杀其弟佞夫，甚之也。②

[注释]

①佞夫,周灵王之子。

②杨疏:"嫌天子之杀弟异于诸侯,故以轻况重,举重以明轻,见轻重之道并见矣。"

[译文]

【经】周天王杀死他的弟弟姬佞夫。

〖传〗《传》上说:诸侯尚且不为首恶,何况是周天子呢?国君没有忍心杀害亲属的义理,天子诸侯所亲近的人,只有长子和胞弟罢了。周天王杀死他的弟弟姬佞夫,实在是太过分了。

【经】王子瑕奔晋。①

[注释]

①范注:"不言出,周无外。"

[译文]

【经】周王室的王子瑕出奔晋国。

【经】秋,七月,叔弓如宋,葬共姬。①

〖传〗外夫人不书葬,此其言葬,何也?吾女也。卒灾,故隐而葬之也。②

[注释]

①共姬,伯姬也。范注:"共姬,从夫之谥。"

②杨疏:"外夫人卒亦不书,而云不书葬者,《传》云'外夫人不葬'者,谓鲁女嫁于诸侯者,唯当书卒,不合称葬,非谓不是鲁女也。"

[译文]

【经】秋,七月,叔弓前往宋国,安葬共姬。

〖传〗对于鲁国以外的诸侯而言，照例不记载夫人下葬，这里却记载了下葬，这是为何？因为伯姬是鲁国宗室之女。伯姬死于火灾，故而君子为之感到悲痛，并记录下葬。

【经】郑良霄出奔许，自许入于郑。郑人杀良霄。①
〖传〗不言大夫，恶之也。②

[注释]

①良霄，即伯有，郑大夫。
②杨疏："襄二十一年'晋人杀栾盈'，《传》曰：'恶之，弗有也。'彼云不有，则此亦然也。重发《传》者，嫌与复入异故也。"

[译文]

【经】郑国的良霄出奔许国，从许国进入郑国。郑国人杀死良霄。
〖传〗经文不称其为大夫，以示对他的厌恶。

【经】冬，十月，葬蔡景公。
〖传〗不日卒而月葬，不葬者也。卒而葬之，不忍使父失民于子也。①

[注释]

①范注："郑嗣曰：'夫葬者，臣子之事也。'景公无子，不可谓无民。无民则景公有失于民，有民则罪归于子。若不书葬，则嫌亦失民，故曰：'不忍使父失民于子。'"杨疏："成十五年'秋，八月庚辰，葬宋共公'，《传》曰：'月卒日葬，非葬者也。'此云'不日卒而月葬，不葬者也'，重发《传》而文又异者，《传例》：'诸侯日卒时葬，正也。'明违此即非正，故两文以明之。又解一弑一卒，《经》文有日月之殊，故重发《传》而文异。日月有殊者，宋共则日葬，景公则月葬，是殊也。宋襄失民不葬，此失民书葬者，此即是于失子，非失民。若实失民，则直称人以弑以弑。《传》曰'不忍使父失民于子

襄公　639

也',是非失民可知。《传》云'不忍使父失民于子'者,言若不书葬,则与失民同,故云然也。"

[译文]

【经】冬,十月,安葬蔡景公。

〖传〗经文不记载下葬的日期,仅记载月份,表示其实没有下葬。去世后记载下葬,是不忍心让父亲因为儿子不孝的缘故失去民众的爱戴。

【经】晋人、齐人、宋人、卫人、郑人、曹人、莒人、邾人、滕人、薛人、杞人、小邾人会于澶渊,宋灾故。

〖传〗会不言其所为,其曰宋灾故,何也?不言灾故,则无以见其善也。其曰人,何也?救灾以众。何救焉?更宋之所丧财也。①澶渊之会,中国不侵伐夷狄,夷狄不入中国,无侵伐八年,善之也。晋赵武、楚屈建之力也。②

[注释]

①更(gēng),偿也。范注:"偿其所丧财,故虽不及灾时,而犹曰救灾。"杨疏:"《公羊传》云:'卿则其称人何?贬也。曷为贬?卿不得忧诸侯也。'《左氏》以为不归宋财,故贬。此《传》云:'其曰人何?救灾以众。'是三《传》异也。或当此会,赵武亦在,但取救灾以众,故不显名也。"

②杨疏:"徐邈云:'晋赵武、楚屈建感伯姬之节,故为之息兵。'其意以为诸侯闵伯姬之贤,故归宋财,为澶渊之会。此不相侵伐,连会言之,故知为伯姬也。范氏不解,理未必然。言感伯姬归宋财,事亦可矣,岂以一妇人之贞,国则息兵八载,人情测之,必是未可。又且《传》称赵武、屈建之力,则无侵伐不由伯姬明矣。若然,则此会不书楚人,则无楚屈建。若据此后言之,昭元年即楚灵王即位,不得云无侵伐八年。若据二十六年澶渊之会言之,何知彼有赵武、屈建?唯二十七年见《经》,而云屈建之力者,案《左氏》晋赵武以二十五年为政,二十六年澶渊之会,晋人列在郑卿之上,明是赵武。但耻溴

梁不臣，故屈于澶渊也。其实晋人者赵武，是为政起于二十五年，再会澶渊，一会宋，又昭元年会于虢，而中国以安。屈建虽一会于宋，外宁夷狄，是屈建之功。《传》恐连公子围之事，故以屈建别之，故《左氏》云相晋国于今八年，亦从二十五年数至昭元年也。《传》连此澶渊会言之者，以诸侯静兵，由赵武功力，此归宋财，亦是赵武为之，以其息师，故得忧灾恤患，是以连言之耳。"

[译文]

【经】晋国人、齐国人、宋国人、卫国人、郑国人、曹国人、莒国人、邾国人、滕国人、薛国人、杞国人、小邾国人在澶渊举行会晤，是出于宋国火灾的缘故。

〖传〗举行会晤，照例不记载会晤发生的原因，这里却记载"宋灾故"，这是为何？如果不记载是出于火灾的缘故，就无法彰显诸侯所举行的会晤是善事了。经文称其为"人"，这是为何？因为需要众人来救灾。怎么救灾？补偿宋国因火灾而损失的财物。澶渊之会以后，华夏诸侯不侵伐夷狄之国，夷狄之国不入侵华夏诸侯，太平无事长达八年，君子对此表示褒扬。这都是晋国的赵武、楚国的屈建的功绩。

襄公三十有一年

【经】三十有一年，[①]春，王正月。

[注释]

①鲁襄公三十一年，周景王三年，公元前542年。

[译文]

【经】鲁襄公三十一年，春，周历正月。

【经】夏,六月辛巳,公薨于楚宫。

〖传〗楚宫,非正也。①

[注释]

①范注:"楚宫,别宫名,非路寝。"

[译文]

【经】夏,六月辛巳日,鲁襄公在楚宫辞世。

〖传〗死在楚宫,是不合正道的。

【经】秋,九月癸巳,子野卒。①

〖传〗子卒日,正也。②

[注释]

①子野,襄公之妾胡女敬归所生。范注:"襄公太子。"

②杨疏:"未逾年之君,弑死不日。文十八年'子卒',是也。庄三十二年'子般卒'书日者,以有所见故也。今子野正卒书日,嫌与子般同,故《传》发之,以明昭公之继正也。"

[译文]

【经】秋,九月癸巳日,子野去世。

〖传〗摄政尚在一年之内的国君去世,记载去世的日期,这是合乎礼制的。

【经】己亥,仲孙羯卒。

[译文]

【经】己亥日,仲孙羯去世。

【经】冬，十月，滕子来会葬。①

[注释]

①范注："书非礼。"按，定十五年"滕子来会葬"，范注云："邾、滕，鲁之属国，近则来奔丧，远则来会葬。于长帅之丧，同之王者，书非礼。"

[译文]

【经】冬，十月，滕成公前来参与葬礼。

【经】癸酉，葬我君襄公。

[译文]

【经】癸酉日，安葬我国国君鲁襄公。

【经】十有一月，莒人弑其君密州。①

[注释]

①密州，莒犁比公，名密州，字买朱鉏。

[译文]

【经】十一月，莒国人杀害莒国国君己密州。

昭公

昭公元年

【经】元年,^①春,王正月,公即位。
〖传〗继正即位,正也。^②

[注释]

①鲁昭公元年,周景王四年,公元前541年。鲁昭公,姓姬名稠,鲁襄公之子。《周书·谥法》:"容仪恭明曰昭。"
②杨疏:"重发《传》者,嫌继子野非正,故明之。"

[译文]

【经】鲁昭公元年,春,周历正月,鲁昭公即位。
〖传〗继承寿终正寝的国君的君位,就书写即位,是合乎正道的。

【经】叔孙豹会晋赵武、楚公子围、齐国弱、宋向戌、卫齐恶、陈公子招、蔡公孙归生、郑罕虎、许人、曹人于郭。^①

[注释]

①郭,《左氏》作"虢"。

[译文]

【经】叔孙豹在郭地会见晋国的赵武、楚国的公子围、齐国的国弱、宋国的向戌、卫国的齐恶、陈国的公子招、蔡国的公孙归生、郑国的罕虎、许国人、曹国人。

【经】三月,取郓。①

[注释]

①郓,鲁邑,在今山东郓城一带。范注:"言取者,叛戾不服。"杨疏:"案《左氏》,郓为莒邑。范知鲁邑者,以《经》有'城诸及郓'之文。此郓不继莒,故知鲁邑也。《公羊传》曰:'郓者何?内之邑也。其言取何?不听也。'何休云:'不听者,叛也。'是范所据之文也。"

[译文]

【经】三月,鲁收回郓邑。

【经】夏,秦伯之弟鍼出奔晋。
〖传〗诸侯之尊,弟兄不得以属通。其弟云者,亲之也。亲而奔之,恶也。①

[注释]

①杨疏:"重发《传》者,陈侯之弟称归,为无罪。此鍼后无归文,则罪之轻重,既不可知。故《传》云:'亲而奔之,恶也。'明与陈光同耳。"

[译文]

【经】夏,秦景公的弟弟嬴鍼出奔晋国。
〖传〗诸侯的地位尊贵,即便是兄弟,也不能以血缘关系互相称呼。经文称其为弟,表示嬴鍼因为血缘关系而受秦景公亲近。身受亲近却出奔他国,君子对此表示厌恶。

【经】六月丁巳，邾子华卒。①

[注释]

①邾子华，邾悼公，姓曹名华。

[译文]

【经】六月丁巳日，邾国国君曹华去世。

【经】晋荀吴帅师败狄于大原。①

〖传〗《传》曰：中国曰大原，夷狄曰大卤。号从中国，名从主人。②

[注释]

①荀吴，中行穆子，晋大夫。大原，即太原，今山西太原一带。
②范注："襄五年《注》详矣。"杨疏："桓二年亦有文，而《注》言襄五年者，桓二年论部鼎之事，襄五年则同论地事，故《注》指之。"

[译文]

【经】晋国的荀吴率领军队在大原击败狄人。

〖传〗《传》上说：华夏诸侯称之为大原，夷狄称之为大卤。如果是地名，随华夏称呼；如果是人名，随主人称呼。

【经】秋，莒去疾自齐入于莒。①

[注释]

①去疾，莒著丘公，莒犁比公之子。

[译文]

【经】秋，莒国的己去疾从齐国进入莒国。

【经】莒展出奔吴。①

[注释]

①展，莒犁比公之子，弑君父而自立，《左氏》作"展舆"。杨疏："展篡逾年，不称爵者，徐邈云：'不为内外所与也，不成君。'故但书名，理或然焉。"

[译文]

【经】莒国的己展出奔吴国。

【经】叔弓帅师疆郓田。①
〖传〗疆之为言，犹竟也。②

[注释]
①郓田，本年三月取郓，故此时划定疆界。
②范注："为之境界。"杨疏："郓是鲁邑，所以帅师者，《公羊》以为与莒接竟，故帅师是畏莒，故以师正其界。"

[译文]

【经】叔弓率领军队划定郓邑的疆界。
〖传〗"疆"这种说法，相当于边境的意思。

【经】葬邾悼公。

[译文]

【经】安葬邾悼公。

【经】冬，十有一月己酉，楚子卷卒。①

[注释]

①楚子卷（quán），郏敖，熊员，姓芈名卷，楚康王之子，为季父楚令尹公子围所弑。《左氏》作"楚子麇"。

[译文]

【经】冬，十一月己酉日，楚国国君芈卷去世。

【经】楚公子比出奔晋。①

[注释]

①公子比，訾敖，姓芈名比，字子干，楚共王之子，楚康王、楚灵王之弟。

[译文]

【经】楚国的公子比出奔晋国。

昭公二年

【经】二年，①春，晋侯使韩起来聘。②

[注释]

①鲁昭公二年，周景王五年，公元前540年。
②韩起，韩宣子。

[译文]

【经】鲁昭公二年，春，晋国国君派韩起前来聘问。

【经】夏，叔弓如晋。

[译文]

【经】夏,叔弓前往晋国。

【经】秋,郑杀其大夫公孙黑。①

[注释]

①公孙黑,字子晳,郑大夫。

[译文]

【经】秋,郑国杀死它的大夫公孙黑。

【经】冬,公如晋,至河乃复。①
〖传〗耻如晋,故著有疾也。②

[注释]

①范注:"乃者,亡乎人之辞。剌公弱劣,受制强臣。"
②范注:"公凡四如晋,季氏诉公于晋侯,使不见公,公惧不利于己,故公托至河有疾而反,以杀耻也。十二年《传》曰'季氏不使遂乎晋',与此《传》互文以见义。然则十三年、二十一年如晋,与此义同。二十三年《经》曰'至河,有疾,乃复',是微有疾而反,嫌与上四如晋同,故明之。"杨疏:"案公之乃复,凡有五文,惟二十三年《经》云'至河,有疾,乃复',自余四者,皆不云有疾,而《传》曰'著有疾'者,公为季氏所诉,耻四如晋不入,故皆书曰'乃复'者,即是托有疾之辞,非实疾也,故《传》云'耻如晋,故著有疾也'。二十二年实有疾而复,故《经》言'有疾'而别之。"

[译文]

【经】冬,鲁昭公前往晋国,直至黄河边上才返回。

〖传〗君子为鲁昭公无法进入晋国而感到耻辱,故而假托他身患疾病。

【经】季孙宿如晋。

〖传〗公如晋而不得入，季孙宿如晋而得入，恶季孙宿也。①

[注释]

①范注："明晋之不见公，季孙宿之所为。"杨疏："恶季孙宿，十二年又发《传》云'季孙不使遂乎晋'者，季孙宿以七年卒，十二年谮君者意如，见其累世同恶，故《传》重明之。若然，十三年乃复者，意如见执之下，意如身尚被执，安得谓之谮公者？彼公不盟，亦坐意如。意如先以谮公，被执之日又自雪无罪，晋人听其言而不受公，故《经》言'乃复'之文，与十二年同，明亦是意如谮公可知也。"

[译文]

【经】季孙宿前往晋国。

〖传〗鲁昭公前往晋国却无法进入，季孙宿前往晋国却能进入，君子对季孙宿从中作梗的行为表示厌恶。

昭公三年

【经】三年，①春，王正月丁未，滕子原卒。②

[注释]

①鲁昭公三年，周景王六年，公元前539年。
②滕子原，滕成公，姓姬名原。

[译文]

【经】鲁昭公三年，春，周历正月丁未日，滕国国君姬原去世。

【经】夏，叔弓如滕。五月，葬滕成公。①

[注释]

①杨疏:"何休云:'月者,上葬襄公,诸侯莫肯加礼,独滕子来会葬,故恩录之。'《穀梁》以月葬为故,必不得从何说,或当有故,但《经》《传》不言耳。"

[译文]

【经】夏,叔弓前往滕国。五月,安葬滕成公。

【经】秋,小邾子来朝。①

[注释]

①小邾子,小邾穆公,曹姓之国,原称郳。

[译文]

【经】秋,小邾穆公前来朝见。

【经】八月,大雩。

[译文]

【经】八月,举行盛大的祈雨仪式。

【经】冬,大雨雹。

[译文]

【经】冬,下大冰雹。

【经】北燕伯款出奔齐。①
〚传〛其曰北燕,从史文也。②

[注释]

①北燕伯款，北燕简公。

②杨疏："重发《传》者，前高止之奔，欲明从史文。今北燕伯出奔，亦曰'北燕伯'，嫌目名之，故重曰'从史文'，举此二者以明例，故于后不释。"

[译文]

【经】北燕国国君姬款出奔齐国。

〖传〗经文称其为北燕国，是在依从史书上的文辞。

昭公四年

【经】四年，①春，王正月，大雨雪。②

[注释]

①鲁昭公四年，周景王七年，公元前538年。

②范注："雪，或为雹。"雨雪，《左氏》作"雨雹"。

[译文]

【经】鲁昭公四年，春，周历正月，下大雪。

【经】夏，楚子、蔡侯、陈侯、郑伯、许男、徐子、滕子、顿子、胡子、沈子、小邾子、宋世子佐、淮夷会于申。①楚人执徐子。②

[注释]

①范注："楚灵王始会诸侯也。"

②范注:"称人以执,执有罪。"杨疏:"僖二十一年执宋公不言楚,此云'楚人执徐子'者,彼欲见诸侯同执,且不与夷狄执中国,故不言楚人。此时楚强,徐又夷也,故云楚执。不言归者,盖在会而执,寻亦释之,故不言所归也。"

[译文]

【经】夏,楚灵王、蔡灵公、陈哀公、郑简公、许悼公、徐国国君、滕悼公、顿国国君、胡国国君、沈国国君、小邾穆公、宋国的世子佐、淮夷在申地举行会晤。楚国人擒获徐国国君。

【经】秋,七月,楚子、蔡侯、陈侯、许男、顿子、胡子、沈子、淮夷伐吴。①执齐庆封,杀之。②

〖传〗此入而杀,其不言入,何也?庆封封乎吴钟离。③其不言伐钟离,何也?不与吴封也。庆封其以齐氏,何也?④为齐讨也。灵王使人以庆封令于军中曰:"有若齐庆封弑其君者乎?"⑤庆封曰:"子一息,我亦且一言,曰:有若楚公子围弑其兄之子而代之为君者乎?"军人粲然皆笑。⑥庆封弑其君,而不以弑君之罪罪之者,庆封不为灵王服也,不与楚讨也。⑦《春秋》之义,用贵治贱,用贤治不肖,不以乱治乱也。孔子曰:"怀恶而讨,虽死不服,其斯之谓与?"⑧

[注释]

①范注:"众国之君,倾众悉力,以伐强敌,内外之害重,故谨而月之。定四年伐楚亦月,此其例也。"杨疏:"旧解凡日月之例,多施于内,不止于外。而云'谨而月之'者,以四夷之盛,吴、楚最甚。从此以后,中国微弱,祸害既重,书亦宜详。故《注》并引定四年'三月公会刘子'以下'于召陵,侵楚'为证,犹庄六年子突王者之师挫于诸侯,僖十五年齐桓霸者之兵屈于伐厉,故亦书月,是其义也。徐邈云'伐不月而书月者,为灭厉书',理亦通也。

'内外之害'者，内谓吴，外谓众国也。"

②庆封，齐大夫，庆克之子。

③范注："言时杀庆封自于钟离，实不入吴。"

④范注："据已绝于齐。"

⑤范注："谓与崔杼共弑庄公光。"

⑥范注："粲然，盛笑貌。"杨疏："元年'楚子卷卒'，不云弑。此云弑者，彼为密弑之，托以疾卒。楚无良史，告以不实，故《春秋》从而书之。《传》因庆封之对，以起其事，则篡之罪，亦足以见也。"

⑦范注："《传例》曰：'称人以杀大夫，为杀有罪。'今杀庆封，《经》不称人，故曰'不以弑君之罪罪之'。"

⑧杨疏："上云《春秋》之义，足以见罪人。称孔子曰者，灵王夷狄之君，欲行霸者之事，嫌于得善，故引《春秋》以明之，后言孔子以正之。"

[译文]

【经】秋，七月，楚灵王、蔡灵公、陈哀公、许悼公、顿国国君、胡国国君、沈国国君、淮夷讨伐吴国。擒获齐国的庆封，将其杀死。

〖传〗这是攻入吴国后才杀死庆封的，经文却不记载"入"，这是为何？因为庆封被封在吴国的钟离。经文却不记载讨伐钟离，这是为何？为了不予承认吴国擅自分封的权力。经文将齐国作为氏冠在"庆封"之前，这是为何？表明各国诸侯是替齐国讨伐庆封的。楚灵王派人带着庆封在军中号令，说："还有像齐国的庆封一般杀害国君的人吗？"庆封说："你且停一停，我也有句话要说，就是：还有像楚国的公子围一般杀害自己的侄子，取代他成为国君的人吗？"士兵们都放声大笑。庆封杀害他的国君，经文却不以弑君的罪名来归罪于他，这是因为庆封并不臣服于楚灵王，故而经文不赞许楚国讨伐钟离的行为。《春秋》大义以为，应该用尊贵的人整治卑贱的人，用德行贤明的人整治德行卑劣的人，而不是以乱臣贼子来整治乱臣贼子。孔子说："心怀恶意而去讨伐他国，敌人即便身死其手也不心服，说的就是这件事吧？"

【经】遂灭厉。①
〖传〗遂,继事也。

[注释]

①厉,在今河南鹿邑东,《左氏》作"赖"。

[译文]

【经】于是灭厉国。
〖传〗"遂",是继续行事的意思。

【经】九月,取鄫。①

[注释]

①鄫,《公羊》《左氏》作"鄑"。杨疏:"襄六年'莒人灭鄫',今又云'取'者,彼以立莒之公子为后,故以灭言之,其实非灭,故今鲁得取之。不云灭而云取者,徐邈云:'讳,故以易言之。'事或然矣。"

[译文]

【经】九月,攻取鄫国。

【经】冬,十有二月乙卯,叔孙豹卒。

[译文]

【经】冬,十二月乙卯日,叔孙豹去世。

昭公五年

【经】五年,①春,王正月,舍中军。

〖传〗贵复正也。②

[注释]

①鲁昭公五年,周景王八年,公元前537年。
②范注:"鲁次国,旧二军,襄十一年立三军,今毁之,故曰复正。"

[译文]

【经】鲁昭公五年,春,周历正月,废除中军。
〖传〗这是在推重鲁昭公恢复正道。

【经】楚杀其大夫屈申。①

[注释]

①屈申,屈建之子。

[译文]

【经】楚国杀死它的大夫屈申。

【经】公如晋。

[译文]

【经】鲁昭公前往晋国。

【经】夏,莒牟夷以牟娄及防、兹来奔。①
〖传〗以者,不以者也。来奔者,不言出。②及防、兹,以大及小也。莒无大夫,其曰牟夷,何也?以其地来也。以地来,则何以书也?重地也。③

[注释]

①牟夷,莒大夫。牟娄,牟氏采邑。防,莒邑,在今山东安丘西。兹,莒邑,在今山东诸城北。

②范注:"以其方向内也。"

③范注:"窃地之罪重,故不得不录其人。"杨疏:"重发《传》者,庶其以邑来而不言及,此以邑来言及,黑肱则不系滥,故各发《传》也。此《传》独言重地者,举其中以包上下也。"

[译文]

【经】夏,莒国的牟夷带着牟娄与防邑、兹邑前来投奔。

〖传〗"以",是理应不得携邑来奔的意思。前来投奔的人不记为"出"。"及防、兹",是从大邑写到小邑。莒国没有周天子爵命的大夫,经文却称其为"牟夷",这是为何?因为他带着土地前来。带着土地前来,那么为何要记下呢?表示对土地的重视。

【经】秋,七月,公至自晋。

[译文]

【经】秋,七月,鲁昭公从晋国回国(举行告祭饮至的礼仪)。

【经】戊辰,叔弓帅师败莒师于蚡泉。①
〖传〗狄人谓蚡泉失台。号从中国,名从主人。

[注释]

①蚡泉,鲁地,《左氏》作"蚡泉"。

[译文]

【经】戊辰日,叔弓率领军队在蚡泉击败莒国军队。

〖传〗狄人将"蚡泉"称作"失台"。如果是地名,随华夏称呼;

如果是人名，随主人称呼。

【经】秦伯卒。①

[注释]

①秦伯，秦景公。杨疏："《左氏》以为同盟则名，同盟而不名，皆从赴。《公羊》以为秦伯不名者，'秦，夷也。匿嫡之名'，其意云嫡子生，不以名告国中，唯择勇猛者而立之。又云秦伯䓨及稻名者，嫡子，故得名之，言独二人以嫡得立也。此《传》云隐七年'滕侯卒'，云无名，狄道也。则此秦伯不名者，以用狄道也。又隐八年'宿男卒'，《注》曰：'宿，微国也。未能同盟，故男卒也。'据彼则是未同盟者，则不赴以名。案秦之诸君卒，《经》或名，或不名，则是非用狄道，盖同《左氏》未同盟，故不名也。徐邈云：'秦伯不名，用狄道也。'恐非耳。"

[译文]

【经】秦国国君去世。

【经】冬，楚子、蔡侯、陈侯、许男、顿子、沈子、徐人、越人伐吴。

[译文]

【经】冬，楚灵王、蔡灵公、陈哀公、许悼公、顿国国君、沈国国君、徐国人、越国人讨伐吴国。

昭公六年

【经】六年，①春，王正月，杞伯益姑卒。②

[注释]

①鲁昭公六年,周景王九年,公元前536年。

②杞伯益姑,杞文公,姓姒名益姑。

[译文]

【经】鲁昭公六年,春,周历正月,杞国国君姒益姑去世。

【经】葬秦景公。

[译文]

【经】安葬秦景公。

【经】夏,季孙宿如晋。

[译文]

【经】夏,季孙宿前往晋国。

【经】葬杞文公。

[译文]

【经】安葬杞文公。

【经】宋华合比出奔卫。①

[注释]

①华合比,宋右师也。

[译文]

【经】宋国的华合比出奔卫国。

【经】秋,九月,大雩。

[译文]

【经】秋,九月,举行盛大的祈雨仪式。

【经】楚薳罢帅师伐吴。①

[注释]

①薳罢,即子荡,楚令尹。

[译文]

【经】楚国的薳罢率领军队讨伐吴国。

【经】冬,叔弓如楚。

[译文]

【经】冬,叔弓前往楚国。

【经】齐侯伐北燕。①

[注释]

①伐北燕以纳北燕简公。

[译文]

【经】齐景公讨伐北燕国。

昭公七年

【经】七年,①春,王正月,暨齐平。

〖传〗平者,成也。②暨,犹暨暨也。暨者,不得已也。以外及内曰暨。

[注释]

①鲁昭公七年,周景王十年,公元前535年。

②杨疏:"旧解平者善事也,当同以为之,而不得已而为之,是乱道也,故释之为成,言成乱之辞耳。或当成平义通,故展转为训。"

[译文]

【经】鲁昭公七年,春,周历正月,与齐国媾和。

〖传〗"平",是媾和的意思。"暨",相当于迫切的意思。"暨",是不得已的意思。由他国向我国提出要求叫作"暨"。

【经】三月,公如楚。

[译文]

【经】三月,鲁昭公前往楚国。

【经】叔孙婼如齐莅盟。①

〖传〗莅,位也。内之前定之辞,谓之莅;外之前定之辞,谓之来。②

[注释]

①叔孙婼,叔孙豹之子,《公羊》作"叔孙舍"。
②范注:"重发《传》者,嫌公如楚,恐婼非是君命,故发之,明婼亦受命也。"

[译文]

【经】叔孙婼前往齐国参与盟会。
〖传〗"莅",是就位的意思。对于我国而言,表示事先商定的说法叫作"莅";对于他国而言,表示事先商定的说法叫作"来"。

【经】夏,四月甲辰,朔,日有食之。

[译文]

【经】夏,四月甲辰,朔日,发生日食。

【经】秋,八月戊辰,卫侯恶卒。①
〖传〗乡曰卫齐恶,②今曰卫侯恶,此何为君臣同名也?君子不夺人名,不夺人亲之所名,重其所以来也。王父名子也。③

[注释]

①卫侯恶,卫襄公,姓姬名恶。
②范注:"在元年。"
③范注:"不夺人名,谓亲之所名,明臣虽欲改,君不当听也。君不听臣易名者,欲使重父命也。父受命名于王父,王父卒,则听王父之命名之。"杨疏:"《传》言王父,则祖也。范云'欲使人重父命也'者,父受名于王父,王父卒则已命子,故《传》《注》两言之,其并存者则不讳。若卒哭而后,无容得斥君名,盖舍名而称字耳。"

[译文]

【经】秋,八月戊辰日,卫国国君姬恶去世。

〖传〗之前经文有"卫齐恶",如今又有"卫侯恶",为何国君和臣子名字相同?君子不褫夺别人的名字,不褫夺别人亲属所起的名字,为了重视其名字的由来。齐恶之名是他祖父所起。

【经】九月,公至自楚。

[译文]
【经】九月,鲁昭公从楚国回国(举行告祭饮至的礼仪)。

【经】冬,十有一月癸未,季孙宿卒。

[译文]
【经】冬,十一月癸未日,季孙宿去世。

【经】十有二月癸亥,葬卫襄公。

[译文]
【经】十二月癸亥日,安葬卫襄公。

昭公八年

【经】八年,①春,陈侯之弟招杀陈世子偃师。②

〖传〗乡曰陈公子招,③今曰陈侯之弟招,何也?曰:尽其亲,所以恶招也。④两下相杀,不志乎《春秋》,此其志,何也?世子云者,唯君之贰也,云可以重之,存焉志之也。诸侯之尊,兄弟不得以属通。其弟云者，亲之也。亲而杀之，恶也。⑤

[注释]

①鲁昭公八年，周景王十一年，公元前534年。

②陈侯之弟招，姓妫名招，陈司徒，陈哀公母弟。公子招杀陈哀公世子偃师，将立公子留。《史记·陈杞世家》云："三十四年，初，哀公娶郑，长姬生悼太子师，少姬生偃。"以偃、师为二人。

③范注："在元年。"

④范注："尽其亲，谓既称公子又称弟。招，先君之公子，今君之母弟。"杨疏："尽其亲者，招前称公子，明有先君之亲，今变父言弟，彰是今君之亲，二称并见，故云'尽其亲'也。然昭元年称公子，不关杀偃师，而亦言之者，以变公子之文而称弟，故二者并言之也。十三年'杀公子比'，不言楚比。云'陈世子'者，体国重，故系国言之。公子系君，故不系国也。若然，下云'杀陈孔奂'系陈者，楚人杀他国之臣，故系国。"

⑤范注："恶招。"杨疏："此称弟恶招，光称弟恶陈侯者，光有归文见《经》，明知光无罪。今招亲杀世子，故知称弟以恶招也。"

[译文]

【经】鲁昭公八年，春，陈哀公的弟弟妫招杀死陈国的世子偃师。

〖传〗之前经文称其为"陈公子招"，如今却称其为"陈侯之弟招"，这是为何？答曰：写明二者的亲缘关系，以示对妫招的厌恶。臣子之间互相残杀，照例应当不记录在《春秋》中，这里却记了下来，这是为何？所谓世子，就是国君唯一的副手，应当重视此事予以存录，故而记了下来。诸侯的地位尊贵，即便是兄弟，也不能以血缘关系互相称呼。经文称其为弟，表示妫招因为血缘关系而受陈哀公亲近。关系亲近却杀死世子，君子对此表示厌恶。

【经】夏，四月辛丑，陈侯溺卒。①

[注释]

①陈侯溺,陈哀公,姓妫名溺。

[译文]

【经】夏,四月辛丑日,陈国国君妫溺去世。

【经】叔弓如晋。

[译文]

【经】叔弓前往晋国。

【经】楚人执陈行人干徵师,杀之。①
〖传〗称人以执大夫,执有罪也。称行人,怨接于上也。②

[注释]

①干,姓;徵师,名。陈公子招杀世子而立留,故楚人执陈行人干徵师而杀之。

②杨疏:"重发《传》者,嫌楚杀为甚,恐其无罪,故重发《传》以同之。"

[译文]

【经】楚国人擒获陈国的行人干徵师,将其杀死。

〖传〗经文以国人的名义擒获大夫,是因为被擒者有罪。经文称其为行人,表示这是因为楚、陈二国国君结怨,而不是干徵师有罪。

【经】陈公子留出奔郑。①

[注释]

①公子留,陈哀公之子。

[译文]

【经】陈国的公子留出奔郑国。

【经】秋,蒐于红。①

〖传〗正也。②因蒐狩以习用武事,礼之大者也。艾兰以为防,③置旃以为辕门,④以葛覆质以为槷。⑤流旁握,御軎者不得入。⑥车轨尘,⑦马候蹄,⑧掩禽旅,⑨御者不失其驰,然后射者能中。⑩过防弗逐,不从奔之道也。⑪面伤不献⑫,不成禽不献。⑬禽虽多,天子取三十焉,其余与士众,以习射于射宫。⑭射而中,田不得禽,则得禽;田得禽而射不中,则不得禽。是以知古之贵仁义,而贱勇力也。⑮

[注释]

①红,鲁地,不详所在。

②范注:"常事不书,而此书者,以后比年大蒐失礼,因此以见正。"

③范注:"兰,香草也。防,为田之大限。"杨疏:"兰是草之贵者,地之希有之物,而云艾兰为防者,广泽之内,与众同生。艾之为防,则逢兰同剪,故举以包之。"

④范注:"旃,旌旗之名。《周礼》'通帛为旃'。辕门,卬车以其辕表门。"

⑤范注:"质,椹也。槷,门中臬。葛或为褐。"槷,门橛也。杨疏:"谓以车为营,举辕为门,又建旃以表之,故云'置旃以为辕门,以葛覆质以为槷'。质者,中门之木椹,谓恐木椹伤马足,故以葛草覆之以为槷。葛或为褐者,谓之毛布覆之。徐邈亦云:'恐伤马足,故以毛布覆之。'《毛诗传》云'褐缠旃以为门,裘缠质以为槷',与此异也。"

⑥范注:"流旁握,谓车两軎头,各去门边空握。握,四寸也。挚挂则不得入门。"挚,絓也。軎(wèi),车轴头也。杨疏:"徐邈云:'流,至也。门之广狭,足令车通。至车两轴,去门之旁边一握。握,四寸也。挚者不得入,

毂谓挂著，若车挂著门，则不使得入，以耻其御拙也。'观范之《注》，似与徐邈同。或以为流旁握者，谓建旌表门之疏旁，去车之两轴各一握也。古字同通，故《传》作'流'，理亦通也，但与《注》少僻耳。范《注》两轴头，本或作辖者，两辖两轴，止是一物，故郑玄注《少仪》亦以轴为辖也。"

⑦范注："尘不出辙。"杨疏："谓驱车尘不出轨辙。"

⑧范注："发足相应，迟疾相投。"杨疏："旧解四蹄皆发，后足蹑前足而相伺候，与范《注》亦合耳。"

⑨范注："搚取众禽。"杨疏："旅，众也，谓搚取众禽。然礼云不搚群者，谓不得不分别大小，一群尽取之。今虽搚众禽，在田则简其麛卵之流而放之，射诖则释其面伤之徒不献之以习军礼，则亦不搚群之义也。"

⑩范注："不失驰骋之节。"

⑪范注："战不逐奔之义。"

⑫范注："嫌诛降。"

⑬范注："恶虐幼少。"

⑭范注："取三十以共干豆宾客君之庖。射宫，泽宫。"

⑮范注："射以不争为仁，揖让为义。"杨疏："谓田猎之时，务在得禽，不升降，是勇力也。射宫之内，有揖让周旋，是仁义也。田虽不得禽，射中则得禽，是贵仁义而贱勇力也。旧解以为射弓之内，还射死禽，中则取之，故以重伤为难。《论语》称'射不主皮'，则射皮不射禽也。"

[译文]

【经】秋，在红地行猎。

〖传〗这是合乎礼制的。通过秋猎来操练战事，是礼制中的大义。行猎之前，用艾草、兰芝作为田猎场地的界限，插上朱红的旌旗作为辕门，用葛布覆盖木砧作为箭靶。入辕门时，车轴头必须离门各有一拳之握，撞到、挂住辕门的车都不准进入。后者行车只能在前车的辙迹上，马蹄起落快慢相一致，猎取成群的飞鸟走兽，驾车的人不失对车马的驾驭，然后射箭的人正中目标。禽兽一旦越过田猎的边界，就不能再追赶，为了遵循交战时不追逐落败敌军的道义。面部受伤的猎物不能进献，尚未成年的猎物也不能进献。猎物再多，周天子只从中选取三十只,其余的都分给将士,用来在射宫中练习箭术。若能射中,即便行猎时没有得到猎物,也会被分到猎物;行猎时得到猎物,如今却射不中,就不会被分到猎物。由此可见,古人推重仁义,而鄙贱勇力啊。

【经】陈人杀其大夫公子过。①

[注释]

①公子过,陈成公之子。

[译文]

【经】陈国人杀死他们的大夫公子过。

【经】大雩。

[译文]

【经】举行盛大的祈雨仪式。

【经】冬,十月壬午,楚师灭陈,执陈公子招,放之于越。杀陈孔奂。①

〖传〗恶楚子也。②

[注释]

①孔奂,陈大夫,《公羊》作"孔瑗"。
②范注:"恶其灭人之国,放有罪之人,反杀无辜之臣,故实是楚子而言师。"杨疏:"恶之者,谓灭人之国;又招有罪而放之;奂无辜,反杀之,有三事之恶,故贬而称师也。《传》知是楚子者,以九年《经》'叔弓会楚子于陈',知灭陈亦是楚子,但为恶之,故贬称师也。不贬称人而言师者,以楚恃

强灭国，著其用大众，故云师。若贬之称人，嫌是贱者，故不言人矣。"

[译文]

【经】冬，十月壬午日，楚国军队灭陈国，擒获陈国的公子招，将其流放至越国。杀死陈国的孔奂。

〖传〗以示对楚灵王的厌恶。

【经】葬陈哀公。
〖传〗不与楚灭，闵公也。①

[注释]

①范注："灭国不葬，闵楚夷狄以无道灭之，故书葬以存陈。"杨疏："灭国不葬，今书葬者，以楚夷狄，无道灭人，闵陈之灭，故书葬以存之。"

[译文]

【经】安葬陈哀公。

〖传〗经文不赞许楚国灭陈的行为，这是在哀悯陈哀公。

昭公九年

【经】九年，①春，叔弓会楚子于陈。②

[注释]

①鲁昭公九年，周景王十二年，公元前533年。
②叔弓，公弟叔肸曾孙。

[译文]

【经】鲁昭公九年，春，叔弓在陈国会见楚灵王。

【经】许迁于夷。①

[注释]

①夷,许地,即城父。范注:"以自迁为文而地者,许复见也。夷,许地,徐邈曰:'许十八年又迁于白羽。许比迁徙,所都无常,居处薄浅,如一邑之移,故略而不月,不得从国迁常例。'"杨疏:"僖元年'夏,六月,邢迁于夷仪',三十一年十二月'卫迁于帝丘',皆书月,而许迁不月,故知是略也。"

[译文]

【经】许国迁往夷地。

【经】夏,四月,陈火。①

〖传〗国曰灾,邑曰火。火不志,此何以志?闵陈而存之也。②

[注释]

①火,《左氏》作"灾"。

②范注:"陈已灭矣,犹书火者,不与楚灭也。不可以方全国,故不云灾。何休曰:'月者,闵之。'"杨疏:"《传》言'火不志',则是无例。而云'国曰灾,邑曰火'者,火不合志,志者皆义有所见。此书者,以见不与楚灭,义在存陈也。陈灭不可以比全国,故以邑录之。既以邑录之,则不得与国同文,国邑文既不同,《传》宜显变例,故云'国曰灾,邑曰火'。"

[译文]

【经】夏,四月,陈国着火。

〖传〗国都发生火灾,叫作"灾";城邑着火,叫作"火"。城邑着火照例不作记载,这里为何记载?是为了哀悯陈国,故而有所存录。

【经】秋，仲孙貜如齐。①

[注释]

①仲孙貜，孟僖子，鲁大夫。

[译文]

【经】秋，仲孙貜前往齐国。

【经】冬，筑郎囿。①

[注释]

①囿（yòu），苑也。

[译文]

【经】冬，在郎地修筑苑囿。

昭公十年

【经】十年，①春，王正月。

[注释]

①鲁昭公十年，周景王十三年，公元前532年。

[译文]

【经】鲁昭公十年，春，周历正月。

【经】夏，齐栾施来奔。①

[注释]

①栾施,字子旗,子雅之子,齐惠公之后。齐国有栾、高、鲍、陈四世卿,栾、高,皆齐惠公之后,姜姓;鲍、陈,妫姓。

[译文]

【经】夏,齐国的栾施前来投奔。

【经】秋,七月,季孙意如、叔弓、仲孙貜帅师伐莒。①

[注释]

①季孙意如,季平子。

[译文]

【经】秋,七月,季孙意如、叔弓、仲孙貜率领军队讨伐莒国。

【经】戊子,晋侯彪卒。①

[注释]

①晋侯彪,晋平公,姓姬名彪。

[译文]

【经】戊子日,晋国国君姬彪去世。

【经】九月,叔孙婼如晋。①

[注释]

①范注:"月者,为下葬晋平公起。"

[译文]

【经】九月,叔孙婼前往晋国。

【经】葬晋平公。

[译文]

【经】安葬晋平公。

【经】十有二月甲子,宋公成卒。①

[注释]

①宋公成,宋平公,姓子名成。范注:"不书冬,宁所未详。"杨疏:"何休云:'去冬者,盖昭娶吴孟子之年,故贬之。'范既不注,或是阙文也。"

[译文]

【经】十二月甲子日,宋国国君子成去世。

昭公十有一年

【经】十有一年,①春,王二月,叔弓如宋。②

[注释]

①鲁昭公十一年,周景王十四年,公元前531年。
②王二月,《公羊》作"王正月"。

[译文]

【经】鲁昭公十一年,春,周历二月,叔弓前往宋国。

【经】葬宋平公。①

[注释]

①范注:"晋献公以杀世子申生,故不书葬。宋平公杀世子痤而书葬,何乎?何休曰'痤有罪'故也。痤之罪,宁所未闻。郑庄公杀弟而书葬,以段不弟也。何氏将以理例推之,然则段不弟也,故不书弟,痤若不子,亦不应书世子。书世子,则痤之罪非不子明矣。"杨疏:"晋献公杀世子申生,故不书葬。痤若无不子之行,而平公杀之,所以书葬者,申生贤孝,遇谗而死,故黜献公之葬,痤虽无不子之文,微有小罪,故不黜宋公之葬。若然,范云'宁所未闻'者,不直取何休之说,故云未闻。范以与何说异者,何休意直谓痤有罪,如郑段之比,故平公书葬,不论罪之轻重。范意以郑段至逆,《经》不言弟,痤若不子,亦不应云世子,既云世子,明无至逆,故不从何说,而云未闻。今以罪轻重解之,与何休异。"

[译文]

【经】安葬宋平公。

【经】夏,四月丁巳,楚子虔诱蔡侯般,杀之于申。①

〖传〗何为名之也?②夷狄之君,诱中国之君而杀之,故谨而名之也。称时、称月、称日、称地,谨之也。③

[注释]

①楚子虔,楚灵王。蔡侯般,蔡灵公。

②范注:"据诸侯不生名。"杨疏:"十六年'楚子诱戎蛮子杀之',不名,所以不据之,以明于例。而总云'诸侯不生名'者,以《传》于郑伯髡原之卒,亦言诸侯不生名者,又恐华戎异例,故《注》以广问众例言之。"

③范注:"蔡侯般,弑父之贼,此人伦之所不容,王诛之所必加。礼:凡在官者杀无赦,岂得恶楚子杀般乎?若谓夷狄之君,不得行礼于中国者,理既不通,事又不然。宣十一年'楚人杀陈夏徵舒',不言入,《传》曰:'明楚之讨有罪也。'似若上下违反,不两立之说。尝试论之曰:夫罚不及嗣,先王之令典;怀恶而讨,丈夫之丑行。楚虔灭人之国,杀人之子,伐不以罪,亦已明

矣。庄王之讨徵舒，则异于是矣。凡罚当其理，虽夷必申；苟违斯道，虽华必抑。故庄王得为伯讨，齐侯不得灭纪。赵盾救陈，则称师以大之；灵王诱蔡，则书名以恶之。所以情理俱扬，善恶两显，岂直恶夷狄之君，讨中国之乱哉！夫楚灵王之杀蔡般，亦犹晋惠之戮里克，虽伐弑逆之国，诛有罪之人，不获讨贼之美，而有累谨之名者，良有以也。"杨疏："《注》'凡罚当其理，虽夷必申；苟违斯道，虽华必抑'，似华讨罪事同，《传》云'夷狄之君，诱中国之君而杀之，故谨而名之'，又似华戎事异者，据此《传》意，就讨不以罪之内，则华夷不同；《注》意言但罚当其理者，则华夷不异。知然者，《传》以《春秋》书诱有二，皆楚子所为，其罪或名或不名，据此二文详略，知诱中国君与夷狄君异也。《注》'故庄王得为伯讨，齐侯不得灭纪'，明讨得其罪者，则华夷不异可知也。"

[译文]

【经】夏，四月丁巳日，楚灵王芈虔计诱蔡灵公姬般，在申地将其杀死。

〖传〗为何要记录二者的名字？夷狄之国的国君，计诱华夏之国的国君并将其杀死，故而要记录名字以示郑重。经文记下这件事的季节、月份、日期、地点，都是为了表示郑重。

【经】楚公子弃疾帅师围蔡。①

[注释]

①公子弃疾，楚平王，楚灵王之弟。

[译文]

【经】楚国的公子弃疾率领军队围攻蔡国。

【经】五月甲申，夫人归氏薨。①

[注释]

①范注:"昭公母,胡女,归姓。"

[译文]

【经】五月甲申日,夫人归氏辞世。

【经】大蒐于比蒲。①

[注释]

①比蒲,鲁地,不详所在。范注:"夏而言蒐,盖用秋蒐之礼。八年秋,蒐于红,《传》曰'正也'。比月大蒐,人众,器械有逾常礼。时有小君之丧,不讥丧蒐者,重守国之卫,安不忘危。"杨疏:"《传》称'夏曰苗,秋曰蒐'。今五月大蒐,自是用秋蒐之礼。而云盖者,以《传》无文解,故云盖以示疑也。《注》又引《传》曰'正也',今以失时之蒐,故引正以讥不正也。"

[译文]

【经】在比蒲举行盛大的行猎活动。

【经】仲孙貜会邾子,盟于祲祥。①

[注释]

①祲祥,鲁地,在今山东曲阜一带。

[译文]

【经】仲孙貜会见邾庄公,在祲祥举行盟会。

【经】秋,季孙意如会晋韩起、齐国弱、宋华亥、卫北宫佗、郑罕虎、曹人、杞人于厥慭。①

[注释]

①厥慭,在今河南新乡一带,《公羊》作"屈银"。诸侯谋救蔡也。

[译文]

【经】秋，季孙意如在厥慭会见晋国的韩起、齐国的国弱、宋国的华亥、卫国的北宫佗、郑国的罕虎、曹国人、杞国人。

【经】九月己亥，葬我小君齐归。①

[注释]

①齐，谥；归，姓。

[译文]

【经】九月己亥日，安葬我国夫人齐归。

【经】冬，十有一月丁酉，楚师灭蔡，执蔡世子友以归，用之。①

〖传〗此子也，②其曰世子，何也？不与楚杀也。一事注乎志，所以恶楚子也。③

[注释]

①范注："僖十九年'邾人执缯子用之'，《传》曰：'用之者，叩其鼻以衈血。'恶之，故谨而日之。"杨疏："《传例》：'灭中国日。'则此书日为灭。而云恶用蔡世子友，故谨而日之者，灭国书日，《传例》以明，用人书日，其文未显，《注》嫌用之不得蒙日，故特言之。其实二者皆当日。又检《经》上下，执例日，则书日为恶，故云'谨而日之'也。《左氏》以为用之杀蔡世子祭冈山，《公羊》以为用之筑城，今范引僖十九年《传》，则用之祭社也。"

②范注："诸侯在丧称子。"

③范注："一事辄注而志之也。"引何休曰："即不与楚杀，当贬楚尔，何故反贬蔡称世子邪？"又引郑君释之曰："灭蔡者，楚子也，而称师，固已贬矣。楚子思启封疆而贪蔡，诱杀蔡侯般，冬而灭蔡杀友，恶其淫放，其志杀一国二君以取其国，故变子言世子，使若不得其君终。"杨疏："世子父没仍得称

世子,母弟兄死而不得称弟者,世子继体之名,父虽没,若意有所见,则亦得称之;母弟者,对兄没则宠名弃矣,故不得称弟。"

[译文]

【经】冬,十一月丁酉日,楚国军队灭蔡国,擒获蔡国的世子友,带回国内,用他祭祀。

〖传〗这是尚在丧期内的国君,经文却称其为世子,这是为何?为了不承认楚国杀害了蔡国的国君。对一件事情不断地予以记载,以示对楚灵王的厌恶。

昭公十有二年

【经】十有二年,①春,齐高偃帅师纳北燕伯于阳。②

〖传〗纳者,内不受也。燕伯之不名,何也?③不以高偃挈燕伯也。④

[注释]

①鲁昭公十二年,周景王十五年,公元前530年。

②阳,燕邑,在今河北顺平县西。范注:"三年所奔齐者,高傒玄孙,齐大夫也。阳,燕别邑。不言于燕,未得国都也。"

③范注:"据义不可受,则应名而绝之。"杨疏:"楚人围陈,纳顿子,《传》曰:'纳者何?内弗受也。'彼称纳而不名。'卫侯入于夷仪'亦不书名。则不书名,乃是常事。而《传》怪燕伯不名者,'卫侯朔入于卫',《传》曰:'朔之名,恶也。'则诸侯有恶,出入皆名。北燕伯亦出入宜名,但不以高偃挈之,故直出书名而已。顿子不名者,为楚微者所纳,故亦不名。'卫侯入于夷仪'不名者,以复归有名,故未入国,略而不名也。郑伯突亦未入国,书名者,以后不书复归,故入栎书名也。"

④范注:"邵曰:'公子遂以去公子为挈,燕伯以书名为挈者,臣宜书名,

故须去公子乃为挚。君不可名而以臣名君者,不待去燕伯则为挚也。'是以目燕伯而不书名,所以不与高偃挚之。"

[译文]

【经】鲁昭公十二年,春,齐国的高偃率领军队,护送北燕悼公进入阳地。

〖传〗"纳",表示国家内部不愿意接受。不记载燕悼公的名字,这是为何?为了不让大夫高偃位于燕悼公之上。

【经】三月壬申,郑伯嘉卒。①

[注释]

①郑伯嘉,郑简公,姓姬名嘉。

[译文]

【经】三月壬申日,郑国国君姬嘉去世。

【经】夏,宋公使华定来聘。

[译文]

【经】夏,宋元公派华定前来聘问。

【经】公如晋,至河乃复。
〖传〗季孙氏不使遂乎晋也。①

[注释]

①杨疏:"不言意如而云氏者,欲见累世谮公故也。"

[译文]

【经】鲁昭公前往晋国,直至黄河边上才返回。

【传】季孙氏不让鲁昭公抵达晋国。

【经】五月,葬郑简公。

[译文]

【经】五月,安葬郑简公。

【经】楚杀其大夫成虎。①

[注释]

①成虎,得臣之孙。

[译文]

【经】楚国杀死它的大夫成虎。

【经】秋,七月。

[译文]

【经】秋,七月。

【经】冬,十月,公子慭出奔齐。①

[注释]

①公子慭,《公羊》作"公子憖"。

[译文]

【经】冬,十月,公子慭出奔齐国。

【经】楚子伐徐。

[译文]

【经】楚灵王讨伐徐国。

【经】晋伐鲜虞。

〖传〗其曰晋，狄之也。其狄之何也？不正其与夷狄交伐中国，故狄称之也。①

[注释]

①范注："鲜虞，姬姓，白狄也。地居中山，故曰中国。夷狄谓楚也。"引何休曰："《春秋》多与夷狄并伐，何以不狄也？"又引郑君释之曰："晋不见因会以绥诸夏，而伐同姓，贬之可也。狄之大重，晋为厥慭之会，实谋救蔡，以八国之师而不救，楚终灭蔡。今又伐徐，晋不纠合诸侯以遂前志，舍而伐鲜虞，是楚而不如也，故狄称之焉。"又曰："厥慭之会，《穀梁》无《传》，郑君之说，似依《左氏》，宁所未详是《穀梁》意非。"

[译文]

【经】晋国讨伐鲜虞国。

〖传〗经文称其为"晋"，是将它视作夷狄。经文为何将晋国视作夷狄？君子以为晋国与夷狄之国交相讨伐华夏诸侯不合正道，故而以夷狄之国来称呼它。

昭公十有三年

【经】十有三年，①春，叔弓帅师围费。②

[注释]

①鲁昭公十三年，周景王十六年，公元前529年。

②费，季氏采邑，在今山东费县西北。

[译文]

【经】鲁昭公十三年，春，叔弓率领军队围攻费邑。

【经】夏，四月，楚公子比自晋归于楚，弑其君虔于乾溪。①

〖传〗自晋，晋有奉焉尔。归而弑，不言归。言归，非弑也。②归一事也，弑一事也，而遂言之，以比之归弑，比不弑也。③弑君者日。不日，比不弑也。④

[注释]

①虔，楚灵王，姓芈，名围，即位后改名虔。乾溪，楚地，在今安徽亳州东南。《左氏》以为田猎于乾溪，《公羊》以为作"乾溪台"，三年不成。

②范注："《传例》曰：'归为善，自某归次之。'然则弑君不得言归，比不弑之一验也。"杨疏："重发《传》者，楚比之归，归实非杀，嫌自亦非晋力，故复明之。"

③范注："归、弑其事各异，自宜别书之，而今连言之，是比之归，遇君弑尔，比不弑之二验也。"杨疏："'齐小白入于齐'，'齐人取子纠杀之'，'齐阳生入于齐，齐陈乞弑其君荼'。彼各异书，明知此亦宜别书之。"

④范注："据文元年'丁未，楚世子商臣弑其君髡'日，此不日，比不弑之三验也。"杨疏："弑君日，不辨嫡庶者，中国死者正则日，不正不日，是楚不关中国之例，故范《注》引商臣为证也。"

[译文]

【经】夏，四月，楚国的公子比从晋国回到楚国，在乾溪杀害楚国国君芈虔。

〖传〗"自晋"，表示晋国对他回国有所援助。如果是回国后弑君，照例不记载"归"。记为"归"，就表示公子比没有犯下弑君之罪。回国是一件事，弑君是另一件事，如今却连在一起，表示公子比回国时正好遇见楚灵王被杀，公子比并没有弑君。犯下弑君之罪，照例要记载日期。如今没有记载日期，说明公子比并没有弑君。

【经】楚公子弃疾杀公子比。①

〖传〗当上之辞也。当上之辞者，谓不称人以杀，乃以君杀之也。②讨贼以当上之辞，杀非弑也。③比之不弑有四。④取国者称国以弑，⑤楚公子弃疾杀公子比，比不嫌也。⑥《春秋》不以嫌代嫌，⑦弃疾主其事，故嫌也。⑧

[注释]

①公子弃疾，楚平王，姓芈名弃疾，号熊居。

②范注："称人以杀，谓若'卫人杀祝吁于濮'是也。今比实不弑，故以君杀大夫之辞言之。"杨疏："谓不称人以杀，而云'公子弃疾杀公子比'，如'王札子杀召伯毛伯'也。"

③范注："实有弑君之罪，则人人皆欲杀，宜称人以杀之。今言'楚公子弃疾杀公子比'，明弃疾所杀，非弑君之人，比之不弑四验也。"

④范注："上四事。"

⑤范注："若比欲取国而杀君者，当直云楚比弑其君虔，不应言公子也。若'卫祝吁弑其君完''齐无知弑其君诸儿'之类是也。"

⑥范注："今弃疾杀之，又言杀公子比，不言弑其君，是比无欲为君之嫌。"

⑦范注："不以乱治乱之义。"

⑧范注："比实无弑君之罪，而主杀之者，是弃疾欲为君之嫌。"杨疏："比归称公子，今弃疾杀之，亦云公子，不言弑其君，是比无欲为君之嫌，异于无知、祝吁之类也。然无知、祝吁有嫌，此亦不弑君。未逾年之主，例不得称君，以称公子，则异于祝吁之类。齐公子商人弑舍，虽未逾年，欲成商人之罪而称君。若成弃疾之罪，亦应称君，故范决其不言弑其君也。'《春秋》不以嫌代嫌'者，谓比归而遇弑，虽则无嫌，弃疾之意，亦以比欲为君之嫌而杀之，是弃疾以比为嫌，弃疾杀比而自立，亦是嫌也。今弃疾不以国氏者，不以

嫌代嫌故也。若以嫌代嫌，而当云楚弃疾杀公子比也。但由不以嫌代嫌，故存弃疾之氏耳。弃疾主其事，故嫌也。《传》言此者，弃疾杀比，理实有嫌，但为不以嫌代嫌，故《经》无其事，《传》以弃疾《经》无嫌文，故云'弃疾主其事，故嫌也'。主其事者，主杀比之事也。"

[译文]

【经】楚国的公子弃疾杀死公子比。

〖传〗这是公子弃疾身处上位的说法。身处上位的说法，就是不以国人的名义杀死大夫，而是以国君的名义杀死大夫。征讨乱臣贼子却以身处上位的说法，可见死者并没有犯下弑君之罪。公子比没有弑君已经有四条证据了。如果公子比为了夺取国政而弑君，经文就会称其为"楚比"举出国名而非"楚公子比"。经文记"楚公子弃疾杀公子比"，仍称比为公子，表明公子比没有弑君的嫌疑。《春秋》大义不会以公子弃疾急于成为国君的嫌疑，掩盖公子比弑君的嫌疑。公子弃疾主持杀死公子比，故而他有急于成为国君的嫌疑。

【经】秋，公会刘子、晋侯、齐侯、宋公、卫侯、郑伯、曹伯、莒子、邾子、滕子、薛伯、杞伯、小邾子于平丘。①

[注释]

①刘子，刘献公，周卿。平丘，在今河南封丘东。

[译文]

【经】秋，鲁昭公在平丘会见刘献公、晋昭公、齐景公、宋元公、卫灵公、郑定公、曹武公、莒著丘公、邾庄公、滕悼公、薛献公、杞平公、小邾穆公。

【经】八月甲戌，同盟于平丘，公不与盟。①

〖传〗同者，有同也，同外楚也。公不与盟者，可以与而不与，讥在公也。其日，善是盟也。②

[注释]

①范注："公以再如晋，不得入，故不肯与盟。"

②范注："公不与盟，当从外盟不日，今日之，善其会盟，因楚有难，而反陈蔡之君。"杨疏："外盟不日者，隐八年《传》曰：'外盟不日，此其日，何也？诸侯之参盟于是始，故谨而日之。'是非始则不日也。"

[译文]

【经】八月甲戌日，共同在平丘举行盟会，鲁昭公没有参与盟会。

〖传〗"同"，是有相同旨趣的意思，诸侯决定共同抵挡楚国。"公不与盟"，表示鲁昭公本来可以参与却没有参与，鲁昭公就值得讥讽了。经文记载日期，以示对这次盟会的褒扬。

【经】晋人执季孙意如以归。①

[注释]

①范注："以公不与盟故。"

[译文]

【经】晋国人擒获季孙意如，带回国内。

【经】公至自会。

[译文]

【经】鲁昭公从会晤上回国（举行告祭饮至的礼仪）。

【经】蔡侯庐归于蔡。陈侯吴归于陈。①

〖传〗善其成之会而归之，故谨而日之。②此未尝有国也，使如失国辞然者，不与楚灭也。③

[注释]

①蔡侯庐，蔡平公，姓姬名庐。陈侯吴，陈惠公，姓妫名吴。范注："八年楚灭陈，十一年楚灭蔡，诸侯会而复之，故言归。"

②范注："二国获复，此盟之功也，故于其归，追述前盟谨日之意，以美诸侯存亡继绝，非谨陈、蔡归国之日也。于盟则发谨日之美，于归则论致美之义。"杨疏："《注》言此者，解《传》称'谨而日之'意也。'于盟则发谨而日之美'者，谓《传》称其日，善是盟是也。'于归论致美之义'者，谓《传》云'善其成之会而归之，故谨而日之'是也。"

③杨疏："《传》言此者，据其称爵言归，同于旧有国之例也。'不与楚灭也'，谓不与楚灭，故以失国辞言之。不言复归者，虽同失国之辞，实未尝有国，故不得言复归也。《公羊传》云：'此灭国也，其言归何？不与诸侯专封也。'其意不与诸侯专封，故使若有国目归者。《穀梁》以此会刘子在焉，楚以无道灭二国诸侯，王命存之，不得云不与诸侯专封也，故以为'善其成之会而归之'，状同旧有国然，且又不与楚灭故也。"

[译文]

【经】蔡平公姬庐回到蔡国。陈惠公妫吴回到陈国。

〖传〗这是在褒扬二君得益于盟会，从而返回自己的国家，故而记录会盟的日期以示郑重。蔡平公、陈惠公其实还没有手握政权，经文却使他们仿佛回到曾经失去政权的国家一般，因为经文不赞许楚国灭蔡国、陈国的行为。

【经】冬，十月，葬蔡灵公。

〖传〗变之不葬有三：①失德不葬，②弑君不葬，③灭国不葬④。然且葬之，不与楚灭，且成诸侯之事也。⑤

[注释]

①范注:"变之,谓改常礼。《春秋》之常,小国夷狄不葬。"杨疏:"彼不赴,我不会,及小国与夷狄,不书葬者也,旧史之常也。言变之言不葬者,谓旧合书葬有故,而仲尼改之也。小国不葬,曹、许之书葬者,小国谓附庸之属,非曹、许也。"

②范注:"无君道。"杨疏:"宋其书葬者,由贤伯姬,故书其葬也。"

③范注:"谓不讨贼,如无臣子。"杨疏:"《春秋》所以有弑君书葬者,弑君贼不讨之不书葬,是正也。其书葬者,皆意有所见也。蔡景不忍使父失民于子,陈灵公明外之讨贼,蔡昭以盗名不见,若杀微人,不足可录。其卫桓、齐襄二人并讨贼,故皆书葬也。"

④范注:"无臣子也。"杨疏:"灭国无臣子不葬,是其正也。书之者,亦意有所见。此见不与楚灭蔡,且成诸侯之事。八年陈哀公书葬者,亦见不与楚灭,闵陈而存之也。"

⑤范注:"蔡灵公弑逆无道,以至身死国灭,不宜书葬。书葬者,不令夷狄加乎中国,且成诸侯兴灭继绝之善,故葬之。"

[译文]

【经】冬,十月,安葬蔡灵公。

〖传〗变乎义例而不记载下葬之礼,有三种情况:君德有失的不作记载,犯下弑君之罪的不作记载,国家被灭的不作记载。然而这里却记载下葬,因为经文不赞许楚国灭蔡的行为,又要成就诸侯平丘之会的善事。

【经】公如晋,至河乃复。

[译文]

【经】鲁昭公前往晋国,直至黄河边上才返回。

【经】吴灭州来。①

[注释]

①州来，在今安徽凤台一带。

[译文]

【经】吴国灭州来国。

昭公十有四年

【经】十有四年，①春，意如至自晋。

〖传〗大夫执则致，致则名。意如恶，然而致，见君臣之礼也。②

[注释]

①鲁昭公十四年，周景王十七年，公元前528年。

②范注："大夫有罪，则宜废之。既不能废，不得不尽为君臣之恩，故曰'见君臣之礼'。"杨疏："重发《传》者，单伯书字，意如则书名，婼又无罪，以见三者义异，故各发《传》也。"

[译文]

【经】鲁昭公十四年，春，意如从晋国回国（举行告祭饮至的礼仪）。

〖传〗大夫一旦被擒获，就举行告祭饮至的礼仪，告祭就应当记录大夫的名字。意如有罪，经文却仍然记载告祭宗庙，是为了彰显君臣之间的礼义。

【经】三月，曹伯滕卒。①

[注释]

①曹伯滕,曹武公,姓姬名滕。

[译文]

【经】三月,曹国国君姬滕去世。

【经】夏,四月。

[译文]

【经】夏,四月。

【经】秋,葬曹武公。

[译文]

【经】秋,安葬曹武公。

【经】八月,莒子去疾卒。①

[注释]

①莒子去疾,莒著丘公,姓己名去疾。杨疏:"不正前已见说,今卒书月,莒行夷礼,故无嫡庶之异。"

[译文]

【经】八月,莒国国君己去疾去世。

【经】冬,莒杀其公子意恢。①

〖传〗言公子而不言大夫,莒无大夫也。莒无大夫而曰公子意恢,意恢贤也。曹、莒皆无大夫,其所以无大夫者,其义异也。②

[注释]

①公子意恢,《左氏》杜注:"意恢,莒群公子。"

②范注:"曹叔振铎,文王之子,武王封之于曹,在甸服之内,后削小尔。莒,己姓,东夷,本微国。"杨疏:"《传》言此者,总而言之,则小国无大夫也。就事而释,则曹、莒有异,故《传》辨之。"

[译文]

【经】冬,莒国杀死它的公子意恢。

〖传〗经文称其为"公子",而不称其为"大夫",是因为莒国没有周天子爵命的大夫。莒国没有周天子爵命的大夫,经文却称其为"公子意恢",是因为他德行贤明。曹国、莒国都没有周天子爵命的大夫,而两者没有大夫的原因却不尽相同。

昭公十有五年

【经】十有五年,①春,王正月,吴子夷末卒。②

[注释]

①鲁昭公十五年,周景王十八年,公元前527年。

②吴子夷末,《公羊》作"吴子夷昧"。

[译文]

【经】鲁昭公十五年,春,周历正月,吴国国君姬夷末去世。

【经】二月癸酉,有事于武宫,籥入。叔弓卒,去乐卒事。①

〖传〗君在祭乐之中,闻大夫之丧,则去乐卒事,礼也。②君在祭乐之中,大夫有变,以闻,可乎?③大夫,国体也。④古之人重死，君命无所不通。⑤

[注释]

①武宫，成六年"立武宫"是也。

②范注："祭乐者，君在庙中祭作乐。"杨疏："礼则不疑，而曰有变以闻可乎？似有嫌，嫌则非礼，非礼何以言礼也？解云，祭祀重礼，国之大事，一物不具，则为失所，以卿佐之卒，而阙先君之乐而不止祭，嫌有失礼。释之复言可乎，问言礼意。"

③范注："变谓死丧。"

④范注："君之卿佐，是谓股肱，故曰国体。"

⑤范注："解命告也。死者不可复生，重莫大焉。是以君虽在祭乐之中，大夫死，以闻可也。"杨疏："大夫与君一体，情无疑二，祭祀虽重，以卒告君，君当哀其丧而止祭，不得以轻废重，故死可以闻也。"

[译文]

【经】二月癸酉日，在鲁武公的庙中举行祭祀仪式，使用管乐。叔弓去世，撤去乐舞、停止祭事。

〖传〗国君在祭祀的乐舞之中听闻大夫去世，撤去乐舞、停止祭事，是合乎礼制的。国君在祭祀的乐舞之中，大夫有所变故，可以让国君知道吗？大夫，是国君的股肱。古人重视死者，凡是死丧之事都要让国君知道，无可阻遏。

【经】夏，蔡朝吴出奔郑。①

[注释]

①朝吴，蔡大夫。

[译文]

【经】夏，蔡国的朝吴出奔郑国。

【经】六月丁巳，朔，日有食之。

[译文]

【经】六月丁巳，朔日，发生日食。

【经】秋，晋荀吴帅师伐鲜虞。

[译文]

【经】秋，晋国的荀吴率领军队讨伐鲜虞国。

【经】冬，公如晋。

[译文]

【经】冬，鲁昭公前往晋国。

昭公十有六年

【经】十有六年，①春，齐侯伐徐。

[注释]

①鲁昭公十六年，周景王十九年，公元前526年。

[译文]

【经】鲁昭公十有六年，春，齐景公讨伐徐国。

【经】楚子诱戎蛮子杀之。①

[注释]

①戎蛮,分布在今河南颍河上游一带。

[译文]

【经】楚平王计诱戎蛮国国君并将其杀死。

【经】夏,公至自晋。

[译文]

【经】夏,鲁昭公从晋国回国(举行告祭饮至的礼仪)。

【经】秋,八月己亥,晋侯夷卒。①

[注释]

①晋侯夷,晋昭公,姓姬名夷。

[译文]

【经】秋,八月己亥日,晋国国君姬夷去世。

【经】九月,大雩。

[译文]

【经】九月,举行盛大的祈雨仪式。

【经】季孙意如如晋。

[译文]

【经】季孙意如前往晋国。

【经】冬,十月,葬晋昭公。

[译文]

【经】冬,十月,安葬晋昭公。

昭公十有七年

【经】十有七年,①春,小邾子来朝。

[注释]

①鲁昭公十七年,周景王二十年,公元前525年。

[译文]

【经】鲁昭公十七年,春,小邾穆公前来朝聘。

【经】夏,六月甲戌,朔,日有食之。

[译文]

【经】夏,六月甲戌,朔日,发生日食。

【经】秋,郯子来朝。①

[注释]

①郯,少昊之后,在今山东郯城北。

[译文]

【经】秋,郯国国君前来朝见。

【经】八月,晋荀吴帅师灭陆浑戎。①

[注释]
①范注:"灭夷狄时,潞子婴儿贤则日,此月者,盖亦有殊于常戎。"

[译文]
【经】八月,晋国的荀吴率领军队灭陆浑戎。

【经】冬,有星孛于大辰。①
〖传〗一有一亡曰有。于大辰者,濫于大辰也。②

[注释]
①星孛,彗星。大辰,大火,二十八宿中之房、心、尾三宿。
②范注引刘向曰:"大辰者,大火也。不曰孛于大火,而曰大辰者,谓濫于苍龙之体,不独加大火。"

[译文]
【经】冬,有彗星出现在大辰中。
〖传〗时有时无,叫作"有"。"于大辰",就是横扫过东方苍龙七宿,而非仅是大火三宿。

【经】楚人及吴战于长岸。①
〖传〗两夷狄曰败,②中国与夷狄亦曰败。③楚人及吴战于长岸,进楚子,故曰战。④

[注释]
①长岸,楚地,在今安徽当涂县西南长江岸边东、西梁山一带。
②范注:"夷狄不能结日成陈,故曰败,於越败吴于檇李是也。"

③范注:"晋荀吴败狄于大卤是也。"

④杨疏:"何嫌以发?解战言及,所以别客主,不施直,不言及,或在上,或在下。案宋襄伐齐,云及在上,所以恶宋襄。宣十二年邲之战,楚言及在下,所以不恶楚者,据无罪言之直,用兵得理则客直。今楚称及而在上,与邲战之义反,嫌恶楚而善吴,吴以伯举有辞序上,称及以罪楚。今两夷言战,有违常例,二国曲直得失未分,故须起例以明之。"

[译文]

【经】楚国人与吴国在长岸交战。

〖传〗两个夷狄之国交战叫作"败",华夏诸侯与夷狄之国交战也叫作"败"。"楚人及吴战于长岸",这是在提升楚国国君的地位,故而记为"战"。

昭公十有八年

【经】十有八年,①春,王三月,曹伯须卒。②

[注释]

①鲁昭公十八年,周景王二十一年,公元前524年。
②曹伯须,曹平公,姓姬名须。

[译文]

【经】鲁昭公十八年,春,周历三月,曹国国君姬须去世。

【经】夏,五月壬午,宋、卫、陈、郑灾。

〖传〗其志,以同日也。其日,亦以同日也。①或曰,人有谓郑子产曰:"某日有灾。"子产曰:"天者神,子恶知之?"是人也,同日为四国灾也。

[注释]

①杨疏:"二文释何?解襄九年'宋灾',《传》曰'故宋也',明之灾得书之由。然则宋常,录三国事非常也,故《传》曰'同日'也。解卫、陈、郑得书之意以此,故复问外灾不日之义,见同日,故不得不两文释之。郑子产之言,明天时人事,报应有验,重其同日,故《经》书其文,《传》载其事。刘向以为宋、陈王者之后,卫、郑周之同姓,时景王在,刘子、单子事王猛,召氏、尹氏立王子朝,朝,楚之出也。及宋、卫、陈、郑皆外附于楚,无尊周室之心。后三年崩,王室乱,故天灾四国,若曰不救,反从楚废世子,言不正以害王室,明以同辜。"

[译文]

【经】夏,五月壬午日,宋国、卫国、陈国、郑国发生火灾。

〖传〗经文记载这件事,是因为火灾发生在同一日。记载日期,也是因为发生在同一日。有种说法是,有人对郑国的子产说:"某日将会发生火灾。"子产说:"上天神灵莫测,你怎么会知道呢?"就是此人,预言四国将会在同一日发生火灾。

【经】六月,邾人入鄅。①

[注释]

①鄅,古国,妘姓,在今山东临沂市北。

[译文]

【经】六月,邾国人攻入鄅国。

【经】秋,葬曹平公。

[译文]

【经】秋,安葬曹平公。

【经】冬，许迁于白羽。①

[注释]

①白羽，许地，在今河南西峡一带。

[译文]

【经】冬，许国迁往白羽。

昭公十有九年

【经】十有九年，①春，宋公伐郯。

[注释]

①鲁昭公十九年，周景王二十二年，公元前523年。

[译文]

【经】鲁昭公十九年，春，宋元公讨伐郯国。

【经】夏，五月戊辰，许世子止弑其君买。①
〖传〗曰弑，正卒也。②正卒，则止不弑也。不弑而曰弑，责止也。③止曰："我与夫弑者，不立乎其位。"以与其弟虺。④哭泣，歠飦粥，嗌不容粒，⑤未逾年而死。故君子即止自责而责之也。⑥

[注释]

①买，许悼公，姓姜名买。

②范注："蔡世子般实弑父，故以比之夷狄，而不书日。止弑而日，知其弑；止不弑，则买正卒也。"

③范注："责止不尝药。"

④范注:"止自责曰,我与弑君之人同罪。于是致君位于弟。"
⑤歠(chuò),吸也。飦(zhān),厚粥。嗌(yì),咽喉也。
⑥范注:"就其有自责心,故以备礼责之。"

[译文]

【经】夏,五月戊辰日,许国的世子止杀害许国国君姜买。

〖传〗经文记载弑君的日期,说明许悼公是寿终正寝的。许悼公既然寿终正寝,姜止就没有犯下弑君之罪。没有弑君,经文却记载他弑君,以示对姜止的责备。姜止说:"我与弑君之人罪过相同,不能处于君位之上。"就将君位让给了弟弟姜虺。姜止痛哭不已,只能喝粥,喉间却容不下一粒米,没到第二年就死了。故而君子顺遂姜止的自责之心来责备他。

【经】己卯,地震。

[译文]

【经】己卯,发生地震。

【经】秋,齐高发帅师伐莒。

[译文]

【经】秋,齐国的高发率领军队讨伐莒国。

【经】冬,葬许悼公。

〖传〗日卒时葬,不使止为弑父也。曰,子既生,不免乎水火,母之罪也。羁贯成童,不就师傅,父之罪也。①就师学问无方,心志不通,身之罪也。心志既通,而名誉不闻,友之罪也。名誉既闻,有司不举,有司之罪也。有司举之,王者不用,王者

之过也。^②许世子不知尝药，累及许君也。^③

[注释]

①范注："羁贯，谓交午剪发以为饰。成童，八岁以上。"
②范注："不敢罪上，故言过。"过改乃止，罪无可赦。
③范注："许君不授子以师傅，使不识尝药之义，故累及之。"

[译文]

【经】冬，安葬许悼公。

〖传〗记载诸侯去世的日期、下葬的月份，是为了不让公子止身负弑君之罪。有一种说法是：子女出生之后，被水火所伤，这是母亲的罪责。梳起发髻成为儿童之后，不去向教授礼仪与起居的师傅学习，这是父亲的罪责。从学于师傅时，学习提问没有方向，致使心智未能通达，这是自身的罪责。心智通达，却湮没无闻，这是友人的罪责。名誉远扬，主管官吏却不举荐，这是主管官吏的罪责。官吏举荐，君王却不任用，这是君王的过失。许国世子因不知道要为父亲尝药的道义，故而连累了许悼公。

昭公二十年

【经】二十年，^①春，王正月。

[注释]

①鲁昭公二十年，周景王二十三年，公元前522年。

[译文]

【经】鲁昭公二十年，春，周历正月。

【经】夏，曹公孙会自梦出奔宋。①

〖传〗自梦者，专乎梦也。②曹无大夫，其曰公孙，何也？言其以贵取之，而不以叛也。③

[注释]

①梦，曹邑，在今山东菏泽一带，《左氏》作"鄸"。
②范注："能专制梦。"
③范注："会以公孙之贵而得梦，既而不以之叛，明曹君无道，致令其奔，非会之罪，故书公孙以善之。"杨疏："再发《传》者何？解前崇曹羁之杀，此重公孙之奔，奔杀异辞，而同例发明，明其俱贤而得书，明小国无大夫也。"

[译文]

【经】夏，曹国的公孙会从梦邑出奔宋国。

〖传〗"自梦"，表示姬会能够在梦邑专权独断。曹国没有周天子爵命的大夫，经文却称其为"公孙"，这是为何？这是从他尊贵的一面，而非从他叛逃的一面来称呼他，以示其并没有罪过。

【经】秋，盗杀卫侯之兄䠥。①

〖传〗盗，贱也。其曰兄，母兄也。目卫侯，卫侯累也。②然则何为不为君也？③曰，有天疾者，不得入乎宗庙。䠥者何也？曰，两足不能相过，齐谓之綦，楚谓之踂，卫谓之䠥。④

[注释]

①䠥，公孟䐊，卫灵公同母兄。
②范注引凯曰："诸侯之尊，弟兄不得以属通。《经》不书卫公子，而目言卫侯之兄者，恶其不能保护其兄，乃为盗所杀，故称至贱杀至贵。"杨疏："复发《传》何？解杀大夫称人者，谓诛有罪，故盗杀三卿，云不以上下道，明大夫之例，母兄之杀，宜系于君自杀也。不能保存母兄，令为盗所杀，故书

两下之文，以至贱而杀至贵，故不得言上下道。称盗虽同，本事例异，故发《传》也。"

③范注："嫡兄宜为君。"

④綦（qí），连并也。跛，聚合不解也。辄，如见绊絷也。

[译文]

【经】秋，盗贼杀死卫灵公的兄长辄。

〖传〗所谓盗贼，就是地位卑贱的人。经文称其为"兄"，因为辄是卫灵公的胞兄。提及卫灵公，是因为卫灵公与此事有关。然而为何辄不能成为国君呢？答曰：先天残疾的人，不能列入宗庙。辄先天残疾，这是为何？答曰：双脚不能越过彼此，齐国称之为"綦"，楚国称之为"跛"，卫国称之为"辄"。

【经】冬，十月，宋华亥、向宁、华定出奔陈。①

[注释]

①范注引徐邈曰："月者，盖三卿同出，为祸害重也。君以臣为体，民以君为命，凡为忧者大，害民处甚，《春秋》皆变常文而示所谨，非徒足以见时事之实，亦知安危监戒云耳。"杨疏："宋万以一卿而详之，又弟辰以五大夫而不月何？解，宋万乃出月，见宋人不讨贼，致令得奔，故谨而月之；弟辰为仲佗所强，元无去意，为患轻，故不月。"

[译文]

【经】冬，十月，宋国的华亥、向宁、华定出奔陈国。

【经】十有一月辛卯，蔡侯庐卒。①

[注释]

①蔡侯庐，蔡平公，姓姬名庐。

[译文]

【经】十一月辛卯日,蔡国国君姬庐去世。

昭公二十有一年

【经】二十有一年,①春,王三月,葬蔡平公。

[注释]

①鲁昭公二十一年,周景王二十四年,公元前521年。

[译文]

【经】鲁昭公二十一年,春,周历三月,安葬蔡平公。

【经】夏,晋侯使士鞅来聘。

[译文]

【经】夏,晋顷公派士鞅前来聘问。

【经】宋华亥、向宁、华定自陈入于宋南里以叛。①
〖传〗自陈,陈有奉焉尔。②入者,内弗受也。其曰宋南里,宋之南鄙也。以者,不以者也。叛,直叛也。③

[注释]

①南里,郑地,在今河南新郑一带。《传》以为宋之南境也。
②杨疏:"复发《传》何?解从外之叛而加自,自实有力,嫌其言自叛,不由外纳力。复言'内弗受也',与入邑异例,不受为同。复言以有嫌异于窃地者,故发例同之。"

③范注："言不作乱。"杨疏："则作乱不得言叛，当以作乱书，栾盈、良霄是也。《传》言叛，是与作乱是也。"

[译文]

【经】宋国的华亥、向宁、华定从陈国进入宋国的南里，借此发动叛乱。

〖传〗"自陈"，表示陈国对他们回国有所援助。"入"，表示陈国作为被进入的一方不愿接受。经文所说的"宋南里"，是宋国南部边疆。"以"，是理应不得借此叛乱的意思。"叛"，表示径直发动叛乱。

【经】秋，七月壬午，朔，日有食之。

[译文]

【经】秋，七月壬午，朔日，发生日食。

【经】八月乙亥，叔辄卒。①

[注释]

①叔辄，叔弓之子，《公羊》作"叔痤"。

[译文]

【经】八月乙亥日，叔辄去世。

【经】冬，蔡侯东出奔楚。①

〖传〗东者，东国也。何为谓之东也？王父诱而杀焉，②父执而用焉。③奔，而又奔之。曰东，恶之而贬之也。④

[注释]

①蔡侯东，蔡悼公，又名东国，蔡灵公之孙、蔡世子友之子，杀蔡平公之

子而自立。《公羊》《左氏》作"蔡侯朱"。

②范注:"楚子虔诱蔡侯般,杀之于申。"

③范注:"执蔡世子友以归,用之。是也。"

④范注:"奔既罪矣,又奔仇国,恶莫大焉。"

[译文]

【经】冬,蔡悼公姬东出奔楚国。

〖传〗"东",本应该是"东国"。这里为何称其为"东"?因为蔡悼公的祖父被楚国计诱杀害,父亲被楚国擒获,用于祭祀。如今国君出奔,又出奔到仇敌之国。经文称其为"东",以示对他的厌恶,故而贬斥他。

【经】公如晋,至河乃复。

[译文]

【经】鲁昭公前往晋国,直至黄河边上才返回。

昭公二十有二年

【经】二十有二年,①春,齐侯伐莒。②

[注释]

①鲁昭公二十二年,周景王二十五年,公元前520年。

②齐侯,齐景公。

[译文]

【经】鲁昭公二十二年,春,齐景公讨伐莒国。

【经】宋华亥、向宁、华定自宋南里出奔楚。①

〖传〗自宋南里者,专也。②

[注释]

①南里,郑地,在今河南新郑一带。

②范注:"专制南里。"

[译文]

【经】宋国的华亥、向宁、华定从宋国的南里出奔楚国。

〖传〗"自宋南里",表示三人能够在南里专权独断。

【经】大蒐于昌间。①

〖传〗秋而曰蒐,此春也,其曰蒐,何也?以蒐事也。②

[注释]

①昌间,鲁地,在今山东泗水一带。

②范注:"何以发《传》于此?解,大蒐有五,八年发例,见正讥不正。比蒲之蒐在夏之末,承秋之初,尚可以蒐,则承春之首,不可之甚,故须发《传》以彰甚也。"

[译文]

【经】在昌间举行盛大的行猎活动。

〖传〗在秋季行猎才叫作"蒐",这次在春季,经文却称其为"蒐",这是为何?是用秋猎来操练战事。

【经】夏,四月乙丑,天王崩。①

[注释]

①天王,周景王,姓姬名贵。

[译文]

【经】夏,四月乙丑日,周景王逝世。

【经】六月,叔鞅如京师,葬景王。①

[注释]

①叔鞅,叔弓子。范注:"天子志崩不志葬。志葬,危不得以礼葬也。月者,亦为葬景王起。"杨疏:"何以不书日?解《传》言日甚矣。其不葬之辞,恐其甚之不明,日以起之。今《经》言王室乱,则甚之可知,故省文也。"

[译文]

【经】六月,叔鞅前往京师,安葬周景王。

【经】王室乱。
〖传〗乱之为言,事未有所成也。①

[注释]

①范注:"尹氏立子朝,刘氏、单氏立王猛,俱未定也。"

[译文]

【经】周王室发生动乱。
〖传〗"乱"这种说法,就是拥立之事没有成功的意思。

【经】刘子、单子以王猛居于皇。①
〖传〗以者,不以者也。王猛,嫌也。②

[注释]

①刘子,刘献公之子,名狄,字伯蚠。单子,单穆公,名旗。皇,周地,在今河南巩义西南。

②王猛，周景王子。范注："直言王猛，不言王子，是有当国之嫌。"杨疏："复发《传》何？解刘、单，王之重卿。猛，王之庶子。以贵制庶，嫌其义别，起例以详之也。"

[译文]

【经】刘子、单子借助王子姬猛的名义在皇地居住。

〖传〗"以"，是理应不得借助的意思。"王猛"，表示他有篡位自立的嫌疑。

【经】秋，刘子、单子以王猛入于王城。

〖传〗以者，不以者也。入者，内弗受也。①

[注释]

①范注："猛，非正也。"

[译文]

【经】秋，刘子、单子借助王子姬猛的名义进入王城。

〖传〗"以"，是理应不得借助的意思。"入"，表示被进入的一方不愿接受。

【经】冬，十月，王子猛卒。

〖传〗此不卒者也。①其曰卒，失嫌也。②

[注释]

①范注："未成君也。"

②范注："猛本有当国之嫌，其卒则失嫌，故录之。"杨疏："《经》言王猛以王为尊，何以言当国？解《春秋》以王为国，若言齐、晋，今言王猛，不言子，与无知同文，故曰当国也。"

[译文]

【经】冬，十月，王子猛去世。

【传】王子姬猛是照例不记载其去世的人。经文记载其去世,是避免后人疑虑王位的归属。

【经】十有二月癸酉,朔,日有食之。

[译文]

【经】十二月癸酉,朔日,发生日食。

昭公二十有三年

【经】二十有三年,①春,王正月,叔孙婼如晋。

[注释]

①鲁昭公二十三年,周敬王元年,公元前519年。

[译文]

【经】鲁昭公二十三年,春,周历正月,叔孙婼前往晋国。

【经】癸丑,叔鞅卒。

[译文]

【经】癸丑日,叔鞅去世。

【经】晋人执我行人叔孙婼。

[译文]

【经】晋国人擒获我国行人叔孙婼。

【经】晋人围郊。①

[注释]

①郊，周邑也，为王子朝所居。

[译文]

【经】晋国人围攻郊邑。

【经】夏，六月，蔡侯东国卒于楚。①

[注释]

①蔡侯东国，蔡悼公，姓姬名东国。范注："不日，在外也。以罪出奔，又奔仇国，故不葬。"杨疏："案诸侯之卒，不日以明庶，不以外为异，《传》曰：'诸侯时卒，恶之。'今东国奔仇，何以书月？解'许男新臣卒'，上言伐楚，下言卒，无明其在楚，庶子而卒，卒而不日，书时，在外文不明故也。蔡侯肸在内而卒，卒不书日，《传》曰'恶之'。今蔡侯东国，上言东以贬之，下言卒于楚。诸侯之奔，例不书卒。今蔡侯之卒，见奔仇国而死，恶之可知，以在外以明恶，故书月以显之。"

[译文]

【经】夏，六月，蔡国国君姬东国在楚国去世。

【经】秋，七月，莒子庚舆来奔。①

[注释]

①莒子庚舆，莒共公。

[译文]

【经】秋，七月，莒共公己庚舆前来投奔。

【经】戊辰，吴败顿、胡、沈、蔡、陈、许之师于鸡甫。① 胡子髡、沈子盈灭。②

〚传〛中国不言败，此其言败，何也？③ 中国不败，胡子髡、沈子盈其灭乎？其言败，释其灭也。④

[注释]

① 鸡甫，楚地，在今河南固始东南，《公羊》《左氏》作"鸡父"。
② 范注："国虽存，君死曰灭。"胡，国名，归姓，在今安徽阜阳西北。沈，见文三年伐沈一条。
③ 范注："据宣十二年'晋荀林父及楚子战于邲，晋师败绩'，不言楚败晋师。"
④ 范注："若师不败，则君无由灭也。贤胡、沈之君死社稷。"

[译文]

【经】戊辰日，吴国在鸡甫击败顿国、胡国、沈国、蔡国、陈国、许国的军队。胡国国君归髡、沈国国君姬盈战死。

〚传〛对华夏诸侯而言，不能明说败于夷狄，这里为何要明说？如果不明说华夏败于夷狄，又怎么解释胡国国君归髡、沈国国君姬盈战死呢？经文明说华夏败于夷狄，是为了解释二国国君的战死。

【经】获陈夏啮。

〚传〛获者，非与之辞也，① 上下之称也。②

[注释]

① 范注："贤夏啮，虽获不病，以其得众也。义与华元同。"
② 范注："君死曰灭，臣得曰获，君臣之称。"按，《公羊》云："国君一体也。"

[译文]

【经】俘获陈国的夏啮。

〖传〗"获",并不是表示赞许的说法,而是与君臣上下的地位相称。

【经】天王居于狄泉。①

〖传〗始王也。其曰天王,因其居而王之也。②

[注释]

①范注:"敬王辟子朝。"狄泉,周地,又称泽邑,在今河南洛阳东北白马寺一带。

②范注:"天子逾年即位称王,敬王逾年而出,故曰始王。虽不在国行即位之礼,王者以天下为家,故居于狄泉称王。"杨疏:"景王以三十一年夏四月崩,六月葬,刘、单二子以王猛居于皇,复入王城,冬而猛卒。至今敬王逾年而既葬,所继者承景王之崩,不继者承王猛之卒,是年七月敬王立,当逾年既葬之例。此岁尹氏立子朝,将图神器,天下凶惧,其主无虽复常称其所在,著其始王也。"

[译文]

【经】周天王在狄泉居住。

〖传〗周天王摄政逾一年,开始即位称王。经文称其为"天王",是借天王出居狄泉一事来称其为王。

【经】尹氏立王子朝。①

〖传〗立者,不宜立者也。朝之不名,何也?②别嫌乎尹氏之朝也。③

[注释]

①范注:"隐四年卫人立晋,《传》曰:'称人以立,得众也。'此言尹氏立,明唯尹氏欲立之。"

②范注:"据晋之名恶,今朝亦恶,怪不直名而言王子。"杨疏:"重发

《传》何?解,卫、晋得众,言立嫌非所宜。此子朝失众,独在尹氏,故言立以著不宜,文同而义异,故复发《传》,别嫌乎尹氏之朝。"

③范注:"若但言尹氏立朝,则嫌朝是尹氏之子,故言王子以别之。"杨疏:"夫国之大事,莫善继统。继统之道,勿盛嫡胄。继无承重,宜择立其次,故单子、刘子立猛,文称当国,其次子无命,故独言立,言立彰不宜,明有篡王之意。今周室虽衰,鼎命在上,四方诸侯,知一人之贵继,成康之道灭,典法之文存,祭号大名不可虚置,巍巍圣宝宁得空假?鄩以区区之小,而以外孙为嗣,书其灭亡,以为将来之戒,况天下重任,岂得异姓?尹氏不择天道,不达人事,不自立其子,当有同心之授,不义之罪。御假一朝之势,以集四海之士,此理灼然,而愚夫之所不或,何为孔子书《经》,游夏为《传》?《经》于不疑之中,而强生疑;于无嫌之义,而巧出嫌。恐朝为尹氏之子,为当有旨,解周室大乱,骨肉乖离,故王猛有篡夺之心,单、刘怀翼戴之志,敬王孤立,猛卒之后,而朝逆尹氏之世卿,婚媾王室,祸乱之基,固可夺之。初自立,或招乘衅之众,集负险之民,坚冰之际,或有无妄之会,《经》别嫌尹氏,不亦宜乎!衰乱之世,何所不为?鄩立异姓,周亦致疑,疑而须别,别嫌立朝者,此其旨矣。"

[译文]

【经】尹氏拥立王子朝。

〖传〗"立",是不宜拥立的意思。不直呼王子朝的名字,这是为何?为了避免后人以为王子朝是尹氏家的儿子。

【经】八月乙未,地震。

[译文]

【经】八月乙未日,发生地震。

【经】冬,公如晋。至河,公有疾,乃复。

〖传〗疾,不志。此其志,何也?释不得入乎晋也。①

[注释]

①范注:"解公之如晋,四不得入,假言有疾,实由季孙之不入。今实有疾,别于无疾而反也。"

[译文]

【经】冬,鲁昭公前往晋国。直至黄河边上,鲁昭公身患疾病,故而返回。

〖传〗国君身患疾病,照例不作记录。这里却记了下来,这是为何?为了解释鲁昭公为何不能进入晋国。

昭公二十有四年

【经】二十有四年,①春,王二月丙戌,仲孙貜卒。

[注释]

①鲁昭公二十四年,周敬王二年,公元前518年。

[译文]

【经】鲁昭公二十四年,春,周历二月丙戌日,仲孙貜去世。

【经】婼至自晋。

〖传〗大夫执则致,致则挚。由上致之也。①

[注释]

①范注:"上谓宗庙也。致臣于庙,则直名而已,所谓君前臣名。"

[译文]

【经】叔孙婼从晋国回国(举行告祭饮至的礼仪)。

【传】大夫一旦被擒获,就举行告祭饮至的礼仪,告祭就应当去掉大夫的姓氏。表明向宗庙告祭的是鲁昭公。

【经】夏,五月乙未,朔,日有食之。

[译文]

【经】夏,五月乙未,朔日,发生日食。

【经】秋,八月,大雩。

[译文]

【经】秋,八月,举行盛大的祈雨仪式。

【经】丁酉,杞伯郁釐卒。①

[注释]

①杞伯郁釐,杞平公,姓姒名郁釐。

[译文]

【经】丁酉日,杞国国君姒郁釐去世。

【经】冬,吴灭巢。

[译文]

【经】冬,吴国灭巢国。

【经】葬杞平公。

[译文]

【经】安葬杞平公。

昭公二十有五年

【经】二十有五年①,春,叔孙婼如宋。

[注释]

①鲁昭公二十五年,周敬王三年,公元前517年。

[译文]

【经】鲁昭公二十五年,春,叔孙婼前往宋国。

【经】夏,叔倪会晋赵鞅、宋乐大心、卫北宫喜、郑游吉、曹人、邾人、滕人、薛人、小邾人于黄父。①

[注释]

①黄父,晋地,在今山西沁水县西北。

[译文]

【经】夏,叔倪在黄父会见晋国的赵鞅、宋国的乐大心、卫国的北宫喜、郑国的游吉、曹国人、邾国人、滕国人、薛国人、小邾国人。

【经】有鸜鹆来巢。①

〖传〗一有一亡曰有。来者,来中国也。②鸜鹆穴者而曰巢。③或曰,增之也。④

[注释]

①鸜鹆,今俗谓之八哥。

②范注:"鸜鹆不渡济,非中国之禽,故曰来。"杨疏:"重发《传》者何?解鸜鹆者飞鸟,与蜚螽异,称有为同,故重发《传》。云'来者,来中国也',何嫌而发?解蜚螽不言来,不见所从。麟不言来者,欲但于中国,不外之。"

③范注引刘向曰:"去穴而巢,此阴居阳位,臣逐君之象也。"

④范注:"如增言巢尔,其实不巢也。雍曰:'凡《春秋》记灾异,未有妄加之文。或说非也。'"

[译文]

【经】有鸜鹆飞来筑巢。

〖传〗时有时无,叫作"有"。"来",是来华夏的意思。鸜鹆所筑的巢穴,叫作"巢"。也有人说,"巢"字是后人所加。

【经】秋,七月上辛,大雩。季辛,又雩。

〖传〗季者,有中之辞也。①又,有继之辞也。②

[注释]

①范注:"不言中辛,中辛无事。"

②范注:"缘有上辛大雩,故言又也。"

[译文]

【经】秋,七月第一个辛日,举行盛大的祈雨仪式。七月下旬辛日,又举行盛大的祈雨仪式。

〖传〗"季",是中间还有第二个辛日的说法。"又",是继续的意思。

【经】九月乙亥,公孙于齐。①

〖传〗孙之为言犹孙也。讳奔也。②

[注释]

①乙亥,《公羊》《左氏》作"己亥"。孙,同"逊"。

②鲁昭公为季氏所逐。杨疏:"复发《传》何?解前发例于夫人,今复发例于公,明其同义,以别尊卑之辞详略也。"

[译文]

【经】九月乙亥日,鲁昭公避让至齐国。

〖传〗"孙"这种说法,相当于避让的意思。这是隐讳出奔的说法。

【经】次于阳州。①

〖传〗次,止也。

[注释]

①阳州,齐地,在今山东东平一带。范注:"阳州,齐竟上之地。未敢直前,故止竟也。"

[译文]

【经】在阳州驻扎。

〖传〗"次",是驻扎的意思。

【经】齐侯唁公于野井。①

〖传〗吊失国曰唁。唁公不得入于鲁也。②

[注释]

①唁(yàn),吊也。野井,齐地,在今山东齐河东。范注:"齐侯来唁公,公逆之至野井。"

②杨疏:"言吊足以释之,复言不入于鲁地则曰唁者,彰公失国。言不得

入鲁，继国事之辞，言可以书唁，而不详其文。"

[译文]

【经】齐景公在野井慰问鲁昭公。

〖传〗慰问失去政权的国君叫作"唁"。这是在慰问鲁昭公不能进入鲁国。

【经】冬，十月戊辰，叔孙婼卒。

[译文]

【经】冬，十月戊辰日，叔孙婼去世。

【经】十有一月己亥，宋公佐卒于曲棘。①
〖传〗邡公也。②

[注释]

①宋公佐，宋元公，姓子名佐。曲棘，宋地，在今河南民权西北。
②范注："邡当为访。访，谋也。言宋公所以卒于曲棘者，欲谋纳公。"

[译文]

【经】十一月己亥日，宋国国君子佐在曲棘去世。
〖传〗他在为替鲁昭公谋划返回鲁国的过程中而死。

【经】十有二月，齐侯取郓。①
〖传〗取，易辞也。内不言取，以其为公取之，故易言之也。②

[注释]

①范注："取郓以居公。"

②杨疏："与济西、谨、阐同异若何？解，取者易之辞，易辞之义兼内，外内之释虽同，同而事辨异，异则反覆释之，故曰：'为公取之。'言非季氏之赂，忠臣之意，非实易辞。尊君抑臣，与济西同文。前不异外之易者，实易，宋取郑师是也。"

[译文]

【经】十二月，齐景公夺取郓邑。

〖传〗"取"，是事情容易办到的说法。对鲁国而言，照例不用"取"，这里因为是为鲁昭公而占领郓邑，故而就用轻易得手的说法。

昭公二十有六年

【经】二十有六年，①春，王正月，葬宋元公。

[注释]

①鲁昭公二十六年，周敬王四年，公元前516年。

[译文]

【经】鲁昭公二十六年，春，周历正月，安葬宋元公。

【经】三月，公至自齐，居于郓。

〖传〗公次于阳州，其曰至自齐，何也？①以齐侯之见公，可以言至自齐也。②居于郓者，公在外也。③至自齐，道义不外公也。④

[注释]

①范注："据公但至阳州，未至齐。"杨疏："后如晋，出致不同，《传》以见出致，解公初至于阳州，后如晋。乾侯出不同，《传》以见齐侯为义，虽

至阳州,可以齐致,明乾侯之致,不见晋侯,故下二十九年《注》云:'以乾侯致,不得见晋侯故。'"

②范注:"'齐侯唁公于野井',以亲见齐侯为重,故可言至自齐。"

③范注:"若但言公至自齐,而不言居于郓,则公得归国,欲明公实在外,故言居于郓。"杨疏:"又曰前不外公,言外何?解,言外者,据内生名,公虽出奔,臣子不得外公,存录之如在国。在国之文,不得实同,故言居郓以别之。"

④杨疏:"至自齐者,臣子喜君父得反,致宗庙之辞尔。今君虽在外,犹以在国之礼录之,是崇君之道。"

[译文]

【经】三月,鲁昭公从齐国回国(举行告祭饮至的礼仪),居住在郓邑。

〖传〗鲁昭公在阳州驻扎,经文却称"至自齐",这是为何?因为齐景公会见了鲁昭公,故而可以称其从齐国回国告祭宗庙。"居于郓",表示鲁昭公不在国都之内。"至自齐",表示依据道义,不能将鲁昭公视作外人。

【经】夏,公围成。①

〖传〗非国不言围,所以言围者,以大公也。②

[注释]

①成,孟氏邑。

②范注:"崇大其事。"杨疏:"何解凡邑不言围,指小都,都之大者则国。此文是于三家强大,邑过百乘,比之小国,国家之患,良由此起。昭公围成、邱,邱人不服,而臣之邑不顺,季氏之权,得国之资,围而不克,故以大公为文。然则定公虽堕三都,成人不肯,公伐不克,故《传》以大公释之。书致为异,故《传》释之。此不致者,齐无难公之言,不以适齐无为危至,如长葛言围,非常见义乃殊,故《传》不异。"

[译文]

【经】夏,鲁昭公围攻成邑。

〖传〗成邑不是一个国家,照例不能用"围",之所以用"围",是为了尊大鲁昭公。

【经】秋,公会齐侯、莒子、邾子、杞伯盟于鄟陵。①

[注释]

①鄟陵,其地不详,或云齐地。

[译文]

【经】秋,鲁昭公会见齐景公、莒郊公、邾庄公、杞悼公,在鄟陵举行盟会。

【经】公至自会,居于郓。

〖传〗公在外也。至自会,道义不外公也。①

[注释]

①杨疏:"复发《传》何?解自齐为虚致,自会为实文,与虚致嫌义有殊,故发不异也。"按,虚致,谓昭公虽在外,不得亲祭宗庙,然《春秋》书之与亲祭宗庙同。

[译文]

【经】鲁昭公从会晤上回国(举行告祭饮至的礼仪),居住在郓邑。

〖传〗鲁昭公在国都之外。"至自会",表示依据道义,不能将鲁昭公视作外人。

【经】九月庚申,楚子居卒。①

[注释]

①楚子居,楚平王,姓芈名居。

[译文]

【经】九月庚申日,楚国国君芈居去世。

【经】冬,十月,天王入于成周。
〖传〗周有入无出也。①

[注释]

①王者无外。范注:"始即位非其所,今得还,复据宗庙,是内故可言入。若即位在庙,则王者无外,不言出。"

[译文]

【经】冬,十月,周天王进入成周。

〖传〗对周王室的人而言,只有"入"这种说法,没有"出"这种说法。

【经】尹氏、召伯、毛伯以王子朝奔楚。
〖传〗远矣,非也。奔,直奔也。①

[注释]

①范注引雍曰:"奔篡君之贼,其责远矣。"

[译文]

【经】尹氏、召伯、毛伯带着王子朝投奔楚国。

〖传〗君子对此表示深切的责难。"奔",是径直前去投奔的意思。

昭公二十有七年

【经】二十有七年,①春,公如齐。②

[注释]

①鲁昭公二十七年,周敬王五年,公元前515年。
②范注:"自郓行。"

[译文]

【经】鲁昭公二十七年,春,鲁昭公前往齐国。

【经】公至自齐,居于郓。
〖传〗公在外也。①

[注释]

①杨疏:"发《传》不同,而重起例何?解公前孙而至,今如齐,不言孙,反而言至。至言居于郓,故《传》言公在外也。异义而文别,故重言例,而文省则义同,义同,亦在外可知也。"

[译文]

【经】鲁昭公从齐国回国(举行告祭饮至的礼仪),居住在郓邑。
〖传〗鲁昭公在国都之外。

【经】夏,四月,吴弑其君僚。①

[注释]

①僚,吴王寿梦之孙、吴王夷昧之子,为其兄吴王诸樊之子光所杀。

[译文]

【经】夏,四月,吴国杀害它的国君姬僚。

【经】楚杀其大夫郤宛。①

[注释]

①为费无忌所谮杀。

[译文]

【经】楚国杀死它的大夫郤宛。

【经】秋,晋士鞅、宋乐祁犁、卫北宫喜、曹人、邾人、滕人会于扈。

[译文]

【经】秋,晋国的士鞅、宋国的乐祁犁、卫国的北宫喜、曹国人、邾国人、滕国人在扈地举行会晤。

【经】冬,十月,曹伯午卒。①

[注释]

①曹伯午,曹悼公,姓姬名午。

[译文]

【经】冬,十月,曹国国君姬午去世。

【经】邾快来奔。①

[注释]

①范注引徐邈曰:"自此已前,邾畀我、庶其并来奔,今邾快又至,三叛之人,俱以鲁为主。邾,鲁邻国,而聚其逋逃,为过之甚,故悉书之以示讥也。小国无大夫,故但举名而略其氏。"

[译文]

【经】邾国的快前来投奔。

【经】公如齐。

[译文]

【经】鲁昭公前往齐国。

【经】公至自齐,居于郓。

[译文]

【经】鲁昭公从齐国回国(举行告祭饮至的礼仪),居住在郓邑。

昭公二十有八年

【经】二十有八年,①春,王三月,葬曹悼公。

[注释]

①鲁昭公二十八年,周敬王六年,公元前514年。

[译文]

【经】鲁昭公二十八年,春,周历三月,安葬曹悼公。

【经】公如晋，次于乾侯。①

〖传〗公在外也。②

[注释]

①乾侯，晋地，在今河北成安东。范注："不得入于晋。"

②杨疏："解与发围国之文同，故《传》言'公在外也'，明从郓如齐，不释言次之，言在外亦显故。"

[译文]

【经】鲁昭公前往晋国，在乾侯驻扎。

〖传〗鲁昭公在国都之外。

【经】夏，四月丙戌，郑伯宁卒。①

[注释]

①郑伯宁，郑定公，姓姬名宁。

[译文]

【经】夏，四月丙戌日，郑国国君姬宁去世。

【经】六月，葬郑定公。

[译文]

【经】六月，安葬郑定公。

【经】秋，七月癸巳，滕子宁卒。①

[注释]

①滕子宁，滕悼公，姓姬名宁。

[译文]

【经】秋,七月癸巳日,滕国国君姬宁去世。

【经】冬,葬滕悼公。

[译文]

【经】冬,安葬滕悼公。

昭公二十有九年

【经】二十有九年,①春,公至自乾侯,居于郓。②

[注释]

①鲁昭公二十九年,周敬王七年,公元前513年。
②范注:"以乾侯致,不得见晋侯故。"

[译文]

【经】鲁昭公二十九年,春,鲁昭公从乾侯回国(举行告祭饮至的礼仪),居住在郓邑。

【经】齐侯使高张来唁公。
〖传〗唁公不得入于鲁也。①

[注释]

①杨疏:"复发《传》何?解'前齐侯唁公子野井'。野井,齐地。今来唁公于郓,郓是鲁地。鲁地而言唁,言不得入于鲁国都。鲁国都谓宗庙所在。唁有远近,人有尊卑,君臣同文,故重发例也。"

[译文]

【经】齐景公派高张前来慰问鲁昭公。

〖传〗这是在慰问鲁昭公不能进入鲁国。

【经】公如晋,次于乾侯。

[译文]

【经】鲁昭公前往晋国,在乾侯驻扎。

【经】夏,四月庚子,叔倪卒。

〖传〗季孙意如曰:"叔倪无病而死,此皆无公也。是天命也,非我罪也。"①

[注释]

①范注:"言叔倪欲纳公,无病而死,此皆天命,使鲁无君尔,鲁公之出非我罪。"杨疏:"叔倪之卒事,无公而曰皆何?解《经》言'宋公佐卒于曲棘',《传》言'邪公也'。今叔倪复卒,《传》曰'皆无公也'。"

[译文]

【经】夏,四月庚子日,叔倪去世。

〖传〗季孙意如说:"叔倪没有疾病却意外死去,这都是鲁公不在国都之内的缘故。这是上天的旨意,并非我的罪过。"

【经】秋,七月。

[译文]

【经】秋,七月。

【经】冬,十月,郓溃。

〖传〗溃之为言上下不相得也。上下不相得则恶矣,亦讥公也。①昭公出奔,民如释重负。②

[注释]

①范注:"公既出奔,不能改德修行,居郓小邑,复使溃乱,德之不建,如此之甚。"杨疏:"重发起例何?解上下不相得之为罪与国同,故例详之。此年三月,次于乾侯,来还于郓。冬而郓溃,嫌自溃,不责于公,故言'亦讥公也'。"

②范注:"《传》明昭公有过,非但季氏之罪。"

[译文]

【经】冬,十月,郓邑溃乱。

〖传〗"溃"这种说法,表示郓邑君臣之间矛盾激化。君臣之间矛盾激化令人厌恶,这也是在讥讽鲁昭公。鲁昭公出奔,民众如释重负。

昭公三十年

【经】三十年,①春,王正月,公在乾侯。

〖传〗中国不存公,存公,故也。②

[注释]

①鲁昭公三十年,周敬王八年,公元前512年。

②范注:"中国,犹国中也。"杨疏:"曰凡言国中,指谓鲁也。中国指其诸夏。诸夏为中国,据夷狄为外。案成昭适晋,并逾年而不言在,襄二十八年'公如楚',二十九年书'公在楚',《传》曰'闵公也',为楚所致,存录之。

然则此文中国，国中何为变中国者何？解中国逾年不言在，亲倚之情，如国莫二，比之国中，不以言中非诸夏。且昭以二十五年出奔，二十六年居郓，是鲁地不存公。二十七年、二十八年亦如之，至此寄在乾侯。乾侯为晋地，明公去鲁竟而入于晋界，不复重还，遂卒于外。虽复生存居地壤，于予来归，来不居兹日，故《传》以有故释之，所以闵公。范例云：'在，有故。言在，非所在也。'"

[译文]

【经】鲁昭公三十年，春，周历正月，鲁昭公在乾侯。

〖传〗鲁国之内不能容纳鲁昭公，记录鲁昭公所在，是因为有所变故。

【经】夏，六月庚辰，晋侯去疾卒。①

[注释]

①晋侯去疾，晋顷公，姓姬名去疾。

[译文]

【经】夏，六月庚辰日，晋国国君姬去疾去世。

【经】秋，八月，葬晋顷公。

[译文]

【经】秋，八月，安葬晋顷公。

【经】冬，十有二月，吴灭徐。①

[注释]

①范注："灭夷狄时。月者，为下奔起。"杨疏："案灭中国日，出奔月，

轻于灭。灭夷狄时，奔何得更月？解，范答薄氏云：'国不灭而出，以月为例，国灭而出，出重于灭，灭夷狄虽时，犹加于月。'然则温子不灭而出奔，何以不月？有义而然。弦子之奔，文承八月之下，温子以逃，在正月之后，何知不月？《传》于弦子灭言'不日，微国'。微国则例月，例月则不关于君出，君出之重，不大于灭国。范云出重于灭者，言既灭其国，君不死难，比之常奔恒灭，则为重矣。灭在月例者，君出不复加日，明灭重矣。月亦是，谭子出月，月关灭国，灭国与之同，同例在不日。《传》于灭国详略之，更于潞子发夷狄之远例，于鄟亡见中国之变称，义例成矣。潞子之贤从自盟，灭国获君，君或出奔，名为罪，皆有罪，故注谭子云'盖无罪'。今注章羽，明不复疑。名为有罪，谭子言盖，约邿益之名，名义见矣，故章羽从正例而不疑也。"

[译文]

【经】冬，十二月，吴国灭徐国。

【经】徐子章羽奔楚。①

[注释]

①范注："奔而名者，有罪恶也。"

[译文]

【经】徐国国君嬴章羽出奔楚国。

昭公三十有一年

【经】三十有一年，①春，王正月，公在乾侯。

[注释]

①鲁昭公三十一年，周敬王九年，公元前511年。

[译文]

【经】鲁昭公三十一年,春,周历正月,鲁昭公在乾侯。

【经】季孙意如会晋荀栎于适历。①

[注释]

①适历,晋地,不详所在。

[译文]

【经】季孙意如在适历会见晋国的荀栎。

【经】夏,四月丁巳,薛伯穀卒。①

[注释]

①薛伯穀,薛献公,姓任名穀。

[译文]

【经】夏,四月丁巳日,薛国国君任穀去世。

【经】晋侯使荀栎唁公于乾侯。

〖传〗唁公不得入于鲁也。①曰:"既为君言之矣,不可者意如也。"②

[注释]

①杨疏:"复发《传》何?解,范例云:'唁有三,吊失国曰唁。'唁虽有三,吊失国三,三释一而已。不入鲁界,有三文,知言唁嫌与鲁异。其言不得入鲁,明吊失国而异。今地晋而受晋纳,公有可入之理,故言'唁公不得入于鲁也'。"

②范注:"言己已告鲁求纳君,唯意如不肯。"

[译文]

【经】晋顷公派荀栎到乾侯慰问鲁昭公。

〖传〗这是在慰问鲁昭公不能进入鲁国。荀栎说:"我已经为您向鲁国提出交涉,只是季孙意如不肯同意。"

【经】秋,葬薛献公。

[译文]

【经】秋,安葬薛献公。

【经】冬,黑肱以滥来奔。①
〖传〗其不言邾黑肱,何也?②别乎邾也。③其不言滥子,何也?④非天子所封也。来奔,内不言叛也。⑤

[注释]

①黑肱,邾大夫。滥,在今山东滕州市一带。
②范注:"据襄二十一年'邾庶其以漆闾丘来奔'言邾。"
③范注:"邾以滥邑封黑肱,故别之若国。"
④范注:"据既别之为国,则应书其爵。"
⑤杨疏:"重发《传》何?解书黑肱不系邾,嫌其专地,不责叛,罪轻,故言来奔。不言叛,罪自显也。"

[译文]

【经】冬,黑肱带着滥邑前来投奔。

〖传〗经文不称其为"邾黑肱",这是为何?为了将滥邑与邾国划清界限。经文又不称其为滥国国君,这是为何?因为不是周天子所分封的。前来投奔鲁国,照例不用"叛"这种说法。

【经】十有二月辛亥,朔,日有食之。

[译文]

【经】十二月辛亥,朔日,发生日食。

昭公三十有二年

【经】三十有二年,①春,王正月,公在乾侯。

[注释]

①鲁昭公三十二年,周敬王十年,公元前510年。

[译文]

【经】鲁昭公三十二年,春,周历正月,鲁昭公在乾侯。

【经】取阚。①

[注释]

①阚,鲁邑,在今山东汶上西南。

[译文]

【经】夺取阚邑。

【经】夏,吴伐越。

[译文]

【经】夏,吴国讨伐越国。

【经】秋，七月。

[译文]

【经】秋，七月。

【经】冬，仲孙何忌会晋韩不信、齐高张、宋仲幾、卫太叔申、郑国参、曹人、莒人、邾人、薛人、杞人、小邾人，城成周。①

〖传〗天子微，诸侯不享觐。②天子之在者，惟祭与号。③故诸侯之大夫，相帅以城之。此变之正也。④

[注释]

①成周，京师也。
②范注："享，献也。觐，见也。言天子微弱，四方诸侯不复贡献，又无朝觐之礼。"
③范注："祭谓郊上帝，号谓称王。"
④杨疏："于此乃言周衰变之正，重复起《传》何？解平、桓之世，唯复礼乐出自诸侯，诸侯犹有享觐之心，襄王虽复出居，犹赖晋文之力。札子虽云矫杀，王威未甚屈辱。至于景王之崩，嫡庶交争，宋、卫外附，楚亦内侮。天子独立成周，政教不行天下，诸侯无桓、文之霸，不能致力于京师，权柄委于臣手，故大夫相率而城之。比之在礼，故释不异辞，因变正也。"

[译文]

【经】冬，仲孙何忌会见晋国的韩不信、齐国的高张、宋国的仲幾、卫国的太叔申、郑国的国参、曹国人、莒国人、邾国人、薛国人、杞国人、小邾国人，一同为成周修筑城墙。

〖传〗周天子微弱，诸侯不前去朝觐。周天子仍然保留的唯有宗庙与名号罢了。故而各国诸侯的大夫相与率领军队前来修建城墙。虽变乎礼制，却合乎正道。

【经】十有二月己未，公薨于乾侯。

[译文]

【经】十二月己未日，鲁昭公在乾侯辞世。

定公

定公元年

【经】元年,①春,称王。

〖传〗不言正月,定无正也。定之无正,何也?昭公之终,非正终也。②定之始,非正始也。昭无正终,故定无正始。不言即位,丧在外也。

[注释]

①鲁定公元年,周敬王十一年,公元前509年。鲁定公,姓姬名宋,鲁襄公之子,鲁昭公之弟。《周书·谥法》:"安民大虑曰定。"

②范注:"死在外故。"杨疏:"非正终。案桓公之薨于齐,与乾侯不异,庄公不即位,而书正月何?解,以十八年如齐,至即薨,薨而当岁即入,入而庄公继位,行既殡逾年之礼,但以先君杀而后立,不忍行即位之礼。今昭公前年薨,今年丧入,定公既殡,不居正月之前,欲行即位,非逾年之始,非始非正,故未得即位,不得比之庄公。"

[译文]

【经】鲁定公元年,春,称王。

【传】经文不记载正月,是因为鲁定公继位不合乎礼制。鲁定公继位不合乎礼制,这是为何?鲁昭公之死,是不合乎礼制的死。鲁定公之继位,是不合乎礼制的继位。鲁昭公死在国都之外,故而鲁定公继位不合乎礼制。经文不记载即位,是因为鲁昭公的灵柩尚在国都之外。

【经】三月,晋人执宋仲幾于京师。①

【传】此其大夫,②其曰人,何也?微之也。何为微之?不正其执人于尊者之所也,不与大夫之伯讨也。

[注释]

①范注:"晋执人于尊者之侧,而不以归京师,故但言其执,不书所归。徐邈曰:'案《传》定元年不书正月,言"定无正也"。然则改元即位在于此年,故不可以不书王。书王,必有月以承之,故因其执月以表年首尔,不以谨仲幾也。'"杨疏引薄氏驳云:"仲幾之罪,自委之王吏,非晋人所执,故《传》云'不正其执人于尊者之所也',讥执,不讥无所归。晋执曹、卫,他处并可言归,若晋人执仲幾于京师,复何得言归于京师?若如此论,何以通乎解?"又引范答云:"晋城成周,宋不即役,晋为监功之主,因而执之,此自晋人之事,安得委之王吏?《传》当以执人于尊者之所,而不以归于王之有司,非言其不可以执。晋文公执曹、卫之君,各于其国,而并不书国者,以其归于京师故也。今执仲幾,不书所归,唯举其地者,此晋自治之效。若使归于京师,与执诸侯同,君臣无别也。今直执在京师,不可言归。此义犹自未通,有义而然。上言城成周,序仲幾之会,于归言于京师,其言足误天王居于狄泉,在畿内而别处。若上言城成周,下称晋人执宋仲幾归于京师,具见执之异处而归天子。今晋人于尊者之侧,而执人以归,自治于国,故《春秋》不与其专执地于京师。下文言'此大夫,其曰人何?微之也'。何以知大夫?有义而然。周之称名,大夫相执无称名之例,因此见义,明大夫相执不书,书则微之,见伯讨失所,故云云,非谓大夫相执得见于《经》。《经》书晋人执卫侯,归之

于京师，与伯执称人不异，异则言侯，故曰以晋侯而斥执曹伯，恶晋侯也。是君臣之别也。"

②阮元曰："石经、宋本无'其'字。案成公十五年疏引无'其'字。按上文疏引亦无'其'字。"

[译文]

【经】三月，晋国人在京师擒获宋国的仲幾。

〖传〗晋国一方明明是大夫，经文却称其为"人"，这是为何？因为对他有所微词。为何对他有所微词？君子以为他在尊贵之人的居所擒获别人是不合乎礼制的，又不赞许大夫拥有如方伯一般征讨的权力。

【经】夏，六月癸亥，公之丧至自乾侯。

[译文]

【经】夏，六月癸亥日，鲁昭公的灵柩从乾侯回国（举行告祭饮至的礼仪）。

【经】戊辰，公即位。

〖传〗殡然后即位也。①定无正，见无以正也。逾年不言即位，是有故公也。②言即位，是无故公也。即位，授受之道也。③先君无正终，则后君无正始也。先君有正终，则后君有正始也。戊辰，公即位，谨之也。定之即位，不可不察也。公即位，何以日也？④戊辰之日，然后即位也。癸亥，公之丧至自乾侯，何为戊辰之日，然后即位也？⑤正君乎国，然后即位也。⑥沈子曰："正棺乎两楹之间，然后即位也。"⑦内之大事，日。即位，君之大事也，其不日何也？以年决者，不以日决也。此则其日，何也？著之也。⑧何著焉？逾年即位，厉也。⑨于厉之中，又有义焉。⑩未殡，虽有天子之命犹不敢，况临诸臣乎？⑪周人有丧，鲁人有丧，周人吊，鲁人不吊。周人曰："固吾臣也，使人可也。"鲁人曰："吾君也，亲之者也，使大夫则不可也。"故周人吊，鲁人不吊，以其下成、康为未久也。⑫君，至尊也，去父之殡而往吊犹不敢，况未殡而临诸臣乎？

[注释]

①范注："周人殡于西阶之上。"杨疏："嫌何以言？解丧自外至，虽正棺于两楹之间，兼不亦言，故言西阶。郑注《礼记》以为殡亦两楹之间也。"

②范注："谓昭公在外故。"

③范注："先君见授，后君乃受，故须棺在殡，乃言即位。"

④范注："据未有日者。"杨疏："解定公即位，特异常文者，欲言继弑，公好卒；欲言好卒，卒非正终。不即入，逾年乃至，至正月当即位，而皆失时。时不得同于常礼，礼宜异文，文书之在夏，是有故与无故两文并见。即位虽同，而时义有别，理有所见，见必有意，故曰'不可不察'也。"

⑤范注："癸亥去戊辰六日，怪不即位。"

⑥范注："诸侯五日而殡，今以君始死之礼治之，故须殡而后言即位。"

⑦范注："两楹之间，南面之君听治之处。"

⑧范注："欲有所见。"

⑨范注："厉，危也。公丧在外，逾年六月，乃得即位，危，故日之。"

⑩范注："先君未殡，则后君不得即位。"

⑪范注："以轻喻重也。虽为天子所召，不敢背殡而往，况君丧未殡，而行即位之礼，以临诸臣乎？"

⑫范注："周道尚明，无愧于不往。"杨疏："今定公之世，天子之存，唯祭与号，安得云尚明？解，此《传》以重况轻，陈上世之事，非专今日，下成康为未久。定公未殡，不得即位，以临群臣，轻于王命。王命犹不得背殡，指谓王与鲁并有丧，周人吊鲁，鲁人不吊，既殡君，乃奔丧。《丧服》，天子之斩，哭泣申父重之情。先殡其父，后奔天子之丧，亦是不夺人之亲。门外之治

义断恩，门内之治恩掩义。至如伯禽，越绋赴金革之重，不拘此例。"

[译文]

【经】戊辰日，鲁定公即位。

〖传〗先举行昭公的殡礼，定公才能即位。定公元年不记载正月，可见当时无法继承正统。昭公丧满一年，经文还不记载定公即位，是因为死去的国君尚在国都之外。经文一旦记载定公即位，就是死去的国君已经入殓了。即位，应当符合先君授位、今君接受的道义。先君之死倘若不合乎礼制，今君继位就不合乎礼制。先君之死合乎礼制，今君继位就合乎礼制。"戊辰，公即位"，是郑重的说法。定公即位一事，不可以不明察。鲁定公即位，为何要记载日期？因为是到戊辰日，定公才算正式即位。"癸亥，公之丧至自乾侯"，为何要到戊辰日，定公才算正式即位？先要在国都内举行先君的殡礼，然后才能即位。沈子说："将先君的棺椁安放在朝堂正厅两根楹柱中间，入殓之后才能即位。"对鲁国而言，大事照例记载日期。即位，是国君的大事，经文此前从不记载日期，这是为何？因为这是以年来限断的，而不是以日来限断的。这里却记载了日期，又是为何？为了突显此事。为何要突显此事？丧满一年方能即位，这是极其危险的境地。在危难之中，又能昭示大义。尚未举行先君的殡礼，即便周天子召见，也不敢前往京师，更何况是即位接受群臣的朝觐呢？周王室有天子的丧事，鲁国也有国君的丧事，周王室前来吊唁，鲁国却不前去吊唁。周王室的人说："鲁国国君是我的臣子，派士前去就可以了。"鲁国人说："周天子是我们的君主，理应我们国君亲自前往，派大夫前去也是不可行的。"故而周王室前来吊唁，鲁国却不前去吊唁，此时离周成王、康王的时代还不远。周天子是天下的至尊，抛下父亲的棺椁前去吊唁尚且不可，更何况是在尚未入殓之时即位接受群臣的朝觐呢？

【经】秋，七月癸巳，葬我君昭公。

[译文]

【经】秋，七月癸巳日，安葬我国国君鲁昭公。

【经】九月，大雩。

〖传〗雩月，雩之正也。"秋，大雩"，非正也。"冬，大雩"，非正也。秋，大雩，雩之为非正，何也？①毛泽未尽，人力未竭，未可以雩也。②雩月，雩之正也。月之为雩之正，何也？其时穷，人力尽，然后雩，雩之正也。何谓其时穷人力尽？是月不雨，则无及矣；是年不艾，则无食矣，是谓其时穷人力尽也。雩之必待其时穷人力尽何也？雩者，为旱求者也。求者，请也，古之人重请。何重乎请？人之所以为人者，让也。请道去让也，则是舍其所以为人也，是以重之。焉请哉？请乎应上公。古之神人有应上公者，通乎阴阳，君亲帅诸大夫道之而以请焉。③夫请者，非可诒托而往也，必亲之者也，是以重之。④

[注释]

①范注："冬，禾稼既成，犹雩，则非礼可知。秋禾嫁始苗，嫌当须雨，故问也。"

②范注："邵曰：'凡地之所生谓之毛。《公羊传》曰"锡之不毛之地"是也。言秋百谷之润泽未尽也。'人力未尽，谓耕耘之功未毕。"杨疏："言非必百谷至，而雩祀之设，本为求雨，求雨之意。指为祈谷，故《周颂·噫嘻》之篇，歌春夏而同名。至于修雩祀不异，故此《传》言'毛泽未穷，人力未竭'，言人力之功施于种植，种植之义在于禾黍。未闻凡品总称曰毛，将何所据？解，圣人之于四海，不偏一物，爱人之情，特深怀抱。百姓所恃，莫急于食。食虽民天，天不降雨，嘉品不育；时泽之来，普泛无私，虽非百谷，亦沾

有渰之润，公田已流，遂及之惠弥远。故总凡品为毛，明天德之道广。列子言山川之毛指谓草木。《公羊》所论，非专禾麦。寒凉之地，本不种苗；邹衍吹律，乃始名生物谓之黍。若以此言之，《公羊》所言不毛，邹衍之前，当郑伯与楚语时也。又上《传》云'冬，大雩，非正也'，秋亦曰'非正也'，非正是同，而问不异。及答之，直释月雩为正，则四月龙见，常失正故也。解成七年'冬，大雩'，《传》云'冬无为雩也'，言用祷礼，明禾稼成不须雩，失时不二，故问同而答异。《注》'当须雨'，其解也，圣人重谢请，请必为民，民之本务在于春夏，春夏祈穀，先严其牺牲，具其器物，谨修其礼，冀精神有感，故一时尽力，专心求请。求请不得失时，时谓孟夏之节。是月有雨，先种得成茂实，后种更生，故重其二时。时过以往，至于八月、九月。修雩之节，不言四月，非正也，故曰'是月不雩，则无及矣'，谓八月求雨，雩而得之则书雩，明有所及故也。是月雩不必有雨，而曰无及者，人情之意，欲其有益，故以两月请。'是年不艾，则无食'，指谓九月之雩，雩而得雨，是年有食。雩不得雨，则书旱，旱则一岁无食，故曰为年。《传》于仲秋言月，季秋言年，年月之情以表远近深浅之辞也。"

③范注："道之，为君必为先也。其祷辞曰：'方今大旱，野无生稼，寡人当死，百姓何谤？不敢烦民请命，愿抚万民，以身塞无状。'祷亦请也，此即请辞也。"杨疏："案，《月令》'大雩帝'，此《经》言'大雩'，文与《月令》同，同祀上帝。帝，天也，而曰上公，义更何取？且雩与祷本自不同，而引祷辞以证雩何？解天子雩上帝，诸侯雩上公，与鲁天子同雩上帝，上帝既雩，及百辟、卿士，有益于民者，即此《传》所谓古之神人，通乎阴阳，使为民请雨，故言'焉请哉，请应乎上公'。天尊，不敢指斥，故请其属神。《考异邮》说僖公三时不雨，祷于山川，以六过自责，又曰：'方今大旱，野无生稼。'此《注》所云其祷辞，或亦用之，故引以明之耳。"

④范注："诒托犹假寄。"

[译文]

【经】九月，举行盛大的祈雨仪式。

〖传〗记载雩祭所举行的月份，说明这次雩祭是合乎礼制的。如果经文写成"秋，大雩"，说明这次雩祭是不合乎礼制的。如果经文写成"冬，大雩"，说明这次雩祭也是不合乎礼制的。为何"秋，大雩"不合乎礼制？百草的润泽尚未竭尽，农夫的耕耘尚未告终，不可以举行雩祭。记载雩祭所举行的月份，说明这次雩祭是合乎礼制的。记载月份就说明这次雩祭合乎礼制，为何这次雩祭合乎礼制？此时时令已经过去，人力已经告竭，然后才能举行雩祭，这样的雩祭是合乎礼制的。什么叫作时令已过、人力告竭？这个月再不下雨，就来不及了；今年再不丰收，就没有粮食了，这就叫作时令已过、人力告竭。雩祭必须等到时令已过、人力告竭，这是为何？雩祭，是为旱灾求雨的。"求"，是请求的意思，古人对提出请求非常重视。为何要重视提出请求？人之所以为人，是因为有谦让的德行。向人提出请求，就是在背弃谦让的德行，如此就丢失了人之所以为人的依据，故而要重视它。向谁请求呢？是在请求应上公。古代有一位叫作应上公的神人，能阴阳贯通，国君亲自率领诸位大夫上前提出请求。向人请求，不可假托他人，必须亲自前往，可见对它的重视。

【经】立炀宫。①

〖传〗立者，不宜立者也。②

[注释]

①范注："炀宫，伯禽子庙，毁已久。"

②杨疏："重发《传》何？解不曰，与武宫异，故发《传》。范例云：'宫庙有三者，三者文有详略。详略见功有轻重：丹楹功少，故书时；刻桷功重，故录月。'范答薄氏云：'考宫书月，比丹楹为重。'是其三文。武宫书日，范云'始筑之事然'。炀，案《周书·谥法》'肆行劳神曰炀'。炀宫不日，比武宫为轻。轻重之例，各以类举，此谓范例之数以宫言之；立庙之例，以立言之，在不宜之中。一事而两属，义有所附，故例有因，亦得数此，同在不宜之中。"

定公 745

[译文]

【经】建立鲁炀公的庙。

〖传〗"立",是不应当建立的意思。

【经】冬,十月,陨霜杀菽。①

〖传〗未可以杀而杀,举重;②可杀而不杀,举轻。③其曰菽,举重也。

[注释]

①范注:"建酉之月,陨霜杀菽,非常之灾。"
②范注:"举杀豆,则杀草可知。"
③范注:"不杀草,则不杀菽亦显,僖三十三年'陨霜不杀草'是也。"杨疏:"陨霜二文不同书,故范特为一例。《传》嫌独杀菽,不害余物,故以轻重别之。菽易长而难杀,故以杀之为重。重者杀,则轻者死矣。轻而不死,重者不杀,居然可知。"

[译文]

【经】冬,十月,降霜,冻死豆菽。

〖传〗本来不能杀死的却杀死了,就要选取重要的作物来说;本来能杀死的却未能杀死,就要选取无足轻重的杂草来说。经文提及豆菽,是选取重要的作物来说。

定公二年

【经】二年,①春,王正月。

[注释]

①鲁定公二年,周敬王十二年,公元前508年。

[译文]

【经】鲁定公二年,春,周历正月。

【经】夏,五月壬辰,雉门及两观灾。①

〖传〗其不曰雉门灾及两观,何也?②灾自两观始也,不以尊者亲灾也。③先言雉门,尊尊也。④

[注释]

①范注:"雉门,公宫之南门。两观,阙也。"杨疏引刘向云:"雉门,天子之门。而今过鲁制,故致天灾也。"

②范注:"据先书雉门,则应言雉门灾及两观。郑嗣曰:'据灾实从雉门起,应言雉门灾及两观。'"

③范注:"始灾者,两观也。郑嗣曰:'今以灾在两观下,使若两观始灾者,不以雉门亲灾。'"

④范注:"欲言两观灾及雉门,则卑不可以及尊,灾不从雉门起,故不得言雉门灾及两观。两观始灾,故灾在两观下也。郑嗣曰:'欲以两观亲灾,则《经》宜言两观灾及雉门,雉门尊,两观卑,卑不可以及尊,故不得不先言雉门,而后言两观。欲令两观始灾,故灾在两观下矣。'"

[译文]

【经】夏,五月壬辰日,雉门与两旁门楼发生火灾。

〖传〗经文不记作雉门发生火灾,蔓延至两旁门楼,这是为何?因为火灾是从两旁门楼开始的,为了不让尊贵的雉门直接与火灾相及。先记雉门,是在崇敬尊者啊。

【经】秋,楚人伐吴。

[译文]

【经】秋,楚国人讨伐吴国。

【经】冬，十月，新作雉门及两观。

〖传〗言新，有旧也。作，为也，有加其度也。① 此不正，其以尊者亲之，何也？② 虽不正也，于美犹可也。③

[注释]

①杨疏："重发《传》何？解此灾而更修，嫌与作南门异，故发《传》以同之。灾恶，故尊雉门，推灾而远之。今新作美好之事，雉门虽不正，尊雉门可以亲之。"

②范注："不正，谓更广大之，不合法度也。据当讳，而以雉门亲新作之下。"

③范注："改旧虽不合正，修饰美好之事，差可以雉门亲之。"

[译文]

【经】冬，十月，新修雉门与两旁门楼。

〖传〗经文记为"新"，表示有旧的雉门与两旁门楼。"作"，是建的意思，就是扩大它的规模。这原本不合乎正道，经文却让尊贵的雉门直接与"新作"相及，这是为何？虽然它不合乎正道，从美感上来说却还可以。

定公三年

【经】三年，① 春，王正月，公如晋，至河乃复。②

[注释]

①鲁定公三年，周敬王十三年，公元前507年。

②杨疏："书月何？解，昭公四如晋，兼有疾为五，皆不月。公不入晋，

则无危。十三年、二十三年乃复，皆不月，是其例，乃复文承月下，不蒙可知。昭公即位二年，而修朝礼无阙，而为季氏所谱，使不得入，公无危惧之意，犹数数修朝于晋。晋虽不受朝，公无危惧之理。定立今三年，始朝于晋，晋责其缓慢，不受其朝，公惧而反，非必季氏所谱。公有负于晋，而心内畏惧，故危录之。"

[译文]

【经】鲁定公三年，春，周历正月，鲁定公前往晋国，直至黄河边上才返回。

【经】三月辛卯，邾子穿卒。①

[注释]

①邾子穿，邾庄公，姓曹名穿。

[译文]

【经】三月辛卯日，邾国国君曹穿去世。

【经】夏，四月。

[译文]

【经】夏，四月。

【经】秋，葬邾庄公。

[译文]

【经】秋，安葬邾庄公。

【经】冬，仲孙何忌及邾子盟于拔。①

[注释]

①拔,在今山东兖州市西。

[译文]

【经】冬,仲孙何忌与邾隐公在拔地会盟。

定公四年

【经】四年,①春,王二月癸巳,陈侯吴卒。②

[注释]

①鲁定公四年,周敬王十四年,公元前506年。
②陈侯吴,陈惠公,姓妫名吴。

[译文]

【经】鲁定公四年,春,周历二月癸巳日,陈国国君妫吴去世。

【经】三月,公会刘子、晋侯、宋公、蔡侯、卫侯、陈子、郑伯、许男、曹伯、莒子、邾子、顿子、胡子、滕子、薛伯、杞伯、小邾子、齐国夏于召陵,侵楚。①

[注释]

①陈子,陈怀公,姓妫名柳,陈惠公之子。召陵之会尚未逾年,故降之为子。

[译文]

【经】三月,鲁定公在召陵会见刘文公、晋定公、宋景公、蔡昭公、卫灵公、陈怀公(未逾年之君)、郑献公、许元公、曹隐公、莒郊公、邾隐公、顿国国君、胡国国君、滕顷公、薛襄公、杞悼公、小邾穆公、齐国的国夏，侵犯楚国。

【经】夏，四月庚辰，蔡公孙姓帅师灭沈，①以沈子嘉归，杀之。

[注释]

①姓（shēng）。

[译文]

【经】夏，四月庚辰日，曹国的公孙姓率领军队灭沈国，带沈国国君姬嘉回国，将其杀死。

【经】五月，公及诸侯盟于皋鼬。①
〖传〗后而再会，②公志于后会也。后，志疑也。③

[注释]

①皋鼬，在今河南临颍县一带。范注："召陵会刘子、诸侯，总言之也。"
②阮元曰："石经、余本'后'作'一事'两字。"
③范注："公畏强楚，疑于侵之，故复者，更谋也。不日者，后楚伐蔡，不能救故。"杨疏："案《传例》地而伐，疑辞。今《经》言会于召陵侵楚，则疑于前会，不关于后。而云'志于后会也'者，后志疑何？解，楚当时为之所困，削弱矣，诸侯侵之，易可得志。今一会之中，十有九国，众力之强，足以服楚，不敢深入，浅侵郊竟，则责诸侯之疑，居然可晓。公疑于楚强，谓无勇，故会盟二文，并见鲁公，外内之疑两显。"

[译文]

【经】五月，鲁定公与各国诸侯在皋鼬会盟。
〖传〗召陵之会后，经文又记载一次会晤，是因为鲁定公重视后一次会晤。在后一次会晤上，鲁定公对侵伐楚国有所迟疑。

【经】杞伯成卒于会。①

[注释]

①杞伯成，杞悼公，姓姒名成。

[译文]

【经】杞国国君姒成在会晤上去世。

【经】六月，葬陈惠公。

[译文]

【经】六月，安葬陈惠公。

【经】许迁于容城。①

[注释]

①容城，地名，许之新都，在今河南鲁山东。

[译文]

【经】许国迁往容城。

【经】秋，七月，公至自会。

[译文]

【经】秋，七月，鲁定公从会晤上回国（举行告祭饮至的礼仪）。

【经】刘卷卒。①

〖传〗此不卒而卒者，贤之也。寰内诸侯也，非列土诸侯，此何以卒也？②天王崩，为诸侯主也。③

[注释]

①刘，采地。

②范注："天子畿内大夫有采地者，谓之寰内诸侯，非列土之诸侯，虽贤，犹不当卒。"

③范注："昭二十二年景王崩，尝以宾主之礼相接，能为诸侯主，所以为贤。"杨疏："又云'非列土诸侯，此何以卒也？'天王崩，为诸侯主也。书卒不阙其贤，而范例云：'寰内诸侯，非列土诸侯。非列土诸侯而书之者，贤之也。'贤之一文，而义当两用，解上言不卒而得书卒之意，释下言贤之犹贤不当卒。卒之者，以其为诸侯主，明贤之义，故得书卒。反覆二事皆是为贤，故例复云贤之不用葬。葬之者，明亦为贤之，而采地比之畿外诸侯，故书葬。"

[译文]

【经】刘邑大夫卷去世。

〖传〗原本不应该记载去世，如今却记载去世，因为君子以为他是个德行贤明的人。卷，是京畿千里以内的封君，而不是外封土地的诸侯，为何要记载他的去世呢？周景王逝世时，他曾以丧主的身份接待各国诸侯。

【经】葬杞悼公。

[译文]

【经】安葬杞悼公。

【经】楚人围蔡。①

[注释]

①蔡灭沈,杀沈子嘉,故楚围蔡以报之。

[译文]

【经】楚国人围攻蔡国。

【经】晋士鞅、卫孔圉帅师伐鲜虞。①

[注释]

①孔圉,孔羁之孙也。

[译文]

【经】晋国的士鞅、卫国的孔圉率领军队讨伐鲜虞国。

【经】葬刘文公。

[译文]

【经】安葬刘文公。

【经】冬,十有一月庚午,蔡侯以吴子及楚人战于伯举,①楚师败绩。

〖传〗吴其称子,何也?以蔡侯之以之,举其贵者也。②蔡侯之以之,则其举贵者,何也?吴信中国而攘夷狄,吴进矣。其信中国而攘夷狄奈何?子胥父诛于楚也,③挟弓持矢而干阖庐。④阖庐曰:"大之甚!勇之甚!"⑤为是欲兴师而伐楚。子胥谏曰:"臣闻之,君不为匹夫兴师。且事君犹事父也,亏君之义,复父之仇,臣弗为也。"⑥于是止。蔡昭公朝于楚,有美裘,正是日,囊瓦求之。⑦昭公不与,为是拘昭公于南郢。⑧数年然后得归。归乃用事乎汉。⑨曰:"苟诸侯有欲伐楚者,寡人请为前列焉。"楚人闻之而怒，为是兴师而伐蔡。蔡请救于吴。子胥曰："蔡非有罪，楚无道也。君若有忧中国之心，则若此时可矣。"为是兴师而伐楚。何以不言救也？⑩救大也。⑪

[注释]

①伯举，在今湖北麻城东北。《公羊》作"伯莒"，《左氏》作"柏举"。
②范注："贵谓子也。"
③范注："子胥父，伍奢也。为楚平王所杀。"
④范注："见不以礼曰干，欲因阖庐复父之仇。"
⑤范注："子胥匹夫，乃欲复仇于国君，其孝甚大，其心甚勇。"杨疏："子胥之复仇，违君臣之礼，失事王之道，以匹夫之弱，敌千乘之强，非心至孝，莫能然也。得事父之孝，非敬长之道，故曰'其孝甚大'。若夫子胥父欲被诛，窜身外奔，布衣之士，而求干列国之君，吐弓矢之志，无疑难之心，故曰'其心甚勇'。"
⑥杨疏："然则成汤之诛葛伯，为杀其饷者；武王之杀殷纣，称斫朝涉之胫，何以万乘之主，为匹夫复仇？解，汤征葛伯，本为不祀之罪，罪已灼然。然汤听其顺辞，使其亳民为耕，葛伯杀其饷者，此由不祀而致祸。其如殷纣之罪，被所不尽，斩以所不书，故武王致天之罪，称斫朝涉之胫，剖贤人之心，亦不为匹夫兴师。吴子既因诸侯之怒，直申子胥之情，故言'不为匹夫兴师'，得其实论也。《传》称子胥云'亏君之义，复父之仇'。《传》文曲直，子胥是非，《穀梁》之意，善恶若为？解，《公羊》《左氏》论难纷然，贾逵、服虔共相教授，戴宏、何休亦有唇齿。其于此《传》开端，似同《公羊》，及其结绚不言子胥之善。夫资父事君，尊之非异，重服之情，理宜共均。既以天性之重，降于义合之轻，故令忠臣出自孝子，孝子不称忠臣。今子胥称一体之重，忽元首之分，以父被诛，而痛缠骨髓，得耿介之孝，失忠义之臣，而忠孝不得并存。《传》不善子胥者，两端之间，忠臣伤孝子之恩，论孝子则失忠臣之义。《春秋》科量至理，尊君卑臣，子胥有罪明矣。君者臣之天，天无二日，土无二王。子胥以借吴之兵，戮楚王之尸，可谓失矣。虽得壮士之偏节，失纯臣之具道，《传》举见其非，不言其义，盖吴子为蔡讨楚，申中国之心，屈夷狄之

意，其在可知。"

⑦范注："正是日，谓昭公始朝楚之日。"

⑧南郢，楚郡。

⑨范注："用事者，祷汉水神。"

⑩范注："据实救蔡。"

⑪范注："夷狄渐进，未同于中国。"杨疏："'夷狄渐进，未同于中国'，狄何以言救齐？解，救齐是善事。今吴夷狄而忧中国，故进称子，然未同诸夏，故不言救。虽书救齐而未称人，许夷狄不使顿备故也。今吴既进称子，复书曰救，便与中国齐踪，华夷等迹，故不与救。若书救，当言吴子救蔡。'蔡侯以吴子及楚人战于伯举'，不直举救蔡，而言吴入楚。"

[译文]

【经】冬，十一月庚午日，蔡昭公凭借吴国国君与楚国人在伯举交战，楚国军队战败。

〖传〗经文称吴国国君为"子"，这是为何？因为蔡昭公借助吴国之力，故而对吴国国君使用较为尊贵的称呼。蔡昭公借助吴国之力，故而对吴国国君使用较为尊贵的称呼，这是为何？吴国伸张华夏诸侯，驱除夷狄之国，有所长进。吴国是怎样伸张华夏诸侯，驱除夷狄之国的？伍子胥的父亲被楚国诛杀，伍子胥手持弓箭造访吴王阖庐。阖庐说："伍子胥孝心极大！勇气极深！"于是想要发兵攻伐楚国。伍子胥上谏道："臣听说，国君不因为一介匹夫而发动军队。况且侍奉国君就如侍奉父亲一般，以损害国君的道义，来报复亡父的私仇，臣不愿做这一等事。"于是暂缓发兵。蔡昭公前往楚国朝见时，携带一件精美的皮裘，某日，囊瓦向昭公索求。昭公不愿送给他，因此就将蔡昭公拘禁在南郢郡。数年之后才得以回国。蔡昭公回国之后就向汉水之神祭祀。说："如果有诸侯想要讨伐楚国，寡人愿意作为前锋。"楚国人听说之后，大怒，于是发兵讨伐蔡国。蔡国便向吴国请求援军。伍子胥说："蔡国并没有罪过，这是楚国丧失了道义。国君您如果有为华夏诸侯忧虑之心，那么现在就可以发兵了。"于是发兵攻伐楚国。为何不记为"救"？如果记为"救"，就太抬举吴国了。

【经】楚囊瓦出奔郑。①

[注释]

①范注："知见伐由已，故惧而出奔。"

[译文]

【经】楚国的囊瓦出奔郑国。

【经】庚辰，吴入楚。

〖传〗日入，易无楚也。易无楚者，坏宗庙，徙陈器，挞平王之墓。①何以不言灭也？②欲存楚也。其欲存楚奈何？昭王之军败而逃，父老送之，曰："寡人不肖，亡先君之邑。父老反矣，何忧无君。寡人且用此入海矣。"父老曰："有君如此其贤也。以众不如吴，以必死不如楚。"③相与击之，一夜而三败吴人，复立。④何以谓之吴也？⑤狄之也。何谓狄之也？君居其君之寝而妻其君之妻，大夫居其大夫之寝而妻其大夫之妻，盖有欲妻楚王之母者，不正。乘败人之绩，而深为利，居人之国，故反其狄道也。⑥

[注释]

①范注："郑嗣曰：'陈器，乐县也。礼：诸侯轩县。'言吴人坏楚宗庙，徙其乐器，鞭其君之尸，楚无能抗御之者，若曰无人也。"

②范注："据宗庙既毁，乐器已徙，则是灭也。"

③范注引雍曰："吴胜而骄，楚败而奋。"

④范注："楚复立也。"

⑤范注："据战称子。"

⑥前称吴子,进之;今称国以入,是夷狄之也。

[译文]

【经】庚辰日,吴国攻入楚国。

〖传〗经文记载攻入楚国的日期,是在轻视灭楚的行为。轻视灭楚的行为,是因为吴国人破坏楚国的宗庙,迁走悬挂的乐器,鞭挞楚平王的尸体。为何不称为"灭"?是因为君子想要存留楚国。为何想要存留楚国?楚昭王的军队败逃,父老前去送行,楚昭王说:"寡人德行卑劣,丢失了先祖传下的城邑。父老都回去吧,不必担忧没有国君。寡人将要从此流亡海上。"父老说:"我们有如此贤明的国君。从人数而言,楚国不如吴国;从必死的决心而言,吴国不如楚国。"于是共同发动袭击,一夜之内三次击败吴国人,重建楚国。为何称其为"吴"?是将它视作夷狄。为何要将它视作夷狄?吴国国君住在楚君的宫室内,占有楚君的夫人为妻。吴国大夫住在楚国大夫的屋宇内,占有楚国大夫的夫人为妻。甚至还有想要占有楚昭王的母亲为妻的人,不合于礼。君子以为吴国趁敌人战败而极尽牟利之能事,又安居在楚国国都内,是不合乎正道的,故而将它重返于夷狄之国的仪范之中。

定公五年

【经】五年,①春,王三月辛亥,朔,日有食之。

[注释]

①鲁定公五年,周敬王十五年,公元前505年。

[译文]

【经】鲁定公五年,春,周历三月辛亥,朔日,发生日食。

【经】夏，归粟于蔡。①

〖传〗诸侯无粟，诸侯相归粟，正也。孰归之？诸侯也。不言归之者，专辞也。②义迩也。③

[注释]

①范注："蔡侯比年在楚，又为楚所伐，饥，故诸侯归之粟。"
②范注："不言归之者，主名若独是鲁也。"
③范注："言此是迩近之事，故不足具列诸侯。"

[译文]

【经】夏，馈赠粮食给蔡国。

〖传〗一国诸侯没有粮食，其他诸侯馈赠粮食给他，这是合乎正道的。是谁馈赠粮食给他？是各国诸侯。经文不记载馈赠粮食的人，是为了显得只有鲁国馈赠一般。又因为这在道义上是浅显的事，没有列举各国诸侯的必要。

【经】於越入吴。①

[注释]

①范注："旧说於越，夷言也。《春秋》即其所以自称者书之，见其不能慕中国，故以本俗名自通。"

[译文]

【经】於越国攻入吴国。

【经】六月丙申，季孙意如卒。①

[注释]

①范注："《传例》曰：'大夫不日卒，恶也。'意如逐昭公，而日卒者，

定公 759

明定之得立由乎意如，《春秋》因定之不恶，而书日以示讥，亦犹公子翚非桓之罪人，故于桓不贬。"

[译文]

【经】六月丙申日，季孙意如去世。

【经】秋，七月壬子，叔孙不敢卒。①

[注释]

①叔孙不敢，叔孙成子，叔孙婼之子是也。

[译文]

【经】秋，七月壬子日，叔孙不敢去世。

【经】冬，晋士鞅帅师围鲜虞。

[译文]

【经】冬，晋国的士鞅率领军队围攻鲜虞国。

定公六年

【经】六年，①春，王正月癸亥，郑游速帅师灭许，②以许男斯归。

[注释]

①鲁定公六年，周敬王十六年，公元前504年。

②游速，郑大夫，大叔之子。

[译文]

【经】鲁定公六年,春,周历正月癸亥日,郑国的游速率领军队灭许国,俘虏许国国君姜斯,带回国内。

【经】二月,公侵郑。

[译文]

【经】二月,鲁定公侵犯郑国。

【经】公至自侵郑。

[译文]

【经】鲁定公从侵伐郑国的战场上回国(举行告祭饮至的礼仪)。

【经】夏,季孙斯、仲孙何忌如晋。①

[注释]

①范注:"仲孙忌,而曰仲孙何忌,宁所未详。《公羊传》曰:'讥二名。'"

[译文]

【经】夏,季孙斯、仲孙何忌前往晋国。

【经】秋,晋人执宋行人乐祁犂。①

[注释]

①乐祁犂,字子梁,乐喜之孙。

[译文]

【经】秋,晋国人擒获宋国的行人乐祁犁。

【经】冬,城中城。
〖传〗城中城者,三家张也。①或曰,非外民也。

[注释]

①范注:"大夫称家,三家:仲孙、叔孙、季孙也。三家侈张,故公惧而修内城,讥公不务德政,恃城以自固。"杨疏:"释之异辞,何也?凡城之志,皆讥。《传》于'冬,城诸及防',解'可城',言间隙无事,理实有讥。今不释,恐同彼《传》,言志城之中虽得间隙,复有畏张侈之患,还与皆讥之义同,或是义与可城同也。"

[译文]

【经】冬,修筑内城的城墙。
〖传〗"城中城",是三家大夫太过张扬(定公出于畏惧而修筑城墙)。也有人说,是为了责难鲁定公拒民于外的行为。

【经】季孙斯、仲孙忌帅师围郓。

[译文]

【经】季孙斯、仲孙忌率领军队围攻郓邑。

定公七年

【经】七年,①春,王正月。

[注释]

①鲁定公七年，周敬王十七年，公元前503年。

[译文]

【经】鲁定公七年，春，周历正月。

【经】夏，四月。

[译文]

【经】夏，四月。

【经】秋，齐侯、郑伯盟于咸。①

[注释]

①咸，卫地，在今山东巨野南。

[译文]

【经】秋，齐景公、郑献公在咸地会盟。

【经】齐人执卫行人北宫结，以侵卫。
〖传〗以，重辞也。卫人重北宫结。①

[注释]

①范注："齐以卫重结，故执以侵之，若楚执宋公以伐宋。凡言以，皆非所宜以。"杨疏："前《注》云'以有二义'。今《注》即云'凡言以，皆非所宜以'，是一义，而曰二何？解，楚执宋公，两君相执，《传》以言重，辞别于凡以。今此君而执臣，明以国重，不言与二君共例，故发例同之。二义已见，故《注》更言'凡以'而起义，解以者，不以者，不止释此文。"

[译文]

【经】齐国人擒获卫国的行人北宫结，带着他侵犯卫国。

【传】经文用"以"字,是表示重视的说法。卫国人推重北宫结。

【经】齐侯、卫侯盟于沙。①

[注释]

①沙,《左氏》作"琐",在今河北大名东。

[译文]

【经】齐景公、卫灵公在沙地会盟。

【经】大雩。

[译文]

【经】举行盛大的祈雨仪式。

【经】齐国夏帅师伐我西鄙。

[译文]

【经】齐国的国夏率领军队讨伐我国西部边疆。

【经】九月,大雩。

[译文]

【经】九月,举行盛大的祈雨仪式。

【经】冬,十月。

[译文]
【经】冬,十月。

定公八年

【经】八年,①春,王正月,公侵齐。

[注释]
①鲁定公八年,周敬王十八年,公元前502年。

[译文]
【经】鲁定公八年,春,周历正月,鲁定公侵犯齐国。

【经】公至自侵齐。

[译文]
【经】鲁定公从侵犯齐国的战场上回国(举行告祭饮至的礼仪)。

【经】二月,公侵齐。①

[注释]
①范注:"未得志故。"

[译文]
【经】二月,鲁定公侵犯齐国。

【经】三月,公至自侵齐。
〖传〗公如,往时致月,危致也。往月致时,危往也。往月致月,恶之也。①

[注释]

①杨疏:"复发《传》何?解庄二十三年起例,公行有危而书月。今公伐齐有危,危而书月,一时之间,再兴兵革危惧之理,义例所详,故重说以明之。"

[译文]

【经】三月,鲁定公从侵犯齐国的战场上回国(举行告祭饮至的礼仪)。

〖传〗国君出行,出境之时记载季节,回国之时记载月份,是因为回国之时陷入险境。出境之时记载月份,回国之时记载季节,是因为出境之时陷入险境。出境之时记载月份,回国之时也记载月份,是为了表示厌恶。

【经】曹伯露卒。①

[注释]

①曹伯露,曹靖公,姓姬名露。

[译文]

【经】曹国国君姬露去世。

【经】夏,齐国夏帅师伐我西鄙。

[译文]

【经】夏,齐国的国夏率领军队讨伐我国西部边疆。

【经】公会晋师于瓦。①

[注释]

①瓦,卫地,在今河南滑县一带。瓦之会,缘齐屡侵鲁,鲁定公往乞晋师以救鲁。

[译文]

【经】鲁定公在瓦地会见晋国军队。

【经】公至自瓦。

[译文]

【经】鲁定公从瓦地回国(举行告祭饮至的礼仪)。

【经】秋,七月戊辰,陈侯柳卒。①

[注释]

①陈侯柳,陈怀公,姓妫名柳。

[译文]

【经】秋,七月戊辰日,陈国国君妫柳去世。

【经】晋士鞅帅师侵郑,①遂侵卫。

[注释]

①士鞅,《公羊》作"赵鞅"。

[译文]

【经】晋国的士鞅率领军队侵犯郑国,又侵犯卫国。

【经】葬曹靖公。

[译文]

【经】安葬曹靖公。

【经】九月，葬陈怀公。

[译文]

【经】九月，安葬陈怀公。

【经】季孙斯、仲孙何忌帅师侵卫。

[译文]

【经】季孙斯、仲孙何忌率领军队侵犯卫国。

【经】冬，卫侯、郑伯盟于曲濮。①

[注释]

①曲濮，卫地，盖为濮水曲折之处也。

[译文]

【经】冬，卫灵公、郑献公在曲濮会盟。

【经】从祀先公。
〖传〗贵复正也。①

[注释]

①范注："文公逆祀，今还顺。"

[译文]

【经】按照庙次祭祀鲁国的先君。

〖传〗这是在推重鲁定公恢复正道。

【经】盗窃宝玉、大弓。

〖传〗宝玉者,封圭也。① 大弓者,武王之戎弓也。② 周公受赐,藏之鲁。③ 非其所以与人而与人,谓之亡。④ 非其所取而取之,谓之盗。

[注释]

① 范注:"始封之圭。"
② 范注:"是武王征伐之弓。"
③ 范注:"周公受赐于周,藏之鲁者,欲世世子孙无忘周德也。"
④ 范注:"亡,失也。"杨疏:"于《经》何例当之?解《经》言饥,止谓二谷不收。苞宣公之例,五谷不收止在当文,康、馑无例应之。今因盗而发亡例,《经》无应之。或说非其所以与人谓之亡,是梁伯所行也。梁伯受国于天子,不能抚其民人而自失之。夫国之利器,不可以示人,权之可守,焉得虚假?君贪色好酒,耳目不能聪明,上无正长之治,大臣背叛而国外奔,因若自灭,故谓之亡,此可以应其义。"

[译文]

【经】盗贼偷窃宝玉、大弓。

〖传〗宝玉,是鲁国初受分封之时天子所赐的圭玉。大弓,是周武王征伐之时所用的弓。周公接受天子的赏赐,将其藏在鲁国。本不可以赠予别人,却赠予了别人,叫作丢失。自己本不可以取来,却前去取来,叫作盗窃。

定公九年

【经】九年,①春,王正月。

[注释]

①鲁定公九年,周敬王十九年,公元前501年。

[译文]

【经】鲁定公九年,春,周历正月。

【经】夏,四月戊申,郑伯虿卒。①

[注释]

①郑伯虿,郑献公,姓姬名虿,《公羊》作"郑伯囆"。

[译文]

【经】夏,四月戊申日,郑国国君姬虿去世。

【经】得宝玉大弓。①

〖传〗其不地何也?②宝玉大弓,在家则羞,不目,羞也。③恶得之?得之堤下。或曰,阳虎以解众也。

[注释]

①范注引杜预曰:"弓,王国之分器也。得之足以为荣,失之足以为辱,故重而书之。"

②杨疏:"据何文而责地?解,此据获物言地,《经》言'战于大棘,获宋华元',宜蒙上地,故据彼责此。"

③范注:"国之大宝,在家则羞也。况陪臣专之乎!耻甚而不目其地。"杨疏:"下'或曰,阳虎以解众也',还是陪臣,何以异之?解,上说不目羞,明失之为辱,得之为荣。荣而言地,地是陪臣之所居。鲁能夺陪臣之得,可以明免耻,何为不地?夫以千乘之国,而受辱于陪臣,虽得为荣,书地则耻。或曰之义,得非鲁力也。阳虎窃国重宝,非其所用,畏众之讨,送纳归君,故书而记之。"

[译文]

【经】获得宝玉大弓。

〖传〗经文不记载地点,这是为何?宝玉大弓,如果在大夫手中就使国君蒙羞,经文不记载地点,是因为过于羞耻。那么是在哪里获得的呢?在堤坝之下获得。也有人说,这是阳虎迫于众人的压力而不得不归还。

【经】六月,葬郑献公。

[译文]

【经】六月,安葬郑献公。

【经】秋,齐侯、卫侯次之于五氏。①

[注释]

①五氏,晋地,在今河北邯郸西。

[译文]

【经】秋,齐景公、卫灵公在五氏驻扎。

【经】秦伯卒。①

定公 771

[注释]

①秦伯,秦哀公。

[译文]

【经】秦国国君去世。

【经】冬,葬秦哀公。

[译文]

【经】冬,安葬秦哀公。

定公十年

【经】十年,①春,王三月,及齐平。②

[注释]

①鲁定公十年,周敬王二十年,公元前500年。

②范注:"平前八年再侵齐之怨。"

[译文]

【经】鲁定公十年,春,周历三月,与齐国媾和。

【经】夏,公会齐侯于颊谷。①

[注释]

①颊谷,齐地,在今山东莱芜夹谷峪,《左氏》作"夹谷"。

[译文]

【经】夏,鲁定公在颊谷会见齐景公。

【经】公至自颊谷。

〖传〗离会不致。①何为致也？危之也。危之则以地致何也？为危之也。其危奈何？曰，颊谷之会，孔子相焉。两君就坛，两相相揖。②齐人鼓譟而起，欲以执鲁君。③孔子历阶而上，不尽一等，而视归乎齐侯④，曰："两君合好，夷狄之民，何为来为？"命司马止之。⑤齐侯逡巡而谢曰："寡人之过也。"退而属其二三大夫曰："夫人率其君与之行古人之道，二三子独率我而入夷狄之俗，何为？"⑥罢会。齐人使优施舞于鲁君之幕下。⑦孔子曰："笑君者罪当死。"使司马行法焉，首足异门而出。齐人来归郓、讙、龟、阴之田者，盖为此也。⑧因是以见虽有文事，必有武备。孔子于颊谷之会见之矣。⑨

[注释]

①范注："雍曰：'二国会曰离，各是其所是，非其所非。'然则所是之是未必是，所非之非未必非。未必非者，不能非人之真非；未必是者，不能是人之真是。是非纷错，则未有是。是非不同，故曰离。离则善恶无在，善恶无在，则不足致之于宗庙。"

②范注："将欲行盟会之礼。"

③范注："群呼曰譟。"譟，同"噪"。

④范注："阶，会坛之阶。"

⑤范注："两君合会，以结亲好，而齐人欲执鲁君，此无礼之甚，故谓之夷狄之民。司马，主兵之官，使御止之。"

⑥范注："属，语也。夫人谓孔子也。齐人欲执鲁君，是夷狄之行。"

⑦范注："优，俳。施，其名也。幕，帐。欲嗤笑鲁君。"

⑧范注引何休曰："齐侯自颊谷归，谓晏子曰：'寡人获过于鲁侯，如之何？'晏子曰：'君子谢过以质，小人谢过以文。齐尝侵鲁四邑，请皆还之。'"按，《左氏》作"郓、讙及龟阴之田"，似以郓、讙、龟阴为三田也。

然何休既云"侵鲁四邑",故以郓、讙、龟、阴为四田也。

⑨杨疏:"一会之怒,三军自降,若非孔子,必以白刃丧其胆胲矣。敢直视齐侯,行法杀戮,故《传》'于颊谷之会见之矣'。后世慕其风规,钦其意气者,忽若如是毛遂之亢楚王、蔺子之胁秦王,俱展一夫之勇,不惮千乘之威,亦善忠臣之鲠骨,是贤亚圣之义勇。"

[译文]

【经】鲁定公从颊谷回国(举行告祭饮至的礼仪)。

〖传〗两个国家之间举行会晤,照例不以此告祭宗庙。这里为何要告祭宗庙?因为鲁定公处于危难之中。处于危难之中,就以会晤的地点告祭宗庙,这是为何?因为鲁定公在此地陷于危难之中。如何危难?答曰:颊谷的会晤上,孔子是鲁国司仪。两国国君走上会坛,两国司仪相对作揖。齐国人群起叫嚷,想要擒获鲁定公。孔子登上会坛的台阶,尚未越过最后一级,就回望齐景公,说:"两国国君交好,夷狄之国的贱民前来,是要干什么?"命令司马制止齐国人。齐景公徘徊不前,只能谢罪道:"是寡人的过失啊。"退下后对齐国的几位大夫说:"孔子带着他的国君,与他共同遵循古人的道义,你们几个却独独想让我深陷夷狄之国的陋俗,是要干什么?"于是中止了会晤。齐国人派一个名叫"施"的倡优在鲁定公的帷帐下起舞。孔子说:"嘲笑国君的人罪当一死。"于是派司马行刑,施的首级和两足被从不同的门扔出。齐国人前来归还郓邑、讙邑、龟邑、阴邑的田亩,或许就是因为这件事情。由此可见,国家虽然要有文教之事,也必须要有武备之事。孔子在颊谷之会上的言行就彰显了这一义理。

【经】晋赵鞅帅师围卫。

[译文]

【经】晋国的赵鞅率领军队围攻卫国。

【经】齐人来归郓、讙、龟、阴之田。

[译文]

【经】齐国人前来归还郓邑、讙邑、龟邑、阴邑的田亩。

【经】叔孙州仇、仲孙何忌帅师围郈。①

[注释]

①郈，鲁叔孙氏邑，在今山东东平东南，《公羊》作"费"。

[译文]

【经】叔孙州仇、仲孙何忌率领军队围攻郈邑。

【经】秋，叔孙州仇、仲孙何忌帅师围郈。

[译文]

【经】秋，叔孙州仇、仲孙何忌率领军队围攻郈邑。

【经】宋乐大心出奔曹。①

[注释]

①乐大心，宋右师也。

[译文]

【经】宋国的乐大心出奔曹国。

【经】宋公子地出奔陈。①

定公

[注释]

①公子地,宋景公庶弟。

[译文]

【经】宋国的公子地出奔陈国。

【经】冬,齐侯、卫侯、郑游速会于安甫。①

[注释]

①安甫,地名,不详所在,《公羊》作"鞍甫"。

[译文]

【经】冬,齐景公、卫灵公、郑国的游速在安甫举行会晤。

【经】叔孙州仇如齐。

[译文]

【经】叔孙州仇前往齐国。

【经】宋公之弟辰暨宋仲佗、石彄出奔陈。①

[注释]

①范注:"辰为佗所强,故曰暨。"

[译文]

【经】宋景公的弟弟子辰,与宋国的仲佗、石彄出奔陈国。

定公十有一年

【经】十有一年,①春,宋公之弟辰,②未失其弟也。③

〖传〗及仲佗、石彄、公子地,以尊及卑也。自陈,陈有奉焉尔。入于萧以叛。入者,内弗受也。以者,不以也。叛,直叛也。

[注释]

①鲁定公十一年,周敬王二十一年,公元前499年。

②钟文烝补注:"各本此经下衍'及仲佗、石彄、公子地自陈入于萧以叛'十五字,《传》文又衍'宋公之弟辰'五字,今并依《唐石经》《十行本》删正。"萧,宋邑,在今安徽萧县西北。

③范注:"言辰未有失其为弟之道,故书弟以罪宋公。"杨疏:"案辰以前年出奔,离骨肉之义;今岁入邑,有叛国之罪。失弟之道,彰于《经》文,而曰未失,何也?解公不能制御强臣,以抚其弟,而使二卿胁以外奔,故著暨以表强辞,称弟以见罪,罪在仲石,亦可知矣。今而入国,两子之情,非辰之意,书及而辨尊卑,言弟以显无失。然则自陈之力,力由二卿,入萧之叛,专归仲石,故重发例以明无罪。"

[译文]

【经】鲁定公十一年,春,宋公之弟子辰尚未失去作为弟弟的道义。

〖传〗"及仲佗、石彄、公子地",是从尊贵的人书写到卑微的人。"自陈",表示陈国对他们回国有所援助。"入于萧以叛",其中"入",表示被进入的一方不愿接受。"以",是理应不得借此叛乱的意思。"叛",表示径直发动叛乱。

【经】夏,四月。

[译文]

【经】夏,四月。

定公 777

【经】秋,宋乐大心自曹入于萧。①

[注释]

①范注:"入萧从叛人,叛可知,故不书叛。"

[译文]

【经】秋,宋国的乐大心从曹国进入萧邑。

【经】冬,及郑平。①

[注释]

①范注:"平六年侵郑之怨。《传例》曰:'盟不日者,渝盟恶之也。'取夫详略之义,则平不日者,亦有恶矣。盖不能相结以信。"

[译文]

【经】冬,与郑国媾和。

【经】叔还如郑莅盟。

[译文]

【经】叔还前往郑国参与盟会。

定公十有二年

【经】十有二年,①春,薛伯定卒。②

[注释]

①鲁定公十二年,周敬王二十二年,公元前498年。

②薛伯定，薛襄公，姓任名定。

[译文]

【经】鲁定公十二年，春，薛国国君任定去世。

【经】夏，葬薛襄公。

[译文]

【经】夏，安葬薛襄公。

【经】叔孙州仇帅师堕郈。①
〖传〗堕，犹取也。②

[注释]

①堕，毁也。
②范注："陪臣专强，违背公室，恃城为固，是以叔孙堕其城，若新得之，故云堕。堕犹取也。堕非训取，言今但毁其城，则郈永属己，若更取邑于他然。"杨疏："《传》言'堕犹取也'，即其训。而曰非者，何休难云：'当言取，不言堕。实坏耳，无取于训诂，郑君如此释之，今《经》堕其为义。'"

[译文]

【经】叔孙州仇率领军队毁坏郈邑。
〖传〗"堕"，相当于攻取的意思。

【经】卫公孟彄帅师伐曹。①

[注释]

①公孟彄，卫大夫，公孟縶之子。

[译文]

【经】卫国的公孟彄率领军队讨伐曹国。

【经】季孙斯、仲孙何忌帅师堕费。①

[注释]

①费,季孙氏之采邑。

[译文]

【经】季孙斯、仲孙何忌率领军队毁坏费邑。

【经】秋,大雩。

[译文]

【经】秋,举行盛大的祈雨仪式。

【经】冬,十月癸亥,公会齐侯盟于黄。①

[注释]

①黄,齐地,今山东龙口市一带。

[译文]

【经】冬,十月癸亥日,鲁定公与齐景公在黄地会盟。

【经】十有一月丙寅,朔,日有食之。

[译文]

【经】十一月丙寅,朔日,发生日食。

【经】公至自黄。

[译文]

【经】鲁定公从黄地回国（举行告祭饮至的礼仪）。

【经】十有二月，公围成。

〖传〗非国言围。①围成，大公也。②

[注释]

①阮元曰："石经、余本'国'下有'不'字。"

②范注："以公之重而伐小邑，则为耻深矣，故大公之事而言围，使若成是国然。"杨疏："案例国曰围，今邑而言围，则大都。大都则皆是国，而曰小邑何？解，《经》书公，明成非小，是故言围。公，一国之贵重；成，三家之大邑。邑比于国为细，拟公为小，比于凡邑则大矣，故书曰围。"

[译文]

【经】十二月，鲁定公围攻成邑。

〖传〗成邑不是一个国家，照例不能用"围"。之所以用"围"，是为了夸大鲁定公。

【经】公至自围成。

〖传〗何以致？危之也。何危尔？边乎齐也。①

[注释]

①范注："边谓相接。"

[译文]

【经】鲁定公从围攻成邑的战场上回国（举行告祭饮至的礼仪）。

〖传〗为何要告祭宗庙？是因为时局处于危难之中。为何会处于危难之中？因为成邑与齐国接壤。

定公 781

定公十有三年

【经】十有三年,①春,齐侯次于垂葭。②

[注释]
①鲁定公十三年,周敬王二十三年,公元前497年。
②垂葭,卫地,在今山东巨野西南。

[译文]
【经】鲁定公十三年,春,齐景公在垂葭驻扎。

【经】夏,筑蛇渊囿。①

[注释]
①蛇渊,鲁地,在今山东肥城市南。囿,园林。

[译文]
【经】夏,在蛇渊修筑苑囿。

【经】大蒐于比蒲。①

[注释]
①蒐,狩也。比蒲,鲁地,不详所在。

[译文]
【经】在比蒲举行盛大的行猎活动。

【经】卫公孟彄帅师伐曹。

[译文]

【经】卫国的公孟彄率领军队讨伐曹国。

【经】秋,晋赵鞅入于晋阳以叛。①
〖传〗以者,不以者也。叛,直叛也。②

[注释]

①《史记·赵世家》云:"晋定公之十四年,范、中行作乱。明年春,简子谓邯郸大夫午曰:'归我卫士五百家,吾将置之晋阳。'午许诺,归而其父兄不听,倍言。赵鞅捕午,囚之晋阳。乃告邯郸人曰:'我私有诛午也,诸君欲谁立?'遂杀午。赵稷、涉宾以邯郸反。晋君使籍秦围邯郸。荀寅、范吉射与午善不肯助秦而谋作乱,董安于知之。十月,范、中行氏伐赵鞅,鞅奔晋阳,晋人围之。……孔子闻赵简子不请晋君而执邯郸午,保晋阳。故书《春秋》曰:'赵鞅以晋阳叛。'"

②杨疏:"不解入而重发叛例何?解赵鞅自入己邑,不从外入。入者,内弗受也,以其无君命,于义不受。同书入之,非专不受,故但释其叛非实叛,故下书归明之。非叛而书叛,书叛非真叛也,故复发也。"

[译文]

【经】秋,晋国的赵鞅进入晋阳,借此发动叛乱。

〖传〗"以",是理应不得借此叛乱的意思。"叛",表示径直发动叛乱。

【经】冬,晋荀寅、士吉射入于朝歌以叛。①

[注释]

①士吉射,士鞅之子。朝歌,在今河南淇县东北。

[译文]

【经】冬，晋国的荀寅、士吉射进入朝歌，借此发动叛乱。

【经】晋赵鞅归于晋。

〖传〗此叛也，其以归言之，何也？①贵其以地反也。贵其以地反，则是大利也？非大利也，许悔过也。许悔过，则何以言叛也？以地正国也。②以地正国，则何以言叛？③其入无君命也。④

[注释]

①范注："据叛恶而归善。"
②范注："地谓晋阳也。盖以晋阳之兵，还正国也。《公羊传》曰：'逐君侧之恶人。'"
③范注："据是善事。"
④范注引凯曰："专入晋阳以兴兵甲，故不得不言叛，实以驱恶而安君，则释兵不得不言归。《春秋》善恶必著之义。"

[译文]

【经】晋国的赵鞅回到晋国。

〖传〗这分明是叛乱，经文却用"归"这一言辞，这是为何？是为了推重赵鞅带着晋阳回到晋国。推重赵鞅带着晋阳回到晋国，是为了突显赵鞅带来的利处吗？不是为了突显赵鞅带来的利处，而是赞许他改过自新。既然赞许他改过自新，又为何要称其发动叛乱？是因为他凭借晋阳的兵力匡正国家。既然是凭借晋阳的兵力匡正国家，又为何要称其发动叛乱？因为他进入晋国之时并无国君的授命。

【经】薛弑其君比。①

[注释]

①杨疏："不日月者何？解，《传》言剽不正其日，何则？庶子为君而被

弑，则不日而月之。《传》曰'诸侯时卒，恶之'，宜从此例。薛比书时，亦其恶也。"

[译文]

【经】薛国杀害它的国君任比。

定公十有四年

【经】十有四年，①春，卫公叔戌来奔。②

[注释]

①鲁定公十四年，周敬王二十四年，公元前496年。

②公叔戌，公孙发之子。

[译文]

【经】鲁定公十四年，春，卫国的公叔戌前来投奔。

【经】晋赵阳出奔宋。①

[注释]

①晋赵阳，《左氏》作"卫赵阳"。

[译文]

【经】晋国的赵阳出奔宋国。

【经】二月辛巳，楚公子结、陈公孙佗人帅师灭顿，以顿子牂归。

[译文]

【经】二月辛巳日,楚国的公子结、陈国的公孙佗人率领军队灭顿国,俘虏顿国国君姬牂,带回国内。

【经】夏,卫北宫结来奔。①

[注释]

①北宫结,公叔戍同党。

[译文]

【经】夏,卫国的北宫结前来投奔。

【经】五月,於越败吴于檇李。①

[注释]

①檇(zuì)李,吴地,在今浙江嘉兴西南。

[译文]

【经】五月,於越国在檇李击败吴国。

【经】吴子光卒。

[注释]

①吴子光,吴王阖闾,姓姬名光。

[译文]

【经】吴国国君姬光去世。

【经】公会齐侯、卫侯于牵。①

[注释]

①牵,在今河南浚县一带。

[译文]

【经】鲁定公在牵地会见齐景公、卫灵公。

【经】公至自会。

[译文]

【经】鲁定公从会晤上回国(举行告祭饮至的礼仪)。

【经】秋,齐侯、宋公会于洮。①

[注释]

①洮,曹地,在今山东鄄城西南。

[译文]

【经】秋,齐景公、宋景公在洮地举行会晤。

【经】天王使石尚来归脤。①

〖传〗脤者,何也?俎实也,祭肉也。生曰脤,熟曰膰。其辞石尚,士也。②何以知其士也?天子之大夫不名。石尚欲书《春秋》,③谏曰:"久矣!周之不行礼于鲁也。请行脤。"贵复正也。④

[注释]

①范注:"脤,祭肉。天子祭毕,以之赐同姓诸侯,亲兄弟之国,与之共福。"

②范注:"辞犹书也。"

③范注:"欲著名于《春秋》。"

④杨疏:"从祀先公,前有失正之文,于后言贵复正。今复正前失正之文,而曰贵复正何?解复正之文虽同,义须有异,天王不行礼于鲁,失正矣。今由石尚而归脤,美之,故曰'贵复正也'。"

[译文]

【经】周天王派石尚送来祭肉。

〖传〗"脤",是什么意思?是盛放于礼器中的东西,是祭祀所用的肉。生的时候叫作"脤",熟的时候叫作"膰"。经文称其为"石尚",说明他是个士。何以知道他是个士?如果是天子的大夫,是不用名字来称呼的。石尚想被写入《春秋》之中,有人上谏道:"周王室已经很久不向鲁国施行礼节了,不如送去祭肉。"这是在推重石尚恢复正道。

【经】卫世子蒯聩出奔宋。①

[注释]

①蒯聩,卫灵公之子。

[译文]

【经】卫国的世子蒯聩出奔宋国。

【经】卫公孟彄出奔郑。

[译文]

【经】卫国的公孟彄出奔郑国。

【经】宋公之弟辰自萧来奔。①

[注释]

①范注:"称弟,犹未失为弟之行。"

[译文]

【经】宋景公的弟弟从萧邑前来投奔。

【经】大蒐于比蒲。①

[注释]

①杨疏:"文承秋,下《注》云'城莒父',云无冬者,宁所未详。然则大蒐在秋,秋则常事。常事不书,书之者何?解,昭八年'秋蒐于红',《传》曰'正也',正所以讥不正,后比蒲大蒐失礼,因此见正。今定公以十三年大蒐,秋事而于夏行之,失正,至此十四年大蒐,书正以明前不正也。"

[译文]

【经】在比蒲举行盛大的行猎活动。

【经】邾子来会公。①

[注释]

①范注:"会公于比蒲。"

[译文]

【经】邾隐公前来会见鲁定公。

【经】城莒父及霄。①

[注释]

①莒父、霄,皆在今山东莒县境内。范注:"无冬,宁所未详。"杨疏:"桓七年《注》云'下无秋冬',今不言下何?解桓七年夏有人事,而秋冬二

时不书,复无人事,故云下。今此上有秋,下有人事而无冬,故直云'无冬'。不言下,明冬宜在人事之上也。"

[译文]

【经】修筑莒父城与霄城。

定公十有五年

【经】十有五年,①春,王正月,邾子来朝。

[注释]

①鲁定公十五年,周敬王二十五年,公元前495年。

[译文]

【经】鲁定公十五年,春,周历正月,邾隐公前来朝见。

【经】鼷鼠食郊牛,牛死,改卜牛。①
〚传〛不敬莫大焉。②

[注释]

①范注:"不言所食,食非一处而至死。"
②范注:"定公不敬最大,故天灾最甚。"杨疏:"凡鼠食牛,皆是不敬,而曰莫大何?解成七年'鼷鼠食郊牛角','过有司也','改卜牛,鼷鼠又食其角',归罪于君,皆道其所,《传》明不敬之罪小。今牛体遍食,不敬之罪大也。"

[译文]

【经】鼷鼠啃食用于郊祭之牛,牛死,更换一头牛占卜。
〚传〛没有比这更加不敬的事了。

【经】二月辛丑，楚子灭胡，以胡子豹归。

[译文]

【经】二月辛丑日，楚昭王灭胡国，俘虏胡国国君豹归，带回国内。

【经】夏，五月辛亥，郊。①

[注释]
①范注："讥不时也。"

[译文]
【经】夏，五月辛亥日，举行郊祭。

【经】壬申，公薨于高寝。①
〖传〗高寝，非正也。②

[注释]
①范注："高寝，宫名。"
②杨疏："重发《传》何？解，高者大名，嫌是路寝之流，故发《传》明之。"

[译文]
【经】壬申日，鲁定公在高寝辞世。
〖传〗死在高寝，是不合正道的。

【经】郑罕达帅师伐宋。①

定公 791

[注释]

①罕达,公子罕之后,《公羊》作"轩达"。

[译文]

【经】郑国的罕达率领军队讨伐宋国。

【经】齐侯、卫侯次于渠蒢。①

[注释]

①渠蒢,地也,不详所在。

[译文]

【经】齐景公、卫灵公在渠蒢驻扎。

【经】邾子来奔丧。
〖传〗丧急,故以奔言之。①

[注释]

①范注:"奔丧之制,日行百里,故《传》言急,所以申匍匐之情也。"

[译文]

【经】邾隐公前来奔丧。
〖传〗丧事紧迫,故而用"奔"这种说法。

【经】秋,七月壬申,弋氏卒。
〖传〗妾辞也。①哀公之母也。②

[注释]

①范注:"不言夫人薨。"
②哀公之母,弋氏,弋应为"姒",《左氏》作"姒氏"。

[译文]

【经】秋，七月壬申日，弋氏去世。

〖传〗这是用来记妾的言辞。弋氏是鲁哀公的母亲。

【经】八月庚辰，朔，日有食之。

[译文]

【经】八月庚辰，朔日，发生日食。

【经】九月，滕子来会葬。①

[注释]

①范注："邾、滕，鲁之属国，近则来奔丧，远则来会葬。于长帅之丧，同之王者，书非礼。"杨疏："将何据也？解，范答薄氏云：'属国，非私属，五国为属，属有长，曹、滕、二邾、莒世属服事我，故谓之属。'"

[译文]

【经】九月，滕国国君前来参与葬礼。

【经】丁巳，葬我君定公。雨，不克葬。

〖传〗葬既有日，不为雨止，礼也。雨不克葬，丧不以制也。①

[注释]

①杨疏："重发《传》何？解，顷熊夫人，今此人君嫌礼异，故发《传》以明之。且彼言日中，此言日下稷；彼言而，此言乃，文并不同。释既不异，义体相似。"

[译文]

【经】丁巳日，安葬我国国君鲁定公。下雨，无法下葬。

〖传〗葬礼应当有既定的日期,不因为下雨而延期,这是礼制。因为下雨而无法下葬,即丧礼没有依照礼制来进行。

【经】戊午,日下稷,乃克葬。①
〖传〗乃,急辞也,不足乎日之辞也。②

[注释]
①范注:"稷,昃也。下昃谓脯时。"
②宣公八年注。杨疏:"范例云'克例有六',则数何文以充之?解郑伯克段一,不克纳二,雨不克葬、日中而克葬各二,是谓四,通前二为六也。"

[译文]
【经】戊午日,太阳西落,才能够下葬。
〖传〗"乃",是急切的说法,表示葬礼延迟不满一日。

【经】辛巳,葬定弋。①

[注释]
①定弋,《左氏》作"定姒"。

[译文]
【经】辛巳日,安葬定弋。

【经】冬,城漆。①

[注释]
①漆,在今山东邹城市东北。

[译文]
【经】冬,修筑漆城。

哀公

哀公元年

【经】元年，①春，王正月，公即位。②

[注释]

①鲁哀公元年，周敬王二十六年，公元前494年。

②鲁哀公在位二十七年，鲁哀公十四年西狩获麟，《春秋》终矣。鲁哀公，姓姬名将，鲁定公子。《周书·谥法》："恭仁短折曰哀。"

[译文]

【经】鲁哀公元年，春，周历正月，鲁哀公即位。

【经】楚子、陈侯、随侯、许男围蔡。①

[注释]

①范注："随久不见者，衰微也。称侯者，本爵俱侯，土地见侵削，故微尔。定六年郑灭许，今复见者，自复也。"杨疏："僖二十年冬'楚人伐随'以来，更不见《经》，将是衰微，不能自通于盟会故也。'本爵俱侯'者，随

本侯爵，自僖二十年见《经》，至今俱侯，盟更不为贬黜，但土地见侵削，故微尔。昭八年'楚师灭陈'，十一年'楚师灭蔡'，十三年诸侯会于平丘而复陈、蔡，故《经》书：'蔡侯庐归于蔡，陈侯吴归于陈。'是有文见复也。其许男，则定六年'郑游速帅师灭许，以许男斯归'，其间更无归文。今许男复见《经》者，明是许男自复。"

[译文]

【经】楚昭王、陈闵公、随国国君、许国国君围攻蔡国。

【经】鼷鼠食郊牛角，改卜牛。

[译文]

【经】鼷鼠啃食用于郊祭之牛的角，占卜更换一头牛。

【经】夏，四月辛巳，郊。

〖传〗此该郊之变而道之也。①于变之中，又有言焉。②鼷鼠食郊牛角，改卜牛，志不敬也。郊牛日展斛角而知伤，展道尽矣。③郊，自正月至于三月，郊之时也。夏四月郊，不时也；五月郊，不时也。夏之始可以承春，以秋之末，承春之始，盖不可矣。④九月用郊，用者，不宜用者也。⑤郊三卜，礼也。⑥四卜，非礼也。⑦五卜，强也。⑧卜免牲者，吉则免之，不吉则否。牛伤，不言伤之者，伤自牛作也，故其辞缓。⑨全曰牲，伤曰牛，未牲曰牛。其牛一也，其所以为牛者异。⑩有变而不郊，故卜免牛也。已牛矣，其尚卜免之，何也？⑪礼，与其亡也宁有，⑫尝置之上帝矣。故卜而后免之，不敢专也。⑬卜之不吉，则如之何？不免。安置之？系而待，六月上甲，始庀牲，然后左右之。⑭子之所言者，牲之变也，而曰"我一该郊之变而道之"，何也？我以六月上甲始庀牲，十月上甲始系牲，十一月、十二月，牲虽有变，不道也。⑮待正月，然后言牲之变，此乃所以该郊。⑯郊，享道也。贵其时，大其礼。其养牲，虽小不备可也。⑰子不志三月卜郊，何也？⑱郊，自正月至于三月，郊之时也。⑲我以十二月下辛卜正月上辛；如不从，则以正月下辛卜二月上辛；如不从，则以二月下辛卜三月上辛；如不从，则不郊矣。⑳

[注释]

①范注："该，备也。《春秋》书郊终于此，故于此备说郊之变。变谓郊非其时，或牲被灾害。"杨疏："郊自正月至于三月，郊之时也。三卜，礼之正。凡书郊皆讥。范例云书郊有九：僖三十一年'夏，四月，四卜郊，不从，乃免牲，犹三望'，一也；宣三年'郊牛之口伤'，'改卜牛，牛死，乃不郊，犹三望'，二也；成七年'鼷鼠食郊牛角'，三也；襄七年'夏，四月，三卜郊，不从，乃免牲'，四也；襄十一年'夏，四月，四卜郊，不从，乃不郊'者，五也；定公、哀公并有牲变，不言所食处，不敬莫大，二罪不异，并为一物，六也；定十五年五月郊，七也；成十七年'九月，用郊'，八也；及此年'四月辛巳，郊'，九也。下《传》云'子之所言'，至'道之何也'。然则据此而言，牛有伤损之异，卜有远近之别，亦在其间。"

②范注："于灾变之中，又有可善而言者。"杨疏："郊牛日日展视其觓角，而知其伤，是展尽道矣。即于灾变之中，有可善而言者，但备灾之道不尽，致此天灾，而鼷鼠食角，故书以讥之也。"

③范注："展道虽尽，所以备灾之道不尽，讥哀公不敬，故致天变。"

④范注引凯曰："不时之中，有差剧也。夏始承春，方秋之末，犹为可也。"杨疏："自正月、二月、三月，此三春之月，是郊天之正时也。若夏四月、五月以后，皆非郊月，如其有郊，并书以示讥。然则郊是春事也，如郊在四月、五月之中，则是以夏始承春，其过差少。若郊在九月之中，则是以秋末承春，其过极多，则自五月至八月，其间有郊，亦以承春远近为过之深浅也。"

⑤范注："在成十七年。"

⑥范注："以十二月下辛卜正月上辛；如不从，则以正月下辛卜二月上

辛；如不从，则以二月下辛卜三月上辛：所谓三卜也。郑嗣曰：'谓卜一辛而三也。求吉之道三，故曰礼也。'"杨疏："如嗣之意，以十二月下辛卜正月上辛日，为郊之时，则于此一辛之上卜，不吉，以至二卜，不吉，以至三卜。求吉之道三，故曰礼也。"

⑦范注："僖三十一年、襄十一年皆四卜。"

⑧范注："成十年五卜。"杨疏："僖三十一年，以十二月下辛卜正月上辛；不从，则以正月下辛卜二月上辛；不从，则以二月下辛卜三月上辛，所谓'三卜，礼也'。今以三月以前不吉，更以三月下辛卜四月上辛，则谓四卜郊，非礼也。成十年以四月以前四卜不吉，又以四月下辛卜五月上辛，则五卜，强也，非礼可知。郑嗣之意，亦以一辛之中卜至于四五月也。一辛之上三卜，礼也，四卜、五卜，非礼也。然则四卜云非礼，五卜变文云强者，四卜虽失，犹去礼近，容有过失，故以非礼言之。若至五卜，则是知其不可而强为之，去礼已远，故以强释之。"

⑨范注："宣三年'郊牛之口伤'，以牛自伤，故加'之'，言'缓辞'。"

⑩范注："已卜日成牲而伤之曰牛，未卜日未成牲之牛，二者不同。"

⑪范注："灾伤，不复以郊，怪复卜免。"

⑫范注："于礼，有卜之与无卜，宁当有卜。"

⑬范注："尝置之涤宫，名之为上帝牲矣，故不敢擅施也。"

⑭范注："庑，具也。待具后牲，然后左右前牛，皆我用之，不复须卜，已有新牲故也。《周礼》曰：'司门掌授管键，以启闭国门'，'祭祀之牛牲系焉'。然则未左右时，监门者养之。"

⑮范注："牲有变则改卜牛，以不妨郊事，故不言其变。"

⑯范注："至郊时然后言其变，重其妨郊也。十二月不道，自前可知也。至正月然后道，则二月、三月亦可知也。此所以该郊，言其变道尽。"杨疏："自六月上甲始庑牲，十月始系牲，自十二月以前，牲虽有变不道，自正月然后云牲之变，乃不郊，卜免牲吉与不吉。如此之类，皆是该备郊事，言牲变之道尽悉也。"

⑰范注："享者饮食之道。牲有变，则改卜牛，郊日已逼，庑系之礼，虽小不备，合时得礼，用之可也。"

⑱范注:"三月,谓十二月、正月、二月也。"杨疏:"既言十二月下辛卜正月上辛,正月下辛卜二月上辛,二月下辛卜三月上辛,怪《经》不书此十二月、正月、二月之下郊,故问之也。"

⑲范注:"有变乃志,常事不书。"

⑳范注:"意欲郊而卜不吉,故曰不从。郊必用上辛者,取其新洁莫先也。"

[译文]

【经】夏,四月辛巳日,举行郊祭。

〖传〗至此,综括郊祭的一切变数予以解说。在众多变数之中,又有值得称道处。"鼷鼠食郊牛角,改卜牛",是为了记下不敬之心。官吏每日检查用于郊祭之牛弯曲的角,这才知道牛受伤了,勤于检查的职责已经尽到。郊祭,从正月直至三月,是举行郊祭的时令。在夏四月举行郊祭,是不合时令的;五月举行郊祭,也是不合时令的。夏季之初可以承办春季的事,秋季之末再来承办春季之初的事,大概是不被允许的。在九月举行郊祭,"用",就是不宜举行的意思。郊祭之时,三次占卜,是合乎礼制的。四次占卜,是不合礼制的。五次占卜,就太勉强了。占卜是否免去祭牲,吉,就免去宰杀;不吉,就不免去宰杀。牛受伤后,如果不记是谁伤害牛的,伤情就是牛自行造成,故而言辞宽缓。健全的叫作"牲",受伤的叫作"牛",尚未准备作为祭牲的也叫作"牛"。虽然都叫作"牛",然而称其为"牛"的原因却是不同的。如果有所变故,就不举行郊祭,故而要占卜是否免去祭牛。祭牲已经受伤,却还要占卜是否免去,这是为何?根据礼制,与其不作占卜,宁可先占卜看看。既然曾经决定将祭牲献给上天,就要占卜后才敢免去,不敢专擅独断。如果占卜显示不吉,那么该怎么办?就不免去。如何安置祭牲?将其拴起,等到六月的第一个甲日,需要重新准备来年的祭牲之时,再对它予以决断。您所说的,是祭牲发生的变数,却称"至此,综括郊祭的一切变数予以解说",这是为何?鲁国从六月的第一个甲日开始准备祭牲,十月的第一个甲日开始拴起祭牲,十一月、十二月内,祭牲即便发生变故,也不作记载。要等到正月,才能记载祭牲的变故,这就是我说综括郊祭一切变数的原因。郊祭,是奉祀上天的礼仪,应当看重它是否合乎时令,注重它是否合乎礼节。所豢养的祭牲即便稍有不周之处,也是可行的。经文不记十二月、正月、二月占卜郊祭,这是为何?郊祭,从正月直至三月,是举行郊祭的时令。鲁国在十二月的第三个辛日,占卜正月的第一个辛日是否举行郊祭;如果不吉,就在正月的第三个辛日,占卜二月的第一个辛日是否举行郊祭;如果不吉,就在二月的第三个辛日,占卜三月的第一个辛日是否举行郊祭;如果不吉,就不再举行郊祭。

【经】秋,齐侯、卫侯伐晋。

[译文]

【经】秋,齐景公、卫灵公讨伐晋国。

【经】冬,仲孙何忌帅师伐邾。[①]

[注释]

①仲孙何忌,孟懿子,仲孙貜之子。

[译文]

【经】冬,仲孙何忌率领军队讨伐邾国。

哀公二年

【经】二年,[①]春,王二月,季孙斯、叔孙州仇、仲孙何忌帅师伐邾,取漷东田。②

〖传〗漷东未尽也。

[注释]

①鲁哀公二年,周敬王二十七年,公元前493年。
②漷,水名。

[译文]

【经】鲁哀公二年,春,周历二月,季孙斯、叔孙州仇、仲孙何忌率领军队讨伐邾国,夺取漷水以东的田亩。

〖传〗漷水以东并没有被完全占据。

【经】及沂西田。①
〖传〗沂西未尽也。②

[注释]

①沂,水多。
②范注引邵曰:"以其言东西,则知其未尽也。"

[译文]

【经】与沂水以西的田亩。
〖传〗沂水以西并没有被完全占据。

【经】癸巳,叔孙州仇、仲孙何忌及邾子盟于句绎。①
〖传〗三人伐而二人盟,何也?各盟其得也。②

[注释]

①句绎,邾地,在今山东邹城市东南。
②范注:"季孙不得田,故不与盟。"

[译文]

【经】癸巳日,叔孙州仇、仲孙何忌与邾隐公在句绎会盟。

〖传〗三人率军攻伐,却只有二人参与会盟,这是为何?二人各自为自己所得的田地订立盟誓。

【经】夏,四月丙子,卫侯元卒。①

[注释]

①卫侯元,卫灵公,姓姬名元。

[译文]

【经】夏,四月丙子日,卫国国君姬元去世。

【经】滕子来朝。①

[注释]

①滕子,滕顷公。

[译文]

【经】滕顷公前来朝见。

【经】晋赵鞅帅师纳卫世子蒯聩于戚。①

〖传〗纳者,内弗受也。帅师而后纳者,有伐也。何用弗受也?以辄不受也。以辄不受父之命,受之王父也。信父而辞王父,则是不尊王父也。其弗受,以尊王父也。②

[注释]

①范注引郑君曰:"蒯聩欲杀母,灵公废之是也。若君薨,有反国之道,当称子某,如齐子纠也。今称世子如君存,是《春秋》不与蒯聩得反立明矣。"

又引江熙曰:"郑世子忽反正有明文,子纠但于公子为贵,非世子也。"杨疏:"按定公十四年《左氏传》云:卫侯为夫人南子召宋朝,会于洮。大子蒯聩献盂于齐,过宋野。野人歌之曰:'既定尔娄猪,盍归吾艾豭。'大子羞之,谓戏阳速曰:'从我而朝少君,我顾,乃杀之。'速曰:'诺。'乃朝夫人。夫人见大子,大子三顾,速不进。夫人见其色,啼而走曰:'蒯聩将杀余。'公执其手以登台,大子奔宋。云当称子某者,《公羊》云:'君在称世子,君薨称子某,既葬称子,逾年称君。'范取《公羊》为说也。云'如齐子纠也'者,庄九年'九月,齐人取子纠杀之'是也。云'郑世子忽反正有明文'者,桓十五年'郑世子忽复归于郑',《传》曰'反正也'。然则郑世子忽反正,《春秋》不非称世子,则蒯聩称世子,亦是反正不非之限,是其子纠称子某,但于公子之中为贵,谓是右媵之子,非世子,与郑忽、蒯聩不同。如熙之意,则蒯聩合立,而辄拒父非是也。"

②范注:"宁不达此义。江熙曰:'齐景公废世子,世子还国书篡。若灵公废蒯聩立辄,则蒯聩不得复称曩日世子也。称蒯聩为世子,则灵公不命辄审矣。'此矛楯之喻也。然则从王父之言,《传》似失矣。《经》云'纳卫世子','郑世子忽复归于郑',称世子明正也。明正则拒之者非邪?"杨疏:"辄先受王父之命而有国,今若以国与父,则是申父也。若申父而辞王父,则是不尊父也。何者?使父有违命之怨,故其不受;使父无违命之失,则尊父也。"

[译文]

【经】晋国的赵鞅率领军队护送卫国的世子蒯聩进入戚地。

【传】"纳",表示国家内部不愿意接受。先记"帅师",后记"纳",表示有攻伐之事。为何不愿接受?因为姬辄不愿接受。姬辄的君位并非继承于父亲,而是继承于祖父。如果他顺从父亲而悖逆祖父,那就是不尊重祖父的意志。他之所以不接受父亲回国,就是为了尊重祖父的意志。

【经】秋,八月甲戌,晋赵鞅帅师,及郑罕达帅师,战于铁。①郑师败绩。

[注释]

①铁，卫地，在今河南濮阳北，《公羊》作"栗"。

[译文]

【经】秋，八月甲戌日，晋国的赵鞅率领军队，与郑国的罕达所率领的军队，在铁地交战。郑国军队战败。

【经】冬，十月，葬卫灵公。①

[注释]

①范注："七月葬，蒯聩之乱故也。"杨疏："隐五年'夏，四月，葬卫桓公'，《传》曰：'月葬，故也。'月葬忧危最甚，不得备礼葬也。此月葬，故知有故也。彼《注》云'有祝吁之难故'，此则蒯聩之乱故也。"

[译文]

【经】冬，十月，安葬卫灵公。

【经】十有一月，蔡迁于州来。①

[注释]

①州来，近吴之地，以备楚也。

[译文]

【经】十一月，蔡国迁往州来。

【经】蔡杀其大夫公子驷。①

[注释]

①公子驷，亲楚，故杀之以悦吴。

[译文]

【经】蔡国杀死它的大夫公子驷。

哀公三年

【经】三年,①春,齐国夏、卫石曼姑帅师围戚。②

〖传〗此卫事也,其先国夏,何也?子不围父也。不系戚于卫者,子不有父也。③

[注释]

①鲁哀公三年,周敬王二十八年,公元前492年。

②石曼姑,卫大夫。戚,时卫灵公之子、卫君姬辄之父蒯聩居戚。

③范注引江熙曰:"国夏首兵,则应言卫戚。今不言者,辟子有父也。子有父者,戚系卫,则为大夫属于卫。子围父者,谓人伦之道绝,故以齐首之。"杨疏:"诸侯有国,大夫有邑。大夫之邑,国君之有。若言围卫戚,是戚系卫,便是子之而围父也,故以国夏为首也。"

[译文]

【经】鲁哀公三年,春,齐国的国夏、卫国的石曼姑率领军队围攻戚地。

〖传〗这是卫国内部的事情,经文却先记国夏,这是为何?因为石曼姑作为儿子不能围攻父亲的城邑。经文不将戚地列于卫国名下,是因为儿子不能拥有父亲的城邑。

【经】夏,四月甲午,地震。

[译文]

【经】夏,四月甲午日,发生地震。

【经】五月辛卯，桓宫、僖宫灾。①

〖传〗言及，则祖有尊卑。②由我言之，则一也。③

[注释]

①桓宫，鲁桓公庙。僖宫，鲁僖公庙。
②范注："解《经》不言及僖。"
③范注："远祖恩无差降如一，故不言及。"杨疏："凡言及者，皆以尊及卑，等者不言及。若自祖言之，则有昭穆，昭尊可以及穆。若自我言之，则远祖亲尽，尊卑如一，故不言及。案《左氏》：'孔子在陈闻火，曰："其桓僖乎？"'言庙应毁而不毁，故天灾也。"

[译文]

【经】五月辛卯日，鲁桓公的庙、鲁僖公的庙发生火灾。

〖传〗经文如果用"及"字，就表示先祖有尊卑之分。然而对哀公而言，先祖的恩泽全无差别。

【经】季孙斯、叔孙州仇帅师城启阳。①

[注释]

①范注："称帅师，有难。"启阳，鲁地，《公羊》避汉景帝讳作"开阳"。

[译文]

【经】季孙斯、叔孙州仇率领军队修筑启阳城。

【经】宋乐髡帅师伐曹。

[译文]

【经】宋国的乐髡率领军队讨伐曹国。

【经】秋，七月丙子，季孙斯卒。

[译文]

【经】秋，七月丙子日，季孙斯去世。

【经】蔡人放其大夫公孙猎于吴。①

[注释]

①范注："宣元年'晋放其大夫胥甲父于卫'，《传》曰：'称国以放，放无罪也。'然则称人以放，放有罪也。"

[译文]

【经】蔡国人将他们的大夫公孙猎流放至吴国。

【经】冬，十月癸卯，秦伯卒。①

[注释]

①秦伯，秦惠公。

[译文]

【经】冬，十月癸卯日，秦国国君去世。

【经】叔孙州仇、仲孙何忌帅师围邾。

[译文]

【经】叔孙州仇、仲孙何忌率领军队围攻邾国。

哀公四年

【经】四年,①春,王二月庚戌,盗弑蔡侯申。②

〖传〗称盗以弑君,不以上下道道也。③内其君而外弑者,不以弑道道也。④《春秋》有三盗:微杀大夫,谓之盗;⑤非所取而取之,谓之盗;⑥辟中国之正道以袭利,谓之盗。⑦

[注释]

①鲁哀公四年,周敬王二十九年,公元前491年。

②蔡侯申,蔡昭公,姓姬名申。蔡既迁州来,蔡侯如吴,为公孙翩所掩杀。

③范注:"以上下道道者,若卫祝吁弑其君完之类是。直称盗,不在人伦之序。"

④范注:"襄七年'郑伯将会中国,其臣欲从楚,不胜其臣,弑而死','不使夷狄之民,加乎中国之君',故曰:'郑伯髡原如会,未见诸侯。丙戌,卒于操。'是不以弑道道也。"杨疏:"犹尊内其君,而疏外弑者,故不与疏外者,得弑君之道道之,故抑之为盗。若郑伯髡原实被臣弑,其书自卒,抑臣为夷狄之民,亦是也。"

⑤范注:"十三年'冬,盗杀陈夏区夫'是。"

⑥范注:"定八年,阳货取宝玉大弓是。"

⑦范注:"即杀蔡侯申者是,非微者也。"杨疏:"辟中国之正道,而行同夷狄,不以礼义为主,而侥幸以求名利,若齐豹之类,故抑而书盗者也。袭,掩也。谓求利之心,不以礼义为意也。"

[译文]

【经】鲁哀公四年,春,周历二月庚戌日,盗贼杀害蔡国国君姬申。

【传】经文以盗贼的名义弑君,是不以在下者杀死在上者的义理记录。将国君视作自己人,将弑君之贼视作外人,是不以弑君的义理记录。《春秋》有三种称"盗"的情况:卑微的人杀死大夫,称作"盗";自己本不可以取来,却前去取来,称作"盗";背弃华夏的正道而窃取私利,称作"盗"。

【经】蔡公孙辰出奔吴。①

[注释]

①公孙辰,弑蔡侯之党羽。

[译文]

【经】蔡国的公孙辰出奔吴国。

【经】葬秦惠公。

[译文]

【经】安葬秦惠公。

【经】宋人执小邾子。

[译文]

【经】宋国人擒获小邾国国君。

【经】夏,蔡杀其大夫公孙姓、公孙霍。①

[注释]

①公孙姓,《公羊》作"公孙归姓"。公孙翩、公孙辰、公孙姓皆谋弑蔡

昭公，公孙翩、公孙姓皆为大夫文之锴所杀。

[译文]

【经】夏，蔡国杀死它的大夫公孙姓、公孙霍。

【经】晋人执戎蛮子赤归于楚。①

[注释]

①戎蛮，《公羊》作"戎曼"。

[译文]

【经】晋国人擒获戎蛮国国君赤，送到楚国。

【经】城西郛。①

[注释]

①郛，郭也。

[译文]

【经】修筑国都西面的外郭。

【经】六月辛丑，亳社灾。①

〖传〗亳社者，亳之社也。亳，亡国也。②亡国之社以为庙屏，戒也。③其屋亡国之社，不得达上也。④

[注释]

①范注："殷都于亳，武王克纣，而班列其社于诸侯，以为亡国之戒。刘向曰：'灾亳社，戒人君纵盗，不能警戒之象。'"

②范注："亳即殷也，殷都于亳，故因谓之亳社。"

③范注："立亳之社于庙之外，以为屏蔽，取其不得通天，人君瞻之而致

戒心。"杨疏："《周礼》：'建国之神位，左宗庙，右社稷。'彼谓天子、诸侯之正社稷霜露者。《周礼》又云：'阴事于亳社。'明不与正同处。明一在西，一在东，故《左氏》曰'间于两社，为公室辅'是也。"

④范注："必为之作屋，不使上通天也。缘有屋，故言灾。"

[译文]

【经】六月辛丑日，亳社发生火灾。

〖传〗"亳社"，就是亳地的社。亳，是已经灭亡的国家。以亡国之社作为庙的屏障，是为了戒慎国君。周人在亡国的社上修筑房屋，使它不能上通于天。

【经】秋，八月甲寅，滕子结卒。①

[注释]

①滕子结，滕顷公，姓姬名结。

[译文]

【经】秋，八月甲寅日，滕国国君姬结去世。

【经】冬，十有二月，葬蔡昭公。①

[注释]

①范注："不书弑君之贼，而昭公书葬。既谓之盗，若杀微贱小人，不足录之。"杨疏："诸侯时葬，正也。今书月者以明危，亦见不葬而书葬者，《春秋》贼不讨则不书葬，若不书葬，则见贼不讨。今书葬者，使若弑者实是盗，微贱小人，虽讨讫不足录。"

[译文]

【经】冬，十二月，安葬蔡昭公。

【经】葬滕顷公。

[译文]

【经】安葬滕顷公。

哀公五年

【经】五年,①春,城毗。②

[注释]

①鲁哀公五年,周敬王三十年,公元前490年。

②毗,鲁邑,不详所在,《公羊》作"比"。

[译文]

【经】鲁哀公五年,春,修筑毗城。

【经】夏,齐侯伐宋。①

[注释]

①齐侯,齐景公。

[译文]

【经】夏,齐景公讨伐宋国。

【经】晋赵鞅帅师伐卫。①

[注释]

①赵鞅,赵简子。

[译文]

【经】晋国的赵鞅率领军队讨伐卫国。

【经】秋，九月癸酉，齐侯杵臼卒。①

[注释]

①齐侯杵臼，齐景公，姓姜名杵臼。

[译文]

【经】秋，九月癸酉日，齐国国君姜杵臼去世。

【经】冬，叔还如齐。

[译文]

【经】冬，叔还前往齐国。

【经】闰月，葬齐景公。
〖传〗不正其闰也。①

[注释]

①范注："闰月，附月之余日，丧事不数。"杨疏："案《经》书闰月葬者，年若数闰，则十三月，故书闰月葬，以见丧事亦不数之例。"

[译文]

【经】闰月，安葬齐景公。
〖传〗君子以为在闰月下葬是不合乎正道的。

哀公六年

【经】六年,①春,城邾瑕。②

[注释]

①鲁哀公六年,周敬王三十一年,公元前489年。

②邾瑕,邾国之瑕邑,《公羊》作"葭"。

[译文]

【经】鲁哀公六年,春,修筑邾瑕城。

【经】晋赵鞅帅师伐鲜虞。

[译文]

【经】晋国的赵鞅率领军队讨伐鲜虞国。

【经】吴伐陈。①

[注释]

①《左氏》曰:"吴伐陈,复修旧怨也。"

[译文]

【经】吴国讨伐陈国。

【经】夏,齐国夏及高张来奔。①

[注释]

①国夏、高张被齐大夫陈乞所逐。

[译文]

【经】夏,齐国的国夏与高张前来投奔。

【经】叔还会吴于柤。①

[注释]

①柤,吴地,在今江苏邳州市西北。

[译文]

【经】叔还在柤地会见吴国。

【经】秋,七月庚寅,楚子轸卒。①

[注释]

①楚子轸,楚昭王,姓芈名轸。

[译文]

【经】秋,七月庚寅日,楚国国君芈轸去世。

【经】齐阳生入于齐。①齐陈乞弑其君荼。②

〖传〗阳生入而弑其君,以陈乞主之,何也?不以阳生君荼也。其不以阳生君荼,何也?阳生正,荼不正。不正则其曰君,何也?荼虽不正,已受命矣。③入者,内弗受也。荼不正,何用弗受?以其受命,可以言弗受也。④阳生其以国氏,何也?取国于荼也。⑤

哀公 815

[注释]

①阳生,公子阳生,齐景公之子,齐悼公。

②荼,又称孺子、晏孺子,齐景公嗣子、公子阳生之弟,为公子阳生及陈乞所弑。范注:"不日,荼不正也。"杨疏:"隐三年'八月庚辰,宋公和卒',《传》云:'诸侯日卒,正也。'荼不日,是不正也。"

③范注:"已受命于景公而立,故可言君。"

④范注:"先君已命立之,于义可以拒之。"

⑤范注:"何休曰:'即不使阳生以荼为君,不当去公子,见当国也。又《穀梁》以为国氏者,取国于荼。齐小白又不取国于子纠,无乃近自相反乎?'郑君释之曰:'阳生篡国,故不言公子。'不使君荼,谓书陈乞弑君尔。荼与小白,其事相似,荼弑乃后立,小白立乃后弑,虽然,俱篡国而受国焉尔。《传》曰:'齐小白入于齐,恶之也。'阳生其以国氏何?取国于荼也。义适互相足,又何自反乎?子纠宜立,而小白篡之,非受国于子纠,则将谁乎?"

[译文]

【经】齐国的阳生进入齐国。齐国的陈乞杀害齐国国君姜荼。

〖传〗阳生进入齐国后就杀害了国君,经文却以陈乞为主犯,这是为何?为了不承认姜荼是阳生的国君。不承认姜荼是阳生的国君,又是为何?阳生为人合乎正道,姜荼为人不合乎正道。不合正道却仍然称其为君,这是为何?姜荼虽然不合正道,却也已经受命成为国君。"入",表示被进入的一方不愿接受。既然姜荼不合正道,为何要用国内不愿接受阳生的说法?因为姜荼已经受命,故而可以称国内不愿接受阳生。阳生文以国号作为自己的姓,这是为何?因为他从姜荼手中取走了政权。

【经】冬,仲孙何忌帅师伐邾。

[译文]

【经】冬,仲孙何忌率领军队讨伐邾国。

【经】宋向巢帅师伐曹。

[译文]

【经】宋国的向巢率领军队讨伐曹国。

哀公七年

【经】七年,①春,宋皇瑗帅师侵郑。②

[注释]

①鲁哀公七年,周敬王三十二年,公元前488年。
②皇瑗,宋卿。

[译文]

【经】鲁哀公七年,春,宋国的皇瑗率领军队侵犯郑国。

【经】晋魏曼多帅师侵卫。①

[注释]

①魏曼(wàn)多,魏襄子,魏舒之孙,又作"魏侈"。

[译文]

【经】晋国的魏曼多率领军队侵犯卫国。

【经】夏,公会吴于缯。①

[注释]

①缯，故国为莒所灭。

[译文]

【经】夏，鲁哀公在缯地会见吴国。

【经】秋，公伐邾。

[译文]

【经】秋，鲁哀公讨伐邾国。

【经】八月己酉，入邾，以邾子益来。①

〖传〗以者，不以者也。②益之名，恶也。③《春秋》有临天下之言焉，④有临一国之言焉，⑤有临一家之言焉。⑥其言来者，有外鲁之辞焉。⑦

[注释]

①邾子益，邾隐公。

②范注："夫诸侯有罪，伯者虽执，犹以归于京师。鲁非霸王，而擅相执录，故日入以表恶之。"杨疏："僖二十八年'晋人执卫侯，归之于京师'，《传》云：'归之于京师，缓辞也，断在京师也。'是卫侯有罪，晋文伯者执之，犹以归于京师之事。"杨疏："僖二十八年'三月丙午，晋侯入曹，执曹伯畀宋人'，《传》曰：'入者，内弗受也。日入，恶入者也。'次恶则月。据此日入，与彼例同，故知日入，以表恶之。"

③范注："恶其不能死社稷。"

④范注引徐幹曰："临者，抚有之也。王者无外，以天下为家，尽其有也。"杨疏："此下三者，皆以内外辞别之。王者则以海内之辞言之，即僖二十八年'天王狩于河阳'，《传》曰'全天王之行也'是也。王者微弱，则以外辞言之，即僖二十四年'天王出居于郑'，《传》曰'失天下也'是也。"

⑤范注:"诸侯之临国,亦得有之,如王于天下。"杨疏:"此亦据内外言之,若宣九年'辛酉,晋侯卒于扈',《传》曰:'其地,于外也。其日,未逾竟也。'既以内外显地及日,是以一国言之。"

⑥范注:"大夫临家,犹诸侯临国。"杨疏:"家谓采地,若文元年'毛伯来锡公命',定四年'刘卷卒'。其毛、刘皆采邑名,大夫氏采为家。大夫称家,是以一家言之也。"

⑦范注:"非己内,有从外来者曰来。今鲁侯身自以归而曰来,是外之也。"杨疏:"凡言来者,非己内有,从外始来,即'邾庶其以漆闾丘来奔'是也。今书鲁侯'以邾子益来',而文与庶其正同,文切直者,有外鲁侯之辞焉尔。"

[译文]

【经】八月己酉日,攻入邾国,俘获邾隐公曹益,前来我国。

〖传〗"以",是理应不能带邾隐公回国的意思。经文直呼曹益的名字,以示厌恶。《春秋》有天子坐拥天下的言辞,有诸侯坐拥一国的言辞,有大夫坐拥采邑的言辞。经文用"来",是将鲁国视作外人的说法。

【经】宋人围曹。

[译文]

【经】宋国人围攻曹国。

【经】冬,郑驷弘帅师救曹。①

[注释]

①驷弘,郑桓子。

[译文]

【经】冬,郑国的驷弘率领军队救援曹国。

哀公八年

【经】八年,①春,王正月,宋公入曹,以曹伯阳归。②

[注释]

①鲁哀公八年,周敬王三十三年,公元前487年。
②宋公,宋景公。曹伯阳,曹靖公之子,曹亡。

[译文]

【经】鲁哀公八年,春,周历正月,宋景公入侵曹国,俘虏曹国国君姬阳,带回国内。

【经】吴伐我。①

[注释]

①为邾故。

[译文]

【经】吴国讨伐我国。

【经】夏,齐人取讙及阐。①
〖传〗恶内也。

[注释]

①讙,鲁地,在今山东肥城市南。阐,鲁地,在今山东宁阳县北。范注:"宣九年《传》曰:'内不言取,言取,授之也。以是为赂齐。'此言取,盖亦赂也。鲁前年伐邾,以邾子益来。益,齐之甥也,畏齐,故赂之。"

[译文]

【经】夏,齐国人夺取讙邑与阐邑。

〖传〗君子对鲁国贿赂齐国的行为表示厌恶。

【经】归邾子益于邾。①

〖传〗益之名,失国也。②

[注释]

①范注:"侵齐故也。"

②范注:"于王法当绝故。"杨疏:"《经》书'归邾子益于邾',则益得国。而云'失国'者,邾益不能死难,而从执辱,于王法而言,理当绝位。鲁归之,不得无罪,故书益之名,以明失国之故也。"

[译文]

【经】释放邾隐公曹益回到邾国。

〖传〗经文直呼曹益的名字,是因为他曾经失去政权。

【经】秋,七月。

[译文]

【经】秋,七月。

【经】冬,十有二月癸亥,杞伯过卒。①

[注释]

①杞伯过,杞僖公,姓姒名过。

[译文]

【经】冬,十二月癸亥日,杞国国君姒过去世。

【经】齐人归讙及阐。①

[注释]

①范注引凯曰:"归邾子,故亦还其赂。"

[译文]

【经】齐国人归还讙邑与阐邑。

哀公九年

【经】九年,①春,王二月,葬杞僖公。

[注释]

①鲁哀公九年,周敬王三十四年,公元前486年。

[译文]

【经】鲁哀公九年,春,周历二月,安葬杞僖公。

【经】宋皇瑗帅师取郑师于雍丘。①

〖传〗取,易辞也。以师而易取,郑病矣。②

[注释]

①雍丘,宋地,在今河南杞县一带。
②范注:"以师之重,而宋以易得之辞言之,则郑师将劣矣。"杨疏:"凡书取,皆易辞,今以郑师之重,而今宋以易得之辞言之,郑之将帅微弱矣。亡军之咎,本由君不任其才,故为郑国病患。"

[译文]

【经】宋国的皇瑗率领军队在雍丘轻取郑国军队。

〖传〗"取",是事情容易办到的说法。称郑国为"师",却被人轻取,这是在羞辱郑国。

【经】夏,楚人伐陈。

[译文]

【经】夏,楚国人讨伐陈国。

【经】秋,宋公伐郑。

[译文]

【经】秋,宋景公讨伐郑国。

【经】冬,十月。

[译文]

【经】冬,十月。

哀公十年

【经】十年,[①]春,王二月,邾子益来奔。

[注释]

①鲁哀公十年,周敬王三十五年,公元前485年。

[译文]

【经】鲁哀公十年,春,周历二月,邾隐公曹益前来投奔。

【经】公会吴伐齐。

[译文]

【经】鲁哀公会见吴国,讨伐齐国。

【经】三月戊戌,齐侯阳生卒。①

[注释]

①齐侯阳生,齐悼公,姓姜名阳生。

[译文]

【经】三月戊戌日,齐国国君姜阳生去世。

【经】夏,宋人伐郑。

[译文]

【经】夏,宋国人讨伐郑国。

【经】晋赵鞅帅师侵齐。

[译文]

【经】晋国的赵鞅率领军队侵犯齐国。

【经】五月,公至自伐齐。①

[注释]

①范注:"《传例》曰:'恶事不致。公会夷狄伐齐之丧,而致之何也?'庄六年'公至自伐卫',《传》曰:'不致,则无以见公恶,事之成也。'将宜从此之例。"杨疏:"襄十年'公会晋侯'云云,'齐世子光会吴于柤'。《传》曰'会夷狄不致,恶事不致'是也。云'《传》曰不致,则无以见公恶,事之成也'者,案庄公五年'公会齐人'云云'伐卫',《注》云'纳惠公朔','逆天王之命也'。六年'公至自伐卫',《传》曰'恶事不致,此其致,何也?不致,则无用见公之恶,事之成也'是也。此年二月'公会吴伐齐'之丧,是恶事,宜不致而致,亦以见公恶事之成也。"

[译文]

【经】五月,鲁哀公从讨伐齐国的战场上回国(举行告祭饮至的礼仪)。

【经】葬齐悼公。

[译文]

【经】安葬齐悼公。

【经】卫公孟彄自齐归于卫。

[译文]

【经】卫国的公孟彄从齐国回到卫国。

【经】薛伯夷卒。①

[注释]

①薛伯夷,薛惠公,姓任名夷,《公羊》作"薛伯寅"。

[译文]

【经】薛国国君任夷去世。

【经】秋,葬薛惠公。

[译文]

【经】秋,安葬薛惠公。

【经】冬,楚公子结帅师伐陈。①吴救陈。

[注释]

①公子结,即子期,楚大夫。

[译文]

【经】冬,楚国的公子结率领军队讨伐陈国。吴国救援陈国。

哀公十有一年

【经】十有一年,①春,齐国书帅师伐我。

[注释]

①鲁哀公十一年,周敬王三十六年,公元前484年。

[译文]

【经】鲁哀公十一年,春,齐国的国书率领军队讨伐我国。

【经】夏,陈辕颇出奔郑。①

[注释]

①辕颇,陈大夫,《公羊》作"袁颇"。

[译文]

【经】夏,陈国的辕颇出奔郑国。

【经】五月,公会吴伐齐。

[译文]

【经】五月,鲁哀公会见吴国,讨伐齐国。

【经】甲戌,齐国书帅师及吴战于艾陵。①齐师败绩,获齐国书。②

[注释]

①艾陵,齐地,在今山东济南莱芜区东北。
②范注:"与华元同义。"杨疏:"宣二年'宋华元帅师,及郑公子归生帅师,战于大棘,宋师败绩。获宋华元'。《传》曰:'获者,不与之辞也。言尽其众,以救其将也。以三军敌华元,华元虽获,不病也。'是与此同义。"

[译文]

【经】甲戌日,齐国的国书率领军队,与吴国在艾陵交战。齐国军队战败,齐国的国书被擒。

【经】秋,七月辛酉,滕子虞母卒。①

[注释]

①滕子虞母,滕隐公,姓姬名虞母。

[译文]

【经】秋,七月辛酉日,滕国国君姬虞母去世。

【经】冬,十有一月,葬滕隐公。

[译文]

【经】冬,十一月,安葬滕隐公。

【经】卫世叔齐出奔宋。①

[注释]

①世叔齐,太叔疾,卫大夫。

[译文]

【经】卫国的世叔齐出奔宋国。

哀公十有二年

【经】十有二年,①春,用田赋。②
〖传〗古者公田什一。用田赋,非正也。③

[注释]

①鲁哀公十二年,周敬王三十七年,公元前483年。

②范注:"古者九夫为井,十六井为丘。丘赋之法,因其田财,通共出马一匹,牛三头。今别其田及家财,各出此赋。言用者,非所宜用。"杨疏:"古者一丘之田,方十六井,一百四十四夫。军赋之法,因其田财,通出马一匹,牛三头。今乃分别其田及家财,各令出此赋,则一丘之田,出马二匹,牛六头,故曰'用田赋',言非所宜用也。谓之田赋者,古者但赋其家财,今又计田贡,故曰田赋也。"

③范注：“古者五口之家，受田百亩，为官田十亩，是为私得其什，而官税其一，故曰'什一'。周谓之彻，殷谓之助，夏谓之贡，其实一也，皆通法也。今乃弃中平之法，而田财并赋，言其赋民甚矣。"杨疏："凡受农田，皆私田百亩，公田十亩。但由公田私田，皆公家所受，故总曰'公田什一'，则以田之什一及家财，而出马牛之赋，是其正也。今鲁用田与财，各出马牛之赋，非正也。”

[译文]

【经】鲁哀公十二年，春，征收田赋。

〖传〗古代用公田之法收取十分之一。征收田赋，是不合乎正道的。

【经】夏，五月甲辰，孟子卒。

〖传〗孟子者，何也？昭公夫人也。其不言夫人，何也？讳取同姓也。①

[注释]

①范注：“葬当书姓，讳故亦不书葬。"杨疏："庄二十二年'葬我小君文姜'，《经》书其氏，卒又称夫人而书葬。今孟子卒虽不称夫人，准弋氏应书葬。不言者，知讳同姓。故范例：'夫人薨者十，而书葬者十。'夫人之道，从母仪。即桓公夫人文姜一，庄公夫人哀姜二，僖公之母成风三，文公之母声姜四，宣公之母顷熊五，成公之母穆姜六，成公之嫡夫人齐姜七，襄公之母定姒八，昭公之母归氏九，哀公之母定弋十。十者并书葬，其隐公夫人从夫之让，昭公夫人讳同姓，二者皆不书葬也。"按，《论语》云："陈司败问：'昭公知礼乎？'孔子曰：'知礼。'孔子退，揖巫马期而进之，曰：'吾闻君子不党，君子亦党乎？君取于吴，为同姓，谓之吴孟子。君而知礼，孰不知礼？'”

[译文]

【经】夏，五月甲辰日，孟子去世。

〖传〗孟子是谁？是鲁昭公的夫人。经文不称其为夫人，这是为何?是为娶同姓之女而隐讳。

【经】公会吴于橐皋。①

[注释]
①橐皋,吴地,在今安徽巢湖市西北柘皋镇。
[译文]
【经】鲁哀公在橐皋会见吴国。

【经】秋,公会卫侯、宋皇瑗于郧。①

[注释]
①郧,吴地,在今江苏如皋东,一说在今山东莒县南。《公羊》作"运"。
[译文]
【经】秋,鲁哀公在郧地会见卫出公、宋国的皇瑗。

【经】宋向巢帅师伐郑。

[译文]
【经】宋国的向巢率领军队讨伐郑国。

【经】冬,十有二月,螽。

[译文]
【经】冬,十二月,螽虫成灾。

哀公十有三年

【经】十有三年，①春，郑罕达帅师取宋师于嵒。②

〖传〗取，易辞也。以师而易取，宋病矣。③

[注释]

①鲁哀公十三年，周敬王三十八年，公元前482年。
②嵒，同"岩"，在郑、宋间。
③杨疏："上九年宋皇瑗取郑师，今郑罕达取宋师，其事正反，嫌宋为人所报，非宋之病，故重发以同之。"

[译文]

【经】鲁哀公十三年，春，郑国的罕达率领军队在嵒地轻取宋国军队。

〖传〗"取"，是事情容易办到的说法。称宋国为"师"，却被人轻取，这是在羞辱宋国。

【经】夏，许男成卒。①

[注释]

①许男成，许元公，姓姜名成。

[译文]

【经】夏，许国国君姜成去世。

【经】公会晋侯及吴子于黄池。①

〖传〗黄池之会，吴子进乎哉，遂子矣。②吴，夷狄之国也，祝发文身。^③欲因鲁之礼，因晋之权，而请冠端而袭。^④其藉于成周，^⑤以尊天王，吴进矣。吴，东方之大国也，累累致小国以会诸侯，以合乎中国。^⑥吴能为之，则不臣乎？^⑦吴进矣。王，尊称也；子，卑称也。^⑧辞尊称而居卑称，以会乎诸侯，以尊天王。吴王夫差曰："好冠来。"孔子曰："大矣哉。夫差未能言冠而欲冠也。"^⑨

[注释]

①黄池，中原之地，在今河南封丘西南。范注："及者，书尊及卑也。"杨疏："隐二年《传》云：'会者，外为主焉尔。'今言公会晋侯，则晋为主，于黄池而公往会之。既以晋侯为主，会无二尊，故言及以卑吴也。则与桓二年范《注》云'会盟言及，别内外也。尊卑言及，序上下也'，亦同。何者？外吴而尊晋，则内外，序上下也。"

②范注："进遂称子。"

③范注："祝，断也。文身，刻画其身以为文也。必自残毁者，以辟蛟龙之害。"杨疏："荆、扬之域，厥土涂泥，人多游泳，故刻画其身，以为蛟龙之文，与之同类，以辟其害。"

④范注："袭，衣冠。端，玄端。"杨疏："吴俗祝发文身，衣皮卉服，不能衣冠相袭。今请加冠于首，身服玄端，则衣冠上下共相掩袭，故云袭衣也。《诗》云：'其军三单。'彼《毛传》云：'三单相袭。'彼谓三单前后为相袭，则此衣冠上下亦为相袭也。玄端者，谓玄端衣，而端幅制之，即诸侯视朝之服也。诸侯视朝之服，缁布衣，素积裳，缁玄一也。"

⑤范注："藉谓贡献。"杨疏："贡谓土地所有，以献于成周。若《禹贡》'齿革羽毛''纳锡大龟''唯金三品'之类，著于藉录，以为常职，故知藉谓贡献也。"

⑥范注："累累，犹数数也。"杨疏："东方之国，吴为最大。吴举，小国必从，会吴于柤、于道、于缯、于池之类，积其善事，故言数。数致小国，以合乎中国也。"

⑦范注:"言其臣也。"

⑧杨疏:"自黄池前,吴常僭号称王,是其尊称。今去僭号而称子,是其卑称也。"

⑨范注:"不知冠有差等,唯欲好冠。"杨疏:"冕有旒数不同,则冠亦有差等之别。吴为子爵,其冠之饰必不得与公侯同等,但未知若为差等尔。"

[译文]

【经】鲁哀公在黄池会见晋定公与吴国国君。

〖传〗在黄池的会晤上,吴国国君有所长进,于是称其为子。吴国是夷狄之国,断发文身。如今想要借助鲁国的礼仪,借助晋国的权柄,请求能够穿戴华夏衣冠。吴国向成周王室纳贡,以示对周天王的尊敬之心,吴国有所长进。吴国,是东方的大国,屡次召集小国来会见各国诸侯,想要跻身华夏诸侯。吴国能做到这些事情,难道还有不臣之心吗?吴国有所长进啊。王,是尊贵的称呼;子,是卑贱的称呼。吴国宁可舍弃尊贵的称呼,而处于卑贱的称呼,以此来会合各国诸侯,以此来表示对周天王的尊敬之心。吴王夫差说:"想要华丽的冠冕。"孔子说:"真是盛大啊。夫差尚不知道冠冕背后的礼仪,就已经想要华夏冠冕了。"

【经】楚公子申帅师伐陈。①

[注释]

①公子申,楚平王庶子。

[译文]

【经】楚国的公子申率领军队讨伐陈国。

【经】於越入吴。

[译文]

【经】於越国攻入吴国。

【经】秋,公至自会。①

[注释]

①范注:"吴进称子,又会晋侯,故致也。"杨疏:"襄十年《传》曰:'会夷狄不致。'致会者,一以吴进称子,二又为公会晋侯,以此二事之故致之尔。"

[译文]

【经】秋,鲁哀公从会晤上回国(举行告祭饮至的礼仪)。

【经】晋魏曼多帅师侵卫。

[译文]

【经】晋国的魏曼多率领军队侵犯卫国。

【经】葬许元公。

[译文]

【经】安葬许元公。

【经】九月,螽。

[译文]

【经】九月,螽虫成灾。

【经】冬，十有一月，有星孛于东方。①

[注释]

①范注："不书所孛之星，而曰东方者，旦方见星孛，众星皆没故。"杨疏："文十四年'有星孛入于北斗'，昭十七年'有星孛于大辰'，彼皆言所孛之星。此不言所孛之星，直言东方者，彼北斗大辰未没之时有，故得言所孛之星；此则旦明之时，方乃见孛，其东方常见之星，并以没尽，故不言所孛之处星也。"

[译文]

【经】冬，十一月，有彗星出现在东方。

【经】盗杀陈夏区夫。①

[注释]

①范注引《传例》曰："微杀大夫谓之盗。"

[译文]

【经】盗贼杀死陈国的夏区夫。

【经】十有二月，螽。

[译文]

【经】十二月，螽虫成灾。

哀公十有四年

【经】十有四年，①春，西狩获麟。②

〖传〗引取之也。③狩地不地，不狩也。非狩而曰狩，大获麟，故大其适也。④其不言来，不外麟于中国也。其不言有，不使麟不恒于中国也。⑤

[注释]

①鲁哀公十四年，周敬王三十九年，公元前481年。

②范注引杜预曰："孔子曰：'文王既没，文不在兹乎？'此制作之本旨。又曰：'凤鸟不至，河不出图，吾已矣夫。'斯不王之明文矣。夫《关雎》之化，王者之风。《麟之趾》，《关雎》之应也。然则斯麟之来，归于王德者矣。《春秋》之文，广大悉备。义始于隐公，道终于获麟。"

③范注："言引取之，解《经》言获也。《传例》曰：'诸获者，皆不与也。'故今言获。麟自为孔子来，鲁引而取之，亦不与鲁之辞也。"杨疏："宣二年大棘之战，郑公子归生获宋华元，《传》曰：'获者，不与之辞也。'上十一年艾陵之战，吴获齐国书，范云'与华元同义'，是诸获皆不与之辞也。今言获麟者，欲言比麟自为孔子有王者之德而来应之，鲁引而取之，亦不与鲁之辞也。必使鲁引取之者，天意若曰以夫子因鲁《史记》而修《春秋》故也。然则孔子修《春秋》，乃获麟之验也。"

④范注："适犹如也，之也。非狩而言狩，大得麟，故以大所如者名之也。且实狩当言冬，不当言春。"杨疏："桓四年春'公狩于郎'，庄四年'冬，公及齐人狩于郜'，是狩皆书地。今不书地，则非狩也。非狩而曰狩者，大得此验，故以大其所如者名之。"

⑤范注引雍曰："中国者，盖礼义之乡，圣贤之宅，轨仪表于遐荒，道风扇于不朽。麒麟步郊，不为暂有。鸾凤栖林，非为权来。虽时道丧，犹若不丧。虽麟一降，犹若其常。鹡鸰非鲁之常禽，蜚蜮非祥瑞之嘉虫。故《经》书其有，以非常有，此所以取贵于中国，《春秋》之意义也。"

[译文]

【经】鲁哀公十四年，春，西行狩猎，捕获一只麒麟。

〖传〗麒麟是为孔子而来，鲁国只是将其牵来而已。狩猎照例记载地点，如果不记载地点，说明并不是狩猎。不是狩猎，经文却称其为狩猎，是为了突显捕获麒麟这件事情，故而增广麒麟所履践的地域。经文不用"来"，是为了不让麒麟处于华夏之外，麒麟是华夏自有的瑞兽。经文不用"有"，是为了不让麒麟仅是短暂出现的祥瑞，而能为华夏恒久所有。